# HISTOIRE DE L'ALLEMAGNE

## DE LA GERMANIE À NOS JOURS

## DU MÊME AUTEUR

*Histoire des pays de l'Est des origines à nos jours*, Paris, Hachette Littératures, Pluriel n° 8705, 1994.

*Histoire des peuples de l'ex-URSS du IX^e^ siècle à nos jours*, Paris, Hachette Littératures, Pluriel n° 8706, 1995.

*Les chevaliers teutoniques*, Paris, Perrin, Coll. tempus n° 15, 2002.

collection tempus

HENRY BOGDAN

# HISTOIRE DE L'ALLEMAGNE

## de la Germanie à nos jours

Perrin

www.editions-perrin.fr

ISBN : 2-262-02106-6

**tempus** est une collection des éditions Perrin.

# AVANT-PROPOS

Le passé historique de l'Allemagne est très mal connu des Français. Il se limite généralement à l'époque contemporaine. S'il remonte parfois jusqu'en 1870, c'est uniquement dans la perspective des conflits au cours desquels Français et Allemands se sont affrontés Ainsi connaît-on le Bismarck qui a imposé à la France la cession de l'Alsace-Lorraine, mais on oublie le Bismarck qui a mis en place dans son pays la législation sociale la plus avancée de son temps. Au-delà, notre ignorance s'aggrave. Nous n'avons plus que des aperçus fragmentaires et ponctuels. Si le nom de Frédéric II de Prusse nous évoque encore quelque chose c'est parce qu'il fut l'ami de Voltaire, mais la résistance qu'opposa Marie-Thérèse à sa politique expansionniste n'a pas d'écho dans notre mémoire. Pour les temps encore plus éloignés, le mystère s'épaissit. Que représentent pour le non-spécialiste la querelle du Sacerdoce et de l'Empire, la Bulle d'or et même la Hanse ?

Pourtant, l'Allemagne est le plus proche voisin de la France, son premier partenaire commercial, et les deux pays furent étroitement associés dès le début à la construction européenne. Donner au lecteur une vision d'ensemble de l'histoire allemande depuis les temps les plus reculés jusqu'à nos jours, tel est l'objectif que nous nous sommes fixé. La réalisation de cet ouvrage a soulevé de nombreux problèmes et nous a amené à faire certains choix. En premier lieu, il nous a fallu déterminer un point de départ. Devions-nous, sur la base de critères purement politiques, faire partir notre étude en 911 ou en 919, voire en 962 avec le couronnement impérial d'Othon le Grand, en renonçant à évoquer le passé germanique ? Nous avons délibérément choisi de commencer notre étude dès le moment où les peuples germaniques s'installent dans leur habitat actuel et se trouvent impliqués dans l'histoire du monde occidental.

En second lieu, s'est posé le problème des limites géographiques à donner à notre enquête. Le nouvel Empire d'Occident — le Saint Empire — qui renaît en 962 s'est maintenu jusqu'en 1806 ; cette structure politique a englobé non seulement des pays germanophones qui, aujourd'hui, ne font plus partie de l'Allemagne — c'est le cas de l'Autriche —, mais aussi des pays étrangers au monde allemand comme la Bourgogne, l'Italie ou la Bohême qui furent pendant de longues périodes associés à son destin. Devions-nous donc nous limiter à la seule Allemagne *stricto sensu*, ou déborder ce cadre géopolitique étroit ? C'est cette dernière option que nous avons choisie dans la mesure où ces territoires extérieurs furent directement mêlés à l'histoire allemande. Comment en effet parler des Hohenstaufen sans évoquer la papauté et les territoires italiens relevant de l'Empire ? Comment comprendre la guerre de Trente Ans sans parler du royaume de Bohême et de sa diversité religieuse ? De même, jusqu'à la guerre austro-prussienne de 1866 qui coupa les liens entre l'Autriche et l'Allemagne, on ne peut parler de celle-ci sans y associer les provinces autrichiennes.

Ainsi, notre souci de donner au lecteur une vision globale du passé allemand nous a-t-il conduit à donner pour cadre à cette *Histoire de l'Allemagne* un espace à géométrie variable, selon les époques, étant entendu que le monde allemand proprement dit demeurait au centre de nos préoccupations. Faut-il pour justifier notre choix citer ces paroles de l'ancien président de la République fédérale Richard von Weizsäcker : « L'histoire de l'Allemagne n'a jamais appartenu aux seuls Allemands exclusivement » ?

Un dernier choix restait à faire. Devions-nous privilégier la période contemporaine aux dépens des périodes antérieures ? Privilégier les événements récents impliquait automatiquement de réduire la part consacrée à la période antérieure à 1870. Nous avons opté pour une position médiane, sachant bien que le lecteur a tendance à porter davantage son intérêt sur les événements les plus proches de son époque, mais sans pour autant sacrifier le passé plus ancien auquel près de la moitié du livre est consacré.

Dans le même ordre d'idées, le lecteur pourra sans doute s'étonner de la part relativement modeste réservée à l'histoire de l'Allemagne après 1945. Sur ce point également, il s'agit d'un choix délibéré. Par bien des côtés en effet, on peut considérer que l'Allemagne a cessé d'exister en 1945 en tant qu'État indépendant et souverain avec la capitulation sans condition du 8 mai et la prise en main totale du pays par les puissances victorieuses. Il s'est produit en 1945 une véritable coupure avec le passé, imposée par les vainqueurs et acceptée assez facilement par la plupart des Allemands eux-mêmes. Les deux États artificiels créés en 1949 sous le contrôle des puissances occupantes, alignés politiquement, idéologiquement, économiquement, socialement et culturellement sur le modèle anglo-saxon à l'Ouest et sur le modèle soviétique à l'Est, n'ont plus grand-chose de commun avec l'Allemagne qui s'était construite laborieusement depuis le xe siècle au cours d'une histoire particulièrement mouvementée. La réunification-surprise de 1990 a sans doute rendu à l'Allemagne sa souveraineté, mais celle-ci s'inscrit désormais au sein de l'Union européenne. Nous espérons que le lecteur voudra bien partager notre analyse et ne nous tiendra pas rigueur d'avoir volontairement limité les pages consacrées à la période 1949-1989, c'est-à-dire à ces quarante années pendant lesquelles l'Allemagne n'existait qu'à travers « deux États sous influence ».

Une dernière remarque enfin. Les noms de lieux et de personnes apparaissent sous leur graphie allemande à moins qu'il n'existe une forme francisée usuelle. Dans le cas des villes allemandes passées sous administration étrangère, nous avons indiqué le nom actuel entre parenthèses.

# 1

# Le pays et les hommes

Le territoire de l'Allemagne contemporaine couvre une superficie de 356 854 km$^2$ ; il est beaucoup moins étendu que celui de l'Allemagne « historique ». Les deux guerres mondiales se sont traduites pour ce pays par d'importantes pertes territoriales. En 1914, l'Empire allemand s'étendait sur plus de 540 000 km$^2$ et le traité de Versailles en 1919, le réduisit à 472 000 km$^2$. Les décisions prises en février 1945, à Yalta, et en août 1945, à Potsdam, par les grandes puissances alliées à l'issue de la Seconde Guerre mondiale ont fixé les frontières actuelles de l'Allemagne. Celles-ci furent solennellement confirmées dans le traité *Deux plus quatre* signé à Moscou le 12 septembre 1990, par lequel le gouvernement allemand renonçait « à toute revendication territoriale quelle qu'elle soit, aussi bien maintenant que dans l'avenir ».

Jamais au cours de sa longue histoire l'Allemagne n'avait été réduite à un territoire aussi modeste. Toutefois, on ne saurait oublier que le processus de réduction territoriale avait commencé bien plus tôt, dès le début du XIX$^e$ siècle lorsque, en 1806, à la suite de la défaite de ses armées devant Napoléon, l'empereur François II avait mis fin d'un trait de plume au Saint Empire romain germanique qui rassemblait à l'intérieur de ses frontières l'immense majorité des Allemands. Soixante ans plus tard, le 3 juillet 1866, à Sadowa, la défaite des armées de François-Joseph et de ses alliés face à l'armée prussienne consacrait l'éclatement du monde allemand mais, cinq ans plus tard, à l'issue de la victoire de la Prusse et de ses alliés sur la France, elle permit la naissance d'un nouveau *Reich* allemand, moins étendu que l'ancien Empire mais plus homogène sur le plan humain. L'Allemagne d'aujourd'hui en assure la continuité.

Les frontières actuelles de l'Allemagne sont loin de correspondre aux limites de la germanité. Avec environ 82 millions d'habitants (dont plus de 3 millions d'étrangers), l'Allemagne est loin de rassembler sous son autorité l'ensemble des Allemands. Hors de ses frontières vivent de 15 à 20 millions de germanophones et, en tout premier lieu, les quelque 8 millions d'habitants de la République fédérale d'Autriche et les 4,5 millions de Suisses des cantons alémaniques (même si dans leur vie quotidienne ils utilisent un parler germanique légèrement différent de l'allemand). Il faudrait ajouter les 3,5 à 4 millions de germanophones qui, pour des raisons diverses, vivent en tant que *minorités nationales* à l'intérieur d'États étrangers. Parmi ces minoritaires germanophones, le groupe le plus nombreux, avec près de 2 à 2,5 millions de locuteurs, se trouve dans la CEI et plus particulièrement en Russie. D'autres minorités allemandes sont présentes en Pologne (les estimations vont de 250 000 à 700 000 !) et en Italie du Nord (200 000 Allemands vivent sous l'autorité italienne depuis 1919 dans le Haut-Adige/sud Tyrol). Des minorités allemandes beaucoup plus importantes vivaient, avant 1939, en Tchécoslovaquie (3 500 000), en Roumanie (750 000), en Yougoslavie (513 000) et en Hongrie (477 000). À l'issue de la Seconde Guerre mondiale, les Alliés autorisèrent les États d'Europe centrale et orientale à expulser les populations allemandes qui vivaient à l'intérieur de leurs frontières, qu'il s'agisse des minorités (*Volksdeutsche*) anciennement établies sur place ou des Allemands habitant des territoires passés sous souveraineté polonaise ou soviétique à l'issue de la guerre. Au total, c'est entre 11 et 12 millions d'Allemands qui furent ainsi déplacés. Ces transferts autoritaires de population, qui furent prolongés par le retour plus ou moins volontaire des minoritaires allemands de Transylvanie à la suite d'accords conclus entre la RFA et la Roumanie, ont considérablement réduit les effectifs des minorités allemandes en Europe centro-orientale : moins de 60 000 Allemands vivent encore en République tchèque, 35 000 en Hongrie et à peu près autant en Roumanie. À toutes ces populations allemandes s'ajoutent des populations considérées du point de vue linguistique comme germanophones, établies aux confins occidentaux de l'Allemagne, en Alsace, dans le nord de la Moselle, au Luxembourg et qui, pendant une longue partie de leur histoire, ont été associées au destin de l'Allemagne.

L'espace géographique qui correspond à l'Allemagne actuelle se caractérise par une grande diversité des paysages et des conditions climatiques. Les géographes distinguent habituellement trois grands ensembles aux caractères bien tranchés : une Allemagne du Nord dominée par les plaines, une Allemagne médiane constituée de massifs anciens et de bassins intérieurs, et une Allemagne subalpine au sud.

L'Allemagne du Nord, que les géographes allemands appellent le *Tiefland* — le bas pays —, s'étend de l'Ems à l'ouest jusqu'à l'Oder devenue en 1945 la frontière orientale de l'Allemagne. On se trouve en présence d'une plaine large de 200 à 300 kilomètres, légèrement ondulée et fortement marquée par les glaciations du quaternaire. Malgré la monotonie des paysages, l'Allemagne du Nord présente des aspects régionaux bien marqués. Les pays à l'ouest de l'Elbe sont disposés en bandes longitudinales d'orientation ouest-est. Au nord, en bordure de la mer, s'étend la zone des *Marschen*, une région de polders autrefois submergée par les eaux de la mer du Nord ; la côte très basse est précédée d'éléments résiduels d'un cordon littoral ancien qui forment un ensemble d'îles (îles Frisonnes). La mer y a dessiné des golfes profonds au débouché des principaux fleuves (Ems, Weser, Elbe). Au sud de la zone des Marschen s'étend la *Geest*, une région constituée de terrains sableux couverts de landes de bruyères et de genévriers (Lüneburger Heide) qui deviennent tourbières dans les régions basses et humides (marais de Bourtrange, basse vallée de la Weser). La Geest fait place au sud à un ruban étroit de terres fertiles couvertes de lœss, la *Börde*, qui s'étend de la Westphalie jusqu'à Magdebourg, pays de transition entre l'Allemagne des plaines et l'Allemagne hercynienne. Au-delà de l'Elbe, vers l'est, la disposition zonale précédente est moins marquée. La Börde y est marginale, moins fertile et discontinue. En revanche, la région centrale qui prolonge la Geest vers l'est est très étendue. Elle forme une vaste dépression qui s'étend de l'Elbe à l'Oder, ancien chenal d'écoulement des glaciers, où alternent les collines morainiques du Fläming et de Basse-Lusace, et les plaines morainiques du Brandebourg mal drainées par les affluents de l'Elbe, la Sprée et le Havel. Au nord de ces régions, il faut opposer le Schleswig-Holstein, où le sol partiellement débarrassé des dépôts glaciaires est nettement plus riche avec ses pâturages verdoyants, aux plaines calcaires du Mecklembourg et de Poméranie occidentale où alternent les forêts de bouleaux, là où le calcaire est couvert de sable, et les lacs morainiques. L'affleurement du calcaire donne du côté de la mer Baltique une côte découpée où les falaises crayeuses sont entaillées par les *Föhrde*, véritables rias qui constituent autant d'abris naturels devenus sites portuaires au débouché des petits fleuves côtiers (Kiel, Lübeck) ; la côte est précédée par de nombreuses îles. Au-delà de l'Oder qui constitue aujourd'hui la frontière orientale de l'Allemagne, les paysages ne sont guère différents. La Poméranie orientale, aujourd'hui polonaise, a été elle aussi profondément marquée par les glaciations du quaternaire et présente la même alternance de forêts, de landes et de lacs que la Poméranie occidentale. Seule la côte s'en distingue avec son tracé rectiligne où la mer a creusé çà et là des golfes profonds, comme celui de Dantzig, obstrués par des cordons littoraux, les *Nehrungen*, édifiés par les courants côtiers qui ont transformé la plupart de ces golfes en lagunes, les *Haffen*, qui communiquent avec la haute mer par des goulets étroits.

Aux vastes espaces monotones largement ouverts en direction du nord et de l'est qui constituent le *Tiefland* s'oppose l'Allemagne médiane, l'Allemagne des massifs hercyniens boisés, entaillés par les vallées des grands fleuves et entrecoupés de bassins intérieurs fertiles : c'est le *Mittelgebirge* des géographes allemands. Ici, la nature a compartimenté l'espace en unités géographiques qui sont devenues au cours de l'histoire autant d'entités politiques. À l'intérieur de cette Allemagne médiane, il convient de distinguer deux grands ensembles régionaux, le Sud-Ouest allemand et les pays de l'Allemagne centrale proprement dite. Le Sud-Ouest allemand comprend dans sa partie occidentale la plaine du haut Rhin et sa bordure montagneuse. De Bâle jusqu'à Mayence, sur une longueur de près de 300 kilomètres, le Rhin coule dans une plaine d'effondrement (*Graben*) large d'une soixantaine de kilomètres où se sont accumulés les dépôts alluviaux, bordée de part et d'autre par des massifs anciens (*Horst*) dissymétriques dont l'abrupt est dirigé vers le couloir rhénan. Du sud vers le nord se succèdent ainsi sur la rive gauche le massif vosgien en territoire français, puis les massifs du Hardt et du Palatinat qui ont pour symétriques par rapport au Rhin les massifs de la Forêt-Noire et de l'Odenwald sur la rive droite. Quant à la partie orientale du Sud-Ouest allemand, elle se présente sous la forme d'un vaste bassin sédimentaire, le bassin de Souabe-Franconie, qui s'étend depuis le versant oriental de l'Odenwald et de la Forêt-Noire jusqu'aux pentes du Böhmerwald et du Bayerischerwald à l'est et dont la limite méridionale est constituée par la vallée du haut Danube. Le bassin de Souabe-Franconie, drainé par le Neckar et le Main tributaires du Rhin, offre une alternance de plateaux calcaires souvent boisés, relevés en côtes (côtes de Keuper à l'ouest, Rauhe Alb à l'est), parfois précédés de buttes-témoins, dominées par des *Burg*, et de dépressions argileuses fertiles.

L'émiettement régional est encore plus prononcé dans l'Allemagne moyenne proprement dite. La partie la plus occidentale est formée d'un ensemble de quatre massifs hercyniens qui constituent le massif schisteux-rhénan à travers lequel le Rhin et ses affluents ont creusé de pittoresques vallées encaissées. Sur la rive gauche du Rhin, le Hunsrück et l'Eifel que sépare la vallée de la Moselle, sont le prolongement du massif ardennais. Sur la rive droite, les monts du Taunus et du Westerwald, séparés par la vallée de Lahn, se prolongent vers le nord par le Bergland westphalien et le Teutoburgerwald que précèdent les riches bassins de Münster et d'Osnabrück. Plus loin vers l'est, la dislocation à l'époque tertiaire de l'ancienne périplaine post-hercynienne par des failles et des éruptions volcaniques a provoqué l'apparition de nombreux *Horst*, séparés par des bassins d'effondrement fertiles. C'est le cas en Hesse où se côtoient collines, plateaux boisés (Spessart) et massifs volcaniques érodés (Vogelsberg, Rhön), ainsi que dépressions limoneuses fertiles drainées par la Fulda qui constituent une voie de passage naturelle entre les plaines du Rhin moyen et l'Allemagne du Nord. C'est le cas également de la Thuringe et de la Saxe où les plaines et bassins largement ouverts en direction du nord et drainés par l'Elbe et ses affluents s'appuient à l'ouest et au sud sur les hauteurs du Harz, du Thüringerwald et des monts Métallifères (Erzgebirge).

L'Allemagne du Sud, le *Hochgebirge*, c'est la haute Allemagne qui comprend essentiellement les Préalpes et leur avant-pays jusqu'à la vallée du Danube. L'Allemagne ne détient que le rebord septentrional du massif alpin ; il s'agit d'une étroite frange montagneuse large d'une vingtaine de kilomètres qui s'étend du lac de Constance jusqu'à Salzbourg et où alternent plis parallèles calcaires et vallées en auge parsemées de lacs morainiques (Ammersee, Königsee). D'ouest en est, on trouve successivement les Préalpes de l'Allgäu entre le lac de Constance et la vallée du Lech, puis les Préalpes de Bavière entre le Lech et l'Inn, dominées par la crête calcaire du Zugspitze (2 963 mètres) — le point culminant de l'Allemagne —, et enfin au-delà de l'Inn, les Préalpes de Salzbourg. Au pied des Préalpes s'étend le plateau bavarois. Les accumulations de débris plus ou moins grossiers arrachés aux Alpes par l'érosion y ont formé un piémont qui s'abaisse en pente douce vers la vallée du Danube. Au pied même des Alpes, une zone de collines morainiques avec de nombreux lacs de barrage (Kochelsee, Tegernsee, Chiemsee), des marécages et des tourbières dans les parties basses, précède le plateau proprement dit dont le sol, souvent couvert de sables et de graviers, porte une importante couverture boisée. Les vallées des affluents du Danube qui descendent des Préalpes, l'Iller, le Lech, l'Isar et l'Inn, constituent des régions plus attrayantes qui annoncent déjà les plaines limoneuses fertiles de la vallée du Danube.

Malgré l'appartenance de l'espace allemand à la zone tempérée, il existe de nombreuses nuances climatiques régionales qui s'ajoutent à la diversité des paysages. L'Allemagne du Nord est partagée entre un domaine semi-océanique qui comprend toutes les plaines qui s'étendent des confins néerlandais jusqu'à l'Elbe ainsi que le Schleswig-Holstein, avec des hivers relativement doux, une pluviosité abondante et des étés moyennement chauds, et un domaine où s'affirme déjà la continentalité de l'Est européen, au-delà de l'Elbe, dans les provinces orientales, avec des hivers froids et secs — plus secs à l'intérieur que sur les côtes de la Baltique — et des étés chauds entrecoupés d'orages aux pluies violentes. L'Allemagne moyenne se caractérise par une nette opposition entre le climat rude des hauteurs avec des hivers rigoureux et des étés chauds, et celui beaucoup plus souriant des vallées avec des hivers doux et des étés chauds et secs, véritables microclimats qui ont favorisé le développement des vergers et du vignoble. L'Allemagne du Sud, quant à elle, présente la plupart des caractéristiques des pays au climat de montagne, hivers rigoureux avec de fortes précipitations sous forme de neige, y compris aux basses altitudes, étés chauds avec pluies orageuses.

Grâce à la relative régularité des conditions climatiques et à la configuration du relief, le réseau hydrographique de l'Allemagne est performant. La plupart des grands fleuves allemands coulent selon une direction sud-nord et aboutissent par de larges estuaires soit à la mer du Nord (Rhin, Ems, Weser, Elbe) soit à la Baltique (Oder). Ces fleuves, outre l'intérêt économique évident qu'ils présentent, ont constitué tout au long de l'histoire des traits d'union entre les régions qu'ils traversaient, ce qui n'était pas négligeable dans un espace aussi compartimenté et divisé que l'était le monde allemand. Un seul fleuve, le Danube, coule d'ouest en est sur 400 kilomètres seulement en territoire allemand, et encore n'est-il utilisable pour la navigation qu'au-delà d'Ulm. Son rôle historique a cependant été capital dans la mesure où le Danube a constitué et constitue encore un trait d'union entre l'Allemagne et les pays de l'Europe centro-orientale.

Ainsi, nous venons de le voir, les éléments de diversité semblent l'emporter de loin sur les éléments d'unité si l'on se borne à considérer les conditions morphologiques de l'espace allemand. La même constatation peut être faite au niveau de la population. Les 82 millions de citoyens allemands qui vivent à l'intérieur des frontières actuelles du pays constituent en apparence un groupe homogène sur le plan linguistique, exception faite de la minorité slave résiduelle représentée par les quelque 150 000 Sorabes de Lusace et mis à part les quelque 3 millions de ressortissants étrangers installés sur place à l'époque du « miracle allemand ».

L'unité linguistique qui semble souder la communauté germanique est plus apparente que réelle. Certes, il y a une langue littéraire commune, davantage écrite que parlée, qui s'est affirmée comme langue de culture en lieu et place du latin, au début du XVIe siècle, grâce à Martin Luther. Mais, à côté de cette langue écrite, un peu figée et artificielle voire élitiste, il existe la langue, ou plutôt les langues utilisées habituellement par la majorité des Allemands dans leur vie quotidienne, ce sont des parlers fortement imprégnés de régionalisme, avec des accents, des tournures de phrase, des expressions et des mots particuliers. Autant de régions, autant de parlers différents dont s'efforcent de rendre compte les cartes dressées par les linguistes. Ces cartes qui, par leur objectif même, débordent les frontières politiques de l'Allemagne, nous montrent qu'il existe deux principaux groupes de parlers allemands, le bas-allemand (*Plattdeutsch*) ou bas-saxon et l'ensemble des parlers haut-allemands (*Hochdeutsch*). Le bas-allemand est parlé dans les régions septentrionales de l'Allemagne, depuis la Flandre jusqu'en Prusse-Orientale. Quant aux parlers haut-allemands, on les emploie dans toute la partie centrale et méridionale du monde germanique. Si le bas-allemand présente une unité certaine, il n'en est pas de même du haut-allemand. Les parlers *Hochdeutsch* se divisent en deux familles principales. Ce sont d'abord les parlers du groupe moyen-allemand, qui s'étendent des confins lorrains jusqu'à la Saxe et à la Silésie, et qui sont eux-mêmes divisés en deux sous-groupes, les parlers bas et moyen franconiens, et les parlers haut-saxons, puis les parlers du groupe allemand supérieur qui couvrent une vaste zone allant de l'Alsace et du Valais jusqu'à la Bohême et l'Autriche, et qui se divisent à leur tour en parlers alémanique, souabe, franconien supérieur et austro-bavarois.

Cette diversité dans le mode d'expression parlée ne nuit en rien à la communauté de culture. Beaucoup plus importante et lourde de conséquences est la division religieuse issue de la Réforme et qui a profondément marqué la société allemande. La majorité de la population allemande (55 %) est protestante et appartient à l'Église évangélique d'Allemagne (*Evangelische Kirche in Deutschland*) qui fédère en son sein les Églises luthériennes largement majoritaires et les autres Églises réformées ; c'est dans les *Länder* orientaux, en Allemagne septentrionale et centrale, que se trouvent concentrés la plupart des fidèles de la Réforme. L'importante minorité catholique (42 % de la population) est principalement localisée en Allemagne du Sud, notamment en Bavière, ainsi que dans les pays rhénans. La carte religieuse de l'Allemagne, longtemps figée en raison des dispositions de la paix d'Augsbourg (1555), s'est peu à peu modifiée à partir du début du XIXe siècle avec les mouvements migratoires liés à l'exode rural et à la révolution industrielle et, surtout, après 1945, avec l'installation des réfugiés des provinces perdues.

Le morcellement géographique du pays, renforcé par les différences linguistiques, puis à partir du XVIe siècle par la fracture religieuse, a servi de cadre — ou d'alibi — au morcellement, on pourrait même dire à l'émiettement politique de l'Allemagne qui s'est prolongé officiellement jusqu'au XIXe siècle mais qui, aujourd'hui encore, n'a peut-être pas totalement disparu des mentalités. On peut alors se demander s'il y a vraiment une Allemagne, ou bien plutôt des Allemagnes. Il y a là toute une problématique à développer sur le thème de l'unité allemande et sur celui de l'Allemagne en tant qu'État. L'unité allemande est un fait politique récent. On a eu successivement le Saint Empire romain germanique qui a perduré jusqu'en 1806 puis la Confédération germanique de 1815 à 1866, vastes ensembles aux structures floues et décentralisées, dont les composantes territoriales se comportaient comme autant d'États souverains. Puis, ce fut l'Empire wilhelmien de 1871 à 1918, auquel succéda le bref épisode de la république de Weimar où le principe unitaire apparemment triomphant était contrebalancé par le fédéralisme, garant des libertés et traditions locales. Seul le IIIe Reich — en fait une très courte période dans l'histoire de l'Allemagne puisqu'elle ne dura que douze ans, de 1933 à 1945 — est parvenu à créer une Allemagne véritablement unifiée et centralisée, un État qui réalisait la synthèse entre le concept d'État-nation dirigé par un chef tout-puissant — *ein Volk, ein Reich, ein Führer* — et celui d'Empire à vocation hégémonique en Europe symbolisé par l'expression officielle de « Grand Reich allemand » (*Gross deutsches Reich*). La « Grande Allemagne » centralisée, voulue par Hitler et imposée par lui aux Allemands majoritairement consentants, s'est effondrée en 1945 avec la victoire des Alliés. L'Allemagne disparaît alors en tant qu'État, avant de renaître quatre ans plus tard en 1949 à la faveur de la « guerre froide », mais sous une forme binaire avec une *République fédérale* à l'ouest, étroitement associée aux démocraties occidentales et surveillée par elles, et une *République démocratique* à l'est, intégrée au « bloc soviétique » et sévèrement contrôlée par la présence sur son territoire de 380 000 soldats de l'Armée rouge. Les événements de 1989-1990 ont sans doute permis la réunification *politique* de l'Allemagne, dans un cadre fédéral rénové, mais après l'enthousiasme des premiers jours, on peut émettre quelques réserves sur la réunification *des cœurs et des esprits*. Il y a matière à réflexion. Dernier paradoxe : au moment même où l'Allemagne, qui était déjà devenue la première puissance économique de l'Union européenne, vient avec sa réunification de retrouver sa souveraineté pleine et entière, ses dirigeants, malgré les réticences d'une fraction de l'opinion publique, s'apprêtent à renoncer à une partie importante des attributs de la souveraineté nationale au nom de l'Europe ! Étrangeté du destin de l'Allemagne que seule, peut-être, l'étude de son histoire nous permettra d'éclairer.

## 2

# L'entrée des Germains dans l'histoire

Alors que la présence de populations germaniques est attestée dans la partie septentrionale du territoire de la future Allemagne dès le début du Ier millénaire avant J.-C., il a fallu attendre jusqu'en 911 de notre ère, soit près de deux mille ans, pour que se constitue un État allemand. Il y a là un problème qui ne saurait laisser l'historien indifférent. Les ancêtres des Allemands auraient-ils été allergiques à la notion d'État, ou bien incapables d'accepter un minimum de règles communes, et, si la réponse s'avérait positive, pourquoi ?

Tout d'abord, qui sont les Allemands ? D'où venaient leurs lointains ancêtres ? Par quel cheminement des groupes de tribus germaniques isolés les uns des autres, avec des coutumes différentes, sont-ils parvenus au bout d'un si long délai à se retrouver unis au sein d'une structure étatique ?

Une première approche de réponse peut se trouver à travers l'étude du mot utilisé pour désigner ces Allemands dans les principales langues européennes. Le mot *allemand* par lequel les francophones désignent les populations d'outre-Rhin tire son origine du mot latin *alemanus* utilisé par César pour désigner une confédération de tribus germaniques qui se fixèrent vers 260 avant J.-C. dans la région comprise entre le Rhin supérieur, le Main et le lac de Constance, dans ce que l'on appela plus tard les champs Décumates. Ce mot *alemanus* traduit en français par *alaman* est la forme latinisée du mot germanique ancien *allemann* que l'on peut traduire par « tous les hommes ». Ainsi, les francophones, pour désigner l'ensemble des Allemands, ont-ils privilégié le nom d'une des composantes de la population germanique, l'un de ses *Stämme* (tribu, et par extension peuple), dont on retrouve la forme adjectivée dans les expressions comme « Suisse alémanique ». Les anglophones, eux, utilisent les mots *German* et *Germany* pour désigner les Allemands et leur pays. Ces deux termes sont tirés de *germanus* et *Germania* par lesquels les auteurs latins depuis le IIe siècle avant J.-C. désignaient ces nouveaux « barbares ». Les Russes emploient le mot *nemetz* pour désigner les Allemands dans leur ensemble, mot qui tire son origine du nom des Némètes, un peuple germanique, membre de la confédération des Suèves, installé dans la province romaine de Germanie supérieure sur la rive gauche du Rhin entre le Lauter et la Nahe. Quant aux Allemands eux-mêmes, ils se désignent par le mot *deutsch* qui vient du vieil allemand *teutsch*, terme qui apparut au VIIIe siècle de notre ère sous la forme *theotisk* et qui signifiait dans le germanique ancien « gens du peuple ». De ces mots *teutsch/deutsch*, les Italiens ont tiré le mot *tedésco* par lequel ils désignent aujourd'hui les Allemands, et que l'on retrouve d'ailleurs dans le vieux français sous la forme tudesque. Une forme dérivée de *deutsch* se retrouve avec une autre signification dans l'adjectif anglais *dutch* par lequel les Anglais désignent les Hollandais, un autre peuple germanique.

Ces considérations philologiques mettent en relief deux traits présents en permanence tout au long de l'histoire allemande, d'une part la diversité ethnique et culturelle du monde allemand, et d'autre part l'existence d'un concept unitaire germanique à partir duquel allait émerger non sans mal un État allemand au cours du Xe siècle de notre ère.

Lorsque les premiers Germains, que l'on pourrait tout aussi bien appeler les proto-Allemands, ont commencé à coloniser les terres qui plusieurs siècles plus tard allaient devenir leur domaine exclusif, qu'ont-ils trouvé sur place ?

Avant l'arrivée des Germains, la plus grande partie de ce qui allait devenir plus tard l'Allemagne était le domaine des Celtes, un ensemble de peuples d'origine indo-européenne qui s'étaient fixés là entre 1800 et 1500 avant J.-C. après avoir supplanté un peuplement clairsemé de Ligures. À partir du milieu du IIe millénaire, les Celtes étendirent progressivement leur zone d'influence vers l'ouest en direction de la Gaule, des îles Britanniques puis de l'Espagne, et vers l'est en direction du bassin du Danube et des Balkans. Longtemps mal connu, le monde celtique atteint un premier apogée dans le premier tiers du Ier millénaire avant notre ère, à l'époque du premier âge de fer : c'est la période dite de Hallstatt. La civilisation celtique connaît alors son plein développement en Allemagne du Sud, en Autriche, en Bohême et en

Gaule. Les Celtes entretiennent alors des contacts suivis avec leurs voisins méridionaux, Ligures, Ibères, Illyriens et Étrusques. Plus tard, au ve siècle avant J.-C., le monde celtique aborde une nouvelle période de dynamisme avec la civilisation de La Tène, qui est accompagnée d'importants mouvements migratoires. Au cours du IVe siècle, les Celtes envahissent l'Italie, poussant en 390 jusqu'à Rome, avant de prendre le contrôle de la plaine du Pô que les Romains désigneront désormais par le nom de Gaule cisalpine. Au même moment, les Celtes font de fréquentes mais brèves incursions dans les Balkans et détruisent en 279 le site de Delphes. Les Celtes d'Allemagne, depuis longtemps déjà, sont au contact d'envahisseurs pacifiques venus du nord, les Germains.

En effet, au nord de l'Allemagne celtique s'étend le monde germanique, un monde longtemps mal connu et qui n'est mentionné chez les auteurs latins qu'au IIe siècle avant J.-C. C'est à cette époque que des Germains mêlés à des Celtes, les Cimbres et les Teutons, paraissent dans la province romaine de Narbonnaise et en Italie du Nord. Les Romains prennent alors conscience qu'au-delà du monde celte qu'ils connaissaient et avec lequel ils entretenaient des relations commerciales, il existe un autre monde, celui des Germains. Que savons-nous sur ce monde germanique ancien ? Grâce au concours des traces archéologiques et de la toponymie, nous disposons de renseignements fragmentaires sur les Germains avant leur entrée dans l'histoire.

Les premiers établissements germaniques sont attestés en Scandinavie méridionale — la mystérieuse île Scanza des auteurs anciens — et dans la presqu'île du Jutland à partir de 1800-1700 avant J.-C. Ces Germains parlent une langue indo-européenne, même si certains auteurs, non sans raison, considèrent qu'à l'origine les Germains n'étaient pas des Indo-Européens. À partir de cet habitat primitif, les Germains ont entamé un lent mouvement migratoire vers le sud qui les a mis rapidement en contact avec le monde celtique, soit que les Germains aient refoulé les Celtes vers le sud, soit qu'ils se soient mêlés à eux. L'analyse des noms de fleuves nous permet de mieux cerner les limites septentrionales de l'habitat celte ; les noms de certains fleuves d'Allemagne du Nord comme la Weser ou l'Elbe sont des noms celtes même si très tôt les populations qui se sont établies sur leurs rives étaient germaniques. Vers l'an 1000 avant J.-C., les Germains étaient présents depuis l'embouchure de l'Ems jusqu'en Poméranie centrale. Deux siècles plus tard, ils auraient partiellement colonisé les plaines d'Allemagne du Nord depuis la Westphalie jusqu'à l'Oder inférieur. Au début du VIe siècle avant J.-C., les Germains sont présents sur le Rhin inférieur, en Thuringe et en basse Silésie, toutes régions antérieurement occupées par une population celte peu nombreuse et éparse. Leur expansion vers le sud fut toutefois ralentie en raison de la présence des Celtes, plus nombreux en Allemagne centrale et méridionale qu'en Allemagne du Nord. Mais l'intérêt porté par les Celtes aux terres plus accueillantes de l'ouest et du sud de l'Europe a permis aux Germains de s'infiltrer assez facilement à l'intérieur de l'espace tenu par les Celtes et de s'implanter d'une façon durable en Allemagne moyenne. Vers 400 avant J.-C., pressés par les Germains, un groupe de Celtes, les Belges, parmi lesquels se trouvaient de nombreux éléments germaniques celtisés, ont quitté leur territoire de la rive droite du Rhin et du Main pour aller se fixer plus à l'ouest, entre le Rhin, la Meuse et le plateau de Langres. Le territoire abandonné par les Belges fut immédiatement occupé par les Germains.

La poussée germanique semble s'être considérablement amplifiée aux IIIe et IIe siècles avant J.-C. Les Germains, à cette époque, sans doute en raison d'une forte poussée démographique, ont recherché des terres nouvelles, et surtout plus riches et plus hospitalières. À cette époque, le centre de gravité du monde celtique s'est alors déplacé vers l'ouest et vers le sud. Pour contenir l'expansion irrésistible des Germains, les Celtes ont commencé à construire le long du Main des fortifications sommaires qui ont pu résister jusqu'au milieu du IIe siècle avant J.-C. Les Celtes tenaient encore les territoires qui correspondent aujourd'hui au Bade-Wurtemberg, au sud de la Hesse, à la Franconie, à la Bavière, à la Bohême et à l'Autriche, mais le gros du peuplement celte se trouvait alors à l'ouest du Rhin et au sud du Neckar et du Danube. En Allemagne, si les Celtes se trouvaient sur la défensive face aux Germains, en Gaule et dans la péninsule Ibérique, ils étaient alors confrontés à l'impérialisme romain.

Le grignotage progressif du domaine celtique d'Allemagne par l'expansion, le plus souvent pacifique, des peuples germaniques fut accompagné d'une interpénétration des deux cultures. L'influence celtique fut souvent la plus forte si bien que les Germains empruntèrent à leurs voisins celtes nombre de coutumes et d'institutions. Des chefs germains plus ou moins celtisés n'ont pas hésité à adopter des patronymes celtes, ce qui a pu donner lieu à bien des confusions de la part des historiens romains[1].

1. L. Musset, *Les Invasions. Les vagues germaniques*, coll. « Nouvelle Clio », Paris, 1965, p. 49.

À la fin du IIIe siècle avant J.-C., un certain nombre de peuples germaniques ont commencé à se déplacer vers le sud-est en direction du bas Danube et de la mer Noire. Les premiers furent des Bastarnes qui se fixèrent finalement de part et d'autre du Dniestr, rejoints plus tard par ceux qui, ultérieurement, seront désignés sous le nom global de Germains orientaux, c'est-à-dire les Goths, les Burgondes, les Vandales et autres Ruges, qui participeront au IVe siècle de notre ère aux Grandes Invasions et qui, sur le plan linguistique, appartenaient au groupe des dialectes ostiques ou gotho-scandinaves.

C'est seulement dans la seconde moitié du IIe siècle avant J.-C. que les Germains font leur bruyante entrée dans l'histoire, à l'occasion d'une brutale incursion dans le monde romain. Partis vers 120 avant J.-C. du Jutland, les Cimbres et les Teutons, deux peuples germaniques plus ou moins mêlés à des éléments celtes, traversent toute l'Allemagne centrale, atteignent le Danube qu'ils descendent jusqu'à son confluent avec la Save, puis, remontant la vallée de la Save, ils se heurtent en 113 à une armée romaine appelée à l'aide par les Celtes de Norique et forcent le passage. De là, ils continuèrent leur route vers l'ouest, franchirent le Rhin, chevauchant à travers la Gaule orientale avant de prendre la direction du sud par les vallées de la Saône et du Rhône. Pas plus que les Gaulois, les Romains ne furent en mesure de les arrêter. Battus à Orange (*Arausio*) en 105, les Romains voient leurs positions en Narbonnaise sérieusement menacées. Seules les victoires de Marius en 102 à Aix-en-Provence et en 101 à Verceil en Italie du Nord mirent fin à cette première invasion germanique. Rome se trouvait dorénavant confrontée à un ennemi beaucoup plus redoutable à ses yeux que le monde celtique affaibli par ses divisions et déjà sur le déclin.

L'invasion des Cimbres et des Teutons n'était que le prélude à la vaste confrontation qui allait opposer pendant plus de cinq siècles Rome au monde germanique. Au cours du Ier siècle avant J.-C., les Germains ont considérablement renforcé leurs positions en Allemagne et constituent maintenant une menace directe contre Rome et ses alliés. Vers 75 avant J.-C., un groupe de peuples germaniques rassemblés dans ce qu'on appelle souvent la confédération des Suèves, partis de leur habitat primitif des rives de l'Oder, s'est mis en route vers le sud-ouest sous la conduite de leur chef Arioviste. Après avoir soumis les dernières tribus celtiques qui tenaient l'espace compris entre le Rhin supérieur, le Neckar et le Danube supérieur, les Suèves ont fait de cette région une base de départ vers de nouvelles conquêtes.

Vers 65 avant J.-C., Arioviste, qui vient de franchir le Rhin, a installé sur la rive gauche du fleuve une partie des tribus qui l'avaient suivi. C'est ainsi que les Triboques furent établis en Alsace, les Némètes dans la région de Spire et les Vangions dans celle de Worms. Profitant des dissensions entre les peuples celtes de Gaule, Arioviste tenta de pénétrer plus avant en Gaule. À la demande des Helvètes et des Héduens directement menacés par Arioviste, en 58 avant J.-C., César envoya ses légions en Gaule celtique et obligea Arioviste à quitter l'Alsace. Mais l'intervention de César provoqua le mécontentement d'une grande partie des peuples de la Gaule. César se trouva confronté en 55-54 à une révolte générale menée par Vercingétorix. La pacification achevée en 52 fit de la Gaule une province romaine, bastion avancé de Rome face au monde germanique. Des camps militaires furent construits le long du Rhin depuis Strasbourg (*Argentoratum*) jusqu'à Coblence (*Confluentes*). Plus à l'est, pour assurer la sécurité de l'Italie du Nord et des Balkans, Auguste (29 av. J.-C.-14 apr. J.-C.) décida de faire du Danube une ligne de défense face aux Barbares, comme l'était déjà le Rhin plus à l'ouest. À la suite d'une incursion des Bastarnes dans les Balkans, le proconsul romain de Macédoine fut chargé de conquérir les plaines de la rive droite du bas Danube, qui devinrent la province romaine de Mésie. Puis à partir de 26 avant J.-C., Rome prit le contrôle de tous les passages alpins et de leurs avant-pays septentrionaux. De la sorte, furent créées les provinces de Rhétie (Bavière), de Norique (Autriche) et de Pannonie (Hongrie occidentale) dont les populations celtes furent désormais soumises à l'autorité romaine.

Ainsi, dès le début du Ier siècle de notre ère, le Rhin et le Danube étaient-ils devenus la frontière septentrionale du monde romain face au monde germanique. Au-delà s'étendait ce nouveau monde barbare en pleine mutation que nous commençons à mieux connaître grâce aux témoignages fournis par les auteurs latins de l'époque, César, Pline l'Ancien et surtout Tacite. Dans l'immédiat, Auguste était persuadé que la meilleure sécurité pour le monde romain était de soumettre les Germains et de porter les limites de l'Empire jusqu'à l'Elbe.

Ce fut également la position des représentants de Rome en Gaule, Drusus puis Tibère. Après plusieurs agressions dont furent victimes des marchands romains qui s'étaient aventurés en Germanie, l'incursion en 16 avant J.-C. d'éléments germaniques issus de peuples établis sur la rive droite du Rhin inférieur (Tenctères, Sicambres et Usipètes) servit de prétexte à Rome pour intervenir. Drusus, qui avait reçu en 13 le commandement des légions stationnées en Gaule, mit sur pied un plan d'attaque qui aboutit, à l'issue de quatre campagnes, à placer sous l'autorité de Rome tout le territoire compris entre le Rhin et la Weser, c'est-à-dire le pays des Sicambres, des Chérusques et des Chattes. Tibère, qui lui succéda après sa mort en 9 avant J.-C., acheva la conquête et procéda au transfert sur la rive gauche du Rhin des Sicambres qui venaient de se révolter. Une telle mesure permit à Tibère de préparer l'étape suivante, à savoir la conquête des pays entre la Weser et l'Elbe. La campagne, menée en 5 après J.-C. à travers le pays des Chauques et des Lombards — l'Oldenburg et le Hanovre actuels —, permit à Tibère d'atteindre la vallée inférieure de l'Elbe, où il fit sa jonction avec des unités de la flotte romaine qui avaient commencé la remontée du fleuve. Le retentissement des victoires de Tibère fut tel que les chefs des Semnones — un peuple qui occupait un territoire correspondant à l'actuel Brandebourg — lui firent acte d'allégeance. Les Chérusques eux-mêmes, qui avaient autrefois vigoureusement résisté aux légions romaines, se rallièrent, et certains de leurs chefs acceptèrent de servir dans l'armée du vainqueur.

Toute l'Allemagne du Nord depuis le Rhin inférieur jusqu'à l'Elbe semblait ainsi reconnaître l'autorité de Rome. Pour asseoir sa domination sur le monde germanique, encore fallait-il avoir le contrôle de l'espace compris entre l'Elbe et le Danube. C'était là le domaine des Marcomans, un peuple de la confédération suève qui, sous son chef Marbod, venait d'occuper la Bohême, d'où la population celte des Boïens avait trouvé refuge en Rhétie romaine. Alors qu'en 6 après J.-C. Tibère s'apprêtait à porter la guerre en Bohême, il dut y renoncer en raison d'une révolte des Pannoniens et des Dalmates qui mobilisa toutes les forces romaines pendant trois ans.

Les difficultés de Rome trouvèrent un écho en Germanie : l'un des chefs chérusques qui servait dans l'armée romaine, Arminius (Hermann), prit la tête d'une révolte qui fit tache d'huile en Allemagne du Nord, d'autant plus facilement que le nouveau gouverneur de Germanie, Quintilius Varus, avait multiplié les maladresses à l'égard des populations indigènes. En septembre de l'année 9, à la tête de trois légions, Varus tomba dans une embuscade dressée par Arminius dans une forêt marécageuse de Westphalie, le *saltus Teutoburgensis* (Teutoburgerwald). Varus et la plupart de ses soldats furent massacrés tandis que les rares survivants tentaient de fuir vers l'ouest. Arminius rallia à lui tous les peuples germaniques de la rive droite du Rhin mais s'arrêta devant la ligne fortifiée qui assurait la défense du fleuve. La révolte d'Arminius amena Rome à revoir sa politique en Germanie. Tibère fit renforcer la frontière du Rhin et abandonna aux Germains toutes les conquêtes faites précédemment. Comme le remarquait plus tard l'historien Florus : « Quant à la Germanie, plût au ciel que César [Auguste] eût attaché moins d'importance à sa conquête ! Nous eûmes plus de honte à la perdre que de gloire à la soumettre[1]. »

Désormais, le nom de Germanie servit à désigner les territoires de la rive gauche du Rhin soumis à Rome. À la fin du Ier siècle la Germanie comptait deux provinces, la *Germania inferior* qui s'étendait des bouches du Rhin jusqu'à la Nahe avec pour chef-lieu *Colonia Claudia Augustina Agrippinensium* (Cologne), et la *Germania superior* de la Nahe au lac de Constance avec *Mogontiacum* (Mayence) pour capitale. Les successeurs d'Auguste ne cherchèrent pas à reconquérir la Germanie. Sous Tibère cependant, Germanicus fit plusieurs incursions en Germanie, simples démonstrations de force destinées à montrer la puissance militaire de Rome. Lors de sa campagne de 15 après J.-C., Germanicus poussa jusqu'au Teutoburgerwald ; il y retrouva les dépouilles des légionnaires de Varus tombés sous les coups d'Arminius et leur fit donner une sépulture décente[2]. Malgré les succès de Germanicus, Rome renonça à toute nouvelle conquête en Germanie. Désormais, le Rhin et le Danube marquèrent l'avancée extrême de Rome dans le monde germanique. Toutefois, pour assurer plus efficacement la sécurité de cette frontière, Domitien, à la fin du Ier siècle après J.-C., mena deux campagnes contre les Chérusques et fit occuper les territoires compris entre le Rhin, le Main et le Neckar. Cette zone de sécurité protégée par un système constamment amélioré de fortifications avec fortins, tours de guet et fossés, reçut le nom de champs Décumates[3]. Le tracé de cette frontière, le *limes*, fut quelque peu modifié au IIe siècle ; le *limes* constitua dès lors une frontière longtemps efficace reliant le Rhin depuis Andernach au Danube en amont de Ratisbonne (*Castra Regina*), qui assura la sécurité de l'Empire romain jusqu'aux Grandes Invasions du Ve siècle.

1. Florus, *Abrégé de l'histoire romaine (Epitome rerum romanorum)*, IV, 11, trad. franç. éd. Garnier, Paris, 1932, p. 539.

2. Tacite, *Annales*, I, 61-62, traduction française, éd. Garnier, Paris, 1947, p. 85.

3. En allemand, *Dekumatland* ou *Zehntland*.

Ce qu'il y avait au-delà du *limes*, nous le connaissons grâce aux informations données par Tacite dans sa *Germania* rédigée vers 95-98 et qui nous donne un véritable état des lieux du monde germanique à la fin du Ier siècle de notre ère. Évoquant leur passé lointain, Tacite fait remonter les Germains à un personnage mythique, Mannus (*Mann* en allemand, c'est-à-dire « homme ») et à ses trois fils qui auraient donné naissance à trois groupes de peuples, les Ingvaeones installés à proximité des côtes de la mer du Nord, les Herminones et les Istaevones établis tous deux dans les régions de l'intérieur[1]. À l'époque de Tacite, les Ingvaeones regroupent les Angles et les Saxons du Nord-Jutland, les Cimbres et les Teutons du Sud-Jutland et les Chauques (Chauci) de la basse vallée de la Weser. Les Herminones comprendraient les peuples de la confédération suève établis pour la plupart en Souabe, mais avec quelques groupes déjà intégrés à l'Empire romain, les Hermondures de Saxe et de Thuringe, les Lombards de la basse vallée de l'Elbe, les Chérusques du Hanovre et les Bructères de Westphalie. Enfin, les Istaevones seraient surtout représentés par les Sicambres de Westphalie méridionale. Mais tous ces peuples sont eux-mêmes divisés en de nombreuses tribus rivales, et il peut arriver que l'une d'entre elles se détache et impose son autorité et son nom à tout le groupe, sans oublier non plus que ces peuples se déplacent sans cesse. Au-delà, vers l'est, outre les Bastarnes et les Germains orientaux qui se sont détachés des Germains demeurés en Allemagne, on trouve des peuples germaniques un peu à l'écart comme les Semnones du Brandebourg, les Marcomans qui se sont fixés en Bohême à la fin du Ier siècle après J.-C. tout comme les Quades en Moravie. D'autres Germains, en outre, se sont déjà installés en deçà du *limes* le long de la frontière où, en échange de leur contribution à sa défense, ils ont reçu des terres. Cette tendance s'est développée à partir du règne de l'empereur Marc Aurèle (161-180) et s'est amplifiée sous ses successeurs.

Ces Germains, César et surtout Tacite nous les ont décrits. Physiquement, ils sont de haute taille, avec des cheveux blonds ou roux ; leurs yeux sont bleus et leur regard farouche. On retrouve des descriptions analogues à propos des Gaulois, ce qui n'a rien de surprenant dans la mesure où il y a des contacts étroits, voire des métissages, entre Celtes et Germains. Les mœurs des Germains sont austères, ils sont élevés à la dure, ce

1. Tacite, *Germania*, II, coll. des auteurs latins, Paris, 1883, p. 435.

qui n'est pas sans susciter une certaine sympathie à leur égard de la part d'auteurs comme Tacite, toujours prompts à dénoncer le luxe et la mollesse des Romains et à l'opposer à la simplicité des « barbares ».

La cellule de base de la société germanique est la famille au sens large du mot, qui regroupe parents, clients et esclaves, une famille solidaire de type patriarcal dans laquelle la femme fait l'objet du respect général. Plusieurs familles vivant sur un même territoire forment le village (*Dorf*), lui-même partie intégrante du « pays » (*Gau*) regroupant le territoire d'une même tribu. À la tête de la tribu, il y a des princes ou des rois mais l'institution royale se développa surtout à partir du IIIe siècle après J.-C. lorsque les tribus commencèrent à se regrouper. Dans chaque tribu, l'autorité réelle relève de l'assemblée des hommes libres qui choisit le chef de guerre.

La société germanique, en dépit des mouvements migratoires qu'elle a connus à certaines époques, n'était pas une société de nomades. Certes, l'élevage était une des activités essentielles et le troupeau constituait la véritable richesse, mais à l'époque de Tacite, les Germains travaillaient la terre, cultivaient les céréales. Les Germains anciens vivaient à la campagne et leurs villages étaient des plus rudimentaires ; à plus forte raison, il n'était pas question de trouver chez eux des villes ; leur artisanat et leur commerce étaient des plus réduits. En revanche, ils avaient pris l'habitude de commercer avec les marchands romains qui venaient épisodiquement les visiter. Les Romains achetaient ici l'ambre de la Baltique, les peaux et les fourrures, et aussi les esclaves, et vendaient des objets de luxe ou de décoration. La religion des anciens Germains était une religion polythéiste dans laquelle on retrouvait les principaux éléments du panthéon indo-européen. D'après Tacite, outre les différentes forces de la nature, les Germains honoraient principalement trois dieux : Wotan ou Odin identifié à Mercure, Donar ou Thor identifié à Mars, et Tyr comparé à Hercule.

Tels étaient ces Germains, solidement installés sur le territoire de ce qui allait devenir l'Allemagne, et dont l'entrée en force dans l'Empire romain à partir du IVe siècle et surtout au Ve siècle allait, dans le cadre des Grandes Invasions, précipiter la chute de Rome mais donner naissance à un nouveau monde en Occident.

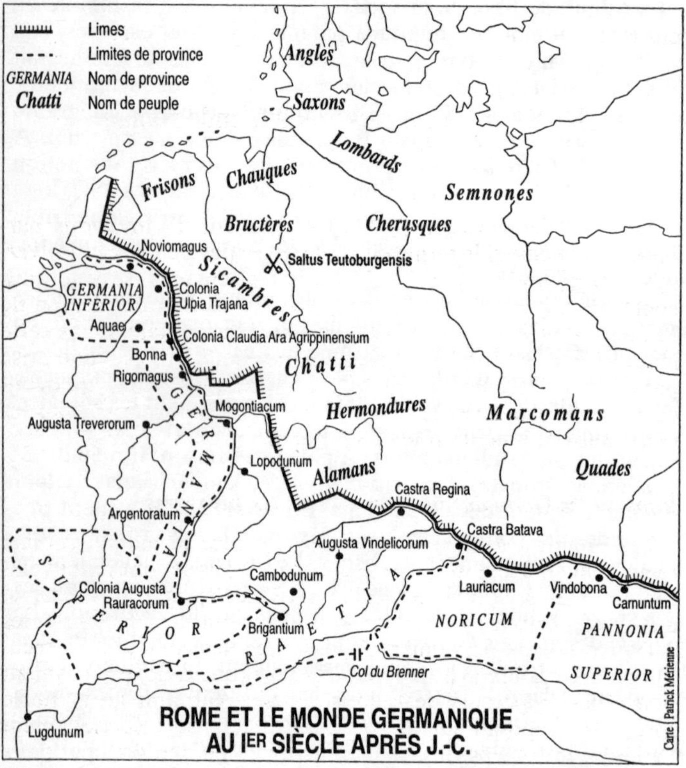


**ROME ET LE MONDE GERMANIQUE AU IER SIÈCLE APRÈS J.-C.**

*Aquae Grani* : Aachen (Aix-la-Chapelle) ; *Argentoratum* : Strasbourg ; *Augusta Treverorum* : Trier (Trèves) ; *Augusta Vindelicorum* : Augsburg (Augsbourg) ; *Bonna* : Bonn ; *Brigantium* : Bregenz ; *Cambodunum* · Kempten ; *Carnuntum* : Hainburg-Petronell ; *Castra Batava* : Passau ; *Castra Regina* : Regensburg (Ratisbonne) ; *Colonia Augusta Rauracorum* : Augst ; *Colonia Claudia Augustina Agrippinensium* : Köln (Cologne) ; *Colonia Ulpia Trajana* : Xanten ; *Lauriacum* : Enns ; *Lopodunum* : Ladenburg ; *Lugdunum* : Lyon ; *Mogontiacum* : Mainz (Mayence) ; *Noviomagus* : Nimègue ; *Rigomagus* : Remagen ; *Saltus Teutoburgensis* : Teutoburgerwald ; *Vindobona* : Wien (Vienne).

# 3

# Les Germains à l'assaut du monde romain

Les Grandes Invasions, qualifiées souvent d'« invasions barbares » — même si le terme de « migration des peuples » (*Völkerwanderung*) utilisé par les historiens allemands semble plus conforme à la réalité des faits —, ont abouti à la disparition de l'Empire romain au moins dans sa partie occidentale. Dans cette lente pénétration de l'Empire, miné de l'intérieur par une crise profonde, qui débute à la fin du IIe siècle et qui s'achève au début du Ve siècle par l'assaut final des peuples de la périphérie, les Germains ont joué un rôle déterminant.

## *Rome et les Germains jusqu'aux Grandes Invasions*

Les premiers assauts des Germains contre le monde romain remontent au début du IIe siècle avant J.-C. ; ils se sont renouvelés comme nous l'avons vu précédemment à l'époque de César et d'Auguste, mais les successeurs d'Auguste puis les Flaviens et les Antonins étaient parvenus non sans mal à les contenir. La sécurité de la frontière avec le monde germanique telle que l'avaient conçue les empereurs de la dynastie des Antonins au IIe siècle après J.-C. reposait sur un système de défense essentiellement statique constitué par le *limes* rhéno-danubien, renforcé par deux importantes têtes de pont en pays « barbare », à l'ouest les champs Décumates occupés à l'époque de Domitien, et à l'est la province de Dacie[1] conquise par l'empereur Trajan. Depuis longtemps déjà en raison des problèmes d'effectifs et de coût financier provoqués par la défense d'un empire aussi étendu, Rome avait renoncé à entreprendre de nouvelles conquêtes en direction de la Germanie.

1. Ce qui correspond approximativement à la Transylvanie, c'est-à-dire la partie occidentale de l'actuelle Roumanie.

Face à cet Empire romain désormais sur la défensive, le monde germanique connaissait depuis le IIe siècle après J.-C. une forte poussée démographique difficilement quantifiable mais incontestable, ce qui impliquait la recherche de nouvelles terres pour assurer la subsistance d'une population devenue plus nombreuse. Le plus souvent, ces terres, les Germains les obtenaient de façon pacifique par la conclusion de traités entre les chefs germaniques et les responsables romains des zones frontalières. En général, ces traités attribuaient un lot de terres situées en territoire romain à proximité du *limes* à un chef germanique en échange de sa participation et de celle de ses guerriers à la défense de l'Empire... contre d'autres Germains. Ces Germains intégrés à l'Empire par traité (*fœdus*) étaient qualifiés de fédérés (*fœderati*). Dans cette recherche permanente de terres, ainsi que de butin, il pouvait arriver aussi que des groupes de Germains extérieurs à l'Empire émigrent massivement vers des zones inhabitées ou que, plus simplement, ils tentent de pénétrer dans l'Empire par la force, davantage pour s'y livrer à des actions de pillage que pour s'y établir d'une façon permanente.

Les attaques des Germains contre le *limes* se multiplièrent dès le règne de l'empereur Marc Aurèle (161-180). C'est ainsi qu'à partir de 167, à la suite d'importants mouvements de migration à l'intérieur du monde germanique, les Hermondures de Thuringe, les Marcomans de Bohême et les Quades de Moravie lancèrent une série d'attaques contre l'Empire. Les Marcomans et les Quades en particulier, après avoir percé le *limes* danubien en Norique, franchirent les Alpes orientales et les Dolomites, puis vinrent mettre le siège devant Aquilée avant de pousser jusqu'à Vérone. La situation fut seulement rétablie en 174, et ce grâce à Marc Aurèle qui, de son quartier général installé à *Carnuntum*[1], dirigea personnellement la contre-offensive tout en acceptant le maintien en Norique de certains éléments germaniques en tant que fédérés. Après sa victoire, Marc Aurèle consolida le système de défense sur le *limes* danubien en renforçant les forteresses de *Castra Regina* (Ratisbonne) et *Lauriacum* (Enns) ; il envisageait même de créer au nord du Danube, face à la Bohême, un glacis de protection, quand il mourut en mars 180 à *Vindobona* (Vienne). Sous les successeurs de Marc Aurèle, un climat de paix sembla s'établir sur le *limes* rhéno-danubien, permettant des contacts plus pacifiques entre les deux mondes. Mais au début du IIIe siècle, les tensions réapparurent sur le *limes* rhénan cette fois.

1. Aujourd'hui Petronell (Autriche).

C'est ainsi qu'en 213 les Chattes de Hesse et les Alamans, un ensemble de tribus jusque-là inconnues et qui venaient de se fixer aux confins orientaux des champs Décumates, tentèrent de pénétrer dans l'Empire. L'empereur Caracalla parvint à les arrêter, puis il mena contre eux une campagne de représailles qui le conduisit jusqu'en Souabe avant d'acheter la paix par le versement de subsides aux chefs alamans.

La crise qui secoua l'Empire après l'extinction de la dynastie des Sévères, en 235, et qui fut marquée par de sanglantes rivalités entre les différents prétendants à l'Empire issus en général de l'armée, par les velléités sécessionnistes de certaines provinces et par le mécontentement général des populations écrasées sous le poids de la fiscalité, rendit l'Empire vulnérable face à un monde germanique en pleine mutation au sein duquel des forces nouvelles émergeaient. Dès 241-242, les Francs tentèrent de franchir le Rhin à la hauteur de Mayence mais furent arrêtés par le futur empereur Aurélien. C'est d'ailleurs à cette occasion qu'on mentionne pour la première fois ce peuple qui, par la suite, allait occuper une place considérable en Occident. Les Francs regroupaient des éléments provenant des peuples des Sicambres, des Chamaves, des Bructères et des Chattes ; ils tenaient alors toute la rive droite du Rhin inférieur. Dès que les Francs furent repoussés, ce fut au tour des Alamans de tenter, en 244, une incursion dans les champs Décumates et en Alsace. Puis, au milieu du IIIe siècle, Francs et Alamans renouvelèrent leurs attaques et franchirent le *limes* en plusieurs points. L'empereur Gallien parvint à les repousser en 256-257. Trois ans plus tard, profitant de la révolte du commandant des troupes romaines de Germanie Postumus, des Francs traversèrent en grand nombre le Rhin, pénétrèrent profondément en Gaule et poussèrent jusqu'en Espagne, tandis que d'autres par la Rhétie se dirigèrent vers l'Italie d'où ils furent finalement chassés par l'empereur Gallien. Postumus, rentré en grâce, reçut en 265 la charge de défendre la Gaule ; il négocia le départ des Francs mais accepta l'installation d'un certain nombre d'entre eux sur la rive gauche du Rhin à titre de fédérés. Une fois le péril franc momentanément écarté, l'Empire fut confronté à une nouvelle attaque des Alamans qui, après avoir occupé les champs Décumates, lancèrent en 268 une attaque contre la Rhétie, puis, par les vallées alpestres et par le col du Brenner, passèrent en Italie du Nord où ils furent arrêtés près du lac de Garde par l'empereur Claude II. Les Alamans se retirèrent en Rhétie avant de regagner les champs Décumates.

Après la mort de Claude II, lorsque le commandant de l'armée du Danube, Aurélien, fut proclamé empereur par ses soldats, l'Empire se trouvait menacé de toutes parts. Pendant son court règne (270-275), Aurélien se consacra entièrement à la réorganisation de la défense de l'Empire. À l'ouest, les Francs en Gaule, les Alamans associés aux Juthunges en Rhétie et en Italie du Nord, à l'est les Vandales et les Sarmates en Pannonie, les Goths en Dacie, tous se faisaient extrêmement pressants. Pour mieux assurer la sécurité de l'Empire, Aurélien décida d'abord d'évacuer la Dacie, ramenant la ligne de défense de l'Empire au Danube mais permettant aux Goths de prendre pied dans cette province. Avec la perte des champs Décumates, le tracé du *limes* se trouvait ramené au Rhin depuis la mer du Nord jusqu'à l'extrémité orientale du lac de Constance protégé par le camp militaire de *Brigantium* (Bregenz) ; de là, le nouveau *limes* suivait le cours de l'Iller jusqu'à son confluent avec le Danube, puis celui du Danube jusqu'à la mer Noire. Ce nouveau *limes* dut être aménagé à la hâte tandis qu'à l'intérieur de l'Empire, les villes furent mises en état de défense avec la construction de murailles.

Aussitôt après l'assassinat d'Aurélien, victime de l'un des nombreux complots qui ponctuèrent le IIIe siècle, les Francs et les Alamans réapparurent en Gaule et s'y livrèrent pendant deux ans à des chevauchées dévastatrices. On estime à soixante-dix le nombre des villes de Gaule qui furent mises à sac par les envahisseurs. L'un des généraux d'Aurélien, Probus, proclamé empereur en 276 par l'armée de Syrie, mobilisa toutes les forces disponibles pour chasser les intrus. Probus mena à bien la tâche qu'il s'était fixée et réussit même à reprendre le contrôle des champs Décumates ; puis, il incorpora dans l'armée romaine 16 000 « barbares » prélevés sur les tribus germaniques soumises. Le *limes* fut consolidé. Mais, en 283-284, les Alamans reprirent leurs attaques et les champs Décumates furent alors définitivement perdus pour Rome. À ces attaques terrestres s'ajoutèrent des attaques par mer en direction des côtes gauloises. Elles étaient conduites par un nouveau peuple germanique, les Saxons. Les Saxons étaient issus des anciennes tribus des Chauques auxquelles s'étaient jointes diverses peuplades moins connues établies entre les vallées du Rhin et de l'Elbe inférieur. Au IIIe siècle, les Saxons occupaient les plaines côtières qui s'étendaient des bouches de l'Ems jusqu'à l'Elbe et, à la fin du siècle, ils avaient entrepris un lent mouvement de migration vers le sud.

Lorsque, en 285, Dioclétien fut proclamé empereur par ses soldats, il héritait d'un Empire romain territorialement diminué, affaibli par les tendances centrifuges de certaines provinces de la périphérie et, à l'intérieur, par la crise financière. Pour pallier la pénurie d'hommes, Dioclétien poursuivit et accentua la politique pratiquée depuis longtemps par ses prédécesseurs, qui consistait à recruter des Barbares pour lutter contre d'autres Barbares. À côté du système des fédérés jusque-là en vigueur, on vit apparaître sous Dioclétien les Lètes (*Loeti*), des Barbares qui, comme les fédérés, recevaient des terres à l'intérieur de l'Empire mais étaient tenus de servir dans l'armée ou d'y envoyer leurs fils en cas de besoin. Malgré l'avantage immédiat que constituaient ces renforts en soldats, ce système mettait l'Empire à la merci du bon vouloir d'une armée où les éléments étrangers étaient de plus en plus nombreux. En outre, au moins dans sa partie occidentale, le *limes*, frontière militaire et politique, ne constituait plus dorénavant une frontière ethnique puisque de part et d'autre de son tracé vivaient des populations proches par la langue et la civilisation.

Pour rendre plus efficace la gestion de l'Empire et éviter les crises liées à la succession, Dioclétien imagina le système de la tétrarchie. Il associa au pouvoir un coempereur, Maximien, et chacun des deux coempereurs fut assisté d'un « césar », destiné à lui succéder. De 285 à 293, Dioclétien prit en charge la partie orientale de l'Empire tandis que Maximien installé à Milan avait en charge l'Occident avec, pour césar, Constance, installé à *Augusta Treverorum* (Trèves). En trois campagnes menées de 286 à 288, Constance réussit à repousser victorieusement les Francs et les Alamans mais il accepta néanmoins l'installation de nouveaux contingents de Francs dans le nord de la Gaule.

Après l'abdication de Dioclétien et de Maximien en faveur de leurs césars, les attaques des Germains reprirent. En 298 les Alamans franchirent le Rhin puis dévastèrent le nord-est de la Gaule et la Rhétie. Constance Chlore les battit à *Andenontunium* (Langres) puis à *Vindonissa*, près du confluent de l'Aar et du Rhin. De nouvelles incursions de Germains se poursuivirent dans les premières décennies du IVe siècle, à un moment où, une fois encore, l'Empire était affaibli par des guerres civiles opposant les divers candidats au pouvoir. Ce fut seulement en 324 que l'unité de l'Empire fut rétablie au profit de Constantin. En 330, alors que Constantin inaugurait Constantinople, la partie occidentale de l'Empire, la partie latine, en opposition à l'Orient hellénisé, était largement pénétrée par la germanité. Les Germains s'installèrent ou furent installés en nombre croissant d'abord le long du *limes* rhénan, puis progressivement à l'intérieur des provinces. L'armée romaine se germanisa, tandis que les Germains présents dans l'Empire s'imprégnèrent de certains éléments de la civilisation romaine. En bien des régions les Barbares participèrent au renouveau de la vie agricole, comme la remise en culture de nombreuses friches de la Gaule septentrionale.

Les années qui suivirent la mort de Constantin en 337 furent marquées par une longue période d'anarchie et de guerres civiles, facteurs supplémentaires de désagrégation. Toutefois, en général, le *limes* continuait à assurer une certaine sécurité à l'Empire et si d'aventure survenait une incursion des Barbares le dispositif militaire mis en place tout le long de la frontière remplissait efficacement sa mission. Ainsi, en 355, le *limes* rhénan fut-il forcé en plusieurs points, par les Francs dans la région de Cologne, par les Saxons à la hauteur de Mayence et par les Alamans sur le Rhin supérieur. La Gaule, une nouvelle fois, fut parcourue par des bandes de Barbares avides de butin. Non sans mal, le césar Julien parvint à redresser la situation l'année suivante. Lyon, capitale historique des Gaules, fut dégagée en janvier 357, puis au mois d'août de la même année, Julien défit près d'*Argentoratum* (Strasbourg) les Alamans qui se replièrent en Forêt-Noire. Avec les Francs Saliens, Julien poursuivit la politique antérieure et installa de nouveaux colons dans la Campine belge. Quant aux Saxons, les succès remportés sur eux en 358 les éloignèrent pour un temps. Sous Valentinien (364-375), le système de défense fut renforcé, notamment dans le secteur qui faisait face aux Alamans. Une nouvelle attaque des Saxons contre les régions de l'Empire tenues par les Francs Saliens fut repoussée en 374 par Valentinien qui retourna ensuite ses forces contre les Alamans : ceux-ci avaient tenté une incursion en Alsace, Valentinien les obligea à traiter.

À ce moment-là, tout laissait à penser qu'un *modus vivendi* entre Rome et ses voisins germains était en train de s'ébaucher dans la partie occidentale de l'Empire. De nombreux Germains étaient déjà installés dans l'Empire et servaient loyalement leurs « protecteurs », n'hésitant pas à combattre à leur côté contre leurs frères de race vivants au-delà du *limes*. En dépit de tensions passagères et ponctuelles sur le *limes*, les Germains occidentaux ne semblaient pas faire courir de risques majeurs au monde romain.

En cette fin du IV<sup>e</sup> siècle, le monde germanique était loin de ressembler à celui qu'avait décrit Tacite trois siècles plus tôt.

La tendance au regroupement et à la fusion de nombreuses tribus germaniques avait amené l'apparition de nouvelles entités ethniques, mieux différenciées et mieux structurées, mais constamment en mouvement.

La répartition des peuples de la Germanie « libre », c'est-à-dire des peuples qui vivent au-delà du *limes*, se présente alors comme suit. Le long du *limes* rhénan, on trouve du nord au sud, tout d'abord les Frisons qui occupent les basses plaines situées entre l'embouchure du Rhin et la vallée de l'Ems ; puis vient le domaine des Francs qui, au cours du IVe siècle, a pris une extension considérable. Les Francs Saliens, les plus occidentaux, avaient déjà été admis en grand nombre dans l'Empire romain où ils occupent de vastes espaces entre le Rhin et l'Escaut ; il en est de même d'une partie des Francs *Ripuaires* qui ont été établis entre la Meuse, la Moselle et le Rhin. Mais beaucoup d'autres Francs sont présents sur la rive droite du Rhin, installés dans la haute vallée de la Weser, de la Regnitz, de la Fulda et de la Werra ; ce sont les ancêtres des Franconiens et des Hessois. Au sud des Francs, toujours sur la rive droite du Rhin moyen et supérieur, s'étend l'espace occupé par les Alamans depuis les champs Décumates jusqu'à la Souabe incluse. Plus à l'est, au-delà des régions tenues par des peuples cités précédemment et qui sont des voisins directs du monde romain, se trouvent d'autres peuples germaniques. Du nord au sud, on rencontre successivement les Saxons et leurs alliés thuringiens descendants des anciens Hermondures qui, depuis le Schleswig-Holstein, ont lentement progressé vers le sud et contrôlent toute la zone comprise entre le Schleswig-Holstein, le Taunus et le Main inférieur au sud, jusqu'à l'Elbe à l'est. Puis, au sud des Saxons, vivent des peuples de la confédération suève, voisins orientaux des Alamans, parmi lesquels se sont fondus les Naristes, les Marcomans et les Quades. Plus loin encore, vers l'est, s'étend l'immense domaine des Germains orientaux dispersés de la Baltique à la mer Noire, et voisins des Slaves. Les Germains orientaux comprennent au nord les Ruges, originaires de l'île de Rügen, présents dans l'actuelle Poméranie occidentale depuis le IIe siècle, les Lombards, alors présents dans la basse vallée de l'Elbe, les Burgondes qui, encore au Ier siècle, vivaient entre l'Elbe et l'Oder avant de se déplacer peu à peu en direction du Main supérieur à partir du IIIe siècle, les Vandales, divisés en Silinges et en Astinges, venus de Silésie et qui, après avoir franchi les Carpates à la fin du IIIe siècle ont atteint la plaine hongroise et la Dacie où ils côtoient les Gépides, autre ensemble de tribus germaniques venues de la basse Vistule au IIe siècle et fixés au IVe siècle dans la plaine hongroise. Enfin, des plaines du bas Danube jusqu'au Dniepr s'étend l'immense domaine tenu par les Goths qui, originaires du sud de la Scandinavie et installés au début de notre ère dans la basse vallée de la Vistule, se sont progressivement déplacés vers le sud-est avant de se fixer dans l'actuelle Ukraine. Au IVe siècle, les Goths, convertis au christianisme dans sa forme arienne par l'évêque Ulfila, se divisent en deux groupes : les Wisigoths présents du bas Danube jusqu'au Dniestr et les Ostrogoths établis dans la vallée du Dniepr. Seuls de tous les Germains, les Wisigoths et les Ostrogoths ont à la fin du IVe siècle une organisation politique assez développée.

*Les Grandes Invasions*

Grandes Invasions, invasions barbares, invasions germaniques, peu importe l'expression utilisée pour désigner cette pénétration massive — et durable — de peuples germaniques dans l'Empire romain à la fin du IVe siècle et au début du Ve siècle. L'événement a frappé en son temps les contemporains et beaucoup d'historiens ont vu dans ce déferlement de peuples sur un Empire romain fragilisé le début d'une ère nouvelle.

L'état des populations germaniques tel que nous venons de le décrire fut, en effet, brutalement remis en question par l'entrée en scène d'un peuple d'origine turco-mongole, le peuple des Huns. Après avoir détruit l'empire des Alains dont une partie se joignit à eux tandis que d'autres trouvaient refuge dans le Caucase, les Huns s'attaquèrent en 375 au royaume des Ostrogoths qui se rallièrent pour le plus grand nombre à eux et les suivirent dans leur marche triomphante vers l'ouest. Se sentant directement menacés par les Huns, les Wisigoths demandèrent à l'empereur Valens le droit de s'établir dans l'Empire, au sud du Danube. Sans attendre la réponse de l'empereur, les Wisigoths commencèrent en 376 à franchir le *limes* danubien, suivis par une partie des Ostrogoths, puis pénétrèrent assez profondément dans les Balkans. L'empereur Valens crut pouvoir les arrêter mais il fut défait le 9 août 378 devant Andrinople et trouva la mort au cours de la bataille. Le successeur de Valens, Théodose (379-395), accepta dans l'immédiat de donner satisfaction aux envahisseurs et laissa les Goths s'installer en Mésie et en Thrace en qualité de fédérés. Mais cette installation se faisait dans des conditions tout à fait différentes des précédentes. Cette fois, c'était un peuple dans sa totalité qui s'installait dans l'Empire, et non plus des groupes limités et solidement encadrés comme cela s'était produit en Occident depuis Marc Aurèle[1]. Le rapport de forces n'était plus le même. Théodose se montra conciliant avec ses hôtes forcés ; il accepta même dans son entourage des chefs goths comme le roi wisigoth Athanaric ou le jeune prince Alaric. À la mort de Théodose, l'Empire romain fut partagé entre ses deux jeunes fils mineurs, Arcadius en Orient et Honorius en Occident. Les Goths profitèrent de la situation pour prendre le contrôle de l'Empire d'Orient. Puis Alaric, à la tête de Wisigoths, se dirigea vers l'ouest, traversa l'Illyrie avant de gagner l'Italie et de s'emparer de Rome le 27 août 408.

Dans l'Empire d'Occident, le pouvoir impérial défaillant depuis la mort de Théodose se trouvait également confronté à de sérieuses difficultés. La poussée des Huns avait provoqué la mise en marche vers l'ouest des peuples de la Germanie libre. Dans les derniers jours de l'année 406, les Vandales, les Suèves auxquels s'étaient joints les Alamans, avaient franchi en masse le Rhin, et malgré la résistance des fédérés francs, avaient pénétré profondément à l'intérieur de la Gaule, détruisant au passage Mayence et Trèves, puis, après avoir traversé toute la Gaule septentrionale, ils se dirigèrent vers le sud-ouest avant de s'arrêter aux Pyrénées.

Cette nouvelle invasion, réalisée par des peuples aux effectifs réduits — en général quelques dizaines de milliers d'hommes —, fut rapidement maîtrisée par un empereur usurpateur venu de Bretagne, du nom de Constantin, qui se lança à leur poursuite et négocia avec leurs chefs leur installation de l'autre côté des Pyrénées, libérant ainsi la Gaule de ces intrus. Mais l'accalmie fut de courte durée car, en 412, venant d'Italie, les Wisigoths passèrent à leur tour en Gaule, s'installèrent en Aquitaine puis en Espagne. Dans le même temps, les Burgondes qui venaient de faire mouvement dans le sud de l'Allemagne jusqu'au Rhin pénétrèrent à leur tour en Gaule et reçurent le droit de se fixer en Savoie.

Jusque-là, les Francs étaient demeurés loyaux à l'égard de l'Empire. Mais les fédérés francs, qui en 406-407 avaient participé à la défense de l'Empire, profitèrent de la confusion générale pour déborder largement la zone où ils étaient confinés et occupèrent tout le nord de la Gaule jusqu'à la Somme. Ils furent renforcés par un certain nombre de tribus franques de la rive droite du Rhin, lesquelles avaient profité de l'attaque des Vandales et des Suèves pour pénétrer dans l'Empire.

1. F. Lot, *Les Invasions germaniques*, Paris, 1945, p. 52 et suiv.

Au lendemain de cette « grande invasion » ou plutôt de cette première vague des Grandes Invasions — car il y en aura d'autres jusqu'au IXe siècle —, la partie occidentale du monde romain semble être totalement aux mains des « Barbares », plus précisément des Germains, alors que l'Empire d'Orient est parvenu à redresser la situation et à détourner vers l'ouest les Wisigoths et les Ostrogoths qui s'y étaient établis. Dès 407, les Angles et certains éléments saxons ont commencé à débarquer en Bretagne, refoulant les populations autochtones celtes vers l'Irlande, l'Écosse et le pays de Galles : on peut dire qu'en 430, la Bretagne est définitivement abandonnée par les autorités romaines. Les envahisseurs de 406-407 ont poursuivi leur migration vers le sud : les Vandales sont passés en Afrique du Nord, tandis que les Suèves se sont fixés au nord du Portugal et en Galice. Les Wisigoths présents en Provence depuis 412 et en Aquitaine depuis 416 ont conquis la plus grande partie de la péninsule Ibérique. Les Burgondes, d'abord fixés en Savoie, ont étendu progressivement leur aire d'implantation en direction de la Saône et du Rhône. Mais tous ces peuples, bien inférieurs en nombre aux habitants des pays qu'ils ont occupés, n'y ont guère laissé de traces durables et se sont fondus peu à peu dans la population locale, avant de disparaître.

En revanche, les Francs et les Alamans, qui disposaient d'effectifs plus nombreux et d'une assise territoriale plus solide, furent seuls en mesure de perdurer. Les Francs Saliens présents du Rhin à la Somme ont constitué autour de Tournai et de Cambrai un embryon d'État ; là où ils étaient minoritaires par rapport aux populations locales fortement romanisées, ils n'ont pas pu imposer leur parler germanique et la langue « gallo-romaine » s'est maintenue en s'enrichissant peu à peu de termes et d'expressions d'origine germanique. En revanche, là où les Saliens étaient solidement implantés en masse compacte, leur langue s'est imposée ; il en fut de même à plus forte raison dans les régions tenues par les Francs Ripuaires en Gaule orientale déjà en cours de germanisation depuis le IIe siècle et où le parler germanique a supplanté les parlers dérivés du latin. C'est ce qui s'est passé dans les régions de la rive gauche du Rhin qui correspondent aujourd'hui aux *Länder* de Rhénanie du Nord-Westphalie et de Rhénanie-Palatinat.

Tandis que progressivement ce brassage des populations débouchait sur l'ébauche d'une nouvelle carte linguistique de l'Europe occidentale, le pouvoir impérial subsistait encore officiellement, au moins par certaines de ses institutions. Au milieu du Ve siècle, il y avait encore en Gaule, entre la Somme, la Meuse et la Loire, une zone où l'autorité de Rome était exercée par un certain Syagrius. Et, en 451, lorsque la Gaule fut attaquée par les Huns d'Attila, des contingents francs, burgondes et wisigoths se joignirent aux forces romaines du patrice Aetius pour faire front à l'envahisseur. Attila, battu au *campus Mauriacus*, se retira en Italie. Après la mort d'Attila en 453, l'empire des Huns se décomposa ; les Huns se retirèrent en Asie centrale d'où ils étaient venus. Le vide qu'ils laissèrent dans les plaines du Danube fut comblé par deux peuples germaniques aux origines mal connues, les Bavarois qui s'établirent entre le haut Danube et les Alpes, dans la Bavière actuelle et au Tyrol, et les Lombards qui se fixèrent provisoirement en Pannonie que les Ostrogoths venaient de quitter pour passer en Italie. L'installation des Ostrogoths en Italie du Nord porta un coup fatal à l'Empire romain d'Occident. Le dernier empereur d'Occident, le jeune Romulus Augustule fut déposé en 476. Seul subsistait l'Empire d'Orient avec Constantinople pour capitale.

Sur les ruines de l'Empire d'Occident, d'éphémères royaumes germaniques s'étaient formés. Un seul d'entre eux, celui des Francs, fut en mesure de s'affirmer et de perdurer, devenant grâce au Germain Clodowech, notre Clovis, une vaste puissance territoriale s'étendant des Pyrénées à la Weser, de la mer du Nord à la Méditerranée, une puissance sur le territoire de laquelle vivaient des populations romanisées au sud et à l'ouest, des populations germaniques au nord et à l'est. Mais il faudra encore attendre cinq siècles avant que la partie germanophone de ce royaume franc ne donne naissance à l'Allemagne, soit à peu près autant de temps qu'il avait fallu aux tribus germaniques pour venir à bout de l'Empire romain.

4

# De la monarchie franque à la royauté germanique (481-911)

Les Francs, et en particulier les Francs Saliens, avaient joué, comme nous venons de le voir, un rôle de premier plan dans la reconstruction politique du monde occidental au lendemain des Grandes Invasions et de la disparition de l'Empire romain d'Occident. Les diverses tribus et peuplades franques apparues dans l'histoire au cours du IIIe siècle, au moment où elles commencent à s'infiltrer en Gaule septentrionale, occupent au milieu du Ve siècle un vaste espace qui s'étend des côtes de la mer du Nord au Rhin moyen. Combien sont-ils, ces Francs, à ce moment-là ? On estime alors leur nombre à un chiffre compris entre 150 000 et 200 000 dans une Gaule de 8 millions d'habitants, une minorité de parler germanique dans une Gaule latinisée depuis quatre siècles. Et pourtant, ce sont ces Francs qui vont prendre le relais de l'autorité romaine défaillante dans tout l'Occident et regrouper rapidement sous leur domination la quasi-totalité des peuples germaniques d'outre-Rhin.

## *La naissance du royaume franc*

Tout commence au milieu du Ve siècle lorsque Childéric, qui régnait sur l'une des tribus saliennes établies dans la région de Tournai[1], parvient à imposer son autorité aux tribus voisines puis, à partir de 457, à l'ensemble des Francs Saliens. Sa puissance est telle que l'un des derniers représentants de Rome en Gaule, le *magister militium* Aegidius, l'utilise contre les Wisigoths dans la défense de la ligne de la Loire. Childéric, aux côtés d'Aegidius, contribue à la défaite des Wisigoths en 463 devant Orléans, puis combat les pirates saxons qui tentaient des incursions en Gaule

1. C'est d'ailleurs à Tournai que l'on a découvert en 1653 la tombe de Childéric qui renfermait un important trésor.

en remontant la Loire et leur reprend Angers qu'ils avaient transformée en base d'attaque[1].

À la mort de Childéric en 481 (ou 482), son fils Clovis, en germanique Chlodwig ou Chlodowech, âgé d'une quinzaine d'années, lui succéda. Après avoir consolidé son autorité sur les Francs Saliens comme l'avait fait son père au début de son règne, en 486, Clovis s'attaqua à l'État « gallo-romain » que dirigeait depuis Soissons Syagrius, le fils d'Aegidius, l'allié de son père, et l'intégra à son royaume. Dès lors, Soissons devient la capitale du royaume salien qui s'étend sur toute la Gaule septentrionale jusqu'à la Loire. Profitant de ce que les Francs rhénans — souvent appelés Ripuaires — qui tenaient le Rhin moyen et inférieur faisaient l'objet d'attaques incessantes de la part des Alamans solidement établis en Alsace et dans l'actuel Palatinat, Clovis, malgré la menace constante des Wisigoths, répondit à l'appel de leur roi Sigebert et battit en 496 à la bataille de Tolbiac — aujourd'hui Zülpich près de Cologne — les Alamans auxquels il imposa son autorité.

La victoire de Tolbiac marque un tournant décisif dans le destin de Clovis et du peuple franc. Selon la tradition rapportée par Grégoire de Tours, cette victoire fut l'événement déterminant qui incita Clovis, alors païen, à devenir catholique. Trois ans auparavant, Clovis avait épousé Clotilde, une princesse catholique, nièce du roi burgonde — et arien — Gondebaud ; la reine, assistée des évêques Avit de Vienne et Remi de Reims, le poussait à se convertir. À la Noël de 496, Clovis et plusieurs milliers de ses guerriers reçurent le baptême des mains de l'évêque de Reims. Acte politique s'il en fut, le baptême de Clovis était d'une importance capitale. En effet, à la différence des autres rois « barbares » d'Occident, chrétiens certes mais hérétiques aux yeux de l'Église parce que ariens, Clovis, lui, avait choisi la foi catholique. Il se plaçait ainsi dans la tradition de Rome et partageait du même coup la foi de ses propres sujets, et aussi celle des sujets catholiques des autres souverains barbares. Clovis, de la sorte, pouvait compter sur l'appui de l'Église romaine et de son clergé.

Fort de ce soutien, il put s'attaquer au royaume des Wisigoths sur lequel régnait depuis 484 le roi Alaric II. L'État wisigothique était alors à l'apogée de sa puissance ; il s'étendait sur la plus grande partie de la péninsule Ibérique, sur l'Aquitaine, le Toulousain et l'Auvergne. La Loire constituait la ligne de partage entre

1. F. Lot, *La Fin du monde antique et le début du Moyen Âge*, Paris, 1927, p. 362-363.

les possessions d'Alaric et celles de Clovis. Dans sa lutte contre les Wisigoths, Clovis put compter sur l'ensemble des peuples francs et sur l'alliance des Burgondes. Vainqueur d'Alaric II à Vouillé, près de Poitiers, Clovis rejeta les Wisigoths au-delà des Pyrénées et étendit son autorité sur la quasi-totalité des pays situés au sud de la Loire, à l'exception de la Septimanie — le Bas-Languedoc — encore tenue par les Wisigoths et du royaume des Burgondes.

Le prestige de Clovis était tel qu'en 508 il fut reconnu comme roi par les Francs rhénans, ce qui lui permit d'annexer tous les petits royaumes francs de Rhénanie, notamment celui de Cologne. De tous les peuples germaniques qui avaient pris part aux Grandes Invasions, les Francs, grâce à Clovis, étaient devenus la force dominante de l'Occident et, avec la conversion de leur roi, ils bénéficiaient du préjugé favorable de l'Église et des populations romanisées qu'ils avaient soumises.

*L'expansion franque à l'est et au sud*

À la mort de Clovis en 511, le royaume franc fut, conformément à la tradition germanique, partagé entre ses quatre fils : Thierry, Clotaire, Childebert et Clodomir. Cette division politique n'empêcha pas la poursuite de la politique expansionniste inaugurée par Clovis. Ce fut d'abord en 531 la campagne menée en commun par Thierry et Clotaire contre le royaume des Thuringiens, avec l'appui des Saxons. Les Thuringiens, descendants des anciens Hermondures, occupaient un vaste territoire en Germanie qui s'étendait de l'Elbe à la Weser et à la haute vallée du Main. Après leur défaite, ils durent reconnaître l'autorité du roi mérovingien Thierry mais conservèrent leur autonomie ; les Saxons, quant à eux, comme prix de leur aide, reçurent le territoire du Harz mais durent accepter l'hégémonie franque. À partir de 532, Clotaire et Childebert menèrent campagne contre les Burgondes dont le royaume deux ans plus tard fut incorporé au royaume franc. La mainmise franque sur le sud-est de la Gaule fut achevée en 536-537 avec la cession de la Provence par les Ostrogoths. À peu près au même moment, les Bavarois reconnurent l'autorité du roi franc Théodebert Ier (534-548), fils de Thierry, tout en conservant une très large autonomie avec leurs ducs nationaux. Les Bavarois (*Baiovarii* ou *Baiuwari*), venus de Bohême à la fin du ve siècle, étaient les descendants des Marcomans auxquels s'étaient incorporées diverses peuplades germaniques ; ils avaient occupé vers 500 le territoire de l'ancienne province romaine de Rhétie, entre le Lech et l'Enns. Vers 540, les Francs entrèrent en conflit avec les Saxons installés entre l'Ems à l'ouest, la vallée inférieure de l'Elbe à l'est et le Harz au sud. Vaincus, les Saxons durent payer tribut aux Francs et reconnaître leur autorité. Un peu plus tard, vers 554, profitant d'une révolte des Thuringiens contre la puissance franque, les Saxons tentèrent de se dégager de leur tutelle mais la menace que faisaient peser sur eux les peuples slaves installés au-delà de l'Elbe mit fin à ces velléités d'indépendance et les rapprocha des Francs.

Ainsi, au moment où l'unité du royaume franc fut momentanément reconstituée par Clotaire Ier, en 558, le royaume franc s'étendait-il sur un immense territoire allant des Pyrénées à l'Elbe, et de la mer du Nord à la Méditerranée ; il se présentait sous un double visage, gallo-romain dans sa partie occidentale et méridionale, germanique dans sa partie septentrionale et orientale. Déjà se dessinaient les contours de deux entités aux traits bien différenciés : une Neustrie à l'ouest, à laquelle on pouvait rattacher l'Aquitaine et la Gaule méridionale où la population romanophone l'emportait très largement, une Austrasie à l'est, au caractère germanique plus affirmé, où les parlers germaniques dominaient au-delà de la Meuse et de la Moselle, et dont dépendaient les peuples germaniques d'outre-Rhin.

L'opposition entre Neustrie et Austrasie allait se confirmer et s'amplifier au cours des décennies suivantes, bien que, tant en Neustrie qu'en Austrasie, les souverains fussent tous francs et germanophones. Si, épisodiquement, l'unité du *Regnum Francorum* se trouva reconstituée comme sous Clotaire II, entre 613 et 629, et son fils Dagobert Ier, de 629 à 639, la dualité du royaume franc était une réalité incontournable.

Au moment où les Francs étaient en train d'asseoir leur autorité sur les populations germaniques d'entre Rhin et Elbe — la future Allemagne —, de nouveaux déplacements de peuples jusque-là mal connus ou même totalement inconnus se produisaient en Europe centro-orientale. Au VIe siècle, en effet, on assiste d'une part à l'expansion des Slaves occidentaux qui, partis du sud de l'actuelle Pologne, se répandent vers l'ouest en direction de l'Elbe, ou vers le sud en direction de la Bohême et de l'ancienne Pannonie romaine, et d'autre part à l'arrivée en Europe d'un peuple nomade venu d'Asie centrale, le peuple des Avars qui, après avoir franchi les Carpates, se fixe dans les plaines du moyen Danube. La conjugaison de ces deux mouvements migratoires provoqua vers 568 le départ des Lombards installés dans la cuvette pannonienne en direction de l'Italie.

L'installation des Avars au cœur de l'Europe constituait une menace à la fois pour le monde byzantin mais aussi et surtout pour les possessions franques en Bavière et en Franconie qui périodiquement furent l'objet de raids dévastateurs au cours des VIIe et VIIIe siècles. L'installation des Avars sur le territoire de l'actuelle Hongrie et dans la partie orientale de l'Autriche interrompit provisoirement le processus des migrations slaves dans ces régions. Mais les Slaves n'en poursuivirent pas moins leur lent mouvement d'avancée vers l'ouest, pour atteindre au VIIe siècle la Saale et le haut Main à partir de la Bohême. À la fin du VIIe siècle, la limite entre le monde germanique et le monde slave est constituée par une ligne qui part des rives de la Baltique, à l'ouest de l'actuelle ville de Lübeck, atteint l'Elbe à une cinquantaine de kilomètres en amont de Hambourg, suit le cours de l'Elbe, puis celui de la Saale jusqu'au sud d'Iéna, rejoint ensuite les monts de Bohême dont elle suit les crêtes, puis se dirige vers le Danube à la hauteur de Linz avant d'atteindre en ligne droite l'Adriatique à travers les Alpes orientales et les Dolomites. Cette frontière entre Germains et Slaves resta à peu près stable jusqu'au début du Xe siècle, date à laquelle les Germains libérés de la tutelle franque commencèrent leur lent mouvement d'expansion vers l'est.

Pourtant, au VIIe siècle, les rois francs de la lignée de Clovis ne semblaient guère troublés par ce *Drang nach Westen*, cette « marche vers l'ouest » des Slaves aux confins orientaux de leur royaume, c'est-à-dire dans des régions qui, à leurs yeux, n'avaient qu'un intérêt tout à fait marginal ; en effet, il s'agissait de régions pauvres, peu peuplées, mal assimilées. Attirés par l'héritage romain, les rois francs avaient fait de l'ancienne Gaule romaine le centre de leur pouvoir. Pour les descendants de Clovis, les pays situés au-delà du Rhin n'avaient qu'un intérêt secondaire et leur autorité y était plus théorique que réelle.

Ce n'est qu'avec la montée en puissance des maires du palais d'Austrasie avec Pépin de Herstal à la fin du VIIe siècle qu'on va assister à un lent déplacement vers l'est du centre de gravité du royaume franc.

### *Les Pippinides et le retour à l'unité du* Regnum Francorum

Après la mort de Dagobert, la Neustrie et l'Austrasie devinrent des royaumes distincts, rivaux et antagonistes. Pendant plus d'un demi-siècle, l'histoire du *Regnum Francorum* sera ponctuée de guerres civiles au cours desquelles s'affronteront les clientèles des prétendants au pouvoir. Face aux derniers Mérovingiens, ces fameux « rois fainéants » trop souvent décriés, on assiste à la montée des « maires du palais » qui, au nom des rois, exercèrent la réalité du pouvoir. La victoire en 687, à Tertry, du maire du palais d'Austrasie, Pépin de Herstal, sur les Neustriens consacra à la fois la puissance de la famille des Pippinides dont il était issu et le rôle prépondérant de l'Austrasie. Pépin de Herstal cumula les fonctions de maire du palais d'Austrasie, de Neustrie et de Bourgogne, et parvint à les garder sous quatre rois mérovingiens différents. À la mort de Pépin de Herstal en 714, son fils Charles, plus connu sous le nom de Charles Martel, conserva les fonctions exercées par son père et se comporta en véritable souverain, disposant à son gré des évêchés et des biens d'Église distribués à titre de « bienfait » (*beneficium*) à ses partisans. La victoire de Charles Martel sur les Arabes à Poitiers, en octobre 732, valut au Pippinide un prestige considérable.

À sa mort en 741, le royaume des Francs fut, conformément aux volontés du défunt, partagé entre ses deux fils selon la tradition. L'aîné, Carloman, reçut l'Austrasie et les dépendances germaniques du royaume (Alémanie, Souabe, Thuringe) ; le cadet, Pépin le Bref, obtint la Neustrie, la Bourgogne et la Provence, le tout sous l'autorité purement nominale du Mérovingien Childéric III. Dès 747, grâce à la renonciation de Carloman à sa part et à son retrait au monastère du mont Cassin, Pépin le Bref rétablit l'unité du royaume franc. Maître du pouvoir, il n'hésita pas à déposer le jeune Childéric et à le reléguer dans un monastère. Puis, lors d'une assemblée des Grands tenue à Soissons en 751, Pépin le Bref fut reconnu comme roi héréditaire de tout le royaume franc, avant de recevoir l'onction des saintes huiles, sans doute des mains de l'évêque de Germanie Boniface. Auparavant, Pépin le Bref avait fait sonder les intentions du pape Zacharie par l'intermédiaire d'une mission conduite par l'évêque Burchard et l'abbé Fulrad de Saint-Denis. La tradition nous a rapporté la réponse du pape : « Il valait mieux appeler roi celui qui possédait le pouvoir que celui qui ne l'avait point, afin que l'ordre ne fût pas bouleversé. » Le successeur de Zacharie, Étienne II, menacé par les Lombards, vint implorer l'aide du « roi » des Francs et le rencontra à Ponthieu en janvier 754. Pépin s'engagea à porter assistance à l'Église romaine. Puis, le 28 juillet de la même année, en l'église de Saint-Denis, le pape procéda à un deuxième sacre de Pépin le Bref auquel furent associés ses deux fils Charles et Carloman qui reçurent le titre de « patrice des Romains[1] ». Une

1. R. Folz, *Le Couronnement impérial de Charlemagne*, Paris, 1964, p. 40-42.

fois encore, comme à l'époque de Clovis, l'Église par sa plus haute autorité confirmait solennellement la légitimité du nouveau souverain, et entérinait du même coup la mise à l'écart des Mérovingiens. Il est vrai que la papauté comptait beaucoup sur Pépin le Bref pour se défendre contre la menace lombarde. De plus, l'Église avait besoin du soutien de la monarchie franque pour évangéliser les Germains d'outre-Rhin, encore païens pour la plupart.

*L'évangélisation de la Germanie*

Il faut rappeler qu'en ce milieu du VIII^e siècle les limites de la chrétienté latine coïncidaient à peu de choses près avec les limites de l'Empire romain. Avec la dislocation de l'Empire romain et la création des royaumes barbares en Occident, la question de l'évangélisation des populations extérieures à l'Empire n'était pas la préoccupation principale de l'Église. Pourtant, les Grandes Invasions avaient provoqué de sérieux dégâts pour l'Église. Sur la rive gauche du Rhin, dans les anciennes provinces romaines de Germanie inférieure et supérieure, un certain nombre d'évêchés avaient été fondés, notamment à Cologne, à Mayence, à Trèves, à Worms, à Spire ; or, à la fin du V^e siècle, en Rhénanie les listes épiscopales sont interrompues. Si bien qu'à partir du VI^e siècle, l'Église se préoccupa en premier lieu de reprendre pied dans les régions anciennement christianisées. Cette politique d'évangélisation fut inaugurée dès le pontificat de Grégoire le Grand (590-604), le « premier pape des missions » dont la préoccupation essentielle fut de ne pas heurter les païens dans leurs traditions, de ne pas détruire leurs temples mais seulement leurs idoles qui devaient être remplacées par des symboles chrétiens[1]. Ce sont les moines irlandais qui, sous la direction de saint Colomban, fondateur de l'abbaye de Luxeuil en 590, furent les premiers à entreprendre, à partir de l'Austrasie et avec l'appui de la noblesse franque, l'évangélisation des confins orientaux de l'Austrasie. Au cours du VII^e siècle et au début du VIII^e, un certain nombre de monastères furent fondés à Stavelot-Malmédy vers 650, à Echternach autour de 695, à Prüm en 721. Un disciple de Colomban, saint Gall, développa son action missionnaire chez les Alamans, fonda le monastère qui porte son nom, puis réorganisa les évêchés de Strasbourg et de Constance. Saint Fridolin, originaire de Poitiers, agit également en pays alaman méridional où il fonda

1. P. Riché, *Les Invasions barbares*, Paris, 1953, p. 106 et suiv.

les monastères de Coire (Chur) et de Säckingen ; son œuvre fut poursuivie par Pirmin, fondateur du monastère de Reichenau. Plus au nord, dans la deuxième moitié du VIIe siècle, à partir de Mayence, le moine irlandais saint Kilian évangélisa la Franconie avec la fondation de l'évêché de Würzbourg puis poursuivit son action en Thuringe.

À la fin du VIIe siècle et au VIIIe siècle, ce furent des moines d'origine anglo-saxonne qui jouèrent le rôle principal dans l'évangélisation de la Germanie. Vers 690, le moine Willibrord, originaire de Northumbrie, s'installa à Utrecht d'où il mena une action évangélisatrice en Frise avec l'appui des Pippinides et de la papauté : Pépin de Herstal lui confia la direction de l'abbaye d'Echternach. Willibrord avait été rejoint à Utrecht par un moine d'Exeter, Wynfrith. Le pape le chargea de « porter la parole de Dieu aux nations incrédules ». En 719, Wynfrith prit la route de Thuringe pour y poursuivre l'œuvre entamée par saint Kilian, puis il se rendit en Hesse où il convertit plusieurs milliers de païens. En 722, il alla rendre compte de son action au pape Grégoire II qui le consacra évêque de Germanie. Wynfrith prit alors le nom de Boniface, traduction de son nom saxon « qui procure la paix ». Le pape le chargea d'une mission auprès de Charles Martel. Boniface continua son action missionnaire en Germanie, avec succès, ce qui lui valut en 732 de recevoir le *pallium* qui lui donnait le droit de nommer directement les évêques des nouveaux diocèses en cours d'organisation. Après avoir jeté les bases de l'organisation de l'Église en Thuringe et en Hesse, Boniface se rendit en Bavière où il poursuivit l'œuvre entreprise au début du VIIIe siècle par saint Emmeran et saint Rupert. En accord avec le duc, Boniface organisa en 739 les quatre évêchés de Bavière : Salzbourg, Passau, Ratisbonne et Freising. Il implanta aussi de nombreux monastères destinés à former les cadres de l'Église de Germanie, tel celui de Fulda qui allait devenir au IXe siècle un centre important de spiritualité, d'art et d'érudition à l'époque de l'abbé Raban Maur (822-842) ; c'est à Fulda que fut rédigé le *Chant de Hildebrand*, le premier monument de la littérature allemande.

Au milieu du VIIIe siècle, avec l'appui de la papauté et des Pippinides, Charles Martel et Pépin le Bref, saint Boniface était parvenu à évangéliser une grande partie des Germains d'outre-Rhin. L'élévation en 751 de l'évêché de Mayence au rang d'archevêché fit de ce siège la métropole de toute la Germanie ; son titulaire Boniface allait devenir le saint patron de l'Église allemande. À la mort de Boniface, en 754, massacré près de Dokkum au cours d'une dernière mission en Frise, l'Église de Germanie était solidement implantée. Seuls les Saxons demeuraient païens.

*La restauration de l'Empire : Charlemagne ou Karl der Grosse ?*

Le règne de Pépin le Bref s'était ouvert sous les meilleurs auspices. L'Église avait cautionné de son autorité le changement de dynastie. En échange, le Pippinide s'était engagé à protéger la papauté contre ses ennemis et à appuyer l'action des missionnaires en Germanie. Sur ce plan, Pépin le Bref avait tenu ses engagements et épaulé la politique d'évangélisation menée par saint Boniface. Avant de mourir, Pépin le Bref avait partagé le *Regnum Francorum* entre ses deux fils, Charles et Carloman, si bien qu'en 768, une nouvelle fois, le monde franc fut divisé. Mais la division fut de courte durée, la mort prématurée de Carloman, en 771, rétablit l'unité du royaume au profit de Charles, le Charlemagne des Français, le *Karl der Grosse* des Allemands.

Comme les premiers Mérovingiens, Charles fut d'abord un conquérant agissant sans plan préconçu mais qui sut utiliser les circonstances favorables, ce qui l'amena à intervenir dans plusieurs directions. En Italie, c'est à l'appel du pape Adrien Ier que Charles intervint dès 773 contre le roi des Lombards, Didier. L'année suivante, le roi des Francs put ainsi ceindre la couronne de fer des rois de Lombardie. Peu après, à l'appel de chefs arabes d'Espagne en conflit avec l'émir de Cordoue, Charles franchit une première fois les Pyrénées et fit une démonstration de force en Aragon et en Navarre. Malgré l'épisode tragique de Roncevaux en 778, Charles intervint de nouveau en Espagne en 793 et en 797, ce qui aboutit à intégrer au *Regnum Francorum* la Catalogne et une partie de l'Aragon, avec la création de la marche d'Espagne, ainsi que la Septimanie sous le nom de marche de Gothie.

Cependant, l'essentiel des actions conquérantes de Charlemagne se situe aux confins septentrionaux et orientaux de la Germanie. Une première menace était constituée par les Saxons encore païens. À plusieurs reprises, les Saxons avaient fait mine de reconnaître l'autorité des Francs puis avaient repris leur indépendance. Leurs attaques avaient repris sous Pépin le Bref qui était parvenu à les contenir. Dès 772, Charlemagne entreprit contre eux une première campagne qui le conduisit jusqu'à la basse Weser où il fit construire le fort d'Ehresburg ; il ordonna de détruire l'idole des Saxons, l'Irmensul ou Erminsäule, un tronc d'arbre gigantesque situé au milieu d'un bois sacré où l'on vénérait le dieu Odin. Les Saxons se soumirent et livrèrent des otages. Mais les affaires lombardes obligèrent Charlemagne à se retirer de Saxe.

Les Saxons occupaient en Allemagne du Nord un vaste espace qui s'étendait de l'Eider au nord jusqu'au confluent de la Werra et de la Fulda au sud, du Rhin inférieur à l'ouest jusqu'à l'Elbe et à la Saale à l'est. Ils étaient divisés en quatre tribus principales, les Nordalbingiens à l'extrême nord au contact des Danois, les Westphaliens à l'ouest, les Angariens au centre, les Ostphaliens à l'est. Le pays était divisé en districts (*Gau*) et, en cas de guerre, on désignait par le sort un chef militaire, le duc. Ce fut le cas dès 775, lorsque Charlemagne réapparut en pays saxon. Face aux Francs, le duc Widukind organisa la résistance. Pénétrant jusqu'au cœur de la Saxe, Charlemagne obtint la soumission de quelques chefs saxons. Plusieurs milliers de Saxons se convertirent lors d'un baptême collectif à Paderborn, en 777, mais Widukind continua la lutte jusqu'en 785. Au cours de ce long affrontement, les Francs procédèrent à une politique de terreur dont l'un des épisodes les plus cruels fut la mise à mort de quatre mille cinq cents otages saxons à Verden en 782. À la fin de 785, Widukind se soumit et accepta de recevoir le baptême. Le Capitulaire saxon incorpora la Saxe et la Frise orientale au royaume franc et le christianisme y fut rendu obligatoire. Les excès de l'administration franque ne tardèrent pas à provoquer une nouvelle révolte, dès 793. On n'en vint à bout qu'en 797 mais une agitation larvée persista dans le nord de la Saxe jusqu'en 804. Pour assurer la sécurité en Saxe, Charlemagne fit procéder à la déportation de dix mille Saxons qui furent dispersés dans différentes régions du royaume ; il les remplaça par des colons francs et slaves. Ce n'est qu'au bout de trente ans et après huit campagnes militaires que Charlemagne était enfin parvenu à soumettre le pays saxon. Une grande partie des terres saxonnes furent attribuées à l'Église. Des évêchés furent créés à Minden, Brême, Münster, Osnabrück dès 804, puis plus tard à Verden, Hildesheim et Halberstadt.

Plus au sud, Charlemagne fut amené à intervenir en Bavière. Cette région christianisée au VII^e siècle avait conservé ses ducs nationaux qui, en théorie du moins, reconnaissaient l'autorité du roi des Francs dont ils étaient vassaux. Vers 772-775, le duc Tassilon III, marié à la fille du roi des Lombards Didier, avait conquis la Carinthie, doublant ainsi la superficie de ses possessions. À la demande de Charlemagne, le duc de Bavière s'était rendu à Worms en 781 pour y renouveler son serment de fidélité et avait laissé en gage de sa bonne foi douze otages. Mais, dans le même temps, il poursuivait en Italie ses intrigues avec les ennemis du roi des Francs. Charlemagne décida d'agir contre lui. Arrêté en 787, Tassilon fut traduit l'année suivante devant le *plaid* d'Ingelheim et condamné à mort pour avoir trahi son serment de fidélité. Gracié, le duc de Bavière fut interné dans un monastère où il termina ses jours, ainsi que son fils Théoton. La Bavière fut incorporée au royaume des Francs. La présence, à l'est du duché, du royaume des Avars allait susciter une nouvelle action militaire de Charlemagne. Les Avars, depuis l'actuelle Hongrie, s'étaient étendus vers l'ouest et avaient occupé la Basse-Autriche d'où ils lançaient épisodiquement des raids dévastateurs contre les Slaves de Moravie et en Bavière. En septembre 791, Charlemagne mena contre eux une première campagne qui le mena jusqu'à la Raba : à l'issue de cette action, la Basse-Autriche fut intégrée au royaume franc. En 795-796, le deuxième fils de Charlemagne, Pépin, au terme d'une seconde campagne qui le mena jusqu'au cœur de la Hongrie, dévasta le pays et s'empara du *ring* (camp) avar et de ses trésors qui furent conduits par convois entiers à Aix-la-Chapelle[1]. Les Avars se replièrent au-delà de la Tisza, tandis que les Francs installèrent quelques points d'appui éphémères en Pannonie occidentale. En revanche, la Basse-Autriche fut organisée dès 796 en *Ostmark* (marche de l'Est) dépendant de l'évêché de Passau et devint une terre de colonisation pour les populations bavaroises qui se fondirent avec les populations celtes romanisées et slaves germanisées déjà présentes sur place[2].

Toutes ces conquêtes, suivies de l'évangélisation des populations soumises, valurent au roi des Francs un prestige considérable dans le monde des clercs et auprès de l'élite intellectuelle qui rêvait d'une restauration de l'Empire. Ce rêve allait devenir réalité à la fin du VIIIe siècle lorsque, en 799, le pape Léon III se rendit à Paderborn pour implorer l'aide du roi des Francs contre ses détracteurs romains. Charlemagne renvoya le pape à Rome en compagnie de dignitaires francs chargés d'enquêter sur les accusations lancées contre lui. Puis il se rendit lui-même en Italie, présida à Rome le 23 décembre 800 une assemblée de notables francs et romains qui innocenta le pape. En outre, l'assemblée émit le vœu que le roi des Francs prenne le titre d'empereur. Le 25 décembre, en la basilique Saint-Pierre, Léon III sacre Charle-

1. *Histoire de la Hongrie des origines à nos jours* (sous la direction de E. Pamlényi), Roanne-Budapest, 1974, p. 35-36.

2. J. Bérenger, *Histoire de l'Empire des Habsbourg*, Paris, 1990, p. 42-43.

magne empereur et prononce l'acclamation rituelle : « À Charles, Auguste, couronné par Dieu, grand et pacifique, empereur des Romains, vie et victoire », acclamation reprise par l'assistance[1]. Pour les lettrés de l'époque, l'Empire était un idéal moral qui symbolisait l'unité de l'Occident chrétien sous l'autorité du pape pour le spirituel et de l'empereur pour le temporel.

Cette conception de l'Empire impliquait pour Charlemagne le devoir de défendre l'Occident chrétien contre les Barbares païens. Face aux Slaves, Charlemagne assura la protection des frontières de l'est en faisant construire un *limes saxonicum* face aux Obodrites, entre Lauenbourg et le golfe de Kiel. Des fortifications furent édifiées le long de l'Elbe et de la Saale : deux d'entre elles allaient donner naissance aux villes de Magdebourg et de Halle. En 806, les Sorabes de la Saale et de l'Elbe moyenne furent soumis, de 808 à 812 ce fut au tour des Wilzes et des Linons du Brandebourg. Leur dépendance se traduisait par le versement de tributs, mais leur territoire ne fut pas occupé.

Charlemagne ne fut pas seulement un conquérant qui, entre autres, intégra à son Empire l'ensemble des peuples germaniques, dépassant par là même les frontières de l'ancien Empire romain d'Occident. Ce fut aussi un organisateur. Selon la tradition germanique, il s'entourait de l'avis des Grands, laïcs ou ecclésiastiques, réunis lors des *plaids*, assemblées générales où l'on évoquait les grands problèmes du moment. On y approuvait les lois qui rassemblaient par écrit les coutumes particulières à chacun des peuples de l'Empire ; on y préparait les capitulaires, ordonnances royales applicables à tous. L'administration centrale (*palatium*) avec la Cour suivait l'empereur, en fait celui-ci séjourna le plus souvent à Aix-la-Chapelle. Elle avait à sa tête les palatins, c'est-à-dire les gens du palais, et les *ministri*, titulaires des grandes charges de l'État (archichapelain, archichancelier, comte du palais, chambrier, sénéchal, bouteiller, connétable) assistés des *ministeriales*, une pléiade d'officiers du palais chargés d'assister les *ministri*. Au niveau local, la plupart des régions de l'Empire étaient divisées en comtés (*Gau*, *pagus*) placés sous l'autorité d'un comte nommé à vie par le roi, avec cependant une possibilité théorique de révocation. Le comte était choisi parmi les grands propriétaires du comté et recevait un tiers des recettes royales locales ainsi qu'un domaine à titre de bénéfice, le tout servant à rémunérer le service rendu. Peu à peu, la pratique s'éta

1. R. Folz, *Le Couronnement impérial de Charlemagne*, *op. cit.*, p. 169 et suiv. et p. 281.

blit de choisir le fils du comte pour succéder au père. À côté du comte, les vicomtes, centeniers et viguiers assuraient les tâches subalternes d'administration. Dans les régions périphériques récemment soumises, les ducs, nationaux en Bretagne, Gascogne ou dans les principautés de Spolète et de Bénévent, ou choisis parmi les Francs dans les régions récemment conquises (Saxe), représentaient l'autorité centrale. Dans les zones périphériques menacées (marches), les margraves exerçaient le pouvoir civil et militaire. À partir de 802, Charlemagne envoya les *missi dominici*, des groupes d'inspecteurs formés d'un prélat et d'un dignitaire laïc, chargés dans le cadre d'une mission temporaire de contrôler l'exécution des décisions impériales. Le pouvoir s'appuyait aussi sur les évêques, nommés par l'empereur lui-même et choisis parmi les clercs lettrés sortis de l'École du palais où enseignaient les élites intellectuelles venues de toute la chrétienté occidentale (Alcuin, le diacre Paul, Pierre de Pise, Eginhard). À l'École du palais, on enseignait les lettres classiques, mais aussi la langue germanique protégée par Charlemagne qui fit rédiger la première grammaire de la langue franque.

La solidité de l'Empire était plus apparente que réelle. Elle dépendait d'abord de la personnalité de l'empereur, et des ressources financières dont il disposait. La tendance à l'hérédité des charges, d'où allait naître plus tard le système féodovassalique, présentait un risque certain pour l'autorité du souverain. La mort de Charlemagne, le 28 janvier 814, ne tarda pas à remettre en question le pouvoir impérial.

### *La succession de Charlemagne et l'ébauche d'un royaume de Germanie*

À la mort de Charlemagne, en 814, l'Empire franc s'étendait sur un immense espace allant de la Catalogne jusqu'à l'Elbe et de la mer du Nord jusqu'à l'Italie. Cet Empire se composait de plusieurs types de territoires. Il y avait d'abord l'héritage des Pippinides, c'est-à-dire la Neustrie et l'Austrasie ainsi que les duchés et royaumes périphériques (Aquitaine, Bourgogne, Provence, Alémanie et Thuringe), ensuite les territoires conquis ou reconquis par Charlemagne, à savoir au nord la Frise et la Saxe, à l'est et au sud-est la Bavière et la Carinthie, au sud la Lombardie, la Toscane et les États de l'Église, et au sud-ouest la Navarre et la Catalogne, et enfin les pays tributaires, pays slaves d'au-delà de l'Elbe, royaume des Avars en Pannonie occidentale et duché de

Bénévent. Latin ou latinisé à l'ouest et au sud, l'Empire carolingien était germanique dans sa partie orientale.

Durant son règne, Charlemagne s'était toujours montré soucieux de maintenir l'unité du *Regnum Francorum*. À sa mort, son fils Louis Ier le Pieux (814-840) lui succéda comme prévu. Mais l'idée de partage selon l'ancienne tradition germanique était tellement bien ancrée dans les esprits que Louis Ier s'y résolut. Par l'*ordinatio* de 817, il prépara sa succession. Son fils aîné Lothaire recevrait la dignité impériale et serait responsable de l'administration du *Regnum Francorum* ; ses deux autres fils, Pépin et Louis, se voyaient attribuer respectivement l'Aquitaine et la Bavière, mais en tant que vassaux de leur aîné. La naissance en 823 d'un quatrième fils, Charles, remit en question ce partage. Un édit impérial de 829 attribua au jeune Charles l'Alsace, l'Alémanie et la Rhétie.

Cette décision provoqua une véritable guerre opposant Louis le Pieux à ses fils. Lothaire parvint même en 833 à arracher à son père une abdication en sa faveur, abdication remise en question l'année suivante. Lorsque Louis le Pieux mourut en 840, Lothaire conformément à l'*ordinatio* de 817, prit le titre d'empereur et voulut obliger ses frères survivants Louis et Charles à le reconnaître. Pépin d'Aquitaine était mort depuis 838 et son fils Pépin II avait rallié le camp de Lothaire contre ses deux oncles. Pendant près de trois ans, une guerre civile opposa Lothaire à ses deux frères Charles et Louis, unis contre lui par le serment de Strasbourg (15 février 842). Outre l'intérêt linguistique de ce document puisqu'il s'agit du premier texte connu écrit en langue romane et en langue tudesque, le serment de Strasbourg montre le dualisme ethnique de l'Empire carolingien. Cependant, le conflit successoral prit fin l'année suivante avec la conclusion, le 10 août 843, du traité de Verdun qui scellait la réconciliation entre les trois fils de Louis le Pieux sur la base d'un partage de l'héritage carolingien.

Le tracé des limites entre les territoires attribués aux copartageants s'inscrivait dans une perspective géographique originale. Chacune des parts était constituée par une bande de territoire d'orientation nord-sud. La part attribuée à Charles le Chauve, la *Francia occidentalis*, était limitée à l'ouest par la mer du Nord, la Manche et l'Atlantique et à l'est par les cours de l'Escaut — avec une avancée au-delà de ce fleuve constituée par le Cambrésis —, de la Meuse, de la Saône et du Rhône. Lothaire, le frère aîné, outre le titre impérial à lui promis depuis 817, recevait la *Francia media* avec la résidence impériale d'Aix-la-Chapelle, c'est-à-dire l'ensemble des territoires compris entre la *Francia occidentalis* à l'ouest et le cours du Rhin et de l'Aar à l'est, avec en plus la Frise et le royaume d'Italie. Enfin, Louis II, que l'on appellera « le Germanique », se vit attribuer l'ensemble des pays situés à l'est du Rhin et de l'Aar avec quelques enclaves sur la rive gauche du Rhin constituées par le territoire des évêchés de Mayence, Spire et Worms. Par rapport aux deux autres composantes de l'héritage carolingien, le royaume de Louis le Germanique, la *Francia orientalis* présentait une homogénéité linguistique évidente : c'était le pays des parlers germaniques dont seuls les confins occidentaux méridionaux avaient été en leur temps romanisés, et encore de façon toute superficielle. On y parlait le *theodisk* qui allait devenir bientôt le *diutsch* puis le *deutsch*. Il faut noter cependant qu'il y avait aussi des germanophones sujets de Charles le Chauve en Flandre, et de Lothaire en Lorraine. C'est de cette *Francia orientalis* qu'allait naître quelques décennies plus tard un royaume de Germanie.

La *Francia orientalis* était incontestablement la partie la moins peuplée et la moins urbanisée de l'Empire carolingien. Les principaux centres urbains étaient concentrés sur les axes rhénan et danubien ; il s'agissait d'anciens *castra* romains devenus plus tard sièges épiscopaux. C'était aussi la partie la moins riche du *Regnum Francorum*. Les peuples qui la composaient, les *Stämme*, demeurés longtemps indépendants, se sentaient maintenant solidaires du *Regnum Francorum* même si leur soumission ou leur ralliement était récent comme c'était le cas des Bavarois (787) ou des Saxons (début du IXe siècle). Il est vrai que tous ces *Stämme* se trouvaient constamment sous la menace d'ennemis extérieurs, Danois et Vikings au nord, Slaves et Avars à l'est.

La mort de l'empereur Lothaire, en 855, déboucha sur l'éclatement de la *Francia media*. Son dernier fils, Charles, reçut le royaume de Provence, le cadet Lothaire II hérita de la Frise et de l'ancienne Austrasie qui formèrent la Lotharingie, en allemand Lothringen dont nous avons fait en français la Lorraine. Quant à l'aîné, Louis, il devint roi d'Italie et reçut le titre impérial qui, à sa mort, en 875, échut pour deux ans au roi de *Francia occidentalis* Charles le Chauve (mort en 877). Entre-temps, Lothaire II avait récupéré en 862 la Provence à la mort de son frère Charles. Lorsque Lothaire II mourut à son tour, en 869, Charles le Chauve et Louis le Germanique se partagèrent son héritage dans le cadre du traité de Mersen (aujourd'hui Meerssen), le 9 août 870. Les frontières occidentales de la *Francia orientalis* furent portées à la Meuse, à l'Ourthe et à la Moselle, laissant ainsi à Louis le Germanique les villes d'Aix-la-Chapelle, de Trèves et de Metz, tandis que Charles gardait Liège, Verdun et Toul. Plus au sud, la basse Franche-Comté avec Besançon allait à Charles tandis que l'Alsace et le Jura comtois étaient intégrés à la *Francia orientalis*. Ainsi se mettaient peu à peu en place les frontières du futur Saint Empire romain germanique.

La mort en 876 de Louis le Germanique faillit provoquer la dislocation de la *Francia orientalis*. Ses fils se partagèrent en effet l'héritage, Carloman, l'aîné, devint roi de Bavière mais il mourut quatre ans plus tard, Louis, le cadet, devint roi de Saxe mais mourut en 882, si bien que le troisième, Charles III le Gros, refit l'unité autour de lui et reçut le titre impérial. Le pouvoir de Charles le Gros fut contesté par un bâtard de son frère Carloman, Arnulf de Carinthie, appuyé par la plupart des Grands du royaume. Arnulf, ayant fait déposer Charles le Gros en 888, fut confirmé dans les fonctions royales par une assemblée de Grands. L'élection supplantait le principe d'hérédité qui avait été la règle jusque-là. La royauté germanique prenait ainsi un caractère électif qu'elle allait conserver très longtemps. Profitant des difficultés que connaissait la *Francia occidentalis* alors sous la menace des envahisseurs vikings, Arnulf put récupérer l'Alsace et la Lotharingie que Charles le Chauve avait occupées en 882 en dépit de l'accord de Mersen.

Pour préparer sa succession, le roi Arnulf fit reconnaître, dès 897, par une assemblée de Grands, son fils Louis comme son successeur, si bien que lorsqu'il mourut deux ans plus tard, Louis l'Enfant, âgé alors de six ans, devint roi. La jeunesse du souverain permit aux Grands, tant laïcs qu'ecclésiastiques, de prendre en main les rênes du pouvoir dans un pays menacé sur ses frontières orientales par les Danois et les Slaves au nord et à l'est, et par de nouveaux venus en Europe, les Hongrois ou Magyars qui, installés dès 896 dans le bassin moyen du Danube, avaient pris l'habitude de lancer des raids dévastateurs chez leurs voisins occidentaux. La défaite des armées de Louis l'Enfant près d'Augsbourg en 910 traduisait assez bien la fragilité de ce royaume de Germanie naissant.

La mort du jeune roi Louis l'Enfant en 911 laissa le trône vacant. Louis n'avait pas de descendant direct. Les Grands du royaume qui représentaient les grands duchés nationaux se réunirent à Forcheim en Franconie. Plutôt que de choisir un souverain carolingien en *Francia occidentalis*, les Grands désignèrent comme roi l'un d'entre eux, le duc de Franconie Conrad, soutenu par l'archevêque Hatton de Mayence mais qui avait des liens familiaux avec les Carolingiens. L'élection de 911, par bien des côtés — la présence des seuls Grands de Germanie —, peut être considérée comme une des dates de naissance possibles de l'Allemagne.

# 5

# Les débuts de la monarchie impériale (911-1024)

Même si la date de 911 peut donner lieu à des controverses entre spécialistes pour savoir si elle correspond véritablement à la naissance de l'Allemagne en tant qu'État distinct des autres composantes de l'héritage franc plutôt que la date de 919 et à plus forte raison celle de 843[1], l'élection de Conrad comme roi de Germanie n'en marque pas moins un moment décisif dans le processus de désagrégation du grand Empire franc tel que l'avaient conçu les premiers Carolingiens. Peut-être serait-il plus « raisonnable » comme le suggère l'historien allemand C. Brühl, « de considérer la formation de ces deux pays [la France et l'Allemagne] comme un processus lent, difficile à saisir et qu'on ne saurait emprisonner dans des dates isolées[2] ».

## I — Le monde allemand au début du Xe siècle

### *L'avènement de la dynastie saxonne*

Le court règne de Conrad Ier (911-919) qui avait déjà joué un rôle important sous Louis l'Enfant fut une période de transition pendant laquelle le pouvoir du roi demeura fragile face à la puissance des ducs qui l'avaient porté sur le trône et aux menaces que faisaient peser sur le royaume les Vikings et les Slaves au nord et au nord-est, les Hongrois à l'est et au sud-est. Conscient de la puissance des ducs, Conrad à la veille de sa mort prépara sa succession en faveur du plus puissant d'entre eux, son cousin Henri de Saxe, et lui fit parvenir les insignes royaux, les bracelets

1. Cf. les éléments du débat in C. Brühl, *Naissance de deux peuples : Français et Allemands (IXe-XIe siècles)*, Paris 1994, p. 169 et suiv., p. 191 et suiv.
2. *Ibid.*, p. 297.

d'or, le manteau, le glaive et le diadème des anciens rois. Lorsque les envoyés de Conrad arrivèrent auprès du duc de Saxe, celui-ci, selon la tradition rapportée par les chroniqueurs, était en train de tendre des pièges pour les oiseaux. C'est ce qui lui valut de passer dans l'histoire sous le nom d'Henri l'Oiseleur. Ainsi, c'était le duc de Saxe qui était choisi pour régner sur la partie orientale de l'héritage de Charlemagne. Revanche des Saxons autrefois combattus et humiliés par Charlemagne ! Avec Henri de Saxe, en effet, c'était un lointain descendant de Widukind, dont le grand-père Ludolf[1] avait reçu la distinction ducale des mains de Louis le Germanique pour combattre les envahisseurs vikings, qui devenait roi de Germanie. C'est une assemblée de Saxons et de Francs réunis en juin 919 à Fritzlar, en Franconie, qui ratifia le choix fait par Conrad.

Pour bien se démarquer de la tradition franque, le nouveau roi Henri Ier (919-936) refusa de recevoir l'investiture spirituelle de l'archevêque Heringer de Mayence, ce qui lui valut d'être qualifié de « roi non sacré ». En fait, l'assemblée de Fritzlar n'avait pas réuni l'ensemble des ducs. Henri Ier n'était encore que le « roi des Saxons et des Francs », mais il était bien décidé à rallier à sa cause l'ensemble des Grands. Avec diplomatie, il parvint en six ans à rassembler autour de lui tous les ducs du royaume. Au début, les Bavarois refusèrent l'hégémonie saxonne et proclamèrent roi leur propre duc Arnulf, provoquant entre le roi Henri et son rival un conflit d'autant plus inutile que la Bavière vivait à ce moment-là sous la menace permanente des raids hongrois. En revanche, Henri Ier obtint assez rapidement le ralliement du duc de Souabe Burkard II en lui concédant de nombreux biens d'Église. C'est d'ailleurs avec des concessions analogues que le roi obtint finalement la reconnaissance de son pouvoir par le duc de Bavière. Le duc de Lorraine, le dernier, se rallia au roi saxon, mais seulement en 925.

L'unité du royaume de Germanie autour de la maison de Saxe était ainsi réalisée, même si les ducs, comme par le passé, continuaient à jouir d'une large autonomie et à ne considérer le roi que comme un *primus inter pares*. Toutefois, le rétablissement de l'autorité royale sur l'ensemble du royaume permit à Henri Ier d'organiser efficacement la défense du pays. Face aux menaces danoises, le roi réorganisa la défense du Nord en créant la marche du Schleswig. Les Slaves étaient beaucoup plus menaçants. Depuis le VIe siècle, leur expansion démographique les

1. D'où le nom de Ludolfinges donné aux membres de la dynastie saxonne.

poussait à chercher de nouvelles terres, en particulier vers l'ouest et le sud. De la Baltique à la Bohême, on trouvait ainsi les Wagriens du Nord-Holstein voisin, les Obodrites de la région de l'actuelle Lübeck, les Wilzes de Poméranie occidentale, les Haveliens et les Daleminciens du Brandebourg, les Sorabes entre l'Elbe et la Saale, les Tchèques et les Moraves sur le territoire de l'actuelle République tchèque. Pour assurer la sécurité de la frontière orientale du royaume, Henri Ier fit construire en Saxe et en Thuringe de nombreux forts (*Burg*) tenus par des soldats-paysans. Face aux Obodrites et aux Wilzes fut créée la marche de Brandebourg après la soumission des Haveliens et des Daleminciens en 928-929, puis celle de Lusace face aux Sorabes et aux Polonais. Quant aux Tchèques, leur duc Venceslas (922-935), défait par l'armée royale, renouvela le serment de fidélité autrefois prêté à Arnulf et paya un lourd tribut. La Bohême, quoique demeurant indépendante, faisait ainsi partie de la zone d'influence germanique. Le duc Venceslas ouvrit largement son duché aux missionnaires allemands, ce qui devait provoquer une violente réaction païenne et son assassinat en 935[1]. Les Hongrois représentaient un danger beaucoup plus redoutable que les Slaves. Sous Conrad, ils avaient multiplié les incursions dévastatrices en territoire allemand. On les vit surgir en 912 en Souabe et en Franconie, l'année suivante de nouveau en Souabe puis en Bavière, en 915 en Thuringe et en Saxe et, en 917, les cavaliers hongrois avaient même poussé jusqu'en Alsace et en Lorraine. Leurs raids reprirent sous Henri Ier en 924 puis en 926 : pour obtenir leur départ le roi dut leur verser un tribut substantiel en échange d'une trêve de neuf ans. Afin de préparer la défense du pays, il réorganisa l'armée : à la lourde infanterie traditionnelle, peu efficace face aux cavaliers hongrois, il substitua une cavalerie légère formée de chevaliers bien aguerris. C'est avec cette nouvelle armée que Henri Ier remporta le 15 mars 933 la victoire de Merseburg qui écarta momentanément le danger hongrois. L'année suivante, il mena une campagne victorieuse contre les Danois et obtint d'eux l'ouverture de leur pays aux missionnaires venus de Brême et de Hambourg[2].

Les succès remportés par Henri l'Oiseleur contre ces « nouveaux Barbares » et sa politique d'évangélisation dans les pays

1. P. Belina, P. Cornej et J. Pokorny, *Histoire des pays tchèques*, Paris, 1995, p. 23-24.
2. Ch. Higounet, *Les Allemands en Europe centrale et orientale au Moyen Âge*, Paris, 1989, p. 56 et suiv.

slaves et au Danemark lui valurent un grand prestige en Occident à un moment où, en Francie occidentale, la royauté était fragilisée par les rivalités entre les prétendants au trône. À Rome, on envisageait sérieusement de lui donner la couronne impériale, quand il mourut, le 2 juillet 936, au moment où il s'apprêtait à descendre en Italie.

### *L'« Allemagne » à l'avènement d'Otton I^er^*

Avec une population de l'ordre de trois à trois millions et demi d'habitants pour une surface d'environ 500 000 km$^2$ le royaume dont a hérité la dynastie saxonne est un pays très étendu mais à peine peuplé. La population, rurale dans son immense majorité, vit dispersée dans ce vaste espace dont plus de la moitié est couverte de forêts. La vie rurale se limite aux vallées et aux bassins intérieurs où la population, dans le cadre de la seigneurie rurale, se livre à une céréaliculture aux rendements médiocres associée à un élevage le plus souvent marginal. Une grande partie du pays est pratiquement déserte : c'est le cas des hauteurs de l'Allemagne moyenne et méridionale où domine la forêt, c'est le cas aussi des plaines de l'Allemagne du Nord avec les landes, les tourbières et les marécages. Dans cet immense espace rural peu peuplé et sous-exploité, les villes sont l'exception mais témoignent de la pérennité de l'héritage romain et des progrès de l'évangélisation.

C'est dans les régions qui ont connu durablement la présence romaine, c'est-à-dire l'axe rhénan et sa bordure occidentale, et l'axe danubien et sa bordure méridionale, que les villes sont les plus importantes. Elles sont nées des camps romains (*castra*) et celles qui se sont le plus développées sont celles qui sont devenues le siège épiscopal. Dans les pays rhénans, on peut citer Cologne, Mayence, Coblence, Trèves, Metz, Spire, Worms et Strasbourg. Dans la vallée du Danube et ses abords immédiats, c'est le cas d'Augsbourg et de Ratisbonne. Certaines de ces villes connurent un développement plus important dans la mesure où elles furent résidences royales. Ce fut le cas notamment d'Aix-la-Chapelle (Aachen), résidence de Charlemagne à partir de 794 et qui fut ensuite le lieu de couronnement de la plupart des rois de Germanie. À toutes ces villes dont l'origine remonte à l'éphémère présence romaine en Germanie s'en ajoutent d'autres de création plus récente, dont la fondation est liée à la colonisation et à l'évangélisation des régions de l'intérieur. Elles se sont développées à partir de la fondation d'un établissement monastique

(Salzbourg, Fulda, Corvey), d'un évêché (Hambourg, Brême, Magdebourg), ou bien d'une forteresse sur les confins orientaux du pays face aux Slaves (Lünebourg, Lenzen, Havelberg). La plupart de ces villes ne sont encore au Xe siècle que de gros bourgs dont la population n'atteint qu'exceptionnellement les cinq mille âmes.

Les habitants de ce royaume de Germanie sont divisés en peuples (*Stämme*) qui correspondent aux anciens peuples germaniques incorporés au royaume franc par les souverains mérovingiens et carolingiens. Chacun des peuples dispose d'un territoire déterminé qui constitue une entité juridique, le duché, à la tête duquel se trouve le duc (*Herzog*) héréditaire et « par la grâce de Dieu ». Certains de ces ducs, comme celui de Saxe, descendent de l'ancienne dynastie nationale, mais le plus souvent ils sont issus de l'aristocratie de fonction de l'époque carolingienne. Les *Stämme* forment ainsi des groupes ethnolinguistiques disposant de lois codifiées au VIIIe siècle mais peu à peu remplacées par un droit coutumier issu de ces lois. Au milieu du Xe siècle, le royaume de Germanie se compose de cinq duchés nationaux : la Franconie, la Souabe, la Saxe, la Bavière et la Lorraine.

Le duché de Franconie, colonisé au VIe siècle par les Francs Saliens, constitue la partie la plus riche et la plus peuplée du royaume. Il est formé de deux régions distinctes : la Franconie rhénane, qui s'étend de part et d'autre du Rhin moyen ainsi qu'en Hesse, et la Franconie orientale, qui correspond aux pays du Main moyen et supérieur. Longtemps deux familles se sont disputé le pouvoir, les Poppons ou Babenberg (du nom de leur château de Babenberg, aujourd'hui Bamberg) et les Conradins de Rhénanie. En 906, le duché échut à Conrad qui fut — on l'a vu — choisi comme roi par ses pairs en 911. Par sa situation géographique, la Franconie n'était pas directement au contact des « Barbares ».

Il en était de même pour son voisin du sud-ouest, le duché de Souabe, l'ancienne Alémanie, qui fut un temps le domaine des Suèves. Le territoire de la Souabe correspond à l'actuel *Land* de Bade-Würtemberg, avec en plus, à l'ouest, l'Alsace et, au sud, la Rhétie, c'est-à-dire la Suisse septentrionale et orientale ; sa limite orientale est constituée par la vallée du Lech.

Le duché de Saxe, dont fait partie depuis 908 la Thuringe, n'a été incorporé au *Regnum Francorum* qu'à l'époque de Charlemagne. Au début du Xe siècle, la Saxe constitue un bastion avancé du monde chrétien face aux Danois du nord et aux Slaves à l'est de l'Elbe. La dynastie des Ludolfinges y règne sans discontinuer depuis le milieu du IXe siècle. L'un de ses ducs, Henri l'Oiseleur, comme nous l'avons dit, a accédé en 919 à la couronne de Germanie.

Le dernier grand duché national est celui de Bavière, situé lui aussi sur les confins orientaux du monde chrétien. La Bavière s'étend du cours du Lech à l'ouest jusqu'à la Pannonie à l'est, des monts de Bohême au nord jusqu'au Brenner au sud. Elle contrôle ainsi des axes de communication importants, la vallée du Danube et la route transalpine du Brenner qui conduit en Italie du Nord. Incorporée définitivement au royaume franc par Charlemagne, la Bavière fut longtemps administrée directement par le roi. Mais à la fin du IXe siècle, à la faveur des guerres contre les Moraves, on vit apparaître un comte, devenu peu après duc, en la personne d'un certain Luitpold. Lors de l'élection royale de 911, les Bavarois s'opposèrent au roi élu Conrad et se prononcèrent en faveur du fils de Luitpold, Arnulf. Plus tard, Henri Ier confirma Arnulf dans sa dignité ducale.

La Lorraine ne fut intégrée au royaume de Germanie qu'en 925. Ce n'est pas un duché national au sens ethnique du mot, puisque des peuples différents vivaient sur son territoire, Frisons au nord, Francs et Alamans au nord et à l'est, Romans à l'ouest et au sud.

C'est ce royaume aux contours encore incertains et où l'autorité royale semblait encore mal assurée face aux ducs qui allait devenir, avec les Ottons de la maison de Saxe, l'État phare du monde occidental grâce à la restauration de la dignité impériale en faveur de son souverain, en 962.

## II — Le règne d'Otton le Grand et la restauration impériale

Lorsque Henri l'Oiseleur meurt, le 2 juillet 936, il laisse à son fils Otton un royaume pacifié à l'intérieur mais sur la défensive face aux ennemis extérieurs.

### *Otton Ier et les ducs*

Le climat d'entente qui s'était peu à peu établi entre le roi Henri et les ducs permit au jeune Otton d'accéder au trône sans difficulté. L'assemblée des ducs, des vassaux et des arrière-vassaux qui se tint à Aix-la-Chapelle en août 936 le confirma dans ses fonctions royales. Après le serment de fidélité des ducs, Otton reçut de l'archevêque de Mayence les insignes de la royauté. La monarchie allemande, à l'image de la monarchie franque, recevait ainsi la caution de l'Église et c'est d'ailleurs sur l'Église qu'Otton allait s'appuyer durant tout son règne.

Les ducs ne tardèrent pas à s'opposer au pouvoir royal. À la mort du duc de Bavière, Arnulf, en 937, Otton revint sur les concessions que son père avait faites aux Bavarois ; il voulut en effet reprendre le contrôle de l'Église de Bavière et, notamment, se réserver le droit de nommer les évêques. Le fils d'Arnulf, Eberhard, tenta de s'opposer au roi, mais vaincu, il dut s'exiler tandis qu'Otton inféodait la Bavière à Berthold, frère du duc défunt. Le duc de Souabe, lui aussi tenté par la révolte, fit mine de se soumettre mais en 938 il se rangea aux côtés du duc de Lorraine Giselbert (Gilbert) dans une conjuration dirigée contre Otton avec les encouragements du roi de *Francia occidentalis*, Louis IV. L'objectif des conjurés était de placer sur le trône de Germanie le frère cadet d'Otton, Henri. Otton parvint à reprendre le contrôle de la situation et obtint la soumission de ses sujets lorrains. Ayant pardonné à son frère, il lui concéda la Lorraine, mais, devant son incapacité à y maintenir l'ordre, confia la dignité ducale à un seigneur lorrain le comte Otton puis, à la mort de ce dernier, en 944, la Lorraine fut attribuée à Conrad le Rouge, le propre gendre du roi Otton. Le calme fut de courte durée car Conrad soutint la révolte du duc de Souabe Luidolf, le troisième fils du roi. Conrad le Rouge fut destitué et le duché de Lorraine fut inféodé au frère du roi, Brunon, déjà archevêque de Cologne. Puis, en 959, à la mort de Brunon, Otton décida de diviser la Lorraine en deux duchés, la Basse-Lorraine au nord avec Aix-la-Chapelle, Cologne et Liège, la Haute-Lorraine au sud avec Metz et Trèves.

L'exemple lorrain est caractéristique de la politique d'Otton à l'égard des ducs. C'est le roi qui choisit les ducs, mais il n'hésite pas à les destituer de leur dignité en cas de manquement à leurs obligations de fidélité. C'est dans cet esprit que le roi, à la mort du duc de Franconie qui avait pris les armes contre lui, réintégra le duché au domaine royal. De la sorte, le roi, directement ou indirectement par l'intermédiaire de membres de sa famille, contrôlait déjà trois des cinq duchés du royaume. En 947, à la mort du duc de Bavière Berthold, Otton concéda le duché à son frère Henri qui épousa la fille de l'ancien duc Arnulf ; de même, à la mort du duc de Souabe Hermann, il concéda le duché à son propre fils Luidolf — qui s'était révolté pourtant contre lui trois ans auparavant.

Comme nous venons de le constater, la loyauté des ducs, même ceux choisis dans la famille royale, laissait souvent à désirer. Pour mieux les contrôler, le roi installa en 959 dans chacun des duchés un comte palatin (*Pfalzgraf*), une sorte de *missus dominicus* mais demeurant sur place, chargé de l'administration des domaines de la Couronne et de rendre la justice au nom du roi. On eut ainsi un comte palatin de Souabe, un comte palatin de Thuringe qui devint par la suite landgrave de Thuringe, un comte palatin de Lorraine qui allait par la suite devenir l'un des princes laïcs les plus importants du royaume sous le nom de comte palatin du Rhin.

### *Otton Ier et l'Église allemande*

Pour contrebalancer le pouvoir des ducs, Otton fit de l'Église allemande un instrument de gouvernement. À la différence de son père qui avait laissé aux ducs la nomination des évêques, il surveilla étroitement les nominations épiscopales. L'Église allemande comptait alors cinq archevêchés, une trentaine d'évêchés et une quarantaine d'abbayes royales. En principe, l'évêque était élu par le clergé de la ville épiscopale, leur choix étant ensuite ratifié par l'assemblée des fidèles. Avec Otton, l'élection a pour objectif de proposer au souverain un candidat mais c'est le roi qui se réserve la nomination définitive. De ce fait, l'élection était précédée de tractations entre le roi et les électeurs ; parfois, le roi venait en personne veiller au bon déroulement du vote. En général, les évêques sous Otton Ier furent choisis parmi les clercs de la chapelle royale ou des bureaux de la Chancellerie, quand ce n'étaient pas des membres de la famille royale. Un frère d'Otton, Brunon, fut archevêque de Cologne, un de ses bâtards, Guillaume, archevêque de Mayence, des parents plus éloignés furent évêques de Cambrai, de Verdun, de Metz, de Würzbourg, etc. Les titulaires des charges épiscopales étaient associés à l'administration du royaume et faisaient ainsi contrepoids aux ducs. Les évêques devaient au roi le *servitium* en nature ; ils devaient fournir des contingents militaires dont ils prenaient parfois personnellement le commandement. Ainsi, l'évêque devenait-il un vassal du souverain. Au lendemain de son élection, il recevait du roi la crosse et prêtait le serment de fidélité. Ce cérémonial rappelait celui de l'investiture d'un fief par le seigneur à son vassal.

L'évêché tendait ainsi à devenir un fief, d'autant plus que, outre les pouvoirs spirituels, l'évêque disposait d'un temporel constitué de terres et de revenus divers. Or, la richesse de l'Église n'avait cessé de croître avec la multiplication des donations faites par les Carolingiens et les Grands du royaume. Peu à peu, certains évêques, avec l'accumulation des donations foncières, se sont trouvés à la tête de véritables principautés territoriales. Il en était de même pour certaines grandes abbayes. À partir d'Otton Ier, certains évêques se voient par ailleurs confier des fonctions comtales. Ainsi, avec Otton Ier, l'Église allemande contrôlée par le pouvoir royal joue-t-elle un rôle important dans le gouvernement du royaume. Certes, dans l'exercice du pouvoir, le roi était assisté par ses grands officiers, le grand maréchal, le grand sénéchal, le chambrier, le bouteiller, qui étaient ses conseillers immédiats. Mais pour régler les grandes affaires du royaume, le roi convoquait des assemblées auxquelles participaient l'ensemble des Grands, laïcs et ecclésiastiques, du royaume ou seulement ceux de la région dans laquelle se tenait la réunion. Participer à ces assemblées était une obligation à laquelle aucun vassal du roi ne pouvait se dérober. Mais la Chancellerie royale dirigée par l'archevêque de Cologne, le propre frère du roi à l'époque d'Otton Ier, avec la foule de clercs qui peuplait ses bureaux et qui constituait un véritable vivier dans lequel le roi choisissait les cadres de l'Église, était l'organe essentiel du gouvernement du royaume.

Sous Otton Ier, l'État et l'Église étaient donc étroitement associés, celle-ci, en fait, se trouvant au service de celui-là. Pour que cette collaboration fonctionne sans heurts, il fallait que le chef suprême de l'Église, c'est-à-dire le pape, soit d'accord avec ces pratiques, pas toujours compatibles avec la stricte interprétation des règles canoniques. Sous Otton Ier, les papes n'ont soulevé aucune objection majeure à la mainmise du roi de Germanie sur l'Église allemande, et ce pour deux raisons : d'abord, les papes furent reconnaissants à Otton Ier de son action évangélisatrice en pays slave et de son rôle décisif dans la lutte contre les Hongrois ; ensuite, en Italie même, le pape avait besoin de l'aide du roi de Germanie pour consolider le temporel de la papauté et pour mettre fin aux conflits permanents qui opposaient les différentes principautés de la péninsule.

### *Otton Ier, défenseur de l'Occident chrétien*

La position géographique de l'Allemagne faisait d'elle le bastion avancé de la chrétienté occidentale face aux peuples de l'Est demeurés païens, les Slaves et les Hongrois.

Les populations slaves de la rive droite de l'Elbe n'avaient pas cessé de constituer une menace pour le duché de Saxe contigu à leur territoire. Sous Henri I$^{er}$, les attaques slaves avaient été contenues et un système de défense efficace avait été mis en place le long de la frontière. Otton I$^{er}$ le développa en créant deux nouvelles marches, celle de l'Elbe inférieure confiée au Saxon Hermann Billung, d'où son nom de marche de Billung (*Mark der Billunger*), et qui correspondait à la Poméranie occidentale, et la marche de l'Elbe moyenne entre l'Elbe et la Saale, attribuée au margrave Géron. Le territoire inféodé à Hermann Billung fut le point de départ d'une principauté territoriale sur laquelle régnèrent les descendants du premier margrave jusqu'en 1106. Dans l'esprit d'Otton, le meilleur moyen de contenir la poussée des Slaves était de les évangéliser. Dans ce but, il fonda en 946 et en 948 les évêchés de Havelberg et de Brandebourg rattachés à l'archevêché de Mayence ce qui indiquait la volonté du roi d'intégrer au royaume de Germanie ces diocèses peuplés d'Obodrites et de Wilzes. À l'extrême Nord-Est fut fondé en pays wagrien l'évêché de Stargard qui prit le nom d'Oldenburg, suffragant de l'archevêché de Hambourg. Ainsi, tout le pays situé entre l'Elbe et l'Oder fut doté d'un embryon d'organisation religieuse. L'évangélisation des populations rencontra cependant de nombreuses difficultés. L'élévation en 962 de l'évêché de Magdebourg au rang de métropole confirma l'intérêt porté par Otton à l'évangélisation du monde slave. Le premier archevêque de Magdebourg, Adalbert, ancien moine de Saint-Maximin de Trèves et ancien chapelain du roi, participa en personne aux missions d'évangélisation ; il obtint la conversion de plusieurs chefs obodrites mais les masses rurales demeuraient fidèles à leurs idoles.

Otton souhaitait également évangéliser les populations slaves d'au-delà de l'Oder, c'est-à-dire les Polonais. Dès 963, le margrave Géron avait obligé le prince polonais Mieszko à reconnaître la suzeraineté de la Germanie et ouvrir son pays aux missionnaires. Un premier évêché fut même fondé à Poznan (Posen), dépendant de Magdebourg. Le baptême de Mieszko, en 967, fut le point de départ de la conversion des Polonais au christianisme. Du côté de la Bohême, où le christianisme était déjà implanté, un évêché fut créé en 972 à Prague, dont le premier titulaire fut le Saxon Detmar, auquel succéda Adalbert. De ce fait, de nouvelles perspectives s'offraient à l'expansion allemande en pays tchèque[1].

1. P. Belina, P. Cornej et J. Pokorny, *Histoire des pays tchèques*, *op. cit.*, p. 26-27.

La conversion des Slaves fut menée de pair avec la lutte contre les Hongrois qui, depuis leur établissement dans la moyenne vallée du Danube à la fin du IX^e siècle, avaient régulièrement mené des incursions en Bavière et en Franconie. En 954, à la faveur des troubles opposant Otton aux ducs de Bavière et de Souabe, les Hongrois étaient réapparus en Bavière puis, en accord avec le duc de Souabe Luidolf et celui de Lorraine Conrad le Rouge, ils avaient dévasté la Rhénanie et les pays mosans avant de revenir à leur base de départ par la Bourgogne et l'Italie du Nord. Les ducs se rendirent bientôt compte du danger que représentait une alliance avec de tels pillards. Ils préférèrent se réconcilier avec Otton, car lui seul était en mesure d'assurer une défense efficace de l'Allemagne. Si bien que l'année suivante, lorsque les Hongrois, avec des forces encore plus nombreuses, réapparurent en Bavière et en Souabe, Otton, qui avait fait venir de Saxe des forces considérables, fut rejoint par des contingents fournis par tous les ducs, y compris celui de Bohême. Les Hongrois qui assiégeaient Augsbourg furent attaqués sur les bords du Lech par l'armée royale qui, le 10 août 955, leur infligea une sévère défaite. Les survivants regagnèrent la Hongrie. Ce fut la dernière apparition des cavaliers hongrois en Occident. Quelques mois plus tard, Otton I^er, conforté par la victoire du Lechfeld, se retourna contre les tribus slaves de l'Elbe moyenne qui avaient profité de l'invasion hongroise pour pénétrer en Saxe. Aux côtés du margrave Géron, il les poursuivit vers le nord et les écrasa le 16 octobre sur les rives de la Recknitz.

Aux yeux de tous les clercs du monde occidental et de la papauté, Otton I^er fut considéré comme le sauveur de la chrétienté face aux Barbares. Ses interventions en Italie allaient le rapprocher encore davantage du pape et ouvrir la voie à la restauration impériale de 962.

### *Otton I^er et l'Italie*

La première intervention d'Otton en Italie se situe à l'automne de 951, au lendemain de la mort du roi d'Italie Lothaire. Depuis plus d'un demi-siècle, la couronne d'Italie avait suscité bien des convoitises avant d'échoir finalement en 924 au marquis Hugues d'Arles, puis en 947 à son fils Lothaire. À la mort de Lothaire, le marquis Bérenger d'Ivrée s'était fait élire roi et avait aussitôt fait emprisonner la veuve du défunt, Adélaïde, fille du roi de Bourgogne Rodolphe II. Selon le droit lombard, Adélaïde aurait pu transmettre l'héritage de Lothaire à son second mari en cas de remariage. À la demande du frère d'Adélaïde, Conrad de Bourgogne, vassal et protégé du roi de Germanie, Otton décida d'intervenir. Au début de septembre 951, il franchit le Brenner à la tête de ses troupes et entra peu après à Vérone. La reine Adélaïde, entre-temps, était parvenue à s'échapper de sa prison et à se réfugier à Reggio. Otton poursuivit sa route et, à Pavie, le 23 septembre, il prit le titre de roi d'Italie, estimant que cette fonction, selon la tradition carolingienne, lui revenait de droit. Et, comme il était veuf, il fit demander la main d'Adélaïde qu'il épousa en décembre. Par ce mariage, le roi de Germanie devenait le détenteur légitime de la couronne d'Italie selon le droit lombard. Lors d'un concile tenu à Augsbourg en août 952, Bérenger vint prêter serment de fidélité pour le marquisat d'Ivrée et, faute d'avoir pu obtenir la couronne d'Italie, il reçut d'Otton le gouvernement de l'Italie, à l'exception du Frioul et de l'Istrie qui furent attribués au duc Henri de Bavière.

Otton Ier pensait que le temps était venu de réclamer au pape la dignité impériale. Mais le pape du moment, Agapet, qui était sous la dépendance de la noblesse romaine menée par le sénateur Albéric, refusa d'accéder à cette demande, si bien que, dès 952, Otton regagna l'Allemagne. L'avènement en 955 du pape Jean XII, le propre fils d'Albéric, remit à l'ordre du jour la question de la restauration de l'Empire. Le nouveau pape, un jeune homme aux mœurs assez dissolues, était très contesté et sa volonté d'étendre vers le nord les États de l'Église suscita de vives réactions de la part de Bérenger d'Ivrée, qui riposta en envahissant les États pontificaux. En 960, Jean XII fit appel à Otton Ier, réclamant son aide contre Bérenger en échange de la couronne impériale. À l'automne 961, Otton entreprit sa deuxième intervention en Italie et se dirigea directement vers Rome où, le 2 février 962, il fut couronné par le pape. Avant son départ, Otton Ier avait pris la précaution de faire élire par les Grands son jeune fils Otton — le futur Otton II — né de son mariage avec Adélaïde, comme roi « associé » de Germanie. Il était son seul héritier, son fils aîné Luidolf étant mort en 957.

La restauration de la dignité impériale au profit d'Otton le Grand fut saluée avec joie par tous les clercs d'Occident. Ses succès dans la lutte contre les Slaves et surtout sa victoire du Lechfeld sur les Hongrois lui valaient un prestige considérable dans toute la chrétienté occidentale. On saluait aussi en lui celui qui venait de s'engager dans la réforme de l'Église allemande avec les conciles de Francfort et d'Augsbourg où des mesures sévères avaient été décidées contre les clercs indignes.

Le couronnement impérial du 2 février 962 confortait l'entente entre l'Église et le nouvel empereur. L'avant-veille de son couronnement, Otton avait prêté serment de défendre l'Église romaine et de protéger l'intégrité du patrimoine de saint Pierre et des biens temporels du Saint-Siège, tandis que le pape, de son côté, s'était engagé à ne pas soutenir les ennemis d'Otton en Italie, c'est-à-dire Bérenger et ses partisans. Dans les jours qui suivirent le couronnement, se tint à Saint-Pierre de Rome un concile au cours duquel le pape confia à l'empereur la responsabilité de l'évangélisation des Slaves en élevant au rang de métropole l'évêché de Magdebourg, tout en rappelant la primauté spirituelle de la papauté. Mais le lendemain, le 13 février, par le privilège ottonien ou *Ottonianum*, l'empereur, tout en confirmant les droits du pape sur les États pontificaux, rappela que ce dernier, une fois élu, devait prêter serment de fidélité à l'empereur, devenant en quelque sorte son vassal. Les actes du concile du 12 février et le privilège impérial du 13 février ouvraient la porte à bien des interprétations pouvant déboucher sur de futurs conflits. Le pape comptait sur l'empereur pour assurer l'indépendance et la sécurité des États de l'Église, l'empereur entendait faire revivre la tradition carolingienne en se considérant comme le suzerain de Rome et de l'Italie, et comme le protecteur de tous les Francs[1].

Désormais, les affaires italiennes vont prendre une place croissante dans la politique d'Otton le Grand. Dès 963, l'empereur se rendit compte que le pape, malgré ses engagements, entretenait des relations avec le fils de Bérenger, Adalbert. Otton fit réunir en novembre un concile qui déposa Jean XII et élut à sa place Léon VIII. À son instigation, le concile précisa que le pape, une fois élu, devait prêter serment de fidélité à l'empereur avant d'être intronisé. Mais Jean XII avait des partisans ; il revint à Rome au début de 964 et fit annuler toutes les décisions prises par le concile de novembre précédent. La mort de Jean XII en mai 964 ne régla rien. Il faudra attendre l'élection de Jean XIII, en mars 965, approuvée par l'empereur, pour rétablir l'entente entre Otton et la papauté. Mais il existait à Rome, dans la noblesse, un parti hostile à la mainmise de l'empereur sur la papauté. En 966, Otton devra une fois encore intervenir brutalement pour mettre fin à la contestation. Il en profitera pour, de son vivant, faire couronner empereur son fils Otton II. En Italie, Otton Ier aurait voulu étendre la souveraineté de l'Empire à toute

1. C. Brühl, *Naissance de deux peuples*, *op. cit.*, p. 237-239.

la péninsule, mais il fallait compter avec l'Empire byzantin qui contrôlait l'Italie du Sud. Après de longues négociations, le mariage de la princesse byzantine Théophano, fille de l'empereur Jean Tzimiscès, avec le jeune Otton II, qui fut célébré à Rome le 14 avril 972, ramena une certaine détente dans les relations entre les deux Empires. Cette paix permit à Otton le Grand de rentrer en Allemagne pour y poursuivre sa politique d'évangélisation des Slaves et des Hongrois. La mort de l'empereur, le 7 mai 973, alors qu'il s'apprêtait à partir en campagne vers les pays d'outre-Elbe, mit fin brutalement à ses projets d'expansion de l'Empire vers l'est.

## III — Les derniers empereurs saxons

L'intérêt sans cesse grandissant dont fit preuve Otton le Grand pour l'Italie l'avait cependant quelque peu détourné des affaires allemandes. Les effets préjudiciables de cette politique ne tardèrent pas à se manifester sous ses successeurs immédiats.

### *Otton II (973-983)*

Otton II, associé au pouvoir royal dès 961 et à la couronne impériale depuis 967, n'avait joué qu'un rôle très modeste aux côtés de son père. Dès son avènement, le nouvel empereur entra en conflit avec son cousin le duc de Bavière, Henri le Querelleur, allié au duc de Bohême Boleslas II le Pieux[1]. Pour punir le rebelle, Otton II procéda à une réorganisation de la Bavière. Henri le Querelleur conserva la partie orientale de ses possessions avec le titre de duc de Carinthie, tandis que la Bavière proprement dite était inféodée à Otton de Souabe. Une nouvelle révolte fomentée par Henri le Querelleur, appuyé par l'évêque d'Augsbourg et le comte Ekbert de Saxe, fut écrasée grâce à l'aide fournie par Otton de Souabe. Les conjurés, y compris le duc de Bohême qui les avait appuyés, furent jugés en 978 devant l'assemblée royale tenue à Magdebourg. Tous furent privés de leur dignité et emprisonnés, à l'exception du duc de Bohême qui fut gracié après avoir renouvelé son serment de fidélité à Otton II. Le duché de Carinthie fut attribué à un neveu du souverain, son homonyme Otton.

1. P. Belina, P. Cornej et J. Pokorny, *Histoire des pays tchèques*, *op. cit.*, p. 25-26.

Dans le même temps, Otton II entrait en conflit avec le roi de *Francia occidentalis*, Lothaire, fils de Louis IV, à propos de la Lorraine. Lothaire avait donné asile à des seigneurs lorrains révoltés contre l'empereur. En 978, Lothaire voulut s'emparer d'Aix-la-Chapelle où se trouvaient Otton II et la reine. La tentative échoua. Otton II riposta en envahissant la *Francia occidentalis* et poussa jusqu'à Paris dont il commença le siège. Avec l'aide d'Hugues Capet, Lothaire put redresser la situation, obligeant Otton II à regagner l'Allemagne. Les pourparlers de paix engagés dès 979 aboutirent en juillet 980 à une rencontre entre les deux souverains à Margut-sur-Chiers, en Lorraine, scellant leur réconciliation.

Ces difficultés n'empêchèrent cependant pas Otton II de poursuivre la politique d'évangélisation des peuples de l'Est entamée par ses prédécesseurs. Depuis Magdebourg, les missions en direction des Polonais se multiplièrent ; depuis Passau et Salzbourg, c'était en direction des Hongrois que se portaient les efforts des missionnaires allemands. Cette politique fut couronnée de succès. Le prince hongrois Géza accepta de se convertir et fit baptiser son fils Vajk sous le nom d'Étienne — le futur saint Étienne — par Adalbert, devenu entre-temps évêque de Prague.

Comme son père, Otton II restait intéressé par les affaires italiennes. Il avait séjourné en Italie une première fois aux côtés de son père, de 967 à 972. Il y revint en 980, accompagné de sa femme, l'impératrice Théophano, et de son fils le futur Otton III. L'empereur s'efforça d'enrayer l'inquiétante progression des Sarrasins mais son intervention se solda par un cuisant échec au cap Colonne, le 13 juillet 982. Il profita de son séjour italien pour y faire élire son fils roi d'Italie par la diète de Vérone, puis regagna momentanément l'Allemagne pour le faire couronner roi de Germanie à Aix-la-Chapelle. Otton II reprit au début de 983 le chemin de l'Italie en vue de reprendre la lutte contre les Sarrasins. C'est au cours de ce nouveau séjour en Italie qu'il mourut à Rome, le 7 décembre ; il y fut enterré dans la basilique Saint-Pierre[1].

### *Otton III et le rêve impérial*

La mort d'Otton II fut suivie d'une longue période pendant laquelle le pouvoir royal fut fragilisé en raison de la minorité du jeune Otton III. Celui-ci n'avait que trois ans à la mort de son

1. C. Brühl, *Naissance de deux peuples*, *op. cit.*, p. 248-249.

père et, bien qu'il eût été sacré à Aix-la-Chapelle roi de Germanie, le jeune souverain fut confronté à une nouvelle révolte du duc de Bavière, Henri le Querelleur, moins de trois semaines après la disparition d'Otton II. Henri n'avait jamais accepté le jugement de 978 qui l'avait dépossédé de son duché. Dès le début de 984, Henri le Querelleur, revendiqua la succession d'Otton II. Puis ce fut le coup de force de Cologne au cours duquel il s'empara du jeune Otton III. Pour imposer son point de vue, Henri le Querelleur s'allia aux ducs de Bohême et de Pologne, ainsi qu'avec Mistew qui avait pris la tête d'une révolte des Obodrites. Un certain nombre de nobles proclamèrent Henri roi, mais l'archevêque de Mayence Willigis condamna cette usurpation et obtint la libération du jeune Otton III ainsi que la reconnaissance de sa mère Théophano comme régente. Pour apaiser Henri le Querelleur, on lui rendit en 986 son titre de duc de Bavière, mais le pouvoir royal sortait affaibli de cette crise.

Les Slaves avaient profité des circonstances pour secouer la tutelle allemande. À l'est de l'Oder, un embryon d'État polonais était en train de se constituer. Pour bien marquer son désir d'indépendance, le duc Mieszko transféra sa capitale de Poznan à Gniezno (Gnesen) et se plaça sous la protection du Saint-Siège. Beaucoup plus dangereux pour la sécurité de l'Allemagne étaient les Slaves d'entre Elbe et Oder : pour mieux les contenir, on réorganisa le système des *marches* déjà existant (*Ostmark*) et on en créa de nouvelles (marche du Nord, *Nordmark*, et la marche de Meissen ou marche de Thuringe).

Devenu majeur en 995, Otton III prit en main la direction des affaires. Le jeune souverain avait reçu une excellente formation intellectuelle et il conserva auprès de lui la plupart de ceux qui l'avaient éduqué : le Grec Jean Philagathos, l'évêque Bernard de Hildesheim, Gerbert d'Aurillac déjà conseiller de son père et l'archevêque Willigis de Mayence. Admirateur de l'Antiquité, fortement influencé par les gens d'Église qui l'avaient formé, Otton III rêvait de reconstituer l'ancien Empire romain sous la forme d'une structure supranationale regroupant tous les peuples chrétiens de l'Occident latin. La réalisation de ce grand dessein passait par le couronnement impérial. Dès février 996, Otton III descend en Italie où il apprend, à son arrivée à Pavie, la mort du pape Jean XV. Conformément aux dispositions du Privilège ottonien, Otton III fait désigner comme pape Brunon, le fils de son cousin Otton, duc de Carinthie qui, sous le nom de Grégoire V, sera le premier pape d'origine allemande. Le 21 mai 996, le nouveau pape procède au couronnement impérial, première étape de la *renovatio imperii romanorum* à laquelle aspirait Otton III.

La reprise de l'agitation des Slaves rappela l'empereur en Allemagne où il repoussa victorieusement les Haveliens. C'est là qu'il apprit la mort de son maître et ami, l'évêque de Prague Adalbert, massacré par les Prussiens païens de Sambie (*Samland*) et dont le corps fut ramené dans la cathédrale de Gniezno pour y être enterré[1]. Qu'Adalbert, évêque de Prague, aille évangéliser les Prussiens païens avant d'aller reposer en terre polonaise fut ressenti par l'empereur comme un témoignage de la vivacité des premières Églises slaves, la tchèque et la polonaise. Dans son esprit, peu importait que les païens de l'Est fussent convertis par des Allemands ou par des Slaves, l'essentiel était que les peuples de l'Est devinssent chrétiens.

Cette volonté de se placer au-dessus des contingences nationales le ramena vers l'Italie. À la demande du pape Grégoire V, aux prises avec l'aristocratie romaine qui avait proclamé un antipape en la personne de Jean XVI — l'ancien précepteur d'Otton Jean Philagathos —, l'empereur reparut sous les murs de Rome, y rétablit Grégoire V et se livra à des représailles sanglantes contre les conjurés, faisant même exécuter l'antipape. La mort de Grégoire V, le 18 février 999, poussa Otton III à aller plus avant dans son projet de réaliser une monarchie chrétienne universelle. Ainsi fit-il désigner son conseiller et ami, Gerbert d'Aurillac, ancien moine clunisien, écolâtre de Reims puis archevêque de Ravenne, comme pape sous le nom de Silvestre II (999-1003). Favorable lui aussi à l'idée de monarchie chrétienne universelle, Silvestre II n'en estimait pas moins que l'autorité du pontife romain ne devait connaître aucune limite dans le domaine spirituel.

Le pape et l'empereur collaborèrent étroitement dans l'œuvre d'évangélisation des populations païennes de l'Est ; quitte pour l'empereur à laisser se constituer de nouvelles Églises nationales autonomes par rapport à l'Église allemande. C'est ce qui fut fait en Hongrie où le nouveau prince Étienne ouvrit largement son pays aussi bien aux missionnaires allemands venus de Passau, de Ratisbonne et de Salzbourg qu'à ceux venus d'Italie, en particulier d'Aquilée et de Venise. Étienne reçut d'ailleurs à la Noël de l'an 1000 la couronne royale, qui lui fut remise par des envoyés du pape, et ce en accord avec l'empereur. De plus, il épousa une princesse allemande, Gisèle, fille du duc Henri de Bavière. De la

1. H. Bogdan, *Les Chevaliers Teutoniques*, Paris, Perrin, 1995, p. 77.

même façon, Otton III, au lendemain d'un pèlerinage fait sur la tombe de saint Adalbert, accepta la création d'une Église nationale en Pologne, détachée de l'archevêché de Magdebourg, avec la création de la métropole de Gniezno dont dépendaient les trois autres évêchés polonais de Wroclaw (Breslau), Kolobrzeg (Kolberg) et Poznan (Posen). Dans l'esprit d'Otton III, la Pologne, comme la Hongrie, devait entrer en tant qu'États indépendants dans l'Empire chrétien universel auquel il aspirait. Quant à la Bohême, duché souverain mais vassal du royaume de Germanie, son Église, bien que tributaire de l'archevêché de Mayence, était indépendante de fait[1].

Ainsi, Otton III, dépassant les intérêts purement allemands, manifestait-il une conception originale de la chrétienté universelle fortement influencée par la pensée de Silvestre II. Pour lui, l'Empire ne devait pas être germanique mais chrétien et universel, avec Rome pour capitale. Et, ses dernières années, Otton III les passa en Italie ; c'est là qu'il mourut à Paterno, le 24 janvier 1002, alors qu'il s'apprêtait à rentrer en Allemagne.

### *La fin de la dynastie saxonne : Henri II (1002-1024)*

Otton III n'avait pas d'héritier direct. La couronne échut à un représentant d'une branche collatérale de la maison de Saxe en la personne d'Henri II, arrière-petit-fils d'Henri l'Oiseleur, petit-fils du frère d'Otton le Grand, Henri, et fils du duc de Bavière, Henri le Querelleur. On avait reproché à Otton III d'avoir négligé l'Allemagne au profit de l'Italie et de son rêve d'Empire chrétien universel. Henri II n'allait pas tarder à se rendre compte que les États nationaux qui s'étaient constitués sur ses frontières orientales avec l'appui du pape et l'accord de son prédécesseur pouvaient représenter une sérieuse menace pour l'Allemagne.

Une fois couronné par l'archevêque de Mayence Walligis au lendemain d'une élection contestée par certains ducs, Henri II dut faire face aux attaques polonaises. Le duc de Pologne Boleslaw Chobry (le Hardi) profita de la mort d'Otton III pour occuper la Lusace et la Misnie qui faisaient partie de la marche de l'Est et de la marche de Meissen. Puis, en 1003, Boleslaw Chobry occupa la Bohême à la suite d'une révolution qui avait chassé le duc Boleslas III, semblant vouloir créer ainsi un Empire slave à l'est du monde allemand. Henri II réagit : ce fut le début d'une

1. Ch. Higounet, *Les Allemands en Europe centrale et orientale*, *op. cit.*, p. 72-75 et C. Brühl, *Naissance de deux peuples*, *op. cit.*, p. 265-266.

suite de guerres interminables avec les Polonais. Toutefois, en 1004, Henri II parvint à reprendre le contrôle de la Bohême et à placer sur le trône ducal le frère de Boleslas III, Jaromir. L'année suivante, Henri II lança une nouvelle offensive contre Boleslaw Chobry qui dut abandonner tout ce qu'il avait conquis à l'ouest de l'Oder. Mais, en 1007, Chobry repassa à l'attaque et poussa ses armées jusqu'à Magdebourg. Une contre-offensive allemande mit fin à cette nouvelle invasion mais les Polonais restèrent présents entre l'Elbe et l'Oder. En 1010, Henri II subit une nouvelle déconvenue en Bohême lorsque son protégé, le duc Jaromir, fut chassé du pouvoir. La situation se redressa en 1012 : le frère de Jaromir, Ulrich, prit le pouvoir et reconnut aussitôt la suzeraineté allemande sur la Bohême[1] : Une attaque du prince de Kiev contre la Pologne obligea les Polonais à traiter avec Henri II. En février 1013, le fils aîné de Boleslaw Chobry, Mieszko II, se rendit à Magdebourg et jura fidélité au roi de Germanie en son nom et en celui de son père qui, un peu plus tard, vint personnellement renouveler ce serment. Il reçut en échange à titre de fief tous les territoires qu'il avait précédemment conquis entre l'Oder et l'Elster noir, c'est-à-dire la partie orientale des marches de l'Est et de Meissen.

Libéré du conflit avec la Pologne, Henri II se trouva de nouveau mêlé aux affaires italiennes qu'il avait négligées depuis son couronnement comme roi d'Italie, en 1004. À Rome depuis la mort de Silvestre II, la famille des Crescenti, en la personne de Jean de Crescent, avait repris le contrôle de la papauté sous les papes Jean XVIII (1003-1009) et Serge IV (1009-1012). La succession de Serge IV, disputée entre les candidats respectifs des Crescenti et des Tusculum, provoqua l'intervention d'Henri II qui se rallia à Grégoire, fils du comte de Tusculum, devenu pape sous le nom de Benoît VIII. Le 16 février 1014, Henri II reçut des mains du nouveau pape la couronne impériale, puis il repartit pour l'Allemagne. Dans son esprit, et compte tenu des guerres avec la Pologne, les affaires italiennes n'étaient pas sa préoccupation essentielle. En 1020, cependant, le pape Benoît VIII, menacé par les Byzantins, depuis l'Italie du Sud vint à Bamberg solliciter l'aide de l'empereur. Il en résulta une nouvelle intervention d'Henri II en Italie, en 1021-1022, qui permit de rétablir l'autorité théorique de l'empereur sur Capoue et Salerne. Quant aux États

1. P. Belina, P. Cornej et J. Pokorny, *Histoire des pays tchèques*, *op. cit.*, p. 30.

du pape, l'empereur renonça à y exercer directement sa souveraineté et laissa les Tusculum les gouverner.

Comme à l'époque d'Otton III, l'empereur et le pape assuraient en commun la direction de l'Occident chrétien, mais le pouvoir temporel entendait ne renoncer en rien aux droits sur l'Église conférés par Otton le Grand. Comme ses prédécesseurs, Henri II imposa partout ses candidats lors des élections épiscopales ; il s'autorisa à disposer des biens des monastères, et on assista sous son règne à une assimilation progressive des biens d'Église à des biens d'Empire[1]. L'empereur n'hésita pas à arbitrer les conflits entre les évêques et les monastères, à déposer les évêques soupçonnés de trahison, comme Adalbert de Ravenne, ou les abbés indignes. Soucieux de ses responsabilités en tant que prince chrétien, Henri II sut se montrer généreux envers les établissements religieux auxquels il fit des donations importantes ; il entendit poursuivre la politique d'évangélisation des peuples païens de l'Est et, à cet effet, il fonda en 1007 l'évêché de Bamberg, à proximité des Wendes. Il était conscient qu'il était de son devoir d'appuyer le mouvement de réforme de l'Église, et plus particulièrement de la vie monastique, tel que l'avait inauguré Cluny. Au moment où il mourut, le 13 juillet 1024, Henri II s'apprêtait, en accord avec le Capétien Robert le Pieux, à tenir un concile des évêques d'Occident pour préparer la réforme morale de l'Église.

Avec la mort d'Henri II s'éteignait la branche masculine de cette maison de Saxe qui avait occupé pendant un siècle le trône de Germanie et qui avait fait de l'Allemagne, étroitement associée à l'Italie, la première puissance de l'Occident chrétien.

1. P. Rassow, *Histoire de l'Allemagne des origines à nos jours*, t. I, Roanne, 1969, p. 154 et suiv.

# 6

# Les empereurs saliens et la papauté

L'extinction de la branche masculine de la maison de Saxe avec la mort d'Henri II rendit toute son importance au principe électif après un siècle au cours duquel la règle de l'hérédité du trône semblait s'être imposée. La nouvelle dynastie, celle des Saliens — ou Franconiens, du nom du duché d'où elle était originaire —, qui s'installe sur le trône germanique en 1024, se trouve maintenant à la tête de l'héritage légué par Otton le Grand et ses successeurs, c'est-à-dire l'Allemagne, mais aussi l'Italie avec un droit de regard sur la papauté.

## I — La tutelle des rois de Germanie sur la papauté

### *Conrad II et le retour aux traditions guerrières (1024-1039)*

L'élection de 1024 plaça sur le trône Conrad, de la maison de Franconie, petit-fils du duc de Lorraine Conrad le Rouge gendre d'Otton le Grand. Les électeurs avaient choisi un roi dans une lignée apparentée à la dynastie saxonne puisque Conrad II était un lointain descendant d'Otton le Grand[1]. Selon la tradition établie par ses prédécesseurs, Conrad II fit désigner comme successeur son fils Henri et le fit couronner aussitôt à Aix-la-Chapelle par l'archevêque de Cologne Pilgrim. Par la suite, ce furent les archevêques de Cologne, dont dépendait Aix-la-Chapelle, qui eurent le privilège de couronner les souverains[2].

Tout au long de son règne, Conrad II veilla à entretenir avec les ducs un climat de confiance. Il ne chercha pas à revenir sur le

1. C. Brühl, *Naissance de deux peuples*, *op. cit.*, p. 284.
2. P. Rassow, *Histoire de l'Allemagne des origines à nos jours*, op. cit., 1969, p. 158-159.

principe de l'hérédité des fiefs qui, peu à peu, était devenu en Allemagne une règle tacite. L'héritier direct d'un duché était dès lors assuré d'obtenir du roi l'inféodation de l'héritage paternel. Toutefois, en l'absence d'héritier direct, le roi se réservait le droit de disposer librement du duché. C'est ce qui se produisit en 1027 en Bavière, puis en 1038 en Souabe : les deux duchés furent attribués à l'héritier de la couronne, Henri.

La paix à l'intérieur du royaume d'Allemagne était la condition indispensable pour reprendre la tradition expansionniste inaugurée par Otton le Grand. Conrad II chercha d'abord à conforter son autorité en Italie. Dès la fin de l'hiver 1026-1027, Conrad II, à la tête d'une puissante armée constituée en grande partie de contingents fournis par les ducs, franchit les Alpes, s'arrêta à Milan pour s'y faire couronner roi d'Italie, puis gagna aussitôt Rome où, le 26 mars 1027, il reçut des mains du pape Jean XIX la couronne impériale. Profitant de la faiblesse et de l'incompétence notoire du pape, l'empereur Conrad II, lors du concile du Latran tenu le mois suivant, se posa en arbitre dans les conflits qui divisaient l'Église d'Italie, imposant *sa* solution, c'est-à-dire celle qui était la plus conforme aux intérêts politiques de l'Empire. L'empereur sut ainsi tirer parti du profond état de délabrement moral dans lequel se trouvait alors la papauté et se présenter comme le champion de la réforme de l'Église. Ce souci se retrouve dans l'action qu'il mena durant tout son règne en Allemagne : il encouragea la réforme monastique inspirée par les idées de Cluny, fonda de nouveaux monastères qu'il pourvut généreusement, veilla au bon état moral de l'épiscopat allemand mais exigea de lui une fidélité et une loyauté absolues. À son retour en Allemagne, dès juin 1027, Conrad II laissait derrière lui une Italie pacifiée et soumise.

Les marches orientales de l'Allemagne se trouvaient alors sérieusement menacées par les États slaves voisins, la Pologne et la Bohême. En 1028, le fils de Boleslas Chobry, Mieszko II, furieux de ne pas avoir obtenu de l'empereur la reconnaissance de son titre royal, dévasta la Saxe orientale, puis l'année suivante tout le pays entre Elbe et Saale. En 1031, Conrad II parvint à redresser la situation et, profitant d'une attaque des Russes contre les Polonais, imposa à Mieszko II ses conditions. L'année suivante, le duc de Pologne se rendit à Mersebourg pour y faire amende honorable : Mieszko II dut renoncer à toutes les terres germaniques que son père avait reçues en fief d'Henri II et dut se contenter du seul titre de « duc de Pologne », une Pologne sous hégémonie allemande. En Bohême, le duc Ulrich avait tenté de se dégager de la tutelle germanique : une expédition menée par l'héritier du trône, Henri le duc de Bavière, replaça la Bohême sous l'autorité impériale. Le nouveau duc de Bohême, Bretislas, vint à Bamberg prêter hommage à Conrad II le 18 mai 1035. Ainsi, la Bohême et la Pologne se retrouvaient-elles dans la sphère d'influence de l'Empire, ce qui mit fin à l'agitation latente des populations slaves des marches orientales : Wagriens, Obodrites et Liutices. En revanche, les tentatives d'expansion allemande en direction de la Hongrie furent vaines. Conrad II voyait d'un mauvais œil l'existence d'un royaume de Hongrie, totalement indépendant de l'Empire, dont le roi Étienne Ier — saint Étienne — avait été autrefois le protégé d'Henri II. En juin 1030, Conrad II avait tenté sans succès d'envahir la Hongrie. Un accord fut finalement conclu entre le roi Étienne et Conrad II, qui fixait la frontière entre l'Empire et la Hongrie au cours de la Leitha ; cette petite rivière devait rester la frontière entre le monde allemand et la Hongrie... jusqu'en 1918 !

Conrad II, malgré l'intérêt qu'il portait aux confins orientaux de l'Empire, ne se désintéressa pas pour autant de l'Ouest, où il se fit attribuer l'héritage bourguignon. Déjà, du temps d'Henri II, le roi de Bourgogne Rodolphe III avait promis son héritage à l'empereur. Conrad II rappela au Bourguignon la promesse faite à son prédécesseur et en obtint la confirmation. À la mort de Rodolphe III, en septembre 1032, Conrad II se heurta à la contestation de ses droits par le comte de Blois et de Champagne Eudes II. Ayant repoussé son rival, Conrad II se fit reconnaître et couronner roi de Bourgogne en février 1033, lors d'une assemblée tenue à Saverne. Puis, en 1038, une assemblée de prélats et de Grands de Bourgogne, réunie à Soleure, associa à Conrad II son fils Henri.

Conrad II semblait alors à l'apogée de sa puissance. Outre le titre impérial, il disposait maintenant des couronnes d'Allemagne, d'Italie et de Bourgogne, mais c'est de l'Allemagne qu'il tirait l'essentiel de sa puissance et c'est en fonction des intérêts de l'Allemagne qu'il gérait ses autres possessions qui, d'ailleurs, jouissaient d'une large autonomie. La politique « allemande » de Conrad II est très nette en Italie. Il plaça à la tête des évêchés devenus vacants des prélats allemands comme Poppon, promu patriarche d'Aquilée, ou Gebhard, nommé archevêque de Ravenne, et il favorisa les mariages entre les membres des aristocraties allemande et italienne. De même, en 1035-1036, l'empereur prit le parti des villes lombardes et de la petite noblesse des vavasseurs révoltés contre le haut clergé et l'aristocratie laïque.

Les affaires italiennes le conduisirent une seconde fois, en 1037, à se rendre en Italie. L'empereur convoqua à Pavie une grande assemblée où il cita à comparaître l'archevêque de Milan Aribert, ainsi que ses vavasseurs en révolte contre lui. Cette politique d'intervention de l'empereur dans les affaires religieuses suscita la méfiance d'une partie du haut clergé italien et instaura peu à peu un climat de tension entre le pouvoir temporel et le pouvoir spirituel. Seul l'état de faiblesse et de décadence extrêmes dans lequel se trouvait alors la papauté empêchait un affrontement direct entre l'empereur et l'Église.

### *Henri III, protecteur et réformateur de l'Église*

Avec Henri III (1039-1056), c'est un prince cultivé et soucieux de ses devoirs de souverain chrétien qui accède à la royauté. Sans renoncer à la tutelle politique sur l'Église qu'il a héritée de ses prédécesseurs, Henri III est un ardent partisan de la réforme de l'Église, conscient qu'il est de son devoir d'en éradiquer les tares et les faiblesses.

Dans l'immédiat, cependant, Henri III dut faire face à de nouvelles difficultés provoquées par les voisins orientaux de l'Empire. Ce fut d'abord la Bohême qui lui créa des difficultés. Le duc Bretislas avait profité de l'anarchie qui régnait en Pologne depuis la mort de Mieszko II, en 1034, pour envahir le pays. Par deux fois, Henri III dut intervenir militairement et, en 1040, après avoir occupé Prague, il obtint la capitulation du duc de Bohême. Celui-ci dut se rendre à Ratisbonne ; il y prêta solennellement devant toute la Cour serment de fidélité à Henri III et reçut de lui en fief le duché de Bohême le 22 octobre 1041[1]. Deux ans plus tard, le règlement difficile de la succession d'Étienne de Hongrie (mort en 1038) l'amena à intervenir. L'assassinat de son héritier et neveu par alliance Pierre Orseolo en 1042 provoqua un soulèvement antiallemand et antichrétien. L'avènement d'un nouveau roi, André Ier, chrétien mais davantage tourné vers Byzance que vers Rome, provoqua plusieurs tentatives d'intervention d'Henri II qui, toutes, échouèrent. La Hongrie, à la différence de la Bohême, demeura à l'extérieur de la zone d'influence allemande[2].

Les interventions liées à la sécurité de l'Allemagne face à ses

1. P. Belina, P. Cornej et J. Pokorny, *Histoire des pays tchèques*, *op. cit.*, p. 31.
2. H. Bogdan, *Histoire de la Hongrie*, Paris, 1966, p. 13-14.

voisins de l'Est ne détournèrent pas cependant Henri III de l'intérêt qu'il portait à ses deux autres royaumes. Dès 1042, il avait organisé le royaume de Bourgogne en un État parfaitement autonome, avec sa propre chancellerie, confiée à l'archevêque de Besançon. Puis, en 1046, Henri III fut appelé en Italie par une brutale dégradation de la situation. Les troubles s'étaient généralisés tant en Lombardie qu'à Rome ; plus au sud, les princes normands disputaient aux représentants de Byzance le contrôle de l'Italie du Sud. À Rome même, le siège pontifical faisait l'objet d'âpres luttes entre les différentes factions de la noblesse et le peuple. Lors d'un concile réuni à Sutri en décembre 1046 à son initiative, Henri III fit déposer les trois papes et antipapes rivaux Grégoire VI, Silvestre III et Benoît IX, et leur substitua son propre candidat, l'évêque de Bamberg, Suidger, qui devint pape sous le nom de Clément II après avoir été acclamé par le clergé et le peuple de Rome. Preuve s'il en était besoin de la dépendance de la papauté par rapport au roi de Germanie, le nouveau pape, allemand, procéda au couronnement impérial d'Henri III le jour même de sa propre intronisation, et lui accorda le titre de « patrice des Romains », ce qui impliquait un droit de regard sur l'administration des États pontificaux. Devenu empereur, Henri III aurait voulu étendre l'influence allemande à l'Italie du Sud mais les affaires de Hongrie le rappelèrent en Allemagne.

En Italie, après le départ de l'empereur, une hostilité grandissante se manifesta contre l'influence allemande. Après la mort du marquis Boniface de Tuscie (Toscane), très dévoué à l'empereur, sa veuve réclama la succession puis épousa en 1054 le duc Godefroi de Lorraine, un adversaire d'Henri III en Allemagne, et revendiqua pour sa fille Mathilde l'héritage de Tuscie. La Tuscie allait rapidement devenir un foyer d'opposition à l'empereur. En Italie du Sud, les Normands de Robert Guiscard prenaient le contrôle des provinces byzantines et organisaient un État puissant. Les papes allemands qui succédèrent à Clément II, Damase II (1047-1048) et Léon IX (1048-1054), tentèrent vainement de défendre les intérêts de l'empereur face aux Normands et une nouvelle intervention personnelle de l'empereur en Italie du Sud n'apporta guère de résultats.

Il faut cependant souligner que ces papes allemands, tout soumis à l'empereur qu'ils étaient, cherchaient à reformer l'Église. Léon IX en particulier réunira plusieurs conciles pour condamner la simonie et le nicolaïsme, et ce avec l'appui de l'empereur. Mais Henri III entend rester maître des décisions et donne force de loi dans l'Empire à tous les décrets conciliaires ; il n'est pas question pour lui de renoncer à son autorité sur les évêques. Or, Léon IX — le Lorrain Bruno de Toul — a amené avec lui à Rome des clercs lorrains favorables à la réforme de l'Église et les a introduits dans le cercle des cardinaux ; parmi eux, il faut citer Humbert de Marmoutier, Frédéric de Lorraine, frère du duc Godefroi et qui deviendra pape sous le nom d'Étienne IX, tous imprégnés de l'esprit clunisien. Léon IX prit également à ses côtés un moine toscan favorable à la réforme de l'Église et à son émancipation de la tutelle impériale, un certain Hildebrand, le futur Grégoire VII.

La mort d'Henri III, le 5 octobre 1056, laissant pour héritier un enfant âgé de quatre ans seulement, Henri IV, allait permettre à l'Église de s'affranchir de la tutelle impériale à la faveur de la période de minorité. À la mort du pape Victor II (1055-1057), son successeur, le cardinal Frédéric de Lorraine, est élu pape sous le nom d'Étienne IX et, signe que l'Église a su profiter de l'effacement du pouvoir impérial, c'est en dehors de toute influence temporelle que s'est déroulée l'élection.

## II — Le sacerdoce contre l'Empire

Les morts presque simultanées de l'empereur Henri III et du pape Victor II marquent le début d'une nouvelle période dans les relations entre le pouvoir temporel représenté par l'empereur et le pouvoir spirituel symbolisé par le pape. Longtemps soumise à la tutelle protectrice de l'empereur, la papauté prend la tête du mouvement de réforme et cherche à libérer l'Église de ses liens de dépendance par rapport au pouvoir temporel. Après un siècle de relations privilégiées entre la papauté et l'empereur vient le temps des affrontements.

### *Faiblesse du pouvoir royal en Allemagne, réveil de la papauté à Rome (1056-1064)*

Pendant la minorité du jeune Henri IV, c'est sa mère, l'impératrice Agnès, qui exerça la régence. Ce fut une excellente occasion pour les princes laïcs allemands de reprendre leur liberté d'action par rapport à la Couronne. La régente se vit contrainte de distribuer les duchés devenus vacants pour assurer la paix civile et rallier l'aristocratie : le duché de Souabe fut inféodé à Rodolphe de Rheinfeld, celui de Bavière au Saxon Otton de Northeim et la Carinthie au Souabe Berthold de Zähringen.

À cette époque, à Rome, le courant réformateur s'affirmait.

Le nouveau pape Étienne IX était favorable à une réforme en profondeur de l'Église, mais en accord avec l'empereur. Dans son entourage cependant, les réformateurs radicaux comme le cardinal Humbert[1] ou le cardinal Hildebrand entendaient enlever aux laïcs tout droit d'intervention dans les affaires ecclésiastiques.

La mort d'Étienne IX, en 1058, faillit provoquer un schisme. Tandis que la noblesse romaine désignait Benoît X, le cardinal Hildebrand réunit un synode à Sienne qui élit pape l'évêque de Florence, Gérard, sous le nom de Nicolas II. Lors d'un synode tenu à Rome en avril 1059, il fut décidé qu'à l'avenir le collège des cardinaux aurait seul pouvoir d'élire le pape, sans pour autant que soit remise en cause l'approbation impériale. Le cardinal Hildebrand devint dès lors l'un des membres les plus influents de la Cour pontificale. À la mort de Nicolas II, c'est Hildebrand qui, avec l'appui des cardinaux réformateurs, fit élire Alexandre II (1061-1073), alors que la noblesse romaine et les adversaires de la réforme de l'Église soutenaient un antipape, Honorius II, en accord avec le souverain germanique. Le synode d'Augsbourg, en octobre 1062, se prononcera en faveur d'Alexandre II, finalement accepté en 1064 par le roi Henri IV.

### *Les débuts du règne personnel d'Henri IV (1064-1075)*

Devenu majeur, le roi Henri IV dut faire face à des difficultés sérieuses tant en Allemagne qu'en Italie. En Allemagne, la noblesse saxonne qui s'opposait à la construction par le roi de nouveaux châteaux forts en Saxe se dressa contre lui. Cette révolte fut soutenue par le duc de Bavière Otton de Northeim et par le duc Ordulf Billung. Accusé de trahison, Otton de Northeim fut condamné à mort par contumace et mis au ban de l'Empire en 1070, tandis que son duché était attribué à Welf IV, qui appartenait à la branche cadette de la dynastie. Les Welfs (Guelfes) conserveront la Bavière jusqu'en 1180. Pour faire face à l'agitation permanente de la noblesse, Henri IV se rapprocha de la bourgeoisie urbaine qui supportait mal l'autorité de l'aristocratie laïque ou ecclésiastique, de même il soutint en 1074-1075 la révolte des paysans saxons contre les nobles.

En Italie, les relations entre les représentants du pouvoir royal et la papauté se dégradaient progressivement. Déjà, à l'initiative

1. C'est lui qui, en 1054, avait excommunié le patriarche de Constantinople, Michel Cérulaire, provoquant du même coup la rupture entre Rome et l'Église grecque et la séparation entre l'Église romaine et l'Église orthodoxe.

du cardinal Hildebrand, la papauté s'était réconciliée avec les Normands d'Italie du Sud, privant ainsi le roi de Germanie d'une possibilité d'intervention. En Lombardie, comme dans le sud de la péninsule, le courant réformiste devenait chaque jour plus puissant. On le vit bien en 1073, lors de la mort du pape Alexandre II : ce fut le cardinal Hildebrand, le « défenseur de la liberté de l'Église » qui fut choisi et devint pape sous le nom de Grégoire VII. Dans un document intitulé *Dictatus papae*, Grégoire VII affirmait le caractère infaillible de l'Église romaine, la seule fondée par Dieu ; il revendiquait pour le pape le droit de déposer l'empereur et de relever les vassaux de leur serment de fidélité, remettant ainsi en question les bases mêmes des relations entre le pape et l'empereur depuis Otton le Grand. L'affrontement entre le pape et le pouvoir royal devenait une éventualité avec laquelle il fallait désormais compter. Pourtant, Henri IV n'était pas opposé à la réforme de l'Église ; il encourageait la réforme monastique et accorda en 1075 des privilèges importants au monastère réformateur de Hirschau, en Forêt-Noire. Ce monastère, influencé par les idées clunisiennes, fut à l'origine d'un mouvement de réforme qui toucha près d'une centaine de monastères en Souabe et en Bavière (Sankt-Blasien, Ottobeuren, Ochsenhausen, etc.). Henri IV ne resta pas insensible non plus aux plaintes concernant des pratiques électorales douteuses lors de certaines élections épiscopales. En revanche, il entendait conserver son droit à l'investiture pour les titulaires de charges épiscopales, dans la mesure où les évêques exerceraient également des fonctions publiques.

La crise latente entre la papauté et le pouvoir temporel éclata à propos du siège archiépiscopal de Milan. Alors que le peuple et le clergé avaient choisi l'évêque Atton pour succéder à l'archevêque Wido, Henri IV avait investi l'évêque Godefroy. Cela avait provoqué en 1073 l'excommunication des conseillers du roi par le pape Alexandre II, sentence renouvelée en 1075 par Grégoire VII dès son avènement. La crise religieuse ayant débouché sur une crise politique à Milan, Henri IV régla le problème en imposant un nouvel archevêque, le chapelain de la Cour, Tedald, écartant du même coup Atton et Godefroy. Ce conflit local lié à la nomination d'un évêque devait être le point de départ d'un long conflit entre la papauté et les empereurs connu sous le nom de « querelle des Investitures ».

*Henri IV et la querelle des Investitures*

La nomination de Tedald provoqua une réaction immédiate du Saint-Siège. Dans une lettre adressée à Henri IV, Grégoire VII dénonça ce qu'il appelait une intervention abusive du pouvoir temporel dans les affaires religieuses et lui reprocha de maintenir sa confiance à ses conseillers excommuniés, mais en même temps il se déclarait prêt à régler la question de la réforme de l'Église en accord avec le roi. Henri IV avait à ce moment-là consolidé son pouvoir en Allemagne et pouvait compter sur le soutien de l'épiscopat allemand. De son côté, la papauté, qui avait profité de la minorité d'Henri IV pour s'émanciper de la tutelle impériale, avait trouvé de nouveaux appuis auprès des Normands devenus maîtres de toute l'Italie du Sud et de la Sicile. Et Grégoire VII proclamait bien haut que l'Église en tant que puissance universelle entendait désormais se libérer de toute influence temporelle sur ses responsables et assurer la prééminence du spirituel (*sacerdotum*) sur le pouvoir temporel (*imperium*). Aucun accord, *a priori*, n'était possible dans ces conditions entre Henri IV et le pape.

C'est l'épiscopat allemand, réuni en assemblée à Worms le 24 janvier 1076, qui prit l'initiative de la rupture avec Grégoire VII. Les vingt-six évêques présents, irrités des prétentions exprimées par le pape dans le *Dictatus papae*, refusèrent soumission et obéissance au « moine Hildebrand », accusé d'avoir usurpé le trône pontifical. Aussitôt, Henri IV, en vertu des pouvoirs que lui conférait son titre de patrice des Romains, invita Grégoire VII à renoncer à ses fonctions. La riposte pontificale fut immédiate. Le synode romain réuni à la mi-février à l'invitation du pape condamna sévèrement les évêques qui avaient pris part à l'assemblée de Worms, prononça l'excommunication d'Henri IV, lui interdit « de régner sur les Allemands et les Italiens » et délia de leur serment ceux qui lui avaient juré fidélité. Le conflit prenait maintenant une tournure politique.

En Allemagne, si quelques évêques ébranlés par les décisions du synode romain abandonnèrent la cause du roi, la majorité de l'épiscopat cependant lui demeura fidèle. C'est du côté des princes que vinrent les défections. Les Saxons relevèrent la tête et reçurent le soutien de l'ancien duc de Bavière Otton de Northeim ; les ducs d'Allemagne du Sud, eux aussi, s'apprêtaient à les rejoindre. En octobre 1076, en présence de deux légats pontificaux, les princes se réunirent à Tribur, non loin d'Oppenheim où se trouvait le roi. On y discuta de la destitution d'Henri IV, mais les envoyés du pape redoutaient qu'une nouvelle élection royale ne suscite de nouveaux troubles en Allemagne. Grégoire VII se déclara prêt à négocier avec le roi pourvu que celui-ci fît sa soumission et qu'il l'invitât à se présenter à la diète d'Augsbourg en février 1077. Henri IV, qui redoutait une alliance entre le pape et les princes, prit les devants et se rendit immédiatement en Italie à la rencontre du pape. Grégoire VII s'était alors retiré à Canossa dans une forteresse appartenant à la comtesse Mathilde. Le 26 janvier 1077, nous rapporte le récit de Lampert de Hertsfeld, Henri IV se présenta devant Canossa, en tenue de pénitent, pieds nus et portant la cilice. Après une attente de trois jours au cours desquels la comtesse Mathilde et l'abbé de Cluny Hugues s'efforcèrent de fléchir Grégoire VII, Henri IV fut reçu par le pape : il lui promit de se réconcilier avec les princes mais obtint la levée de son excommunication. Quelque humiliante que fût cette démarche[1] pour sa dignité royale, Henri IV remportait cependant une victoire politique car il était parvenu à éviter une alliance entre le pape et les princes allemands, même s'il était moralement très ébranlé.

La résistance des princes allemands était loin d'être terminée, cependant. En mars 1077, les ducs Rodolphe de Souabe, Welf de Bavière et Berthold de Carinthie, ainsi qu'Otton de Northeim et plusieurs évêques, se réunirent à Forcheim sous la présidence de l'archevêque de Mayence Siegfried. Deux légats du pape assistaient à la réunion mais refusèrent de prendre parti sur la question royale. L'assemblée des princes déclara Henri IV déchu de son trône et choisit comme roi le duc de Souabe, Rodolphe de Rheinfelden, qui fut aussitôt couronné à Mayence. Le nouveau roi, lointain parent d'Henri IV, dut s'engager à renoncer à la succession pour son fils. Henri IV disposait cependant de nombreux soutiens en Allemagne ; il pouvait compter sur la noblesse de l'Allemagne du Sud-Est et sur les villes rhénanes, ainsi que sur la majorité des évêques, tandis que Rodolphe trouvait ses meilleurs appuis en Saxe. Dans un premier temps, Grégoire VII s'abstint d'intervenir et ne reconnut pas l'antiroi Rodolphe. Il profita des circonstances favorables pour interdire les investitures laïques lors du synode de 1079. La victoire de Rodolphe sur les armées d'Henri IV à Flarcheim, en Thuringe, en janvier 1080

1. Bien plus tard, Bismarck, alors en conflit avec le pape Pie IX à l'époque du *Kulturkampf*, évoquant la démarche d'Henri IV, déclara : « Nous n'irons pas à Canossa. »

modifia en sa faveur l'attitude du pape, d'autant plus qu'il était conscient de l'attitude dilatoire d'Henri IV sur la question de la réforme de l'Église. Lors du synode de 1080, Grégoire VII s'engagea à fond aux côtés de Rodolphe, prononça une nouvelle excommunication contre Henri IV et le destitua au profit de son rival. Au cours du même synode, Grégoire VII interdit sous peine d'excommunication à tout prince laïc de procéder à l'investiture d'un évêque ou d'un abbé : désormais, l'évêque devrait être élu par le clergé et le peuple selon les règles canoniques.

Henri IV trouva un réconfort dans l'attitude d'une grande majorité de l'épiscopat allemand. Le 25 juin 1080, un synode composé d'évêques allemands et italiens réuni à Brixen prononça la destitution de Grégoire VII et désigna pour lui succéder l'archevêque de Ravenne Guibert, sous le nom de Clément III. Pour que son triomphe fût complet, il fallait encore qu'Henri IV se rendît à Rome pour s'y faire couronner empereur par le nouveau pape.

En Allemagne, la situation était incertaine. Le 15 octobre 1080, les troupes royales furent battues par l'armée des princes sur l'Elster, mais l'antiroi Rodolphe périt au cours des combats, et le successeur que lui trouvèrent quelques princes souabes et saxons réunis à Ochsenfurt[1] en août 1081, Hermann de Salm, n'eut guère de partisans. La rébellion peu à peu s'éteignit.

Grégoire VII conservait quelques appuis dans les monastères réformés de Hirschau et de Sankt Blasien ; il pouvait compter aussi sur les archevêques de Mayence et de Salzbourg, et sur les évêques de Constance et de Metz. Ceux-ci considéraient comme valable l'excommunication d'Henri IV par Grégoire VII. En revanche, les partisans du roi, encore très nombreux dans l'Église allemande, estimaient que le serment de fidélité au roi a un caractère absolu et que le roi ne tient son pouvoir que de Dieu : selon eux, Grégoire VII, par son intransigeance, était un facteur de division pour la chrétienté.

Grégoire VII disposait de peu de forces pour faire face à l'intervention inévitable d'Henri IV en Italie. Dès 1081, le roi paraît devant Rome et, après deux tentatives infructueuses, il parvint en 1083 à s'emparer de la cité léonine sur la rive droite du Tibre. À Rome, les partisans de la paix proposent la tenue d'un concile pour rétablir l'entente et la concorde entre les deux partis. La méfiance d'Henri IV et surtout l'intransigeance de Grégoire VII mettent fin à ces tentatives de conciliation. À la déception des

1. Aujourd'hui Bressanone (Trentin).

## L'ALLEMAGNE ET SES DÉPENDANCES AUX XIe ET XIIe SIÈCLES

Romains s'ajoute l'isolement de Grégoire VII, abandonné par la plupart de ses cardinaux. En mars 1084, Henri IV prend le contrôle de l'ensemble de la Ville éternelle, tandis que « le clergé et le peuple » confirment l'élection de Guibert (Clément III). Grégoire VII, enfermé au château Saint-Ange, ne put qu'assister impuissant au couronnement impérial de son ennemi Henri IV et de sa femme Agnès par le pape Clément III, le 31 mars 1084. L'intervention du duc normand Robert Guiscard à la fin mai ne changea guère le cours des événements. Certes Grégoire VII est libéré, mais le pillage de Rome par les troupes du duc provoque la révolte des Romains, obligeant les Normands à se retirer. Grégoire VII s'enfuit avec eux. Il devait mourir, isolé, à Salerme, le 25 mai 1085.

Aussitôt sacré, l'empereur rentre en Allemagne où il reçoit l'hommage de l'épiscopat allemand. Dans le souci d'y rétablir la paix civile et de mettre fin aux multiples conflits locaux qui déchirent la petite noblesse, il encourage vivement le mouvement en faveur de la « Trêve de Dieu ». Aidé de son fils Conrad qu'il a fait couronner roi dès 1075, Henri IV parvient peu à peu à reprendre le contrôle du pays en obtenant la soumission des Saxons ; le duc de Bavière Welf IV lui demeure cependant hostile.

Reste à régler le problème de la papauté. La mort de Grégoire VII ne résout rien. Clément III se voit opposer un pape élu par les « grégoriens », l'abbé du mont Cassin, Didier, qui prend le nom de Victor III. Celui-ci maintient l'excommunication contre Clément III mais évite de se heurter à Henri IV, comme le souhaitent les réformateurs modérés tel l'abbé de Cluny, Hugues, qui recommande l'entente entre le pape et l'empereur. La mort de Victor III, en octobre 1087, provoque une longue vacance du trône pontifical, qui s'achève en mars 1088 avec l'élection d'Urbain II, qui fut aux côtés de Grégoire VII l'adversaire déterminé d'Henri IV.

Urbain II est un clunisien, favorable à la primauté du siège pontifical, mais son autorité se heurte au schisme de Clément III qui bénéficie de l'appui d'une partie de l'Europe occidentale : lui aussi est un réformateur qui, lors d'un synode tenu en 1089, condamne la simonie et les entorses à la règle du célibat des prêtres. Pour rétablir son autorité, Urbain II estime qu'il faut d'abord chasser Henri IV d'Italie et soutenir ses adversaires en Allemagne. Dans ce but, le pape organise le mariage de son alliée, la comtesse Mathilde, alors âgée de quarante-trois ans, avec le jeune Welf V, fils du duc de Bavière Welf IV, l'un des principaux opposants à Henri IV en Allemagne. Mathilde, par de subtiles intrigues, parviendra même à détacher le jeune Conrad de son père et à le faire couronner à Milan roi d'Italie, provoquant ainsi le ralliement des Lombards à la cause d'Urbain II. En Allemagne même, les évêques grégoriens relèvent la tête et sapent l'autorité morale d'Henri IV en l'accusant de mœurs dépravées. Dans ce contexte, les théologiens grégoriens et antigrégoriens multiplient les libelles où ils présentent leurs arguments. Tandis que Berthold de Sankt-Blasien défend la thèse de la suprématie du pouvoir pontifical, un moine anonyme de Hertsfeld publie vers 1092-1093 un *Liber de unitate ecclesiae conservanda* où il défend le vieil idéal de la chrétienté unie sous le pape et l'empereur ; de son côté, le canoniste Yves de Chartres rappelle en 1097 que l'investiture conférée par le roi n'est qu'une simple inféodation sans portée sacramentelle, donc sans conséquence sur le plan religieux, thèse qui sera reprise en 1122 lors de la conclusion du concordat de Worms.

Mais l'heure n'était pas encore au compromis et Henri IV était maintenant sur la défensive tandis qu'Urbain II, grâce au formidable élan de foi qu'il avait suscité en Occident avec la prédication de la croisade lors de son passage à Clermont-Ferrand en 1095, s'affirmait comme le véritable chef de la chrétienté occidentale. Même si, en 1096, le passage en Allemagne du Sud des hordes inorganisées et pillardes se traduisit par des violences à l'égard des communautés juives des villes rhénanes, la prise de Jérusalem, en 1099, semblait réconcilier tout le monde chrétien.

Henri IV, malgré son excommunication par Grégoire VII, jamais levée par ses successeurs grégoriens, restait maître de la situation en Allemagne. Le mariage du jeune Welf V avec Mathilde tourna court ; les Welfs se réconcilièrent avec l'empereur et, en 1097, la dignité ducale en Bavière fut rendue à Welf IV. Si l'Italie semblait maintenant perdue, l'Allemagne, elle, demeurait fidèle à Henri IV. Le duc de Souabe Berthold de Zähringen, qui avait été nommé par l'antiroi Rodolphe, fit sa soumission en 1098 : il conserva Zürich en tant que fief impérial et garda le titre de duc de Zähringen pour ses possessions en Brisgau. La diète de Mayence, la même année, déposa le roi Conrad en raison de sa félonie envers l'empereur son père et désigna comme roi et successeur d'Henri IV son second fils Henri, né en 1081, le futur Henri V, aussitôt couronné à Aix-la-Chapelle. La chrétienté semblait avoir retrouvé son unité avec la mort de l'antipape Clément III, en 1100, suivant de près celle d'Urbain II auquel succéda Pascal II reconnu par tous.

## III – À LA RECHERCHE D'UN COMPROMIS

La mort en 1106 de l'empereur Henri IV ne mit nullement fin au conflit engagé près d'un demi-siècle auparavant entre la royauté germanique et la papauté à propos des investitures. Le pape Pascal II demeura ferme sur cette question et renouvela lors du synode de Guastalla l'interdiction formelle faite aux princes laïcs de conférer l'investiture de leur charge aux évêques et abbés. Le nouveau souverain allemand Henri V (1106-1125), comme son père, n'entendait pas renoncer à ce privilège et il pouvait compter sur l'appui d'une grande partie de l'épiscopat allemand. Une nouvelle condamnation de l'ingérence des princes laïcs dans les affaires de l'Église, accompagnée d'un rappel de l'interdiction de toute investiture, lors du concile du Latran tenu en mars 1110, décida Henri V à intervenir personnellement : en août de la même année, le souverain franchit les Alpes à la tête d'une armée de trente mille hommes en vue d'une démonstration de force en Italie. Les villes lombardes firent aussitôt acte de soumission, puis Henri V se dirigea vers la Toscane, où il ne rencontra aucune résistance de la part de la comtesse Mathilde, pilla au passage Arezzo avant de se diriger vers Rome. Henri V affirmait ouvertement son désir de rétablir la paix et la justice en Italie ; il le fit savoir au pape par l'intermédiaire d'une ambassade qui ne fut pas reçue. Une seconde ambassade put finalement rencontrer les envoyés du pape à Sutri, le 4 février 1111.

Là, les représentants d'Henri V présentèrent les arguments de leur maître. Pour eux, l'investiture n'était pas une innovation car elle avait été pratiquée sans problème sous soixante-trois pontifes ; de plus, elle était justifiée car, depuis Charlemagne, les évêques et les grandes abbayes avaient reçu d'immenses domaines de la Couronne, ce qui autorisait un légitime droit de regard des souverains sur l'élection et la gestion des titulaires de ces hautes charges ecclésiastiques. Les envoyés du pape rétorquèrent que l'Église était prête à renoncer à tous les biens, revenus et pouvoirs régaliens qu'elle tenait de l'empereur. Un accord parut possible sur cette base : les représentants d'Henri V firent savoir que le souverain était prêt à renoncer aux investitures dans de telles conditions. On aurait ainsi abouti à une séparation entre le pouvoir spirituel et le pouvoir temporel. Mais ni Henri V ni le clergé allemand n'avaient vraiment l'intention de renoncer à leurs privilèges. Toutefois, Henri V crut bon dans l'immédiat d'accepter ce « concordat de Sutri », sachant pertinemment qu'il était inapplicable. Le concordat fut donc signé le 9 février 1111, avec une clause précisant qu'il devait être approuvé par les évêques allemands.

L'avantage immédiat qu'en tira Henri V fut son couronnement à Rome par le pape, le 12 février. Pascal II, en le proclamant empereur, se déclara prêt à renoncer aux biens de l'Église et attendit d'Henri V qu'il abandonnât publiquement tout droit à l'investiture. Dans la basilique Saint-Pierre, cette déclaration provoqua un violent tumulte. La cérémonie fut interrompue et Henri V demanda à conférer avec les évêques allemands présents. Ceux-ci étaient opposés à l'abandon de leurs privilèges temporels. Henri V fit part de leur remarque au pape, qui refusa de poursuivre la cérémonie du couronnement.

La réaction impériale fut vive : Henri V fit arrêter le pape ainsi que la plupart des cardinaux romains présents. Après deux mois de menaces, Pascal II céda aux pressions impériales. Le 11 avril 1111, le pape accorda à Henri V par privilège spécial le droit d'investir *avec la crosse et l'anneau tout évêque ou abbé issu d'une élection libre et sans simonie*, cette investiture ayant lieu immédiatement avant la consécration spirituelle. Le pape s'engageait également à ne jamais excommunier Henri V et levait l'interdit sur le corps d'Henri IV, mort en état d'excommunication, ce qui permit son inhumation dans la cathédrale de Spire à l'occasion du cinquième anniversaire de sa mort. Le lendemain, Pascal II procéda à une nouvelle cérémonie du couronnement impérial. Henri V, paré de la dignité impériale, regagna aussitôt l'Allemagne.

La capitulation pontificale suscita de vives protestations dans tout l'Occident. L'abbé du mont Cassin, Bruno, somma le pape de rompre l'accord conclu avec Henri V ; des évêques français demandèrent la convocation d'un concile pour juger le pape. Yves de Chartres, soucieux d'éviter à l'Église un nouveau schisme, rappela que le pape avait cédé à la violence comme autrefois saint Pierre avait renié le Christ, ce qui ne l'avait pas empêché d'être chargé de la direction de l'Église. Toutefois, en mars 1112, un concile franco-italien se tint au Latran. Pascal II, mis en position d'accusé, céda et déclara qu'il s'en tenait aux seules Écritures, aux décisions des quatre conciles œcuméniques et aux décrets des papes précédents, en particulier ceux de Grégoire VII et d'Urbain II. En accord avec le pape, le concile du Latran cassa le privilège accordé à Henri V. L'affaire en serait restée là si certains prélats français particulièrement intransi geants, conduits par l'archevêque Guy de Vienne, n'avaient pas jugé bon de réunir un nouveau concile en septembre 1112. Le concile de Vienne déclara hérétique l'investiture laïque, jeta l'anathème contre Henri V et demanda au pape de confirmer ces décisions. Pascal II confirma le mois suivant les décisions prises à Vienne, mais d'une façon assez vague et, soucieux d'éviter un nouveau conflit avec l'empereur, il se garda bien de l'excommunier.

Henri V était alors aux prises, en Allemagne, avec un début de révolte des princes territoriaux. Comme ses prédécesseurs, il avait cherché à consolider l'autorité royale en multipliant la construction des châteaux forts, en s'appuyant sur la petite noblesse, sur les *ministeriales* et sur les villes auxquelles il avait accordé d'importants privilèges, notamment à Spire et à Worms, ce qui constituait autant de menaces pour les princes, tant laïcs qu'ecclésiastiques. La révolte des princes était partie de Saxe où l'empereur, en application stricte du droit féodal, entendit réintégrer au domaine royal le fief du comte Ulrich de Weimar. Le duc de Saxe, Lothaire de Supplimbourg, prit la tête d'un soulèvement armé contre l'empereur et rallia à lui le comte palatin du Rhin Siegfried, le comte Louis de Thuringe, l'archevêque de Mayence Adalbert, autrefois promu à cette charge par la faveur de l'empereur, et l'évêque de Halberstadt Reinhard.

Henri V riposta en faisant jeter en prison l'archevêque de Mayence et en se livrant à des représailles sévères sur les terres de l'évêque de Halberstadt. La révolte des princes sembla alors s'essouffler. Elle reprit en 1114 et fut accompagnée d'attaques venues des peuples slaves voisins de l'Empire et des Frisons. Si Henri V vint à bout des Frisons révoltés en mai 1114, c'est grâce à Lothaire de Supplimbourg que les Slaves furent repoussés, ce qui valut au duc de Saxe un prestige considérable, qu'il saura exploiter dans l'immédiat mais aussi par la suite. La révolte des princes s'étendit à l'Allemagne rhénane, où l'archevêque de Cologne Frédéric souleva ses sujets contre l'empereur, ainsi qu'au Limbourg et à la Westphalie. À la fin de l'année 1114, la situation de l'empereur était particulièrement critique, surtout après la défaite de son armée à Andernach, en octobre. Malgré quelques succès ponctuels au début de 1115, Henri V se voyait abandonné de tous ; l'Allemagne septentrionale était perdue pour lui. La papauté sut exploiter les difficultés de l'empereur. Le jour de Pâques 1115, à Cologne, le légat du pape Conon de Preneste prononça l'excommunication d'Henri V, renouvelée quelques mois plus tard par le cardinal Thierry devant un concile réunissant à Goslar princes et évêques allemands révoltés.

Henri V disposait encore de fortes positions en Allemagne du Sud. Laissant à ses partisans le soin de contenir la révolte des princes, il décida de partir pour l'Italie, en août 1115, afin d'y récupérer l'héritage toscan de la comtesse Mathilde, qui venait de mourir. Cette dernière avait, par deux fois, légué son héritage au Saint-Siège mais, en 1111, elle s'était réconciliée avec l'empereur en lui promettant ce même héritage. En février-mars 1116, Henri V prit possession des biens de la comtesse avec l'appui des seigneurs d'Italie du Nord. Paradoxalement, l'empereur perdait une partie de l'Allemagne alors que sa position se renforçait en Italie.

Le pape était maintenant sur la défensive. Une nouvelle fois, il avait fait confirmer par un concile la législation grégorienne sur les investitures, mais Henri V, solidement installé en Italie centrale, menaçait maintenant les États de l'Église. Pascal II dut quitter Rome pour Bénévent tandis que la noblesse romaine ouvrait les portes de la ville à l'empereur qui y fit un bref séjour au printemps 1117.

La mort de Pascal II, en janvier 1118, fut suivie d'une crise à Rome opposant les différentes factions de la noblesse romaine. Se trouvèrent face à face le pape Gélase II soutenu par les grégoriens, lequel n'hésita pas à excommunier une nouvelle fois l'empereur, et Grégoire VIII désigné par Henri V. La mort de Gélase II, réfugié à Cluny, ramena la paix au sein de l'Église avec l'élection de Calixte II, en février 1119. Le nouveau pape était fermement décidé à trouver un terrain d'entente avec l'empereur. Henri V, rentré en Allemagne au cours de l'été 1118, y avait trouvé une situation très confuse.

La Saxe était aux mains des princes révoltés, la guerre civile régnait dans les pays rhénans. Le roi de Hongrie Étienne II menaçait le duché d'Autriche. L'Église allemande se détachait progressivement de l'empereur et certains de ses membres, tel l'archevêque de Magdebourg Roger, allaient jusqu'à refuser l'investiture impériale. Il ne s'agissait pas pour ces évêques allemands de se rallier aux principes grégoriens ; ce qu'ils voulaient, c'était leur indépendance par rapport à l'empereur, tout comme la revendiquaient les princes laïcs. Seule l'Allemagne du Sud, et en particulier le duc Frédéric II de Souabe, restait fidèle à Henri V.

Au moment où le pape Calixte II se montrait prêt à négocier avec l'empereur, celui-ci, conscient des risques d'éclatement que faisait courir à l'Empire le conflit qui l'opposait aux princes, convoqua pour le 24 février 1119 une assemblée destinée à rétablir la paix avec ses sujets révoltés et avec l'Église. La décision la plus importante prise lors de cette assemblée fut la restitution mutuelle de tous les biens et territoires qui avaient été l'objet d'appropriation indue ou de saisie au cours de la guerre civile, mesure qui contribua grandement au retour à une certaine paix. Quant aux questions religieuses, il fut décidé de s'en remettre aux décisions du concile de Reims convoqué pour octobre 1119 à l'initiative du pape. L'action médiatrice de l'abbé de Cluny, Pons, et de l'évêque de Châlons-sur-Marne, Guillaume de Champeaux, puis la rencontre entre le pape et l'empereur à Mouzon le 24 octobre permirent l'ébauche d'un compromis, même si un accord définitif ne put être conclu. La crise intérieure parut reprendre en Allemagne mais, en septembre 1121, l'assemblée de Würzbourg poussa à la reprise des négociations entre le pape et l'empereur. Les négociations aboutirent enfin le 23 septembre 1122 avec la conclusion de ce qu'on appelle le concordat de Worms, qui est en fait constitué de deux déclarations solennelles : l'une de l'empereur, l'autre du pape. L'empereur s'engageait à garantir la liberté des élections épiscopales et à concéder à l'élu le temporel et les *regalia* attachés à la charge par la remise symbolique du *sceptre* ; de son côté, le pape admettait la présence de l'empereur à ces élections pourvu qu'il n'y ait ni violence ni simonie, et c'est du métropolitain que l'élu recevrait l'investiture spirituelle par la crosse et l'anneau.

Le concordat de Worms mettait fin à un long conflit dans lequel l'Empire avait dépensé en vain une grande partie de ses forces et au cours duquel le pouvoir impérial avait été singulièrement affaibli. À la mort d'Henri V le 23 mai 1125 — sans héritier direct —, le refus par les princes d'entériner le choix de son neveu Frédéric de Hohenstaufen pour lui succéder fut le signe le plus manifeste de ce déclin du pouvoir impérial face à la montée des princes.

## 7

# Ambitions et déboires des Hohenstaufen

À la mort d'Henri V, l'absence d'héritier direct rendit aux princes la possibilité de choisir le souverain de leur choix à un moment où l'Allemagne venait de sortir d'une grave crise intérieure et d'un interminable conflit avec la papauté.

## I — Le temps des incertitudes (1125-1152)

### *L'Allemagne en 1125*

Deux siècles après l'assemblée de Forcheim qui, en 911, avait placé sur le trône Conrad Ier, le territoire sur lequel régnaient ceux qui, depuis le sacre d'Otton le Grand, portaient également le titre d'empereur s'était considérablement étendu, même si la ligne de l'Elbe au nord-est marquait toujours la limite entre le domaine des Allemands et celui des Slaves. À la *Francia Orientalis* du traité de Verdun s'était ajoutée d'abord la Lorraine, puis le « roi d'Allemagne » était devenu également « roi d'Italie » et « de Bourgogne ». En théorie du moins, les États de l'Église relevaient de l'Empire, même si depuis Grégoire VII ils étaient devenus les *Regalia beate Patri* ; quant aux principautés normandes d'Italie du Sud, dépendaient-elles du pape ou du royaume d'Italie comme le prétendaient les empereurs, sans oublier les droits que revendiquaient sur elles les empereurs byzantins ?

Depuis Otton Ier, le roi d'Allemagne était de droit le candidat au titre impérial qui lui était conféré par le pape lors de la cérémonie du sacre à Rome à l'occasion de l'« expédition romaine » (*Römerzug*) qui suivait l'avènement. Avant le sacre, le futur empereur n'était encore que « roi des Romains ».

Comme les autres États de l'Europe occidentale, l'Allemagne était organisée selon les principes du système féodo-vassalique, même s'il existait encore de nombreux alleux, détenus pour la plupart par des membres de l'aristocratie mais parfois aussi par des paysans libres. Les ducs, les margraves, la plupart des évêques et des titulaires des grandes abbayes, les comtes palatins et la majorité des comtes étaient directement liés au roi par les liens féodo-vassaliques. Le contrat féodo-vassalique était conclu lors de la cérémonie de l'hommage (*Mannshaft*) au cours de laquelle le vassal plaçait ses mains entre celles de son suzerain (*immixio manuum*), déclarait sa volonté de devenir son vassal et prêtait serment de fidélité (*Treue*), ce qui entraînait deux séries de conséquences, d'abord la consécration du pouvoir du seigneur sur son vassal, et surtout toute une série d'obligations réciproques[1]. Le vassal devait fidélité à son seigneur, lui devait l'*auxilium*, c'est-à-dire une aide militaire et, notamment, l'obligation de participer en compagnie des arrière-vassaux au *Römerzug* et d'assurer un service de garde dans les châteaux (*Burghut*), mais aussi éventuellement une aide financière ; le vassal devait également le *concilium*, c'est-à-dire l'obligation de se rendre auprès du suzerain pour lui donner ses conseils (*Hoffahrt*). De son côté, le seigneur se devait d'être fidèle à son vassal et de subvenir à son entretien au moyen de la concession d'un fief constitué le plus souvent par une terre (*Lehen*), mais qui pouvait être un revenu régulier — c'est le « fief de bourse » (*Kammerlehen*) —, ou même l'exercice d'une fonction (« fief de dignité »). Le fief était parfois concédé à titre viager, mais l'hérédité s'imposa peu à peu, d'une façon systématique pour les fiefs détenus par les vavasseurs ou arrière-vassaux, membres de la petite ou moyenne noblesse ; les grands fiefs princiers, en particulier les duchés, ne deviendront héréditaires qu'au XIIe siècle et exclusivement en ligne masculine directe, si bien qu'en l'absence d'héritier mâle direct, le duché revenait à la Couronne, ce qui explique les changements de dynasties féodales beaucoup plus fréquents qu'en France[2]. La remise du fief suivait immédiatement la cérémonie de l'hommage : c'était l'investiture (*Lehnung*), au cours de laquelle le suzerain remettait à son vassal un objet symbolique, une lance ou une motte de terre pour les vassaux laïcs, la crosse et l'anneau pour les évêques, du moins avant le concordat de Worms[3].

À la différence de la France, la Couronne disposait en Allemagne d'un domaine privé important, souvent enclavé à l'inté-

1. F. L. Ganshof, *Qu'est-ce que la féodalité ?*, Bruxelles, 1947, p. 88 et suiv.
2. *Ibid.*, p. 153 et suiv.
3. *Ibid.*, p. 125 et suiv.

rieur même des duchés. En outre, elle pouvait s'appuyer sur les restes de l'administration mise en place à l'époque carolingienne et représentée par les comtes, qui étaient à la fois des agents du roi et des feudataires. Longtemps, les souverains allemands purent utiliser à leur profit la féodalité ecclésiastique représentée par les évêques, mais la querelle des Investitures remit en question l'autorité du pouvoir royal sur l'Église.

Quand on étudie les couches supérieures de la pyramide féodale, il faut distinguer une féodalité laïque et une féodalité ecclésiastique. La féodalité laïque était constituée par les ducs, les margraves, les comtes palatins et les comtes. Le nombre des duchés fut porté à huit. Aux quatre duchés primitifs (Franconie, Saxe, Bavière et Souabe) s'ajoutèrent les deux duchés lorrains : celui de Haute-Lorraine, et celui de Basse-Lorraine (correspondant aux pays de l'actuel Benelux) — la Basse-Lorraine fut divisée au début du XIIe siècle en un duché de Brabant et en cinq comtés, Flandre, Hainaut, Luxembourg, Gueldre, Hollande —, la Carinthie détachée de la Bavière en 976, et le duché de Bohême. Aux confins orientaux de l'Empire, les margraves exerçaient leur autorité au nom du souverain sur les margraviats ou marches (*Mark*), provinces frontières dans lesquelles l'autorité de l'empereur était encore mal consolidée ou faisait l'objet de menaces extérieures. C'était le cas de la marche du Nord — le futur Brandebourg — et de la marche de l'Est, à peine germanisées au début du XIIe siècle, tout comme la marche de Misnie ou de Meissen — la Saxe actuelle — sur laquelle régnait alors la maison de Wettin. C'était le cas également de la marche d'Autriche, menacée par les Hongrois et tenue en fief par la maison de Babenberg représentée en 1125 par le margrave Léopold III le Pieux, beau-frère de l'empereur Henri V. Au XIe siècle se sont formées deux nouvelles marches détachées de la Carinthie, la Carniole et la Styrie.

À l'intérieur des duchés apparurent à partir du milieu du Xe siècle des représentants du roi, les comtes palatins, chargés de défendre les intérêts de la Couronne et titulaires de fiefs de service. De même subsistèrent, dans la plupart des duchés et sur les domaines de la Couronne, les comtes issus de l'administration carolingienne, qui continuèrent à exercer une partie de leurs anciennes fonctions (justice, levée de contingents pour l'ost royal, etc.). Bien que dépendants directement du souverain qui rétribuait leurs services par la concession d'un fief, les comtes prêtaient également serment de fidélité au duc[1].

1. *Ibid.*, p. 185 et suiv.

La féodalité ecclésiastique occupa une place très importante au sein du système féodo-vassalique allemand et constitua son originalité, dans la mesure où les évêques exerçaient des fonctions politiques et administratives. Les évêques étaient de puissants personnages, le titre de « prince-évêque » que portèrent nombre d'entre eux est là pour l'attester. L'Allemagne était divisée en six provinces ecclésiastiques. Trois métropoles, Trèves, Cologne et Mayence, étaient d'anciens sièges épiscopaux remontant à l'époque romaine ; trois autres étaient liés au progrès de l'évangélisation à l'est, Brême-Hambourg, Magdebourg et Salzbourg. Archevêques et évêques étaient détenteurs d'un important temporel, ce qui faisait d'eux des princes territoriaux. Depuis le concordat de Worms, le temporel était tenu en fief du roi, à charge des services d'ost et de Cour, mais les fonctions spirituelles ne faisaient plus l'objet d'une investiture de la part du roi. La querelle des Investitures renforça l'esprit d'indépendance de l'épiscopat allemand et des titulaires des grandes abbayes qui avaient de plus en plus tendance à regarder vers Rome pour échapper à la tutelle royale.

Dans les échelons inférieurs de la féodalité, on trouvait un monde très varié d'arrière-vassaux ou vavasseurs, une multitude de chevaliers, châtelains et burgraves, vassaux des ducs, des comtes ou des évêques, pourvus de fiefs de dimensions très variables, vivant parfois à la cour de leur seigneur. Certains, d'origine très modeste, parfois de condition servile, chargés de mission de confiance par les Grands et recevant à ce titre des fiefs vite devenus héréditaires (*Dienstlehen*), formaient la classe des *ministeriales*, un des éléments les plus originaux de la féodalité allemande[1].

Le fief, quand il correspondait à une terre, se composait selon les cas d'un ou de plusieurs domaines ruraux — parfois des milliers dans le cas des plus grands. C'étaient les seigneuries rurales sur lesquelles vivaient des communautés de paysans, libres ou non libres, mais soumis au versement de redevances en argent ou en nature, et à l'exécution de corvées. Sur ce point, la société rurale du début du XIIe siècle présentait de grandes analogies avec celle des autres États de l'Europe occidentale.

Dans ce monde essentiellement rural, la ville n'occupait qu'une place restreinte. Mis à part les pays rhénans et haut-danubiens où il existait une tradition urbaine remontant à l'époque romaine

1. *Ibid.*, p. 135.

(Aix-la-Chapelle, Mayence, Cologne, Trèves, Spire, Worms, Strasbourg, Ratisbonne), les villes n'étaient que de gros bourgs dont l'émergence est liée à la présence d'un évêque ou d'un comte et aux activités artisanales et commerçantes qu'elle suscitait. Sur ce plan, le contraste est saisissant entre l'Allemagne occidentale relativement urbanisée — mais où les villes n'atteignent qu'exceptionnellement le chiffre de cinq mille habitants — et l'Allemagne septentrionale et orientale presque exclusivement rurale.

Sur cette Allemagne où la féodalité était dominante et à l'intérieur de laquelle s'enchevêtraient les diverses autorités et juridictions, l'autorité du souverain dépendait essentiellement de sa personnalité. Le roi était l'élu des princes. Au XIe siècle et au début du XIIe encore, l'élection royale n'était souvent que la ratification par les Grands du choix fait par le souverain régnant. Seule l'absence d'héritier direct pouvait redonner vie au principe électif. C'est ce qui devait se produire en 1125.

En temps normal, le roi légiférait avec le concours de l'assemblée des princes, convoqués dans le cadre de l'obligation du conseil. Dans l'exercice quotidien du pouvoir, le roi était assisté par les grands officiers du royaume issus de l'aristocratie laïque ou ecclésiastique, le sénéchal, le maréchal, le grand échanson, le chambrier. Mais le plus important était le chancelier qui, à la tête d'une multitude de secrétaires, assurait la bonne marche d'une administration encore embryonnaire. Longtemps, il y eut trois chancelleries, une pour l'Allemagne, dont le titulaire était l'archevêque de Mayence, une autre pour l'Italie confiée à l'archevêque de Cologne, une enfin pour la Bourgogne détenue par l'archevêque de Besançon, puis par celui de Vienne avant de revenir à l'archevêque de Trèves. Sous Henri V, une chancellerie unique pour tout l'Empire fut créée pour l'archevêque de Mayence, qui devenait ainsi le deuxième personnage de l'Empire.

Le souverain allemand disposait de ressources non négligeables. Il y avait d'abord les revenus directs tirés de l'important domaine royal ; ensuite, les droits régaliens (justice, monnaie, tonlieux, droits sur les marchés, exploitation des mines) et le droit de gîte sur les terres d'Église constituaient une source importante de revenus. L'armée était liée au service de l'ost auquel les vassaux et éventuellement les arrière-vassaux étaient tenus. Mais tout dépendait de leur bon vouloir et de leur loyauté, étant entendu toutefois que le refus d'apporter au roi l'aide requise était un acte de félonie qui pouvait entraîner la confiscation du fief et son attribution à un vassal plus fidèle. Là encore, tout était lié à la personnalité du souverain. Il faut souligner cependant, une fois de plus, que l'importance du domaine royal, y compris à l'intérieur des duchés, donnait au roi une puissance appréciable et lui assurait une liberté totale de déplacement dans tout l'Empire, ce qui était loin d'être le cas pour le Capétien dans son royaume.

Telle était la situation de l'Empire au moment où les princes se réunissaient pour désigner le successeur d'Henri V.

### *Lothaire III ou la revanche des princes*

Les électeurs réunis à Mayence avaient le choix entre plusieurs candidats. Deux d'entre eux appartenaient à la famille des Hohenstaufen : Conrad, duc de Franconie, et surtout son frère aîné Frédéric dit « le Borgne », duc de Souabe depuis 1105, qui s'était toujours trouvé aux côtés d'Henri V et qui avait été désigné par ce dernier pour lui succéder. Avec les deux candidats Hohenstaufen, le principe de l'hérédité du trône aurait été respecté, puisque Conrad et Frédéric étaient les neveux de l'empereur défunt. Mais le parti des évêques grégoriens, avec à sa tête l'archevêque de Mayence Adalbert, s'opposait catégoriquement à Frédéric de Souabe car il redoutait une reprise de la politique suivie par les Saliens à l'égard de la papauté. En outre, la puissance de Frédéric de Souabe inquiétait car celui-ci, outre le duché de Souabe, possédait des biens importants en Franconie et sur le Rhin supérieur. De ce fait, le parti « grégorien » se rallia au candidat des princes autrefois révoltés contre Henri V, Lothaire de Supplimbourg, qui fut finalement choisi le 30 août 1125 et qui régna sous le nom de Lothaire III (1125-1137).

Fait duc de Saxe par Henri V en 1106, Lothaire de Supplimbourg s'était illustré à plusieurs reprises dans sa lutte victorieuse contre les Slaves et sa grande piété lui valait un préjugé favorable de la part de l'Église allemande et de la papauté.

Frédéric de Souabe se résigna mal à l'élection de son concurrent. Héritier des biens personnels des Saliens, il entendit revendiquer aussi tous les domaines confisqués par Henri V à la suite de la révolte des princes. La diète de Ratisbonne, tenue à la Noël de 1125, le désavoua et décida que toutes les confiscations effectuées sous le règne précédent revenaient de droit à la Couronne. Le refus du duc de Souabe lui valut d'être mis au ban de l'Empire. Pour contrer Frédéric, Lothaire III fit alliance avec la maison des Welfs (Guelfes) qui régnait en Bavière. À la mort du duc de Bavière Henri le Noir, qui l'avait soutenu au moment de l'élection royale, Lothaire III renforça ses liens avec la maison de Bavière en faisant épouser à sa fille Gertrude l'héritier du duc défunt, Henri le Superbe. Ce mariage laissait entrevoir la possibilité ultérieure d'une union personnelle entre la Saxe et la Bavière et provoqua dans l'immédiat une brouille entre les Welfs et les Hohenstaufen. La riposte de Frédéric de Souabe fut immédiate : il poussa en avant la candidature au trône de son frère Conrad de Franconie, qui fut élu empereur le 18 décembre 1127 par une assemblée de seigneurs souabes et franconiens. Bien qu'ex-communié par le pape Honorius II, Conrad réussit à se faire désigner comme roi d'Italie et reçut la couronne des mains de l'archevêque de Milan Anselme de Pusterla.

La mort d'Honorius II, en février 1130, amena indirectement Lothaire III à intervenir dans les affaires de l'Église. À Rome, les luttes entre le clan des Frangipani et celui des Pierleoni aboutirent à l'élection simultanée de deux papes, Innocent II et Anaclet II. Innocent II, réfugié en France, obtint lors du concile d'Étampes, en octobre 1130, l'appui de saint Bernard de Clairvaux. Les Cisterciens, relayés en Allemagne par l'ordre des Prémontrés fondé par Norbert de Xanten, archevêque de Magdebourg depuis 1126, firent pression pour qu'Innocent II soit reconnu comme le seul pape légitime. Au synode de Würzbourg, Norbert fit reconnaître Innocent II par le clergé allemand. Lothaire III entérina ce choix et promit d'aider le pape, qu'il rencontra à Liège, à reprendre Rome aux partisans d'Anaclet. Lothaire tenta de profiter de la situation pour obtenir du pape le retour à l'investiture royale par la crosse et l'anneau, mais saint Bernard, qui était présent aux entretiens de Liège, le fit renoncer à cette demande. En août 1132, Lothaire III, accompagné de Norbert de Xanten — saint Norbert —, se mit en route pour l'Italie avec des forces réduites, laissant le gros de ses troupes en Allemagne pour surveiller les Hohenstaufen. Après une tentative d'arbitrage entre les deux papes, Lothaire III se dirigea vers Rome, s'empara de la plus grande partie de la ville, à l'exception de la basilique Saint-Pierre, si bien que c'est au Latran qu'il fut couronné empereur par Innocent II, le 4 juin 1133.

Faute d'une révision du concordat de Worms, Lothaire avait obtenu du pape de substantiels avantages, notamment l'inféodation à titre viager pour lui, pour sa fille et pour son gendre, de l'héritage de la comtesse Mathilde moyennant paiement d'un cens récognitif. L'Église allemande, elle aussi, bénéficia des faveurs pontificales. L'archevêque de Hambourg-Brême devenait le métropolitain de toute la Scandinavie, y compris le Groenland et l'Islande, tandis que celui de Magdebourg, en l'occurrence saint Norbert, obtenait les mêmes droits sur l'Église de Pologne, contrairement à la tradition pontificale antérieure qui avait favorisé la création d'Églises nationales dans les pays récemment convertis. Ces dispositions demeurèrent lettre morte car il y avait déjà un archevêque danois à Lund et un archevêque polonais à Gniezno.

À la fin de 1133, Lothaire III revint en Allemagne où il reçut la soumission de Frédéric de Souabe, puis celle de Conrad. Reprenant la politique qu'il avait menée autrefois comme duc de Saxe, Lothaire s'efforça de renforcer les positions allemandes dans les marches orientales où il encouragea la colonisation intérieure au-delà de l'Elbe. Le comté de Holstein fut attribué à Adolphe de Schauembourg, qui en achèvera la colonisation avant de fonder Lübeck en 1143 ; la marche du Nord fut inféodée en 1134 à Albert l'Ours, de la maison des Ascaniens, qui fut l'initiateur de la colonisation allemande dans le Brandebourg. Quant à la marche de l'Est ou Lusace, elle fut regroupée avec la marche de Misnie sous Conrad de Wettin en 1136. Le mouvement d'évangélisation reprit avec l'évêque Otton de Bamberg en Poméranie, et Wizelin de Hameln en Holstein. Sous Lothaire III, les pays situés au-delà de l'Elbe retrouvèrent de l'importance. Ce fut le début d'un immense mouvement de colonisation et de germanisation qui allait s'amplifier à la fin du XII^e^ siècle et pendant tout le XIII^e^ [1], tandis que la suzeraineté allemande sur la Bohême était confirmée en août 1135 par la paix de Mersebourg, par laquelle le duc Sobeslas I^er^ (1125-1140) se reconnaissait vassal du roi d'Allemagne.

Le séjour de Lothaire III en Allemagne fut interrompu en 1136 par une nouvelle intervention en Italie à la demande d'Innocent II. Dès 1134, le pape avait été chassé de Rome et son rival Anaclet II, soutenu par Roger II de Sicile et les princes normands d'Italie du Sud, l'avait remplacé. Après avoir inféodé la Saxe à son gendre Henri le Superbe, Lothaire III convoqua l'ost royal à Würzbourg pour le 15 août 1136 puis se mit en route pour l'Italie. La campagne fut fructueuse : les troupes impériales, après avoir obtenu la soumission des villes lombardes favorables à Anaclet II, poussèrent leur marche jusqu'à Bari, où s'était réfugié Roger de Sicile. Des négociations entreprises entre Roger II,

1. Ch. Higounet, *Les Allemands en Europe centrale et orientale*, Paris, 1989, p. 83 et suiv.

Lothaire et Innocent II provoquèrent des tensions entre le pape et l'empereur, d'autant plus que ce dernier avait hâte de regagner l'Allemagne. À la fin de 1137, les Allemands quittèrent l'Italie, laissant Innocent II aux prises avec son rival et avec les Normands. Et c'est à Breitenwang au Tyrol, sur le chemin du retour, que meurt Lothaire III le 4 décembre 1137, après avoir remis les insignes impériaux à Henri le Superbe, confirmé duc de Saxe et marquis de Toscane, le désignant ainsi comme son héritier.

*Le retour à l'anarchie féodale sous Conrad III*

En dépit du choix fait par Lothaire III, les électeurs, fortement influencés par l'archevêque de Trèves Adalbert, désignèrent par acclamation le duc de Franconie Conrad, de la maison de Hohenstaufen. Le nouveau roi fut aussitôt couronné à Aix-la-Chapelle par le cardinal-légat Dietwin, geste combien symbolique qui traduisait la réconciliation apparente entre la papauté et la royauté germanique.

Dès son avènement, Conrad III vit se dresser contre lui Henri le Superbe, le Welf choisi comme successeur par l'empereur défunt. Bien qu'ayant restitué à Conrad III les insignes impériaux que lui avait remis Lothaire III sur son lit de mort, Henri le Superbe lui refusa le serment de fidélité traditionnel tant qu'on ne lui aurait pas inféodé la Saxe en plus de la Bavière. Conrad III ne put admettre cette condition, ce qui entraîna la rupture entre les Hohenstaufen et les Welfs et un long conflit entre les deux maisons. En juillet 1138, Henri le Superbe fut mis au ban de l'Empire lors de la diète de Würzbourg, et ses biens furent confisqués. Conrad inféoda alors la Bavière au margrave Léopold d'Autriche et la Saxe au margrave Albert l'Ours, mais ses sujets saxons se révoltèrent en 1142, ce qui amena Conrad, par souci d'apaisement, à inféoder la Saxe au jeune Henri dit le Lion, fils d'Henri le Superbe qui était mort en 1139. Quant à la Bavière, elle resta aux mains de Léopold d'Autriche en dépit des tentatives de Welf VI, le frère d'Henri le Superbe, pour la récupérer.

Comme ses prédécesseurs, mais pour des raisons différentes, Conrad III délaissa rapidement les affaires allemandes pour se consacrer aux affaires italiennes et orientales. En Italie du Sud, Roger II avait réussi à constituer un royaume puissant aux populations variées, Italiens, Arabes, Grecs et Juifs. La papauté avait dans un premier temps soutenu l'entreprise de Roger II, mais peu à peu elle avait pris conscience de la menace que faisait peser sur les États de l'Église ce puissant royaume normand. Byzance, de son côté, n'avait jamais perdu l'espoir de récupérer cette Italie du Sud considérée comme sienne. Dès 1140, l'empereur byzantin Jean II Comnène proposa à Conrad III une alliance contre le royaume normand. Il fut même prévu que l'héritier du trône byzantin, Manuel, épouserait Berthe de Sulzbach, belle-sœur de Conrad III. Le mariage eut lieu en 1146 : Berthe, adoptée entre-temps par Conrad III, reçut en dot... l'Italie du Sud. Mais l'intervention en Italie du Sud prévue dans le cadre de la venue de Conrad III pour s'y faire sacrer empereur par le pape fut différée en raison des événements qui se déroulaient alors en Terre sainte.

En 1144, avec la chute d'Édesse, l'Occident avait pris conscience de la menace que représentaient les Turcs. Le pape Eugène III lança aussitôt un appel à la croisade, auquel le roi de France Louis VII fut le premier à répondre. Saint Bernard de Clairvaux vint prêcher la croisade en Allemagne et, à la suite de l'appel qu'il lança le 27 décembre 1146 depuis la cathédrale de Spire, Conrad III décida de partir pour l'Orient. Dès mai 1147, le souverain allemand quitta Ratisbonne, puis, par la vallée du Danube et la Hongrie, il gagna avec les croisés allemands Constantinople où il fut reçu par l'empereur Manuel. De là, la croisade allemande passa en Asie Mineure. Battu par les Turcs à Dorylée, Conrad III, malade, regagna Constantinople en compagnie de Manuel. À ce moment-là, les croisés français étaient déjà à Antioche. Au printemps 1148, Conrad III arriva à Saint-Jean-d'Acre où il retrouva les restes de son armée. Pas plus que le roi de France, il ne parvint à récupérer les territoires occupés par les Turcs. Cette deuxième croisade se solda donc par un échec. Le 8 septembre 1148, Conrad III quitta la Terre sainte pour Constantinople. Manuel et Conrad accusèrent les Normands d'être responsables de l'échec de la croisade car, en attaquant la Grèce au cours de l'été 1147, ils avaient empêché l'empereur byzantin d'aider efficacement les croisés. L'alliance entre Conrad III et Byzance fut renouvelée en décembre 1149 : le souverain allemand s'engageait à combattre les Normands à moins que des troubles en Allemagne ne l'en empêchassent[1].

Mais pendant ce temps, les Welfs, assistés financièrement par Roger II, avaient profité de l'absence de Conrad III pour reprendre la lutte. Welf VI, soutenu par Henri le Lion, se révolta. Par ailleurs, au moment où la rébellion des Guelfes se développait, Albert l'Ours accentuait sa pression sur les Slaves des

1. L. Bréhier, *Vie et Mort de Byzance*, Paris, 1947, p. 330-331.

pays de Brennabor — le Brandebourg — et en entreprenait la conquête.

Conrad III, retenu en Allemagne par la révolte des Guelfes et par la maladie, ne put tenir ses engagements à l'égard de Byzance. La mort de son fils Henri, en 1149, l'amena à organiser sa succession. Son choix se porta sur son neveu Frédéric de Souabe, fils de Frédéric le Borgne, à qui il transmit les insignes impériaux dès 1150. Conrad III estimait que le jeune prince, dont la mère était une Welf, serait seul capable de réconcilier les Hohenstaufen et les Welfs. Le 14 février 1152, la mort de Conrad III à Bamberg permit l'avènement sans difficulté de celui qui est connu sous le nom de Frédéric Barberousse[1].

### *Frédéric Ier Barberousse (1152-1190)*

Conformément aux vœux de Conrad III, son neveu Frédéric fut élu sous le nom de Frédéric Ier par le collège des princes réuni à Francfort le 4 mars 1152. Le nouveau souverain était alors à la fleur de l'âge ; il avait succédé en 1147 à son père comme duc de Souabe. Hohenstaufen par son père, Frédéric avait pour mère une Welf, la princesse Judith, fille de l'ancien duc de Bavière Henri le Noir ; de ce fait, il était le cousin du duc de Saxe Henri le Lion qui avait été l'adversaire constant de Conrad III. Pour le chroniqueur Otton, évêque de Freising — et par ailleurs oncle de Barberousse —, le nouveau roi était « comme la pierre angulaire capable d'enchaîner ensemble les deux murailles qui s'écartaient », allusion au conflit permanent qui opposait les Staufen et les Welfs. Frédéric jouissait d'un prestige considérable ; il s'était brillamment comporté sur les champs de bataille de Terre sainte aux côtés de Conrad III. Ses ambitions étaient grandes : faire respecter l'autorité impériale dans tous les territoires relevant de l'Empire et rétablir le rôle dominant de l'Empire, le *dominium mundi* sur l'Europe chrétienne comme à l'époque de Charlemagne et d'Otton le Grand. Mais ces objectifs ambitieux le conduisirent comme nombre de ses prédécesseurs — et successeurs également — à privilégier les affaires italiennes et méditerranéennes aux dépens des intérêts allemands.

Dès son avènement, Frédéric fut amené à intervenir en Italie. Dans le Sud, le royaume normand de Sicile, qui comprenait également la Calabre et les Pouilles, s'était considérablement ren-

1. Ce surnom de Barberousse, *Barbarossa*, lui fut donné par ses sujets italiens, frappés par la couleur de sa chevelure et de sa barbe.

forcé sous Roger II et avait reçu la reconnaissance officielle du pape Innocent II dès 1139. Son successeur, Eugène III, victime des intrigues normandes et du comportement versatile de la population romaine, avait dû quitter Rome en 1146. Dès l'avènement de Barberousse, Eugène III sollicita son soutien contre les Romains et les Normands. Par le traité de Constance du 23 mars 1153, Frédéric Ier s'engageait à rétablir l'autorité du pape et à le soutenir contre Roger II. Le pape, de son côté, promettait de procéder sans délai au couronnement impérial et de prendre des sanctions religieuses contre tous les ennemis de Barberousse.

La mort du pape Eugène III en juillet 1153 puis celle de Roger II de Sicile en février de l'année suivante n'empêchèrent pas Frédéric de se mettre en route pour l'Italie. Dès octobre 1154, Frédéric franchissait le col du Brenner et se dirigeait vers la Lombardie où l'autorité impériale était devenue fictive depuis plus de vingt-cinq ans, avec le développement du mouvement communal. Après avoir passé l'hiver en Lombardie, Frédéric Barberousse réunit près de Plaisance, dans la plaine de Roncaglia, ses vassaux italiens et exigea d'eux le service militaire, puis le 24 avril 1155, à Pavie, il ceignit la couronne de fer des rois d'Italie avant de prendre la route de Rome. Le siège pontifical était alors occupé par Adrien IV qui venait de succéder à l'éphémère remplaçant d'Eugène III, Anastase IV. Après avoir rencontré le pape à Sutri, Frédéric Ier entra dans Rome où, le 18 juin 1155, il reçut d'Adrien IV la couronne impériale. À la suite de violentes émeutes, le nouvel empereur et le pape durent quitter la ville. Frédéric regagna l'Allemagne tandis qu'Adrien IV trouvait refuge à Bénévent. Là, en juillet 1156, le pape se réconcilia avec les Normands : il inféoda en fief lige à Guillaume le Mauvais, fils de Roger II, et à ses héritiers, la Sicile et toute l'Italie du Sud, y compris la Campanie et les Abruzzes. La papauté revenait ainsi à l'alliance normande.

De retour en Allemagne, Frédéric Barberousse chercha à régler définitivement et de façon pacifique le conflit avec les Guelfes, quitte à leur accorder de substantiels avantages. En 1156, l'empereur concède à Welf VI, frère d'Henri le Superbe et oncle d'Henri le Lion, les fiefs d'Empire en Italie centrale — c'est-à-dire la Toscane, l'héritage de la comtesse Mathilde — et à Henri le Lion déjà duc de Saxe, le duché de Bavière dont l'Autriche a été détachée au profit de la maison de Babenberg. Henri le Lion se trouvait ainsi à la tête d'un immense ensemble territorial qui allait lui servir de base pour l'expansion vers l'est, en direction de l'Oder. Le duc de Saxe avait par ailleurs reçu de l'empereur le droit de créer des évêchés et des églises dans les terres qu'il aurait conquises. L'action d'Henri le Lion se concentra sur le Mecklembourg ; il y fonda des villes, Rostock entre autres, favorisa la conversion du prince des Slaves Abodrites, Pribislav, dont les descendants régnèrent sur la région jusqu'en... 1918.

L'empereur était conscient que les concessions faites aux Guelfes pouvaient affaiblir son autorité. Aussi décida-t-il de renforcer la puissance territoriale des Hohenstaufen en achetant ou échangeant des domaines en Alsace, en Souabe, dans le Palatinat, et jusqu'en Saxe et en Misnie, tandis qu'il faisait construire un peu partout des châteaux forts qui furent confiés à la garde de *ministeriales*. Le remariage de Barberousse avec Béatrice de Bourgogne, en 1156, renforça son autorité en Franche-Comté, en Savoie et en Provence.

À peine la question guelfe était-elle réglée qu'une nouvelle intervention en Italie s'avéra nécessaire en raison de l'agitation fomentée en Italie du Nord par la Ligue lombarde. Dès 1158, Barberousse reparut en Italie et rétablit non sans mal son autorité sur les communes lombardes. La mort du pape Adrien IV, en septembre 1159, provoqua une nouvelle crise au sein de l'Église avec l'élection de deux papes, Alexandre III soutenu par les Normands, et Victor IV qui bénéficiait des faveurs impériales. En tant qu'*advocatus ecclesiae*, l'empereur convoqua un synode à Pavie qui, en février 1160, confirma l'élection de Victor IV, tandis qu'Alexandre III se réfugiait en France où il reçut le soutien du roi Louis VII. La mort de Victor IV, en 1164, rétablit au profit d'Alexandre III l'unité de l'Église. Mais la persistance de l'agitation en Lombardie obligea Barberousse à redescendre en Italie en 1166. L'empereur réapparut à Rome, que venait de quitter le pape. Cette fois, le conflit entre l'empereur et le pape était d'ordre strictement politique ; il était dû en grande partie au soutien qu'apportait le pape aux communes lombardes révoltées. Le paludisme qui s'abattit sur son armée obligea Barberousse à rentrer en Allemagne en 1168. Mais le problème des villes lombardes n'était toujours pas réglé. À l'automne 1174, une nouvelle intervention impériale se solda par un échec. Les villes lombardes, protégées par leurs fortifications, résistèrent aux troupes impériales, mieux même, le 29 mai 1176, leurs milices infligèrent aux impériaux une grave défaite à Legnano. L'empereur dut négocier. Le traité de Venise, l'année suivante, aboutit à la reconnaissance d'Alexandre III par l'empereur, à la conclusion d'une paix de quinze ans avec les Normands et d'un armistice de six ans avec les communes lombardes. La question lombarde fut réglée définitivement par la paix de Constance, en 1183, par laquelle l'empereur reconnaissait l'indépendance des communes lombardes qui demeuraient toutefois dans la mouvance impériale.

Frédéric Barberousse avait regagné l'Allemagne dès 1177. Les intrigues et les ambitions d'Henri le Lion devenaient inquiétantes. Le duc de Saxe, après une série de campagnes victorieuses au-delà de l'Elbe, avait obtenu le contrôle du Mecklembourg dont il avait entrepris la colonisation en y installant des Flamands, des Hollandais et des Saxons. Henri le Lion avait également des vues sur le Holstein oriental et, fort de l'alliance danoise, il s'était emparé de Lübeck aux dépens d'Adolphe II. Maître de la plus grande partie de l'Allemagne du Nord et de l'Est, le duc de Saxe se comportait en véritable monarque. Gendre du roi d'Angleterre, Henri II, il prenait de plus en plus de liberté avec ses obligations de vassal et n'avait participé à aucune des campagnes de l'empereur en Italie. En 1178, il entra en conflit avec l'évêque de Halberstadt Ulrich qui, soutenu par l'archevêque de Cologne, porta l'affaire devant la diète. Par trois fois, Henri le Lion refusa de se présenter devant ses pairs, ce qui provoqua en 1179 sa mise au ban de l'Empire et la confiscation de ses biens et dignités. L'empereur approuva cette décision mais offrit encore une dernière chance à Henri le Lion en l'invitant à se présenter à la diète de Würzbourg en janvier 1180. Le refus d'Henri le Lion de répondre à cette convocation entraîna l'exécution des sentences prononcées contre lui.

La Saxe fut démembrée au profit des princes laïcs et ecclésiastiques qui devinrent vassaux immédiats de l'empereur. Ce fut le cas des archevêques de Brême-Hambourg et de Magdebourg, des évêques de Halberstadt, Paderborn, Minden, Verden, Münster, Hildesheim, Mersebourg et Naumbourg. La Westphalie méridionale fut rattachée à l'archevêché de Cologne. Le landgrave de Thuringe reçut le Palatinat saxon avec Weimar, Querfurt et Eisleben. La dignité ducale de Saxe fut attribuée au plus jeune fils d'Albert l'Ours, Bernard d'Anhalt, placé à la tête d'un territoire comprenant la Westphalie du Nord et de l'Est ; il deviendra également le premier margrave de Brandebourg. Le Mecklembourg devint un duché, fief immédiat de l'Empire, comme la Poméranie dont la conquête était en cours d'achèvement. Quant à la ville de Lübeck, elle devint ville impériale. La Bavière, elle aussi touchée par cette réorganisation, fut inféodée à Otton de Wittelsbach, le premier de la dynastie qui régna jusqu'en 1918, mais la Styrie en fut détachée pour former un duché indépendant.

Henri le Lion, après de vaines tentatives de résistance, implora le pardon de l'empereur lors de la diète d'Erfurt, en novembre 1181. Il fut condamné à trois ans d'exil qu'il passa à la Cour d'Angleterre. L'empereur consentit à lui laisser la possession de ses biens personnels autour de Brunswick et de Lünebourg.

Le démembrement de l'« empire » d'Henri le Lion avait profondément modifié la carte politique de l'Allemagne dans le sens d'un plus grand morcellement territorial et d'un émiettement du pouvoir politique. On était bien loin des quatre duchés primitifs du royaume d'Allemagne à ses débuts.

Les affaires méditerranéennes revinrent au premier plan au cours des dernières années du règne de Barberousse. En 1186, le contentieux avec les Normands fut réglé par les fiançailles du fils et héritier de l'empereur, Henri, avec l'héritière du trône de Sicile, Constance. La papauté, qui avait vu d'un mauvais œil ce rapprochement entre l'empereur et le royaume normand, avait des soucis plus immédiats. En effet, en 1187, Saladin s'était emparé de Jérusalem et la présence occidentale en Terre sainte se trouvait directement menacée. Lors de la diète de Mayence, en mars 1188, Frédéric Barberousse fut le premier à répondre à l'appel à la croisade lancé par le pape Clément III. Dès l'automne 1189, l'empereur se mit en route pour l'Orient. Une avant-garde allemande conduite par le comte Adolphe de Holstein avait déjà pris la mer pour rejoindre devant Acre les forces chrétiennes qui assiégeaient la ville occupée par Saladin. Quant à Barberousse, il avait choisi la voie de terre par la Hongrie et l'Empire byzantin, en compagnie de son plus jeune fils Frédéric de Souabe, du landgrave de Hesse et de Thuringe Hermann, et de nombreux évêques, à la tête d'une armée de vassaux et d'arrière-vassaux, de simples chevaliers et d'une foule de pèlerins. L'empereur cependant n'atteignit jamais la Terre sainte. Il se noya le 10 juillet 1190[1], en Cilicie, alors qu'il tentait de traverser le fleuve Kalykadmos (aujourd'hui Gök-Su).

Au terme d'un règne de trente-huit ans, Frédéric Barberousse laissait à son successeur une Allemagne dont les frontières orientales avaient été repoussées jusqu'à l'Oder, mais aussi une Allemagne divisée où les traces de l'antagonisme entre Guelfes et Staufen étaient loin d'être effacées.

1. H. Bogdan, *Les Chevaliers Teutoniques*, *op. cit.*, p. 19-20.

## II — Les Guelfes à l'assaut de l'héritage de Barberousse (1191-1220)

Logiquement, la succession ouverte par la mort de Frédéric Barberousse n'aurait pas dû soulever de difficultés particulières. Pourtant, le parti guelfe, qui n'avait jamais accepté la sentence de la diète de 1180, allait pendant près de trente ans entretenir en Allemagne — et parfois avec l'aide de certains souverains étrangers — un climat de guerre civile en vue d'écarter du trône la descendance de Barberousse.

### *Henri VI (1190-1197)*

Depuis le départ pour la croisade de Frédéric Barberousse en mai 1189, son fils aîné Henri VI, qui portait à partir de 1169 le titre de roi d'Allemagne et dès 1186 celui de roi d'Italie, exerçait l'ensemble des pouvoirs royaux. Face aux intrigues du parti guelfe et désireux de récupérer au nom de sa femme Constance l'héritage de Guillaume II de Sicile mort en novembre 1189, Henri VI préféra trouver un terrain d'entente avec son rival Henri le Lion et conclut avec lui la paix de Fulda. L'ancien duc de Saxe reçut l'autorisation de se fixer à Brunswick et récupéra la moitié du comté de Lübeck, mais il dut laisser en otages à Henri VI ses deux fils qui auraient dû l'accompagner en Italie.

D'après le traité conclu avec les Normands en 1186, la succession de Guillaume II devait revenir à Constance, la femme d'Henri VI, mais dès janvier 1190, Tancrède de Lecce, un bâtard de Guillaume I$^{er}$, s'empara de la succession. Peu après, le roi de France Philippe Auguste et celui d'Angleterre Richard Cœur de Lion, en route pour la Terre sainte, passèrent en Sicile. Un traité d'alliance fut même conclu entre Tancrède et le roi d'Angleterre. Richard Cœur de Lion étant le beau-frère d'Henri le Lion, le conflit entre les Guelfes et les Staufen prenait dès lors une dimension internationale.

Dès janvier 1191, Henri VI était en Italie du Nord, abandonnant aux seigneurs et aux villes de haute Italie de nombreux domaines impériaux afin de les rallier à sa cause, puis il descendit sur Rome où, le 14 avril, il reçut du pape Célestin III la couronne impériale. De là, l'empereur vint mettre le siège devant Naples mais au bout de quelques mois il dut renoncer en raison d'une épidémie qui décima son armée. De plus, les habitants de Salerne s'étaient emparés par surprise de l'impératrice Constance et l'avaient livrée à Tancrède. Une fois de plus, l'intervention en Italie du Sud se soldait par un échec. En décembre, Henri VI regagna l'Allemagne laissant sa femme aux mains de son rival.

En Allemagne, Henri le Lion avait profité de l'absence d'Henri VI pour rompre le traité de Fulda. Il s'était attaqué aux possessions du nouveau duc de Saxe Bernard d'Anhalt, et à celles d'Adolphe de Holstein. En outre, une intervention maladroite de l'empereur, lors de l'élection de l'évêque de Liège, dressa contre lui de nombreux seigneurs de Rhénanie et de Westphalie qui rallièrent le camp d'Henri le Lion, rejoints bientôt par le duc Berthold de Zähringen et le duc Ottokar de Bohême. Le pape lui-même, contacté par Henri le Jeune, fils d'Henri le Lion, qui avait déserté de l'armée impériale, semblait avoir rallié le parti guelfe. Les adversaires d'Henri VI comptaient beaucoup sur le soutien de Richard Cœur de Lion qui, en septembre 1192, avait quitté la Terre sainte pour regagner l'Europe. Alors que Richard faisait route à travers l'Autriche, il fut intercepté puis remis au duc d'Autriche Léopold, qui l'enferma au château de Dürnstein avant de le livrer à l'empereur. Après de très longues négociations qui s'achevèrent en février 1194, le roi d'Angleterre fut finalement libéré moyennant le versement d'une rançon de cent mille marcs d'argent et la prestation d'un serment d'hommage à l'empereur. La réconciliation entre Richard Cœur de Lion et Henri VI mit fin à la révolte des princes allemands. Henri le Lion fit également amende honorable. Sa mort, le 6 août 1195, semblait devoir ramener la paix civile en Allemagne.

Henri VI avait maintenant les mains libres pour se consacrer aux affaires de Sicile. Sa femme avait été libérée par Tancrède dès 1192. En mai 1194, l'empereur réapparaissait en Italie : la situation lui était beaucoup plus favorable car Tancrède était mort quelques mois auparavant. L'armée impériale ne rencontra guère de résistance. Le 20 novembre 1194, Henri VI faisait son entrée à Palerme, et, le 25 décembre, il recevait solennellement la couronne de Sicile. Le lendemain de ce jour faste, l'impératrice Constance donnait le jour à un fils qui reçut le nom de Frédéric-Roger, en souvenir de ses deux grands-pères, Frédéric Barberousse et Roger II de Sicile.

Tenant bien en main l'Allemagne et l'Italie du Sud, l'empereur fut saisi par le mirage oriental. Il maria son frère Philippe de Souabe à la princesse Irène, fille de l'empereur de Byzance Isaac II Ange. Lorsque celui-ci fut renversé, en 1195, Henri VI tenta de se poser en défenseur du souverain déchu et réclama la trône pour Philippe de Souabe, sans succès.

Rentré en Allemagne, l'empereur annonça son intention de prendre la tête d'une croisade exclusivement allemande. Lors de la diète tenue à Worms en décembre 1195, il demanda l'élection de son jeune fils Frédéric-Roger comme roi des Romains afin d'éviter des troubles au moment de sa succession. Mais les électeurs, poussés par l'archevêque de Cologne Adolphe, refusèrent. Nombre d'entre eux, en effet, pariant sur la mort d'Henri VI en croisade, entendaient préserver leurs droits pour l'avenir. Henri VI pourtant fit de larges concessions en matière d'hérédité des fiefs et promit aux princes ecclésiastiques sa renonciation au droit de dépouille, c'est-à-dire au droit qu'avait le souverain de récupérer les biens privés des évêques après leur décès. En échange de ces concessions, l'empereur demandait l'hérédité de la couronne. De longues négociations entre l'empereur et les princes eurent lieu durant toute l'année 1196. Finalement, Henri VI obtint en décembre 1196 l'élection de son fils qui lui avait été refusée un an auparavant. Parallèlement, l'empereur négociait avec le pape pour obtenir son accord sur l'hérédité de la couronne royale et impériale, offrant en échange la reconnaissance de la suzeraineté du pape sur l'Empire. Aucun accord ne put être trouvé.

Au moment où Henri VI s'apprêtait à partir en croisade, les Siciliens se révoltèrent. On parla à ce propos de la complicité de l'impératrice Constance et du pape dans le déclenchement de la révolte. Les insurgés furent sévèrement châtiés. L'empereur était maintenant prêt à s'embarquer pour Saint-Jean-d'Acre où l'avaient précédé des dizaines de milliers de croisés et pèlerins allemands. C'est alors qu'il mourut, à Messine, le 28 septembre 1197. Dans son testament, l'empereur recommandait à sa femme et à son fils de se placer pour la Sicile sous la protection du pape, et de séparer la Sicile de l'Empire.

### *La reprise de la guerre civile en Allemagne (1197-1218)*

À la mort d'Henri VI, son fils Frédéric-Roger n'avait que trois ans. Du côté de la Sicile, la succession fut réglée sans difficulté. Le pape Célestin III avait accepté de servir de tuteur au jeune prince, étant entendu qu'il renonçait à l'Empire et au titre de roi des Romains, ce à quoi s'était engagée au nom de son fils la reine mère Constance. La mort du pape en janvier 1198 ne remit pas en question la tutelle du Saint-Siège sur Frédéric-Roger, dont les droits sur la Sicile furent confirmés lors de son couronnement en la cathédrale de Palerme, le 17 mai 1198[1]. Le nouveau pape, Innocent III (1198-1216), rappelait par ses idées et son intransigeance son lointain prédécesseur Grégoire VII. Pour lui, le sacerdoce est supérieur au pouvoir laïc tout comme, dans l'être humain, l'âme est supérieure au corps.

La question de la séparation entre la Sicile et l'Empire tenait particulièrement à cœur au nouveau pape. Innocent III se trouvait alors en position de force. En tant que tuteur de Frédéric-Roger, il avait placé auprès de lui des légats qui se chargèrent seuls de l'éducation du jeune orphelin[2]. Dans le royaume d'Italie, d'autre part, les villes lombardes et toscanes affirmaient leur esprit d'indépendance face aux représentants royaux, ce qui arrangeait les affaires du pape. En Allemagne enfin, l'agitation avait repris. Beaucoup de princes allemands se trouvaient alors en Terre sainte mais l'annonce de la mort de l'empereur les avait poussés à regagner l'Europe. De leur passage en Palestine, il reste cependant une trace durable : la création de l'ordre des chevaliers Teutoniques[3]. Cet ordre, à la fois hospitalier et militaire, exclusivement recruté parmi les sujets de l'Empire, était l'héritier des traditions de l'ancien hôpital de Sainte-Marie-des Allemands de Jérusalem ; constitué en 1190-1191 lors du siège de Sainte-Jean-d'Acre, grâce à l'appui de l'empereur Henri VI, il avait obtenu du pape Célestin III en 1196 sa reconnaissance officielle en tant que communauté religieuse avant d'être reconnu comme ordre militaire par une bulle d'Innocent III en 1199[4].

À leur retour en Allemagne, ces princes allemands trouvèrent une situation des plus confuses. L'élection de Frédéric-Roger avait été remise en question, du fait de l'âge du prince. Pour maintenir la couronne dans la famille des Hohenstaufen, Philippe de Souabe, frère d'Henri VI, se porta candidat au trône et fut élu roi des Romains le 6 mars 1198 lors de la diète d'Arnstadt, en Thuringe, avec l'appui des ducs de Bavière et de Saxe et de nombreux évêques. Cette élection fut aussitôt contestée par l'arche-

---

1. J. Benoist-Méchin, *Frédéric de Hohenstaufen ou le rêve excommunié*, Paris, 1980, p. 60-61.
2. La reine mère Constance était morte le 27 novembre 1198.
3. L'Ordre des chevaliers Teutoniques, comme nous le verrons un peu plus loin, devait jouer un rôle déterminant dans la colonisation et l'évangélisation des populations slaves et baltes au-delà de l'Oder.
4. H. Bogdan, *Les Chevaliers Teutoniques*, *op. cit.*, p. 23-24.

vêque de Cologne Adolphe et par de nombreux princes rhénans. Ceux-ci choisirent comme roi le candidat du parti welf, Otton de Brunswick — Otton IV —, fils d'Henri le Lion, élevé à la cour d'Angleterre auprès de son oncle Richard Cœur de Lion. Otton IV fut couronné le 12 juillet 1198 à Aix-la-Chapelle par l'archevêque de Cologne, tandis que Philippe de Souabe était couronné le 8 septembre à Mayence par un archevêque originaire du royaume d'Arles. Les deux souverains notifièrent au pape leur élection. Innocent III estimait que c'était à la papauté qu'il appartenait de désigner l'empereur puisque c'était de la papauté que Charlemagne, en son temps, avait reçu la couronne impériale. Pour lui, l'Empire était un fief de la papauté, de même que l'empereur était le vassal du pape. En ce sens, Innocent III se posait en champion du césaropapisme. Le pape attendit longtemps avant de faire son choix. Finalement, le 1er mars 1201, il se prononça publiquement en faveur d'Otton IV et enjoignit aux princes allemands de lui obéir. Mais en même temps, Innocent III invitait Otton IV à respecter les promesses qu'il lui avait faites lorsqu'il avait sollicité son appui : restitution à l'Église de l'héritage de la comtesse Mathilde, de l'exarchat de Ravenne, de la marche d'Ancône, du duché de Spolète et de tous les biens concédés à la papauté depuis le règne de Louis le Pieux ! Otton IV s'engagea à tenir ses promesses et, le 3 juillet 1201, il fut proclamé solennellement roi d'Allemagne par le légat pontifical, le cardinal-évêque de Palestine.

En fait, rien n'était réglé car Philippe de Souabe entendait défendre ses droits. Il pouvait compter sur l'appui du roi de France, car Philippe Auguste avait tout à craindre d'une éventuelle alliance entre Otton IV et l'Angleterre. Les voisins orientaux de l'Allemagne cherchèrent à tirer parti de la situation Le duché de Bohême s'était libéré de la tutelle de l'Empire et le duc Ottokar n'accepta de soutenir Philippe de Souabe qu'en échange de sa reconnaissance comme « roi de Bohême ». Le roi de Danemark, Knud VI (1182-1202), allié à Otton IV, occupa le Holstein en 1201, puis son fils Waldemar (1202-1241) s'empara de Lübeck en 1203.

L'Allemagne était en pleine anarchie, les armées des deux princes rivaux s'y livraient des combats incessants mais jamais décisifs. On assista à de nombreux renversements d'alliance. Le vieil adversaire de Philippe, l'archevêque de Cologne, abandonna Otton IV et alla jusqu'à couronner de ses propres mains Philippe de Souabe à Aix-la-Chapelle, le 6 janvier 1205, ce qui entraîna sa destitution par le pape. Mais Innocent III, par opportunisme, chercha à se rapprocher de Philippe de Souabe : une mission pontificale conduite par le cardinal d'Ostie Ugolino — le futur pape Grégoire IX — rencontra Philippe à Spire en juillet 1207. Et tout laisse à penser que Philippe y obtint sa reconnaissance comme roi légitime. Tout fut remis en question le 21 juin 1208 avec l'assassinat de Philippe de Souabe par le comte palatin de Beiren Otton de Wittelsbach, pour des motifs exclusivement privés. La disparition de Philippe de Souabe sembla ramener la paix civile : tout le monde se rallia à Otton IV, qui fut élu pour la seconde fois — mais à l'unanimité — roi des Romains lors de la diète de Francfort. Le pape lui fit aussitôt savoir qu'il était toujours lié par ses promesses antérieures et lui demanda fermement de respecter la liberté absolue des élections épiscopales et de renoncer au droit de dépouille. À ces seules conditions, Otton IV pourrait recevoir la couronne impériale des mains du pape.

Les Guelfes étaient enfin parvenus à porter l'un des leurs sur le trône. Les Staufen semblaient avoir définitivement perdu la partie en Allemagne. Mais l'héritier de Frédéric Barberousse et d'Henri VI, Frédéric-Roger, n'avait pas renoncé à récupérer l'héritage allemand de ses ancêtres. Au moment où Otton IV semblait être au faîte de sa puissance, Frédéric-Roger approchait de ses quatorze ans, l'âge de la majorité selon le droit sicilien. Écarté des affaires publiques par les légats pontificaux qui administraient la Sicile en son nom et selon les directives d'Innocent III, Frédéric-Roger s'était familiarisé avec les langues, les cultures et les religions qui s'entrecroisaient en Sicile. Le jour de sa majorité légale, le 26 décembre 1208, le prince fit prévenir le pape par son légat à Palerme que la période de tutelle avait pris fin et que désormais c'est lui qui s'occuperait personnellement des affaires du royaume. Le règne de Frédéric-Roger — Frédéric II de Hohenstaufen — commençait. Le jeune roi constitua aussitôt une commission de juristes chargée de recenser tous les biens de la Couronne spoliés depuis la mort de son père, puis de les réintégrer au patrimoine du royaume.

Le roi de Sicile eut à peine le temps de consolider son autorité que la menace guelfe se profilait déjà à l'horizon. Otton IV, à la tête d'une puissante armée, venait d'arriver en Italie pour le couronnement impérial. Innocent III avait obtenu du roi de solides avantages et procéda sans attendre au couronnement, le 4 octobre 1209. En fait, Otton IV devenu empereur avait d'immenses ambitions ; il entendait rétablir l'autorité de l'Empire sur l'Italie, y compris sur le patrimoine de saint Pierre. Le pape se rendit compte très rapidement que l'empereur n'était pas du tout décidé à tenir ses engagements et riposta en excommuniant, le 18 novembre 1210, celui dont il avait fait un empereur un an plus tôt. Otton IV était alors en train de procéder à la conquête systématique de l'Italie du Sud. Un an plus tard, à l'automne 1211, seule la Sicile lui échappait encore. Contre l'empereur félon, Innocent III se tourna vers Philippe Auguste, mais le roi de France ne semblait pas en mesure d'intervenir en Italie.

En revanche, en Allemagne, les fidèles des Hohenstaufen reprenaient espoir, d'autant plus que dorénavant c'est vers eux que les légats pontificaux se tournaient. En accord avec le roi de France, les légats convoquèrent à Nuremberg, en septembre 1211, une diète à laquelle prirent part de nombreux princes allemands et parmi eux l'archevêque de Mayence Siegfried, le landgrave de Thuringe, les ducs de Bavière et d'Autriche et même le roi de Bohême. La diète prononça la déposition d'Otton IV et choisit pour le remplacer Frédéric II, déjà roi de Sicile. Le pape, non sans hésitation, se rallia à ce choix. Conrad d'Ursberg et Anselme de Justingen furent chargés de faire connaître à Frédéric II les décisions prises par la diète. Ils arrivèrent à Palerme en janvier 1212 et invitèrent Frédéric II à gagner l'Allemagne le plus vite possible.

Au moment où Frédéric II allait se mettre en route, son rival Otton IV était rentré en Allemagne pour y rassembler ses partisans, devant lesquels il dénonçait la versatilité du pape, qui tour à tour l'avait soutenu puis abandonné au profit de Frédéric II. Après avoir quitté la Sicile par mer en mars 1212, Frédéric II s'arrêta à Rome où il fut reçu par Innocent III le jour de Pâques. Le pape n'accorda son appui public au jeune roi de Sicile qu'en échange de sérieux engagements : le roi d'Allemagne prêterait serment d'allégeance au pape et deviendrait son homme lige, il s'engageait à lutter contre l'hérésie, à aider le pape à récupérer Ravenne et la Pentapole, à respecter les États de l'Église et à renoncer à la Sicile au profit de son fils. Frédéric II jugea plus sage de souscrire à ces engagements, puis il prit aussitôt la route du nord par Gênes, Crémone et la vallée de l'Adda. Au mois d'août 1212, il était accueilli avec enthousiasme par l'évêque de Coire, puis il rallia à sa cause Saint-Gall, Constance, Schaffhouse ; de là, par la vallée du Neckar, Frédéric II gagna la vallée du Rhin où il obtint le ralliement de Rodolphe de Habsbourg et de l'évêque de Strasbourg qui, jusque-là, avaient soutenu Otton IV. À l'automne, il s'installa à Haguenau dans le château édifié par son grand-père Barberousse ; là il reçut Conrad de Scharfenberg et le confirma dans les fonctions de chancelier d'Allemagne qu'il occupait déjà sous Philippe de Souabe et au début du règne d'Otton IV, non sans l'avoir comblé de largesses. Puis Frédéric II se rendit à Vaucouleurs pour y rencontrer le prince Louis, fils aîné de Philippe Auguste, avec lequel on mit sur pied les bases d'une alliance contre Otton IV. Pour rallier les princes allemands, Frédéric II sut se montrer généreux, il confirma au duc de Bohême le titre royal conféré autrefois par Philippe de Souabe. Le 5 décembre 1212, la diète de Francfort, unanime, proclama Frédéric II roi des Romains et seul empereur légitime, puis, le 9 décembre, on procéda à son sacre à Mayence en présence des représentants du roi de France et du pape. Cette cérémonie du sacre était purement symbolique et sans valeur juridique car on avait utilisé une copie des insignes impériaux dont les originaux étaient à Aix-la-Chapelle aux mains d'Otton IV.

Dans le même temps, les envoyés du roi d'Angleterre Jean sans Terre discutaient à Aix-la-Chapelle, avec Otton IV, d'une alliance d'autant plus nécessaire pour les deux parties que l'Angleterre était alors en guerre avec la France de Philippe Auguste, et qu'Otton IV était sur la défensive face à Frédéric II, l'allié des Capétiens[1].

Le conflit entre Guelfes et Gibelins[2] prend alors une dimension internationale avec l'existence de deux coalitions, l'une autour d'Otton IV avec le parti welf, l'Angleterre et les féodaux de Brabant et de Flandre, l'autre autour de Frédéric II rassemblant les partisans allemands des Hohenstaufen et le roi de France. Le choc décisif entre les deux camps se produisit le 27 juillet 1214 près d'un petit village du nord de la France, à Bouvines, avec la victoire de Philippe Auguste sur les coalisés conduits par Otton IV, Ferrand de Flandre et Renaud de Boulogne. Succès surtout important pour le roi de France, mais qui profita aussi à Frédéric II. Otton IV, fuyant le champ de bataille, abandonna sur le terrain les insignes impériaux que Philippe Auguste fit aussitôt envoyer à Frédéric II. Après Bouvines, Otton IV fut abandonné par la plupart de ceux qui, en Alle-

1. J. Benoist-Méchin, *Frédéric de Hohenstaufen*, *op. cit.*, p. 134-135.
2. Le mot *gibelin* apparut en Italie vers 1210-1215 : il était utilisé pour désigner les partisans des Hohenstaufen — et de l'empereur — par opposition aux *Guelfes* (Welf).

magne, l'avaient soutenu jusque-là. Frédéric II put ainsi consolider son pouvoir. Le 25 juillet 1215, cette fois à Aix-la-Chapelle, et avec les véritables insignes impériaux, Frédéric II fut couronné par l'archevêque de Mayence et, pour vaincre les dernières réticences du pape à son égard, il s'engagea à partir en croisade dès que la paix civile serait totalement rétablie en Allemagne.

Frédéric II ne négligeait aucun effort pour s'attirer les bonnes grâces du pape. Lors du concile du Latran en novembre 1215, Innocent III entérina officiellement son élection, tout en rappelant que la Sicile devait rester à jamais séparée de l'Empire. En fait, Frédéric II n'entendait pas renoncer à cette Sicile où il avait passé son enfance, où il avait été séduit par la diversité et la richesse des cultures qui s'y côtoyaient. Mais, pour l'instant, Frédéric fit mine de céder aux exigences pontificales. La chance une fois de plus lui sourit. Ce fut d'abord, le 16 juillet 1216, la mort d'Innocent III, suivie de l'élection d'un pape conciliant et religieux en la personne d'Honorius III (1216-1227). Ce fut ensuite, un peu plus tard, la mort de son adversaire Otton IV, le 19 mai 1218. Frédéric II avait maintenant les mains libres tant en Italie qu'en Allemagne.

### *L'Allemagne livrée à elle-même : le règne de Frédéric II*

Le souverain méditerranéen que fut Frédéric II, attaché viscéralement à sa Sicile natale, ce prince éclairé, curieux de sciences et d'astrologie, ne vécut guère dans cette Allemagne dont il était devenu le maître incontesté à la mort de son rival Otton IV. En effet, Frédéric de Hohenstaufen y séjourna de 1212 à 1220 pour chasser l'usurpateur guelfe et asseoir son autorité, puis une seconde fois de l'été 1235 à l'automne 1237, avec, entre les deux, un rapide passage à Worms en mai 1231. Il n'y reparut plus entre 1237 et sa mort en 1250. Né à Iesi, dans la marche d'Ancône, c'est au château de Castel Fiorentino, entre Foggia et Lucera, qu'il mourut, et c'est en la cathédrale de Palerme qu'il sera enterré.

Et pourtant, Frédéric II a laissé en Allemagne le souvenir d'un prince qui a porté au plus haut la puissance et la gloire du *Reich* germanique et, même dans les heures difficiles, il put toujours compter sur la loyauté de ses sujets allemands. À quoi peut-on donc attribuer le prestige dont continua à jouir en Allemagne Frédéric II de Hohenstaufen longtemps après sa mort, lui qui, à bien des égards, sacrifia souvent les intérêts allemands à ses ambitions méditerranéennes ?

Tout d'abord, aux yeux des Allemands de son temps, Frédéric II fut l'homme qui, en 1229, par le traité de Jaffa, était parvenu à obtenir du sultan Malik Al-Kamil la restitution de Jérusalem et d'une partie de la Terre sainte conquises autrefois par Saladin, réussissant par la diplomatie là où les rois de France et d'Angleterre avaient échoué par les armes. Malgré l'excommunication lancée contre lui par le pape, nul en Allemagne ne lui contestait son titre de « roi de Jérusalem ». Comme l'écrivait alors le chroniqueur arabe Tarik Mansourih, « personne dans toute la chrétienté n'a détenu un pouvoir pareil depuis Alexandre le Grand[1] ». En second lieu, Frédéric II, par opportunisme sans doute, a toujours veillé au respect des « libertés allemandes », même s'il aurait souhaité à long terme doter l'Allemagne d'une administration centralisée comme celle qu'il avait mise en place en Sicile. Avant même d'avoir définitivement triomphé d'Otton IV, Frédéric II, par la bulle d'or d'Eger[2] publiée en 1213, avait abandonné aux princes les droits régaliens qui touchaient les douanes et la frappe des monnaies, et leur avait implicitement reconnu le droit de pleine suzeraineté à l'intérieur de leurs possessions. Puis, en 1215, il avait autorisé les princes tant laïcs qu'ecclésiastiques à conclure entre eux des alliances, ce qui fit d'eux de véritables souverains dans leurs États mais ce qui affaiblissait d'autant l'autorité impériale.

Avant de quitter l'Allemagne pour l'Italie afin de s'y faire couronner empereur par le pape, Frédéric II avait obtenu de la diète de Francfort, le 23 avril 1220, l'élection à l'unanimité de son fils Henri — Henri VII — comme roi des Romains, et c'est à lui qu'il confia la gestion des affaires allemandes. La première décision prise par Henri VII, inspirée par son conseiller l'archevêque de Cologne Engelbert, allait dans le sens des dispositions prises par son père en 1213-1215 : en effet, avec la *confoederatio cum principis ecclesiasticis*, les princes ecclésiastiques obtenaient la souveraineté territoriale en même temps que la Couronne renonçait au droit de dépouille.

L'Allemagne que Frédéric II abandonnait à son fils était un pays en pleine transformation et en pleine expansion. Expansion démographique d'abord — sa population est alors de l'ordre de huit millions d'habitants — qui entraîne une pénurie de terres à laquelle les défrichements et la mise en valeur des landes n'ap-

1. Cité par J. Benoist-Méchin, *Frédéric de Hohenstaufen*, *op.cit.*, p. 319.
2. Aujourd'hui Cheb en République tchèque.

portent qu'une solution partielle. Et surtout, expansion territoriale à l'Est — c'est le début du *Drang nach Osten* — en direction de la Prusse et de la Livonie, et des plaines de l'Oder ; cette expansion territoriale est accompagnée d'une politique systématique de colonisation, ce qui permet d'absorber le trop-plein de la population. L'expansion à l'Est est sans doute la troisième cause, et non la moindre, du prestige de Frédéric de Hohenstaufen. Car l'empereur a poussé à cette expansion. À la demande pressante des princes polonais menacés par les populations païennes de Prusse et de Livonie, Frédéric II eut raison des réticences du grand maître de l'ordre Teutonique, son conseiller et ami Hermann von Salza ; et, par la bulle d'or de Rimini de mars 1226, il lui concéda le Kulmerland et appuya sa mission évangélisatrice. En deux décennies, les chevaliers Teutoniques se rendirent maîtres de la Prusse et de la Livonie, y fondèrent des villes (Thorn, Kulm, Elbing), y construisirent des forteresses et y attirèrent des colons allemands. Le grand maître de l'Ordre, prince du Saint Empire et vassal du siège apostolique, se trouva ainsi à la tête d'un État territorial s'étendant des bouches de la Vistule à celles du Niemen, bastion avancé de la germanité face au monde russe et balte[1]. Au même moment, l'influence allemande se répandit dans les États voisins de l'Empire, en Bohême, en Hongrie, en Pologne, où les souverains accueillirent en grand nombre les colons allemands pour mettre en valeur les richesses, en particulier minières, de leur pays[2].

L'Allemagne de Frédéric II connut alors une période de profondes transformations sociales. La noblesse, très nombreuse, y jouait un rôle déterminant. Les domaines immenses détenus par la haute aristocratie laïque et ecclésiastique côtoyaient les milliers de seigneuries rurales aux dimensions souvent modestes détenues par les chevaliers et les *ministeriales*, qui ont à cette époque bénéficié des largesses de Frédéric II pour services rendus lors de la reconquête du royaume sur Otton IV ou lors de la croisade de 1228-1229. Ces largesses au profit de la noblesse furent souvent faites aux dépens des biens de la Couronne, ce qui diminuait d'autant les ressources du souverain dans l'immédiat, et aussi dans l'avenir.

Pour faire face à la montée en puissance des princes et pour affaiblir la noblesse, Henri VII chercha à favoriser les villes qui,

1. H. Bogdan, *Les Chevaliers Teutoniques*, *op. cit.*, p. 100 et suiv.
2. Ch. Higounet, *Les Allemands en Europe centrale et orientale au Moyen Âge*, *op. cit.*, p. 169 et suiv., p. 181 et suiv., p. 197 et suiv.

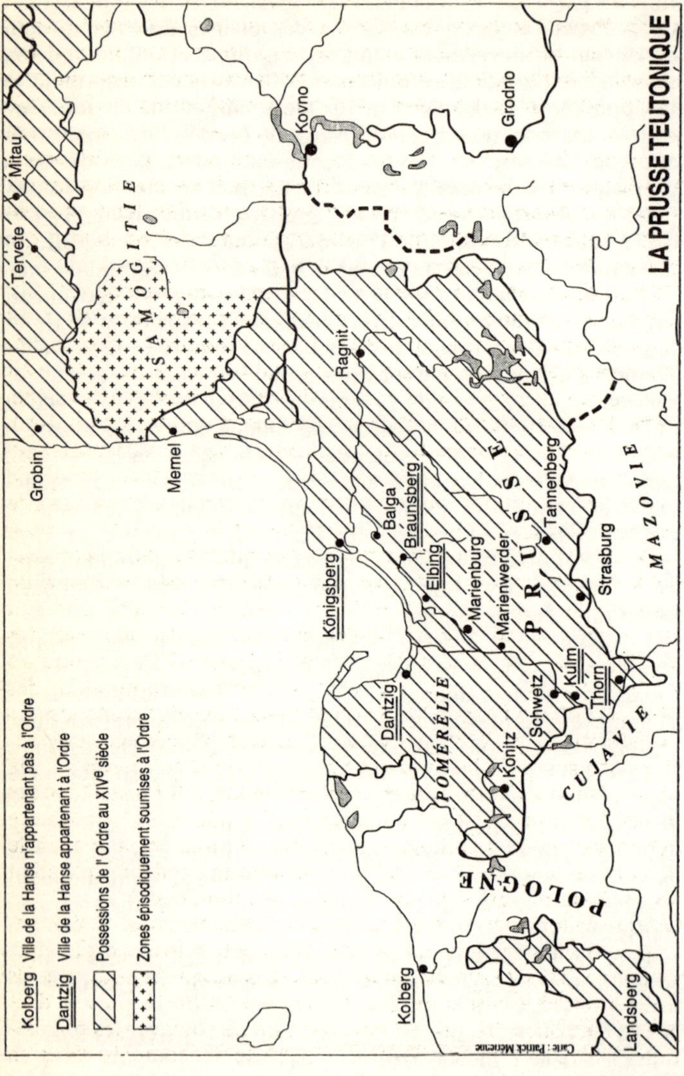


LA PRUSSE TEUTONIQUE

à cette époque, connaissaient une croissance certaine au niveau de leur population et de leurs activités. Il se montra parfois compréhensif lorsque les autorités municipales se soulevaient contre leur évêque, comme ce fut le cas à Metz et à Verdun. Mais il était difficile pour le roi de revenir sur les concessions faites aux princes. Lors des deux diètes tenues à Worms en 1231, les princes, en vertu de la constitution *in favorem principium* furent reconnus *domini terrae*, seigneurs de leur terre, *Landesherren*, tandis que le pouvoir des municipalités était strictement limité. Alors que les princes recevaient le droit de fortifier leurs propres villes, Henri VII s'interdisait de créer toute cité ou bourg qui pourrait causer préjudice aux princes.

Dans ce domaine, Frédéric II, malgré les réserves de son fils, donna raison aux princes et ratifia leurs exigences. Il était conscient que l'accord entre la « tête » de l'Empire — c'est-à-dire l'empereur — et ses membres — c'est-à-dire les princes — était indispensable pour le maintien de la paix civile en Allemagne. Lors des deux diètes qu'il tint en Italie, l'une à Ravenne en novembre 1231, l'autre à Aquilée en mars 1232, Frédéric II, prenant délibérément le parti des princes contre les villes, supprima toutes les institutions qui, dans les villes, restreignaient l'autorité seigneuriale.

Henri VII manifesta ses réserves à l'égard de la politique paternelle en autorisant les bourgeois de Worms à se doter d'un Conseil élu. Lors de la diète d'Aquilée, Henri VII fut sévèrement réprimandé par son père. Loin de se soumettre, il s'allia aux cités lombardes révoltées contre Frédéric II et, dès 1233, il rentra en Allemagne pour y rassembler ses partisans. La rupture fut dès lors consommée entre l'empereur soucieux de ménager les princes, et Henri VII qui entendait exercer pleinement les pouvoirs que son père lui avait confiés. Frédéric II se tourna vers le pape et lui demanda de déposer son fils et de lui retirer tous ses droits, ce qui fut fait par un décret du 5 juin 1234. Mais cette démarche impériale indiquait implicitement que le pape avait le droit de déposer les souverains, démarche imprudente qui allait plus tard se retourner contre Frédéric II lui-même.

Pour éviter une nouvelle guerre civile en Allemagne, l'empereur se décida à intervenir personnellement contre son fils aîné. Dès mai 1235, il gagnait Ratisbonne, fiançait au passage son fils cadet Conrad à la fille du duc de Bavière Otton II, puis se dirigeait vers l'ouest. Henri VII tenta en vain de soulever les populations rhénanes ; même Worms refusa de le soutenir dans sa révolte. Grâce à la médiation d'Hermann von Salza, la guerre fut évitée et Henri VII fit acte de soumission à son père. Arrêté et transféré à Worms, Henri VII, le 12 juillet 1235, fut condamné pour trahison à la détention perpétuelle dans une forteresse. Transféré en Italie, le malheureux fils de Frédéric II devait se suicider en janvier 1242[1].

Lors de son passage à Worms, l'empereur épousa en troisièmes noces Isabelle, fille de Jean sans Terre et sœur du roi d'Angleterre Henri III[2]. De ce mariage, il attendait de son nouveau beau-frère qu'il renonçât à soutenir les derniers partisans des Welfs en Allemagne. Au cours de son séjour en Allemagne, Frédéric II s'efforça de ramener la paix civile mise à mal par la révolte de son fils. Lors d'une diète tenue à Mayence le 15 août 1235, il publia un édit de paix perpétuelle (*Mainzer Landfriede*). On y énumérait toutes les causes des désordres qui sévissaient alors en Allemagne et, pour y remédier, on créa une instance judiciaire permanente, confiée au « justicier de la Cour impériale », choisi pour un an au moins parmi les hommes libres, assisté d'un notaire, et compétent pour toutes les causes sauf celles impliquant des princes et des Grands. L'empereur se réservait la sanction de mise au ban de l'Empire. Pour rallier définitivement les princes à sa cause, Frédéric II confirma dans la paix de Mayence toutes les concessions qui leur avaient été faites dans le passé.

À la demande de l'empereur, la diète déclara la guerre à la Ligue lombarde. Aussitôt, l'armée allemande prit la route du Brenner et fit son apparition en Italie du Nord, s'emparant au passage de Vicence et obtenant la soumission de Ferrare. Mais l'attitude déloyale du duc d'Autriche, Frédéric le Belliqueux, qui soutenait les ennemis de l'empereur en Italie, obligea Frédéric II à regagner l'Allemagne. Parti du Frioul, l'empereur se dirigea vers la Styrie, s'empara de Graz puis de Vienne au début de janvier 1236. Les duchés d'Autriche et de Styrie furent placés sous l'autorité de capitaines impériaux, tandis que Vienne recevait le statut de ville d'Empire. Frédéric II fit ensuite élire roi des Romains son fils Conrad, âgé de neuf ans, élection qui fut confirmée à l'unanimité lors d'une seconde diète tenue à Spire. Quant au duc d'Autriche déchu, il trouva refuge auprès du duc de Méran. Une fois la paix rétablie en Autriche, l'empereur put regagner définitivement l'Italie, non sans avoir auparavant assisté

1. J. Benoist-Méchin, *Frédéric de Hohenstaufen*, *op. cit.*, p. 392 et suiv.
2. Frédéric II avait épousé successivement Constance d'Aragon dont il eut un fils, Henri VII, puis, en 1225, Yolande de Brienne, héritière des rois de Jérusalem, qui lui donna un fils, Conrad.

à Marburg, aux côtés d'Hermann von Salza et des rois de Bohême, de Hongrie et de Pologne, à la translation des restes de sainte Élisabeth de Hongrie, patronne des chevaliers Teutoniques, qui venait d'être canonisée par le pape Grégoire IX[1].

Frédéric II ne devait jamais plus revenir en Allemagne. Les affaires italiennes le retinrent désormais dans la péninsule où il dut affronter les attaques conjuguées de la Ligue lombarde et de Venise, soutenues par le pape Grégoire IX. À peine était-il parti pour l'Italie en laissant le pouvoir en Allemagne à son fils Conrad, assisté de conseillers fidèles, que le duc d'Autriche déchu se mit en devoir de reconquérir ses États. Pour ce faire, il s'allia au duc de Bavière et au roi de Bohême par le traité de Passau du 7 mars 1238, dont le pape Grégoire IX favorisa la conclusion. Tous les moyens étaient bons pour affaiblir Frédéric II. Dès juin 1239, le roi de Bohême et son allié bavarois ouvrirent les hostilités contre Conrad. Leurs victoires permirent à Frédéric d'Autriche de reconquérir ses États et de faire son entrée à Vienne. Frédéric II, aux prises avec le pape et ses alliés italiens, préféra se réconcilier avec le duc d'Autriche, auquel il restitua ses États, et avec le roi de Bohême. À ce moment, l'empereur était sous le coup d'une nouvelle excommunication lancée contre lui par Grégoire IX en mars 1239, mais cette sanction n'eut guère de conséquences du côté de l'épiscopat allemand. Au contraire, Conrad reçut de la part de nombreux princes ecclésiastiques et laïcs des lettres destinées au pape où, tout en lui témoignant leur fidélité, ils lui demandaient de se montrer conciliant avec l'empereur. La menace mongole qui se profilait poussait les princes à faire bloc autour de Frédéric II et de son fils.

En effet, les confins orientaux de l'Empire, la Pologne et la Hongrie, se trouvaient alors directement menacés par les Mongols qui, après avoir dévasté la Russie et s'être emparés de Kiev en 1240, avaient repris leur marche vers l'ouest. L'Occident demeura passif face à cette menace. Seul Frédéric II réagit. Il donna l'ordre à son fils bâtard, Enzio, qui guerroyait en Italie, de se rendre en Prusse pour y prêter main-forte aux chevaliers Teutoniques. Sur place, le grand maître Popon d'Ostirna[2] avait mis en état de défense les forteresses de l'Ordre, puis il s'était dirigé avec un contingent de chevaliers vers la Silésie. La rencontre entre les hordes mongoles et les chevaliers chrétiens eut

1. F. de Salles, *Annales de l'Ordre Teutonique*, Genève, 1986, p. 413-414.
2. Il avait succédé à Hermann von Salza, mort en mars 1239.

lieu près de Liegnitz (Legnica) le 9 avril 1241 : malgré leur victoire totale, les Mongols n'allèrent pas plus avant et, après avoir dévasté au passage la Hongrie, regagnèrent leur base de départ en Russie. Aucun souverain occidental n'avait alors répondu à l'appel lancé par Frédéric II, seul l'empereur excommunié tenta de faire face à la menace mongole. Cela n'empêcha pas le pape de faire courir le bruit que c'était Frédéric II lui-même qui avait encouragé les Mongols à venir en Europe[1].

La mort de Grégoire IX en 1241 et le long interrègne qui se prolongea jusqu'à l'élection d'Innocent IV en 1243 ne ramenèrent pas la paix en Italie. Le nouveau pape, tout aussi intransigeant que ses prédécesseurs, était bien décidé à obtenir de Frédéric II une capitulation totale en Italie. Après l'échec des négociations, où les deux adversaires restèrent sur leurs positions, Innocent IV décida de convoquer un concile pour juger de l'attitude de l'empereur. Le concile s'ouvrit le 26 juin 1245 à Lyon, ville d'Empire située dans le royaume d'Arles. Entretemps, les rapports entre le pape et l'empereur s'étaient tendus encore davantage. En août 1244, le sultan de Damas avait reconquis Jérusalem. Frédéric II avait alors proposé à Innocent IV de repartir pour l'Orient afin de délivrer la Ville sainte, en échange de la levée de son excommunication, mais il avait essuyé un refus. Il est vrai qu'Innocent IV, au moment du renouvellement du traité de Jaffa conclu en 1229 pour une durée de quinze ans, avait demandé au fils du sultan Al-Kamil de ne pas renouveler le traité et était ainsi le véritable responsable de la perte de Jérusalem[2].

Dans l'esprit d'Innocent IV, l'Église était seule détentrice du pouvoir spirituel et du pouvoir temporel ; elle exerçait directement le premier et déléguait le second à l'empereur et aux autres souverains, mais elle pouvait le leur retirer. C'est cette thèse que défendit le pape au concile de Lyon. Les représentants du roi de France Saint Louis, au contraire, soutenaient que le pape n'avait pas le droit de déposer un roi. Cependant, le 17 juillet 1245, le pape donna lecture d'une sentence d'excommunication contre Frédéric II, arguant de l'alliance qu'il avait conclu autrefois avec les musulmans, et le destitua. Malgré l'intervention de Saint Louis auprès du pape, Innocent IV se montra intransigeant, bien décidé qu'il était à éliminer l'empereur.

1. H. Bogdan, *Les Chevaliers Teutoniques*, *op. cit.*, p. 105.
2. J. Benoist-Méchin, *Frédéric de Hohenstaufen*, *op. cit.*, p. 452-455.

La politique pontificale s'avéra payante. En Italie, seule la Sicile demeura fidèle. En Allemagne, le pape profita des difficultés de Conrad IV pour susciter l'élection d'un nouveau roi. Là, en effet, une fois le danger mongol écarté, Conrad IV s'était trouvé confronté à une contestation menée par les archevêques rhénans. Après la déposition de Frédéric II, Innocent IV poussa en avant le landgrave de Thuringe Henri Raspe, beau-frère de sainte Élisabeth de Hongrie, et le fit élire roi des Romains par une assemblée de clercs réunie le 22 mai 1246 à Veitshöchheim. Henri, le *rex clericorum* comme l'appelèrent ses adversaires, disposait d'une armée de mercenaires recrutés avec les subsides reçus du pape. Il inaugura son règne en remportant une franche victoire sur Conrad IV près de Francfort, le 5 août. Frédéric II n'avait pourtant pas perdu la partie en Allemagne. Le duc Frédéric d'Autriche, qui le soutenait, avait trouvé la mort le 15 juin 1246 en combattant les Hongrois. Avec la mort de Frédéric s'éteignait la maison de Babenberg et l'empereur put récupérer ce fief tombé en déshérence. De même, Frédéric II se réconcilia avec le duc de Bavière, dont la fille Élisabeth venait d'épouser Conrad IV. Fort de ces appuis, Frédéric II s'apprêtait à repartir en campagne pour chasser l'anti-roi Henri Raspe quand celui-ci mourut, le 16 février 1247.

Les adversaires de Frédéric II en Allemagne ne désarmèrent pas. Innocent IV dépêcha sur place le légat Capocci, porteur de plusieurs bulles. L'une interdisait aux chapitres de procéder à des élections sans l'assentiment du Saint-Siège ou de son représentant, ce qui aboutissait à la nomination des évêques par le pape en lieu et place de l'élection par le chapitre ; une autre bulle renouvelait l'excommunication prononcée contre Frédéric II et invitait les électeurs à élire un nouveau souverain. Une diète réunie à Worringen à l'initiative des archevêques rhénans désigna le comte Guillaume de Hollande. Le nouveau roi fut couronné le 1er novembre 1248 à Aix-la-Chapelle, avec une copie des insignes impériaux. Guillaume de Hollande, outre le soutien inconditionnel du pape, pouvait compter sur la Rhénanie et la Lorraine ; Conrad IV, lui, était soutenu par la Souabe et les duchés de l'Est, et par des villes, notamment les villes épiscopales souvent en mauvais termes avec leur évêque. Mais c'est principalement en Italie que se jouait le sort des Hohenstaufen. L'Italie du Nord et centrale étaient en pleine insurrection. En 1249, les Bolognais s'emparèrent du fils bâtard de l'empereur, Enzio, et le gardèrent prisonnier jusqu'à sa mort... en 1272. Frédéric II attendait beaucoup du soutien des autres souverains occidentaux, notamment de Saint Louis. Mais le roi de France, parti en croisade en 1248, fut capturé par les Sarrasins en mai 1250. Frédéric II, épuisé par ces luttes incessantes, tomba gravement malade. Se sentant mourir, il régla sa succession. Par testament, l'empereur légua à son fils Conrad l'Empire et la Sicile ; il restitua à l'Église les portions des États pontificaux qu'il contrôlait encore, légua une somme de cent mille onces d'or pour la Terre sainte, puis légitima ses bâtards en épousant leur mère. Frédéric II mourut le 13 décembre 1250 avec l'espoir que son testament assurerait à son fils la paix qu'il n'avait pu obtenir lui-même.

### *La fin des Hohenstaufen*

Conrad IV, le fils que Frédéric II avait eu de Yolande de Brienne, était alors âgé de vingt-deux ans. Il se trouvait à Augsbourg lorsqu'il apprit la mort de son père. Après avoir tenté en vain de déstabiliser l'antiroi Guillaume de Hollande, Conrad décida de partir pour l'Italie afin de récupérer l'héritage sicilien provisoirement administré en son nom par son demi-frère Manfred. Ayant confié la gestion des affaires allemandes à son beau-frère le duc de Bavière, il se mit en route ; arrivé en Apulie en janvier 1252, il reçut des mains de Manfred l'administration de la Sicile. Peu après, Conrad IV apprit que sa femme, restée en Allemagne, lui avait donné un fils, Conradin, qu'il n'eut jamais l'occasion de voir car les affaires italiennes le retenaient sur place.

En Allemagne, la diplomatie pontificale, en l'absence de Conrad IV, s'efforçait par tous les moyens de consolider le pouvoir de Guillaume de Hollande en lui faisant épouser Élisabeth, fille du Welf Otton de Brunswick. Le duc de Saxe puis le roi de Bohême se rallièrent alors à Guillaume, ainsi que de nombreux princes. L'Allemagne était donc pratiquement perdue pour les Hohenstaufen. Conrad, de son côté, s'efforçait de reprendre le contrôle de la situation en Italie du Sud où il remporta un certain nombre de victoires lui permettant de réoccuper Naples et Salerne. Il n'eut guère le temps de profiter de ses succès car il mourut au cours d'une campagne le 21 mai 1254. Le fils de Conrad IV, Conradin, élevé à la cour de Bavière, n'avait que deux ans et se trouvait *ipso facto* hors d'état de revendiquer l'héritage paternel. Le seul Staufen qui pouvait relever le défi pontifical était Manfred, mais pour Manfred, seules comptaient les affaires italiennes. L'Allemagne était définitivement perdue pour la maison des Hohenstaufen, à laquelle Frédéric Barberousse et Frédéric II avaient donné tant de gloire.

Les Hohenstaufen, en concentrant « les forces vives de l'Allemagne vers le sud » avaient commis « une énorme erreur » et les avaient empêchées de « faire du *Reich* un État selon l'exemple donné par la France au même moment ». « Les absences répétées du souverain... constituèrent autant d'incitations aux conjurations et séditions en Allemagne. » Mais il convient de noter que pour les contemporains, « le fait de renoncer à l'Italie » aurait « soulevé en Allemagne une grande indignation[1] ». En outre, la papauté, qui s'était peu à peu émancipée de la tutelle impériale, entendait affirmer son rôle dirigeant au sein du monde chrétien. La querelle entre le Sacerdoce et l'Empire se terminait ainsi par la défaite de celui-ci. L'Allemagne et la papauté en supporteront longtemps les conséquences.

1. C. Brühl, *Naissance de deux peuples*, *op. cit.*, p. 307.

## 8

# L'Allemagne des contrastes (1250-1493)

La période qui s'étend de la mort de Frédéric II jusqu'à l'avènement de Maximilien de Habsbourg, en 1493, constitue dans l'histoire de l'Allemagne une époque aux multiples facettes dont les caractères essentiels sont une lente érosion des territoires effectivement contrôlés par la Couronne, un affaiblissement régulier du pouvoir impérial face aux princes-électeurs et à la diète dont l'autorité et l'influence s'affirment de plus en plus. Tout cela au moment où émerge une nouvelle Allemagne, peu à peu libérée du carcan féodal, où la bourgeoisie et les marchands jouent un rôle de plus en plus important, tandis que les villes émancipées de la tutelle seigneuriale s'affirment de plus en plus en tant qu'entités politiques souveraines. À l'Allemagne rurale et féodale s'oppose maintenant une Allemagne dynamique, une Allemagne des villes où la production artisanale, l'exploitation des mines et le grand commerce international sont en plein essor.

## I — L'affaiblissement de l'autorité monarchique (1250-1346)

La mort de Frédéric II, suivie de près par celle de son fils et héritier Conrad IV en 1254, mit fin au règne de la dynastie des Hohenstaufen qui avait occupé pendant plus d'un siècle le trône impérial. Après une longue période au cours de laquelle s'était instaurée une hérédité de fait de la couronne, le principe électif retrouvait toute sa place. C'est le début du temps des *Springwahlen*, des « élections sautantes » qui font alterner sur le trône des princes issus de lignées différentes, quand ce ne sont pas des princes étrangers !

### *Le « Grand Interrègne » (1250-1273)*

Au moment de la mort de Frédéric II, le processus de désagrégation du pouvoir impérial était déjà largement engagé. Dès 1246, on l'a vu, la papauté avait favorisé l'élection d'un antiroi en la personne d'Henri Raspe de Thuringe qui, mort l'année suivante, fut aussitôt remplacé par un autre protégé du pape, Guillaume de Hollande. Après la mort de Conrad IV, Guillaume se trouva pratiquement maître de tout l'héritage des Hohenstaufen, du moins en Allemagne, mais il lui fallait compter avec l'anarchie qui, peu à peu, s'était développée dans tout le pays. Les princes, les chevaliers, profitant de la faiblesse du pouvoir royal, s'étaient totalement émancipés ; ils menaient entre eux une guerre sans merci pour tenter de prendre possession des fiefs tombés en déshérence. De nombreux chevaliers, privés des largesses auxquelles Frédéric II les avait habitués, avaient pris l'habitude de se livrer au brigandage. C'est le temps du « droit du poing » (*Faustrecht*), c'est le temps des « chevaliers pillards » (*Raubritter*) dont les principales victimes sont les paysans et les marchands qui s'aventurent sur leurs terres.

Face au désordre grandissant, les villes ont tenté d'organiser leur propre défense. C'est ainsi qu'en juillet 1254, à l'initiative de Mayence et de Worms, une soixantaine de villes rhénanes, de Bâle jusqu'à Cologne, se sont regroupées au sein d'une ligue de défense, le *Rheinischer Bund*, à la fois pour arracher à Guillaume de Hollande de nouveaux privilèges et pour mettre en place un système de protection commune en vue d'assurer la liberté et la sécurité du commerce dans la vallée du Rhin. À la mort de Guillaume de Hollande, en 1256, les représentants des villes rhénanes réunis à Mayence décidèrent que « chaque ville doit s'armer de son mieux et engager des mercenaires et des archers ». Puis, prenant position sur l'élection du nouveau roi, les délégués des villes s'engagèrent à ne soutenir aucun des rois élus en cas de double élection ; en revanche, « si les princes élisent un seul et unique roi, nous lui rendrons immédiatement tous les devoirs et honneurs qui lui sont dus ».

En fait, pendant un an, plusieurs candidats au trône se manifestèrent. Le duc de Bavière proposa le jeune Conradin, fils de Conrad IV, un Hohenstaufen que rejeta immédiatement le pape Alexandre IV car il appartenait « à la race des vipères ». Le roi Ottokar II de Bohême songea un moment à poser sa candidature, puis il y renonça, préférant pour l'instant consolider son autorité dans ses États. Deux princes étrangers postulèrent, le roi Alphonse X de Castille, apparenté par sa mère aux Hohenstaufen et soutenu par les Gibelins d'Italie, et Richard de Cornouailles, frère du roi d'Angleterre Henri III et beau-frère de Frédéric II. Les deux candidats multiplièrent les intrigues pour rallier les voix des princes-électeurs. Richard en particulier se montra fort généreux envers les électeurs rhénans, si bien qu'à la diète électorale tenue à Francfort le 13 janvier 1257, il fut élu grâce au soutien de l'archevêque de Cologne Conrad de Hochstaden et du comte palatin du Rhin, et reçut avec des réserves l'appui du roi de Bohême. Mais une partie des électeurs, avec l'archevêque de Trêves et les représentants des électeurs de Saxe et de Brandebourg, déclara nulle et non avenue l'élection de Richard et se prononça pour Alphonse X auquel se rallia tardivement le roi de Bohême.

Si Richard fit quelques brèves apparitions en Allemagne rhénane en 1257-1259, puis en 1260, et enfin en 1262-1263, pour y rallier ses partisans, Alphonse X, lui, n'y mit jamais les pieds, préoccupé qu'il était par les affaires italiennes. Chacun des deux rois cependant multiplia les largesses à l'égard de ses partisans et de ceux de ses adversaires qu'il espérait rallier, et dilapida de la sorte une grande partie des biens de la Couronne, privant la monarchie de l'essentiel de ses revenus et renforçant par là même la puissance des princes et des villes.

Alphonse X crut pouvoir profiter de la mort de Richard, en avril 1272, pour rétablir à son profit l'unité de l'Empire, et réclama au nouveau pape Grégoire X son couronnement en tant qu'empereur. De fait, la papauté avait longtemps été favorable à Richard puis, à partir de 1261, elle avait évité de prendre parti pour l'un ou l'autre des deux souverains. En tout cas, Grégoire X rejeta les prétentions du roi de Castille et se prononça en faveur d'une nouvelle élection qui permettrait à l'Allemagne d'avoir un souverain unique, reconnu par tous.

Plusieurs princes posèrent leur candidature : le roi de France Philippe III, le roi de Bohême Ottokar II, le duc Louis de Bavière. Comme en 1256, les villes rhénanes firent savoir qu'elles ne se rallieraient qu'à un candidat élu à l'unanimité. Le 29 septembre 1273, les électeurs se prononcèrent en faveur d'un seigneur d'Allemagne du Sud, le comte Rodolphe de Habsbourg, malgré l'opposition, vite écartée, du roi de Bohême. Après vingt ans de luttes intestines, l'Allemagne retrouvait son unité sous l'autorité d'un souverain unique.

### *L'entrée en scène des Habsbourg : Rodolphe Ier (1273-1291)*

Un élément décisif avait poussé les électeurs à choisir Rodolphe de Habsbourg. Le nouveau souverain, en effet, était un seigneur d'origine modeste, « ni trop riche ni trop puissant[1] », dont le patrimoine était constitué de domaines dispersés à travers la Suisse alémanique, le Breisgau et la Haute-Alsace. Lors de son avènement, Rodolphe était âgé de cinquante-cinq ans ; lui et son père avaient toujours servi loyalement les Hohenstaufen et ils avaient profité de l'interrègne pour consolider leur assise territoriale. Rodolphe était conscient que pour retrouver les bonnes grâces de la papauté, il lui fallait renoncer aux rêves chimériques d'Empire universel caressés par ses grands prédécesseurs et ne plus intervenir directement dans les affaires italiennes. Il est vrai que la situation intérieure de l'Allemagne ne lui laissait guère d'autre choix.

L'Allemagne, en effet, avait besoin d'ordre et de paix. En accord avec la diète tenue à Spire en décembre 1273, l'empereur s'était donné comme premier objectif la récupération des domaines de la Couronne usurpés par les nobles au cours de l'interrègne. Faute de moyens, les premiers résultats furent décevants. Rodolphe dut faire face dans l'immédiat à un problème plus urgent. En effet, le roi de Bohême Ottokar II (1253-1278) avait profité de l'interrègne pour s'approprier l'héritage des Babenberg d'Autriche en épousant, alors qu'il n'avait qu'une vingtaine d'années, la sœur et héritière de Frédéric Babenberg, beaucoup plus âgée que lui. Maître ainsi de la Bohême, de la Moravie, de l'Autriche et de la Carinthie, Ottokar II y avait ajouté la Styrie et une partie de la Carniole à la faveur de l'extinction de la dynastie régnante des Spannheim. En quelques années, le roi de Bohême était devenu l'un des princes les plus puissants de l'Empire. Il jouissait en outre aux yeux de l'Église d'un prestige certain. En effet, dans les premières années de son règne, il s'était illustré en participant à deux croisades contre les Lituaniens encore païens, l'une en 1254-1255 en compagnie du jeune Rodolphe de Habsbourg aux côtés des chevaliers Teutoniques — c'est d'ailleurs en son honneur qu'une des places fortes conquises fut appelée Königsberg, la « montagne du roi » — et l'autre en 1266[2].

1. J. Bérenger, *Histoire de l'Empire des Habsbourg*, Paris, 1990, p. 27.
2. H. Bogdan, *Les Chevaliers Teutoniques*, *op. cit.*, p. 109-110.

Lors de l'élection de 1273, le refus d'Ottokar II de reconnaître Rodolphe de Habsbourg lui valut d'être mis au ban de l'Empire, d'autant qu'il refusa de comparaître devant la diète et de se présenter à l'empereur pour recevoir l'investiture pour le royaume de Bohême. Rodolphe décida de passer à l'action et envahit l'Autriche. La noblesse locale, aussi bien en Autriche qu'en Carinthie et en Styrie, abandonna le parti d'Ottokar ; la noblesse tchèque elle-même hésita à soutenir son roi félon. Battu devant Vienne, Ottokar II fit sa soumission à l'empereur en novembre 1276, renonça aux pays alpins et accepta de recevoir en fief la Bohême et la Moravie. Deux ans plus tard, le « lion de Bohême » tenta de reconquérir l'Autriche. Il se heurta à nouveau à l'empereur allié pour l'occasion au roi de Hongrie, Béla IV. Le 26 août 1278, près de Dürnkrut (Moravské pole) dans la plaine de Marchegg, l'armée impériale écrasa les forces du roi de Bohême, qui trouva la mort au cours de la bataille. La victoire de Dürnkrut joua un rôle capital dans le destin de la maison de Habsbourg. En effet, Rodolphe incorpora à son patrimoine familial les pays allemands usurpés par le roi de Bohême. Puis, en 1282, il inféoda à son fils Albert l'Autriche et la Styrie et, en 1286, à son allié le comte de Tyrol, beau-père d'Albert, la Carinthie et la Carniole. Quant au royaume de Bohême, l'empereur l'inféoda au fils d'Ottokar II, Venceslas II, alors âgé de sept ans mais qu'il fiança à sa fille Guta. En attendant que Venceslas atteigne sa majorité, il fut placé sous la tutelle d'Otton de Brandebourg qui lui remit le pouvoir en 1283[1].

Disposant désormais de ressources plus importantes et du prestige que lui avait apporté sa victoire à Dürnkrut, Rodolphe reprit, cette fois avec succès, sa politique de récupération des biens royaux usurpés, permettant ainsi à la monarchie allemande de disposer de ressources supplémentaires. À sa mort, en juillet 1291, Rodolphe de Habsbourg laissait une Allemagne pacifiée sous une autorité royale en apparence restaurée, mais il léguait surtout à ses héritiers une puissance territoriale qui faisait d'eux l'un des plus puissants lignages de l'Empire.

1. J. Macek et R. Mandrou, *Histoire de la Bohême des origines à 1918*, Paris, 1984, p. 36-40, et J. Bérenger, *Histoire de l'Empire des Habsbourg*, *op. cit.*, p. 60-63.

*Le retour à l'anarchie (1291-1346)*

La mort de l'empereur Rodolphe interrompit brutalement le processus de restauration de l'autorité royale. Les électeurs ecclésiastiques et le roi de Bohême, Venceslas II, s'opposèrent à l'élection d'Albert de Habsbourg et, comme en 1273, leur choix se porta sur un prince issu d'une lignée modeste de Rhénanie, Adolphe de Nassau. Comme le nouveau souverain voulut reprendre la politique de renforcement du pouvoir royal, il fut déposé par le Collège électoral, le 23 juin 1298, et paradoxalement remplacé par Albert de Habsbourg dont la candidature avait été écartée en 1291.

Albert de Habsbourg disposait d'une assise patrimoniale considérablement élargie par son père l'empereur Rodolphe. Lui aussi avait pour ambition la restauration du pouvoir royal, et pour ce faire, il s'appuya sur la petite noblesse et les villes pour faire contrepoids à l'influence des princes-électeurs, en particulier celle du roi de Bohême. Venceslas II, en effet, constituait autour de la Bohême un ensemble territorial puissant. Il disposait de revenus considérables grâce au développement de l'exploitation des mines d'argent de Kutenberg (Kutná Horá), ce qui lui permettait d'entretenir une puissante armée et d'acheter le soutien des princes étrangers. C'est ainsi qu'en 1300, profitant de la vacance du trône de Pologne, Venceslas II rallia à sa cause une partie de l'aristocratie polonaise et se fit couronner roi de Pologne. Puis, l'année suivante, à la mort d'André III, le dernier représentant de la dynastie arpadienne, Venceslas II acheta les suffrages des magnats hongrois et fit élire son fils roi de Hongrie sous le nom de Ladislas V. La puissance du roi de Bohême ne manqua pas d'inquiéter l'empereur. En accord avec le pape Boniface VIII, Albert de Habsbourg exigea du roi de Bohême qu'il renonçât à la Pologne et à la Hongrie, puis il envahit la Bohême en 1304[1]. La mort de Venceslas II l'année suivante, puis l'assassinat de son fils Venceslas III, en 1306, rendit le trône de Bohême vacant. Avec la mort de Venceslas III s'éteignait la dynastie nationale des Prémyslides. La noblesse tchèque porta sur le trône le beau-frère de Venceslas II, le duc Henri de Carinthie. Mais Albert Ier inféoda la Bohême à son fils Rodolphe ce qui assurait aux Habsbourg la voix de la Bohême au sein du Collège électoral. La mort du jeune Rodolphe, en 1307, profita à Henri de Carinthie. Au

1. J. Macek et R. Mandrou, *Histoire de la Bohême*, *op. cit.*, p. 42-44.

moment où l'empereur allait intervenir contre lui, il fut assassiné par un de ses neveux, le 1er mai 1308.

Le Collège électoral une nouvelle fois eut à se prononcer sur le choix d'un souverain. Sous l'influence des électeurs rhénans, il écarta d'emblée les prétendants trop puissants : Frédéric d'Autriche, un Habsbourg, et Charles de Valois, proposé par le roi de France Philippe le Bel. Les électeurs choisirent un seigneur qu'ils jugèrent peu dangereux, originaire de l'ouest de l'Allemagne, le comte Henri de Luxembourg, le propre frère de l'archevêque-électeur de Trèves. Henri VII (1308-1313), de culture française, était plus intéressé par les affaires italiennes que par l'Allemagne. Après s'être réconcilié avec les Habsbourg, il fit épouser à son fils Jean, la princesse Eliska, fille du défunt roi de Bohême Venceslas II. Ainsi la maison de Luxembourg, qui jusque-là ne disposait que d'un patrimoine réduit aux confins occidentaux de l'Allemagne, prit-elle le contrôle de la Bohême et de la Moravie, qui devaient devenir rapidement la base de sa puissance territoriale. Profitant de l'affaiblissement de la papauté réfugiée depuis 1309 à Avignon, Henri VII obtint du pape Clément V la promesse qu'il serait couronné empereur — ce qui n'avait pas été le cas pour ses prédécesseurs — en échange d'un engagement de sa part à défendre les droits de l'Église. En octobre 1310, à la tête d'une armée de chevaliers bourguignons et rhénans, Henri VII, passant par la Savoie, gagna l'Italie du Nord, ceignit la couronne de fer à Milan, tenta de reprendre le contrôle des villes lombardes malgré la réaction des Guelfes, puis parvint à Rome en mai 1312 où il fut couronné empereur par un légat du pape. Menacé par les Guelfes qui tenaient Florence et Naples, Henri VII s'apprêtait à partir en campagne contre Naples quand il mourut en août 1313.

La mort de l'empereur, après un court règne dont plus de la moitié avait été dominé par les affaires italiennes, provoqua une réunion du Collège des électeurs. Deux candidats briguèrent la succession d'Henri de Luxembourg, un Habsbourg, en la personne du duc d'Autriche Frédéric, fils de l'empereur Albert Ier, et le duc Louis de Bavière soutenu par l'électeur et roi de Bohême, Jean de Luxembourg. En principe, le souverain devait rallier sur son nom l'unanimité des voix des électeurs. Mais les voix des électeurs se partagèrent entre les deux prétendants jusqu'à ce que les armes imposent leur décision. Pendant plusieurs années, l'Allemagne du Sud devint un champ de bataille où s'affrontèrent les armées de Frédéric d'Autriche et de son frère

Léopold, et celles du duc de Bavière. Le roi de Bohême aida financièrement et militairement Louis de Bavière, qui, pour prix de son intervention, reçut le territoire d'Eger (Cheb). Battu à la bataille de Mühldorf, le 28 septembre 1322, Frédéric d'Autriche fut fait prisonnier par Louis de Bavière — l'empereur Louis IV — qui le retint jusqu'en 1325 et le libéra en échange de sa renonciation à toute prétention au trône d'Allemagne. Débarrassé de son rival, Louis IV tenta de reprendre à son compte la politique italienne de son prédécesseur, ce qui provoqua l'opposition du pape Jean XXII. Celui-ci n'avait pas encore reconnu Louis IV comme empereur ; il n'était guère pressé de se prononcer car il considérait que, pendant l'interrègne, c'était à la papauté que revenait la gestion de l'Empire. Jean XXII invita Louis IV à abdiquer. Soutenu par le clergé allemand, par les villes et la plupart des princes, Louis IV en appela au concile puis gagna l'Italie pour s'y faire couronner à Rome par l'antipape Nicolas V. À son retour en Allemagne deux ans plus tard, l'empereur se réconcilia avec les Habsbourg et, par le traité de Haguenau du 6 août 1330, avec Albert II le Sage, fils de Frédéric d'Autriche, il lui laissa carte blanche en Autriche, ce qui permit à Albert II d'acquérir, en 1335, la Carinthie et la Carniole qui, unies à la Styrie, constituèrent l'Autriche intérieure[1].

Le conflit entre Louis IV et la papauté s'envenima lorsque Jean XXII demanda aux électeurs de destituer Louis IV et de le remplacer par un prince français. Les électeurs rejetèrent la demande du pape et toutes les forces de l'Empire se liguèrent aux côtés de l'empereur lorsque celui-ci fit alliance avec le roi d'Angleterre Édouard III au printemps 1337, à la veille de la guerre de Cent Ans. L'année suivante, à la diète de Francfort, où siégeaient à côté des princes des représentants des villes, il fut décidé d'envoyer au pape le manifeste *Fidem catholicam*, qui déclarait nulle et non avenue la mesure de déposition prise par Jean XXII à l'encontre de l'empereur. Puis, lors d'une autre assemblée tenue à Rhens, les règles de l'élection impériale furent précisées : le souverain serait désormais élu par les seuls membres du Collège électoral et en dehors de toute intervention pontificale. Une fois élu, le roi serait de plein droit empereur d'Occident. Cette prise de position coïncidait avec la thèse des « légistes » français et celle défendue par les auteurs du *Defensor pacis*, Marsile de Padoue et Jean de Jandun, selon laquelle l'Église doit être subordonnée et doit limiter son action au seul

1. J. Bérenger, *Histoire de l'Empire des Habsbourg*, *op. cit.*, p. 63.

domaine spirituel. Cette *loi de Rhens* fut ensuite promulguée par la diète de Francfort sous le nom de code *Licet juri*. Peu à peu se dessinait ainsi un « droit d'Empire », tandis que s'élaborait l'organisation définitive de la diète avec l'entrée irrévocable des représentants des villes, une diète qui n'était plus seulement la réunion de la noblesse dans le cadre de la Cour impériale (*Reichshoftag*) mais celle de toutes les forces vives de l'Empire (*Reichstag*).

À partir de 1340, les ambiguïtés de la politique de Louis IV à l'égard de l'Angleterre ainsi que la persistance du conflit avec la papauté suscitèrent peu à peu la méfiance des électeurs ecclésiastiques. De plus, à la suite d'un conflit familial, les Luxembourg de Bohême abandonnèrent le parti de l'empereur. En effet, pour des raisons politiques, Louis IV avait annulé le mariage de l'héritière du Tyrol, Marguerite, qui avait épousé le roi Jean de Bohême, et l'avait remariée avec son fils aîné, le margrave de Brandebourg. Les Luxembourg et certains électeurs se rapprochèrent du nouveau pape Clément VI et abandonnèrent Louis IV. En juillet 1346, à la demande du pape, les électeurs procédèrent à l'élection d'un nouveau roi en la personne du margrave de Moravie, Charles, fils du roi Jean de Bohême. À ce moment-là Jean de Bohême, très lié aux Valois, se trouvait en France où il combattait les Anglais aux côtés de Philippe VI. C'est là qu'il trouva la mort lors de la bataille de Crécy, le 26 août 1346, et que son fils Charles, qui l'avait accompagné, fut blessé. Charles devenait ainsi roi de Bohême après avoir été élu « roi des Romains ». On s'acheminait vers une nouvelle guerre civile entre les partisans de Charles — Charles IV — et ceux de Louis IV de Bavière, mais au moment où il allait partir en campagne contre Charles IV, l'empereur destitué mourut le 11 octobre 1347. L'Allemagne, après plus de trente ans d'instabilité, allait enfin retrouver la paix civile.

## II – La naissance du nouveau *Reich allemand* : Charles IV et la Bulle d'or

Près d'un siècle après la disparition de Frédéric II, après une longue période d'instabilité politique marquée par l'anarchie latente et par les interventions permanentes de la papauté et des souverains étrangers dans les affaires allemandes, l'avènement de Charles IV marque le point de départ d'une nouvelle conception de l'Empire. À l'Empire universel, héritage des Ottoniens, des

Saliens et des Staufen, se substitue un Empire dont l'autorité s'exerce presque exclusivement sur des populations germanophones. À cet égard, on peut considérer Charles IV comme le véritable fondateur du *Reich allemand*.

La désignation de Charles IV comme souverain d'Allemagne constitue une synthèse entre le principe de la monarchie élective cher à la féodalité allemande et la tradition dynastique à laquelle étaient attachés tous les empereurs. Charles IV, en effet, fut élu par les princes électeurs en lieu et place de Louis de Bavière déposé par ces mêmes électeurs à la demande du pape, mais il était aussi l'héritier d'une lignée qui avait déjà régné sur l'Allemagne avec Henri VII et qui occupait le trône de Bohême depuis 1310. Paradoxalement, le fondateur du *Reich allemand* était un prince de culture française ; il avait passé une partie de sa jeunesse à la Cour de France, où on l'avait marié à l'âge de sept ans à Blanche de Valois, sœur de l'héritier du trône. À l'Université de Paris, le futur Charles IV avait suivi les cours de l'abbé de Fécamp, Pierre-Roger de Rosières, qui allait plus tard devenir pape sous le nom de Clément VI (1342-1352) et qui favorisa son accession au trône en 1346. Homme de grande culture — il parlait le français, l'allemand, le tchèque et avait de solides notions de latin —, Charles IV entretint avec Pétrarque une correspondance suivie, à travers laquelle on pressent les grandes orientations de sa politique, et en particulier cette idée que, dans l'exercice du pouvoir, le recours à la diplomatie et à la négociation est de beaucoup préférable à l'action militaire. C'est cet attrait pour le savoir et les choses de l'esprit qui l'amena en 1348 à fonder à Prague la première université de l'Empire.

L'Empire dont venait d'hériter Charles IV n'avait plus rien de commun avec l'immense ensemble territorial sur lequel avaient régné autrefois les Hohenstaufen. Dès 1291, les cantons montagnards suisses d'Uri, de Schwyz et d'Unterwalden avaient constitué une Ligue pour défendre leur autonomie judiciaire face à l'autorité de leur seigneur Rodolphe de Habsbourg. Ce fut le début d'un long conflit aboutissant en 1315 à la bataille de Morgarten où les « confédérés » défirent les troupes des partisans des Habsbourg. Cette victoire consacra l'indépendance de fait des trois cantons suisses, qui furent bientôt rejoints par Lucerne, en 1332, par Glaris et Zug, en 1352, puis par les villes de Zürich et de Berne, en 1353. La Confédération helvétique s'affirmait ainsi comme entité indépendante de l'Empire.

De la même façon, à l'ouest, le royaume de Bourgogne s'était détaché de l'autorité des souverains allemands. Le mariage en

1295 de l'héritière de la « comté » de Bourgogne — l'actuelle Franche-Comté — avec le fils de Philippe le Bel, le futur Louis X, avait fait passer ce territoire dans la mouvance des Capétiens. De son côté, Philippe le Bel avait étendu son autorité sur le Vivarais, en 1305, sur Lyon, en 1312, sur le Valentinois, ainsi que sur le Barrois mouvant aux confins occidentaux de la Lorraine. Plus au sud, Avignon et le Comtat venaissin s'étaient dégagés, en 1348, de la suzeraineté impériale pendant que le royaume d'Arles faisait de même. De toutes les dépendances occidentales de l'Empire, seule la Savoie reconnaissait encore l'autorité impériale, même si ses ducs affirmaient de plus en plus leur esprit d'indépendance.

L'Italie aussi était perdue. Les héritiers de Frédéric II avaient été dépouillés de leur héritage sicilien par la papauté au profit de Charles Ier d'Anjou, puis après les « Vêpres siciliennes » de 1282, la Sicile et l'Italie du Sud avaient été rattachées à la couronne d'Aragon. Quant à l'Italie du Nord, elle était, depuis la fin du XIIIe siècle, un lieu d'affrontement entre les cités tenues par les Guelfes, favorables à Charles d'Anjou et à ses héritiers, et celles tenues par les Gibelins, théoriquement favorables à l'empereur, mais surtout soucieuses d'affirmer leur indépendance.

Charles IV, en politique avisé, était conscient qu'il serait vain de chercher à rétablir l'autorité de l'Empire sur tous ces territoires perdus. En ce qui concerne l'Italie, ses ambitions étaient limitées car il ne voulait ni heurter la susceptibilité du pape ni s'engager dans un conflit où déjà tant de ses prédécesseurs avaient épuisé en vain leurs forces. Toutefois, afin de rehausser son prestige en Allemagne et en accord avec le pape, Charles IV décida de paraître en Italie pour s'y faire couronner empereur selon l'ancienne tradition. En octobre 1354, accompagné seulement de trois cents chevaliers afin de bien montrer qu'il venait non pas en conquérant mais en arbitre, il prit la route de l'Italie du Nord, distribuant abondamment des titres de « vicaires impériaux » à la noblesse locale en échange de subsides, puis il se rendit à Rome où il fut couronné le 5 avril 1355 par un légat du pape. Devenu empereur, Charles IV regagna l'Allemagne sans intervenir dans les luttes intestines qui dévastaient l'Italie depuis de nombreuses décennies. Ce fut une grande déception pour les Italiens : Charles IV ne rapportait d'Italie, comme le soulignait Pétrarque, que « le titre impérial vide de tout contenu ». Et en Allemagne non plus, ce titre impérial ne signifiait pas grand-chose.

Charles IV, en effet, n'y était qu'un prince territorial comme les autres, qui tirait essentiellement sa force de son patrimoine personnel, c'est-à-dire l'héritage des Luxembourg. Cet héritage formait un bloc compact de territoires autour du royaume de Bohême, désigné depuis 1348 sous le nom des « pays de la couronne de saint Venceslas », composé de la Bohême proprement dite, du margraviat de Moravie et de la Haute-Lusace incorporée au royaume en 1319. À l'ouest, Charles IV érigea en duché le comté de Luxembourg, d'où sa dynastie était originaire, et maria son frère Venceslas à l'héritière du Brabant, renforçant ainsi la puissance de sa maison aux Pays-Bas[1].

Soucieux d'enrayer l'érosion du pouvoir impérial mis à mal par la papauté et les princes depuis un siècle, après avoir consulté les princes lors des diètes de Nuremberg et de Metz, Charles IV promulgua solennellement, le 25 décembre 1356, la Bulle d'or, véritable acte constitutionnel qui fixait les modalités d'élection du souverain et les droits et privilèges respectifs de l'empereur et des princes électeurs. L'empereur sera désormais élu par les seuls membres du Collège des princes-électeurs (*Kurfürsten*) composé de sept membres : trois ecclésiastiques, les archevêques de Cologne, Mayence et Trèves, et quatre électeurs laïcs, le roi de Bohême, l'électeur de Saxe, le comte palatin du Rhin et le margrave de Brandebourg. En cas de décès d'un électeur laïc, sa voix au Collège électoral reviendrait de droit à l'aîné de ses héritiers mâles et, en cas d'extinction d'une famille électorale, sa voix serait reprise par le souverain qui en disposerait à son gré. Seule la Bohême échappait à cette disposition car la voix électorale était transmissible aux femmes. Pour éviter les élections doubles ou rivales, sources de guerres civiles, l'élection se ferait par un vote majoritaire. Le candidat qui aurait obtenu au moins quatre voix deviendrait ainsi le roi des Romains, devant être promu empereur (*in imperatorum promovendus*) sans qu'il y eût besoin d'une confirmation du pape[2]. L'élection impériale aurait lieu dans le *Römerhaus* à Francfort-sur-le-Main et serait suivie aussitôt par le couronnement à Aix-la-Chapelle. En cas de vacance du trône, et en attendant la réunion du collège électoral, la régence serait assurée par le comte palatin du Rhin et par l'électeur de Saxe. La Bulle d'or renforçait également les pouvoirs politiques des princes-électeurs en faisant d'eux les « conseillers permanents du royaume » et, à ce titre, ils pouvaient faire part au souverain

1. P. Belina, P. Cornej et J. Pokorny, *Histoire des pays tchèques*, *op. cit.*, 1985, p. 81 et suiv.
2. J.-F. Noël, *Le Saint Empire*, Paris, 1993, p. 53-54.

de leurs desiderata sous forme de messages écrits (*Willebriefe*), ou oralement lors de leur réunion annuelle avec l'empereur, à Pâques. Les privilèges des électeurs furent accrus dans le domaine judiciaire, leurs sujets n'étant plus désormais justiciables du tribunal royal, sauf en cas de déni de justice. Ces privilèges judiciaires et les revenus qui en découleraient devaient renforcer encore la puissance des princes-électeurs, qui exerçaient déjà les droits régaliens en matière de frappe des monnaies et d'exploitation des mines.

Les avantages considérables concédés aux princes-électeurs atténuèrent leur réticence à l'égard de l'évolution vers l'hérédité du trône impérial, l'élection ayant tendance par la suite à devenir une simple formalité, puisque de son vivant l'empereur prit l'habitude de faire désigner son fils comme successeur. C'est ce que fit d'ailleurs Charles IV, en 1376, lorsqu'il fit désigner son fils Venceslas comme héritier du trône. Les villes, en revanche, ne bénéficièrent d'aucun avantage particulier dans la Bulle d'or ; au contraire, il leur fut interdit de constituer des Ligues. En fait, avec la Bulle d'or, l'Allemagne devenait une confédération de princes territoriaux présidée par l'un d'entre eux, l'empereur, partageant le pouvoir avec l'oligarchie des princes-électeurs. Alors qu'en France, depuis l'élection d'Hugues Capet en 987, la tendance de l'évolution politique avait été au renforcement constant de l'autorité royale sur ses grands vassaux, en Allemagne, au contraire, la Bulle d'or consacrait la faiblesse de l'autorité royale face à la toute-puissance des princes territoriaux.

La puissance réelle du souverain, compte tenu de la Bulle d'or, reposait à la fois sur l'importance de son patrimoine personnel, sur ses bonnes relations avec les autres princes et sur les alliances extérieures qu'il pouvait conclure. Sur le plan patrimonial, Charles IV étendit l'autorité de la maison de Luxembourg sur la Basse-Lusace, sur la principauté d'Eger et une partie du Haut-Palatinat, sur la Silésie, puis, en 1373, sur le margraviat de Brandebourg dont il confia l'administration à son fils cadet Sigismond. Du côté des princes, pour contrebalancer l'influence des électeurs, l'empereur se rapprocha des Habsbourg et les associa à la politique impériale par le traité de Brünn (Brno), conclu en 1364. À l'égard des puissances extérieures, il entretint de bonnes relations avec les papes d'Avignon et se fit le défenseur des intérêts de l'Église ; il permit à l'Inquisition de pourchasser les hérétiques à l'intérieur de l'Empire, surtout les Vaudois et les Flagellants particulièrement actifs en Bohême et en Allemagne moyenne[1].

1. J. Macek et R. Mandrou, *Histoire de la Bohême*, *op. cit.*, p. 65-66.

Mais la politique d'entente avec la papauté n'empêchait pas Charles IV d'appliquer à lui-même le principe des *légistes* de Philippe le Bel selon lequel « le roi est empereur en son royaume ». Charles IV se rapprocha aussi des voisins orientaux de l'Empire et fut l'allié du roi de Pologne et de Hongrie, Louis le Grand. Un projet de mariage entre son fils Sigismond et la fille de Louis le Grand, Marie, permit à celui-ci de devenir roi de Hongrie en 1387.

Le 29 novembre 1378, lorsque Charles meurt à Prague, dont il avait fait la capitale politique, culturelle et artistique de l'Empire, l'Allemagne avait retrouvé un certain équilibre et le Saint Empire, stabilisé politiquement et territorialement, présentait déjà l'essentiel des traits qu'il devait conserver jusqu'à sa disparition en 1806.

## III — Tensions politiques et crise religieuse sous les successeurs de Charles IV

Comme le laissait supposer son élection anticipée de 1376, le fils de Charles IV, Venceslas, déjà roi de Bohême sous le nom de Venceslas IV depuis 1373, fut élu empereur sans difficulté. Conformément à la volonté de l'empereur défunt, les domaines patrimoniaux de la maison de Luxembourg furent partagés entre ses héritiers. Le fils cadet de Sigismond devint margrave de Brandebourg qu'il administrait déjà dès 1373. Jean, le troisième fils, reçut la Lusace, tandis que la Moravie fut inféodée au frère de Charles IV, Jean-Henri, auquel succédèrent ses fils, Procope et Josse. Quant au duché de Luxembourg, il demeura entre les mains d'un autre frère de Charles IV, Venceslas, devenu par son mariage duc de Brabant et de Limbourg. L'empereur Venceslas, outre le titre impérial, avait conservé le royaume de Bohême, la Silésie, l'Egerland et la partie du Haut-Palatinat acquise par son père.

L'empereur Venceslas Ier, indécis et autoritaire à la fois, passa le plus fort de son temps en Bohême où il entra en conflit avec le tout-puissant archevêque de Prague, Jean de Jenstein. L'assassinat du vicaire général de Prague, Jean Nepomuk, en 1393, dont le corps torturé fut jeté dans la Moldau, puis l'abdication forcée et l'exil de l'archevêque Jenstein, en 1396, privèrent le souverain du soutien de l'Église de Bohême. De plus, Venceslas dut faire face à une révolte de la noblesse menée par son propre cousin, le margrave de Moravie, et par la puissante lignée des Rozmberk ;

vaincu, il dut abandonner l'essentiel de ses pouvoirs à la haute noblesse de Bohême[1].

En Allemagne, l'absence de l'empereur renforça la puissance des princes territoriaux tandis que les villes de Souabe, de Franconie et de Rhénanie organisaient leur défense contre eux en constituant des Ligues. Pour s'opposer à la politique expansionniste du duc d'Autriche Léopold III, les villes souabes et franconiennes s'allièrent en 1385 à certains cantons suisses. Si les confédérés purent triompher du duc d'Autriche lors de la bataille de Sempach, les forces des villes souabes furent défaites à Döffingen face à l'armée du comte de Würtemberg, et celles des villes rhénanes connurent un sort identique face aux forces du comte palatin du Rhin. Une fois encore, l'Allemagne du Sud fut dévastée par la guerre civile. Le désintérêt de Venceslas pour les affaires allemandes et ses positions attentistes dans la crise religieuse qui affectait alors la chrétienté occidentale mécontentèrent vivement les princes-électeurs. Les quatre électeurs rhénans, les archevêques de Cologne, Mayence et Trèves, ainsi que le comte palatin du Rhin, réunis en Collège électoral restreint à Oberlahnstein, décidèrent de déposer l'empereur Venceslas et de le remplacer, le 21 août 1400, par le comte palatin, qui devint empereur sous le nom de Robert — *Ruprecht von der Pfalz*. Cette élection, contestée par Venceslas et par les autres électeurs, ne fit qu'ajouter à la confusion qui régnait dans l'Empire. Une tentative d'intervention en Italie pour reconquérir le Milanais échoua lamentablement devant Brescia, en octobre 1401. Robert ne réussit pas davantage à trouver une solution à la crise religieuse.

Les origines de cette crise connue sous le nom de Grand Schisme remontent à la mort du pape Grégoire XI en 1378. Les cardinaux italiens élurent alors l'archevêque de Bari, qui devint pape sous le nom d'Urbain VI (1378-1389) et aussitôt reconnu comme tel par l'Empire, l'Angleterre, la Flandre, Florence et Milan, tandis que les cardinaux français choisirent Clément VII (1378-1394) reconnu par la France, l'Écosse et les États ibériques. À la mort des deux papes antagonistes, le Schisme perdura. À Clément VII succéda Benoît XIII (1394-1417) élu par le « parti » français, tandis qu'à Rome Urbain VI eut pour successeurs Boniface IX (1389-1404), Innocent VII (1404-1406) et Grégoire XII (1406-1409). En Allemagne, les princes et l'Église avaient constamment soutenu les

1. J. Macek et R. Mandrou, *Histoire de la Bohême*, *op. cit.*, p. 77 et suiv.

papes de Rome et c'est avec le concours de Boniface IX que l'empereur Robert avait été choisi en 1400 pour remplacer Venceslas, favorable au pape d'Avignon Benoît XIII. On avait beaucoup compté sur Robert pour mettre fin au Schisme. Lors du concile de Pise en 1409, le « parti » français et le « parti » romain s'entendirent pour ne plus soutenir « leur » pape et désignèrent un nouveau pape, Alexandre V (1409-1410). Loin de mettre fin au Schisme, l'élection d'Alexandre V l'amplifia car les deux autres papes refusèrent de se retirer et on se trouva dès lors en présence de trois souverains pontifes.

En Allemagne, la mort de Robert, en juin 1410, faillit déboucher sur une situation comparable à celle de l'Église. Les électeurs choisirent pour empereur Sigismond, le frère cadet de Venceslas, mais une minorité prit parti pour le margrave de Moravie, Josse, tandis que l'ancien empereur destitué, Venceslas, réaffirmait ses droits. La mort de Josse, en 1411, et l'extinction de la branche cadette des Luxembourg permirent à l'empereur Sigismond de conforter sa position et de faire l'unanimité du Collège électoral sur son nom. Venceslas renonça à la dignité impériale mais conserva la couronne de Bohême jusqu'à sa mort en 1419. Sigismond, déjà roi de Hongrie depuis 1387, reconnu empereur par tous les électeurs, put alors s'engager dans la tâche qui lui tenait le plus à cœur : mettre fin au Schisme de l'Église. À cet effet, il convoqua un concile universel qui s'ouvrit en novembre 1414 à Constance et s'acheva en avril 1418.

Il était grand temps de mettre fin à ce Schisme qui avait singulièrement affaibli la position de l'Église, en particulier celle de la papauté et du haut clergé dont on dénonçait la richesse. En Bohême, déjà sous le règne de Charles IV, on avait assisté à une prolifération d'hérésies. À partir de 1360, le prêtre allemand Conrad Waldhauser et le prélat tchèque Milic se firent remarquer par leurs prédications, dans lesquelles ils réclamaient une réforme en profondeur de l'Église fondée sur le retour à l'enseignement de la Bible. Avec le Grand Schisme, le désir de réforme s'amplifia. Sous le règne de Venceslas, la petite noblesse, le petit peuple des villes et des campagnes prêtèrent une oreille d'autant plus attentive aux prédicateurs réformistes qu'ils subissaient le contrecoup d'une conjoncture économique défavorable, tandis que l'Église conservait ses richesses et avait tendance à augmenter ses impôts.

C'est dans ce contexte que se situe le théologien Jean Hus qui, à partir de 1402, commença dans la chapelle de Bethléem à Prague ses prédications en langue tchèque où il dénonçait les pratiques simoniaques du haut clergé et la richesse de l'Église. Il reprenait ainsi les idées du réformateur anglais Wyclif qui voulait une Église pauvre et proche du peuple. Les sermons de Jean Hus trouvèrent un large écho en Bohême, aussi bien auprès des populations allemandes que tchèques. Jusqu'en 1409, Jean Hus crut qu'une réforme de l'Église était possible par le haut avec l'appui du roi, du pape et du concile. Mais lorsque l'archevêque de Prague eut jeté l'anathème sur les idées de Wyclif, Jean Hus rompit avec l'Église officielle et se lança dans la publication d'ouvrages où il développait ses critiques contre l'Église et où il insistait sur la nécessité de recourir aux textes sacrés. C'est dans cet esprit qu'il donna la première traduction de la Bible en langue tchèque, préfigurant la démarche identique de Martin Luther, un siècle plus tard en Allemagne. Convoqué au concile de Constance, le réformateur y défendit avec véhémence ses idées mais, en dépit du sauf-conduit de l'empereur Sigismond, il fut condamné pour hérésie et mourut sur le bûcher le 6 juillet 1415. Son exécution, puis celle de son disciple Jérôme de Prague, provoquèrent de sérieux troubles en Bohême. Les partisans de Jean Hus organisèrent une véritable « Église », dans laquelle on communiait sous les deux espèces pour bien montrer que prêtres et laïcs étaient traités de la même façon. Les progrès des idées hussites étaient tels qu'à la mort de Venceslas, en 1419, la diète de Bohême refusa de reconnaître en Sigismond le roi de Bohême.

Le pape de l'Église réunifiée par le concile de Constance, Martin V, lança un appel à la croisade contre les adeptes de Wyclif et de Hus. De leur côté, les fidèles de Hus, nombreux parmi la population tchèque de Bohême, se mobilisèrent. De 1420 à 1436, les « guerres hussites » ravagèrent les « pays de la couronne de saint Venceslas » opposant les croisés, venus de toute l'Allemagne, aux hussites partagés d'ailleurs entre modérés et radicaux. Parmi ceux-ci, Jean Žižka de Trocnov tenta, de 1420 à 1424, une expérience de république égalitaire dans la ville de Tabor, où la société fut dirigée selon les préceptes bibliques. Faute de venir à bout des hussites par les armes, l'empereur Sigismond négocia avec la diète de Bohême dominée par les hussites modérés. En 1436, on parvint au compromis des *compactata* conclu à Iglau (Jihlava) : le culte catholique était rétabli en Bohême mais les « utraquistes », c'est-à-dire ceux qui communiaient sous les deux espèces, étaient reconnus comme « les vrais et fidèles enfants de l'Église ». Une *Lettre de Majesté* fut accordée par Sigismond, enfin reconnu roi de Bohême : elle garantissait l'autonomie politique du royaume et entérinait les transferts de propriété effectués depuis 1420 aux dépens de la Couronne, et surtout de l'Église, et dont avait bénéficié la noblesse de Bohême[1].

La crise hussite ne se limita pas à la population tchèque de Bohême ; nombreux furent les Allemands de Bohême qui partagèrent les idées réformatrices de Jean Hus. L'Allemagne elle-même fut touchée. Il y eut des prédicateurs proches des hussites à Strasbourg, en Saxe, en Prusse sur les terres de l'ordre Teutonique. Le grand maître de l'ordre, Heinrich von Plauen, qui préconisait le mariage des clercs et que soutenaient nombre de chevaliers de Basse-Allemagne favorables aux idées hussites, refusa de s'expliquer devant le chapitre de l'Ordre et fut déposé en 1413. Mais la Prusse demeura un terrain privilégié de la prédication hussite au moins jusqu'à la mort de Heinrich von Plauen en 1422[2].

Bien que la plus grande partie de son énergie et de son temps fût utilisée pour mettre fin au Grand Schisme et pour lutter contre l'hérésie hussite, Sigismond ne négligea pas pour autant les affaires politiques de l'Empire. Au lendemain de son avènement, l'empereur sut récompenser ceux qui l'avaient aidé à parvenir au pouvoir. C'est ainsi que, en 1415, il inféoda le margraviat de Brandebourg au burgrave de Nuremberg, Frédéric de Hohenzollern, élevant ainsi un membre de cette modeste famille de seigneurs souabes au rang de prince-électeur. Sigismond, d'autre part, poursuivit la politique d'alliance avec les Habsbourg que son père avait inaugurée. Il maria sa fille unique, Élisabeth, dernière représentante de la famille de Luxembourg, au duc Albert V d'Autriche, préparant ainsi la réunion du patrimoine des deux maisons. Désireux par ailleurs d'améliorer l'administration de l'Allemagne, l'empereur présenta un projet de réorganisation, la *Restauratio Sigismondi* qui prévoyait la division de l'Empire en Cercles et la création d'une police pour assurer la paix civile. Ce projet, favorablement accueilli par les princes, n'avait pas encore été mis en œuvre lorsque Sigismond mourut le 9 décembre 1437.

Malgré les limites imposées au pouvoir royal par la Bulle d'or de 1356, l'empereur Sigismond avait rendu tout son prestige à l'institution impériale car, aux yeux du monde chrétien, il était

1. H. Bogdan, *Histoire des pays de l'Est, des origines à nos jours*, Perrin, 1990, p. 70-73, et J. Macek et R. Mandrou, *Histoire de la Bohême*, *op. cit.*, p. 112 et suiv.
2. H. Bogdan, *Les Chevaliers Teutoniques*, *op. cit.*, p. 167-170.

celui qui, grâce au concile de Constance dont il avait été l'initiateur, avait rétabli l'unité de l'Église.

## IV — Le dynamisme économique de l'Allemagne aux XIVe et XVe siècles

Alors que depuis le milieu du XIIIe siècle le Saint Empire était entré dans une phase de déclin politique, l'activité économique connaissait un remarquable développement qui devait faire de l'Allemagne aux XIVe et XVe siècles une des régions les plus dynamiques de l'Europe. À côté de l'Allemagne traditionnelle des paysans et des seigneurs fonciers, une autre Allemagne était en train de naître : celle des villes et des marchands, celle des industriels et des hommes d'affaires, malgré une conjoncture souvent défavorable.

Ce réveil économique du monde allemand ne concerne ni tous les secteurs d'activité ni toutes les régions. Il a été, parfois, freiné par les aléas de la conjoncture, dont les effets ont été différents d'une région à l'autre, et selon les époques. L'Allemagne, comme le reste de l'Europe, a d'abord subi les effets de la crise agricole de 1315-1317 qui, en mettant fin au dynamisme de la démographie, a provoqué l'arrêt du mouvement de colonisation des pays situés au-delà de l'Oder. Ce fut ensuite la « grande peste » qui toucha simultanément la Prusse et la vallée du Rhin dès la fin de 1349 et qui sévit jusqu'en 1351-1352, avec des résurgences épisodiques et localisées qui se prolongèrent jusqu'au début du XVe siècle. La conséquence immédiate de cette épidémie fut la chute brutale de la population aussi bien dans les campagnes, provoquant la disparition de nombreux villages — 20 % des villages disparurent ainsi au Würtemberg et 44 % en Hesse — et la multiplication des friches (*Wüstungen*), que dans les villes où la population chuta sensiblement[1]. L'Allemagne du Nord fut sans doute la région la plus durement frappée par ce cataclysme. Par exemple, à Brême, il y aurait eu près de huit mille morts sur une population estimée à douze mille ou quinze mille habitants. « Le nombre des victimes a été rarement inférieur au quart » de la population dans les villes de la Hanse[2]. Quant à l'Autriche, elle

1. J. Heers, *L'Occident aux XIVe et XVe siècles*, *op. cit.*, p. 93 et G. Duby, *L'Économie rurale et la vie des campagnes dans l'Occident médiéval*, Paris, 1962, t. II, p. 556 et suiv.
2. Ph. Dollinger, *La Hanse*, Paris, 1964, p. 81.

aurait perdu de 25 à 35 % de sa population[1] et on peut raisonnablement estimer que ce pourcentage est applicable à la population totale de l'Empire. Les conséquences économiques de la grande peste furent importantes ; elles se traduisirent par une diminution de la production et de la consommation provoquant une récession générale. De plus, l'anarchie et les guerres civiles que connut l'Allemagne à l'époque du grand interrègne, puis, après la mort de Charles IV, les guerres hussites, les conflits entre les villes et les princes en Allemagne du Sud au XVe siècle, les affrontements entre l'Ordre Teutonique et ses voisins lituaniens au XIVe siècle, puis polonais au XVe siècle, tout cela contribua, à des degrés variables selon les régions et selon les époques, à perturber le fonctionnement de l'économie sans pour autant briser son dynamisme.

De tous les secteurs de l'économie, ce fut sans doute l'agriculture qui fut la moins touchée par les changements en cours. La grande majorité de la population était alors constituée de paysans qui vivaient dans le cadre de la seigneurie rurale. Après les grands défrichements des XIIe et XIIIe siècles et la colonisation agricole des régions situées au-delà de l'Elbe, l'espace agricole s'était stabilisé. Les plaines et les bas plateaux étaient voués à la production des céréales qui constituaient la base de l'alimentation paysanne, en particulier le seigle, mais aussi le froment sur les terres les plus riches. Si, en Allemagne moyenne et méridionale, la production agricole était destinée à la consommation des populations locales, en revanche, en Allemagne du Nord, en particulier dans les grandes exploitations appartenant à l'ordre Teutonique, une partie de la production céréalière était réservée à l'exportation[2]. En général, l'activité agricole se déroulait dans le cadre de l'assolement triennal qui regroupait la communauté paysanne du village. Les vallées fluviales, aux sols généralement plus fertiles, présentaient une agriculture plus diversifiée associant les cultures de base à l'arboriculture. En Rhénanie, en particulier, et sur les rives du lac de Constance, le vignoble s'était développé d'une façon sensible à partir du XIVe siècle. Dans certaines régions, des plantes industrielles s'ajoutaient aux productions traditionnelles : c'était le cas du houblon en Alsace et du pastel en Thuringe. L'élevage, dans les régions céréalières, demeurait

1. J. Bérenger, *Histoire de l'Empire des Habsbourg*, *op. cit.*, p. 68.
2. J. Heers, *L'Occident aux XIVe et XVe siècles : aspects économiques et sociaux*, *op. cit.*, p. 45 et suiv.

marginal. Au contraire, il constituait l'activité essentielle des agricultures des massifs montagneux.

Au XVe siècle, l'essor urbain apporta quelques transformations dans les campagnes situées dans le voisinage des villes avec le développement des cultures maraîchères et de l'élevage bovin pour la production de lait et de viande, en particulier en Westphalie et en Rhénanie.

En Allemagne, comme dans le reste de l'Europe, le cadre de la vie rurale était la seigneurie rurale, de taille modeste et correspondant en gros à un village et son terroir dans les anciennes régions de peuplement de l'Ouest et du Sud, immense et regroupant des dizaines de villages dans les pays de colonisation situés au-delà de l'Elbe. À l'ouest et au sud de l'Allemagne, le paysan disposait d'un manse à titre héréditaire pour lequel il payait au seigneur un cens ainsi que diverses redevances ; le seigneur avait gardé la propriété directe de la réserve constituée en grande partie de forêts et de friches. À l'est, au contraire, la situation des paysans était moins favorable. Certes, le paysan disposait d'un manse pour lequel il payait diverses redevances, mais il était astreint à la corvée, qui pouvait aller jusqu'à trois jours de travail sur les terres de la réserve seigneuriale, ce qui permettait au seigneur de tirer de sa réserve une production importante de céréales qu'il pouvait commercialiser.

À partir de la deuxième moitié du XIVe siècle, les princes eurent tendance à abandonner aux seigneurs les droits régaliens qu'ils exerçaient, ce qui aboutit à placer les paysans sous l'autorité directe des seigneurs avec un statut proche du servage. En Prusse, la politique de l'ordre Teutonique fut cependant quelque peu différente : les paysans y disposaient de manses héréditaires relativement étendus — environ 15 hectares — pour lesquels ils versaient à l'ordre un cens annuel et diverses redevances, mais ils avaient le statut d'homme libre et devaient le service militaire en cas de menace extérieure[1].

En dépit des difficultés passagères liées à la conjoncture, l'agriculture allemande commença à dégager des excédents qui ont permis une certaine amélioration des conditions de vie dans les campagnes. Pendant très longtemps, les paysans allemands avaient vécu en vase clos ; beaucoup d'entre eux, désormais — principalement dans les régions occidentales et méridionales du pays —, prirent peu à peu l'habitude d'acheter des textiles, quelques outils, des ustensiles ménagers produits dans les ateliers

1. H. Bogdan, *Les Chevaliers Teutoniques*, *op. cit.*, p. 142 et suiv.

urbains. Quant aux grands propriétaires de l'Est, ils disposaient de capitaux tirés de la vente de céréales, ce qui leur permettait d'investir ou de se livrer à des activités financières.

L'ouverture des campagnes sur le monde extérieur fut facilitée par le développement de l'économie monétaire à partir du XIIIe siècle. L'Allemagne était alors le principal producteur de métaux précieux pour la frappe des monnaies grâce aux mines d'argent du Harz, de Thuringe, de Styrie et surtout de Bohême, ainsi que d'or de Silésie, et principalement de Hongrie, toutes exploitées par des mineurs allemands travaillant pour des entreprises allemandes[1]. Les progrès techniques dans l'extraction et le traitement des minerais permirent l'augmentation de la production non seulement des métaux précieux, mais également celle du cuivre, du fer, du plomb et du zinc. Le développement des activités extractives provoqua la naissance d'une petite industrie métallurgique notamment à Nuremberg et à Augsbourg où l'on fabriquait des armes, des objets en laiton et en cuivre, de la quincaillerie, produits destinés aussi bien à la consommation locale qu'à l'exportation. À côté de la métallurgie, l'industrie textile prit son essor avec l'augmentation de la demande. Jusque-là, les besoins en textile des populations étaient assurés par les tisserands des villages, qui utilisaient les matières premières locales et qui fournissaient des produits de qualité médiocre. Dès la fin du XIIIe siècle, une véritable industrie textile se développa utilisant des matières premières importées, laine de qualité venue d'Angleterre, achetée à Bruges, puis travaillée dans les ateliers de Cologne, de Fribourg, d'Augsbourg ou de Nuremberg, coton importé de Sicile ou d'Orient par les Italiens et livré aux ateliers des villes et des campagnes de Franconie, de Haute-Souabe et de la région du lac de Constance pour la production de futaines, s'ajoutant à l'ancienne industrie textile traditionnelle de l'Allemagne du Sud-Ouest[2].

Ce formidable développement des activités marchandes s'accéléra aux XIVe et XVe siècles. Il y avait bien eu auparavant des courants commerciaux limités en distance et en quantité ; les marchands de Cologne, et surtout ceux des ports de la mer du Nord et de la Baltique, entretenaient déjà des relations commerciales avec l'Angleterre, avec le monde balte et scandinave. Pour mieux défendre leurs intérêts à l'extérieur, ces marchands avaient constitué des associations qui, peu à peu, se sont regroupées pour

1. H. Pinnow, *Histoire d'Allemagne*, Paris, 1931, p. 142.
2. *Ibid.*, p. 201 et suiv.

fonder finalement au XIVe siècle une « Association des villes allemandes de la Hanse », unissant ces marchands allemands qualifiés à Bruges, dès 1347, de *Gerneiren Kaufleute aus dem Römischen Reich von Alemannienn*, de « commerçants ligués du Saint Empire romain d'Allemagne[1] ». Pour diriger cette association apparut rapidement Lübeck « tête et cité principale des soixante-dix-sept grandes villes liées entre elles depuis longtemps par une ligue ou confédération appelée Hanse », comme le rappelle une supplique adressée au pape Urbain VI en 1380[2]. Mais à ces soixante-dix-sept « grandes villes », il faut ajouter un grand nombre de villes de moindre importance qui étaient membres de la Hanse, on arrive ainsi à une Hanse regroupant environ cent quatre-vingts à deux cents villes. Les contemporains ont pris l'habitude de rassembler ces villes en cinq groupes : « les villes vendes et poméraniennes » qui constituaient le centre nerveux de la Hanse avec Lübeck, Hambourg, Stralsund, Stettin, Wismar, Lünebourg pour ne citer que les plus importantes ; « les villes saxonnes, thuringeoises et brandebourgeoises » avec Brême, Brunswick, Magdebourg, Hildesheim, Halle, Berlin-Cölln, etc ; « les villes westphaliennes » moins importantes, avec Soest, Münster, Osnabrück ; « les villes rhénanes et néerlandaises » dominées par Cologne avec aussi Nimègue, Arnhem, Deventer, Zwolle ; enfin « les villes prussiennes, livoniennes et scandinaves » avec principalement Dantzig, mais également Riga, Reval (Tallin), Dorpat (Tartu)[3].

Depuis 1356, les grandes décisions étaient prises lors de la réunion, généralement à Lübeck, des représentants des villes membres à l'occasion des *Hansetag*, mais les assemblées régionales s'occupaient de la gestion courante des problèmes. Les Hanséates disposaient de comptoirs à l'étranger, à Novgorod (le Peterhof), à Bergen, à Londres (le Stalhof) et surtout à Bruges, le plus important des quatre par le volume des affaires traitées, le tout était relayé par de nombreuses factoreries installées dans toutes les régions fréquentées par les marchands allemands[4]. Les marchands de la Hanse, disposant de navires de plus en plus grands, fournissaient aux pays de l'Europe du Nord-Ouest grâce à leurs comptoirs de Bruges et de Londres, les céréales de Prusse et de Pologne expédiées depuis Dantzig, les bières d'Allemagne

1. *Ibid.*, t. I, p. 266.
2. Ph. Dollinger, *La Hanse*, *op. cit.*, p. 113.
3. *Ibid.*, p. 147 et suiv.
4. *Ibid.*, p. 124 et suiv.

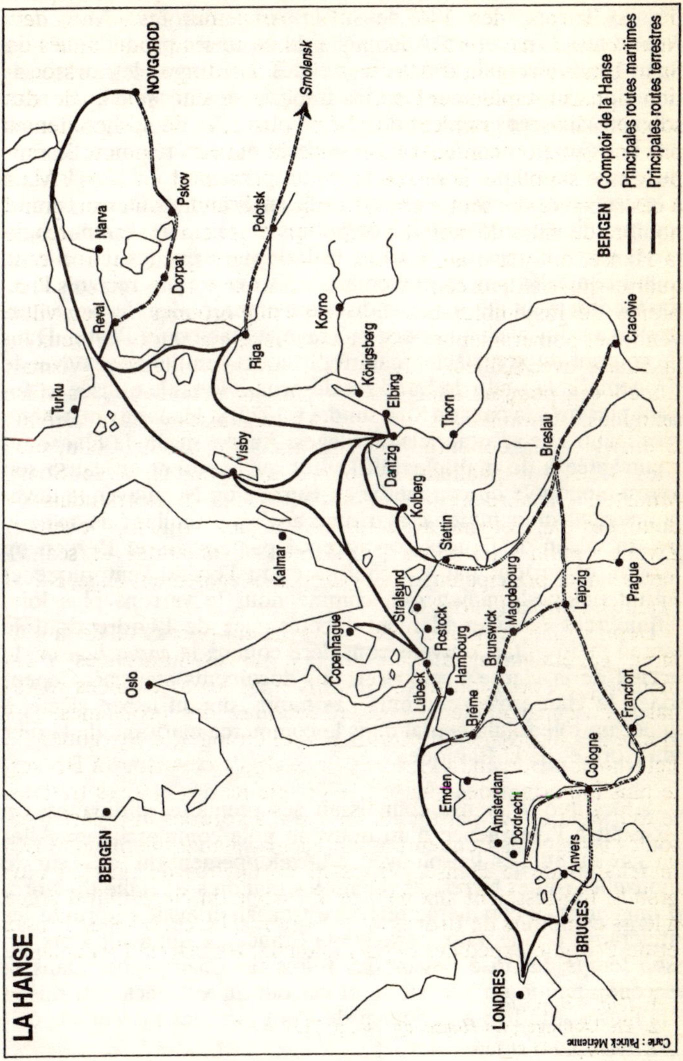
LA HANSE
LONDRES
BRUGES
Anvers
Dordrecht
Amsterdam
Emden
Cologne
Francfort
Brême
Hambourg
Lübeck
Brunswick
Magdebourg
Leipzig
Prague
Rostock
Stralsund
Stettin
Kolberg
Dantzig
Breslau
Thorn
Elbing
Königsberg
Kovno
Cracovie
Copenhague
Oslo
BERGEN
Kalmar
Visby
Turku
Reval
Riga
Polotsk
Smolensk
Dorpat
Narva
Pskov
NOVGOROD
BERGEN Comptoir de la Hanse
Principales routes maritimes
Principales routes terrestres
Carte : Patrick Mérienne

du Nord, les poissons séchés ou salés des mers septentrionales, les fourrures, la cire et le miel de Livonie et de Russie, et surtout le bois, le fer et le cuivre de Suède. Au retour, les navires hanséates rapportaient en Allemagne du Nord les produits de luxe méditerranéens ou orientaux achetés à Bruges, les draps de Flandre, l'étain anglais, les vins français ; quant au sel, les marchands allemands allèrent de plus en plus souvent le chercher sur les lieux de production, à Guérande et dans sa région, et même jusqu'au Portugal. Tous ces produits parvenant à Lübeck ou à Dantzig étaient ensuite redistribués en Scandinavie, en Russie, en Livonie et en Pologne. Longtemps le transport des marchandises entre la mer du Nord et la Baltique évita les détroits du Sund contrôlés par le Danemark : on avait alors recours à un transbordement des marchandises qui empruntaient les voies terrestres et fluviales, à Lübeck la Trave, à Hambourg l'Elbe. Dans le courant du XIVe siècle, malgré plusieurs conflits armés avec le Danemark, la route du Sund fut désormais la seule utilisée, d'autant plus qu'à la paix de Stralsund, en 1370, la Hanse avait obtenu des Danois de substantiels privilèges. Au XVe siècle, la Hanse fut confrontée à de multiples difficultés qui remirent en cause son quasi-monopole du commerce en Europe du Nord avec le développement du commerce maritime anglais et hollandais, avec le relatif déclin de Bruges concurrencé par Anvers et Bergen op Zoom, et surtout par les conflits entre l'ordre Teutonique et l'État polono-lituanien qui, comme nous le verrons plus loin, affaiblirent considérablement la puissance de l'Ordre dont le grand maître était souvent considéré comme le *caput hansae*, le « chef de la Hanse » selon certains documents anglais[1]. Cependant, la Hanse n'en continua pas moins, durant le XVe siècle, à jouer un rôle fondamental dans le commerce maritime de la mer du Nord et de la Baltique.

Alors que la Hanse connaissait ses premières difficultés, on assistait à l'émergence d'un nouveau pôle commercial en Allemagne du Sud, en liaison avec le développement du trafic sur de nouvelles routes terrestres reliant les Flandres à l'Italie du Nord. Longtemps ce commerce terrestre transalpin avait emprunté les itinéraires occidentaux à travers la France, ce qui avait alors, en son temps, favorisé l'essor des foires de Champagne. Dans la seconde moitié du XIVe siècle et surtout au XVe siècle, en raison de l'insécurité liée à la guerre de Cent Ans, les marchands évi-

1. *Ibid.*, p. 117.

tèrent les routes françaises et préférèrent utiliser d'autres itinéraires qui les conduisaient, venant de Gênes et de Milan par le col du Saint-Gothard, vers Bâle et, de là, vers la Flandre par la vallée du Rhin et Cologne ; ou bien depuis Milan par Coire et la haute vallée du Rhin vers Ulm, Augsbourg et Nuremberg, ou encore de Venise par le col du Brenner et Innsbruck vers la Bavière, Augsbourg et Nuremberg et, de là, vers l'Allemagne moyenne et septentrionale. Une partie importante du trafic entre l'Italie et l'Europe du Nord empruntait ces routes terrestres.

La fréquentation de ces nouveaux itinéraires profita aux villes d'Allemagne du Sud, d'autant plus que l'essor de leur industrie textile et métallurgique faisait d'elles des parties prenantes dans ce trafic. Les grandes familles marchandes d'Augsbourg, comme les Höchstetter et les Függer, ou de Nuremberg, comme les Fütterer et les Watt, furent présentes à Venise et à Gênes. Très vite, la plupart d'entre elles ajoutèrent à leurs activités marchandes celles de la banque et du change. Les Függer, en particulier, furent autant financiers que marchands, car, dès la fin du XV^e^ siècle, ils s'étaient assurés le contrôle des mines d'argent du Tyrol et de Carinthie et des mines d'or de Haute-Hongrie, ce qui leur permit assez vite de devenir les banquiers des souverains allemands. À côté des grands marchands d'Augsbourg et de Nuremberg, il faut faire une place à la véritable entreprise capitaliste que fut la Grande Compagnie de Ravensburg (*die grosse Ravensburger Gesellshaft*), fondée à la fin du XIV^e^ siècle par Joseph Hompys, qui contrôlait la production et la commercialisation des toiles et des futaines de Souabe et qui disposait de factoreries en Italie, en Catalogne, en Aragon, en Hongrie, à Avignon, à Lyon, en Flandre, ainsi que dans de nombreuses villes d'Allemagne[1].

L'essor des activités industrielles et marchandes fut profitable à l'ensemble des villes allemandes. Dès la fin du XIII^e^ siècle, on assista à une envolée spectaculaire de la vie urbaine, non seulement dans l'axe rhénan, où il y avait une tradition urbaine remontant à l'époque romaine, mais dans toutes les régions d'Allemagne et plus particulièrement dans les pays de colonisation récente. Ce réveil des villes connut son apogée au cours du XV^e^ siècle. Toutefois, il faut souligner que l'immense majorité de la population de l'Allemagne était rurale et que les villes alle-

1. J. Heers, *L'Occident aux XIV^e^ et XV^e^ siècles*, *op. cit.*, p. 170 et suiv., et F. L. Ganshof, « Le Moyen Âge », in *Histoire des relations internationales*, t. I, Paris, 1953, p. 246.

mandes, même les plus peuplées, se situaient loin derrière les villes italiennes quant au nombre de leurs habitants. La ville la plus peuplée, Cologne, avait moins de quarante mille habitants à la fin du XVe siècle et seulement une dizaine de villes dépassaient alors les vingt mille habitants, dont Nuremberg avec trente-six mille habitants en 1497 (contre vingt mille en 1430), Lübeck et Prague avec environ trente mille habitants chacune. Dantzig et Magdebourg comptaient environ vingt-cinq mille habitants en 1500[1].

Très tôt, la bourgeoisie urbaine chercha à se libérer de la tutelle des seigneurs ecclésiastiques ou laïques. Assez rapidement, les représentants de la bourgeoisie participèrent à la justice et à l'administration de la cité. Dans la plupart des villes, dès le début du XIIIe siècle, il y avait un conseil élu (*Rat*) dominé par le patriciat urbain et un bourgmestre, et même si Frédéric II déclara ces conseils illégaux en 1232, ils demeurèrent en place et leur rôle s'accrut à partir du « grand interrègne ». Ces conseils avaient la responsabilité de tous les secteurs de la vie urbaine, en particulier l'approvisionnement en vivres, la sécurité et l'organisation des corporations de métiers. Un véritable droit urbain se mit en place, faisant référence au droit en vigueur à Lübeck et à Magdebourg. Les villes cherchèrent aussi à affirmer leur poids politique face à l'empereur et aux princes. Elles s'organisèrent en Ligues malgré les interdictions toutes théoriques formulées dans la Bulle d'or de 1356, interdictions qui tombèrent rapidement en désuétude. Certaines villes avaient déjà acquis depuis longtemps l'« immédiateté », c'est-à-dire le privilège de ne dépendre que du seul empereur : c'étaient les « villes d'Empire » (*Reichsstädte*), particulièrement nombreuses dans l'ouest et le sud de l'Allemagne avec Aix-la-Chapelle, la ville du couronnement, Francfort-sur-le-Main, Constance, Nuremberg pour ne citer que les principales. Une autre catégorie fut celle des « villes libres » (*Freie städte*), anciennes cités épiscopales qui obtinrent, à l'intérieur de leurs murs, l'exercice des fonctions régaliennes exercées jadis par l'évêque parfois au terme de longs affrontements. Ce fut le cas par exemple, à Cologne, à Bâle, à Worms, à Mayence, à Strasbourg, à Ratisbonne et dans bien d'autres cités encore, ce qui n'alla pas sans compliquer encore la carte politique de l'Allemagne puisque ces villes se trouvaient le plus souvent enclavées à l'intérieur des principautés ecclésiastiques. Rapidement, on en

1. P. Monnet, « Les Villes allemandes au Moyen Âge », p. 255 et suiv., in *Historiens et géographes*, n° 360, janv.-févr. 1998.

vint à confondre villes d'Empire et villes libres. Le temps était proche où les représentants de ces villes seraient appelés à siéger à la diète.

## V — L'INSTALLATION DÉFINITIVE DES HABSBOURG SUR LE TRÔNE IMPÉRIAL

À la mort de l'empereur Sigismond, son gendre, Albert II, fut élu roi des Romains dès mars 1438. Duc de Basse- et Haute-Autriche en 1404, et roi de Hongrie en 1437, le nouvel empereur se trouva aussitôt confronté à une reprise de l'agitation hussite en Bohême, à une tentative du roi de Pologne, Vladislas Jagellon, de s'emparer de la Silésie et, surtout, à ce qui allait être pendant plus de deux siècles et demi le péril majeur pour l'Empire : la présence des Turcs en Europe de l'Est. Dès la fin du XIV^e^ siècle, en effet, les Turcs ottomans s'étaient solidement installés dans la péninsule Balkanique. L'empereur Sigismond avait bien mené contre eux une croisade, mais elle s'était soldée par la sanglante défaite de Nicopolis (Nikopol), le 28 septembre 1396. Maîtres de la Serbie, les Turcs se trouvaient maintenant aux portes de la Hongrie, et une nouvelle fois, en 1412, Sigismond n'était pas parvenu à les écarter. Dès 1437, les Turcs reprirent leurs attaques et tentèrent de pénétrer en Transylvanie. C'est au retour d'une campagne victorieuse contre eux qu'Albert II mourut en terre hongroise, le 27 octobre 1439. Ce fut un autre membre de la famille de Habsbourg, le cousin d'Albert II, que les électeurs élurent roi des Romains sous le nom de Frédéric III, le 2 février 1440 ; ce prince était déjà duc de Styrie, de Carinthie et de Carniole depuis 1424. Deux semaines après l'élection de Frédéric III, Élisabeth, la veuve d'Albert II, donna le jour à un garçon, Ladislas le Posthume, dont elle plaça l'héritage paternel sous la tutelle de Frédéric III. Celui-ci eut ainsi en charge l'administration de la Basse- et Haute-Autriche, biens personnels d'Albert II, ainsi que de la Bohême, bien que le jeune Ladislas le Posthume eût été proclamé roi de Bohême dès sa naissance sous le nom de Ladislas I^er^. La Hongrie, pour un temps, échappa aux Habsbourg car la diète choisit pour succéder à Albert II le roi de Pologne, Ladislas Jagellon. Après la mort de celui-ci en combattant les Turcs à Varna, la diète hongroise confia le pouvoir à un noble transylvain Jean Hunyadi ; peu après, désireux de se consacrer entièrement à la lutte contre les Turcs, il recommanda à la diète de choisir comme roi le fils d'Albert II, Ladislas le Posthume, en dépit de son jeune âge ; celui-ci régna sous le nom de Ladislas V (1452-1457). Après la mort de Jean Hunyadi des suites de ses blessures lors de la défense victorieuse de Belgrade en juillet 1456, suivie par celle de Ladislas V l'année suivante, la diète hongroise, malgré la pression du parti habsbourgeois, choisit pour monarque un roi national en la personne de Mathias Corvin (1458-1490), le fils de Jean Hunyadi. Les ambitions de Mathias Corvin sur la Bohême, dont il devint l'éphémère roi en 1470, et surtout sur la Basse-Autriche — ses troupes occupèrent même Vienne en 1485 — affaiblirent les positions de Frédéric III et l'influence allemande à l'est de l'Empire. La Bohême, elle aussi, fut perdue par les Habsbourg après la mort de Ladislas Ier. À la faveur des luttes entre catholiques et utraquistes, la petite noblesse majoritaire à la diète choisit un roi national en la personne de Georges de Podiebrady (1458-1470) auquel succéda peu après Vladislas Jagellon (1470-1516), lequel joignit aux couronnes de Pologne et de Bohême celle de Hongrie à la mort de Mathias Corvin[1]. La Pologne était alors devenue une voisine dangereuse pour l'Empire. Dès le début du XVe siècle, les Jagellons s'étaient attaqués aux possessions de l'ordre Teutonique, en Prusse, et l'armée polonaise avait infligé aux chevaliers Teutoniques une retentissante défaite à Grünewald/Tannenberg, le 15 juillet 1410, qui déboucha sur une paix blanche avec le premier traité de Thorn (Torun). Mais profitant des troubles provoqués par la fiscalité de l'Ordre en Prusse, les Polonais, alliés à la bourgeoisie des villes prussiennes, déclenchèrent contre l'Ordre la guerre dite de « Treize Ans » qui se termina par le deuxième traité de Thorn du 19 octobre 1466. La Prusse Occidentale, c'est-à-dire le Kulmerland avec les villes de Kulm et de Thorn et la Pomérélie avec Dantzig, ainsi que Marienburg, le siège du grand maître, furent cédés à la Pologne par l'ordre Teutonique ; l'Ordre conservait seulement la Prusse-Orientale avec Königsberg et Memel, mais sous la suzeraineté du roi de Pologne auquel le grand maître devait prêter hommage[2].

Le recul de l'influence allemande aux confins orientaux de l'Empire ébranla passablement le prestige de Frédéric III, dont l'autorité directe se limitait à l'héritage patrimonial des Habsbourg, c'est-à-dire d'abord la Styrie, la Carinthie et la Carniole,

---

1. H. Bogdan, *Histoire des pays de l'Est*, *op. cit.*, p. 73-75 et, du même, *Histoire de la Hongrie*, Paris, 1966, p. 26 et suiv.
2. H. Bogdan, *Les Chevaliers Teutoniques*, *op. cit.*, p. 160 et suiv. et p. 176 et suiv.

puis les duchés de Basse- et Haute-Autriche récupérés en 1463. Pourtant, Frédéric III, qui fut le dernier empereur à recevoir à Rome la couronne impériale des mains du pape, croyait sincèrement en la mission universelle de l'Autriche symbolisée par les lettres A.E.I.O.U., *Austriae Est Imperare Orbi Universo*, qui furent gravées sur nombre de monuments de cette époque ; c'était le retour à l'idée des clercs nostalgiques de la monarchie chrétienne universelle, que lui avait inspirée son ami et confident Enea Silvio Piccolomini, le futur pape Pie II[1]. Cependant, les circonstances du moment n'étaient guère favorables à une renaissance de l'Empire universel. À l'ouest aussi, en effet, l'influence de l'Empire était en recul à cause du développement de la puissance bourguignonne sous le règne de Charles le Téméraire (1466-1477) dont une partie des possessions étaient terres d'Empire. Mais le mariage du fils de Frédéric III, Maximilien, avec Marie de Bourgogne, l'héritière du Téméraire, pouvait laisser présager une restauration de l'autorité impériale aux Pays-Bas et en Bourgogne.

Dans l'immédiat, c'était la situation intérieure de l'Allemagne qui donnait le plus de souci à Frédéric III. En Allemagne du Sud se développait une guerre civile, de 1449 à 1453, qui opposait les villes de la Ligue souabe, regroupées autour de Nuremberg pour défendre leur indépendance, aux princes territoriaux menés par le margrave de Brandebourg, Albert-Achille de Hohenzollern ; puis, de 1459 à 1462, le même margrave de Brandebourg menait la guerre contre les Wittelsbach de Bavière et du Palatinat. En Westphalie, c'était l'archevêque de Cologne qui cherchait à replacer par la force sous son autorité les villes devenues indépendantes. Partout, une fois de plus, et principalement dans le sud et l'ouest du pays, ce n'était qu'anarchie et désordre face à un pouvoir impérial impuissant faute d'une organisation judiciaire et d'une police efficaces, ce qui favorisait l'action des agents au service de la juridiction secrète et expéditive de la Sainte-Vehme[2]. Beaucoup considéraient comme indispensable une réforme de l'administration et de la justice dans l'Empire et mettaient tous les espoirs, non pas dans le faible Frédéric III, mais dans son fils

1. J. Bérenger, *Histoire de l'Empire des Habsbourg*, *op. cit.*, p. 101-104.

2. La Sainte-Vehme était une juridiction compétente dans les crimes contre la religion, pour les affaires de meurtre, de parjure, de trahison et de viol qui était apparue au XIIe siècle dans les principautés ecclésiastiques d'Allemagne du Nord-Ouest. Au XVe siècle, les tribunaux secrets de la Sainte-Vehme prirent une importance considérable à la faveur des troubles intérieurs mais débordèrent rapidement le cadre de leur compétence.

Maximilien, désigné, dès 1486, roi des Romains et futur empereur, et qui déjà à cette datc exerçait l'essentiel des responsabilités du pouvoir.

Une lourde tâche attendait Maximilien au moment où la mort de Frédéric III, le 19 août 1493, le laissait seul à la tête de l'Empire, un empire affaibli par ses dissensions internes, un empire sur lequel pesait en permanence la menace turque sur ses frontières orientales, un empire au cœur d'une Europe dont l'horizon venait de s'élargir avec les voyages de Christophe Colomb et alors qu'un esprit nouveau, issu de l'humanisme et de la Renaissance italienne, heurtait de front une société allemande en crise.

## 9

# L'Allemagne dans la tourmente Le temps des crises

L'accession au trône de Maximilien de Habsbourg laissait présager le retour à une certaine stabilité et avait rempli d'espoir ceux qui comptaient sur le nouveau souverain pour mettre en place des institutions efficaces, capables enfin d'assurer au pays la paix civile et de freiner le processus de désagrégation de l'État. L'humaniste strasbourgeois, Sébastien Brant, traduisait bien ces espoirs que l'on mettait en Maximilien lorsqu'il écrivait : « Avec un tel prince, l'âge d'or doit revenir[1]. »

### *Les grands desseins de Maximilien Ier*

Lorsque Maximilien Ier succède à son père en 1493, force est bien de constater que le Saint Empire n'est plus qu'une juxtaposition et un enchevêtrement de souverainetés rivales dont les régions périphériques occidentales (Dauphiné, Provence) et méridionales (Italie du Nord, cantons suisses) s'en sont progressivement détachées. Ce Saint Empire se limite *de facto* à l'espace germanique ; c'est d'ailleurs à cette époque, plus précisément en 1512, qu'apparaît l'expression « Saint Empire romain de nation allemande[2] ».

L'essentiel de la puissance de Maximilien est constitué par les biens patrimoniaux des Habsbourg, qui font de lui le prince territorial le plus puissant de l'Empire. En effet, Maximilien exerce une autorité directe sur un ensemble compact de territoires en Haute-Allemagne du Sundgau, en Alsace, jusqu'à l'Adriatique et aux confins de la plaine hongroise, principalement formé du comté du Tyrol, des duchés d'Autriche, de Carinthie, de Styrie et de Carniole avec un débouché sur l'Adriatique, Trieste. La

1. D. G. Mac Guigan, *Les Habsbourg*, Paris, 1968, p. 35.
2. J.-F. Noël, *Le Saint Empire*, *op. cit.*, 1976, p. 66.

puissance territoriale de Maximilien n'a alors d'égale que celle de l'électeur de Bohême, Vladislas Jagellon, qui règne depuis 1471 sur les « pays de la couronne de saint Venceslas », c'est-à-dire la Bohême, la Moravie, la Silésie, la Basse- et la Haute-Lusace, et qui, hors des limites du Saint Empire, est également roi de Hongrie. L'électeur de Bohême et les six autres princes-électeurs occupent le sommet de la hiérarchie des princes territoriaux allemands et siègent à la diète dans le Collège des électeurs. En dessous d'eux, les quelque vingt-trois archevêques et évêques, et un nombre à peu près équivalent d'abbés des grandes abbayes, une quinzaine de princes territoriaux laïcs, une multitude de burgraves et de chevaliers jouissant de l'immédiateté constituent autant de souverainetés indépendantes de fait. Enfin, depuis le XVe siècle, les villes d'Empire, une quarantaine vers 1500, qui bénéficient elles aussi de l'immédiateté, sont devenues peu à peu de véritables républiques oligarchiques indépendantes et siègent désormais à la diète dans le Collège des villes.

Un tel émiettement n'était guère propice à l'établissement d'un climat de paix civile, tant les guerres privées étaient devenues une réalité constante. Maximilien semblait bien décidé à mettre en œuvre le programme de réformes politiques dont on avait vainement discuté durant tout le XVe siècle. La permanence des guerres privées et l'anarchie qui s'était généralisée dans les dernières années du règne de Frédéric III le poussaient à agir, d'autant plus que les accords de *Landfriede* se soldaient généralement par des échecs, car la petite noblesse ne les respectait guère. À la tête du parti de la réforme se trouvait l'archevêque-électeur de Mayence, Berthold von Hennenberg, mais ses objectifs différaient quelque peu de ceux de l'empereur ; Hennenberg entendait en effet limiter l'autorité royale. Lors de la diète tenue à Worms, en 1495, Hennenberg se fit le défenseur d'un vaste programme de réformes politiques ; il se trouvait en position de force face à l'empereur car celui-ci avait besoin que la diète lui accorde de nouveaux subsides pour mener à bien sa politique en Italie où il cherchait à contrecarrer les ambitions françaises. Après de longues discussions, la diète vota le principe d'un certain nombre de réformes qui furent promulguées en août 1495. Tout d'abord, on publia une ordonnance de paix perpétuelle (*ewiger Landfriede*) qui interdisait les guerres privées et qui, en théorie du moins, permettait la mise au ban de l'Empire de quiconque s'en rendait coupable : les princes et l'empereur s'engageaient à faire respecter partout cette paix perpétuelle. Ensuite, on décida la création d'un Tribunal suprême d'Empire (*Reichskammergericht*), siégeant à Francfort puis transféré à Worms, puis à Spire, en 1527. Ce tribunal comprenait seize juges désignés par la diète, avec un président (*Kammerrichter*) nommé par l'empereur ; c'était une véritable cour d'appel jugeant en dernier ressort les causes civiles déjà traitées par les tribunaux des différents États et réglant souverainement toutes les contestations et conflits entre les États bénéficiants du statut d'immédiateté. Enfin, la diète donna satisfaction à l'empereur en lui octroyant pendant quatre ans la levée d'un véritable impôt impérial, le *gemeine Pfennig*, voté par la diète et perçu dans le cadre des États, puis géré par le *Reichspfennigamt* sous le contrôle des États[1].

Les échecs de Maximilien en Italie, avec la conquête du Milanais par les Français, et ses défaites devant les Confédérés suisses — ce qui l'amena par la paix de Bâle de 1499 à reconnaître *de facto* l'indépendance des cantons suisses — permirent à Hennenberg de faire adopter de nouvelles réformes par la diète d'Augsbourg en 1500. On décida la création d'un Conseil de régence (*Reichsregiment*), véritable Conseil d'État de vingt membres (les *Regenten*) présidé par l'empereur, sans l'avis duquel celui-ci ne pouvait conclure d'alliances ou entreprendre une guerre. Dans les faits, cet exécutif fédéral demeura un vœu pieux car, ni Maximilien ni les princes territoriaux surtout n'étaient disposés à accepter une limitation à leur pouvoir souverain. En revanche, la diète d'Augsbourg reprit à son compte le projet de Maximilien de diviser l'Empire en « cercles » (*Kreise*) dont les gouverneurs auraient pour principale mission de veiller au maintien de la paix intérieure ; on créa ainsi six cercles, dont le nombre fut porté à dix en 1512. Le gouverneur était assisté d'une assemblée de cercle (*Kreistag*) formée de représentants des princes, des chevaliers et des villes.

Maximilien Ier aurait voulu profiter de ce climat favorable aux réformes pour renforcer l'autorité impériale. Dans un premier temps, il tenta de doter les États héréditaires des Habsbourg d'institutions centralisées avec la création d'une Chancellerie aulique (*Hofkanzlei*) chargée des affaires communes à toutes les provinces autrichiennes et des relations avec le reste de l'Empire et qui suivait le souverain dans ses nombreux déplacements ; il créa aussi un Conseil aulique (*Hofrat*), à la fois cour de justice et Conseil d'État, et une Chambre aulique (*Hofkammer*), responsable de l'administration financière et installée à Innsbruck.

1. P. Rassow, *Histoire de l'Allemagne des origines à nos jours*, *op. cit.*, t. I, p. 291-292 et J. Bérenger, *Histoire de l'Empire des Habsbourg*, *op. cit.*, p. 141.

Maximilien aurait voulu étendre le champ d'action de ces institutions autrichiennes à l'ensemble du Saint Empire mais il ne put y parvenir en raison du mauvais vouloir des princes toujours jaloux de leur autorité. Comme le remarquait un contemporain en 1513, « les efforts de Maximilien ont constamment échoué contre l'avidité, l'étroite personnalité des princes souverains et des villes. On exige tout de l'empereur : la paix, la justice, la sécurité ; on l'accuse, on le décrie aux yeux du peuple parce que les troubles vont sans cesse croissant et que les attaques à main armée se multiplient tous les jours d'une façon effrayante. Mais on ne se demande jamais avec quelles ressources, par quels moyens, l'empereur pourrait remédier à ces désordres. Quel souverain depuis des siècles s'était le plus dévoué à l'Empire ? Qui avait cherché avec autant d'intelligence à lui rendre la force et l'unité ? Il est triste d'avoir à constater l'inutilité de tant d'efforts. » S'il n'a pu renforcer le pouvoir impérial sur les princes, Maximilien, en tout cas, a jeté les bases de la monarchie autrichienne, si bien que certains auteurs ont vu en lui le fondateur de l'État autrichien[1].

Malgré les limites imposées à son autorité par la diète et les princes, malgré ses difficultés financières permanentes — les Italiens lui donnèrent le sobriquet de « Maximilien sans le sou » (*Massimiliano pochi danari*) — qui le contraignaient à convoquer la diète pour obtenir des subsides et à se tourner vers les Függer pour solliciter des crédits, Maximilien poursuivit en l'amplifiant la politique matrimoniale inaugurée par son père en vue de renforcer la puissance de la maison d'Autriche, donnant ainsi toute sa valeur à la célèbre devise : « Que d'autres fassent la guerre ! Toi, heureuse Autriche, tu te maries » (*Alii bella gerant ! Tu, felix Austria, nube*[2]). Marié une première fois en 1477 avec Marie de Bourgogne, fille de Charles le Téméraire, Maximilien était devenu ainsi le dépositaire de l'héritage bourguignon. Avant même d'accéder au trône impérial, Maximilien fiança sa fille Marguerite d'Autriche au futur roi de France Charles VIII et lui donna en dot une partie de l'héritage bourguignon, l'Artois et la Franche-Comté, tandis que, devenu veuf en 1482, il se fiançait en 1490 à Anne de Bretagne, héritière du duché. Mais, en 1491, Charles VIII épousa Anne de Bretagne et renvoya son ex-fiancée

1. J. Potter, *The New Cambridge Modern History*, t. I, Cambridge, 1957, p. 219.
2. J. Bérenger, *Histoire de l'Autriche*, Paris, 1994, p. 14 et, du même, *Histoire de l'Empire des Habsbourg*, *op. cit.*, p. 147.

Marguerite d'Autriche à son père, qui récupéra par le traité de Senlis en 1493 la dot de sa fille. Quant à Maximilien, il épousa la même année Bianca Sforza, nièce du duc de Milan Ludovic le More, ce qui l'entraîna dans un interminable et malheureux conflit avec la France pour le contrôle du Milanais. Plus heureux fut le mariage, en 1498, du fils de Maximilien, Philippe le Beau, avec Jeanne la Folle, fille de Ferdinand d'Aragon et d'Isabelle de Castille, dont le fils issu de ce mariage sera le futur empereur Charles Quint, né en 1500, qui fut d'abord roi d'Espagne en 1516.

C'est avec ce même état d'esprit et ces mêmes objectifs que, signant à Vienne, en juillet 1515, avec Vladislas Jagellon le « pacte de succession mutuelle », Maximilien unissait ses petits-enfants aux héritiers des Jagellons. En effet, son petit-fils Ferdinand devait épouser Anne, fille aînée de Vladislas, et sa petite-fille Marie épousait le fils et héritier de Vladislas, Louis, qui allait devenir, en 1516, roi de Bohême et de Hongrie. Ainsi se préparait l'entrée de ces deux pays dans la sphère habsbourgeoise. Dans le même temps, Maximilien mariait son autre petite-fille Yolande au roi Christian de Danemark.

Les ambitions de Maximilien allaient bien au-delà de ces préoccupations temporelles. Devenu veuf une seconde fois, l'empereur envisagea même de se faire élire pape à la mort de Jules II ; à cet effet, il sonda les cardinaux pour se faire désigner comme coadjuteur du pape. Rêve insensé que cette union envisagée de l'Empire et de la papauté sous un chef unique[1], mais il laissait à son héritier, son petit-fils Charles Quint, l'espoir d'une succession qui devait le rendre maître d'un immense empire[2].

### *L'élection impériale de 1519*

La mort de l'empereur Maximilien, le 12 janvier 1519, laissait le trône impérial vacant. Malgré ses efforts, Maximilien n'avait pu obtenir de la diète d'Augsbourg de 1518 l'élection de son petit-fils Charles, déjà roi « des Espagnes » depuis 1516. Par ce refus, les électeurs avaient sans doute voulu exprimer leur crainte de voir l'Allemagne entraînée dans de nouveaux conflits à l'extérieur au moment où se profilait une crise sérieuse en Saxe avec la prédication d'un certain Martin Luther, dont on ne soupçonnait pas encore toutes les conséquences pour l'Empire. L'autre

1. D. G. Mac Guigan, *Les Habsbourg*, *op. cit.*, p. 59.
2. Charles Quint était le seul héritier de Maximilien puisque son père Philippe le Beau était mort en 1506.

## LE MONDE ALLEMAND À L'AVÈNEMENT DE CHARLES QUINT

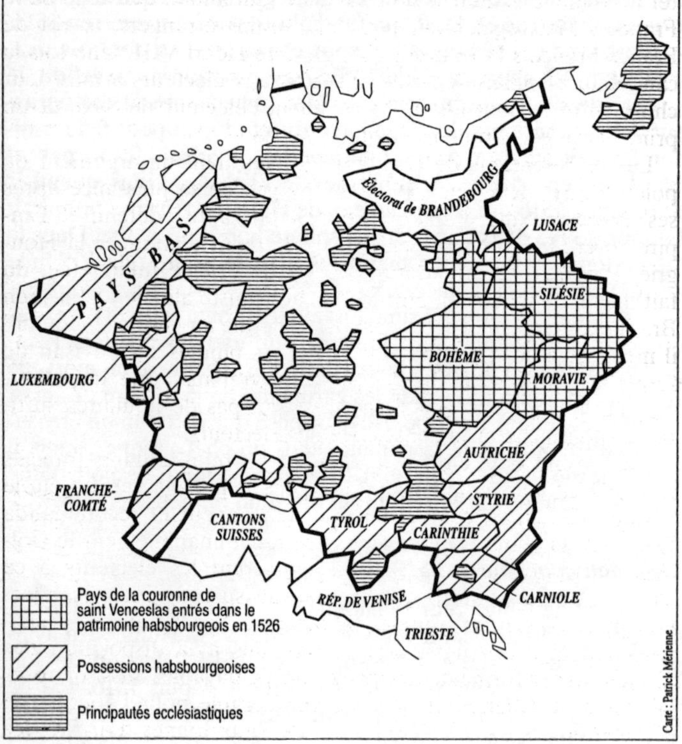

raison de l'échec de Maximilien, c'était qu'il ne disposait pas des moyens financiers pour obtenir leurs suffrages.

Le Collège électoral fut ainsi amené à se prononcer sur le choix d'un candidat à la dignité impériale. L'héritier direct de Maximilien, le jeune Charles, se trouva confronté à trois concurrents. D'abord, un prince allemand, l'électeur de Saxe, Frédéric le Sage, soutenu par le pape qui voyait en lui un prince susceptible d'éviter à l'Italie la mainmise de l'Espagne tout autant que celle de la France[1]. Mais également deux souverains étrangers, le roi de France François Ier et le roi d'Angleterre Henri VIII. Une fois la candidature anglaise écartée, il restait aux électeurs à faire leur choix entre le petit-fils de Maximilien, l'électeur de Saxe et un prince étranger, François Ier, un « welche ».

Les représentants de François Ier avançaient un argument de poids. Le roi de France, alors à l'apogée de sa puissance après ses succès en Italie, était le candidat le plus apte à défendre l'Empire contre les Turcs qui étaient sur le point d'attaquer la Hongrie. Pourtant, la candidature du roi de France fut rejetée, du fait même qu'il était un étranger. L'humaniste alsacien Sébastien Brant exprimait bien cette hostilité générale au « welche » quand il menaçait le coq gaulois d'y laisser ses plumes s'il s'avisait de forcer les portes de l'Allemagne[2]. Il est vrai aussi que, dans l'immédiat, le candidat français ne disposait pas de liquidités suffisantes pour acheter la conscience des électeurs.

Ne pouvant faire élire leur candidat, les représentants français se rallièrent au candidat du pape, Frédéric le Sage, qui fut élu le 27 juin 1519, mais celui-ci déclina cet honneur et recommanda l'élection du jeune Charles auquel se rallia unanimement le Collège électoral. Plusieurs raisons poussèrent les électeurs à ce choix. D'abord et surtout, Charles avait su convaincre les électeurs avec de solides arguments financiers. Les banquiers, principalement ceux d'Augsbourg, avaient mis à la disposition des électeurs, sous forme de lettres de change payables aussitôt après l'élection de Charles, la somme considérable pour l'époque de 851 000 florins — soit l'équivalent de deux tonnes d'or fin ; les Függer à eux seuls avaient fourni 543 000 florins, les Welser 143 000, le reste de la somme provenant de diverses banques italiennes. On comprend alors pourquoi, le 28 juin au soir, à l'annonce de l'élection de celui que l'histoire connaît sous le nom de

1. P. Rassow, *Histoire de l'Allemagne*, *op. cit.*, t. I, p. 299-300.
2. J.-F. Noël, *Le Saint Empire*, *op. cit.*, p. 69.

Charles Quint, la ville d'Ausgbourg célébra l'événement en faisant allumer des feux de joie sur toutes les places de la ville[1].

Charles Quint avait dix-neuf ans au moment de son élection. Roi d'Espagne depuis 1516, né en Flandre, il était assez étranger à la culture allemande. Parlant couramment le français, le flamand, l'espagnol, un peu moins bien l'italien, le nouvel empereur maîtrisait fort mal l'allemand. Au lendemain de l'élection impériale, les représentants de Charles Quint présents à Francfort — l'empereur se trouvait alors à Barcelone — signèrent en son nom, le 3 juillet, un engagement par lequel le nouvel empereur s'engageait à maintenir les privilèges des princes-électeurs et à gouverner l'Allemagne avec « des hommes capables, de nationalité allemande » (article 4) ; l'empereur s'engageait également à ne conclure aucune alliance et à ne faire venir en Allemagne aucune troupe étrangère sans l'assentiment des princes-électeurs, à moins que le Saint Empire ne soit attaqué (article 13). Avant son couronnement à Aix-la-Chapelle, le 22 octobre 1520, Charles Quint s'engagea par un serment solennel à respecter ces engagements[2].

À peine couronné, le nouvel empereur se trouva confronté à de sérieuses difficultés. C'est à ce moment-là, en effet, que les remous provoqués par la prédication de Martin Luther transformèrent cette « querelle de moines » en une véritable crise politique, religieuse et sociale qui allait ébranler non seulement l'Allemagne mais aussi tout l'Occident chrétien.

### *La révolte de Luther et ses premières conséquences*

Depuis la fin du XIVe siècle, la chrétienté occidentale avait été affectée par de nombreuses crises, en particulier celle provoquée par le Grand Schisme auquel l'autorité de l'empereur Sigismond, et dans une moindre mesure celle du concile de Constance, avaient mis fin. C'était le pouvoir impérial, un pouvoir civil donc, qui avait réglé la crise de la papauté. On était alors loin du temps où les papes destituaient ou humiliaient les empereurs. Dans l'Empire, la crise de l'Église avait suscité bien des interrogations, bien des critiques contre la papauté, contre les évêques, contre la

1. R. Ehrenberg, *Le Siècle des Függer*, Paris, 1955, p. 48 et P. Jeannin, *Les Marchands au XVIe siècle*, Paris, 1967, p. 7.

2. *Wahlverschreibung Karl V* (Deutsche Reichstagakten, Jüngere Reihe I, n° 387).

richesse de l'Église. La prédication protestataire de Jean Hus et la diffusion des idées hussites en Bohême et dans une partie de l'Allemagne avaient laissé des traces profondes dans une société profondément religieuse et inquiète. Au sein même de l'Église allemande, des prélats, comme Nicolas de Cues, réclamaient une réforme de l'Église. Dans ce climat d'angoisse face aux malheurs du temps, la crainte de la mort et du jugement dernier suscita dans le peuple comme chez les Grands le recours à de nouvelles formes de dévotion. Le culte de la Vierge, celui de sa mère, sainte Anne, le culte des saints et de leurs reliques, les processions de flagellants, le recours à la prière individuelle, toutes ces manifestations de foi traduisaient la profonde inquiétude d'une société hantée par le péché, la mort et le salut de l'âme du pécheur après la mort. Les élites intellectuelles, elles aussi inquiètes, tentaient de trouver des réponses à ces angoisses dans l'étude des textes sacrés.

La diffusion de l'imprimerie, mise au point entre 1440 et 1455 par deux Allemands de Mayence, Gutenberg et Schaeffer, provoqua une véritable révolution intellectuelle en mettant à la disposition du public lettré et des érudits les œuvres des auteurs de l'Antiquité gréco-latine, celle des Pères de l'Église, et surtout les textes de l'Ancien et du Nouveau Testament. Plus des trois quarts des ouvrages publiés entre l'invention de l'imprimerie et l'entrée en scène de Luther furent des ouvrages religieux. Rien qu'en Allemagne, il y eut entre 1466 et 1520 plus de vingt-deux éditions de la Bible en langue allemande[1]. La connaissance de la Bible fit des progrès considérables grâce aux travaux critiques des humanistes, qui travaillaient désormais sur les textes grecs et hébreux. Les humanistes allemands se passionnèrent pour les études littéraires, linguistiques et scientifiques. Les nombreuses universités — il y en a une quinzaine au début du XVI^e^ siècle dont huit furent fondées après 1450 (Fribourg, Ingolstadt, Trèves, Mayence, Tübingen, Wittenberg, Francfort-sur-Oder) — contribuèrent largement au renouveau intellectuel de l'Allemagne.

C'est dans ce climat qu'il faut replacer l'œuvre réformatrice de Luther. Martin Luther est né en 1483 à Eisleben. Après des études à l'université d'Erfurt où, après une maîtrise de philosophie, il s'apprêtait à entreprendre des études juridiques, Luther fut touché par la révélation sur la route de Mansfeld à Erfurt en juillet 1505, alors qu'il invoquait sainte Anne à l'occasion d'un

1. J. Delumeau, *Naissance et affirmation de la Réforme*, Paris, 1965, p. 67-68.

violent orage ; il décida aussitôt de se faire moine. Entré aussitôt chez les ermites de Saint-Augustin à Erfurt, il fut ordonné prêtre en 1507, puis chargé de cours à l'université de Wittenberg avant de devenir, en 1512, docteur en théologie et prieur de sa communauté. Selon tous les témoignages, le moine Luther fut un bon moine, observant scrupuleusement la règle de son Ordre en y ajoutant, parfois, des mortifications supplémentaires. C'est dans son couvent de Wittenberg que le moine, angoissé par le problème du salut, de *son* salut — car, comme le remarque Lucien Febvre, ce qui comptait pour lui, « c'est Luther, l'âme de Luther, le salut de Luther[1] » —, aurait trouvé vers 1512-1513 la solution à ses angoisses dans le texte de l'Épître aux Romains. Au verset 27 du chapitre III, saint Paul conclut que « l'homme est justifié par la foi sans les œuvres de la loi ».

Pour Luther, cette découverte confirmait ses réflexions antérieures. Il était persuadé, en effet, que l'homme est un pécheur indigne, incapable de se sauver et que seule la miséricorde divine peut le laver de ses péchés. C'est la doctrine de la *Justification par la foi*. De là, Luther en tira cette conclusion que laisser croire aux pécheurs que leurs bonnes œuvres peuvent les sauver, c'était les induire en erreur et leur laisser de fausses espérances, à plus forte raison si ces bonnes œuvres étaient constituées de dons faits à l'Église en échange d'indulgences.

Dans ce contexte d'angoisse et d'incertitude, le peuple mettait alors tous ses espoirs dans les indulgences[2]. Frédéric le Sage, lui, attachait une vertu salvatrice au culte des quelque dix-sept mille reliques qu'il avait rassemblées dans la chapelle de son château et qui lui valaient cent vingt-huit mille années d'indulgence[3]. La question des indulgences fut la cause directe de la rupture de Luther avec Rome. En 1514, à l'occasion de son élection à l'archevêché de Mayence, Albert de Hohenzollern, déjà titulaire de deux évêchés, avait dispensé son clergé du paiement des frais dus à l'administration pontificale. Le banquier Függer avança au nouvel archevêque les vingt-quatre mille ducats dus à Rome, mais pour rembourser le banquier, l'archevêque obtint du pape Léon X l'autorisation de faire prêcher une indulgence pour laquelle les bénéficiaires devaient faire une offrande. La moitié de l'argent recueilli serait affectée aux dépenses engagées pour la

1. L. Febvre, *Un destin : Martin Luther*, Paris, rééd. 1968, p. 52.
2. J. Delumeau, *Naissance et affirmation de la Réforme*, *op. cit.*, p. 81 et suiv.
3. E. G. Léonard, *Histoire générale du protestantisme*, Paris, 1980, t. I, p. 42-46.

construction de la nouvelle basilique Saint-Pierre à Rome, l'autre moitié servirait à rembourser Jakob Függer. Le dominicain Tetzel fut chargé de prêcher l'indulgence ; lui et ses auxiliaires se répandirent à travers toute l'Allemagne, offrant différents types d'indulgences en fonction de l'importance de l'offrande reçue. Luther fut indigné par le recours à de telles pratiques qu'il considérait comme une véritable escroquerie morale à l'égard des donateurs. Pour lui, l'Église n'avait pas le pouvoir de préjuger des décisions de Dieu. Luther franchit le pas décisif lorsque, le 31 octobre 1517, il afficha à Wittenberg le texte de ses *95 Thèses*, où il dénonçait le commerce des indulgences « dont les prédicateurs prônent les mérites » et qui « n'en ont qu'un, celui de rapporter de l'argent » ; Luther rappelait qu'« à tout chrétien vraiment repentant, la rémission plénière de la pénitence et même du péché est due sans lettre d'indulgence ». Les *95 Thèses* comportaient également de violentes critiques contre l'Église de son temps. Selon Luther, le seul trésor de l'Église, c'était les Saintes Écritures. En quelques semaines, le texte des *95 Thèses* fut connu dans toute l'Allemagne où il suscita l'enthousiasme des uns, la colère des autres.

Le bras de fer était maintenant engagé entre Luther et l'Église. L'archevêque de Mayence, à qui Luther avait envoyé le texte de ses *95 Thèses* avant de le rendre public, avertit aussitôt Rome. Le pape Léon X adressa sur-le-champ au moine rebelle une citation à comparaître à Rome. Devant son refus, le pape chargea son légat, le cardinal Cajetan, de débattre avec Luther du contenu des *Thèses*. La rencontre eut lieu à Augsbourg en octobre 1518 et ne donna aucun résultat : Luther resta sur ses positions et lança son *Appel à un futur concile*. L'affaire commençait à faire grand bruit en Allemagne et dépassait largement le petit cercle des théologiens et des érudits. L'électeur de Saxe, Frédéric le Sage, refusa de livrer à Rome Luther, qui relevait de son autorité aussi longtemps que celui-ci n'aurait pas été jugé hérétique par une université allemande. Toutefois, on espérait encore trouver un compromis, mais ces espoirs retombèrent à l'occasion de la *Dispute de Leipzig*, en juillet 1519, où s'affrontèrent le théologien d'Ingolstadt, Jean Eck, et le disciple de Luther, Andréas Carlstadt, bientôt relayé par Luther lui-même qui n'hésita pas à s'attaquer à l'autorité pontificale. Les positions du réformateur de Wittenberg furent précisées dans une série d'écrits, notamment *La Papauté de Rome* et l'*Appel à la noblesse chrétienne de la nation allemande* où Luther dénonçait la tyrannie de Rome, qualifiant le pape d'« antéchrist », d'« apôtre et ange du diable », et invitant les chrétiens à travailler à la réforme de l'Église sur la base du sacerdoce universel. Comme venaient déjà de le faire les théologiens de Cologne et de Louvain, le pape Léon X, par la bulle *Exsurge domine* du 15 juin 1520, condamna comme « hérétiques, scandaleuses, fausses ou offensantes » 41 des *95 Thèses* de Luther, étant entendu que leur auteur, dont le nom n'était pas cité expressément dans la bulle, serait excommunié soixante jours après la publication de ce document, à moins qu'il ne se rétracte. La bulle pontificale fut diffusée en Allemagne à la mi-novembre par les soins de Jean Eck. Luther fit vainement appel de cette condamnation devant le concile général puis, le 10 décembre 1520, devant les étudiants de Wittenberg, il brûla publiquement le texte de la bulle pontificale, ainsi que différents ouvrages de théologie, justifiant par la suite son geste dans un libelle intitulé *Pourquoi les livres du pape et de ses disciples ont été brûlés par le docteur Martin Luther*. La rupture fut définitivement consommée avec la publication le 3 janvier 1521 de la bulle *Decet romanum pontificem*, qui jetait l'anathème sur Luther et ceux qui le suivaient[1].

Comment allait réagir l'empereur face à cette situation nouvelle ? Longtemps, le pouvoir impérial était resté silencieux et n'avait guère prêté attention à cette querelle de théologiens. Charles Quint, occupé par les affaires d'Italie et d'Espagne, n'avait pas réagi. Mais la querelle religieuse était en train de se transformer en crise politique puisque l'électeur de Saxe semblait soutenir le réformateur de Wittenberg en dépit de son excommunication. De plus, le pape Léon X ne cessait d'intervenir auprès de l'empereur pour qu'il prenne des sanctions contre le moine rebelle. Finalement, Charles Quint se décida à réunir, en avril 1521, la diète de Worms et invita Luther à s'y présenter muni d'un sauf-conduit impérial. Les 17 et 18 avril, Luther comparut devant la diète ; il y défendit avec véhémence ses positions, concluant ainsi son intervention : « À moins d'être convaincu par des preuves tirées des Écritures ou des raisons évidentes — car je ne crois ni au pape ni aux conciles seuls, lesquels, cela est certain, se sont souvent trompés et contredits —, je suis lié par les textes de l'Écriture que j'ai présentés et ma conscience est captive des paroles de Dieu. Je ne puis donc ni ne veux rien rétracter car il n'est ni sûr ni convenable d'aller contre sa conscience. Que Dieu me soit en aide ! Amen ! » Les arguments

1. E. G. Léonard, *Histoire générale du protestantisme*, *op. cit.*, t. I, p. 52 et suiv.

de Luther n'impressionnèrent pas les membres de la diète et, le 26 mai, par l'édit de Worms, Luther fut mis au ban de l'Empire. Afin de le soustraire à un sort analogue à celui de Jean Hus lors du concile de Constance, l'électeur de Saxe fit enlever Luther par ses hommes et l'installa au château de Wartburg où il séjourna dans le plus grand secret jusqu'en mars 1522. Là, Luther profita de ce repos forcé pour traduire la Bible « dans un Allemand pur et clair » et accessible à tous. « La femme dans son ménage, les enfants dans leurs jeux, les bourgeois sur la place publique, voilà les docteurs qu'il faut consulter : c'est de leur bouche qu'il faut apprendre comment on parle, comment on interprète. » Ce faisant, Luther rendit la lecture des Textes saints compréhensible par le plus grand nombre.

À l'occasion de la diète de Worms, Charles Quint avait annoncé son départ imminent pour l'Italie et avait confié à son frère Ferdinand, assisté d'un Conseil de régence, la gestion des affaires allemandes. L'année suivante, il devait lui céder, par le traité de Bruxelles, l'ensemble des possessions autrichiennes des Habsbourg. En l'absence de l'empereur, Ferdinand hésita sur l'attitude à prendre face à Luther, ce qui facilita l'expansion de la Réforme en Allemagne. Beaucoup d'humanistes se sentaient proches des idées de Luther et approuvaient sa démarche. L'un d'eux, Philippe Mélanchton, petit neveu de Reuchlin, professeur de grec à l'université de Tübingen, un des tout premiers disciples de Luther, mit en forme l'essentiel de la doctrine du maître dans ses *Loci communes*, rédigés alors que Luther était à Wartburg. Des artistes comme Albert Dürer, Hans Holbein, Lucas Cranach furent parmi les premiers à adhérer à la Réforme. Des membres de la petite noblesse, comme Ulrich von Hütten et Franz von Sickingen, firent de même, mais le fait le plus significatif fut le ralliement aux idées de Luther de nombreuses petites villes de Souabe qui, à l'exemple de Constance, refusèrent d'appliquer l'édit de Worms. Entre 1522 et 1525, ce fut au tour de Nuremberg, d'Erfurt, de Magdebourg, de Halberstadt, de Breslau, de Brême et de Hambourg d'adhérer à la Réforme. L'événement le plus spectaculaire fut sans doute le ralliement du grand maître de l'Ordre Teutonique, Albert de Brandebourg. Celui-ci, rompant ses vœux monastiques, se maria, sécularisa les biens de l'Ordre, puis se reconnut vassal du roi de Pologne dont il reçut à titre de fief héréditaire et indivisible le duché de Prusse, c'est-à-dire la Prusse-Orientale. D'autres princes de l'Église, évêques et abbés, suivirent son exemple, passèrent à la Réforme et sécularisèrent le temporel lié à leur charge.

*L'agitation sociale en Allemagne*

La crise religieuse ne constitua qu'un des éléments d'une crise plus grave qui affectait la société allemande depuis la fin du XVe siècle. La révolte de Luther agit comme un détonateur qui fit exploser l'insatisfaction mal contenue mais profonde de nombreux Allemands et, notamment, à l'arrière-plan le malaise des campagnes. Depuis la fin du XVe siècle, la condition paysanne s'était aggravée sensiblement et le poids des redevances versées à l'Église et aux seigneurs s'était accru. Au malaise paysan s'ajoutait le mécontentement de la petite noblesse immédiate, une classe aux effectifs pléthoriques et aux revenus précaires, victime de l'économie monétaire et en cours de marginalisation face à l'opulence de l'Église, de la grande bourgeoise et des princes.

Les premiers succès de la Réforme relancèrent l'agitation latente. Les premiers à remettre en question le pouvoir établi furent ces chevaliers immédiats particulièrement nombreux en Allemagne du Sud, lesquels virent dans la Réforme de Luther l'occasion de s'emparer des biens d'Église. Le mouvement commença dès 1522 dans la haute vallée du Rhin sous la conduite de Franz von Sickingen et de Ulrich von Hütten. Sensibles aux critiques de Luther contre la richesse foncière de l'Église — celle-ci possédait alors environ le tiers du patrimoine foncier allemand —, Sickingen et Hütten pensèrent que le moment était venu d'agir. Avec leurs partisans, ils s'attaquèrent aux terres de l'archevêque de Trèves. L'entreprise tourna court, car le landgrave de Hesse et l'électeur palatin, bien que favorables aux idées de Luther, vinrent prêter main-forte à l'archevêque de Trêves par solidarité de classe. L'aventure des chevaliers s'acheva tragiquement en mai 1523 avec la prise du *Burg* de Landstuhl où Sickingen, blessé à mort au cours du siège, avait trouvé refuge. D'autres chevaliers, qui avaient attaqué les villes de Souabe, furent finalement défaits par l'armée des princes et de la haute noblesse. Le pouvoir impérial n'avait guère réagi devant la révolte des chevaliers, mais Luther s'était prononcé en faveur des défenseurs de l'ordre établi, c'est-à-dire les princes, les prélats et le patriciat urbain unis face à la révolte de la *Rittershaft*.

Luther eut une réaction analogue au moment de la révolte des paysans. Il y avait déjà eu des révoltes paysannes à la fin du XVe siècle et du début du XVIe, notamment en Allemagne du Sud, et plus particulièrement en Alsace et en Würtemberg. À l'occasion de ces jacqueries, les bandes paysannes du *Bundschuh*[1] s'étaient livrées à l'attaque des châteaux et des monastères. Mais ces mouvements étaient alors inorganisés et ponctuels. En revanche, la révolte paysanne qui débuta en juin 1524 sur les terres de l'abbaye de Sankt Blasien en Forêt-Noire prit une telle ampleur que l'on a pu parler de véritable guerre. Cette « guerre des paysans » (*Bauernkrieg*) fut « un tournant dans l'histoire du peuple allemand[2] » ; elle mit à feu et à sang pendant plus d'un an une grande partie de l'Allemagne centrale et méridionale. Partie de haute Forêt-Noire, elle s'étendit rapidement aux rives du lac de Constance, à l'Allgäu, au Voralberg et au Tyrol, à la Souabe et à la Franconie, à la Thuringe, puis, plus tardivement, à l'Alsace et au Palatinat rhénan. À la tête de ces bandes paysannes apparurent bientôt des chefs improvisés issus souvent du milieu anabaptiste comme Thomas Münzer, le « prophète de Zwickau » et Balthasar Hübmaier, le « prophète de Waldshut[3] ». Mais il y eut aussi des chefs issus de la petite noblesse comme Florian Geyer et Götz von Berlichlingen. Les revendications des paysans de Souabe exprimées dans les *Douze articles* adoptés à Memmingen en février 1525 et rédigés par un certain Sébastien Lötzer, et peut-être aussi par Thomas Münzer, donnent une idée assez précise des aspirations des milieux populaires allemands de l'époque. On y réclamait, en effet, le droit pour chaque paroisse de choisir son pasteur, mais aussi l'abolition du servage, le droit de chasse et de pêche pour tous, la diminution des taxes et amendes excessives, la propriété communautaire des forêts. Et dans le douzième article, les paysans se déclaraient cependant prêts à renoncer à leurs exigences, en totalité ou en partie, si on leur démontrait qu'elles étaient incompatibles avec la parole de Dieu[4]. Si, en Souabe et dans les régions alpines d'Autriche, le mouvement resta limité aux seules campagnes, il n'en fut pas toujours de

1. Ce terme fait allusion aux souliers grossiers portés par les paysans de cette époque.

2. H. Pinnow, *Histoire de l'Allemagne*, *op. cit.*, p. 248.

3. Les anabaptistes représentaient un courant radical issu de la Réforme luthérienne ; ils croyaient que la fin du monde était proche. Pour s'y préparer, ils préconisaient la création de communautés d'« élus » qui recevraient un nouveau baptême, et qui mettraient tout en commun sur une base égalitaire. Leur nom d'anabaptistes venait du fait qu'ils s'opposaient au baptême des enfants. Luther désavoua ces « exaltés » et Münzer, chassé de Zwickau, alla rejoindre les paysans révoltés.

4. H. Pinnow, *Histoire de l'Allemagne*, *op. cit.*, p. 255-256.

même ailleurs. En Franconie, par exemple, les villes elles-mêmes furent touchées par la révolte des artisans et de la petite bourgeoisie contre l'évêque ou le patriciat. Heilbronn, Würzbourg, Bamberg adhérèrent au mouvement. À Rothenburg-ob-der-Tauber, le conseil patricien fut déposé et on ouvrit les portes de la ville aux paysans. En Thuringe, Langensalza et Erfurt connurent des troubles sociaux ; Thomas Münzer, qui avait été l'âme de la révolte des paysans de la haute vallée du Rhin, était retourné à Mülhausen dès octobre 1524 et y avait organisé une communauté selon les principes anabaptistes. En Alsace, la révolte paysanne ne commença qu'en avril 1525 et, sous la conduite d'un serf de l'évêque de Strasbourg, un certain Érasme Gerber, gagna toute la province en moins d'une semaine. Les villes, pourtant toutes acquises à la Réforme luthérienne, résistèrent aux insurgés, à l'exception de Saverne qui fut occupée le 13 mai par les paysans de l'abbaye de Marmoutier.

En Allemagne, pendant près d'un an, les autorités étaient restées sans réaction. Le climat d'anarchie qui s'était généralisé à la faveur de la crise religieuse peut expliquer la passivité des autorités. Le texte des *Douze articles* avait été adressé à Luther qui y avait répondu en avril 1525 dans son *Exhortation pacifique à propos des Douze articles des paysans de Souabe* où il approuvait certaines de leurs revendications mais où il rappelait que « ni l'injustice ni la tyrannie ne justifient la révolte ». La multiplication des violences et des exactions, les incendies — des milliers de monastères et de châteaux pillés et incendiés — suscitèrent alors la fureur de Luther de plus en plus méfiant à l'égard des masses. L'évolution de la situation l'amena à publier son manifeste *Contre les hordes homicides et pillardes des paysans*, dans lequel il invite les princes à réprimer sans pitié l'insurrection : « Rien n'est plus venimeux, plus pernicieux, plus diabolique qu'un révolté... Toute autorité qui ne châtie point du dernier supplice celui qui s'est déclaré contre elle est responsable des meurtres qui se commettent dans l'avenir... C'est maintenant le temps du glaive, le temps de la colère, et non celui de la grâce. C'est pourquoi, chers seigneurs, déchaînez-vous, sauvez-nous, exterminez, égorgez et que celui qui a le pouvoir agisse ! »

La réaction des princes fut à la hauteur des espérances de Luther. Le 12 mai 1525, l'armée des paysans de Souabe fut écrasée près de Bötlingen, non loin de Stuttgart, par l'armée des seigneurs commandée par Georg Truchsess von Waldburg, tandis que celle des paysans de Thuringe subissait le même sort trois jours plus tard, à Frankenhausen, face à une armée de princes catholiques et protestants unis pour la défense de l'ordre établi : Thomas Münzer fut fait prisonnier, subit d'innombrables tortures avant d'être décapité le 27 mai en compagnie de vingt-cinq autres chefs paysans. En Alsace, la répression fut particulièrement sévère. Elle fut menée dans un premier temps par les mercenaires du duc Antoine de Lorraine qui, après avoir repris Saverne le 17 mai, massacrèrent dix-huit mille paysans. En juillet, les troupes de l'électeur palatin achevèrent la pacification de l'Alsace et s'y livrèrent, elles aussi, à une sanglante répression : à Wissenbourg, les meneurs furent décapités après avoir été amputés de leurs doigts[1]. Au total, pour l'ensemble de l'Empire, on estime à environ cent mille le nombre des victimes de la répression. Les derniers bastions de résistance au Tyrol et en Bavière furent anéantis en 1526-1527. Certains anabaptistes qui avaient cherché refuge en Suisse furent aussi victimes de la répression : en 1527, Zwingli en fit noyer plusieurs centaines.

Plus chanceux furent les anabaptistes qui, sous la conduite d'un compagnon de Thomas Münzer, Melchior Hoffmann, tentèrent de reconstituer leur communauté aux Pays-Bas. Plus tard, les anabaptistes réapparurent en Allemagne du Nord, en 1534, sous la conduite d'un réfugié hollandais, Jean de Leyde, qui créa à Münster, dont il avait chassé l'évêque, un « royaume de Sion », véritable dictature théocratique où furent institués la polygamie et le partage de tous les biens. Une fois de plus, face à cette « Jérusalem nouvelle », les armées des princes catholiques et protestants mirent fin aux désordres. Münster fut reprise le 25 juin 1535, Jean de Leyde fut exécuté, ses partisans torturés puis mis à mort. Luther, à cette époque, était plus que jamais persuadé qu'il fallait se méfier des masses et qu'il était plus sage de laisser aux princes la responsabilité de l'organisation et du contrôle des Églises réformées[2].

### *Les conséquences politiques de la Réforme*

La guerre des paysans avait montré que, face au désordre social, les princes catholiques et les princes protestants n'avaient pas hésité à faire cause commune. Cependant, l'édit de Worms demeurait toujours en vigueur, et Luther et ses partisans étaient juridiquement considérés comme des hors-la-loi.

1. *Histoire des Provinces de France : l'Alsace*, Paris, 1982, p. 40-42.
2. E. G. Léonard, *Histoire générale du protestantisme*, *op. cit.*, t. I, p. 93-97.

Pourtant, depuis l'édit de Worms, de nombreux princes territoriaux étaient passés à la Réforme. C'était le cas, suivant en cela l'exemple de l'électeur de Saxe, Frédéric, et de son frère et héritier Jean-Frédéric, des princes de Brunswick-Lüneburg, d'Anhalt, de Mansfeld, du landgrave Philippe de Hesse ; ils avaient conclu entre eux, en 1526, l'alliance de Torgau pour contrer le regroupement des princes catholiques que tentait de réaliser l'archevêque-électeur de Mayence. Devant la menace d'une nouvelle guerre civile, l'archiduc Ferdinand avait réuni la diète à Spire en 1526 ; on y décida que chaque prince aurait « la liberté de croire et de se comporter dans la question de l'édit de Worms comme il croirait pouvoir en répondre devant Dieu et devant Leurs Majestés ».

L'apaisement apporté par la diète de Spire ne pouvait être que provisoire car le pouvoir impérial se devait de réagir contre ceux qui s'étaient dressés contre l'autorité de l'Église et contre sa propre autorité. Charles Quint, sincèrement décidé à extirper l'hérésie, en était incapable dans l'immédiat car les guerres contre François Ier et ses alliés italiens, dont le pape Clément VII[1], le retenaient loin de l'Allemagne. Aussi laissa-t-il son frère Ferdinand gérer au mieux des intérêts de l'Empire la question religieuse. Mais Ferdinand se devait aussi de ménager les princes protestants car il avait besoin de leur soutien financier face à la menace turque. En août 1526, les Turcs avaient battu à Mohács les armées du roi de Bohême et de Hongrie, Louis II Jagellon, et avaient pénétré profondément au cœur de la plaine hongroise, menaçant directement les provinces autrichiennes. L'archiduc Ferdinand se sentait d'autant plus concerné qu'à la suite de la mort de Louis II il était devenu roi de Bohême et de Hongrie. À la demande de Charles Quint qui avait les mains libres du côté de la France en raison des pourparlers de paix avec François Ier, l'archiduc Ferdinand tenta de revenir sur certaines des concessions faites en 1526 aux réformés. Lors d'une nouvelle diète tenue à Spire en 1529, Ferdinand, au nom de l'empereur, fit décider que le luthéranisme serait toléré là où il était établi mais qu'il ne pourrait pas s'étendre à de nouvelles régions. Cette décision provoqua la protestation de cinq princes et de quatorze villes, dont Nuremberg et Strasbourg.

1. C'est au cours de la campagne de 1526-1527 que les troupes de Charles Quint se mutinèrent en raison du retard dans le paiement de la solde. Ces mercenaires, en majorité des Allemands luthériens, entrèrent dans Rome le 5 mai 1527 et s'y livrèrent pendant dix jours à des pillages et à des exactions de toutes sortes, ce qui ne sembla pas trop indigner Charles Quint lorsqu'il apprit la nouvelle.

À cause de cette « protestation », les partisans de la Réforme seront désormais qualifiés de *protestants*. En 1530, après neuf ans d'absence, Charles Quint de retour en Allemagne tenta, lors de la diète d'Augsbourg, de trouver un terrain d'entente entre catholiques et protestants. Dans ce but, il invita les luthériens à préciser leur doctrine. Mélanchton, à la demande de Luther, rédigea les vingt-huit articles de la profession de foi luthérienne qui sont connus sous le nom de *Confession d'Augsbourg*, mais d'autres réformateurs, comme le Suisse Zwingli et le Strasbourgeois Bucer, présentèrent des versions divergentes de la Réforme. À ces divisions dans le camp protestant s'ajoutaient les réticences des humanistes. Favorables à une réforme de l'Église, ceux-ci étaient inquiets face à cette division de la chrétienté. En particulier, Érasme aurait souhaité que Luther se montrât plus accommodant sur la question de la valeur des œuvres pour l'obtention du salut, au nom de la valeur de l'individu. Mais Luther fut intransigeant ; il estima que les princes devaient organiser les Églises luthériennes pour éviter les désordres et l'anarchie chez les réformés.

La tentative de conciliation menée par Charles Quint se solda par un échec. L'empereur, par le recès du 19 novembre 1530, fit renouveler par la diète l'édit de Worms et donna aux protestants un délai de sept mois pour se soumettre ; en outre, il ordonna le rétablissement de l'autorité épiscopale là où elle avait été supprimée et la restitution des biens d'Église sécularisés. Redoutant une attaque de Charles Quint, les princes protestants, à l'initiative de l'électeur de Saxe et du landgrave de Hesse, avaient formé le 27 février 1531 la Ligue de Smalkalde, qui regroupait la plupart des princes et des villes luthériennes. Cette alliance était conclue pour six ans et visait à défendre les princes contre l'autorité impériale et à assurer la liberté religieuse. Les protestants étaient ainsi devenus une véritable force politique qui défiait l'empereur et ils n'hésitèrent pas, en 1532, à prendre contact avec le roi de France, qui avait repris la guerre contre Charles Quint. L'empereur, conscient du danger d'une éventuelle alliance entre la Ligue de Smalkalde et la France, se résolut à suspendre les décisions prises à Augsbourg. Une fois encore, l'archiduc Ferdinand s'efforça d'apaiser le conflit : la menace turque grandissante imposait la mobilisation de toutes les forces de l'Empire et, pour les princes catholiques comme pour les princes protestants, le Turc demeurait l'*Erbfeind*, l'ennemi héréditaire contre lequel il fallait s'unir. La question religieuse fut ainsi reléguée au second plan pendant quelques années.

Avec le rétablissement de la paix avec la France par le traité de Crépy, la conclusion d'une trêve avec les Turcs et la réconciliation avec le pape Paul III, Charles Quint crut, en 1546, que le moment était propice pour rétablir par la force l'unité religieuse de l'Allemagne. Un atout supplémentaire était maintenant entre ses mains : le chef de la branche albertine de la maison de Saxe[1], Maurice, bien que luthérien, s'était détaché de la Ligue de Smalkalde dont son cousin, l'électeur Frédéric, était l'un des chefs, et avait conclu un accord de neutralité avec lui. La guerre commença donc. En dépit de quelques succès ponctuels de l'armée de la Ligue, Charles Quint reprit rapidement l'initiative ; au printemps de 1547, ses armées envahirent la Saxe électorale, franchirent l'Elbe et, le 24 avril, remportèrent une victoire décisive à la bataille de Mühlberg. Deux des chefs de la Ligue, Jean-Frédéric de Saxe et Philippe de Hesse, tombèrent aux mains de l'empereur, qui les retint prisonniers jusqu'en 1552. Maurice de Saxe, pour avoir rallié le camp impérial, fut largement récompensé par Charles Quint ; il reçut la dignité électorale retirée à Jean-Frédéric, ainsi qu'une partie importante des possessions de l'électeur vaincu. Puis, l'empereur, par l'intérim d'Augsbourg de mai 1548, imposa le rétablissement du catholicisme comme religion de toute l'Allemagne, mais accepta la présence des luthériens là où ils étaient présents.

La victoire de Mühlberg ne régla rien car les luthériens demeurèrent fidèles à leur foi ; en revanche, elle inquiéta beaucoup de princes allemands, y compris des princes catholiques, toujours méfiants à l'égard de tout renforcement de l'autorité impériale. Maurice de Saxe, lui-même, se détacha du camp impérial et tenta de regrouper autour de lui les princes protestants. À son initiative, ces princes reprirent contact avec le roi de France : un accord fut conclu à Chambord le 15 janvier 1552 avec Henri II. En échange de subsides, le roi de France se voyait promettre le « vicariat d'Empire » sur les trois évêchés de Metz, Toul et Verdun. L'alliance entre les protestants allemands et Henri II fut fatale à Charles Quint. Grâce à l'argent français, les protestants avaient pu reconstituer une armée. En mai 1552, les troupes de Maurice de Saxe et du landgrave Guillaume de Hesse poursuivi-

1. En 1485, à la mort de l'électeur Frédéric II le Placide, l'héritage saxon fut partagé entre ses deux fils. Ernest — chef de la branche ernestine — reçut la dignité électorale, la Saxe-Wittenberg et la plus grande partie de la Thuringe, et eut pour successeurs Frédéric III le Sage, le protecteur de Luther, puis Jean-Frédéric (1532-1547) ; l'autre fils, Albert — fondateur de la branche albertine —, reçut la Misnie, la région de Leipzig et le nord de la Thuringe.

rent Charles Quint jusqu'au Tyrol, où il faillit tomber entre les mains de ses adversaires et dut se réfugier en Carinthie. Grâce à l'argent des Függer, Charles Quint leva de nouvelles troupes qui tentèrent de reprendre Metz en octobre, mais en vain.

Ces échecs répétés affectèrent profondément l'empereur. Charles Quint n'avait pas réussi à rétablir l'unité religieuse de l'Allemagne pas plus qu'il n'était parvenu à récupérer le duché de Bourgogne qui lui tenait tant à cœur. L'empereur se retira aux Pays-Bas, en janvier 1553, puis se fixa définitivement en Espagne. Avant de partir, il avait confié à son frère Ferdinand le soin de trouver un compromis avec les princes protestants.

### *L'apaisement : la paix d'Augsbourg et ses limites*

Au moment où l'archiduc Ferdinand prend en charge les affaires allemandes, la situation de l'Allemagne est tout à fait différente de celle qu'avait trouvée Charles Quint quand, en 1529, il avait tenté de rétablir l'unité religieuse. La Réforme était maintenant solidement établie et elle continuait sa progression. En Allemagne du Nord, toutes les villes hanséatiques, de Brême et Hambourg jusqu'à Reval et Riga, s'étaient ralliées au luthéranisme qui, par-delà les frontières, s'était imposé aussi au Danemark et en Suède. Les principautés territoriales d'Allemagne du Nord, le Holstein, l'Oldenbourg, le Mecklembourg, la Poméranie, le Brandebourg, étaient devenues, elles aussi, protestantes. Plus au sud, le duc de Clèves, en 1543, celui de Brunswick, en 1545, et l'électeur palatin Frédéric II, en 1546, avaient franchi le pas à leur tour. Mais, en même temps, les luthériens se trouvaient confrontés à la diffusion des idées « évangéliques » de Zwingli et surtout de Calvin, qui se répandaient peu à peu en Allemagne rhénane et en Souabe.

À la différence de ce qui s'était passé en 1529, ce n'était plus avec les théologiens — le plus célèbre d'entre eux, Luther était mort en 1546 — mais avec les princes protestants que les représentants du pouvoir impérial devaient maintenant discuter. Il fallait déjà mettre fin à la guerre opposant Maurice de Saxe et les protestants à l'empereur. Ferdinand se chargea de régler le problème en signant avec les chefs protestants les préliminaires de Passau, le 5 août 1552. Ce traité garantissait la liberté religieuse aux princes protestants et il fut suivi de la libération des chefs de la Ligue de Smalkalde faits prisonniers lors de la bataille de Mühlberg. Le sort de la Saxe fut réglé en 1554 par le traité de Naumburg entre les représentants des deux branches de la maison de Saxe. La branche albertine représentée par Auguste I^er^, frère de Maurice de Saxe décédé l'année précédente, conserva la dignité électorale et ses anciennes possessions patrimoniales. Quant à la branche ernestine, elle récupéra l'héritage de Jean-Frédéric, qui ne tarda pas à se trouver morcelé dans le cadre de partages successoraux, ce qui fut à l'origine des maisons de Saxe-Weimar, de Saxe-Cobourg et de Saxe-Gotha.

Les séquelles des guerres de 1546-1547 et de 1552 ayant été résorbées, il s'agissait maintenant de trouver un compromis acceptable par tous sur la question religieuse. C'est dans le cadre de la diète tenue à Augsbourg, et après de très longues discussions, qu'un accord fut conclu, le 3 octobre 1555. La paix d'Augsbourg reconnut l'existence officielle, à côté de l'Église catholique, des Églises dites de la « confession d'Augsbourg », c'est-à-dire les seules Églises luthériennes à l'exclusion de toutes les autres Églises réformées. Il est vrai qu'à la diète d'Augsbourg il n'y avait aucun prince ni aucune autorité municipale pour représenter l'Église calviniste naissante. Dans chaque territoire de l'Empire, le prince était le seul à décider du choix religieux de ses sujets, selon la formule latine *cujus regio, ejus religio* ; en réalité, cette disposition ne faisait qu'officialiser une situation de fait, car en général les sujets des princes luthériens, par respect de l'autorité établie ou par conviction, avaient suivi leur souverain. Dès lors, les sujets d'un prince luthérien qui entendaient demeurer catholiques — et la réciproque est également vraie — avaient la possibilité d'émigrer, à moins que le prince, qui avait toute latitude de légiférer en matière religieuse, acceptât dans ses États l'existence d'autres croyances que les siennes. Seuls les princes avaient le droit de choisir leur religion et éventuellement d'en changer. Il n'était donc pas question dans la paix d'Augsbourg de tolérance ni de liberté religieuse individuelle. Restait à régler le délicat problème des biens d'Église sécularisés par les évêques ou les abbés lorsqu'ils étaient passés à la Réforme. Sur ce point, la paix d'Augsbourg stipulait que toutes les sécularisations effectuées avant 1552 étaient validées, mais que, dans l'avenir, lorsqu'un évêque ou un abbé se ferait protestant, il ne pourrait plus séculariser le temporel de sa charge, qui demeurerait propriété de l'Église catholique ; il se bornerait sa vie durant à en assurer l'administration : c'était la clause dite du « réservat ecclésiastique ». Ainsi, la sécularisation des biens d'Église se trouvait figée en l'état de 1552.

La paix d'Augsbourg, approuvée par l'archiduc Ferdinand qui, après l'abdication de Charles Quint en 1556, devint l'empereur

Ferdinand Ier, ne fut pas reconnue par la papauté. Rome n'avait pas perdu espoir de rétablir l'unité du monde chrétien et comptait beaucoup sur le concile de Trente, dont les travaux avaient commencé en 1545, pour y parvenir. Pourtant, dans l'immédiat, malgré ses lacunes et ses imperfections, le compromis d'Augsbourg écartait le risque d'une nouvelle guerre civile en Allemagne. Mais de nombreux problèmes restaient en suspens : la question du calvinisme qui progressait à l'ouest du pays et celle des biens d'Église sécularisés. Que se passerait-il si de nouvelles sécularisations se produisaient ? Devrait-on s'y opposer par la force, ou bien les tolérer ? L'Église catholique allait-elle accepter sans réagir ce compromis qui la mettait sur le même plan juridique que les Églises luthériennes, considérées par elle comme hérétiques ?

*Le calme avant la tempête*

Au lendemain de la paix d'Augsbourg, on était en droit d'espérer que l'Allemagne retrouverait enfin la paix religieuse. L'empereur Ferdinand (1556-1564) et surtout son fils Maximilien II (1564-1576), qui éprouvait une certaine sympathie pour les réformés, firent preuve d'un large esprit de tolérance à l'égard de leurs sujets protestants, y compris dans les États patrimoniaux des Habsbourg où le protestantisme occupait de solides positions, principalement en Bohême et en Hongrie, mais aussi, à un moindre degré, dans les provinces autrichiennes. Ils se montrèrent peu disposés à intervenir lors des sécularisations illégales qui se multipliaient, comme ce fut le cas entre autres dans l'évêché de Naumburg en 1564. Toutefois, ces sécularisations ne concernaient que des territoires de faible importance qui ne modifiaient guère l'équilibre religieux de l'Allemagne.

La carte religieuse de l'Allemagne au lendemain de la paix d'Augsbourg était relativement simple. Le luthéranisme dominait largement en Allemagne du Nord et dans une grande partie de l'Allemagne moyenne (Saxe, margraviat d'Ansbach et de Bayreuth, Palatinat rhénan, Würtemberg) ainsi que dans de nombreuses villes libres d'Empire. Le catholicisme, quant à lui, s'appuyait sur ses principaux bastions en moyenne Rhénanie avec les électorats ecclésiastiques de Cologne, Mayence et Trèves, et surtout sur la Bavière. Les progrès du calvinisme bouleversèrent quelque peu la situation. En effet, en 1559, l'électeur palatin, Frédéric III, abandonna le luthéranisme pour adopter la religion de Calvin. Dès lors, l'université de Heidelberg devint un foyer actif de la propagande calviniste en Allemagne avec la publication en 1563 du *Catéchisme de Heidelberg*. Un peu plus tard, en 1609, le landgrave de Hesse-Kassel passa lui aussi au calvinisme, suivi l'année d'après par le margrave-électeur de Brandebourg. Or, la paix d'Augsbourg ne concernait pas le calvinisme, et les princes calvinistes, du moins en théorie, étaient hors-la-loi.

De son côté, l'Église catholique avait profité de la dynamique du Concile de Trente (1545-1563) pour entreprendre pacifiquement la reconquête du « terrain perdu ». Face à la Réforme protestante se mettait en place la contre-Réforme, ou plus exactement la Réforme catholique, avec le concours de nouveaux ordres religieux, les Jésuites et les Capucins. Le concile de Trente avait précisé de façon claire le dogme catholique face à l'hérésie protestante et avait jeté les bases d'une réforme en profondeur de l'Église et de son clergé. Pour conforter les catholiques dans leur foi et enrayer d'éventuels progrès du protestantisme, Jésuites et Capucins multiplièrent les missions de prédication dans les pays demeurés fidèles à Rome, en les accompagnant de processions, de cérémonies fastueuses destinées à toucher la sensibilité des petites gens. Pour récupérer les élites, les Jésuites créèrent de nombreux collèges où était dispensé un enseignement moderne et ouvert sur le monde. Bientôt, les principales villes des régions catholiques de l'Empire, Cologne, Mayence, Trèves, Munich, Innsbruck, Vienne, Graz, pour n'en citer que quelques-unes, eurent leur collège fréquenté par la noblesse et la bourgeoisie locales. C'est surtout l'ouverture, en 1556, du collège d'Ingolstadt avec le concours de la maison princière des Wittelsbach de Bavière qui eut le plus de retentissement ; très vite, ce collège accueillit parmi ses élèves les princes des familles régnantes et, en particulier, le futur duc de Bavière, Maximilien, et le futur empereur Ferdinand II qui n'était alors que Ferdinand de Styrie. La même année, les Jésuites, comme par défi, ouvrirent à Prague le *Clementinum* en pleine terre de contestation religieuse, où la tradition hussite et la réforme luthérienne avaient quasiment éliminé le catholicisme ; bientôt, le *Clementinum* fut en mesure de rivaliser avec l'université Charles tenue par les protestants ; il joua un rôle important dans le retour au catholicisme d'une partie de la noblesse allemande et tchèque de Bohême. Les premiers résultats de la réforme catholique, menée avec des moyens pacifiques, furent perceptibles dès 1575-1580 ; certains évêques comme ceux de Brême, d'Osnabrück, de Paderborn et de Würzbourg étaient revenus au catholicisme. Dans les possessions patrimoniales des Habsbourg, la reconquête catholique soutenue par le pouvoir politique donna des résultats beaucoup plus spectaculaires mais provoqua une inquiétude croissante de la part des princes protestants allemands. Au Tyrol, et surtout en Styrie, les archiducs régnants imposèrent par la force le retour au catholicisme de leurs sujets protestants. À partir de 1596, l'archiduc Ferdinand de Styrie entreprit l'éradication totale de l'hérésie : en moins de dix ans, le luthéranisme fut totalement éliminé de ses États, avec le départ pour l'exil des pasteurs et de leurs fidèles qui refusaient de se convertir. En fait, Ferdinand ne faisait qu'appliquer le principe du *cujus regio, ejus religio* conformément à la paix d'Augsbourg.

Jusqu'en 1580, en dépit d'incidents mineurs, le compromis d'Augsbourg avait assuré à l'Allemagne la paix religieuse. Toutefois, plusieurs facteurs de tension n'allaient pas tarder à remettre en cause cette paix précaire. En premier lieu, il y avait le poids grandissant des interventions étrangères dans les affaires allemandes. Il ne pouvait guère en être autrement puisque, en 1519, les électeurs avaient désigné comme empereur Charles Quint, l'héritier des Habsbourg, qui régnait déjà en Espagne, ce qui associait implicitement l'Allemagne à la politique de l'Espagne. Après l'abdication de Charles Quint et le partage de son immense empire entre son frère devenu l'empereur Ferdinand Ier, dépositaire de l'héritage allemand, et son fils Philippe II, bénéficiaire de l'héritage espagnol, les liens entre les deux branches de la maison des Habsbourg demeurèrent étroits. Il y eut de fréquentes unions matrimoniales entre princes et princesses des deux branches de la dynastie, et des archiducs autrichiens exercèrent des fonctions officielles dans les Pays-Bas espagnols qui relevaient du Saint Empire, donc appartenant au cercle de Bourgogne. Or, avec Philippe II, les Habsbourg d'Espagne représentaient le courant le plus intransigeant de la Réforme catholique et appuyaient ceux des Habsbourg d'Autriche qui entendaient ramener l'Allemagne à la religion catholique. De leur côté, les princes protestants, du temps même de Charles Quint, n'avaient pas hésiter à se rapprocher du roi de France, comme nous l'avons vu plus haut ; après la paix d'Augsbourg, ils maintinrent cette politique pour contrecarrer l'influence de l'Espagne, même si, par ailleurs, le roi de France persécutait les Huguenots français ! Lors de la révolte des Pays-Bas septentrionaux devenus calvinistes, le chef des insurgés, Guillaume d'Orange, reçut le soutien de certains princes protestants allemands qui le laissèrent recruter chez eux des mercenaires, en dépit des lois de l'Empire. L'électeur palatin lui envoya même des troupes par solidarité calviniste. De la même façon, beaucoup de princes protestants d'Allemagne du Nord entretenaient des relations étroites avec les royaumes protestants du Danemark et de la Suède. Face aux princes catholiques soutenus par l'Espagne, les princes protestants nouaient des relations avec les États protestants voisins et avec les ennemis de l'Espagne. L'Allemagne devenait peu à peu un enjeu de la politique européenne.

Un second facteur d'instabilité fut la multiplication en Allemagne de conflits liés à la question religieuse. Ce fut d'abord l'affaire de l'archevêché de Cologne dont le titulaire, Valentin d'Isenburg, décida, en 1577, de renoncer à sa charge pour se marier. Son successeur, Gebhard de Walburg, résolut, en 1582, de séculariser l'archevêché et la dignité électorale, puis abjura le catholicisme pour passer au luthéranisme. L'empereur Rodolphe II lui enjoignit de restituer le temporel de l'archevêché et de renoncer à l'électorat, conformément aux dispositions de la paix d'Augsbourg. Gebhard entreprit de résister avec l'appui du comte palatin Jean-Casimir et de troupes hollandaises, mais il dut faire face aux troupes du parti catholique, constituées principalement d'Espagnols venus des Pays-Bas. La victoire des catholiques permit l'installation d'un nouvel archevêque à Cologne en la personne du duc Ernest de Bavière, déjà titulaire des évêchés de Freysing, de Hildesheim et de Liège, avant de devenir également, en 1586, évêque de Münster[1]. On était bien loin des recommandations du concile de Trente concernant le cumul des charges ecclésiastiques. À partir de 1592, une crise de même nature affecta l'évêché de Strasbourg avec la « guerre des évêques » qui suivit la mort du prince-évêque Jean de Mandersche. Les chanoines protestants désignèrent comme administrateur le margrave Jean-Georges de Brandebourg, petit-fils de l'électeur de Brandebourg, tandis que leurs confrères catholiques portèrent leur choix sur le cardinal Charles de Lorraine, déjà évêque de Metz. Chaque parti recruta des mercenaires pour défendre son candidat. Face à la carence de la diète d'Empire et après les interventions du prince Christian d'Anhalt, des cantons protestants suisses et une tentative de médiation du roi de France, Henri IV, on trouva finalement une solution avec le traité de Haguenau en 1604 : Charles de Lorraine fut reconnu évêque de Strasbourg en échange de compensations financières à son rival malheureux et aux chanoines protestants. Le nouvel évêque prit pour coadjuteur Léopold de Habsbourg, frère de l'archiduc Ferdinand de Styrie

1. P. Rassow, *Histoire de l'Allemagne*, *op. cit.*, t. I, p. 349-350.

et déjà évêque de Passau, lequel, en 1610, entra en possession de l'évêché de Strasbourg. Cette victoire du parti catholique à Strasbourg inquiéta les princes protestants d'Allemagne du Sud, au moment même où une autre crise venait de s'ouvrir dans la petite ville souabe de Donauwörth. Cette ville, où catholiques et luthériens étaient à peu près à égalité en nombre, était administrée par la bourgeoisie locale luthérienne. La paix d'Augsbourg avait précisé que dans cette ville, tout comme dans d'autres cités à population mixte, les deux religions bénéficieraient d'une égale liberté. Or, en avril 1605, puis en avril 1607, les processions organisées par les catholiques à l'occasion de la fête de saint Marc furent perturbées par les protestants ; des prêtres furent molestés, des objets de culte profanés. Face à la passivité des autorités municipales, les commissaires impériaux s'adressèrent à l'empereur Rodolphe II. Celui-ci enjoignit aux magistrats de Donauwörth d'accorder aux catholiques la liberté de culte, faute de quoi la ville serait mise au ban de l'Empire. La demande impériale demeura sans effet ; l'empereur chargea le duc Maximilien de Bavière de ramener à l'obéissance la cité rebelle. Le 17 décembre 1607, l'armée de Maximilien s'empara de Donauwörth et y rétablit le culte catholique. Aussitôt, les protestants dénoncèrent cette intervention, qu'ils considéraient comme illégale car Donauwörth dépendait du cercle de Würtemberg ; c'était donc au duc de Würtemberg, luthérien, qu'il revenait d'intervenir et non au duc de Bavière. L'indignation des protestants fut encore plus grande lorsque, en juin 1609, l'empereur céda Donauwörth à Maximilien de Bavière à titre de dédommagement pour les frais engagés lors de son intervention[1].

L'affaire de Donauwörth avait exaspéré les antagonismes entre princes protestants et princes catholiques. Lors de la diète qui se tint à Ratisbonne en 1608, l'électeur palatin, Frédéric V, avec le soutien de la plupart des princes protestants, demanda au représentant de l'empereur, l'archiduc Ferdinand de Styrie, que de nouvelles garanties soient accordées aux protestants, et notamment aux calvinistes. Après le refus de Ferdinand et le renvoi de la diète, certains princes protestants se retrouvèrent le 12 mai dans l'abbaye sécularisée d'Allhausen autour de l'électeur palatin et décidèrent de constituer l'Union évangélique (*Evangelische Union*), une alliance défensive conclue pour dix ans, dirigée essentiellement contre les menaces que la Bavière faisait courir au parti protestant. Au début de 1609, des villes libres comme

1. G. Parker, *La Guerre de Trente Ans*, Paris, 1987, p. 72-75.

Strasbourg, Ulm et Nuremberg rejoignirent l'Union, suivies, en 1610, par l'électeur de Brandebourg, le duc de Palatinat-Deux-Ponts et le landgrave de Hesse-Kassel, tous choqués par l'attribution de Donauwörth au duc de Bavière. De tous les princes protestants, seul l'électeur de Saxe resta en dehors de l'Union évangélique pour éviter d'y côtoyer des calvinistes. Les princes catholiques, à l'initiative du duc de Bavière, répondirent à la création de l'Union évangélique par la formation d'une Ligue pour la défense de la religion le 10 juillet 1609, une alliance défensive conclue pour neuf ans qui regroupait les trois archevêques-électeurs ainsi que la plupart des évêques et abbés d'Allemagne du Sud. La Ligue bénéficiait du soutien moral de l'Espagne et de la papauté, mais les États autrichiens s'en tinrent à l'écart. Les deux princes qui furent à l'origine de ces deux systèmes d'alliance antagonistes, l'électeur palatin et le duc de Bavière, étaient issus de la même maison princière, celle des Wittelsbach, mais le premier était calviniste, tandis que le second était un catholique fortement imprégné de l'esprit de la contre-Réforme.

Le climat de tension qui existait entre princes catholiques et princes protestants laissait présager la guerre en cas de nouvelle crise. Or, en mars 1609, un nouveau problème surgit avec la mort du duc Jean-Guillaume de Juliers qui régnait sur les duchés de Juliers, de Clèves et de Berg ainsi que sur les comtés de Mark et de Ravensberg aux confins des Pays-Bas espagnols, des Provinces-Unies de Hollande et des principautés ecclésiastiques de Cologne et de Münster. Le duc défunt, catholique, régnait sur des populations calviniste, luthérienne et catholique qui jouissaient d'une égale liberté religieuse. Il y avait deux candidats principaux à la succession de Juliers, l'électeur de Brandebourg et le duc de Neubourg, tous deux protestants, et qui décidèrent d'administrer en commun l'héritage en tant que « princes possédants ». L'empereur Rodolphe II choisit de mettre sous séquestre l'héritage en attendant que le Conseil aulique d'Empire (*Reichshofrat*) décidât de l'avenir de la succession.

En attendant, l'empereur chargea le prince-évêque de Strasbourg d'installer une garnison impériale à Juliers, tandis que la veuve du duc défunt demandait l'aide des Espagnols et de l'archevêque de Cologne. Craignant un coup de force des catholiques, les princes de l'Union évangélique se tournèrent vers Henri IV et signèrent avec ses représentants le traité de Schwäbisch Hall, le 12 avril 1610 : le roi de France s'y engageait à soutenir les « princes possédants » et à « défendre les libertés germaniques ». L'assassinat d'Henri IV, un mois après la signature du traité, écarta les risques d'une intervention militaire française qui aurait pu déboucher sur une guerre européenne. En Allemagne, aucun des deux camps ne souhaitait véritablement la guerre. La situation se compliqua encore lorsque, en 1613, l'électeur de Brandebourg abandonna le luthéranisme pour le calvinisme, alors que le duc de Neubourg, lui, se convertissait au catholicisme. Les « princes possédants » firent appel à leurs alliés, l'électeur de Brandebourg demanda l'aide des Hollandais, tandis que le duc de Neubourg appelait les Espagnols à la rescousse. L'empereur, cependant, poussait à une solution de compromis. Finalement, la succession de Juliers fut réglée par le traité de Xanten du 12 novembre 1614 : l'électeur de Brandebourg gardait Clèves et les comtés de Mark et Ravensberg où les protestants étaient majoritaires, et le duc de Neubourg obtenait les duchés de Juliers et de Berg en majorité catholiques. Les deux copartageants s'entendirent à la demande des diètes locales pour maintenir la liberté religieuse et la tolérance pratiquées jusque-là à la satisfaction de tous[1].

L'Union évangélique et la Ligue catholique demeuraient toutefois sur le pied de guerre. La plupart des princes protestants redoutaient la remise en cause de la paix d'Augsbourg au cas où le trône impérial serait occupé par un catholique intransigeant. Or, après la mort de Rodolphe II, le nouvel empereur Mathias (1612-1619), âgé et malade, n'avait pas d'héritier direct, et la question de sa succession faisait l'objet de tractations. Plusieurs membres de la famille des Habsbourg pouvaient prétendre à l'Empire, bien que, en théorie, ce fût au Collège des électeurs qu'appartenait la décision finale. Mais la monarchie élective était devenue une fiction et l'hérédité du trône dans la famille des Habsbourg était un fait acquis depuis plus d'un siècle. Parmi les prétendants à la succession se trouvaient donc le roi d'Espagne, Philippe III, les deux frères de l'empereur Mathias, l'archiduc Albert, gouverneur des Pays-Bas, et l'archiduc Maximilien, chef de la branche tyrolienne des Habsbourg, enfin, le jeune archiduc Ferdinand de Styrie. Après la renonciation des autres candidats, ce fut Ferdinand de Styrie qui fut choisi dans le cadre du traité de Graz du 20 mars 1617, négocié par l'ambassadeur d'Espagne Oñate. Or, le choix de Ferdinand de Styrie représentait pour les protestants de l'Empire une menace considérable pour leur sécu-

1. H. Bogdan, *La Guerre de Trente Ans*, *op. cit.*, 1997, p. 34-40.

rité, car le jeune archiduc était connu pour son zèle dans la lutte contre les protestants de Styrie. Un peu plus d'un an après le traité de Graz, la défenestration des lieutenants royaux, le 23 mai 1618, à Prague, par des représentants de la diète protestante de Bohême n'allait pas tarder à provoquer le « grand orage » pressenti, dès 1555, par les délégués de la ville de Francfort lorsqu'ils avaient lancé cet avertissement : « Que Dieu nous permette d'établir la paix en Allemagne ! Nous craignons qu'un grand orage ne s'assemble dans les cieux. Que le Dieu tout-puissant daigne le disperser[1]. »

1. H. Sacchi, *La guerre de Trente Ans*, t. I, *L'ombre de Charles Quint*, Paris, 1991, p. 7.

# 10

# La guerre de Trente Ans (1618-1648)

Les craintes exprimées par les membres de la délégation de Francfort n'étaient pas sans fondement. En effet, en 1618, dans le prolongement des conflits religieux du XVIe siècle, commença une guerre qui, dépassant rapidement le cadre de la Bohême où elle avait pris naissance, s'étendit à tout le Saint Empire avant d'embraser l'Europe entière. Pendant trois décennies, l'Allemagne et ses proches voisins se trouvèrent à la merci des hordes de mercenaires opérant pour le compte des princes engagés dans le conflit quand ce ne fut pas pour servir les ambitions de leurs chefs.

## *Les origines du conflit*

Il faut rechercher les origines de la guerre de Trente Ans dans la grave crise religieuse qui affecta l'Europe centrale à la suite de la Réforme. La paix d'Augsbourg n'avait pas réglé tous les problèmes. Face aux princes catholiques — dont l'empereur — confortés dans leur foi par le concile de Trente et bien décidés à rétablir le catholicisme partout où c'était juridiquement possible, les princes protestants désormais sur la défensive étaient loin de former un front uni. Les luthériens et les calvinistes ne parvenaient pas mieux à s'entendre sur l'attitude à prendre face à l'empereur que sur les questions de dogme qui les divisaient, mais les uns et les autres étaient en général d'accord pour défendre les sécularisations illégales réalisées depuis 1552 face aux tentatives de récupération de celles-ci par l'Église catholique.

Les sécularisations, en effet, n'avaient jamais cessé malgré les dispositions de la paix d'Augsbourg et entraînaient des conflits permanents. La « guerre des évêques » à Strasbourg, l'affaire de Donauwörth, la succession de Clèves-Juliers avaient été autant de signes avant-coureurs du conflit qui allait éclater en 1618. Les deux camps avaient déjà mis en place un système d'alliance. Face à l'Union évangélique, constituée autour de l'électeur palatin, Fredéric V, la Ligue catholique, créée à l'initiative de Maximilien de Bavière, soutenait la politique de contre-Réforme. Si l'Union évangélique bénéficiait du soutien de la France, des Provinces-Unies et de la sympathie des États protestants de l'Europe du Nord, la Ligue catholique pouvait compter sur les Habsbourg de Vienne comme sur ceux de Madrid dont les possessions jouxtaient l'Empire avec les Pays-Bas espagnols, la Franche-Comté et le Milanais.

Le moindre incident pouvait dégénérer en conflit armé. Dans ce climat de tension, le traité de Graz suscita de vives inquiétudes chez beaucoup de princes protestants allemands. Le traité désignait en effet comme successeur de l'empereur Mathias, l'archiduc Ferdinand de Styrie, un catholique intransigeant qui, dans son duché de Styrie, avait extirpé par la force le protestantisme. Il s'agissait maintenant de faire entériner la désignation de l'archiduc Ferdinand par les parties intéressées. Cette question fut promptement réglée, sans difficulté majeure. La diète de Bohême, où pourtant les protestants étaient largement majoritaires, reconnut, dès le 15 juin, Ferdinand « roi de Bohême » et obtint de lui la confirmation de la *Lettre de Majesté* de 1609 qui garantissait la liberté religieuse et les privilèges du royaume. La diète hongroise fit de même en échange de garanties identiques. En tant que roi de Bohême, Ferdinand devenait électeur et sa propre voix, jointe à celles acquises d'avance des trois électeurs ecclésiastiques, lui donnait la majorité au Collège électoral au moment de la future élection impériale. Pour éviter de paraître comme l'élu des seuls catholiques, l'archiduc Ferdinand se rendit à Dresde où il obtint de l'électeur Jean-Georges de Saxe, luthérien, la promesse de son vote lors de l'élection impériale. Tout semblait réglé. L'archiduc Ferdinand serait donc le prochain Empereur.

Tout fut remis en question par la révolte de la Bohême en 1618. Le royaume de Bohême — les pays de la couronne de saint Venceslas — formait un ensemble territorial compact constitué de la Bohême proprement dite et des « provinces incorporées », c'est-à-dire la Moravie, la Silésie, la Haute- et la Basse-Lusace. Le royaume sur lequel s'apprêtait à régner Ferdinand de Styrie était l'une des régions les plus peuplées de l'Empire avec une population de près de quatre millions d'habitants[1].

---

1. J. Macek et R. Mandrou, *Histoire de la Bohême des origines à 1918*, Paris, 1984, p. 189-190.

Largement majoritaire en Silésie et dans les Lusaces, les Allemands représentaient un bon quart de la population en Bohême et en Moravie où les Tchèques étaient majoritaires. La couronne de Bohême, théoriquement élective, était devenue héréditaire de fait dans la maison de Habsbourg depuis 1526. Dans chacune des composantes du royaume, le pouvoir législatif était exercé par une diète où étaient représentés l'aristocratie, les chevaliers et les villes. Depuis le XVe siècle, la Bohême avait été le lieu d'affrontement entre l'Église catholique et les mouvements réformateurs. Le compromis des *Compactata* de 1485 avait ramené une certaine paix religieuse, mais elle fut remise en question par la réforme luthérienne. À la fin du XVIe siècle, les Allemands et les Tchèques du royaume étaient passés au protestantisme dans le cadre de la *Confession tchèque* définie par la diète de 1575 et approuvée par l'empereur Maximilien II. Autour de l'archevêché de Prague, rétabli en 1561, et avec l'aide des Jésuites, l'Église catholique tentait de récupérer les positions perdues. Mais pour des raisons de politique intérieure, les souverains maintinrent une politique de tolérance religieuse. Mieux même, l'empereur Rodolphe II avait donné, par la *Lettre de Majesté* du 9 juillet 1609, un statut religieux officiel à ses sujets de Bohême. Ce texte allait beaucoup plus loin que la paix d'Augsbourg ; il accordait la liberté religieuse et le libre exercice de tous les cultes et attribuait aux protestants l'Université de Prague, le *Carolinum*, tandis que les catholiques disposaient du *Clementinum*, l'Académie des Jésuites. Un *Compromis* publié simultanément donnait aux membres protestants des trois ordres de la diète le droit de se réunir en une véritable diète protestante et de désigner les trente Défenseurs de la Foi chargés de contrôler l'Université et le Consistoire et de veiller à la loyale application de la *Lettre de Majesté*.

Deux conflits locaux mineurs survenus à Braunau (Broumov) et à Klostergrab (Hroby) à propos de la construction de temples protestants sur des terres appartenant à l'Église catholique ainsi que la destruction du temple de Klostergrab, en décembre 1617, sur ordre de l'archevêque de Prague, provoquèrent une réaction immédiate des Défenseurs de la Foi, qui convoquèrent une diète protestante en mars 1618. Les participants rédigèrent à l'intention de l'empereur Mathias une liste récapitulative de leurs griefs. La réponse de l'empereur leur parvint le 5 mai ; l'empereur leur faisait savoir que rien dans la *Lettre de Majesté* n'autorisait la construction de temples sur des terres relevant de l'Église catholique et invitait la diète protestante à renoncer à sa nouvelle réunion prévue pour le 21 mai.

Indignés de la réponse de Mathias, les Défenseurs accusèrent les représentants à Prague de l'empereur, les lieutenants du Conseil de régence, d'avoir inspiré la réponse de l'empereur. Lors d'une réunion des représentants de la noblesse et de la bourgeoisie protestantes, le comte Mathias de Thurn dénonça la réaction catholique et les menaces qui pesaient sur les « libertés du royaume », et il fut décidé que l'on irait au palais royal du Hradschin présenter aux lieutenants royaux les doléances de la diète. La veille de la rencontre, les chefs extrémistes protestants ourdirent un complot en vue d'éliminer les lieutenants considérés comme les plus hostiles aux protestants. Effectivement, le 23 mai, les chefs protestants, accompagnés d'une foule nombreuse, pénétrèrent au Hradschin et, à l'issue d'un simulacre de procès, deux des lieutenants royaux, Martinic et Slawata, furent condamnés à mort pour avoir violé la *Lettre de Majesté* et furent précipités dans le vide par une des fenêtres du château, ainsi que le secrétaire Fabricius. Par chance et malgré la hauteur de la chute, tous s'en tirèrent avec de simples contusions. La *Défénestration de Prague* fut le point de départ de cette guerre qui pendant trente ans mit à feu et à sang tout le centre de l'Europe.

### *La révolte de la Bohême et ses conséquences en Allemagne*

Au soir de cette journée du 23 mai, les conjurés protestants mirent en place à Prague un gouvernement provisoire formé de trente directeurs. En prévision d'une réaction de l'empereur, on confia le commandement des troupes de Bohême, quelque quatre mille hommes, à Mathias de Thurn. Les nouvelles autorités s'empressèrent d'expulser les Jésuites, symboles de la reconquête catholique, et de confisquer les biens des principaux chefs catholiques. À Vienne, on hésita sur la conduite à tenir face aux rebelles. Le Premier ministre, le cardinal Khlesl, penchait pour la négociation, mais la ligne dure, préconisée par l'archiduc Ferdinand, prévalut. On se prépara à intervenir militairement. Le gouverneur des Pays-Bas espagnols envoya quelques mercenaires wallons à son cousin autrichien. De son côté, le Directoire de Prague recevait quelques renforts de mercenaires allemands recrutés par le comte de Mansfeeld. Toutefois, aucune grande puissance ne semblait vouloir intervenir, ni la France et les Provinces-Unies du côté protestant, ni le Pape et l'Espagne du côté catholique. En Allemagne même, le duc Maximilien de Bavière hésitait à engager la Ligue catholique dans cette affaire, tandis que les membres de l'Union évangélique, réunis en octobre 1618 à Rothemburg-ob-der-Tauber, demandaient aux deux parties de rechercher un compromis. Seuls l'électeur palatin, le prince d'Anhalt et le margrave d'Ansbach étaient favorables à une action militaire en Bohême, mais les princes luthériens, et davantage encore les villes libres d'Empire, repoussaient toute idée d'intervention dans les affaires de Bohême[1].

Au cours de l'hiver 1618-1619, la situation n'évolua guère. Le territoire bohême était en grande partie contrôlé par les troupes du Directoire et les mercenaires de Mansfeld, à l'exception des places fortes de Budweis (Budejovice) et de Krumlau (Krumlov), tenues par les Impériaux. La mort de l'empereur Mathias, le 20 mars 1619, ouvrit une double succession, celle au trône de Bohême et celle au trône impérial.

Malgré les signes de respect que les populations de Bohême témoignèrent au souverain défunt, le Directoire de Prague et la diète firent aussitôt savoir qu'ils tenaient l'élection de Ferdinand, en 1617, pour nulle et que le trône de Bohême se trouvait vacant. Au même moment, la diète de Haute-Autriche dominée par les protestants refusait de reconnaître Ferdinand, imitée en cela par celles de Basse-Autriche et de Moravie. Et, en Hongrie, le prince de Transylvanie Gábor Bethlen poussait à la révolte contre Ferdinand en donnant son soutien au Directoire de Prague. Ferdinand de Styrie, aux prises avec la révolte des États héréditaires des Habsbourg, quitta Vienne en juillet 1619 pour participer en tant qu'électeur de Bohême à l'élection impériale. Après de longues tractations, il fut élu à l'unanimité empereur, le 28 août 1619, sous le nom de Ferdinand II. Faute d'avoir pu faire élire son propre candidat, le duc de Savoie, le représentant de l'électeur palatin vota pour le Habsbourg[2]. Entre-temps, la diète de Bohême avait mis en place de nouvelles institutions et avait adopté le 21 juillet une Constitution qui faisait du royaume une *Confederatio Bohemica* ouverte aux pays habsbourgeois qui souhaiteraient y adhérer. Cette Constitution reprit à son compte les principes de liberté religieuse définis par la *Lettre de Majesté* afin de rassurer la minorité catholique, mais les Jésuites demeuraient à tout jamais bannis du royaume. La diète disposait désormais de l'essentiel des pouvoirs, notamment celui de désigner le roi. Considérant le trône vacant depuis la mort de Mathias, la diète

1. V. L. Tapié, *La Guerre de Trente Ans*, Paris, 1989, p. 80-34.
2. H. Sacchi, *La Guerre de Trente Ans*, *op. cit.*, t. I, p. 295-302.

choisit pour roi le chef de l'Union évangélique, l'électeur palatin Frédéric V, marié à la fille du roi Jacques d'Angleterre, qui bénéficiait du soutien au moins moral des Provinces-Unies. Le nouveau roi arriva à Prague le 31 octobre et fut, selon la tradition, couronné en la cathédrale Saint-Guy après avoir prêté serment à la Constitution[1].

La révolte de la Bohême prenait maintenant une tout autre dimension car, en acceptant cette couronne, l'électeur palatin s'était rendu coupable d'un acte de félonie à l'égard de l'empereur. Ferdinand II obtint, dès octobre 1620, le soutien du duc de Bavière qui mit à son service les troupes de la Ligue catholique. Ne pouvant payer les dépenses engagées pour le recrutement de mercenaires, l'empereur donna au duc de Bavière le droit d'occuper la Haute-Autriche rebelle jusqu'au remboursement de sa dette. Ferdinand II avait l'appui total des princes de la Ligue catholique ; il pouvait aussi compter sur le roi de Pologne Sigismond III. Louis XIII, par solidarité monarchique et par hostilité aux protestants, proposa sa médiation. Par le traité d'Ulm du 3 juillet 1620, il avait obtenu de la Ligue catholique et de l'Union évangélique qu'elles s'abstiennent mutuellement d'attaquer les biens et domaines de l'autre, du moins en Allemagne. Ce qui laissait carte blanche à la Ligue pour intervenir en Bohême. À la fin août, les troupes du duc de Bavière, commandées par le Wallon Tilly, obtenaient la soumission de la Haute-Autriche puis, renforcées par des contingents impériaux, elles entrèrent en Bohême au moment où l'électeur de Saxe, allié de l'empereur, s'apprêtait à envahir la Silésie. L'armée du Directoire, forte d'une vingtaine de milliers d'hommes, sous les ordres de Mathias de Thurn, de Christian de Mansfeld et de Christian d'Anhalt, avait pris position sur la colline de la Montagne Blanche, aux portes de Prague. Le 8 novembre, les troupes de Tilly, légèrement inférieures en nombre mais mieux aguerries et mieux commandées que leurs adversaires, donnèrent l'assaut et se rendirent rapidement maîtres du terrain. Le lendemain, Prague était occupée.

La bataille de la Montagne Blanche scella le destin de l'antiroi Frédéric, celui que l'on appela désormais le « roi d'un hiver ». Quittant précipitamment la capitale de son éphémère royaume, Frédéric chercha d'abord refuge auprès de l'électeur de Brandebourg, un calviniste comme lui, avant de se fixer, dès avril 1621, à La Haye auprès de son parent Maurice de Nassau. L'empereur Ferdinand II était à nouveau maître de la Bohême. Le pays

1. H. Sacchi, *La Guerre de Trente Ans*, *op. cit.* t. I, p. 307-308.

rebelle fut soumis à une sévère répression. Les principaux chefs de la rébellion — vingt-sept Tchèques et Allemands confondus — furent exécutés à Prague, le 21 juin 1621, et tous leurs biens confisqués. De nombreux partisans du « roi » Frédéric furent poursuivis et leurs biens en totalité ou partiellement confisqués. Les biens saisis furent soit donnés à ceux qui avaient pris le parti de Ferdinand II, soit mis en vente. De nombreux protestants de Bohême prirent le chemin de l'exil et s'installèrent dans les États protestants d'Allemagne du Nord où ils tentèrent d'intéresser les princes à leur cause. La Bohême perdit une grande partie de l'au tonomie dont elle avait joui jusqu'alors ; la *Lettre de Majesté* fut abolie, le protestantisme interdit. Quant à la couronne, elle devint officiellement héréditaire dans la maison d'Autriche.

Tout laissait supposer maintenant que l'empereur allait profiter de l'écrasement de la rébellion bohême pour renforcer son autorité en Allemagne. Mais il fallait d'abord régler le sort du Palatin. Dès le 29 janvier 1621, Ferdinand II mit au ban de l'Empire l'électeur Frédéric et ses plus proches alliés, dont Christian d'Anhalt. Tous étaient bannis et leurs biens confisqués à moins qu'ils ne fissent amende honorable. Les possessions du Palatin avaient déjà été occupées par des troupes espagnoles venues des Pays-Bas et par l'armée de la Ligue catholique. Pour régler la question de l'attribution de ces biens, Ferdinand II convoqua en janvier 1623 une *Députation*, c'est-à-dire une diète restreinte composée des princes-électeurs ou de leurs représentants, et des princes catholiques et protestants les plus représentatifs. Les catholiques étaient nettement majoritaires. Ferdinand II fit approuver le transfert au duc Maximilien de Bavière de la dignité électorale du Palatin, et ce à titre viager. À la mort de Maximilien, les héritiers de Frédéric V récupéreraient le titre d'électeur[1]. Le Haut-Palatinat fut attribué également au duc de Bavière ; quant au Palatinat rhénan, il fut placé sous séquestre, les territoires de la rive gauche étant occupés par les troupes espagnoles, ceux de la rive droite par les Bavarois.

Les décisions prises lors de cette députation inquiétèrent les princes allemands tant catholiques que protestants car tous redoutaient que l'empereur profite de la situation pour renforcer son autorité et menacer ainsi les « libertés germaniques ». Ferdinand II semblait alors tout à fait maître des événements. Le Palatin félon avait été puni par ses pairs ; la Bohême, la Hongrie et les provinces autrichiennes avaient fait leur soumission. Ces

1. G. Pagès, *La Guerre de Trente Ans*, Paris, 1949, p. 76.

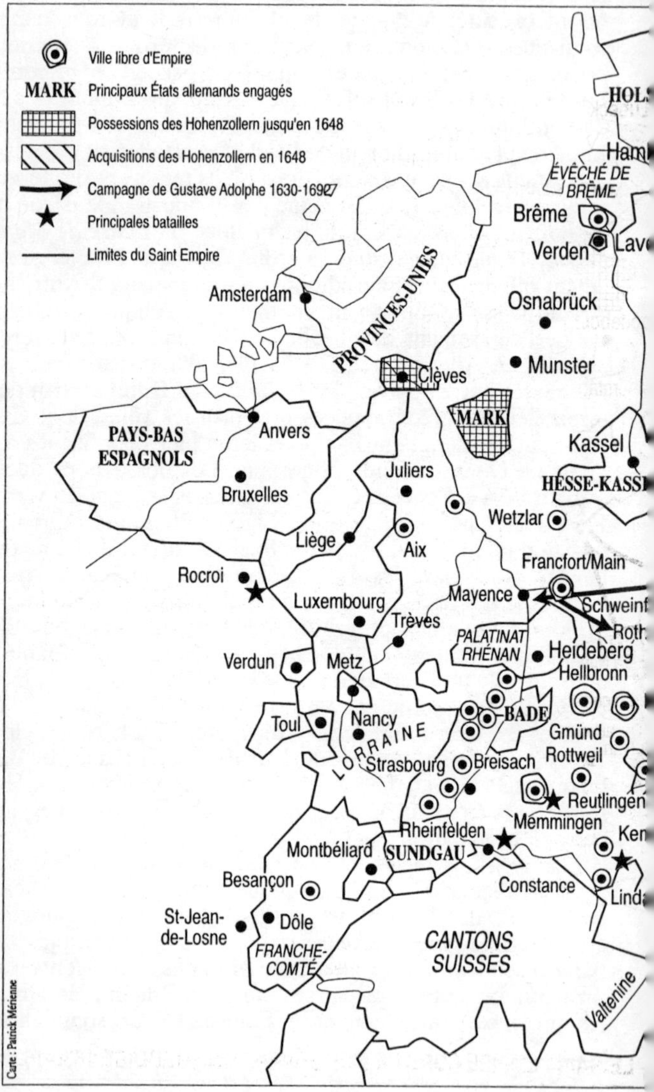
Ville libre d'Empire
MARK Principaux États allemands engagés
Possessions des Hohenzollern jusqu'en 1648
Acquisitions des Hohenzollern en 1648
Campagne de Gustave Adolphe 1630-1632
Principales batailles
Limites du Saint Empire
Amsterdam
PROVINCES-UNIES
ÉVÊCHÉ DE BRÊME
Brême
Verden
Osnabrück
Munster
Clèves
MARK
PAYS-BAS ESPAGNOLS
Anvers
Bruxelles
Kassel
HESSE-KASSEL
Juliers
Wetzlar
Liège
Aix
Francfort/Main
Rocroi
Mayence
Luxembourg
Trèves
PALATINAT RHÉNAN
Heideberg
Hellbronn
Verdun
Metz
BADE
Toul
Nancy
LORRAINE
Gmünd
Rottweil
Strasbourg
Breisach
Reutlingen
Memmingen
Rheinfelden
Montbéliard
SUNDGAU
Constance
Besançon
St-Jean-de-Losne
Dôle
FRANCHE-COMTÉ
CANTONS SUISSES
Valtenine
Carte : Patrick Mérienne

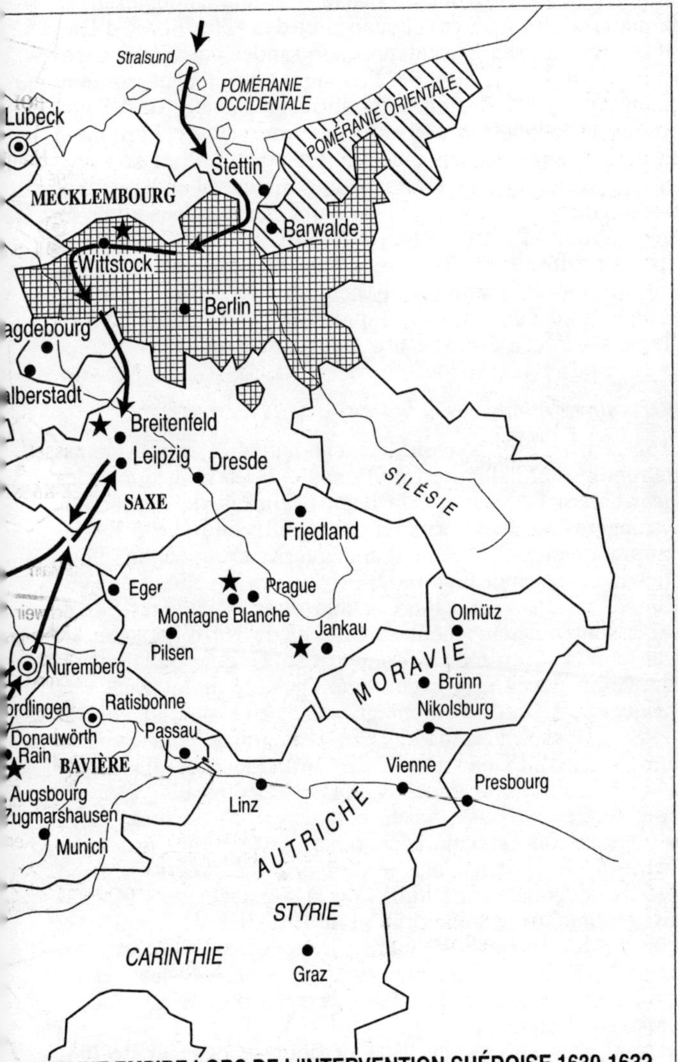


LE SAINT EMPIRE LORS DE L'INTERVENTION SUÉDOISE 1630-1632

succès, l'empereur les devait d'abord au duc de Bavière et à l'armée de Tilly, mais aussi au loyalisme que lui témoignèrent la grande majorité des princes allemands et des villes libres d'Empire ; il le devait aussi à la prudence des grandes puissances européennes qui, à l'exception de l'Espagne qui l'avait soutenu activement au nom de la solidarité entre Habsbourg de Vienne et Habsbourg de Madrid, n'étaient pas intervenues. Ferdinand pensait avoir maintenant les mains libres pour réaliser son programme de restauration de l'autorité impériale et d'endiguement du protestantisme en Allemagne du Nord. Les anciens alliés de Frédéric V, Mansfeld et Christian d'Anhalt, soutenus financièrement par les subsides hollandais, n'avaient pas désarmé et se livraient à des actions militaires ponctuelles en Basse-Rhénanie. L'intervention de Tilly y mit fin rapidement. À la fin de l'année 1623, la paix semblait être revenue en Allemagne.

*Les interventions étrangères et la reprise de la guerre*

En 1624, l'arrivée au pouvoir de Richelieu, qui s'empressa aussitôt de renouveller l'alliance traditionnelle de la France avec les Provinces-Unies, fut le point de départ d'une série d'interventions étrangères qui transformèrent un conflit intérieur à l'Allemagne, pratiquement réglé, en une guerre européenne. Pour Richelieu, il fallait empêcher à tout prix un renforcement de l'autorité impériale en Allemagne car cela pourrait amener Ferdinand II à soutenir activement son cousin le roi d'Espagne, et menacer ainsi la sécurité de la France. Tout ce qui pouvait affaiblir l'empereur devait être encouragé. Or, à ce moment-là, certains princes protestants d'Allemagne du Nord s'inquiétaient des intentions prêtées à Ferdinand II et recherchaient des appuis extérieurs. Le roi du Danemark Christian IV, en tant que duc de Holstein, répondit à leur appel et, après s'être fait élire gouverneur du cercle de Basse-Saxe, commença à organiser leur défense. Le roi du Danemark cherchait à constituer une zone d'influence danoise en Allemagne du Nord et à prendre ainsi le contrôle des débouchés maritimes de la Weser et de l'Elbe. Il pouvait compter sur la collaboration de Christian de Brunswick, sur celle du duc de Saxe-Weimar et de son frère Bernard. Au printemps 1625, prenant prétexte de la présence des troupes de Tilly en Basse-Saxe, le roi de Danemark, encouragé par Richelieu, passa à l'attaque.

Pour renforcer l'armée de Tilly et pour se dégager de l'influence parfois gênante du duc de Bavière, Ferdinand II accepta l'offre de service d'un *condottiere* tchèque, Wallenstein, qui s'était considérablement enrichi lors des confiscations de biens des rebelles bohêmes. Wallenstein recruta de nombreux mercenaires qu'il mit au service de la cause impériale. Tandis que Tilly battait les Danois à Lutter-am-Barenberg, le 26 août 1626, les Impériaux reprirent le contrôle de la Basse-Saxe. Wallenstein, de son côté, remportait des succès sur les confins hongrois où il battait les troupes de Mansfeld et obligeait le prince de Transylvanie, Gábor Bethlen, allié des princes protestants, à traiter avec l'empereur. Au début de 1627, Tilly et Wallenstein obligèrent les ducs de Poméranie et de Mecklembourg, alliés du Danemark, à se soumettre. Malgré les mauvaises relations entre les deux chefs de guerre, Ferdinand II conserva toute sa confiance à Wallenstein, qu'il fit prince d'Empire, duc de Mecklembourg et « général des mers Océanique et Baltique ». L'empereur se sentit à ce moment-là assez puissant pour faire annuler toutes les sécularisations illégales effectuées depuis la paix d'Augsbourg. Ce fut l'objet de l'édit de Restitution du 28 mars 1629, décision émanant de la seule volonté impériale, et non pas loi d'Empire ratifiée par la diète. Il y avait là matière à inquiéter les défenseurs des « libertés germaniques ». Pourtant, sur le fond, l'édit se situait dans le cadre de la paix d'Augsbourg. Rien n'était changé en ce qui concernait la liberté religieuse des princes et des villes libres sur la base du *cujus regio, ejus religio*, mais cette disposition était étendue aux principautés ecclésiastiques. Le calvinisme et les « sectes extrémistes », tout comme en 1555, demeuraient exclus de cette liberté religieuse. Mais ce qui provoqua la colère de certains et l'indignation de tous, c'est que l'édit imposait la restitution à l'Église catholique de tous les biens d'Église, bénéfices et abbayes sécularisés *illégalement* après 1552[1]. Or, ces biens, sécularisés parfois depuis plus de cinquante ans, avaient fait l'objet de cessions et de partages ; ils pouvaient même se trouver entre les mains de princes catholiques à la faveur d'un changement de religion du détenteur. Dans l'esprit de Ferdinand II, il s'agissait de rendre justice à l'Église catholique en lui restituant ce qu'on lui avait enlevé d'une façon illicite.

Une fois signé l'édit de Restitution, on commença partout à recenser les biens susceptibles d'être rendus à l'Église. L'inquiétude était grande chez les protestants car, pour eux, ce n'était que la première étape d'une recatholicisation forcée de l'Alle-

1. H. Sacchi, *La Guerre de Trente Ans*, *op. cit.* t. II, p. 265-266 et V. L. Tapié, *La Guerre de Trente Ans*, *op. cit.*, p. 173 et suiv.

magne. Or, l'allié danois vaincu venait de signer avec l'empereur la paix de Lubeck le 7 juin 1629, un traité modéré qui laissait à Christian IV toutes ses possessions. Les princes protestants d'Allemagne du Nord se trouvaient maintenant à la merci de Ferdinand II. À l'ouest, les troupes de Tilly tenaient la Basse-Westphalie et empêchaient toute attaque en provenance des Provinces-Unies ; au nord, celles de Wallenstein semaient la terreur parmi les populations protestantes. Wallenstein disposait alors d'une armée très nombreuse, forte de cent vingt-neuf mille hommes dont dix-huit mille cavaliers, et beaucoup pensaient que Wallenstein était le principal obstacle au retour de la paix. Tilly, de son côté, cherchait à discréditer son rival. La réunion du Collège des électeurs et de la diète fut fatale à Wallenstein. Le 24 août 1630, Wallenstein était destitué et une partie de ses troupes licenciées.

Le moment était mal choisi. En effet, le roi de Suède Gustave-Adolphe, pressé par certains princes protestants et par les intrigues de Richelieu, venait de débarquer sur la côte allemande de la Baltique avec l'intention de « délivrer ses coreligionnaires du joug papal ». En quelques semaines, les Suédois occupèrent le Mecklembourg et la Poméranie. Gustave-Adolphe pouvait compter sur le duc de Saxe-Weimar, sur les habitants de l'archevêché de Magdebourg où Ferdinand II tentait de rétablir le catholicisme et sur le Landgrave de Hesse-Kassel, dont les possessions étaient occupées par les troupes de Tilly. Le roi bénéficia également du soutien financier de la France à la suite du traité de Bärwalde, en janvier 1631. L'intervention suédoise ne faisait pas l'unanimité chez les princes protestants. L'électeur de Saxe et celui de Brandebourg se prononçèrent pour la neutralité lors de l'assemblée de Leipzig en mars 1631. Les autres princes optèrent pour l'alliance suédoise.

L'Allemagne se retrouvait ainsi de nouveau en guerre. Depuis la destitution de Wallenstein, c'est à Tilly seul qu'incombait la défense de l'Empire. Pour Tilly, le seul moyen d'empêcher les populations protestantes de se rallier à Gustave-Adolphe, c'était de les terroriser. C'est ce qu'il fit lors du « sac de Magdebourg » du 20 au 22 mai 1631. Le massacre de la population civile, qui fit entre vingt et vingt-cinq mille victimes, provoqua une émotion énorme. « La chute de ce vieux centre religieux et culturel d'Allemagne du Nord réveilla le monde protestant[1]. » Aussitôt après, l'électeur de Brandebourg se rangea du côté des Suédois suivi,

1. V. Valentin, *Deutsche Geschichte*, München-Zürich, 1969, t. I, p. 225.

en septembre, par celui de Saxe. Le 17 septembre, Tilly subit à Breitenfeld, non loin de Leipzig, sa première grande défaite. Tandis que Gustave-Adolphe chargeait les Saxons de porter la guerre en Bohême, lui-même occupait la Thuringe, installait son quartier général à Mayence, où l'avait rejoint Bernard de Saxe-Weimar, d'où il se préparait à lancer une double attaque en direction de l'Alsace et de la Bavière. Devant la gravité de la situation, Ferdinand II avait rappelé Wallenstein, en avril 1632, au moment où Gustave-Adolphe attaquait la Bavière. La mort de Tilly devant Rain, alors qu'il tentait d'arrêter les Suédois, laissait au seul Wallenstein la responsabilité de la conduite de la guerre. Pour Wallenstein, il fallait d'abord chasser les Saxons de Bohême et il s'y employa, permettant ainsi à Gustave-Adolphe de piller à souhait la Bavière. Au même moment, Bernard de Saxe-Weimar occupait l'Alsace pour le compte des Suédois. Au cours de l'été, Wallenstein se décida à attaquer Gustave-Adolphe et l'obligea à quitter la Bavière. Après avoir chassé les Suédois de Nuremberg, Wallenstein poursuivit Gustave-Adolphe jusqu'en Saxe. C'est là, le 16 novembre 1632, que les deux adversaires s'affrontèrent lors de la bataille de Lützen. Certes, Wallenstein fut battu, mais il put sauver son armée. En revanche, Gustave-Adolphe trouva la mort au cours de la bataille. La mort du « Lion du Nord » ne mit pas fin à la guerre pour autant et le chancelier Oxenstierna chercha à resserrer ses alliances avec les princes protestants. Une nouvelle Ligue protestante fut constituée lors de l'assemblée de Heilbronn, en mars 1633 : la France y fut associée et le traité de Bärwalde renouvelé. En Allemagne, on était las de la guerre et des dévastations qu'elle entraînait. Certains princes catholiques, par crainte de la soldatesque suédoise, s'étaient placés sous la protection de la France : c'était le cas de l'électeur de Trèves, Philippe de Sötern, qui entendait rester neutre. De son côté, Wallenstein cherchait à détacher la Saxe de l'alliance suédoise et négociait avec le général Arnim. Pourtant, la Suède entendait bien continuer la guerre et, en septembre 1633, Bernard de Saxe-Weimar, depuis l'Alsace, entreprenait une longue chevauchée à travers l'Allemagne du Sud et occupait Ratisbonne le 14 novembre 1633. Wallenstein, qui guerroyait alors en Silésie, n'intervint pas. À Vienne, les adversaires de Wallenstein eurent tôt fait de l'accuser de trahison et on décida de l'éliminer. Dans la nuit du 25 au 26 février 1634, Wallenstein était assassiné à Eger (Cheb) sur ordre de Ferdinand II et aussitôt remplacé à la tête de l'armée par Ottavio Piccolomini assisté de Mathias Gallas.

Au cours de l'hiver 1633-1634, on crut un temps que la paix

allait revenir. L'armée suédoise, faute de victoires, ne récupérait plus de butin, ce qui mettait la Suède dans une situation financière délicate. La Ligue d'Heilbronn se montrait de plus en plus réticente à poursuivre une guerre dont l'issue était incertaine. La campagne menée par les Suédois en 1634 se solda pour eux par la défaite de Nordlingen, le 6 septembre. La Bavière se trouvait enfin libérée de l'occupation suédoise. Malgré les pressions de la Suède et de la France, l'électeur de Saxe entama des pourparlers de paix avec l'empereur qui aboutirent, le 30 mai 1635, au traité de Prague. La Saxe conservait les Lusaces reçues en gage en 1620 et le fils de l'électeur recevait à titre viager l'archevêché de Magdebourg. Quant à l'édit de Restitution, il fut décidé que son application était suspendue pour une durée de quarante ans. La paix de Prague était ouverte à tous les princes allemands qui voulaient y souscrire ; l'électeur de Brandebourg y adhéra en septembre, ainsi que le duc de Mecklembourg. Seuls le Landgrave de Hesse-Kassel et surtout Bernard de Saxe-Weimar restaient fidèles à l'alliance suédoise. La paix de Prague n'avait cependant pas mis fin à la guerre. Les Suédois occupaient encore une grande partie de l'Allemagne du Nord et, en Alsace, les Français avaient remplacé les mercenaires weimariens.

### *L'extension du conflit à l'Europe*

Deux puissances étrangères à l'Allemagne cherchaient à entretenir la guerre sur son sol. D'abord la Suède, dont l'objectif réel était de se tailler un Empire sur les deux rives de la Baltique et de prendre le contrôle de l'embouchure de la Weser et de l'Elbe, comme avait cherché à le faire le Danemark en 1625. Et surtout la France. Jusqu'au début des années 1630, Richelieu n'avait pas pu intervenir directement pour des raisons de politique intérieure, mais ses objectifs demeuraient les mêmes : affaiblir l'empereur pour l'empêcher d'apporter un soutien militaire à l'Espagne, se créer une « clientèle » parmi les princes allemands inquiets des atteintes aux « libertés germaniques » commises par Ferdinand II, et prendre le contrôle de l'accès au Rhin. Dès l'été 1633, la France avait occupé la Lorraine dont le duc, Charles IV, était l'un des plus fidèles alliés de Ferdinand II, puis, en octobre 1634, l'Alsace évacuée par les Suédois et les Weimariens à la suite du traité de Worms. En outre, l'électeur de Trèves, protégé de la France, avait laissé s'installer des garnisons françaises sur son territoire. Pour Richelieu, le moment semblait venu que la France intervienne directement.

L'enlèvement de l'archevêque-électeur de Trèves, par des troupes venues du Luxembourg et au service du roi d'Espagne, fournit à Richelieu un prétexte pour rompre avec l'Espagne. En mai 1635, la France déclarait la guerre à l'Espagne. On avait, en apparence, deux conflits parallèles, l'un opposant l'empereur Ferdinand II à la Suède et à ses alliés protestants, l'autre entre le roi de France et le roi d'Espagne. En réalité, c'était la reprise du conflit traditionnel entre les maisons de France et de Habsbourg pour la suprématie en Europe. La rupture entre la France et l'Empire n'eut lieu qu'en septembre 1636. L'intervention de troupes françaises en Franche-Comté contre les Espagnols amena Ferdinand II à déclarer la guerre, car la Franche-Comté, bien qu'administrée par l'Espagne, était terre d'Empire.

Longtemps, la France considéra l'Allemagne comme secondaire sur le plan militaire. Dans le nord, ce fut l'armée suédoise qui se chargea d'y maintenir la guerre en se livrant à des chevauchées dévastatrices sur les terres des électeurs de Saxe et du Brandebourg. La victoire de Wittstock sur les Impériaux et leurs alliés saxons le 4 octobre 1636 permit aux Suédois de consolider leur présence en Allemagne du Nord. De là, les Suédois, à plusieurs reprises, s'attaquèrent aux possessions des Habsbourg. La Bohême et la Silésie furent plusieurs fois envahies. Lors de la campagne de 1645, après avoir battu les Impériaux à Jankau (Jankovice) le 6 mars, Torstensson et une partie de l'armée suédoise mit le siège devant Vienne en avril, l'autre partie prenant position devant Brünn. La défection du prince de Transylvanie Georges Rakoczi obligea Torstensson à lever le siège de Vienne en octobre et à se replier sur la Saxe. À ce moment-là, la Saxe venait de quitter le camp impérial et avait proclamé sa neutralité.

Dans le sud de l'Allemagne, c'est à Bernard de Saxe-Weimar et à ses mercenaires qu'incombait de lutter contre les Impériaux et leurs alliés bavarois. À la mort de Bernard de Saxe-Weimar en 1639, ses troupes furent intégrées à l'armée française du Rhin, dont Turenne prit le commandement en 1643. Ce fut le début d'actions militaires franco-suédoises coordonnées, surtout à partir de 1645, alors qu'avaient déjà commencé les premiers pourparlers de paix. Chaque camp voulait négocier en position de force pour faire pencher la balance en sa faveur à la conférence de la paix. La campagne de 1647-1648 est très révélatrice à cet égard. Tandis que les Français de Turenne associés aux Suédois de Wrangel attaquaient en Bavière et battaient les Impériaux à Zusmarshausen, le 17 mai 1648, et se préparaient à marcher sur

Vienne, une autre armée suédoise commandée par Königsmarck envahissait la Bohême et occupait une partie de Prague, le 26 juillet 1648. Ces succès militaires franco-suédois décidèrent l'empereur à signer la paix[1].

*Les traités de Westphalie : la naissance d'une nouvelle Allemagne*

On recherchait depuis longtemps en Allemagne la façon de mettre fin à un conflit dont les principaux acteurs étaient étrangers au monde allemand. Le successeur de Ferdinand II, son fils, Ferdinand III (1637-1657), avait accepté la demande de la diète de 1640-1641 visant à la tenue d'un congrès européen pour discuter de la paix future. Il fut prévu que les représentants des États catholiques se réuniraient à Münster, et ceux des États protestants à Osnabrück, deux villes de Westphalie épargnées jusque-là par la guerre. Les travaux du congrès commencèrent véritablement au printemps 1644 pour s'achever le 24 octobre 1648 avec la signature des traités qui mettaient fin à la guerre de Trente Ans.

La paix de Westphalie fut précédée de la signature de deux accords régionaux. Ce fut d'abord la reconnaissance par Ferdinand III de la pleine et entière indépendance des cantons suisses, puis le traité entre le roi d'Espagne et les Provinces-Unies officialisant l'indépendance de celles-ci.

La paix de Westphalie entraîna une sensible modification de la carte politique de l'Europe centrale, dont bénéficièrent non seulement la France et la Suède, mais aussi certains princes allemands. L'Empire renonçait officiellement aux Trois-Évêchés de Metz, Toul et Verdun que la France administrait depuis 1552. La maison d'Autriche cédait en toute propriété au roi de France ses possessions de Haute-Alsace et du Sundgau, ainsi que « tous les droits, propriétés, domaines et juridictions qui, jusqu'ici, ont appartenu tant à l'Empereur qu'à l'Empire et à la maison d'Autriche, sur le landgraviat de la Haute- et Basse-Alsace et la préfecture provinciale des dix villes impériales situées en Alsace », ainsi que la ville de Brisach (aujourd'hui Alt-Breisach) sur la rive droite du Rhin. Ainsi, la quasi-totalité de l'Alsace, à l'exception de Strasbourg qui demeurait ville libre d'Empire, et de Mulhouse associée aux cantons suisses, devenait française. Toutefois, les territoires alsaciens cédés seraient maintenus « dans cette liberté et possession d'immédiateté à l'égard de l'Empire romain dont

1. H. Bogdan, *La Guerre de Trente Ans*, *op. cit.*, 1997, p. 242 et suiv.

ils ont joui jusqu'ici », ce qui signifiait que, bien que le roi de France fût pleinement souverain de ces territoires, ceux-ci n'en conservaient pas moins des liens mal précisés avec le Saint Empire[1]. En outre, la France était autorisée à maintenir une garnison à Philippsbourg bien que cette ville demeurât sous l'autorité de l'évêque de Spire. L'autre grand bénéficiaire de la paix de Westphalie fut la Suède « qui domine désormais la Baltique » et qui devient « membre de l'Empire germanique, et à ce titre... le principal défenseur de la foi protestante » en Allemagne[2]. La Suède, en effet, reçut en fief la Poméranie occidentale, l'embouchure de l'Oder avec la ville de Stettin, le port et la ville de Wismar, ainsi que, plus à l'ouest, l'évêché de Verden, l'archevêché et le duché de Brême, à l'exception de la ville de Brême qui conservait son statut de ville libre d'Empire, et les droits des anciens archevêques de Brême sur le diocèse de Hambourg.

Les traités de Westphalie scellaient la réconciliation entre l'empereur et tous les princes allemands qui avaient pris les armes contre lui. Tous bénéficiaient d'une amnistie générale, à l'exception des sujets rebelles de Bohême. Un certain nombre de remaniements territoriaux furent effectués, au profit en particulier de l'électeur de Brandebourg, Frédéric-Guillaume, le « Grand Électeur » qui, en 1641, était revenu à l'alliance suédoise. À titre de dédommagement pour la Poméranie occidentale, l'électeur de Brandebourg reçut les évêchés de Kammin, de Halberstadt et de Minden, ainsi que l'expectative de l'archevêché de Magdebourg, à l'exception de la ville qui restait ville libre d'Empire. Avec l'électorat de Brandebourg et les acquisitions citées plus haut, avec le duché de Prusse, ancienne possession de l'Ordre Teutonique sécularisée en 1525, et avec l'héritage de Clèves-Juliers acquis en 1614, l'électeur Frederic-Guillaume devenait ainsi « le plus grand terrien des princes allemands[3] ». De son côté, l'électeur de Saxe se voyait confirmer la possession des deux Lusaces cédées par l'empereur à la paix de Prague. Restait l'épineuse question du Palatinat. Le duc de Bavière conserva le titre d'électeur ainsi que le Haut-Palatinat et le comté de Cham. Le fils de Frédéric V, Charles-Louis, lui aussi amnistié, récupérait le Palatinat rhénan et on créa pour lui un huitième électorat. Les autres

1. G. Livet, *Histoire d'Alsace* (sous la direction de Ph. Dollinger), Toulouse, 1970, p. 276-277.

2. R. Svanstrom et C. F. Palmstierna, *Histoire de la Suède*, Paris, 1944, p. 122.

3. J. Droz, *Histoire diplomatique de 1648 à 1919*, Paris, 1972, p. 11.

## LES ÉTATS DE LA MAISON D'AUTRICHE EN 1648

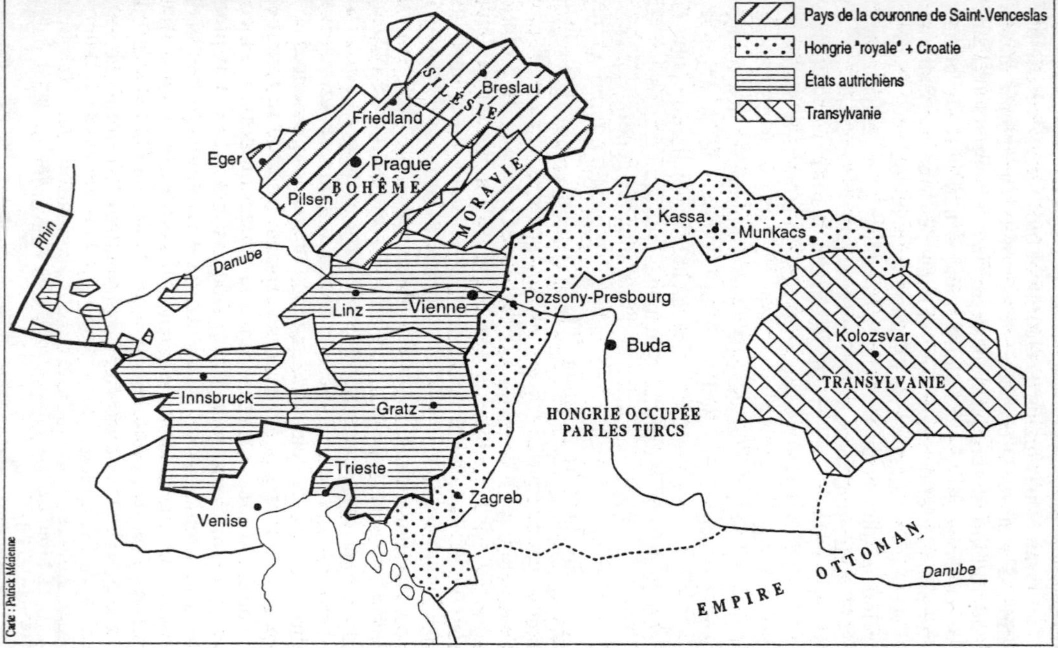


Carte : Patrick Ménenne

principautés territoriales et les villes libres d'Empire furent maintenues en l'état de 1618.

Tous ces changements territoriaux ne doivent pas faire oublier que la *Pax westphalica* comportait aussi d'importantes modifications à la Constitution du Saint Empire. Ce fut l'aboutissement de toutes les tentatives antérieures de réforme des institutions effectuées depuis Maximilien Ier au début du XVIe siècle. Ce fut aussi l'échec de la politique de Ferdinand II visant à faire de l'Empire une monarchie centralisée selon le modèle français ou espagnol. Les princes territoriaux, tant catholiques que protestants et quel que fût le camp auquel ils avaient appartenu au cours de la guerre, furent unanimes pour exiger une plus grande liberté d'action dans le cadre du respect des « libertés germaniques ». La *Constitutio westphalica* redéfinit les relations entre les princes et l'empereur à l'intérieur du Saint Empire. Pourtant, en apparence, rien ne semblait avoir changé. L'empereur était toujours élu par le Collège des électeurs. Le Saint Empire demeurait aussi morcellé qu'auparavant avec huit principautés électorales au lieu de sept, soixante-neuf principautés ecclésiastiques, une centaine de principautés laïques et une soixantaine de villes libres. La diète, dont le siège était définitivement fixé à Ratisbonne, restait toujours divisée en trois collèges, et c'était toujours l'empereur qui la convoquait. Comme par le passé, les résolutions adoptées par la diète ne devenaient lois d'Empire que si l'empereur consentait à les promulguer. Une des nouveautés introduites par la *Constitutio westphalica* fut que la diète reçut mission d'imposer à l'empereur une « capitulation perpétuelle » qui fixait une fois pour toutes les limites de l'autorité impériale. En outre, les articles 64 et 65 du traité de Münster conféraient aux princes allemands la « supériorité territoriale » (*Landeshoheit*), c'est-à-dire le droit « de conclure entre eux, et avec les puissances étrangères, des traités pour leur conservation et sûreté réciproques », à condition que ces traités « ne soient dirigés ni contre l'empereur et l'Empire ni contre la paix publique d'Empire[1] ». Les princes territoriaux devenaient ainsi des souverains indépendants. Les risques étaient mineurs en ce qui concerne les petites principautés. Mais les princes les plus puissants, les Hohenzollern par exemple, étaient en mesure de se poser en rivaux, voire en adversaires de l'empereur. Désormais, c'est dans ses seuls États héréditaires que l'empereur, c'est-à-dire la maison des Habsbourg, pouvait exercer sa pleine et entière souveraineté. « La paix de

1. G. Pagès, *La Guerre de Trente Ans*, *op. cit.*, p. 244-245.

Westphalie portait un coup mortel à la vieille idée d'Empire. Deux grandes puissances étrangères pénétraient profondément dans l'Empire, la France sur le Rhin, la Suède dans la Baltique. La maison d'Autriche — *domus Austriae*, comme on l'appelle aussi à cette époque — se repliait de plus en plus sur ses possessions héréditaires et tournait toutes ses forces vers la construction de son État danubien[1]. »

La réforme de l'Empire passait également par le règlement de la question religieuse. Le calvinisme bénéficia désormais des avantages reconnus au luthéranisme par la paix d'Augsbourg. Pour le reste, les dispositions de la paix d'Augsbourg furent maintenues, en particulier le principe *cujus regio, ejus religio* mais son application fut rendue plus souple. Ceux qui avaient une religion différente de celle de leur souverain pouvaient demeurer sur place et pratiquer *en privé* leur culte. De plus, la plupart des princes adoptèrent peu à peu une politique de tolérance religieuse. Quant à la question des sécularisations, on prit comme date de référence l'année 1624, considérée comme « année normale ». Toutes les sécularisations effectuées avant cette date furent confirmées à leurs actuels détenteurs. On peut dire que, dans l'ensemble, les protestants bénéficièrent d'un statut plus avantageux que dans les dispositions législatives antérieures. Dans leurs États, les princes reçurent le droit de légiférer en matière religieuse. À la diète d'Empire, lorsque l'on traitait des questions religieuses, il fut prévu que chaque collège se scinde en un *Corpus evangelicorum* et un *Corpus catholicorum* ; chaque *corpus* délibérait séparément et, en cas de désaccord, on recherchait un compromis de façon à toujours avoir un vote unanime. Il en était de même à la Cour de justice impériale constituée dorénavant d'un nombre égal de magistrats catholiques et protestants. De même, des protestants furent admis au Conseil aulique d'Empire[2].

La ratification des traités fut obtenue assez rapidement. La guerre de Trente Ans était bel et bien terminée en Allemagne mais il y avait encore nombre de problèmes en suspens. Il fallut notamment négocier avec chacun des chefs de guerre le montant des indemnités à verser pour obtenir la dissolution de leurs armées. Ce n'est qu'en 1654 que les derniers Suédois quittèrent l'Empire ! Quant au conflit franco-espagnol, il fallut attendre 1659 et le traité des Pyrénées pour en voir la fin.

1. G. Stadtmüller, *Geschichte Südosteuropas*, München-Wien, 1976, p. 312.
2. P. Rassow, *Histoire de l'Allemagne*, *op. cit.*, t. I, p. 379.

La paix de Westphalie laissait l'Allemagne exsangue. La plupart des régions avaient été dévastées par le passage des différentes armées qui s'y étaient livrées au pillage et aux violences de toutes sortes. L'œuvre de J. J. C. Grimmelshausen, un témoin direct qui servit dans les armées impériales à partir de 1635-1636, foisonne d'informations sur les malheurs endurés par les populations civiles au cours de cette guerre[1]. Cette « catastrophe sans précédent », pour reprendre l'expression de Pierre Chaunu, entraîna un « cataclysme démographique » en Europe centrale. Il faudra plus d'un siècle pour combler les pertes humaines directes ou indirectes provoquées par la guerre. Alors que la population du Saint Empire était estimée à dix-neuf ou vingt millions d'habitants à la veille de la guerre de Trente Ans, celle-ci ne dépassait guère les sept millions au milieu du XVII^e^ siècle. Cette catastrophe démographique fut le résultat de la conjonction de plusieurs facteurs. Il y a d'abord les « morts directes », et en tout premier lieu celles des combattants — 16 000 tués lors de la bataille de Wittstock en 1636 — ou celles des civils massacrés lors de la prise d'une ville — de 20 000 à 25 000 victimes lors du sac de Magdebourg en 1631 — ou du passage des armées et de leur séjour dans une région aussitôt livrée au pillage. À ces « morts directes » s'ajoutent les « morts induites » par la guerre. La mise à sac des campagnes, l'incendie des récoltes et le pillage des greniers avaient pour conséquence immédiate la famine, qui provoquait rapidement une surmortalité durable parmi les éléments les plus fragiles de la population, enfants et vieillards, mais dont les adultes n'étaient pas exempts non plus. La famine et l'état de faiblesse généralisée de la population favorisaient la propagation des épidémies, peste bubonique et thyphus en particulier, véhiculées par les armées et par la cohorte de brigands, de mendiants et de pillards qui les accompagnaient d'ordinaire.

On comprend mieux ainsi les pertes humaines considérables dans les régions directement touchées par la guerre. L'Allemagne du Nord, et plus spécialement les régions comprises entre l'Elbe et l'Oder, fut parmi les plus éprouvées. Le Brandebourg, qui ne fut concerné par la guerre qu'à partir de l'intervention suédoise, perdit entre 1630 et 1648 près de la moitié de la population, tant dans les villes que dans les campagnes. Entre 1618 et 1654, la population de Spandau passa de 3 600 à 1 500 habitants, celle de

1. J. J. C. Grimmelshausen, *Les Aventures de Simplicius Simplicissimus*, Paris, 1974, 2 vol.

Francfort-sur-Oder de 13 000 à 2 400 ! Les pays rhénans et leurs bordures subirent aussi des pertes considérables. Ainsi, le Würtemberg qui comptait 445 000 habitants en 1622 n'en avait guère plus de 80 000 à la fin de la guerre. L'Alsace et la Brisgau furent également durement touchées. Wissembourg perdit entre 1618 et 1648 les neuf dixièmes de sa population et, au cours de la même période, la population de Fribourg en Brisgau passa de 10 000 à 3 500 habitants. Les États habsbourgeois, notamment la Bohême, la Moravie et la Silésie, subirent des pertes importantes, tout comme la Bavière et la Franconie. Pourtant, certaines régions furent épargnées, en Allemagne du Nord même, comme l'Oldenbourg ou les villes hanséatiques de Hambourg et de Lübeck qui avaient acheté à prix d'or leur sécurité, mais aussi les régions de montagnes situées à l'écart des grandes voies de passage comme le Voralberg, le Tyrol ou les possessions des princes-évêques de Salzbourg[1].

De ces ruines cependant sortaient déjà les contours d'une nouvelle Allemagne. À la vieille conception héritée des clercs du Moyen Âge, celle d'un Empire chrétien universel, se substituait maintenant la notion d'État aux frontières bien définies dans lequel le prince exerçait sa pleine et entière souveraineté, même si le cadre traditionnel du Saint Empire demeurait. C'est désormais autour des États et de leurs princes que se reconstruit un monde nouveau et divisé, le monde des *Allemagnes*.

1. H. Bogdan, *La Guerre de Trente Ans*, op. cit. p. 273 et suiv.

# 11

# La difficile entrée de l'Allemagne dans la modernité

Au lendemain des traités de Westphalie qui consacraient la suprématie de la France et de ses alliés et qui prenaient acte de l'échec des Habsbourg dans leur tentative de faire du Saint Empire un État centralisé sur le modèle français, le monde allemand semblait avoir retrouvé la paix. Dans le cadre d'un Saint Empire considéré par tous ses membres comme obsolète, de nouvelles forces se mettaient peu à peu en place. Il faudra encore plus de deux siècles et bien des crises pour que, de ce monde instable, sorte une Allemagne unifiée.

## I — L'Allemagne face à l'impérialisme louis-quatorzien

Jusqu'à la guerre de Trente Ans, le Saint Empire romain germanique donnait l'impression de constituer un ensemble politique puissant, et le prestige de l'empereur pouvait encore prêter à illusion. Après 1648, l'empereur, chef de la maison d'Autriche, est devenu un prince territorial parmi d'autres et ne détient de véritable autorité que sur ses États patrimoniaux, et là encore doit-il tenir compte des diètes provinciales ou nationales jalouses de leurs privilèges.

### *Fragilité de l'institution impériale et montée en puissance des princes territoriaux*

La *Constitutio Westphalica* prévoyait, en son article VIII que, dans un délai de six mois, la diète d'Empire élaborât un projet de « capitulation perpétuelle » à laquelle devrait souscrire l'empereur au moment de son élection et dans laquelle seraient clairement fixées les limites de son pouvoir. La diète, en fait, ne se réunit qu'en juin 1653 et, à la veille de sa réunion, l'empereur Ferdinand III fit élire par le Collège des princes-électeurs son fils Ferdinand « roi des Romains ». Au cours de la diète qui se tint de juin 1653 à mai 1654, les pouvoirs du Collège des électeurs et du Collège des princes furent renforcés aux dépens de celui des villes, ce qui transforma l'Empire en une véritable « république aristocratique ». La même tendance se retrouvait dans les décisions prises à propos de la fiscalité d'Empire ; les principaux États en furent exemptés, ce qui augmenta d'autant la charge des petits États et des villes. La souveraineté et l'indépendance des princes territoriaux furent considérablement renforcées. La diète décida que, pour assurer le maintien de la paix civile, les princes pourraient exiger de leurs sujets le versement de subsides pour l'entretien de leurs places fortes et la levée d'hommes pour en assurer la garde. De la sorte, on donnait aux princes, tout au moins aux plus puissants d'entre eux, la possibilité de se doter d'armées permanentes, ce qui les mettait à égalité avec l'empereur. Toutes ces décisions furent incluses dans le texte de « capitulation perpétuelle[1] ».

La paix de Westphalie renforça l'influence des protestants dans le gouvernement de l'Empire avec la création du *Corpus evangelicorum*, présidé par l'électeur de Saxe. Mais l'électeur de Brandebourg, Frédéric-Guillaume — le Grand Électeur —, calviniste convaincu, chercha lui aussi à se présenter comme le défenseur des princes protestants face aux Habsbourg et ce avec l'appui de la Suède et de la France, cosignataires des traités. En face, les princes catholiques, pour répondre au regroupement des forces protestantes et pour défendre leurs privilèges face à l'empereur, se regroupèrent. Certains d'entre eux conclurent, le 15 décembre 1654, l'alliance de Cologne, qui comprenait les archevêques-électeurs de Cologne et de Trèves, l'évêque de Münster et le comte palatin de Neubourg.

La mort de Ferdinand III, le 2 avril 1657, et le problème de sa succession montra alors à quel point le Saint Empire devenait un enjeu de la politique internationale. L'héritier désigné et élu roi des Romains était mort en 1654 et le second fils de Ferdinand III, l'archiduc Léopold, n'avait que quatorze ans. Certains électeurs songèrent alors à choisir le nouvel empereur en dehors de la famille de Habsbourg. On pensa à l'électeur Ferdinand-Marie de Bavière soutenu par certains princes catholiques allemands, mais surtout par la Suède et par la France. Le duc de Bavière, fidèle

1. P. Rassow, *Histoire de l'Allemagne*, *op. cit.*, t. I, p. 385-389.

aux Habsbourg, refusa cependant d'être candidat. Mazarin songea alors à soutenir la candidature du comte palatin de Neubourg. Les diplomates français, le maréchal de Gramont et Hugues de Lionne, ne ménagèrent pas leur argent pour circonvenir les princes allemands[1] mais leur tentative s'avéra vaine. Louis XIV aurait même envisagé de se porter candidat à l'Empire, mais le fait qu'il n'était pas allemand constituait un obstacle majeur[2]. Finalement, les électeurs se décidèrent pour le maintien de la tradition et se prononcèrent, le 18 juillet 1658, en faveur du second fils de Ferdinand III, que tout destinait à une carrière religieuse, qui devint empereur sous le nom de Léopold Ier. La « capitulation » qui lui fut imposée était particulièrement contraignante. Outre le respect des libertés et des privilèges des princes définis en 1648 et lors de la diète de 1653-1654, l'archevêque-électeur de Mayence Schönborn exigea de Léopold Ier qu'il renonce à aider son cousin d'Espagne Philippe IV alors en guerre contre la France. Pour obliger l'empereur à tenir ses engagements, l'archevêque de Mayence regroupa en une Ligue du Rhin les trois électeurs ecclésiastiques, le comte palatin de Neubourg et le duc de Brunswick. La Ligue du Rhin s'empressa de signer les 15 et 16 août 1658 des traités d'alliance avec la Suède et la France ; ces deux États s'engageaient à soutenir militairement la Ligue pour assurer le respect des « libertés germaniques » dans le cadre des traités de Westphalie[3]. L'archevêque de Mayence, déjà archichancelier d'Empire et président du Conseil fédéral de la Ligue du Rhin, devenait ainsi le défenseur des privilèges des princes face à l'empereur, mais également le principal allié, ou « client » de la France. La Ligue du Rhin allait devenir l'instrument essentiel de la politique française dans l'Empire. Le traité entre la France et la Ligue fut renouvelé en 1660, puis en 1663. De nombreux princes allemands s'y associèrent par la suite, le duc de Deux-Ponts (Zweibrücken), le landgrave de Hesse-Darmstadt et même l'électeur de Brandebourg en 1665. À la différence du roi de Suède qui était membre de la Ligue du Rhin en tant que prince allemand — il était depuis 1648 duc de Brême —, Louis XIV dut se contenter du titre de « protecteur de la Ligue du Rhin[4] » mais son influence y était considérable. Comme à l'époque de la guerre de Trente Ans, des princes allemands,

1. L. André, *Louis XIV et l'Europe*, Paris, 1950, p. 9.
2. J.-F. Noël, *Le Saint Empire*, *op. cit.*, p. 70 et 106.
3. J. Droz, *Histoire diplomatique de 1648 à 1919*, *op. cit.*, p. 15-16.
4. L. André, *Louis XIV et l'Europe*, *op. cit.*, p. 68.

catholiques ou protestants, n'hésitaient pas à se faire les « clients » d'un souverain étranger dans la crainte d'une remise en question de leurs privilèges par l'empereur. Ces princes ne se faisaient guère d'illusions sur les intentions réelles du roi de France.

Depuis la paix des Pyrénées, Louis XIV était décidé à renforcer la puissance française à l'est. En Alsace, l'administration française se faisait chaque jour plus présente ; en Lorraine, le roi s'était fait céder, en 1662, l'expectative du duché dont le duc Charles IV conserverait le gouvernement sa vie durant. Or, aux yeux de nombreux juristes allemands, la Lorraine était toujours considérée comme terre d'Empire. Plus inquiétante encore fut l'attitude de Louis XIV au moment où l'empereur se trouva menacé, en 1663, par une nouvelle offensive turque. Léopold Ier lança un appel à tous les princes allemands. Tandis que la diète accordait aussitôt les subsides demandés, la plupart des princes envoyèrent des contingents rejoindre l'armée impériale. Louis XIV décida de fournir six mille hommes qui se joignirent aux troupes constituées grâce à la Ligue du Rhin. La victoire des coalisés sur les Turcs à la bataille de Szent-Gottárd, le 1er août 1664, suivie de la paix de Vasvár, écarta pour un temps le péril turc. Mais la présence des soldats du roi de France dans l'Empire provoqua une certaine inquiétude, d'autant plus que des troupes françaises furent utilisées à la demande de l'archevêque de Mayence pour ramener à l'obéissance les habitants d'Erfurt qui s'étaient révoltés contre lui[1]. Cette immixtion permanente de la France dans les conflits intérieurs allemands amena un relâchement progressif des liens entre Louis XIV et ses alliés, si bien que, en 1667, l'alliance avec la Ligue du Rhin ne fut pas renouvelée.

### *Louis XIV et le monde allemand*

L'empereur et la plupart des princes allemands étaient conscients des visées expansionnistes du roi de France mais ne semblaient pas décidés à s'y opposer. Ainsi, l'Allemagne se tint-elle à l'écart de la guerre de Dévolution qui, en 1667-1668, opposa Louis XIV au nouveau roi d'Espagne, Charles II. L'empereur avait ainsi respecté les engagements pris au moment de son élection. Mais les ambitions de Louis XIV rencontraient de plus en plus d'hostilité en Europe. Les Hollandais, inquiets de

1. L. André, *Louis XIV et l'Europe*, *op. cit.*, p. 77.

l'avancée française aux Pays-Bas et victimes de la politique douanière de Colbert, cherchèrent à regrouper autour d'eux tous ceux qui se sentaient menacés par la politique du roi de France. Leurs tentatives en direction de l'Angleterre et de la Suède furent sans lendemain. L'Angleterre, par le traité de Douvres du 31 décembre 1670, se rapprocha de la France, tandis que la Suède revenait, dès 1672, à l'alliance traditionnelle avec la France. Du côté des princes allemands, les tentatives hollandaises trouvèrent un accueil mitigé. Seul l'électeur de Brandebourg, par solidarité calviniste, accepta de s'allier aux Hollandais, mais la Bavière et les électeurs rhénans s'engagèrent dans une attitude de neutralité bienveillante à l'égard de la France.

En juin 1672, l'entrée des troupes françaises en Hollande fut le point de départ d'une guerre européenne généralisée. Contre Louis XIV se forma aussitôt une vaste coalition qui regroupait l'empereur Léopold Ier, le roi d'Espagne, le duc de Lorraine, des princes catholiques aux côtés des États protestants, les Provinces-Unies de Hollande et le Brandebourg. Les grandes opérations militaires se déroulèrent hors du territoire d'Empire. Seules deux régions allemandes furent touchées par la guerre. Au sud, l'Alsace et les pays du Rhin moyen virent s'affronter, en 1674-1675, l'armée de Turenne et les troupes impériales rejointes par celles de l'électeur de Brandebourg. Au nord, les troupes de l'électeur de Brandebourg remportèrent une grande victoire sur les Suédois, le 25 juin 1675, à Fehrbellin ; ce « Rocroi prussien », qui marque le début du déclin de la puissance militaire suédoise, permit à l'électeur de Brandebourg d'occuper pendant un temps la Poméranie occidentale et Stettin. Les victoires françaises en Flandres et en Franche-Comté permirent cependant à Louis XIV d'imposer ses volontés lors du congrès de Nimègue. Par le traité du 5 février 1679, l'empereur Léopold Ier dut céder à la France Fribourg en Brisgau, en revanche, il obtint pour son allié, le duc de Lorraine, la restitution de ses possessions avec toutefois le droit pour le roi de France d'utiliser pour ses troupes les routes du duché. Quant à l'électeur de Brandebourg, la France lui imposa le traité de Saint-Germain-en-Laye du 29 juin 1679 par lequel il dut restituer à la Suède toutes les conquêtes effectuées au lendemain de la victoire de Fehrbellin, à l'exception d'une étroite bande de territoire sur la rive droite de l'Oder. Peu après, le 25 octobre, un accord secret intégrait pour dix ans le Brandebourg dans le système d'alliances de la France. Moyennant le versement d'une rente annuelle de cent mille livres tournois, l'électeur Frédéric-Guillaume promettait de soutenir le candidat français au trône de Pologne et acceptait de laisser passer les troupes françaises à travers ses États ; il s'engageait même à donner sa voix au roi de France ou à son fils en cas d'élection impériale. Un traité du même type fut conclu le 15 novembre suivant avec l'électeur de Saxe, Jean-Georges II[1]. Ainsi, Louis XIV n'abandonnait-il pas la possibilité de se porter, le cas échéant, candidat au trône impérial.

La paix revenue, Louis XIV ne renonça pas à renforcer les positions françaises du côté des frontières avec le monde allemand. Ce fut la mise en route de la politique dite des « réunions ». Prenant prétexte que les territoires cédés par l'Empire lors des traités de Westphalie et de Nimègue l'étaient avec leurs « dépendances », le roi chargea ses juristes de rechercher dans les documents, y compris les plus anciens, tout ce qui pouvait être revendiqué comme « dépendance » des territoires cédés. De cette façon, les « Chambres de réunion » procédèrent au rattachement à la France de nombreux territoires. Ce fut le cas de la principauté de Montbéliard, propriété du duc de Würtemberg, d'une partie du duché de Luxembourg, de nombreuses villes de la vallée de la Sarre comme Sierck, Sarrebrück (Saarbrücken) et Fraulautern qui, fortifiée par Vauban, prit le nom de Sarrelouis ; ce fut le cas aussi du duché de Deux-Ponts (Zweibrücken) dont le roi de Suède, Charles XII, était dans l'expectative, ainsi que de toutes les villes et localités d'Alsace qui n'avaient pas été expressément cédées par l'Empire en 1648. Quant aux autres villes d'Alsace tenues par la France, leurs remparts furent démantelés et les garnisons françaises renforcées. Toutes ces annexions, réalisées sur la base d'arguments juridiques souvent contestables et qui touchaient parfois des territoires appartenant à des alliés traditionnels de la France, provoquèrent une vive protestation de la diète d'Empire. L'occupation de Strasbourg par les Français, le 28 septembre 1681, sous prétexte que le pont de Kehl avait été utilisé en 1674 par les troupes brandebourgeoises et, en 1677, par celles de l'empereur, suscita une vive indignation en Allemagne et dans toute l'Europe. Le stadthouder de Hollande, Guillaume d'Orange, chercha à reconstituer autour de lui une coalition contre Louis XIV qui regrouperait la Suède, l'Espagne et l'empereur, en vue de contrer la politique annexionniste de la France. Mais l'empereur n'était pas en mesure alors de s'opposer à la politique du roi de France. En effet, dès mars 1683, les Turcs

1. L. André, *Louis XIV et l'Europe*, *op. cit.*, p. 182-184, et P. Rassow, *Histoire de l'Allemagne*, *op. cit.*, t. I, p. 402.

avaient repris leurs attaques en Hongrie. Malgré les efforts du duc de Lorraine pour les arrêter, l'armée du grand vizir Kara Mustapha forte de cent dix mille hommes vint mettre le siège devant Vienne dès juillet. À l'appel de Léopold I$^{er}$ et du pape, une armée internationale, commandée par le roi de Pologne Jean Sobieski et composée, outre les vingt-cinq mille soldats polonais, de contingents bavarois et saxons renforcés de troupes impériales et de l'armée des Cercles, vint dégager Vienne. Le 12 septembre 1683, la bataille du Kahlenberg provoqua la déroute des Turcs qui refluèrent vers l'est[1].

La défense de Vienne refit pour un temps l'unité de l'Empire autour de Léopold I$^{er}$ qui bénéficia, à cette occasion, du soutien de tous les princes-électeurs. Dans cette affaire, l'attitude de Louis XIV fut des plus ambiguës. D'abord, le roi de France dissuada sans succès Jean Sobieski d'intervenir. Officiellement neutre, Louis XIV interdit aux nobles français qui se portaient volontaires pour défendre la chrétienté menacée d'aller servir dans les armées de l'empereur. Certains d'entre eux passèrent outre à cette interdiction et, parmi eux, Eugène de Savoie, qui devait par la suite s'illustrer au service de l'empereur avec la prise de Buda, en 1686, et la reconquête de la Hongrie au cours des années suivantes.

La guerre turque avait mobilisé toutes les forces de l'Empire et Léopold I$^{er}$ ne se sentait pas en mesure dans l'immédiat de répondre aux sollicitations de Guillaume d'Orange. L'empereur préféra négocier et accepta le 15 août 1684 le compromis proposé lors de la diète de Ratisbonne : les territoires « réunis » à la France avant le 1$^{er}$ août 1681, ainsi que Strasbourg, demeureraient sous administration française pour une période de vingt ans. La trêve de Ratisbonne ne réglait rien, car ni Léopold I$^{er}$ ni les princes allemands n'étaient décidés à abandonner à Louis XIV des territoires allemands indûment annexés. L'empereur multiplia dès lors les contacts avec les princes allemands et les puissances étrangères qu'inquiétait l'impérialisme français. La révocation de l'édit de Nantes, le 18 octobre 1685, favorisa indirectement les desseins de Léopold I$^{er}$ dans la mesure où les États protestants considérèrent désormais Louis XIV comme leur principal ennemi.

À l'initiative de Guillaume d'Orange, des traités d'alliance défensive furent conclus au début de 1686 entre les Provinces-

1. J. Bérenger, *Histoire de l'Empire des Habsbourg*, *op. cit.*, p. 359 et suiv. et G. Stadtmüller, *Geschichte Südosteuropas*, *op. cit.*, p. 313 et suiv.

Unies, le Brandebourg et la Suède. Les milliers de huguenots qui trouvèrent refuge dans les États protestants, et plus particulièrement sur les terres de l'électeur de Brandebourg, furent des agents actifs de la propagande contre Louis XIV. L'hostilité de l'électeur de Brandebourg à l'égard de la France pouvait se résumer dans ce propos que lui prêtèrent des contemporains : « Plutôt vivre sous la protection des Turcs que sous la servitude de la France. » En mars 1686, le Grand Électeur signa un traité secret d'alliance défensive avec Léopold Ier. La plupart des princes allemands adoptèrent une attitude analogue et, en juillet 1686, constituèrent autour de l'empereur la Ligue d'Augsbourg. Louis XIV chercha par l'intermédiaire du pape Innocent XI à transformer en paix définitive la trêve d'Augsbourg mais les négociations avec la diète échouèrent.

Loin de rechercher l'apaisement, Louis XIV multiplia les provocations en Allemagne. Il était bien ce *Mars christianissimus* que dénonçait, dès 1683, Leibnitz lorsqu'il affirmait que la France était le principal obstacle à la paix en Europe. La première provocation fut la tentative d'imposer son candidat, le cardinal Guillaume de Fürstemberg, évêque de Strasbourg depuis 1682 et coadjuteur de l'archevêque de Cologne, comme archevêque de Cologne contre le candidat de l'empereur, le prince bavarois Joseph-Clément. Le vote hostile du chapitre de Cologne le 19 juillet 1688 fit échouer la tentative de Louis XIV et le pape nomma aussitôt le candidat impérial ; il est vrai que depuis 1682 les relations entre la France et le Saint-Siège étaient très tendues en raison des positions gallicanes de l'Église de France ; le pape n'était donc pas mécontent de faire échec aux calculs du roi de France. En septembre 1688, Louis XIV chercha à imposer son candidat et envoya des troupes dans l'électorat de Cologne et dans la principauté de Liège qui en dépendait. Au même moment, d'autres troupes françaises mettaient le siège devant Philippsburg sur le Rhin et occupaient le Palatinat. Le roi cherchait ici à régler, à son profit, la crise de succession liée à la mort, en 1685, de l'électeur palatin Charles-Louis, sans héritier direct. La fille de l'électeur défunt, Élisabeth-Charlotte — Liselotte — avait épousé en 1671 Monsieur, duc d'Orléans et frère de Louis XIV. Au nom de sa belle-sœur, pourtant réticente, Louis XIV en avait profité pour réclamer au nouvel électeur, Philippe de Neubourg, beau-père de l'empereur, une partie de l'héritage, notamment le comté de Simmern. Les démarches entreprises, dès mars 1686, auprès du nouvel électeur, n'ayant pas abouti, Louis XIV avait ainsi décidé d'occuper le Palatinat[1]. L'affaire de Cologne et l'occupation du Palatinat amenèrent les membres de la Ligue d'Augsbourg à renforcer leur alliance.

Comme en 1672, Louis XIV prit les devants. Pour justifier la rupture, il adressa le 24 septembre 1688 un message à l'empereur où il énumérait tous ses griefs, où il dénonçait la Ligue d'Augsbourg comme une menace contre les intérêts français. La guerre qui s'engageait prit tout de suite un aspect dramatique. Dès la fin de l'automne 1688, pour empêcher que le Palatinat ne devienne une base d'opérations contre l'Alsace, Louvois ordonna à ses troupes de dévaster ce territoire et d'en expulser les habitants. En quelques semaines, des centaines de villages et de villes furent pillés puis incendiés ; ce fut le cas, notamment, de Spire, de Worms, de Mannheim. Le château de Heidelberg, la résidence des électeurs palatins, fut incendié et ses ruines, volontairement laissées en l'état, témoignent encore aujourd'hui des ravages causés par les hommes de Louvois. Le sac du Palatinat provoqua l'indignation de toute l'Europe et, aux yeux des Allemands, Louis XIV devint le « fléau de Dieu », l'« Attila français ». La diète de Ratisbonne riposta le 15 décembre suivant en proclamant la « guerre d'Empire » contre la France. De son côté, Guillaume d'Orange, devenu roi d'Angleterre au lendemain de la révolution de 1688, prit la tête d'une vaste coalition unissant aussi bien les puissances catholiques, l'Espagne et la Savoie, que protestantes, le Brandebourg et la Suède. La guerre de la Ligue d'Augsbourg (1688-1697) se déroula sur plusieurs théâtres d'opérations : sur mer et dans les colonies, où s'affrontèrent Français, Anglais, Hollandais et Espagnols, sur terre, principalement en Italie et aux Pays-Bas, et relativement peu en Allemagne, à l'exception du tragique épisode du sac du Palatinat.

Louis XIV se rendit compte assez vite qu'il ne pourrait pas venir à bout de ses ennemis. Dès 1692, les premiers pourparlers de paix s'engagèrent, mais il fallut attendre encore cinq ans pour que la paix revînt en Europe, avec la signature du traité de Ryswick, le 20 septembre 1697, avec la Hollande et l'Espagne, et celui du 30 octobre, avec l'empereur Léopold Ier. Pour le monde allemand, la guerre se terminait sur un demi-succès politique : la France devait rendre la Lorraine à son duc et restituer tous les territoires « réunis » depuis 1678, mais il conservait Strasbourg. Le succès moral était considérable : pour la première fois, Louis XIV n'avait pas pu dicter ses conditions et avait dû se

1. L. André, *Louis XIV et l'Europe*, *op. cit.*, p. 240.

contenter d'une paix de compromis, et de ce fait il fut vite abandonné par la plupart de ses « clients » de Rhénanie et d'Allemagne du Sud. L'affaiblissement de la France était tel que Louis XIV accepta alors de se rallier à un plan de partage de l'héritage du roi d'Espagne Charles II qui avantageait considérablement la maison d'Autriche. C'était compter sans la volonté du roi d'Espagne qui, en octobre 1700, un mois avant de mourir, avait légué la totalité de l'héritage espagnol au petit-fils de Louis XIV, le duc Philippe d'Anjou, étant entendu que les couronnes d'Espagne et de France ne seraient jamais réunies. L'acceptation du testament de Charles II par Louis XIV mit fin aux espoirs de paix que la modération du roi de France avait fait naître lors des traités de 1697. D'autant que, le 1er février 1701, Louis XIV annonça que Philippe d'Anjou et ses héritiers conservaient leurs droits éventuels à la couronne de France.

Dès 1701, la France et l'Espagne, désormais alliées, se heurtèrent à une vaste coalition qui regroupait Guillaume d'Orange, l'empereur Léopold, l'électeur de Brandebourg, devenu entretemps roi « en Prusse », et la plupart des princes allemands, à l'exception du duc de Bavière qui, dès 1701, avait rallié le camp français. Comme lors du conflit précédent, on se battit partout, sur mer et sur terre, aux colonies comme en Europe. Dans l'Empire, ce fut surtout en Allemagne du Sud que se déroulèrent les principales opérations militaires. Au début de la guerre, le maréchal de Villars, qui cherchait à rejoindre les alliés bavarois, battit les troupes impériales à Friedlingen, en pays de Bade, le 14 octobre 1702, puis l'armée des Cercles à Höchstadt, le 20 septembre 1703. L'année suivante, au même endroit, les armées anglo-autrichiennes du duc de Malborough et du prince Eugène remportèrent cependant une victoire décisive sur les forces franco-bavaroises, le 13 août 1704[1].

Dorénavant, le territoire allemand se trouvait à l'écart de la zone des combats. Partout ailleurs, Louis XIV et ses alliés durent faire face à de nombreuses difficultés. Les échecs de 1709 poussèrent le roi de France à rechercher la paix à tout prix, car les manœuvres de diversion tentées du côté de la Hongrie avec la révolte du prince Rákoczi avaient échoué. Les traités d'Utrecht (1713) et de Rastadt (1714) réglèrent définitivement la Succession d'Espagne. Philippe d'Anjou conserva l'Espagne et ses colonies, mais il dut renoncer, au profit de l'empereur, aux Pays-Bas

1. Les Anglais ont appelé cette deuxième bataille de Höchstadt, la bataille de Blenheim, du nom du village de Bundheim, voisin de Höchstadt.

et aux possessions espagnoles d'Italie. Pour l'Allemagne, la guerre de Succession d'Espagne n'avait rien apporté, sinon que Louis XIV renonçait à toutes ses possessions sur la rive gauche du Rhin, c'est-à-dire Kehl et Fribourg en Brisgau, mais il gardait l'Alsace y compris Strasbourg, ainsi que la ville de Landau, avant-poste enclavé dans le Palatinat ; quant aux électeurs de Cologne et de Bavière, qui avaient soutenu Louis XIV, ils étaient rétablis dans leurs dignités et possessions[1].

Si les guerres contre Louis XIV, malgré le sac du Palatinat et la dévastation de la Bavière lors des campagnes de 1703-1704, furent moins destructrices et moins meurtrières que la guerre de Trente Ans, elles n'en eurent pas moins un effet psychologique plus durable. La politique impérialiste de Louis XIV en Allemagne et les moyens souvent brutaux utilisés pour la réaliser firent naître dans le pays un sentiment antifrançais, notamment chez les princes protestants choqués par le sort fait aux huguenots après la révocation de l'édit de Nantes. Comme le souligne J. Droz, « dès la guerre de Succession d'Espagne, les libellistes appliquent au voisin de l'ouest la dénomination d'ennemi héréditaire jusqu'alors réservée aux Turcs[2] ». En ce sens, l'impérialisme de Louis XIV a joué un rôle dans l'apparition d'un sentiment national allemand jusque-là, pour ainsi dire, inexistant.

### *La résistance à l'hégémonie française et ses limites*

Dans le Saint Empire, la résistance à l'hégémonie française fut essentiellement menée par l'Autriche et le Brandebourg. Les États autrichiens jouaient encore un rôle de tout premier plan dans le monde allemand à la fin du XVIIe siècle. Léopold Ier (1657-1705), qui ajouta à son titre honorifique d'empereur celui de roi de Bohême et de Hongrie, réussit à faire des possessions héréditaires des Habsbourg un État puissant. On emploiera désormais le terme de « monarchie autrichienne » pour désigner ce vaste ensemble territorial où vivaient des nationalités différentes et où cœxistaient catholiques et protestants. Chacune des composantes de la monarchie autrichienne possédait sa propre diète (*Landtag*), où siégeaient les représentants de la noblesse et des villes, et si la Bohême ne disposait plus que d'une autonomie très limitée depuis 1621, la Hongrie gardait ses propres institutions, sa

1. J. Droz, *Histoire diplomatique de 1648 à 1919*, *op. cit.*, p. 56, et L. André, *Louis XIV et l'Europe*, *op. cit.*, p. 338 et 347.
2. J. Droz, *Histoire diplomatique de 1648 à 1919*, *op. cit.*, p. 63.

Constitution, même si, dès 1687, la diète renonça à son droit d'élire le souverain en rendant héréditaire la couronne au profit du chef de la maison des Habsbourg.

Léopold Ier chercha à renforcer le poids de l'administration centrale et, grâce au prince Eugène, il put se doter d'une armée permanente. À la mort de l'empereur, en 1705, cette armée était forte de quelque cent vingt mille hommes répartis en trente régiments de cavalerie et trente-six régiments d'infanterie ; elle joua un rôle décisif dans la libération de la Hongrie de l'occupation turque. Après la victoire du prince Eugène à Zenta, en 1697, le sultan dut renoncer, par le traité de Karlowitz (Karlovici) du 26 janvier 1699, à la Hongrie, y compris la Transylvanie, mais conserva cependant le Banat de Temesvár[1]. L'État habsbourgeois devenait ainsi une des grandes puissances de l'Europe de ce temps, à un moment où son souverain, en tant qu'empereur du Saint Empire, ne jouait plus qu'un rôle purement honorifique en Allemagne. La capitale de la monarchie autrichienne, Vienne, était alors, avec environ cent mille habitants, la ville la plus peuplée de l'Empire. Grâce aux architectes Fischer von Erlach et Hildebrandt, Vienne s'inscrivait parmi les plus belles villes de l'Empire avec la construction du château de Schönbrunn et ses nouvelles églises, en particulier la Karlskirche dédiée à saint Charles Boromée. Avec la reconquête de la Hongrie, Vienne, qui fut longtemps une ville excentrée aux confins orientaux de l'Empire, était dorénavant le centre géographique des États autrichiens et symbolisait ainsi l'orientation danubienne des Habsbourg.

L'autre pôle de résistance à la politique française en Allemagne était l'électorat de Brandebourg. Par l'étendue de son territoire et grâce aux bénéfices tirés de la paix de Westphalie et à la politique menée par l'électeur Frédéric-Guillaume (1640-1688), le Grand Électeur, et par son fils l'électeur Frédéric III (1688-1713), l'électorat de Brandebourg devenait la deuxième grande puissance politique de l'Allemagne. Au début du XVIIIe siècle, son territoire était formé de trois ensembles distincts. Au centre, se trouvait la base même de la puissance des Hohenzollern, c'est-à-dire l'électorat de Brandebourg proprement dit, qui s'étendait de l'Elbe à l'Oder et sur lequel s'étaient greffés les territoires acquis en 1648 : les évêchés de Magdebourg et de

1. Le Banat de Temesvár fera retour à la Hongrie lors du traité de Pojarevats, en 1718, signé par le sultan au lendemain des campagnes victorieuses du prince Eugène en 1716-1718.

Halberstadt, la Poméranie orientale, à l'exception du port de Stettin. À l'ouest, s'étendait un groupe discontinu de territoires acquis dans le cadre de la succession de Clèves, avec le duché de Clèves, les comtés de Mark et de Ravensberg auxquels s'ajoutait, depuis 1648, l'évêché de Minden. Enfin, à l'est, les Hohenzollern, en tant qu'héritiers du dernier grand maître de l'Ordre Teutonique, exerçaient leur autorité sur le duché de Prusse pour lequel ils étaient vassaux du roi de Pologne. À l'issue de la guerre du Nord, la paix d'Oliva reconnut la pleine souveraineté du duché de Prusse et mit fin aux liens de vassalité qui le rattachaient à la Pologne. Une partie de la noblesse allemande de Prusse ainsi que la bourgeoisie tentèrent de s'opposer à cette rupture avec la Pologne qui garantissait leurs privilèges, à l'instigation du bourgmestre de Königsberg, Jérôme Roth, et du baron von Kalckstein. En faisant arrêter puis exécuter Kalckstein, en 1672, le Grand Électeur affirmait ainsi clairement sa volonté d'intégrer la Prusse à ses autres États.

Durant son règne, le Grand Électeur chercha à unifier ses États en les dotant d'un gouvernement centralisé avec la création d'un Conseil secret responsable des grandes affaires de l'État et de la politique étrangère, et d'un Commissariat général à la Guerre chargé de toutes les questions se rapportant de près ou de loin à l'armée, y compris le financement de son entretien. L'autre objectif du Grand Électeur, en effet, fut de disposer d'une puissante armée. Les dépenses exigées par l'armée furent financées par la création d'une contribution foncière, impôt direct pesant sur la propriété rurale et des accises, impôt indirect prélevé à l'entrée des villes sur toutes les marchandises qui y étaient introduites. Grâce à ces rentrées fiscales, Frédéric-Guillaume put mettre en ligne une armée dont les effectifs atteignirent jusqu'à quarante mille hommes à l'époque des guerres contre Louis XIV. À la mort du Grand Électeur, le Brandebourg disposait d'une armée permanente de trente mille hommes en temps de paix, soit dix fois plus qu'à son avènement.

Pour éviter une éventuelle opposition des diètes locales dominées par la noblesse, le Grand Électeur eut l'habileté d'associer la noblesse à sa politique. Les nobles furent appelés à siéger dans les Conseils gouvernementaux et à exercer des responsabilités dans la haute administration. Il leur fut également réservé un quasi-monopole de l'encadrement de l'armée. Le corps des officiers, issu de la noblesse terrienne, devint ainsi le fidèle soutien des Hohenzollern. Pour compenser la perte de leur rôle politique dans les diètes, les nobles furent chargés de l'administration locale et de la justice dans les campagnes, ce qui renforça d'autant le régime seigneurial déjà très strict dans les pays d'outre-Elbe.

Le Brandebourg souffrait d'un lourd handicap, la faiblesse numérique de sa population et le retard économique du pays. Au lendemain de la guerre de Trente Ans qui avait durement touché les possessions des Hohenzollern, la population ne dépassait guère le million d'habitants, des ruraux dans leur immense majorité. La plus grande partie de l'État brandebourgeois, à l'exception des riches campagnes des provinces occidentales, était constituée de terres particulièrement pauvres, formées de landes et parsemées d'étangs, et le Brandebourg proprement dit était considéré comme la « sablière de l'Allemagne ».

Le Grand Électeur entreprit une politique systématique de colonisation intérieure. Il recruta ses premiers colons parmi les milliers d'Allemands ruinés par la guerre de Trente Ans ; plus tard, il accueillit les réfugiés du Palatinat après la mise à sac de leur territoire. Il fit appel aussi à des colons hollandais qui introduisirent au Brandebourg et en Poméranie leurs méthodes d'assèchement des marécages. À tous, il offrit des terres à défricher.

Après la révocation de l'édit de Nantes, c'est un flot de réfugiés huguenots qui arriva dans ce havre de tolérance que constituait l'électorat de Brandebourg. Par l'édit de Potsdam de novembre 1685, le Grand Électeur leur promit la sécurité, des terres, des avances d'argent, des exemptions fiscales. À la fin du XVIIe siècle, près de vingt-cinq mille Français trouvèrent ainsi refuge dans l'électorat de Brandebourg. Issus de toutes les catégories sociales, officiers, médecins, pasteurs, commerçants, artisans, paysans, ils arrivaient tous avec leur seul savoir-faire, ou avec leurs capitaux et leur esprit d'entreprise. Grâce à eux, la population des villes augmenta sensiblement. À la fin du XVIIe siècle, à Berlin, on comptait déjà quelque cinq mille Français, soit le quart de la population de la ville proprement dite. À Magdebourg, il y avait plus de mille Français originaires du Languedoc et de Provence, huit cents à Wesel, près de cinq cents à Halle... Grâce à cette immigration de qualité, l'économie du Brandebourg prit un nouvel envol. Berlin devint le « Paris de l'Allemagne » avec ses industries de luxe, ses orfèvres et ses chapeliers. L'industrie textile apparut à Halle grâce à un fabricant de draps venu de Bédarieux, Abraham Valéry, et, à Magdebourg, Pierre Labory introduisit le métier à tisser les bas de soie et fit de cette ville le principal centre de la production de bas de soie en Allemagne. Les campagnes bénéficièrent aussi de l'apport des huguenots français ; on y introduisit de nouvelles cultures comme le tabac qui se développa dans l'Altmarkt.

Les huguenots français ne furent pas les seuls à trouver refuge sur les terres de l'électeur de Brandebourg. Toutes les victimes des persécutions religieuses de l'époque, Vaudois venus de Savoie, Menmonites fuyant la Suisse, Frères moraves persécutés en Bohême, tous bénéficièrent de la politique d'accueil et de tolérance du Grand Électeur. Grâce à ces apports extérieurs de toutes origines, la population de l'électorat augmenta sensiblement, d'autant qu'à cette immigration s'ajouta une croissance démographique appréciable car les terres de l'électorat ne furent guère touchées par les guerres de l'époque. À la mort de Frédéric-Guillaume, la population de l'électorat atteignait déjà les deux millions d'habitants.

Pour accroître les revenus de ses États, le Grand Électeur voulut développer l'axe commercial terrestre qui reliait la Pologne à l'Europe occidentale. Dans ce but, il fit entreprendre la construction d'un canal reliant l'Oder à Berlin et qui, par la Sprée, permettrait une liaison fluviale continue depuis la Silésie jusqu'à l'Elbe et Hambourg, détournant ainsi à son profit une partie de l'activité du port de Stettin tenu par les Suédois. Il songea même à se lancer dans l'aventure coloniale et, avec le concours du Hollandais Raule, il créa une Compagnie d'Afrique qui, pendant quelques années, disposa sur la Côte de l'Or du comptoir de Gross-Friedrichburg. L'entreprise coloniale demeura sans lendemain et fut abandonnée au début du XVIII^e siècle.

Lorsque Frédéric III accéda en 1688 à la dignité électorale, le Brandebourg dont il héritait était bien différent de celui que son père avait trouvé à son avènement. Il s'agissait dorénavant d'un État puissant, disposant d'une administration centralisée, de ressources importantes et d'une armée nombreuse. À l'intérieur, Frédéric III poursuivit la politique de modernisation de l'État et, à l'exemple des souverains de son temps, il voulut être le protecteur des Arts et des Sciences. Sous son règne fut fondée l'université de Halle, en 1694, qui allait devenir le principal foyer culturel de l'électorat et qui prit le pas sur les deux autres universités déjà existantes, celle de Francfort-sur-Oder et celle de Königsberg. De même, en 1700, Frédéric III créa l'Académie des sciences de Berlin. De grands travaux destinés à rehausser le prestige du monarque furent entrepris à Berlin avec l'architecte Andréas Schlüter qui construisit au cœur de la ville le nouveau palais royal et, à l'extérieur, le château de Charlottenburg. Mais cette politique de prestige entraîna de lourdes dépenses qui réduisirent très fortement le trésor accumulé par le Grand Électeur.

À l'extérieur, Frédéric III aligna sa politique sur celle de l'empereur dont il fut le fidèle allié dans les guerres contre la France et les Turcs. Léopold Ier lui témoigna sa reconnaissance en lui conférant la dignité royale « en Prusse ». Le 18 janvier 1701, l'électeur Frédéric III, couronné solennellement à Königsberg, prit désormais le titre de Frédéric Ier, roi « en Prusse ». Le titre royal fut officiellement reconnu par la communauté internationale lors des traités d'Utrecht de 1713. On parlera désormais de « royaume de Prusse » pour désigner l'ensemble des possessions des Hohenzollern.

Si la coalition des princes allemands parvint non sans mal à contenir l'expansionnisme de Louis XIV, en revanche elle ne réussit pas à enrayer l'influence culturelle de la France. Jusqu'aux années vingt du XVIIIe siècle, l'influence de la France dans le domaine des Arts et Lettres est considérable. Certains en Allemagne s'en indignèrent, comme Thomasius, l'un des plus grands juristes de son temps, qui dans un pamphlet intitulé *De l'imitation des Français* (*Von der Nachahmung der Franzosen*) écrivait en 1687 : « Aujourd'hui, tout doit être français chez nous : français les habits, les plats, le langage ; françaises les mœurs, français les vices. » Thomasius devint un farouche défenseur de la langue allemande et c'est dans cette langue qu'il dispensa son enseignement juridique à l'université de Halle. Cette réaction amère d'un intellectuel ne doit pas faire oublier l'engouement des souverains, de l'aristocratie et des élites pour tout ce qui était français. Dans toutes les Cours princières, y compris celle de l'empereur, on parlait le français. Et la langue française se répandit aussi dans la bourgeoisie, principalement dans les États protestants où les réfugiés huguenots contribuèrent à sa diffusion. Et ce fut en français que, pour la première fois, en 1713-1714, les traités d'Utrecht et de Rastadt furent rédigés en lieu et place du latin. L'influence de la langue française était telle que le symbole de la culture allemande de l'époque, Leibnitz (1646-1716), philosophe et mathématicien, juriste et théologien, qui entretint une correspondance avec Bossuet, proposa à Louis XIV et aux autres souverains européens des plans de paix et écrivit en français ou en latin la plupart de ses traités, et non en allemand. Cet engouement pour la France se retrouvait aussi dans le domaine artistique. C'est vers les artistes et les architectes français que les princes allemands se tournèrent lorsqu'ils voulurent construire leur résidence ou embellir leur capitale, même si l'influence italienne demeurait encore importante en Autriche et en Allemagne du Sud. C'est ainsi que l'archevêque-électeur de Cologne s'adressa à l'architecte français Robert de Cotte, élève et parent de Jules Hardouin-Mansart, lorsqu'il entreprit la construction d'une nouvelle résidence à Bonn. C'est aussi l'électeur de Bavière qui eut recours à lui pour la construction de sa résidence d'été de Schleissheim. Chaque prince allemand rêva d'avoir son « petit Versailles » à lui et utilisa les services des artistes français ou des artistes allemands formés par des maîtres français. À Berlin, l'influence de l'art louis-quatorzien fut manifeste chez Schlüter qui, pour la statue équestre du Grand Électeur qu'il érigea sur le pont de la Sprée, s'inspira de la statue de Louis XIV de Girardon. Mais à l'influence de l'art français s'ajouta toujours une touche de baroque apportée par l'Italie, ce qui donna aux créations allemandes de cette époque une note originale.

## II — Le réveil du monde allemand au XVIIIe siècle

Au lendemain des traités d'Utrecht et de Rastadt qui mirent fin à la prépondérance française sur le continent européen, après la mort de Louis XIV, en 1715, qui suivit de peu celle de ses principaux adversaires, l'empereur Léopold Ier et son fils Joseph Ier (mort en 1711), et le premier roi de Prusse Frédéric Ier (mort en 1713), le monde allemand entra dans une phase de lente reconstruction économique, politique et morale, que n'interrompirent ni la guerre de Succession d'Autriche (1740-1748) ni la guerre de Sept Ans (1756-1763). Une Allemagne nouvelle, qui se libérait non sans mal de l'héritage de son passé, émergea peu à peu des ruines laissées par plus d'un siècle et demi de guerres civiles et étrangères.

### *Essor économique et persistance des structures sociales traditionnelles*

La guerre de Trente Ans, nous l'avons vu, causa en Allemagne des pertes humaines considérables. Après 1650, le territoire allemand fut moins directement touché par les effets dévastateurs des guerres, encore que, de 1688 à 1695, le Palatinat et l'Alsace, puis de 1740 à 1745, la Silésie et la Saxe, et enfin, au cours de la guerre de Sept Ans, l'Allemagne du Nord aient eu à souffrir du passage des armées. Dès le milieu du XVIIe siècle, et surtout après

1700, on assista à une reprise de la croissance démographique en Allemagne. Pour les territoires du Saint Empire, la population passa de sept millions d'habitants, en 1650, à près de dix millions, vers 1700 ; l'augmentation s'accéléra au XVIIIe siècle et le monde allemand fut touché à son tour par le phénomène de la « révolution démographique », marquée par une baisse sensible de la mortalité tandis que la natalité se maintint. Déjà, au milieu du XVIIIe siècle, avec vingt millions d'habitants, la population du Saint Empire retrouvait son niveau d'avant la guerre de Trente Ans pour atteindre vers 1790 le chiffre de vingt-huit millions d'habitants. Toutes les régions de l'Empire bénéficièrent de cette croissance, mais plus particulièrement les pays situés au-delà de l'Elbe. Cette population demeura toujours rurale à plus de 80 %, et les villes ne profitèrent guère de l'accroissement de la population, à l'exception des capitales des deux principaux États. Berlin, qui n'était qu'une petite ville de vingt mille habitants à l'époque du Grand Électeur, passa à cinquante-huit mille habitants avec l'incorporation en 1688 de cinq communes suburbaines pour atteindre les cent mille habitants à la fin du XVIIIe siècle grâce à l'arrivée de ruraux du Brandebourg et de Prusse-Orientale, ainsi qu'à l'installation de réfugiés allemands ou étrangers, français en particulier. De même Vienne, à la limite des mondes allemand et danubien, s'affirma comme capitale de la monarchie autrichienne et sa population passa de cent mille habitants, vers 1700, à près de deux cent cinquante mille à la fin du XVIIIe siècle. En revanche, la croissance de la population des autres villes fut beaucoup plus modeste. Entre 1700 et 1800, la population de Hambourg passa de soixante mille habitants à quatre-vingt mille, celle de Cologne de quarante mille à cinquante mille, celle de Francfort-sur-le-Main de trente mille à quarante mille, celle de Leipzig de vingt mille à trente-deux mille, et l'augmentation fut infime voire nulle dans les villes qui avaient brillé autrefois à l'époque de la Renaissance comme Augsbourg et Nuremberg.

La baisse générale de la mortalité était due en grande partie à une meilleure alimentation de la population, rendue possible par l'augmentation de la production agricole. Dès la deuxième moitié du XVIIe siècle, beaucoup de friches avaient été mises en culture, notamment en Allemagne du Nord où une partie des terres marécageuses et des tourbières du Brandebourg, du Mecklembourg et de Poméranie furent drainées et asséchées pour faire place à des pâturages. À un moindre degré, on constate un mouvement analogue sur les terres sablo-argileuses du plateau bavarois. Malgré le développement de l'élevage, l'agriculture allemande conservait une vocation essentiellement céréalière.

Sur les terres plus riches de l'ouest, le blé l'emportait sur les autres céréales dans le cadre de l'assolement triennal, mais au-delà de l'Elbe, c'était le seigle qui occupait la première place. L'introduction au XVIIIe siècle de la pomme de terre dans la plupart des régions fit reculer, sans les faire disparaître totalement, les risques de famine toujours possibles en raison de la faiblesse des rendements. Cette opposition entre l'ouest de l'Allemagne et les régions situées à l'est de l'Elbe se retrouvait dans les structures foncières et dans les modes d'exploitation. Tandis qu'à l'ouest dominait la petite exploitation paysanne (*Hufe*), sur laquelle les droits éminents du seigneur laïc ou ecclésiastique (*Grundherr*) s'exerçaient encore sous la forme de redevances en argent correspondant au loyer de la terre et à divers droits seigneuriaux, à l'est de l'Elbe, au contraire, régnait la grande exploitation latifundiaire gérée par et au profit du grand propriétaire noble (*Junker*) : les paysans, dont le statut était encore très proche du servage au moins jusqu'au milieu du XVIIIe siècle, exploitaient une tenure aux dimensions réduites et devaient assurer de lourdes corvées sur la partie du domaine que le propriétaire s'était réservée.

Le secteur industriel n'occupait encore qu'une place très modeste dans l'Allemagne de cette époque, demeurée en marge de la révolution industrielle qui, depuis l'Angleterre, commençait à toucher l'Europe du Nord-Ouest. Une grande partie de la production non agricole était encore de type artisanal. L'industrie textile, florissante jusqu'au début du XVIIe siècle en Allemagne du Sud-Ouest, avait été ruinée par la guerre de Trente Ans et elle se bornait désormais à assurer la satisfaction des besoins locaux. En Allemagne du Nord, en Westphalie et en Silésie, elle s'était développée grâce à la politique protectionniste des souverains. À l'industrie de luxe traditionnelle qui avait fait autrefois la prospérité d'Augsbourg et de Nuremberg s'opposaient les nouvelles industries de luxe introduites par les huguenots français et favorisées par les souverains pour les besoins de l'aristocratie et de la Cour avec le développement des manufactures de porcelaine, avec les ateliers d'ébénisterie et d'orfèvrerie, avec le travail de la soie. Les capitales des princes territoriaux devenaient autant de centres d'industrie de luxe tandis que périclitaient les industries traditionnelles des villes libres. C'était la traduction économique des nouveaux rapports de force dans l'Allemagne nouvelle qui était en train de naître. Mais, héritage de la tradition, toutes ces activités industrielles étaient sévèrement réglementées dans le cadre d'un système corporatif rigoureux. De son côté, la métallurgie réussissait à conserver la place importante qu'elle occupait depuis la fin du Moyen Âge, grâce aux ressources minières de Thuringe, de Saxe et des pays alpins. Si l'extraction des minerais s'était bien améliorée grâce à des innovations techniques, la métallurgie n'avait guère évolué et le charbon de bois restait toujours l'adjuvant principal, même si on commençait à extraire la houille du sous-sol de Westphalie. Cette région d'ailleurs s'affirmait au XVIIIe siècle comme une région spécialisée dans la métallurgie de haute qualité avec la production d'objets métalliques pour la consommation des particuliers, coutellerie, aiguilles, outillage de toute sorte.

La complémentarité des ressources agricoles et manufacturières dans les différentes parties de l'espace allemand explique pour une grande part l'importance du commerce. Pourtant, la plupart des échanges se faisaient dans le cadre régional, pour assurer les besoins courants de la population, et encore ce commerce était-il entravé par la multiplication des barrières douanières et des péages de toutes sortes à l'intérieur même des divers États. Le commerce international demeurait actif mais tendait à s'organiser sur de nouvelles bases. La Hanse, dont le déclin s'accéléra dès la fin du XVIe siècle, n'était plus qu'un souvenir. La dernière diète hanséatique, tenue à Lübeck en juillet 1669, ne rassembla que les représentants de neuf villes. Désormais seule l'alliance qui unissait les villes de Lübeck, Brême et Hambourg[1] survivait, mais seule la ville de Hambourg maintenait la tradition des échanges avec l'extérieur ; elle s'était spécialisée dans le commerce avec les pays de l'Atlantique et assurait la redistribution des denrées coloniales dans toute l'Allemagne du Nord et du centre. À l'intérieur, Francfort-sur-le-Main et Leipzig attiraient à l'occasion de leurs foires de nombreux marchands étrangers. Si Francfort délaissait progressivement le commerce au profit des activités financières, Leipzig s'affirma au cours du XVIIIe siècle comme le principal lieu de rencontre entre les marchands de l'Europe du Nord et de l'Est et ceux d'Europe occidentale lors de ses deux foires annuelles. Sa position de carrefour, au croisement de l'axe nord-sud qui joint Hambourg à la Bohême et aux pays danubiens, et de l'axe ouest-est qui relie Cologne au monde polonais et russe, faisait de Leipzig le premier centre du commerce terrestre en Allemagne. Longtemps, les activités

1. Ph. Dollinger, *La Hanse*, *op. cit.*, p. 451 et suiv.

commerciales avaient été freinées par le manque de capitaux. Au XVIIIe siècle, de nouvelles banques furent créées pour procurer des fonds aux commerçants, à Francfort la banque Bethmann, puis, à la fin du siècle, les Rothschild à Saint-Gall, à Calw avec la compagnie würtembergeoise, mais aussi pour financer les dépenses de l'État avec la banque de Berlin et la banque autrichienne. De même, la frappe de l'or s'intensifia au XVIIIe siècle avec le Max d'or frappé en Bavière depuis 1715, le doublon d'or du Roi-Sergent et le ducat de Frédéric II, l'Ernest d'or de l'Électeur palatin Charles-Philippe ; mais la monnaie d'argent demeurait cependant la base du système monétaire, en particulier dans les États autrichiens.

Le progrès économique de l'Allemagne au XVIIIe siècle fut d'autant plus remarquable qu'il se manifesta dans le cadre social d'« ancien régime », c'est-à-dire dans les structures politiques fondées sur la division en Ordres (*Stände*) d'où les classes populaires étaient exclues de fait. L'équivalent du tiers état français était constitué par la bourgeoisie urbaine qui, tout au moins au niveau des villes libres d'Empire, formait un pouvoir oligarchique et participait d'une façon modeste aux affaires de l'Empire dans le cadre du Collège des villes au sein de la diète. Dans les autres villes, la bourgeoisie, qui disposait du pouvoir financier, jouait un rôle politique restreint car les diètes locales, dans lesquelles elle était souvent représentée, étaient peu à peu privées de leurs pouvoirs avec le développement de l'absolutisme. À côté de la bourgeoisie, le clergé et la noblesse formaient les deux ordres prééminents. En fait, le clergé ne constituait un Ordre que dans les pays catholiques car, dans les États protestants, les pasteurs et les évêques luthériens ou calvinistes dépendaient étroitement du prince ou de l'autorité municipale. Le haut clergé catholique, en revanche, exerçait souvent, à côté de ses fonctions religieuses, des fonctions politiques. Les trois archevêques-électeurs de Cologne, Mayence et Trèves étaient de véritables souverains dans leur principauté et titulaires des plus hautes charges de l'Empire ; mais d'autres archevêques et évêques se trouvaient aussi à la tête de principautés plus ou moins étendues comme les princes-archevêques de Salzbourg ou les princes-évêques de Münster ou de Würzbourg ; il en était de même des titulaires des grandes abbayes, comme les abbés de Maria-Laach ou d'Ottobeuren. Tout ce haut clergé, issu des familles princières ou de la haute noblesse, se préoccupait davantage de l'administration de son temporel que de ses fonctions religieuses, abandonnées aux vicaires généraux ; il exerçait son autorité sur un bas clergé nombreux, aux revenus modestes, mais très influent dans le monde des campagnes. L'ordre de la noblesse se révéla comme la clé de voûte de la société allemande. À côté de l'ancienne noblesse d'Empire, composée des souverains de la *Kleinstaaterei* ayant autorité sur des micro-États, et des quelque mille cinq cents à deux mille membres de la *Rittershaft*, des chevaliers jouissant du privilège de l'immédiateté et ne possédant guère plus que le château tenu de l'empereur ou du prince, on vit s'affirmer au XVIIe siècle, et surtout au XVIIIe siècle, une noblesse de Cour disposant de vastes domaines conférés à une date plus ou moins récente par les souverains ou les princes territoriaux, et qui s'intégra peu à peu dans la haute administration ou dans le corps des officiers. Quelle que soit l'origine de leur noblesse, tous envoyaient des représentants, à moins qu'ils n'y siégeassent eux-mêmes au Collège des princes de la diète d'Empire où ils défendaient jalousement leurs privilèges face à l'empereur et aux villes libres d'Empire.

Dans cette société d'Ancien Régime, le fait nouveau, au XVIIIe siècle, fut le renforcement du pouvoir des souverains et des princes territoriaux avec l'émergence de l'absolutisme royal ou princier.

### *La monarchie absolue et le despotisme éclairé dans l'Allemagne du XVIIIe siècle*

Alors que les institutions d'Empire — qui en théorie du moins maintenaient encore la fiction de l'unité — se désagrégeaient lentement, on constate l'émergence d'une Allemagne bicéphale ou dualiste qui s'organisait dans le cadre de l'absolutisme. Le XVIIIe siècle confirmait la puissance de deux maisons régnantes : la maison des Habsbourg, détentrice de la dignité impériale devenue purement honorifique mais exerçant son pouvoir effectif dans ses États patrimoniaux, et la maison de Hohenzollern qui jouait un rôle dominant en Allemagne du Nord et dont le chef, l'électeur de Brandebourg, avait été élevé en 1701 à la dignité royale[1].

Longtemps, les Habsbourg et les Hohenzollern ne disposèrent que d'une administration rudimentaire et décentralisée pour assurer la gestion de leurs États. Chaque province, chaque unité

1. D. Raff, *Deutsche Geschichte vom alten Reich zum vereinten Deutschland*, München, 1992, p. 48-51.

territoriale jouissait d'une large autonomie symbolisée par l'existence de diètes (*Landtage*) où nobles et bourgeois, et parfois aussi représentants de l'Église, géraient en commun les affaires locales. Dès la deuxième moitié du XVIIe siècle, en Autriche, avec Léopold Ier et Joseph Ier, et en Prusse, avec le Grand Électeur et son fils Frédéric Ier, le pouvoir central s'affirma et une administration centralisée se mit peu à peu en place. Cette tendance se confirma et s'amplifia au XVIIIe siècle. Les États habsbourgeois et la Prusse — mais aussi d'autres États comme la Bavière ou la Saxe — devinrent des monarchies absolues dans lesquelles le souverain, entouré d'une bureaucratie et de Conseils où nobles et juristes travaillaient côte à côte, exerça l'autorité suprême au nom du principe de la monarchie de droit divin, puis, avec Frédéric II en Prusse, Marie-Thérèse et surtout Joseph II en Autriche, au nom de la raison et pour le bien de l'État et des sujets. La monarchie absolue évolua ainsi vers le despotisme éclairé.

En Prusse, le véritable fondateur de la monarchie absolue fut Frédéric-Guillaume Ier (1713-1740) — le Roi-Sergent — dont toute la politique visait à doter son royaume d'une armée efficace et moderne afin d'en faire la puissance principale de l'Allemagne protestante. L'instrument essentiel de cette politique fut le Conseil privé (*Cabinetministerium*) où siégeaient les plus proches conseillers du roi et où le roi prenait souverainement les grandes décisions à partir des dossiers préparés par les différents Conseils : Conseil d'État (*Staatsrat*), Conseil des Affaires étrangères, Conseil de Justice et, surtout, par le Directoire général mis en place dès 1723 et dont le titre complet « Directoire général supérieur des Finances, de la Guerre et des Domaines » (*Generalober Finanz, Kriegs und Domänen Direktorium*) donne une idée de l'étendue de son champ d'activité. Le Directoire général, en effet, devint rapidement le principal rouage de la nouvelle administration centrale et eut en charge tout ce qui concernait les questions militaires et les frontières, les postes, la monnaie et les finances. La réorganisation de l'administration toucha aussi les pouvoirs locaux. Les diètes locales perdirent l'essentiel de leurs prérogatives. Le royaume fut divisé en Gouvernements (*Regierungen*), dans lesquels les chambres de Guerre et des Finances (*Kriegs-und-Domänen-Kammern*) furent chargées de l'administration des domaines de la Couronne, de la perception des impôts et du recrutement de l'armée. Grâce à cette administration efficace et aux économies considérables réalisées sur le train de vie de la Cour, Frédéric-Guillaume Ier permit à la Prusse de disposer de ressources financières en constante augmentation — il fallait toujours, selon le mot du roi, acquérir plus d'argent, *ein Plus machen.*

Dans le même esprit, le Roi-Sergent continua la politique de colonisation intérieure engagée par ses prédécesseurs et, par sa politique protectionniste rigoureuse, il contribua largement à enrichir un Trésor qui atteignait à sa mort la somme considérable à l'époque de plus de huit millions de thalers. Cette politique permit le renforcement de l'armée dont les effectifs sous son règne passèrent de quarante-cinq mille à quatre-vingt-trois mille hommes, en majorité des soldats recrutés dans chaque canton parmi les paysans en fonction des besoins, si bien que peu à peu, grâce à la loi militaire de 1733, ces « cantonistes », encadrés par des officiers issus de la noblesse terrienne, prirent le pas sur les mercenaires. Cette armée, le Roi-Sergent ne l'utilisa guère, sinon lors de la guerre du Nord contre la Suède, ce qui lui permit, lors du traité de Stockholm du 1er février 1720, d'acquérir toute la Poméranie occidentale ainsi que le port de Stettin. Son fils, Frédéric II, hérita d'une armée bien entraînée qui n'allait pas tarder à s'illustrer sur les champs de bataille lors des guerres de Succession d'Autriche et de Sept Ans.

L'œuvre du Roi-Sergent fut, contre toute attente, poursuivie par son fils Frédéric II (1740-1786). Lui, que son père avait autrefois qualifié de « petit maître à la française » en raison de ses goûts pour la poésie et la musique, se comporta dès son avènement en véritable Hohenzollern ; il sut utiliser, tout en la renforçant, l'armée que lui avait léguée son père. Sous son règne, les effectifs en temps de guerre furent de l'ordre de cent quatre-vingt mille hommes, chiffre considérable pour un pays dont la population n'atteignait pas les six millions d'habitants à la fin de son règne. Cette armée fut l'objet de toutes les attentions du souverain qui, en campagne, n'hésitait pas à partager la vie de ses officiers. Évoquant la place de l'armée dans la Prusse de Frédéric II, Mirabeau a pu dire en 1788 : « La Prusse n'est pas un État qui possède une armée, mais une armée qui occupe un État. » Mais Frédéric II voulait aussi, par une politique dictée par la raison, être le « premier serviteur de l'État » et assurer le bien du peuple. D'importantes réformes furent réalisées avec un « esprit philosophique » dans le domaine de l'instruction publique avec la création de nombreuses écoles, et surtout dans la justice avec le concours du chancelier Samuel Cocceji. On simplifia l'appareil judiciaire et on rendit les procédures plus rapides ; les possibilités d'appel des justiciables furent renforcées. La torture fut

## L'EXPANSION TERRITORIALE DE LA PRUSSE DE 1618 À 1795

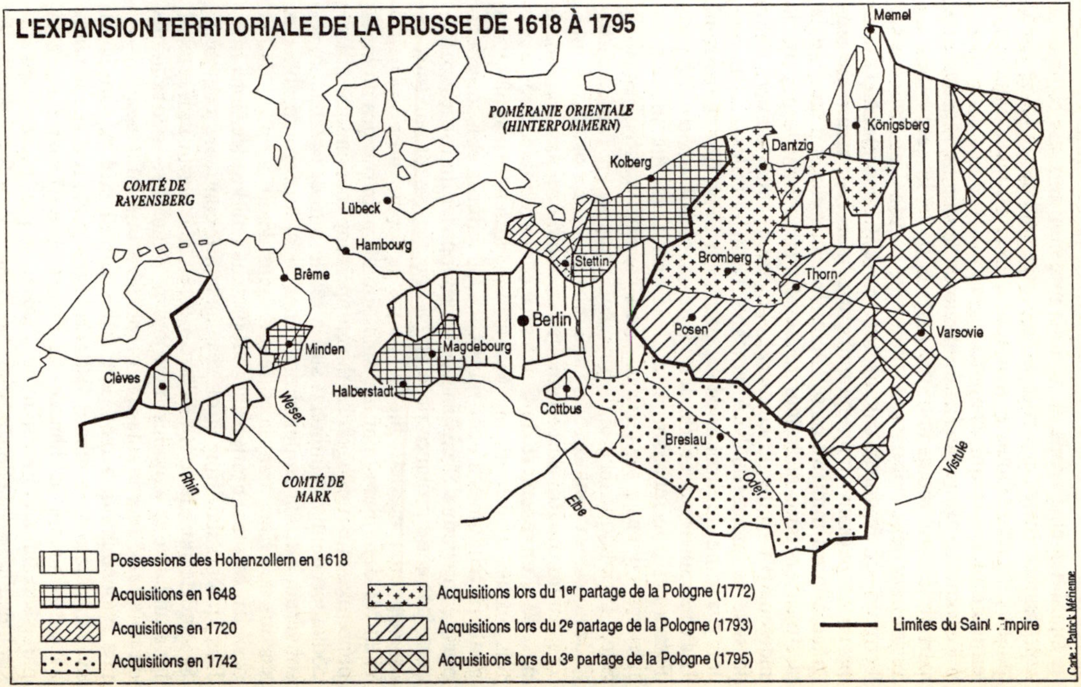

abolie, les châtiments corporels interdits, et même le régime des prisons fut amélioré. Des commissions de juristes furent chargées de simplifier et de codifier le droit prussien, ce n'est cependant qu'après la mort de Frédéric II que furent publiés le Code général, en 1793, et le Code de procédure, en 1794, plus connus sous le nom de *Corpus juris Fredericianum.*

Frédéric II aurait souhaité améliorer la condition paysanne, mais ses efforts furent entravés par son désir de ne pas heurter les intérêts de la noblesse. Toutefois, le servage fut aboli sur les terres de la Couronne. Ailleurs, les corvées furent remplacées par des redevances en argent ou en nature, mais les paysans demeurèrent soumis à la justice seigneuriale. Frédéric II poursuivit la politique de mise en valeur de ses États ; comme son père, il encouragea la venue de colons et, sous son règne, trois cent mille paysans venus de toute l'Allemagne furent installés au Brandebourg. Et, au lendemain de la guerre de Sept Ans, lorsque la Prusse en sortit ruinée, Frédéric II se chargea lui-même des problèmes liés à la reconstruction ; le Trésor royal fut utilisé pour aider les paysans à remettre en état leurs exploitations. Sous son règne, la politique de grands travaux fut poursuivie ; on construisit de nouveaux canaux et on améliora ceux déjà existants. L'intérêt pour les questions économiques est symbolisé par la création, en 1740, d'un ministère du Commerce et des Manufactures et, en 1750, d'un ministère des Monnaies. Plusieurs manufactures royales furent ouvertes entre 1744 et 1759 à Berlin et Königsberg. Après l'annexion de la Silésie, on développa les industries extractives dans cette province riche en métaux ferreux et non ferreux. Le commerce intérieur fut facilité par la suppression de l'octroi à l'entrée des villes et par la disparition d'une partie des douanes intérieures et des péages. Le développement économique et l'introduction d'impôts indirects sur le sel, le café et le tabac, devenus monopole d'État, permirent l'augmentation considérable des recettes de l'État, qui s'accrurent de plus de 80 % entre 1740 et 1786. En ce sens, Frédéric II, qui prenait seul les décisions mais dans l'intérêt de l'État et de ses sujets, fut considéré comme le type même du « despote éclairé ». Très lié avec le mouvement des Lumières et avec les philosophes français — ses relations avec Voltaire furent à la fois privilégiées et conflictuelles —, il était aussi en relation avec Maupertuis qu'il fit, en 1743, président de l'Académie des sciences de Berlin. Frédéric II resta cependant à l'écart du réveil intellectuel de l'Allemagne d'alors. Certes, sa nouvelle résidence à Potsdam fut l'œuvre de l'architecte allemand Knobelsdorf, mais elle reçut le nom français de « Sans-Souci » et son style est très proche de ce que l'on construisait dans la France de Louis XV. L'influence des Lumières, on la retrouve aussi chez Frédéric II dans son intérêt pour la franc-maçonnerie ; dès 1738, il fut initié dans la loge de Berlin. Lecteur du *Dictionnaire philosophique* de Pierre Bayle, Frédéric II en conçut un rejet des dogmes et des rites, et pratiqua dans son royaume une politique de tolérance religieuse dont bénéficièrent aussi bien les différentes confessions issues de la Réforme que les catholiques et les Juifs. Dans son testament politique, Frédéric II résumait ainsi la philosophie de son règne : « Le premier devoir d'un souverain est de servir son pays. C'est une obligation que j'ai essayé de remplir dans toutes les conditions diverses de mon existence. »

Dans les États autrichiens, la monarchie absolue préparée par Léopold Ier acheva de se mettre en place sous Charles VI (1711-1740), mais sa mise en œuvre fut plus délicate à réaliser qu'en Prusse en raison à la fois de la différence de statut des diverses composantes de la monarchie, toutes très jalouses du maintien de leur particularisme, et par le caractère multinational de la population. L'armée réorganisée avec le concours du prince Eugène devint rapidement le principal facteur d'unité dans cet univers pluriethnique. Les effectifs permanents se stabilisèrent au XVIIIe siècle autour d'un chiffre d'environ cent dix mille à cent vingt mille hommes, auxquels il faut ajouter une dizaine de milliers de soldats-paysans confinés le long de la « frontière militaire », c'est-à-dire face aux Turcs. L'entretien de cette armée fut assuré par les contributions des pays héréditaires, par le développement de la fiscalité indirecte, les *cameralia*, mais aussi par un recours excessif aux crédits consentis par les banquiers juifs et étrangers[1]. Ce retard de l'Autriche par rapport à la Prusse au niveau de l'efficacité de l'administration et les difficultés financières permanentes expliquent en grande partie les succès de la Prusse sur l'Autriche à l'époque de Frédéric II.

Longtemps accaparée par la guerre contre Frédéric II et ses alliés, dont l'enjeu était son propre trône, Marie-Thérèse (1740-1780) dut retarder les réformes de modernisation de la monarchie que son mari François de Lorraine souhaitait réaliser. Les premières réformes mises en œuvre furent le résultat du travail du comte Haugwitz qui, dès 1748, retira aux diètes locales la perception de l'impôt, les diètes se bornant à voter les impôts proposés par le pouvoir central. L'administration centrale fut réorganisée

1. J. Bérenger, *Histoire de l'Empire des Habsbourg*, *op. cit.*, p. 437-446.

avec la création d'un Directoire administratif et financier et d'une Cour suprême de justice dont les compétences s'étendaient aux provinces autrichiennes et à la Bohême ; seule la Hongrie conservait ses institutions particulières, Haugwitz entreprit également une réforme de l'armée en créant à Wiener-Neustadt une école destinée à former des officiers, et ouverte à tous quel que soit le rang social ou la nationalité. Quant aux élites civiles, on créa pour leur formation le Theresianum dont l'enseignement était rigoureusement moderne, avec une place importante pour l'économie, les mathématiques et les langues modernes aux dépens des humanités classiques. L'esprit des Lumières, ici aussi, faisait son apparition[1]. L'arrivée aux affaires du chancelier Kaunitz, en 1760, accéléra l'évolution de l'Autriche vers un État moderne. Les affaires intérieures des pays héréditaires, à l'exception de la Hongrie, furent désormais du ressort d'un Conseil d'État, et le Directoire mis en place par Haugwitz fut remplacé, en 1762, par six départements ministériels collégiaux. Les finances furent gérées par une Chambre des comptes contrôlée par une Cour des comptes. À partir de 1765, le fils de Marie-Thérèse, Joseph II, exerça avec sa mère une corégence et, émule des philosophes éclairés, envisagea des réformes sociales de grande portée, ce qui lui valut d'être considéré, au même titre que Frédéric II, comme un despote éclairé.

Dès 1767, le régime de la corvée fut assoupli et les charges paysannes diminuées. À la mort de sa mère, en 1780, Joseph II put enfin réaliser son grand dessein. Autoritaire, hostile aux traditions, pénétré par l'esprit philosophique de son temps, Joseph II aspirait à faire de la monarchie autrichienne un État centralisé et unifié, cherchant pour des raisons d'efficacité à imposer à ses États une langue unique, l'allemand, parce que c'était la langue majoritaire, ce qui suscita de vives protestations, notamment en Hongrie. En même temps, au nom de la raison, il publia en 1781 un édit de tolérance — dont les Juifs étaient exclus — et entendit contrôler directement l'Église dans ses États en la soustrayant à l'autorité romaine. Le *joséphisme* ainsi conçu aboutit à transformer le clergé en un corps de fonctionnaires ; les biens de la plupart des ordres religieux furent sécularisés, accroissant d'autant les richesses de l'État. Dans son souci d'améliorer les conditions de vie de la population, Joseph II décida l'abolition du servage en 1781, puis celle de la corvée en 1789, remplacée désormais par une redevance en argent versée en partie au sei-

1. *Ibid.*, p. 466-467.

gneur et en partie à l'État et représentant au total 30 % du revenu de la terre, le reste, soit 70 % du revenu, allant au paysan. Parallèlement, toutes les terres, nobles, ecclésiastiques et roturières, furent soumises à l'impôt. La politique de Joseph II se heurta à la résistance des classes privilégiées et de la Hongrie jalouse de son particularisme, mais elle contribua à moderniser les États autrichiens.

La monarchie absolue et le despotisme éclairé ne se limitèrent pas à la Prusse et à l'Autriche. La Bavière à l'époque de l'électeur Maximilien-Joseph (1745-1777) se transforma. Le prince aussi désirait assurer le bonheur de ses sujets. Pour lutter contre l'insécurité dans les campagnes, la justice se montra sévère à l'égard des voleurs et des vagabonds, à la grande joie des paysans. Mais, en même temps, les codes de 1753 et 1756 instituèrent une justice égale pour tous et dictée par un esprit moderne. Le duc de Bavière se préoccupa aussi des questions sociales ; des hôpitaux furent créés ainsi que des asiles pour les nécessiteux. Dans la plupart des autres États allemands, des mesures analogues furent prises par les souverains « éclairés », évitant sans doute au monde allemand l'agitation prérévolutionnaire que connut la France dès 1780.

### *Le réveil culturel de l'Allemagne*

Alors que la société et les institutions demeuraient plus ou moins bloquées par le poids de la tradition, on observa en Allemagne au XVIII^e^ siècle un renouveau de la vie intellectuelle tout à fait remarquable, aussi bien dans le domaine religieux que dans celui de la philosophie et de la littérature.

La tourmente religieuse du XVI^e^ siècle, avec la Réforme luthérienne suivie en réaction par la Réforme catholique, avait réduit la pensée religieuse à des querelles dogmatiques entre théologiens qui se prolongèrent pendant une bonne partie du XVII^e^ siècle. Pourtant, après le drame terrible que vécut l'Allemagne lors de la guerre de Trente Ans, on assista à une double évolution. D'un côté, une grande partie des élites commença à se détacher des Églises au nom de la raison, tandis que le peuple continua à pratiquer passivement la religion... du souverain. Mais, d'un autre côté, une petite partie des élites chercha à donner un nouveau visage à la religion, un visage plus humain, plus sentimental. C'est dans ce contexte qu'apparut, au sein du monde protestant, le mouvement piétiste. Le piétisme était une réaction contre le conformisme passif des élites protestantes face aux ouvrages doctrinaires de Luther et de ses disciples. L'initiateur du piétisme fut le pasteur alsacien Philippe-Jacob Spener (1635-1705) qui, devenu « premier pasteur » à Francfort, prit l'habitude à partir de 1670 de réunir certains de ses fidèles dans des *collegia pietatis*, où on lisait la Bible et où on préparait le sermon dominical. Dans son *Pia desideria*, publié en 1675, Spener exposait les grandes lignes d'un programme visant à épurer les mœurs et à libérer l'Église luthérienne de la tutelle du pouvoir civil. Après son passage à Francfort, Spener fut nommé, en 1686, prédicateur à la Cour de Saxe, mais ses critiques contre la vie dissolue menée par l'électeur provoquèrent rapidement son éviction. Grâce à l'appui de l'électeur de Brandebourg, Frédéric III, Spener s'installa à Berlin et y poursuivit son œuvre réformatrice. Malgré les critiques des luthériens de stricte obédience et les dérives illuministes de certains de ses disciples, Spener exerça une grande influence sur les milieux intellectuels protestants. Chargé d'organiser à l'université de Halle la faculté de théologie, il fit de cette université un des principaux foyers du piétisme qui, de là, se répandit dans toute l'Allemagne du Nord. À Halle, l'un des disciples de Spener, Auguste-Hermann Francke (1663-1727), professeur de langues orientales, concentra toute son action en direction des pauvres ; il y fonda des écoles, un hôpital, un orphelinat et un séminaire pour les étudiants pauvres. Les théologiens de l'université de Halle insistaient sur la nécessité de refuser le monde et ses habitudes souvent dépravées, mais également de pratiquer un christianisme tourné vers les pauvres, conformément à l'enseignement de la Bible. Le même souci de rendre la Bible accessible à tous se retrouve chez les piétistes de Souabe et du Würtemberg, comme Jean-Albert Bengel (1687-1751), dont les recherches sur la Bible en firent un des précurseurs de la critique scientifique des Textes saints pour en extraire la véritable parole de Dieu. On peut rapprocher du mouvement piétiste les frères moraves protégés par le comte Zinzendorf, un disciple de Spener et de Francke, qui les accueillit sur ses terres lorsqu'ils eurent à subir les persécutions des Habsbourg. Malgré la diversité de ses aspects, le piétisme joua un rôle capital dans le renouveau spirituel du protestantisme allemand ; par la place importante qu'il accordait à la charité, à la prédication et à l'étude de la Bible, il rendit le protestantisme plus proche du peuple. Le piétisme eut un porte-parole littéraire en la personne du poète Gottlieb Klopstock (1724-1803), dont l'œuvre est toute imprégnée de religiosité piétiste. Ce réveil religieux du protestantisme allemand par le piétisme trouva son expression musicale dans l'œuvre de Jean-Sébastien Bach.

Dans les pays catholiques, au XVIIIe siècle, ce fut en Autriche que la rigueur morale du piétisme s'exprima avec le jansénisme. Ce catholicisme réformateur, soucieux de l'étude de la Bible, critique à l'égard de tous les excès de la vie mondaine, qui y apparaît vers 1720, s'oppose à la tradition baroque et à l'influence des Jésuites tout-puissants depuis le règne de Ferdinand II. L'impératrice Marie-Thérèse et la cour de Vienne accueillirent favorablement le courant janséniste et la souveraine eut à son service des confesseurs jansénistes[1].

En réaction contre ce renouveau religieux fait de mysticisme, de rigueur morale et de sentimentalité, on vit se développer au même moment un mouvement radicalement contraire reposant sur le culte de la raison, sur la croyance en la liberté et l'égalité des hommes. Cet esprit nouveau, cette philosophie des Lumières, qualifiée par les Allemands d'*Aufklärung*, sont venues d'Angleterre puis ont gagné la France et la Hollande avant de toucher l'Allemagne dans la seconde moitié du XVIIIe siècle, et ont donné naissance à une « république des Lettres » dont la langue véhiculaire était le français. La pensée nouvelle fut largement favorisée par le développement en Allemagne des loges maçonniques, elles aussi venues d'Angleterre et de France. Il y eut des loges dans la plupart des villes importantes d'Allemagne, Hambourg, Berlin, Leipzig, Münster, Hildesheim, Mayence, Cologne ; les princes, laïques ou ecclésiastiques, les bourgeois les fréquentaient assidûment. Certaines de ces loges dévièrent vers l'illuminisme et les mouvements occultes comme les Rose-Croix. Il y eut aussi des loges dans les États habsbourgeois ; la première fut celle de Vienne, créée en 1742. Le prince Eugène, l'empereur François Ier, plus tard Joseph II furent initiés et refusèrent d'appliquer en Autriche la condamnation portée contre la franc-maçonnerie par le pape Clément XIV[2]. Les universités contribuèrent également à la diffusion des Lumières. L'académie de Berlin, les universités de Halle et de Göttingen contribuèrent à répandre l'esprit critique à travers l'enseignement des sciences historiques et politiques, et, en ce sens, l'étude critique des textes bibliques à laquelle s'étaient livrés les piétistes comme Francke favorisa involontairement l'*Aufklärung*. Comme le définissait Kant, en

1. J. Bérenger, *Histoire de l'Empire des Habsbourg*, *op. cit.*, p. 471-472.
2. *Ibid.*, p. 479-480.

1784, l'*Aufklärung*, c'est l'accession de l'homme, au moins sur le plan intellectuel, au statut d'adulte, maître de son propre jugement et libéré de toutes les contraintes de la tradition. Dans le domaine littéraire, le principal représentant de l'*Aufklärung* fut Gotthold Lessing (1729-1781), esprit encyclopédique et rationaliste convaincu, qui fit connaître par ses traductions les œuvres des auteurs « éclairés » anglais et français. Dans certaines de ses œuvres, comme *Nathan le Sage*, Lessing se pose en défenseur de la tolérance religieuse. Outre son impact sur le monde intellectuel, l'*Aufklärung* toucha un public plus large avec la multiplication d'œuvres relatives à la vie sociale, en particulier les nombreux traités sur l'éducation des enfants publiés à cette époque.

Vers 1770, en réaction contre le rationalisme de l'*Aufklärung*, de jeunes écrivains comme Klinger, Lenz, Leopold Wagner, hostiles à toute autorité, y compris celle de la Raison, reprennent à leur compte le mot d'ordre de « retour à la nature » cher à Jean-Jacques Rousseau. Avec eux, on s'enthousiasme pour la nature sauvage, pour la montagne et on rejette la civilisation. C'est le mouvement connu sous le nom de *Stürm und Dräng*, le « temps des génies » qui rappelle que c'est la civilisation qui a apporté la dépravation et la corruption des mœurs et qui place au premier plan de ses préoccupations le peuple. Alors que les *Aufklärer* voulaient *savoir*, les *Sturmer und Dränger* voulaient *sentir* ; pour eux, « le sentiment est tout » et l'être humain est bon, mais seulement lorsqu'il est proche de la nature, c'est-à-dire lorsqu'il est enfant ou lorsqu'il se tient à l'écart de la civilisation, c'est-à-dire lorsqu'il appartient au « peuple ». Avec eux, c'est la nature qu'on exalte, mais aussi l'individu en ce qu'il a de génial. On est déjà bien proche du romantisme.

## III — La lutte pour l'hégémonie en Allemagne

Les guerres contre Louis XIV avaient mobilisé contre l'ennemi commun la plupart des princes allemands et avaient contribué à renforcer la puissance de la monarchie autrichienne et du royaume de Prusse. Après la mort de Louis XIV, en 1715, qui suit de près celle de l'empereur Léopold Ier et de son fils Joseph Ier (1705-1711), puis celle du premier roi de Prusse, Frédéric Ier, en 1713, la monarchie française devint moins puissante. Louis XV (1715-1774) comme Louis XVI renoncèrent définitivement à leur politique de conquête à l'est ; ils cherchèrent surtout à consolider les frontières du royaume, et s'ils intervinrent dans les affaires allemandes occasionnellement, ce fut pour soutenir — ou faire échec — aux tentatives hégémoniques des Habsbourg ou des Hohenzollern, tout comme les Habsbourg ou les Hohenzollern s'engagèrent aux côtés de la France pour consolider leur position en Allemagne. Tout au long du XVIIIe siècle, on assista, en Allemagne, à la rivalité entre l'Autriche et la Prusse dont les souverains cherchaient l'un et l'autre à renforcer leur puissance territoriale.

*La Succession d'Autriche*

Le premier conflit opposant directement la Prusse à l'Autriche fut lié à la question de la Succession d'Autriche qui déboucha, en 1740, sur une guerre européenne. En 1703, deux ans avant sa mort, l'empereur Léopold Ier avait par la *Disposition léopoldine* réglé sa succession. Son fils aîné, Joseph, devait lui succéder. Comme celui-ci n'avait pas de fils, la Couronne irait au frère de Joseph, Charles. Si Charles n'avait pas, entre-temps, d'héritier mâle, l'héritage habsbourgeois irait aux filles de Joseph par ordre de primogéniture. Comme prévu, Joseph Ier succéda à Léopold Ier puis, à sa mort, en 1711, son frère Charles lui succéda sous le nom de Charles VI (1711-1740). L'une des premières décisions de Charles VI fut de désavouer la *Disposition léopoldine* et de la remplacer, en 1713, par la Pragmatique Sanction. Par ce document, Charles VI décidait que, à défaut d'héritier mâle, la succession devait revenir aux filles du dernier empereur régnant, ce qui écartait de la succession les filles de Joseph Ier. Les deux filles de ce dernier, Marie-Josèphe et Marie-Amélie prêtèrent serment de respecter la Pragmatique Sanction, qui devint une « loi irrévocable et véritable pour la famille » et acceptée comme telle par les diètes des États habsbourgeois. En 1717, la naissance de Marie-Thérèse, fille de l'empereur Charles VI, faisait de celle-ci l'héritière du patrimoine habsbourgeois puisqu'il n'y avait pas d'héritier mâle. Pour éviter que les droits de Marie-Thérèse ne fussent contestés au moment de sa mort, Charles VI chercha à faire reconnaître la Pragmatique Sanction comme un « pacte international ». La plupart des princes allemands acceptèrent la Pragmatique Sanction, ainsi que le roi de Prusse et les princes directement concernés par l'héritage, Auguste III de Saxe et Charles-Albert de Bavière. Le duc de Bavière, en épousant en 1722 Marie-Josèphe, la fille de Joseph Ier, avait confirmé la renonciation de sa femme à l'héritage habsbourgeois, et l'électeur

Auguste III de Saxe avait fait de même au nom de Marie-Amélie en échange du soutien de Charles VI lors de la Succession de Pologne, en 1733. Auguste III devint ainsi roi de Pologne, évinçant le candidat français, Stanislas Leszczynski, beau-père de Louis XV, qui, en compensation, reçut le duché de Lorraine cédé par le duc François, époux de Marie-Thérèse et gendre de l'empereur. Il fut prévu qu'à la mort de Stanislas la Lorraine reviendrait à la France : en échange, la France reconnaissait la Pragmatique Sanction.

La mort de Charles VI, le 20 octobre 1740, remit tout en question et tous les engagements pris à propos de la Pragmatique Sanction furent oubliés. Le premier à agir fut le nouveau roi de Prusse, Frédéric II, dont l'objectif principal était l'agrandissement de son royaume. Dès décembre 1740, les troupes de Frédéric II occupèrent la Silésie. Pour bien montrer que les problèmes liés à la succession de Charles VI ne l'intéressaient pas, Frédéric II proposa aussitôt la paix à Marie-Thérèse : en échange de la cession de la Silésie, Frédéric II se déclarait prêt à soutenir les droits de Marie-Thérèse et à donner la voix du Brandebourg à son mari François de Lorraine au moment de l'élection impériale. Le refus de Marie-Thérèse de céder la Silésie ralluma le conflit. Avec ses succès militaires, Frédéric II se trouva bientôt sollicité par tous les adversaires de Marie-Thérèse, en particulier par l'Électeur de Saxe et le duc de Bavière qui réclamaient l'héritage de Charles VI au nom de leurs épouses. La France, traditionnellement hostile aux Habsbourg, défendit les prétentions du duc de Bavière à la dignité impériale et signa, en juin 1741, le traité de Nymphenburg avec tous les adversaires de Marie-Thérèse. Selon ce traité, la couronne impériale irait à Charles-Albert de Bavière, dont le territoire serait agrandi de la Haute-Autriche ; la Saxe obtiendrait la Moravie et la Prusse la Silésie. Ainsi, le poids de la puissance des Habsbourg en Allemagne serait-il considérablement réduit.

La politique de la France, qui était soutenue par l'Espagne, suscita des inquiétudes même chez ses alliés allemands. Dès le 9 octobre 1741, Frédéric II conclut un accord secret avec Marie-Thérèse qui lui laissait la Silésie. Dans l'immédiat, cependant, l'armée française renforcée de contingents bavarois était passée à l'offensive ; les coalisés occupèrent la Haute-Autriche et surtout la Bohême. À Prague occupée par les Français, l'électeur Charles-Albert de Bavière fut élu roi de Bohême en décembre 1741 : un mois plus tard, le Collège électoral le proclamait à l'unanimité empereur sous le nom de Charles VII. Le couronnement du nouvel empereur, à Francfort, en janvier 1742, semblait mettre fin aux derniers espoirs de Marie-Thérèse de récupérer la dignité impériale. Pourtant, grâce à l'aide des troupes levées en Hongrie, Marie-Thérèse put redresser sa situation. Certes, elle dut renoncer définitivement à la Silésie lors de la paix de Breslau conclue en juin 1742 grâce à la médiation du roi d'Angleterre. L'Angleterre, inquiète des ambitions françaises, se rangea du côté de Marie-Thérèse. Les troupes de Georges II, roi d'Angleterre et électeur de Hanovre, chassèrent d'Allemagne les armées de Louis XV après leur victoire de Dettingen, le 27 juin 1743. Marie-Thérèse, grâce aux renforts hongrois, put reconquérir la Bohême ; la Bavière elle-même fut envahie et les troupes autrichiennes poussèrent jusqu'au Rhin, menaçant même l'Alsace. La Saxe se retira de la coalition et se rapprocha de Marie-Thérèse. Le roi de Prusse, inquiet du redressement autrichien, renoua avec la France et renouvela, en juin 1744, l'alliance de Nymphenburg, et les troupes de Frédéric II envahirent la Bohême mais les Saxons, passés au service de Marie-Thérèse, les arrêtèrent. La mort de Charles VII, le 20 janvier 1745, mit fin au projet français de placer sur le trône impérial un prince bavarois ; en effet, le fils de Charles VII, l'électeur Maximilien, négocia avec Marie-Thérèse l'accord de Füssen du 22 avril 1745. En échange de la restitution de ses possessions, Maximilien s'engageait à donner sa voix électorale à l'époux de Marie-Thérèse, François de Lorraine, qui fut d'ailleurs élu empereur sous le nom de François Ier, le 13 septembre suivant. Quant à Frédéric II, vainqueur par trois fois des Autrichiens et des Saxons, il fut en position de force pour négocier avec Marie-Thérèse la paix de Dresde du 25 décembre 1752. Frédéric II se voyait confirmer la possession de la Silésie mais s'engageait à reconnaître l'empereur François Ier. La guerre de Succession d'Autriche se poursuivit désormais en dehors du monde allemand. La paix d'Aix-la-Chapelle qui y mit fin, en 1758, se borna à garantir le traité de Dresde et à reconnaître officiellement la Pragmatique Sanction.

Dans toute cette affaire, Frédéric II n'avait jamais véritablement cherché à évincer les Habsbourg du trône impérial ; pour lui, seule comptait la possession de la Silésie, une province riche et peuplée qui renforçait considérablement le potentiel économique de la Prusse.

### *L'Allemagne et la guerre de Sept Ans*

Marie-Thérèse, qui à la faveur de la paix retrouvée avait consolidé son autorité et celle de son mari l'empereur François Ier, était bien décidée à récupérer la Silésie à la faveur du conflit franco-anglais qui s'annonçait. Le roi d'Angleterre s'y préparait et chercha à renouveler l'alliance anglo-autrichienne. Cette tentative échoua ; du coup, il se rapprocha du roi de Prusse, et, par l'accord de Westminster du 16 janvier 1756, il obtint de celui-ci qu'en cas de guerre, le Hanovre, qu'il possédait à titre personnel, serait neutralisé. Ce rapprochement anglo-prussien provoqua du côté français une vive inquiétude et déboucha sur un véritable renversement des alliances. Le 1er mai 1756, la France et l'Autriche concluaient un traité d'alliance défensive ; la Russie et la Saxe de leur côté se rangeaient aux côtés de Marie-Thérèse. La guerre de Sept Ans (1756-1763), à laquelle fut mêlé le monde allemand, présente deux aspects ; d'une part, un conflit franco-anglais qui se déroula sur mer et dans les colonies, et, d'autre part, un conflit propre au monde allemand dont l'enjeu était la place de la Prusse dans l'Empire.

Fort de sa puissance militaire, Frédéric II, dès le mois d'août 1756, attaqua la Saxe, s'empara de Dresde et écrasa les Saxons à Pirna, et ce qui restait de l'armée saxonne fut incorporée à l'armée prussienne. Face aux Anglo-Prussiens, Louis XV transforma l'alliance avec l'Autriche en une alliance offensive. Le traité du 1er mai 1757 prévoyait le démembrement de la Prusse. Face à la vaste coalition qui groupait, autour de l'Autriche et de la France, la plupart des États allemands, dont la Bavière et le Würtemberg, l'Empire en tant que tel ainsi que la Russie et la Suède, Frédéric II, grâce à son génie militaire et à la puissance de son armée, avait su exploiter sa victoire sur les Saxons et avait lancé une attaque en direction de la Bohême, occupant Prague le 6 mai 1757. Les coalisés n'étaient pas restés inactifs. À l'ouest, les Français avaient occupé le duché de Clèves et avaient battu les troupes hessoises et hanovriennes du duc de Cumberland à Hastenbeck ; puis, sous la conduite du maréchal Soubise, ils avaient occupé l'électorat de Hanovre. Au nord, les Suédois avaient débarqué en Poméranie ; à l'est, les Russes avaient pénétré en Prusse-Orientale, tandis que les Autrichiens envahissaient la Silésie et parvenaient même un court instant à occuper Berlin. Attaqué de tous côtés, Frédéric II fit front efficacement. Le 5 novembre 1757, il battait Soubise à Rossbach, puis un mois plus tard les Autrichiens à Leuthen, ce qui lui permit de reprendre la Silésie. De son côté, l'armée anglo-hanovrienne reconstituée par le duc de Brunswick repoussa vers le Rhin les dernières troupes françaises présentes en Allemagne. Libéré de ses soucis à l'ouest, Frédéric II avait à nouveau attaqué les Autrichiens et, après sa victoire de Luna en décembre, il était entré en Moravie. L'offensive prussienne fut interrompue par une reprise du combat des Russes qui, après avoir occupé Königsberg, avaient avancé jusqu'à l'Oder en juin 1758. Frédéric II parvint à les arrêter à Zorndorf mais ce n'était qu'un répit. Les Autrichiens du maréchal Daun lui infligèrent plusieurs défaites dont celle de Kunersdorf, le 12 août 1759. L'absence d'entente entre les Autrichiens et les Russes sauva Frédéric II. Les Autrichiens ne pensaient qu'à récupérer la Silésie ; les Russes, eux, cherchaient à occuper le maximum de territoires et à s'emparer du maximum de butin. En septembre-octobre 1760, les Russes occupèrent Berlin qui fut livré au pillage avant d'évacuer la ville à l'approche de Frédéric II. La mort de la tsarine Élisabeth, en janvier 1762, et l'avènement de Pierre III, un admirateur de la Prusse marié à une princesse allemande Catherine d'Anhalt-Zerbst — la future Catherine II —, détachèrent la Russie de la coalition. Le 5 mai 1762, Pierre III signait la paix avec la Prusse et évacuait toutes ses conquêtes ; la Suède ne tarda pas à l'imiter. Rassemblant toutes ses forces disponibles, Frédéric II reprit l'offensive contre l'Autriche et put réoccuper la Silésie dès l'automne 1762. Marie-Thérèse se résigna à traiter avec lui. La paix de Hubertsburg, le 15 février 1763, laissait la Silésie à la Prusse ; en échange, Frédéric II s'engageait à donner sa voix au fils de Marie-Thérèse, Joseph II, lors de l'élection impériale.

Frédéric II et la Prusse sortirent très affaiblis de la guerre. Le pays avait été dévasté, les finances ruinées. À l'exception de la confirmation de la possession définitive de la Silésie, Frédéric II n'avait tiré aucun avantage de cette guerre, sinon que son armée avait montré sa capacité de résistance face à des adversaires supérieurs en nombre. Le temps n'était pas encore venu pour la Prusse d'imposer ses volontés à l'Allemagne. Conscient de ses limites, Frédéric II chercha désormais à éviter de nouveaux conflits avec l'Autriche. Et c'est en accord avec l'Autriche et la Russie que la Prusse participa au premier partage de la Pologne en 1772 ; elle put ainsi occuper pacifiquement l'Ermland et la Prusse occidentale, à l'exception de Dantzig et Thorn demeurées polonaises.

### *La Prusse et l'Autriche dans l'Allemagne de la fin du* XVIII*e siècle*

Frédéric II, malgré ses échecs, n'avait pas renoncé à ses ambitions en Allemagne. Les tentatives de Joseph II pour intégrer à ses États une partie de la Bavière au moment de la mort du dernier Wittelsbach, Max-Joseph, amenèrent la Prusse à réagir. L'électorat passa à un lointain cousin de Max-Joseph, Charles-Théodore (1777-1799), déjà électeur palatin, ce qui induisit une union personnelle entre la Bavière et le Palatinat rhénan. Joseph II avait tenté d'imposer à Charles-Théodore la cession de la Basse-Bavière et du Haut-Palatinat. Frédéric II riposta en soutenant les droits d'un autre candidat à la succession, le duc de Deux-Ponts, et envoya ses troupes en Bohême. La médiation franco-russe évita la reprise d'une nouvelle guerre entre la Prusse et l'Autriche. La paix de Teschen, le 13 mai 1779, ne laissa à l'Autriche de l'héritage bavarois que l'Innviertel avec la ville de Braunau, la Prusse obtenant l'expectative de la succession d'Ansbach-Bayreuth[1].

Pour contrer les ambitions de l'Autriche sur la Bavière, à partir de 1783, Frédéric II tenta de mettre sur pied une Ligue des princes allemands avec les électeurs de Saxe, de Hanovre, de Mayence ainsi qu'une douzaine de princes allemands. La Ligue des princes ne fut, en fait, qu'un vœu pieux. Elle ne survécut pas à la mort de Frédéric II, en 1782, mais elle montrait que désormais, en Allemagne, il y avait deux candidats à la direction des affaires : l'empereur en chef de la maison d'Autriche et le roi de Prusse.

En dépit d'une certaine modernité politique qui s'est affirmée au XVIIIe siècle dans le cadre du despotisme éclairé, les pays du Saint Empire demeurent encore très traditionnels, notamment dans le domaine de l'économie. Le travail de la terre et les activités artisanales sont encore largement dominants dans un pays à peine touché par la révolution industrielle. La Révolution qui éclate en France le 14 juillet 1789 allait accélérer la désagrégation d'un Saint Empire en état de survie artificielle depuis la paix de Westphalie.

1. P. Rassow, *Histoire d'Allemagne*, *op. cit.*, t. I, p. 427-434.

# 12

# Le monde allemand face à la France de la Révolution et de l'Empire

À la fin du XVIIIe siècle, le sentiment national, l'idée d'appartenir à une patrie commune était encore des notions étrangères à la société allemande. Pour le peuple des villes et des campagnes, on se sent bavarois, hessois ou prussien. Quant aux élites, elles étaient pour la plupart fortement imprégnées de culture française. Seuls quelques intellectuels s'efforçaient de promouvoir la langue et la culture allemandes et, comme Herder, exprimaient dans leurs écrits leur nostalgie à l'égard du vieil Empire allemand du Moyen Âge.

Vingt ans plus tard, l'état des esprits avait totalement changé. La Révolution française, l'occupation étrangère, la politique hégémonique de Napoléon avaient fait naître un sentiment national allemand aussi bien dans les milieux populaires que dans le monde des intellectuels. Dès lors, l'idée d'une Allemagne unifiée était devenue l'objet d'un débat public.

## I — Agonie et mort du Saint Empire (1792-1806)

Au moment où éclatait en France la Révolution, le monde allemand était devenu depuis longtemps une véritable Confédération d'États souverains où, à côté des deux puissances dominantes, la Prusse des Hohenzollern au nord, les États autrichiens des Habsbourg au sud et au sud-est, coexistaient quelque trois cents principautés de statut et de taille différents ainsi que cinquante et une villes libres d'Empire. Aux soixante-quatorze principautés ecclésiastiques dont trois, les archevêchés de Cologne, de Mayence et de Trèves, avaient le statut d'électorat, parmi lesquelles se trouvaient la plupart des évêchés et de nombreuses abbayes, s'opposaient plus de deux cents principautés laïques. Certaines, bien structurées, avaient un poids politique important. C'était le cas des électorats de Bavière, du Palatinat, de Saxe et de Hanovre, le dernier électorat créé en 1692 ; c'était aussi le cas du grand-duché d'Oldenbourg, de la Hesse-Darmstadt, du Würtemberg, des principautés de Mecklembourg, du margraviat de Bade. Beaucoup plus nombreux sont les États miniatures dirigés par une cohorte de roitelets jaloux de leur indépendance tout en recherchant les faveurs des grands États. C'était encore le cas des petites principautés saxonnes, des possessions éparses de la maison de Brunswick et des micro-États de Rhénanie. Pour ne parler que de la rive gauche du Rhin, on comptait, en dehors des électorats ecclésiastiques et du Palatinat, plus d'une centaine d'États minuscules souvent enclavés à l'intérieur de principautés plus puissantes. Malgré les guerres qui, au XVIIIe siècle, avaient opposé les Hohenzollern aux Habsbourg, jamais les rois de Prusse ne cherchèrent à étendre leur domination à l'ensemble de l'Allemagne. Frédéric II avait toujours agi en tant que roi de Prusse et dans l'intérêt de la Prusse. Il n'avait jamais cherché à remettre en question l'existence du Saint Empire, ni à enlever aux Habsbourg leurs États patrimoniaux, ni même à remettre en question le découpage politique du monde allemand. Le Saint Empire romain de nationalité germanique, dépouillé depuis longtemps de toute puissance en tant que tel, restait encore une structure que personne ne songeait à remettre en question.

### *Les Allemands et la Révolution française : espoirs et déceptions*

Très vite, les événements parisiens du 14 juillet 1789 firent en Allemagne l'objet de commentaires diffusés grâce à l'existence d'une presse aux titres nombreux qui s'était développée au XVIIIe siècle. Les souverains et les princes, au début tout au moins, virent sans déplaisir une situation qui affaiblissait la France et leur laissait les mains libres à l'est au moment où se dessinait un nouveau partage de la Pologne. En Prusse, les conseillers du nouveau roi Frédéric-Guillaume II (1786-1797) voyaient dans l'œuvre réformatrice de la Constituante des mesures inspirées par l'*Aufklärung*. L'empereur Léopold II, qui venait de succéder à Joseph II, pensait de même. Toutefois, les souverains se rendirent compte rapidement que les réformes mises en œuvre en France risquaient de remettre en cause, dans l'Empire même, un ordre social auquel ils étaient attachés. De plus, en Alsace, l'application des mesures adoptées par la Constituante dans la nuit du 4 août 1789 et de celles de la Constitution civile du clergé provoqua la protestation d'un certain nombre de seigneurs allemands laïcs et ecclésiastiques, qui se tournèrent vers la diète d'Empire. L'affaire des « princes possessionnés » d'Alsace, l'agitation révolutionnaire dans les Pays-Bas autrichiens, en 1790, l'action des émigrés français installés à Coblence, le traitement humiliant infligé à Louis XVI après l'échec de la fuite de Varennes, la persécution des prêtres réfractaires, l'annexion d'Avignon et du Comtat venaissin à l'issue d'une consultation populaire, tout cela provoqua l'inquiétude de l'empereur et des princes allemands. Le 27 août 1791, à l'issue de leur rencontre à Pillnitz, Léopold II et Frédéric-Guillaume II publièrent une déclaration dans laquelle ils affirmaient que les événements de France concernaient tous les souverains, que Louis XVI devait être en mesure de gouverner en pleine liberté et qu'ils étaient prêts à agir de concert à condition que les autres souverains d'Europe se joignent à eux — ce qui enlevait toute portée à cette menace. Mais, à Paris, la déclaration de Pillnitz conforta ceux des révolutionnaires qui, comme Brissot, évoquaient l'idée d'une croisade pour « la liberté des peuples[1] ». En France, un « parti de la guerre » se constituait où se mêlaient les révolutionnaires désireux de libérer les peuples de la tyrannie et les royalistes, ainsi que la Cour, qui comptaient sur une intervention étrangère pour mettre fin à la Révolution.

Si, en Allemagne, l'empereur et les princes prirent rapidement des positions hostiles à la Révolution, les idées révolutionnaires furent accueillies, en revanche, avec sympathie dans certains milieux intellectuels, au moins dans un premier temps. À Brême et à Hambourg, on applaudit aux événements de France et, dans cette dernière ville, en 1790, on fêta le premier anniversaire de la prise de la Bastille ; à cette occasion, le poète Klopstock composa une ode[2]. Les régions au voisinage immédiat de la France étaient tenues au courant des événements par les journaux et les pamphlets qui parvenaient de Strasbourg ; la bourgeoisie et les paysans s'enthousiasmaient pour les réformes de la Constituante. Les paysans du Palatinat et de Sarre refusèrent, dès 1790, de payer les redevances féodales, mais la réaction brutale des princes mit fin à l'agitation[3]. En Rhénanie et dans le Würtemberg, la bourgeoisie témoigna une certaine sympathie pour la Révolution aussi longtemps que l'ordre social ne risquait pas

1. P. Rassow, *Histoire de l'Allemagne*, *op. cit.*, t. I, p. 440-443.
2. J. Godechot, *La Grande Nation*, t. I, Paris, 1956, p. 179.
3. A. Fugier, « La Révolution et l'Empire », in *Histoire des relations internationales*, Paris, 1954, p. 27 et suiv.

d'être remis en question, mais cette sympathie n'allait pas jusqu'à l'engagement politique.

Dans sa grande majorité, la bourgeoisie ne souhaitait pas de bouleversements politiques en Allemagne. Les intellectuels rhénans s'engagèrent davantage. Malgré la censure, certains journaux, comme le *Mercure politique* de Frantz Dautzenberg, publié à Aix-la-Chapelle, commentaient favorablement les événements de Paris. À Mayence, le bibliothécaire de l'université, Georges Forster, qui avait séjourné en France au printemps 1790, mettait tous ses espoirs dans une intervention libératrice de la France. D'autres intellectuels, en revanche, se montraient inquiets, voire hostiles. Herder, par exemple, estimait qu'il fallait prendre dans les idées de la Révolution française ce qu'il y avait de bien et, en particulier, tout ce qui pouvait aider au réveil de la conscience nationale allemande ; il rejetait cependant la politique antireligieuse et la violence des révolutionnaires. Julius Möser dénonçait les atteintes à la propriété commises lors de la confiscation des biens d'Église par la Constituante. La majorité des intellectuels fut sensible aux *Réflexions* de Burke traduites en allemand, dès 1791, par Frédéric Gentz, défenseur de l'ordre ancien. L'université de Göttingen devint l'un des centres les plus actifs de l'opposition aux idées révolutionnaires[1]. Plus tard, les intellectuels qui, au début, avaient apprécié la générosité des principes de 1789, comme Schiller, Wieland, Fichte, Klopstock et Goethe, se détournèrent de la France face aux violences de la Révolution.

Au cours de l'hiver 1791-1792, les relations entre la France et le monde allemand se dégradèrent sérieusement et, à Paris, les partisans de la guerre étaient largement majoritaires à la Législative tout autant que dans l'entourage de Louis XVI. À la mort de Léopold II, son successeur François II fut « sommé de vivre en bonne intelligence avec la nation française ». Puis, le 20 avril 1792, sur proposition du roi, la Législative déclara la guerre « au roi de Bohême et de Hongrie », espérant ainsi que les autres princes allemands se tiendraient à l'écart du conflit. Il n'en fut rien. Déjà, le 7 février 1792, l'Autriche et la Prusse avaient conclu un traité d'alliance. En outre, en juillet, les princes allemands, réunis à Mayence à l'occasion de l'élection impériale, s'étaient engagés à aider l'empereur, mais cette aide demeurait en fait très limitée.

C'est au cours de l'été 1792 que débutèrent véritablement les opérations militaires. Les Autrichiens remportèrent quelques

1. J. Godechot, *La Grande Nation*, *op. cit.*, t. I, p. 180-182.

succès au nord de la France. Le 25 juillet, le commandant en chef des armées austro-prussiennes, le duc de Brunswick, en publiant un Manifeste qui menaçait de lourdes représailles les Parisiens s'ils persistaient à s'opposer au roi, provoqua un sursaut patriotique à Paris qui aboutit le 10 août à la chute de la royauté. Devant l'invasion, les Français se mobilisèrent. L'offensive du duc de Brunswick, menée à partir de la Lorraine, fut stoppée à Valmy, le 20 septembre, par les volontaires accourus pour défendre « la patrie en danger ». Le jour même, à Paris, la Convention proclamait la République. Forts de la victoire de Valmy, les Français prirent l'offensive au nord, en direction des Pays-Bas autrichiens, où la victoire de Dumouriez, à Jemmapes, leur ouvrit les portes, et à l'est, en direction du Palatinat et de la moyenne Rhénanie, où les troupes de Custine occupèrent Spire, Worms et Mayence.

L'installation des Français sur la rive gauche du Rhin n'entraîna guère de réaction du côté des princes allemands. L'archevêque-électeur de Mayence quitta la ville avec sa Cour ; l'électeur palatin du Rhin se proclama neutre, tout comme le landgrave de Hesse-Darmstadt qui retira ses troupes en direction de Giessen au lieu de secourir Mayence[1].

Les succès militaires incitèrent les girondins qui dominaient à la Convention jusqu'en juin 1793 à appliquer la politique annexionniste que leur avait suggérée un émigré prussien, Anacharsis Cloots. Ce dernier, installé à Paris depuis 1775, avait publié en 1785 les *Vœux d'un gallophile*, où il demandait le rattachement à la France de toute la rive gauche du Rhin. Forster avait pris une position analogue dès l'entrée des troupes de Custine en Rhénanie et il la défendait au sein de la Société des amis allemands de la Liberté et de l'Égalité, qui s'était constituée à Mayence où se retrouvèrent les « patriotes » rhénans, étudiants, professeurs, francs-maçons. Ce sont chez ces « collaborateurs » allemands que naquit l'idée des frontières naturelles sur la ligne du Rhin. Le 21 mars 1793, une « Convention rhénane » réunie à Mayence vota le rattachement de la Rhénanie à la République française. Peu auparavant, à Paris, la Convention avait procédé à l'annexion du comté de Salm, du duché des Deux-Ponts et d'une trentaine de communes du Palatinat[2].

La première occupation de la France aux Pays-Bas autrichiens et en Rhénanie fut de courte durée. Sous la pression des forces

1. P. Rassow, *Histoire de l'Allemagne*, *op. cit.*, t. I, p. 445.
2. J. Godechot, *La Grande Nation*, *op. cit.*, t. I, p. 78 et suiv.

de la première coalition, qui regroupait l'Autriche, la Prusse, la Grande-Bretagne et de nombreux États, la France dut évacuer la Belgique dès avril 1793 et la Rhénanie au cours de l'été. Mayence fut reprise le 23 juillet et la population, qui avait accueilli les troupes de l'empereur en libérateurs, se livra à des violences à l'encontre des « collaborateurs » tombés entre leurs mains. Forster trouva refuge à Paris où il devait mourir l'année suivante[1]. Partout, l'ordre ancien fut rétabli sans difficulté.

La contre-offensive française au cours de l'hiver 1793-1794 arrêta la marche des coalisés. Après la victoire de Fleurus, le 26 juin 1794, la Belgique fut réoccupée tandis que l'armée de Sambre-et-Meuse s'emparait d'Aix-la-Chapelle, de Cologne et de Bonn en septembre-octobre. Plus au sud, les troupes de Hoche réoccupaient le Palatinat et la moyenne Rhénanie, à l'exception de Mayence qui résista jusqu'au début de 1795. Les Thermidoriens, qui gouvernaient à Paris depuis la chute de Robespierre, étaient favorables à la politique des « frontières naturelles » et annexèrent les Pays-Bas autrichiens. Quant aux pays allemands de la rive gauche du Rhin, ils furent placés provisoirement sous administration française avec, au nord, une « administration centrale des pays d'entre Meuse et Rhin » installée à Aix-la-Chapelle et, au sud, celle « des pays d'entre Rhin et Moselle » installée à Kreuznach et dont, dans les deux cas, les membres étaient en majorité des rhénans francophiles et républicains[2].

Ces succès français et la révolte menée en Pologne par Kosciusko amenèrent la Prusse à traiter. Les négociations conduites du côté prussien par le ministre réformateur Hardenberg aboutirent, en avril 1795, au traité de Bâle, auquel souscrivirent également le Hanovre et la Hesse-Kassel. La France obtenait le droit d'occuper la rive gauche du Rhin, y compris les territoires prussiens de Juliers et de Clèves « jusqu'à la pacification générale », mais la Prusse devrait être dédommagée lors de la paix future. Dans l'immédiat, la Prusse offrait ses bons offices pour faciliter les négociations avec l'Empire. À la diète de Ratisbonne, les électeurs ecclésiastiques et l'électeur palatin, directement concernés par l'occupation française de leur territoire, invitèrent en vain l'empereur François II à traiter. Il faudra attendre 1797 et les victoires françaises en Italie et en Allemagne pour que l'empereur accepte de négocier. Par la paix de Campoformio, le 18 octobre 1797, François II reconnaissait à la France la rive

1. *Ibid.*, p. 262.
2. *Ibid.*, p. 212-213.

gauche du Rhin en attendant qu'un congrès de toutes les puissances allemandes fixe les conditions de paix définitives. Ce congrès, qui se tint à Rastadt de 1797 à 1799, confirma les droits de la France sur la rive gauche du Rhin, mais avant même qu'il eût achevé ses travaux, l'Autriche avait repris les hostilités au sein de la deuxième coalition aux côtés de l'Angleterre et de la Russie, la Prusse de Frédéric-Guillaume III (1797-1840) restant neutre. Les victoires de Bonaparte lors de la deuxième campagne d'Italie et celle de Moreau à Hohenlinden, le 3 décembre 1800, eurent raison des réticences de l'empereur. Par le traité de Lunéville du 9 février 1801, la France se voyait reconnaître officiellement la possession de la rive gauche du Rhin ; il appartiendrait à la diète d'Empire de dédommager les États qui avaient perdu de ce fait des territoires.

À cette date, la France était déjà solidement installée en Rhénanie et au Palatinat, et le commissaire du Directoire, Rudler, dès 1797, avait mis en place une administration calquée sur le modèle français. Les territoires allemands de la rive gauche du Rhin furent divisés en quatre départements, les départements de la Roer, de Rhin-et-Moselle, de la Sarre et du Mont-Tonnerre ayant pour chefs-lieux respectifs Cologne, Coblence, Trèves et Mayence. Au total, c'est près d'un million d'Allemands qui devaient vivre jusqu'en 1814 dans le cadre des institutions françaises[1]. La nouvelle administration était aux mains de Français ou de Rhénans « patriotes ». Le système judiciaire et la fiscalité françaises furent introduits. Partout, les « clubs », qui avaient disparu lors de l'évacuation française de 1793, réapparurent, uniquement dans les villes, mais le nombre de leurs adhérents était faible. Il s'agissait d'« institutions artificielles imposées par l'occupant[2] ». Le pouvoir français s'appuyait sur les « patriotes cisrhénans », moins radicaux que ceux de l'époque de Forster. C'étaient des intellectuels séduits par la Constitution française de l'an III ; parmi eux, il y avait des prêtres défroqués adeptes des Lumières, tel Jean-Baptiste Gleich, ou des écrivains comme Joseph Görres (1776-1848), qui apparaît comme le véritable chef du parti francophile, partisan jusqu'en 1797 de l'annexion à la France. Par la suite, Görres se prononça en faveur de la création d'une République cisrhénane autonome. Chez tous ces cisrhénans francophiles, on ne constate aucune manifestation d'un quelconque patriotisme allemand ; ils ne sont en fait qu'une infime minorité,

1. *Ibid.*, p. 481.
2. *Ibid.*, p. 329.

que Görres évaluait à deux mille[1]. Dans son immense majorité, la population ne se montrait guère enthousiaste à l'égard de l'occupation française. Les réquisitions et les contributions financières pour la guerre étaient pour elle plus pesantes que l'ancienne fiscalité seigneuriale ou ecclésiastique. La politique religieuse des autorités françaises suscita bien des réserves. Dans les pays protestants, le fonctionnement des églises ne fut guère perturbé ; en revanche, dans les pays catholiques, les autorités françaises, dès 1794-1795, s'étaient livrées à des exactions et des violences contre le clergé régulier, dont les biens furent saisis, ce qui provoqua une réaction hostile des populations. À la fin de 1797, la législation du Directoire sur les cultes fut introduite en Rhénanie ; l'Église et l'État étaient séparés et la liberté des cultes était garantie. L'action des ordres religieux fut entravée et de nombreux religieux arrêtés. De ce fait, dans sa grande majorité, le clergé suivi par ses fidèles fut une force puissante de résistance, encouragée par les évêques qui avaient émigré sur la rive droite du Rhin[2].

*La fin du Saint Empire romain germanique*

Au moment de la paix de Lunéville, la France s'était donné depuis 1799 un nouveau maître en la personne de Napoléon Bonaparte. Pour mieux lutter contre l'Angleterre qui, depuis 1793, avait été l'instigatrice de toutes les coalitions contre la France, le Premier Consul devait affaiblir au maximum le Saint Empire et s'y créer une « clientèle », comme Louis XIV avait tenté de le faire en son temps. La paix d'Amiens, conclue en 1802 avec l'Angleterre, n'était pour lui, tout autant que pour le gouvernement anglais, qu'une simple trêve liée aux circonstances du moment.

Dans l'Empire, la diète de Ratisbonne et l'empereur avaient confié à une commission le soin de régler, en accord avec Paris, la question des dédommagements prévus par le traité de Lunéville. Bonaparte, alors en position de force sur le plan militaire, fut en mesure de dicter sa loi et sut utiliser habilement les ambitions personnelles de nombreux princes allemands. Comme le souligne l'historien allemand K. D. Erdmann : « On assista alors à l'un des plus honteux spectacles de l'histoire allemande. Ce fut la course aux faveurs de Napoléon. On corrompait, on faisait antichambre,

1. *Ibid.*, p. 262-264.
2. *Ibid.*, p. 505-506.

on se livrait à des intrigues dénuées de scrupules ; on vendit l'Empire au rabais[1]. » Le patriotisme impérial, déjà mis à mal depuis la paix de Westphalie, était bien mort.

Les résultats des travaux de la commission furent adoptés le 25 février sous forme de recès (*Reichdeputationhauptschluss*). Le recès de 1803 modifiait du tout au tout la configuration géopolitique de l'Empire. Les grandes victimes de ce bouleversement territorial furent les États ecclésiastiques, dont la plupart furent sécularisés, ainsi que les petites principautés laïques et les villes libres d'Empire. Des cinquante et une villes libres, seules six survécurent, les trois villes hanséatiques de Brême, Hambourg et Lübeck, ainsi que les villes d'Augsbourg, Nuremberg et Francfort-sur-le-Main. De même, les quelque deux mille chevaliers immédiats furent médiatisés et perdirent leurs biens au profit des États à l'intérieur desquels ils étaient enclavés. Des soixante-quatorze principautés ecclésiastiques ne subsistèrent que l'archevêché de Mayence, transféré à Ratisbonne, et les possessions dispersées de l'Ordre Teutonique[2]. Les bénéficiaires du recès furent, dans une faible mesure, l'Autriche, qui sécularisa les évêchés de Brixen et de Trente, et la Prusse, qui reçut les principautés ecclésiastiques de Hildesheim et de Paderborn, ainsi qu'une partie de l'évêché de Münster. Ceux qui tirèrent le plus avantage de ces changements territoriaux furent les États d'Allemagne du Sud, dont Napoléon entendait faire ses « protégés ». Le margraviat de Bade reçut une partie du Palatinat avec Mannheim et Heidelberg et diverses possessions relevant des évêchés de Bâle, Strasbourg et Spire. Le duc de Würtemberg, qui avait renoncé à Montbéliard devenu français, incorpora à son territoire toutes les villes libres d'Empire qui s'y trouvaient enclavées. La Bavière, enfin, qui avait perdu le Palatinat rhénan au profit de la France, fut largement dédommagée par l'annexion des évêchés d'Augsbourg, de Bamberg, de Freising, de Würzbourg et d'une partie de l'évêché de Passau, ainsi que par celle des villes libres et abbayes enclavées dans son territoire. Le Hanovre, de son côté, annexait l'évêché d'Osnabrück.

La carte politique du Saint Empire se trouva considérablement simplifiée. Le nombre des États fut ramené à deux cents. Le Col-

1. P. Rassow, *Histoire de l'Allemagne*, *op. cit.*, t. I, p. 453.

2. Après la sécularisation de l'Ordre Teutonique et le passage à la Réforme du grand maître en 1525, il subsista un Ordre Teutonique demeuré catholique, possédant des commanderies dans toute l'Europe centrale et dont le grand maître résidait à Mergentheim-Mariental. C'est de lui qu'il s'agit ici.

lège électoral subit, lui aussi, une profonde modification. Les protestants y devinrent majoritaires avec la création de trois nouveaux électorats au profit du margrave de Bade, du landgrave de Hesse-Kassel et du duc de Würtemberg, tandis que disparaissaient les électorats ecclésiastiques de Cologne et de Trèves.

Le recès de 1803 fut le prélude au démembrement du Saint Empire. L'empereur François II ne l'avait accepté qu'à contrecœur. De son côté, en se faisant proclamer empereur et en se couronnant lui-même en présence du pape Pie VI, le 2 décembre 1804, Napoléon se posait en rival de l'empereur François II. Il n'y avait pas de place pour deux empereurs en Occident. François II tenta d'inverser l'évolution en cours ; profitant de ce que Napoléon s'apprêtait à attaquer l'Angleterre, il s'intégra aux côtés de la Russie à la troisième coalition mise sur pied par l'Angleterre. Pressé par François II d'entrer dans la coalition, l'électeur de Bavière, Maximilien-Joseph, francophile convaincu, refusa. Aussitôt, les troupes autrichiennes pénétrèrent en Bavière, ce qui provoqua la réaction immédiate de Napoléon. Quittant le camp de Boulogne, Napoléon conduisit ses troupes à marche forcée à la rencontre des Autrichiens ; après avoir obtenu la capitulation du général Mack à Ulm, le 20 octobre 1805, il prit la route de Vienne où il fit son entrée le 13 novembre, puis, de là, il alla porter la guerre en Moravie. C'est là, à Austerlitz, que le 2 décembre 1805 il remporta une victoire décisive sur les Austro-Russes, amenant ainsi l'Autriche à demander la paix. François II dut signer le 26 décembre le traité de Presbourg, par lequel il renonçait à ses possessions italiennes au profit du royaume d'Italie. En Allemagne, François II renonçait à toutes les possessions dispersées des Habsbourg en Autriche antérieure au profit du margrave de Bade et des ducs de Würtemberg et de Bavière. En outre, la Bavière obtenait le Voralberg et le Tyrol, ainsi que la ville libre d'Augsbourg, devenant l'État le plus puissant d'Allemagne du Sud. Le margraviat de Bade devenait grand-duché, tandis que la Bavière et le Würtemberg devenaient des royaumes.

Aussitôt après la conclusion de la paix de Presbourg, Napoléon entra en pourparlers avec les princes d'Allemagne du Sud et de Westphalie. Ces négociations aboutirent le 12 juillet 1806 à la création de la Confédération du Rhin (*Rheinischer Bund*), qui regroupait seize princes allemands décidés à sortir du Saint Empire, et, parmi eux, les rois de Bavière et de Würtemberg, les grands-ducs de Bade et de Berg, les souverains de Hesse-Darmstadt et de Hesse-Nassau. L'archevêque de Mayence-Ratisbonne, Charles Dalberg, fut nommé archichancelier et prince-primat de la Confédération, et choisit pour coadjuteur le cardinal Fesch, l'oncle de l'empereur des Français. Dalberg était désireux de s'attirer les faveurs de Napoléon et l'invita expressément à mettre fin au Saint Empire ; dans une lettre adressée à Napoléon, il le supplia de ne pas « se borner à créer le bonheur de la France »... « L'estimable nation germanique gémit dans les malheurs de l'anarchie politique et religieuse ; soyez, sire, le régénérateur de la Constitution[1]. » En fait, Napoléon se contenta du titre de « protecteur » de la Confédération et devenait ainsi le commandant en chef de l'armée de la Confédération — soixante-trois mille hommes, dont trente mille Bavarois, ainsi mis au service des intérêts français.

L'empereur François II n'eut pas d'autre choix que d'entériner l'évolution en cours. Cédant à un ultimatum de Napoléon, il renonça solennellement le 6 août 1806 à la couronne du « Saint Empire de nationalité germanique ». Déjà en 1804, François II avait en quelque sorte anticipé la disparition du Saint Empire en rassemblant toutes ses possessions héréditaires sous l'appellation d'« Empire d'Autriche », dont il fut le premier empereur sous le nom de François Ier.

Le premier Reich, fondé en 962 par Othon le Grand, disparaissait ainsi sous les coups conjugués de Napoléon Ier et de sa « clientèle de princes allemands[2] ». Ce n'était que la première étape de la mainmise de Napoléon sur l'Allemagne. Plus tard, dans le *Mémorial de Sainte-Hélène*, l'empereur indiqua qu'il s'était proposé de réunir les peuples allemands dans la Confédération du Rhin, d'anéantir la puissance de l'Autriche et de la Prusse et d'associer l'Allemagne à la France.

## II — L'Allemagne face aux conquêtes napoléoniennes

En 1806, au lendemain de la paix de Presbourg, le monde allemand présentait un aspect tout à fait différent de celui qu'il offrait à la veille de la Révolution française. Le Saint Empire n'existait plus. Trois ensembles politiques se partageaient son héritage : la Confédération du Rhin, sous protectorat français, la monarchie autrichienne, qui est désormais une puissance extérieure à l'Allemagne, et la Prusse, qui domine l'Allemagne du Nord.

1. Cité par A. Castelot, *Napoléon*, t. I, Paris, 1968, p. 101.
2. D. Raff, *Deutsche Geschichte*, *op. cit.*, p. 62-63.

### *L'effondrement de la Prusse et ses conséquences*

Dès après la paix de 1795, la politique de la Prusse à l'égard de Napoléon fut d'autant plus prudente que les modifications territoriales survenues en Allemagne ne l'avaient pas désavantagée. Longtemps, Frédéric-Guillaume III resta sourd aux sollicitations de Londres pour entrer dans la coalition contre la France. Napoléon chercha à provoquer un conflit entre l'Angleterre et la Prusse en promettant à celle-ci le Hanovre, possession personnelle du roi d'Angleterre, en échange de sa neutralité. Un moment séduit par cette offre, Frédéric-Guillaume III renonça rapidement à une éventuelle collaboration avec Napoléon, d'autant que l'opinion publique prussienne se montrait de plus en plus hostile aux Français depuis l'affaire Palm. En effet, en août 1806, un libraire de Nuremberg, Johann-Philipp Palm avait publié un ouvrage violemment antifrançais intitulé *L'Allemagne dans sa plus profonde humiliation*. Les autorités françaises firent arrêter Palm, qui fut quelques jours plus tard fusillé sur la place du marché de Braunau-sur-Inn. Les étudiants de Saxe et de Halle réagirent en manifestant bruyamment leurs sentiments antifrançais. Les troubles gagnèrent Berlin. Tout en poursuivant des négociations secrètes avec la France, Frédéric-Guillaume III, le 26 septembre 1806, adressa un ultimatum à Napoléon exigeant le retrait des Français jusqu'au Rhin et la dissolution de la Confédération du Rhin, puis s'intégra à la quatrième coalition aux côtés de l'Angleterre et de la Russie.

Avant même l'expiration de l'ultimatum, Napoléon lançait ses troupes contre la Prusse, qui avait reçu le soutien de la Saxe. La campagne fut rapide. Deux semaines après le début des opérations, l'armée prussienne était battue lors des batailles d'Iéna et d'Auerstaedt, le 14 octobre. En moins d'un mois, la Saxe et la plus grande partie de la Prusse étaient aux mains des Français et, le 27 octobre, Napoléon faisait son entrée à Berlin où il publiait aussitôt les décrets organisant le Blocus continental. Ce qui restait des forces prussiennes — vingt-cinq mille hommes — se replia sur la Prusse-Orientale. Prudents, tous les petits États d'Allemagne du Nord firent acte d'allégeance au nouveau maître du pays. Le roi de Saxe, abandonnant l'alliance prussienne, s'engagea, par le traité de Posen du 11 décembre 1806, à entrer dans la Confédération du Rhin, et reçut pour prix de son ralliement la couronne royale. Maître de la Prusse, Napoléon se porta vers l'est au-devant des Russes, qu'il battit à Eylau, le 8 février 1807, et à Friedland, le 14 juin.

La rencontre de Tilsit, le 7 juillet, rétablit la paix entre Napoléon et le tsar Alexandre Ier. Deux jours plus tard, la Prusse fit les frais de la réconciliation entre les deux empereurs. Traitée en ennemie, elle dut renoncer à toutes ses possessions situées à l'ouest de l'Elbe ainsi qu'à la plus grande partie de ses acquisitions faites lors des partages successifs de la Pologne. En outre, la Prusse devait payer une indemnité de guerre de cent vingt millions de francs ; ses forteresses seraient occupées jusqu'au règlement complet de la somme. Enfin, les effectifs de l'armée prussienne furent limités à quarante-deux mille hommes pendant une durée de dix ans. On eut partout le sentiment que c'en était fini de la puissance militaire des Hohenzollern. Comme l'écrira plus tard le poète Heinrich Heine : « Il [Napoléon] souffla sur la Prusse et la Prusse cessa d'exister. » Et pourtant, malgré ces épreuves, c'est de Prusse que partira le sursaut national qui devait être fatal à Napoléon.

Au lendemain de la paix de Tilsit, Napoléon franchit une nouvelle étape en renforçant la mainmise française sur l'Allemagne. Avec les territoires prussiens situés à l'ouest de l'Elbe, il créa un royaume de Westphalie, avec Kassel pour capitale, qui fut confié à son frère Jérôme, marié pour la circonstance à la princesse Catherine de Würtemberg. Avec la Pologne prussienne fut constitué un embryon d'État polonais sous le nom de grand-duché de Varsovie et administré par le roi de Saxe. Ainsi, après l'effondrement militaire et politique de la Prusse qui suivait de près la défaite de l'Autriche, Napoléon était devenu le maître du destin de l'Allemagne.

### *Peuples et États face à l'occupation française*

La présence de l'armée française sur tout le territoire allemand soit en tant qu'alliée, soit en tant que force d'occupation, l'omniprésence de l'administration française dans les pays rhénans annexés, l'alignement idéologique et politique des princes membres de la Confédération du Rhin sur la France napoléonienne ont profondément marqué le monde allemand et ont joué un rôle déterminant dans la naissance d'un sentiment unitaire. En premier lieu, les regroupements territoriaux, réalisés à partir de 1803, ont rassemblé dans un même cadre politique des gens habitués à vivre séparément. Les levées de recrues dans les États alliés ou vassaux permirent la rencontre au sein de l'armée napoléonienne de jeunes venus d'horizons différents et aboutirent à un brassage à la fois national et social. L'introduction du modèle français en matière de justice, de fiscalité, de poids et mesures, d'administration en Allemagne de l'Ouest et du Sud, accentua encore le sentiment de communauté dans la population allemande. Enfin, et surtout, la domination française fit prendre conscience aux Allemands les plus aptes à le discerner, des bienfaits d'un système unitaire, mais, du fait que cette unité était imposée par l'occupant étranger, que cet occupant exigeait de lourdes contributions en hommes et en argent pour les besoins des armées, cette domination française suscita un véritable mouvement de résistance nationale.

Au début, l'opposition à la France fut inorganisée et ponctuelle. Napoléon Ier avait espéré par l'introduction des institutions et de la législation françaises rallier les élites et les franciser : « Dépayser l'esprit allemand, c'est le premier but de ma politique. » Cette politique produisit un résultat contraire. L'esprit cosmopolite qui régnait dans les milieux intellectuels allemands à la fin du XVIIIe siècle se transforma, à cause du régime français, en une pensée nationale, voire nationaliste. Les intellectuels rhénans, francophiles au début de l'occupation française, se rendirent compte rapidement que les réformes réalisées par l'occupant étaient destinées à mieux tenir le pays et à en tirer le maximum de ressources[1]. L'apparition, après la période du *Sturm und Drang*, du « deuxième romantisme » allemand se traduit par l'affirmation, à partir de 1800, de la supériorité morale de l'Allemagne face à la France des violences révolutionnaires et des conquêtes. En fait, la présence française en Allemagne provoqua une prise de conscience du sentiment d'appartenir à une communauté. Les écrivains redécouvrirent le passé allemand et idéalisèrent le Moyen Âge, quand l'Allemagne était alors une grande puissance.

En 1802, Ernst Ardnt avait publié *Germanen und Europa*, où il définissait les contours de ce que devait être la future Allemagne, un État unifié, avec des frontières naturelles et un accès à la mer, dans lequel l'État et le peuple seraient étroitement associés. Le même Ardnt, quelques années plus tard, dénoncera le cosmopolitisme des Grands et la soumission passive des princes à Napoléon. Pour lui, l'avenir de l'Allemagne dépendait du

1. P. Ayçoberry, *L'Unité allemande*, Paris, 1968, p. 19.

peuple qui est le seul élément pur de toute influence étrangère. Un autre universitaire, Frédéric-Ludwig Jahn, insistait au même moment sur la nécessité de l'union entre le peuple et un État centralisé, et plaçait alors tous ses espoirs dans la Prusse, « terre promise des patriotes, championne prédestinée de l'unité à venir ». C'est dans le même état d'esprit que se trouvait le philosophe Johann-Gottlieb Fichte lorsqu'il prononça, du 13 décembre 1807 au 20 mars 1808, devant les étudiants de l'université de Berlin, ses *Discours à la nation allemande* ; il y exaltait la race et la nation germanique et rejettait systématiquement les influences étrangères. Pour Fichte, la notion de monarchie universelle, qui avait prévalu dans le Saint Empire, était la cause des « malheurs allemands ». Et Fichte d'inviter ses auditeurs à prendre conscience de leur appartenance à une seule et même communauté unifiée par la langue. Son but, c'était de rendre confiance à un peuple encore sous le coup des défaites de 1806-1807 et de lui rappeler qu'il existait en lui des forces latentes qu'il fallait réveiller[1].

Tandis que les roitelets de la Confédération du Rhin faisaient leur cour à Napoléon, la Prusse devenait rapidement le centre de la résistance à l'occupation française. Le roi Frédéric-Guillaume III y accueillait tous ceux qui voulaient participer au redressement du pays. Deux hommes furent à l'origine d'un vaste programme de réformes destiné à faire de la Prusse un État véritablement moderne, le baron von Stein et le prince de Hardenberg. On doit à Stein une réorganisation du pouvoir exécutif avec la création de cinq ministères spécialisés, dont les titulaires se réunissaient en Conseil sous la présidence du roi ; Stein fut aussi à l'origine du *Städteordnung* de 1808, qui accordait aux villes une large autonomie administrative, sauf en matière de justice et de police. Hardenberg fut davantage préoccupé par les réformes sociales. On lui doit l'abolition du servage (*Unterhängigkeit*) et de plus grandes facilités offertes aux paysans pour le rachat des droits seigneuriaux. Hardenberg chercha à rétablir une certaine égalité entre les membres des différents ordres : les bourgeois et les paysans furent désormais autorisés à acheter des terres, et le système contraignant des corporations fut aboli en 1810. Malgré ces réformes, les Junkers des provinces orientales continuèrent à exercer la justice et la police sur leurs domaines. De grands efforts furent accomplis dans le domaine de l'enseignement, en

1. D. Raff, *Deutsche Geschichte*, *op. cit.*, p. 65 et suiv.

particulier du côté des universités. De nombreuses écoles techniques supérieures furent créées, et l'université de Berlin réorganisée par Guillaume de Humboldt. Mais le plus important, ce fut la reconstruction de l'armée prussienne au lendemain des défaites de 1806-1807, grâce à l'action du général Scharnhorst et du feld-maréchal Gneisenau. Le corps des officiers fut totalement réorganisé et la plupart des généraux limogés. La vie du soldat fut améliorée avec la disparition des châtiments corporels, et les roturiers purent désormais accéder aux fonctions d'officier. Pour contourner la limitation des effectifs à quarante-deux mille hommes imposée par le traité de Tilsit, on procéda à un recrutement généralisé des conscrits — les *Krümper* — servant durant une très courte période au cours de laquelle ils subissaient un entraînement intensif, ce qui permettait de donner à un maximum de jeunes une instruction militaire complète et de constituer une armée de réserve bien entraînée. Gneisenau, sur le modèle de l'insurrection espagnole qui commença en mai 1808 contre l'occupant français, aurait voulu déclencher un mouvement analogue en Allemagne du Nord. Stein appuya ce projet et proposa au roi d'accorder une Constitution avec une diète élue afin d'associer le peuple au gouvernement du pays. Le roi et les Junkers s'y opposèrent. Stein fut alors remplacé par Hardenberg, en novembre 1808, et tenta en vain d'intéresser le tsar à ses projets. De son échec, Stein tira la conclusion qu'il ne fallait guère compter sur les princes pour libérer l'Allemagne, mais sur « la masse du peuple », qui « est restée fidèle à Dieu et à la patrie[1] ».

Stein savait qu'en différentes parties du royaume des sociétés secrètes comme le *Tugenbund*, les Philadelphes, la *Burschenshaft* entretenaient l'esprit de résistance dans la jeunesse et la bourgeoisie. C'est à Breslau, à Halle, à Iéna, à Königsberg que l'opposition était la plus active. Pourtant, c'est de l'Autriche que vint l'idée d'un appel au peuple à se révolter contre l'occupation française. Le chancelier Stadion suivait de près les événements d'Espagne et avait réorganisé l'armée grâce à l'aide financière de l'Angleterre. À ce moment-là, Napoléon, qui avait rencontré à Erfurt du 27 septembre au 14 octobre 1808 les princes de la Confédération du Rhin et le tsar, était parti en Espagne avec la Grande Armée pour y rétablir l'ordre. Profitant de ces circonstances favorables, le 9 avril 1809, l'Autriche fit entrer ses troupes en Bavière, le jour même où, au Tyrol, alors sous administration bavaroise, éclatait une insurrection populaire dirigée par l'auber-

1. P. Ayçoberry, *L'Unité allemande*, *op. cit.*, p. 25-26.

giste Andreas Hofer et ses collègues Huber et Nessing. Dans le même temps, des soulèvements ponctuels vite réprimés éclataient en Westphalie avec le major Schill, ainsi qu'à Dresde et à Hambourg. Les révoltés mettaient en application les recommandations du poète Heinrich von Kleist qui, dans son *Katechismus der Deutschen*, écrivait : « Quels sont tes ennemis, mon fils ? — Napoléon, et aussi longtemps qu'il sera leur empereur, les Français » ; « À quelle tâche les Allemands qui sont adultes doivent-ils consacrer tout leur temps ? — À rétablir le Reich qui a été mis en pièces. »

La réaction de Napoléon fut rapide. Une nouvelle armée française, recrutée à la hâte, prit la route de Vienne qu'elle atteignit à marche forcée le 12 mai. Malgré l'échec devant Essling, par la victoire de Wagram des 5 et 6 juillet Napoléon put encore dicter sa loi. Le nouveau chancelier Metternich, plus conciliant que Stadion, signa le 14 octobre 1809 le traité de Vienne. La Bavière se trouvait renforcée par l'acquisition de l'évêché de Salzbourg et d'une partie de la Haute-Autriche ; le Trentin et le Tyrol du Sud, où avait débuté l'insurrection d'Andreas Hofer, furent rattachés au royaume d'Italie, tandis que Trieste, le littoral adriatique, la Carniole et la Croatie devenaient « Provinces illyriennes » sous administration française. L'insurrection du Tyrol se poursuivit malgré la conclusion de la paix ; seule la capture d'Andreas Hofer y mit fin en février 1810. Metternich, n'étant pas en mesure de s'opposer à Napoléon, préféra s'entendre avec lui, et le mariage de l'empereur avec l'archiduchesse Marie-Louise scella cette réconciliation.

La nouvelle attitude de l'Autriche permit à Napoléon d'accentuer encore son hégémonie en Allemagne. En 1810, outre les quatre départements incorporés à la France depuis 1797, la France prit le contrôle direct des pays allemands riverains de la mer du Nord avec la création des départements de l'Ems supérieur, des bouches de la Weser et des bouches de l'Elbe (Lübeck étant rattaché à ce dernier). Elle exerçait ainsi son autorité dans les États créés à l'intention des membres de la famille Bonaparte, c'est-à-dire le grand-duché de Berg et le royaume de Westphalie, et pouvait donc compter sur le soutien des princes de la Confédération du Rhin. Enfin, elle imposait son alliance à la Prusse et à l'Autriche.

Pourtant, dès 1811, les premiers signes de désagrégation de l'édifice napoléonien étaient perceptibles. D'abord, les populations soumises n'acceptaient qu'à contrecœur la domination française, même si leurs princes s'y soumettaient volontiers. À l'extérieur, la situation en Espagne se dégradait constamment, tandis que la Russie, victime du Blocus continental, prenait ses distances à l'égard de Napoléon. Néanmoins, Napoléon, une fois encore, préféra prendre les devants. Le 24 juin 1812, la Grande Armée franchissait le Niémen et se lançait à l'assaut de la Russie ; une Grande Armée où, sur les sept cent mille hommes engagés, seuls trois cent mille étaient des Français ; les autres — « l'armée des vingt nations » — venaient de pays soumis ou alliés. À elle seule, la Confédération du Rhin avait fourni cent vingt-cinq mille hommes ; la Prusse envoya un contingent sous les ordres du général Yorck, l'Autriche également. Malgré la prise de Moscou, Napoléon dut faire retraite dès le 19 octobre. La catastrophique retraite de Russie fut le signal du réveil de l'Allemagne. Stein, depuis Königsberg, exprimait ainsi son point de vue sur l'avenir, le 20 novembre 1812 : « Je n'ai qu'une patrie, elle s'appelle l'Allemagne... Pour moi, les dynasties me sont parfaitement indifférentes ; ce ne sont que de simples instruments... Mon souhait est que l'Allemagne devienne grande et forte pour obtenir de nouveau sa pérennité, son indépendance et sa nationalité[1]. » La réponse vint du commandant du contingent prussien, le général Yorck, qui, le 30 décembre 1812, signa avec les Russes un accord de désengagement. De son côté, le général Blücher, dans une lettre du 5 janvier 1813 adressée à Scharnhorst, se prononçait pour la reprise de la lutte : « Maintenant le temps est venu de faire ce que j'avais déjà conseillé en 1809 : appeler la nation à prendre les armes et si les princes ne sont pas disposés à le faire et s'ils s'y opposent il faut les chasser en même temps que Bonaparte. Car non seulement la Prusse mais la patrie allemande tout entière doit être restaurée et la nation rétablie. »

La Prusse se trouva alors à la pointe du combat pour la libération de l'Allemagne. Le 17 mars 1813, depuis Breslau, Frédéric-Guillaume III proclama la levée en masse et invita le peuple à s'armer « pour livrer le dernier combat décisif pour son existence ». À son appel, des milliers de volontaires s'engagèrent dans l'armée. En quelques semaines, grâce au travail de préparation de Scharnhorst, on put lever une armée de deux cent soixante-dix mille hommes, réservistes, volontaires, encadrés par les *Krümper*. Dans toute l'Allemagne, les princes alliés de Napoléon furent soumis à la pression de leur opinion publique. Avant même l'appel aux armes du roi de Prusse, des soulèvements avaient éclaté un peu partout, notamment à Hambourg dès

1. Cité par D. Raff, *Deutsche Geschichte*, *op. cit.*, p. 66.

le 12 mars, puis à Dresde, dans l'Oldenbourg, à Solingen, dans le Mecklembourg. Toute l'Allemagne du Nord était en état d'insurrection.

Napoléon, en dépit de succès ponctuels à Lützen et à Bautzen, en mai, n'était plus maître de la situation et dut accepter la médiation offerte par Metternich. L'armistice de Pleiswitz, le 4 juin, fut suivi de négociations qui échouèrent. La guerre reprit le 10 août. Lors de la bataille de Leipzig du 16 au 19 octobre, Napoléon se trouva seul face aux troupes des coalisés. L'Autriche, jusque-là attentiste, s'était jointe à la coalition. Au dernier moment, les Saxons, sur lesquels comptaient Napoléon, l'abandonnèrent. La « bataille des Nations » sonna le glas de la présence française en Allemagne.

Dans les premiers jours de novembre, Napoléon repassait le Rhin avec les restes de son armée, tandis que dans toute l'Allemagne les patriotes lançaient des appels en faveur de l'unité et réclamaient le retour à l'Allemagne de la rive gauche du Rhin et de l'Alsace. Les alliés d'hier, les princes de la Confédération du Rhin, en se retournant contre Napoléon, entendaient bien être présents le jour où l'on discuterait de l'avenir de l'Allemagne. Les peuples, eux, accueillirent avec satisfaction la fin de l'occupation française.

### III — Le rêve unitaire brisé : le congrès de Vienne

En 1813, lorsque le roi de Prusse avait lancé son appel au peuple pour la libération de l'Allemagne, on aurait pu croire que l'heure de la patrie allemande unifiée, à laquelle aspirait l'élite intellectuelle du pays et pour laquelle Scharnhorst et Stein avaient tant combattu, était enfin arrivée. L'entrée en lice de l'Autriche et des anciens alliés de Napoléon mit brutalement fin aux espoirs des patriotes allemands. Joseph Görres s'en était vite rendu compte et les romantiques conservateurs prirent rapidement conscience que les masses, dans leur majorité, demeuraient passives et s'apprêtaient à obéir à leurs anciens maîtres, tout comme elles avaient accepté passivement le régime napoléonien. L'enthousiasme suscité par la guerre de libération de 1813 était vite retombé après le départ de l'occupant français.

Les diplomates réunis à Vienne depuis septembre 1814 réorganisèrent l'Allemagne en fonction des intérêts des souverains et des princes, dont ils étaient les mandataires, sans tenir compte des aspirations unitaires des élites. Tous les États européens étaient représentés à Vienne, et deux des grandes puissances de l'époque, le Royaume-Uni et la Russie — mais aussi la France représentée par Talleyrand —, étaient d'accord pour maintenir le morcellement politique de l'Allemagne et défendaient les droits des princes allemands au nom du principe de légitimité. « Les princes devaient la victoire à un soulèvement populaire ; ce ne furent point les désirs des peuples mais bien les ambitions des gouvernements qui déterminèrent le nouvel ordre en Europe[1]. » Le Saint Empire ne fut pas reconstitué ; il fut remplacé par la Confédération germanique (*Deutscher Bund*) qui conservait les mêmes frontières que l'ancien Reich. La Confédération, sous la présidence de l'Autriche, était une ligue à laquelle adhéraient « librement et en pleine souveraineté trente-neuf princes et villes libres[2] » ; c'est ce qui fut décidé par le *Bundesakte* du 8 juin 1815. On était loin des quelque trois cent cinquante États du défunt Saint Empire. La nouvelle organisation du monde allemand confirmait la disparition des États ecclésiastiques sécularisés par le recès de 1803 et celle des micro-États laïcs de l'Allemagne rhénane et méridionale. Les États membres de la Confédération disposaient de la pleine souveraineté ; il leur était cependant interdit de conclure avec des États étrangers des alliances dirigées contre la Confédération ou contre l'un de ses membres. À l'intérieur de chaque État, le prince était souverain et réglait à sa guise le fonctionnement du pays. Toutefois, le Bundesakte invitait les princes à instituer partout une « organisation par Assemblée d'États (*Landständische Verfassung*) » ; partout étaient institués la liberté de conscience et des cultes, le droit au libre choix du domicile et la possibilité pour tous d'acquérir des propriétés dans n'importe quel État de la Confédération.

La Confédération, dont le but était « le maintien de la sécurité extérieure et intérieure de l'Allemagne, de l'indépendance et de l'inviolabilité des États confédérés », disposait d'une diète fédérale (*Bundestag*) siégeant à Francfort, formée des ambassadeurs des États membres sous la présidence du représentant de l'Autriche. Théoriquement, la Confédération disposait d'une armée fédérale forte de trois cent mille hommes fournis par les États membres, mais aucune organisation commune permanente n'était prévue. On était bien loin des aspirations des patriotes allemands.

1. H. Pinnow, *Histoire de l'Allemagne*, *op. cit.*, p. 347-348.
2. Il ne subsistait plus que quatre villes libres, les trois villes hanséatiques de Brême, Hambourg et Lübeck, ainsi que Francfort-sur-le-Main.

Le congrès de Vienne procéda à des modifications sensibles des frontières de certains États. Le principal bénéficiaire de ces changements fut la Prusse, qui s'agrandit considérablement sur la rive gauche du Rhin avec l'acquisition des territoires des anciens électorats de Cologne et de Trèves ; la Prusse reçut également la plus grande partie de la Westphalie, quelques districts saxons et la Posnanie. Avec une superficie de 280 000 km$^2$ et une population de onze millions d'habitants, la Prusse dominait l'Allemagne du Nord mais son territoire était formé de deux ensembles distincts que séparaient le Hanovre et la Hesse-Kassel. Les anciens ducs de Bavière, de Saxe et de Würtemberg conservèrent la dignité royale que leur avait donnée Napoléon ; ils retrouvèrent leurs frontières de 1803, à l'exception de la Saxe qui abandonna à la Prusse une partie de son territoire. Le Hanovre, étroitement lié à l'Angleterre, fut érigé en royaume. Deux autres États de la Confédération avaient pour souverain des princes étrangers, le Luxembourg, sur lequel régnait le souverain du nouveau royaume des Pays-Bas, et les duchés du Schleswig, du Holstein et du Lauenburg, sur lesquels régnait le roi de Danemark.

À l'exception des territoires de la rive gauche du Rhin soumis directement à l'administration française depuis 1797 et qui conservèrent la législation française, partout ailleurs la législation de l'Ancien Régime, plus ou moins débarrassée de ses éléments obsolètes, fut rétablie. On comprend dès lors pourquoi les patriotes allemands acquis aux idées de liberté et de réforme, qui aspiraient à une Allemagne unitaire et libérale, furent profondément déçus par l'œuvre du congrès de Vienne. Il leur faudra encore attendre plus d'un demi-siècle pour que leurs aspirations unitaires deviennent réalité.

# 13

# La lente marche vers l'unité (1815-1871)

Au lendemain du congrès de Vienne, l'Allemagne restait toujours une expression géographique qui s'inscrivait dans le cadre politique de la Confédération germanique. Mais les vingt années qui venaient de s'écouler firent prendre conscience aux élites intellectuelles et à certains hommes d'État de leur appartenance à une même nation. Leur objectif était de réaliser l'unification politique du monde allemand. Il leur faudra attendre jusqu'en 1871 pour que naisse un « IIe Reich » après une longue période de transition qualifiée souvent de *Zwischenreich*, de « Reich intermédiaire ».

## I — L'impossible restauration de l'ordre ancien : le *Vormärz* (1815-1848)

Restaurer l'ordre ancien en le dépoussiérant, telle avait été la politique défendue par Metternich lors du congrès de Vienne. Le « système de Metternich », caractérisé à la fois par une solidarité étroite entre les princes membres de la Confédération germanique sous l'autorité morale de l'Autriche et par le maintien à l'intérieur de chaque État d'un pouvoir exécutif fort, semblait solidement établi et capable de résister aux deux mouvements d'opposition à l'ordre en place, le mouvement libéral et le mouvement national unitaire.

### *La diversité politique du monde allemand*

À l'intérieur de la Confédération germanique, les souverains avaient reçu toute latitude pour organiser le gouvernement de leurs États. En fait, il y avait autant de régimes politiques que d'États. L'Autriche, selon la tradition héritée du XVIIIe siècle, demeurait une monarchie absolutiste où Metternich, sous les empereurs François Ier et Ferdinand (1835-1848), exerça une autorité pesante avec le concours d'une bureaucratie omniprésente et efficace, mais limitée cependant par l'existence de diètes provinciales ou nationales. En Prusse, Frédéric-Guillaume III, par l'ordonnance du 28 mai 1815, avait promis à ses sujets une Constitution et une représentation du peuple élue par les États provinciaux comme le souhaitaient les ministres réformateurs Hardenberg et von Humboldt. Mais ces ministres furent écartés du pouvoir en 1820 et il fallut attendre 1848 pour que la première Constitution prussienne voie le jour. Les seules concessions octroyées par le roi furent la création d'États provinciaux (*Landtage*) dans chacune des huit provinces ; ces États, où siégeaient les représentants de la noblesse et de la bourgeoisie, n'avaient qu'un rôle consultatif. Tout comme l'Autriche, la Prusse était un État absolutiste et bureaucratique. On retrouvait une situation comparable en Hesse-Kassel et dans la plupart des principautés d'Allemagne du Nord, même si dans certaines d'entre elles il y avait des Assemblées de notables qui votaient l'impôt. C'était le cas du Hanovre, à partir de 1819, et du Mecklembourg.

Dans la plupart des États de l'Allemagne moyenne et en Allemagne du Sud, en revanche, les souverains avaient octroyé à leurs sujets des Constitutions. Le premier à agir ainsi avait été le duc Charles-Auguste de Saxe-Weimar, le protecteur des Lettres et des Sciences qui avait accueilli à sa Cour les grands écrivains de son temps, en particulier Goethe. La Constitution de 1816 témoignait d'un esprit particulièrement libéral dans le domaine de la liberté de la presse. Les souverains d'Allemagne du Sud avaient suivi cet exemple et avaient octroyé des Constitutions à leurs sujets. La Constitution bavaroise, promulguée le 26 mai 1818 par le roi Maximilien-Joseph, représentait assez bien l'état d'esprit des souverains du Sud soucieux de mieux intégrer les populations des territoires récemment acquis par eux à leurs anciennes possessions par le biais d'assemblées élues par la noblesse et les possédants[1]. Il faut cependant souligner que, là même où les souverains avaient accordé des Constitutions, le prince régnant demeurait le maître de l'exécutif ; c'était lui qui nommait et révoquait les ministres, c'était lui seul qui avait l'initiative des lois. En outre, partout, le mode de désignation des

1. H. Pinnow, *Histoire d'Allemagne*, *op. cit.*, p. 354.

membres des assemblées favorisait les notables et les contribuables aisés. À cet égard, les Constitutions des États allemands étaient très proches de la Charte octroyée aux Français par Louis XVIII en 1814. Mais, aux yeux de Metternich, les concessions accordées par les souverains d'Allemagne du Sud étaient excessives et dangereuses et ne pouvaient qu'encourager les menées révolutionnaires.

### *Les premiers assauts contre le système de Metternich (1815-1837)*

Les libéraux et les patriotes favorables à l'unité allemande — il s'agit souvent des mêmes personnes — avaient été profondément déçus par le congrès de Vienne. Désormais, leur action allait s'exercer dans deux directions : entretenir l'idéal unitaire en ralliant tous ceux qui y étaient sensibles depuis l'appel aux armes de 1813 et tenter d'obtenir des souverains davantage de liberté.

L'action des opposants au système de Metternich était cependant gênée par l'indifférence des masses rurales ainsi que par le poids de l'idéologie contre-révolutionnaire qui cherchait à justifier le retour à l'ordre ancien. L'un des théoriciens de la pensée contre-révolutionnaire fut le Suisse Ludwig von Haller qui, dans son livre *Restauration de la science politique*, publié en 1816, rejetait l'idée de souveraineté populaire comme contraire à l'Histoire et insistait sur le rôle prééminent du prince, maître et responsable de l'État et de ses sujets. En face de ce courant favorable à l'Ancien Régime, les réformateurs se divisaient en deux forces principales, le « parti des Droits historiques » et le mouvement libéral. Le parti des Droits historiques, représenté par des universitaires d'Allemagne du Nord comme Niebuhr et Dahlmann, acceptait le pouvoir des princes à condition qu'il fût contrebalancé par des assemblées d'État chargées du vote de l'impôt et du contrôle de l'administration provinciale. Les libéraux, eux, réclamaient des Constitutions pour les États qui n'en avaient pas encore, avec la garantie des principales libertés et de l'égalité entre tous les sujets ; ils demandaient que le gouvernement soit contrôlé par une assemblée élue chargée du vote des lois et du budget. Les libéraux, surtout implantés en Rhénanie et en Allemagne du Sud, étaient issus le plus souvent du monde universitaire, comme les juristes Rotteck et Welcker dans le grand-duché de Bade. L'influence de ces deux courants réformateurs s'exerçait seulement sur les milieux cultivés qui aspiraient à une Allemagne libre et unie. Il y avait cependant pour eux un véritable dilemme, car le seul État dont on pouvait attendre une politique favorable à l'unité allemande était la Prusse, mais c'était un État absolutiste. Cette contradiction explique les ambiguïtés et les incertitudes de la vie politique en Allemagne jusqu'en 1848.

Les premières attaques contre le système de Metternich vinrent des milieux étudiants. C'est à l'université d'Iéna, au cœur de cette principauté de Saxe-Weimar où régnait un prince acquis aux idées libérales, que s'était constituée, dès juin 1815, l'association des étudiants allemands qui prit le nom de *Burschenschaft*, avec une devise « Honneur, Liberté, Patrie », et qui adopta comme emblème le drapeau noir-rouge-or aux couleurs de l'uniforme des chasseurs de Lützow, l'un des corps francs qui avait combattu Napoléon en 1813. La *Burschenschaft* était soutenue par des universitaires comme Luden, professeur à Iéna, Arndt, professeur à Bonn, et par Jahn, un ancien chasseur de Lützow, défenseur de la culture germanique contre l'influence du français, qui avait créé des sociétés de gymnastique pour préparer les jeunes à défendre la patrie. La *Burschenschaft* rassembla bientôt dans toutes les universités, y compris celle de Vienne, les étudiants patriotes. Sa première grande manifestation, qui rassembla près de cinq cents étudiants venus de douze universités, eut lieu le 18 octobre 1817 au château de Wartburg, où l'on commémora conjointement le tricentenaire de la protestation de Luther et le quatrième anniversaire de la bataille de Leipzig. Dans l'enthousiasme, on brûla les symboles de l'ordre établi : un bâton de caporal autrichien, un ceinturon de garde prussien, le code Napoléon, symbole de l'occupation française, et les écrits de Haller et du poète russophile Kotzebue[1]. L'année suivante fut fondée l'Association générale des étudiants allemands, qui regroupait quatorze universités et qui réclamait la formation d'un État national.

À côté de la *Burschenschaft* apparurent aussi des sociétés comme la *Tugenbund* qui, à l'origine, luttait contre l'occupant français et qui se reconstitua en 1815, ou comme les *Inconditionnels*, groupés autour du professeur Follen de l'université de Giessen, dont l'objectif était la création d'une république allemande unitaire et démocratique. L'assassinat du poète Kotzebue le 23 mars 1819 par un étudiant du groupe de Giessen, Karl Sand, et la tentative d'assassinat perpétré contre le chef du gouvernement de Hesse-Nassau, von Ibell, provoquèrent une vive réaction de Metternich. Les princes de la Confédération, réunis en sep-

1. P. Rassow, *Histoire de l'Allemagne*, *op. cit.*, t. I, p. 489 et suiv.

tembre 1819 à Karlsbad (Karlovy-Vary), furent invités par Metternich à lutter contre les libéraux, à contrôler la presse et les universités, et à interdire dans leurs États la *Burschenschaft* et les sociétés de gymnastique. La diète de Francfort ratifia aussitôt les mesures demandées par Metternich. Une vague de répression s'abattit sur toute l'Allemagne. On installa à Mayence une Commission compétente pour tous les États de la Confédération, qui fut chargée de surveiller les universités par l'intermédiaire de curateurs nommés par elle. La Prusse fut la première à épurer ses universités. Arndt, qui pourtant s'était prononcé en faveur d'une Allemagne unie sous la direction de la Prusse, fut chassé de sa chaire de Bonn et Guillaume de Humboldt abandonna ses fonctions à l'université de Berlin. De nombreux intellectuels prirent le chemin de l'exil, comme Joseph Görres qui trouva refuge à Strasbourg. Le mouvement universitaire était brisé. Pour près de dix ans, l'opposition libérale et nationale muselée fut condamnée à l'inaction.

La révolution parisienne de Juillet 1830 puis les révolutions belge et polonaise donnèrent un second souffle aux forces d'opposition en Allemagne. En septembre 1830, des troubles éclatèrent dans les États de l'Allemagne moyenne. Dès le 2 septembre, le royaume de Saxe fut confronté à des manifestations étudiantes et ouvrières. À Dresde, dans la nuit du 9 au 10 septembre, on érigea des barricades aux cris de « Vive la liberté », « À bas la police ». Le retour du prince héritier Frédéric-Auguste, neveu du roi Antoine Ier, calma les esprits. Nommé régent du royaume par son oncle, Frédéric-Auguste forma le 13 septembre un gouvernement favorable aux réformes et promit une Constitution. La Constitution du 4 septembre 1831 garantissait les principales libertés et l'égalité de tous devant la loi, avec un Parlement formé de deux Chambres, dont une Chambre élue. Des dispositions furent prévues pour faciliter le rachat des droits seigneuriaux par les paysans à des conditions favorables. Au moment où commençaient les troubles en Saxe, le duc Charles-Frédéric de Brunswick était chassé par ses sujets, le 6 septembre, et remplacé aussitôt par son frère Guillaume qui accorda une Constitution à ses sujets. En Hesse-Kassel également, les manifestations aboutirent à l'octroi d'une nouvelle Constitution, le 5 janvier 1831. Au Schleswig-Holstein, l'agitation politique fut menée contre l'absolutisme danois par Uwe-Jens Lornsen, un ancien étudiant d'Iéna, membre de la *Burschenschaft* ; réclamant dès novembre 1830 l'autonomie de ce territoire germanophone dans le cadre de l'union personnelle avec le Danemark, il n'obtint que des concessions mineures et les assemblées promises ne furent réunies qu'à partir de 1834-1835.

En Allemagne du Sud où existait partout un régime constitutionnel, c'est dans le cadre des *Landtage* que se manifesta l'opposition. À partir d'octobre 1831, le professeur Welcker se fit le porte-parole des patriotes au *Landtag* de Bade ; il y réclama l'élection des délégués des États à la diète de Francfort afin d'associer la nation au gouvernement de la Confédération germanique. Les libéraux badois obtinrent cependant du grand-duc Léopold une nouvelle loi sur la presse et l'abolition de la censure en mai 1832. En Bavière, les libéraux n'eurent pas la même chance et ils créèrent à l'initiative de Johann-Georg Wirth et de Jakob Siebenpfeiffer une Union de la presse qui recueillait des fonds destinés à soutenir les journalistes poursuivis par les autorités.

En même temps que se réveillait l'opposition libérale, on vit partout se constituer des sociétés patriotiques qui s'efforçaient de propager dans le public l'idée qu'il fallait créer un Empire allemand unifié et démocratique. C'est dans ce contexte qu'il faut placer la fête patriotique du 27 mai 1832 qui rassembla quelque trente mille participants, venus de toutes les catégories sociales, au château de Hambach dans le Palatinat bavarois. On y dénonça toutes les oppressions ; on porta des toasts à la souveraineté du peuple, aux États-Unis d'Allemagne ; on fustigea les absolutismes autrichien et prussien. Par solidarité avec les Polonais victimes de la répression russe, on hissa sur la tour du château de Hambach un drapeau polonais à côté de l'étendard noir-rouge-or de la *Burschenschaft*. Siebenpfeiffer y déclara : « Oui, un jour viendra où la patrie allemande rassemblée se soulèvera... » et « l'Allemagne une et libre aidera tous les peuples qui briseront leurs chaînes... » et de conclure : « Vive la patrie, vive la liberté du peuple, vive la ligue des Nations[1] ! »

La réaction de Metternich et des princes fut sans commune mesure avec la réalité de la menace. Au lendemain de la réunion de Hambach, la diète de Francfort renouvela les mesures prises en 1819-1820 et renforça le contrôle de la presse et des universités. Dans tous les États allemands, les libéraux furent systématiquement traqués, les universités étroitement surveillées. Dans le grand-duché de Bade, les professeurs Rotteck et Welcker furent mis à la retraite. Des centaines d'opposants se retrouvèrent en prison. En Prusse, trente-neuf étudiants, condamnés à mort puis

1. D. Raff, *Deutsche Geschichte*, *op. cit.*, p. 87.

graciés, furent internés en forteresse. En Hesse-Kassel, le chef des libéraux de la diète, Sylvestre Jordan, professeur de droit à l'université de Marburg, l'un des inspirateurs de la Constitution de 1831 fut arrêté et passa six ans en prison avant d'être jugé... et acquitté ! En 1837, au moment de la dissolution de l'union personnelle avec l'Angleterre[1], le nouveau roi de Hanovre, Ernest-Auguste, suspendit la Constitution. Sept professeurs de l'université de Göttingen — dont les historiens Dahlmann et Gervinus, les frères Grimm, Wilhem, l'auteur des *Contes populaires allemands*, et Jakob, le fondateur de la philologie germanique — qui avaient protesté contre cette mesure furent révoqués et durent s'exiler. Une association se constitua aussitôt à Leipzig pour aider financièrement les professeurs révoqués. Les intellectuels du mouvement *Jeune Allemagne* avec Heine et Börne furent également l'objet de persécutions[2].

La répression provoqua l'éclatement de l'opposition. Les éléments les plus radicaux se retrouvèrent dans des sociétés secrètes qui préconisaient l'action directe contre les régimes absolutistes et comptaient sur le soutien des révolutionnaires français et polonais. Dans cette mouvance, on peut placer la cinquantaine d'étudiants et de jeunes bourgeois qui, le 3 avril 1833, tentèrent de s'emparer de Francfort, la ville où siégeait la diète confédérale. Leur action se limita à la prise d'un poste de garde et leur appel au soutien de la population resta sans écho. Le *Frankfurter Wachensturm* ne dura que quelques heures et les troupes confédérées y mirent rapidement fin[3]. L'action violente contre le pouvoir des « tyrans » était également préconisée par des intellectuels disciples de Hegel, tel Arnold Ruge qui publia à partir de 1838 les « Annales de Halle » (*Hallische Jahrbücher*), ou le poète Georg Buchner, fondateur d'une société secrète des Droits de l'homme, à Giessen, et qui invita en 1834 les paysans de Hesse à se soulever « contre les châteaux ».

D'autres opposants, des étudiants, des intellectuels choisirent l'exil et s'installèrent dans les pays voisins, certains émigrèrent même aux États-Unis. Des réfugiés allemands installés à Paris, issus des milieux intellectuels mais aussi du monde ouvrier rhénan, fondèrent, en 1836, la Ligue des Justes (*Bund der Gerechten*), dont

1. La princesse Victoria, devenue reine d'Angleterre, ne pouvait, en tant que femme, régner sur le Hanovre ; la couronne de Hanovre échut à son oncle Ernest-Auguste, duc de Cumberland.

2. J. Droz, *De la Restauration à la Révolution 1815-1848*, Paris, 1970, p. 159.

3. D. Raff, *Deutsche Geschichte*, *op. cit.*, p. 87.

l'objectif était la libération de la patrie allemande des forces qui l'opprimaient, mais ils invitaient aussi les ouvriers de tous les pays à agir ensemble contre l'oppression. Menacés par la police de Louis-Philippe, la plupart s'exilèrent en Belgique ou en Angleterre.

La majorité des libéraux cependant, respectueux de l'ordre et méfiants à l'égard des mouvements révolutionnaires, comptaient sur l'action politique dans le cadre des Landtage pour faire triompher leurs idées.

### *Le lent réveil de l'économie allemande*

En 1815, les structures économiques de l'Allemagne n'avaient guère évolué depuis le XVIIIe siècle. L'agriculture demeurait l'activité dominante. À l'ouest et dans le sud, la petite propriété paysanne devenait la règle générale. Mais la situation des paysans était différente d'une région à l'autre. Si dans les plaines rhénanes, en Würtemberg et en Bavière, la paysannerie était relativement aisée, il n'en était pas de même sur les terres pauvres du Hanovre et de Hesse-Kassel. La fiscalité, et surtout la poussée démographique qui entraînait une pénurie des terres, avaient provoqué un fort courant migratoire à partir du pays de Bade, du Palatinat et du Würtemberg en direction du Nouveau Monde. À ces problèmes permanents s'ajoutaient les difficultés liées aux mauvaises récoltes, notamment en 1816-1817 et en 1829-1830. À l'est de l'Elbe, la grande propriété seigneuriale conservait de solides positions. Les réformes sociales réalisées en Prusse à l'époque de Stein et de Hardenberg avaient été peu à peu vidées de leur substance, surtout à partir de 1816. Les quelque mille cinq cents domaines de la noblesse (*Rittergut*) exploités pour le compte des Junkers par une foule de métayers et d'ouvriers agricoles fournissaient une abondante récolte de céréales, dont une partie était destinée à l'exportation. Les landes et les friches restaient le domaine de l'élevage du mouton, qui progressa fortement dans la première moitié du XIXe siècle. La nouvelle politique douanière de l'Angleterre et de la France causait quelques difficultés pour les exportations des produits agricoles prussiens [1].

Le secteur industriel restait encore assez marginal et l'essentiel des besoins non alimentaires de la population était fourni par l'artisanat. Cependant, deux régions, la Saxe et surtout la Prusse, commençaient à apparaître comme des pôles de l'industrie nais-

1. H. Pinnow, *Histoire de l'Allemagne*, *op. cit.*, p. 359.

sante. L'Allemagne resta longtemps en retard par rapport à la révolution industrielle. Elle ne manquait pourtant pas d'atouts. Le sous-sol était riche et l'exploitation du charbon autour d'Aix-la-Chapelle et dans la Sarre était déjà ancienne. La révolution démographique avait entraîné une sensible augmentation de la population ; dans la Confédération germanique (en excluant l'Autriche), le nombre des habitants était passé d'environ vingt-quatre millions en 1815 à trente millions en 1840 pour atteindre les trente-cinq millions en 1850. Il y avait là à la fois un important réservoir de main-d'œuvre et un marché potentiel de consommateurs, mais le commerce intérieur était entravé par la multiplicité des frontières douanières.

C'est de Prusse que vint l'idée de créer une union douanière en Allemagne, le *Zollverein*. Dès juin 1816, un premier pas avait été franchi en Prusse avec l'abolition des douanes intérieures, à laquelle venait s'ajouter, en mai 1818, à l'initiative du directeur des affaires douanières Maassen, l'établissement d'un tarif douanier unique, modéré, mais complété par des droits élevés pour les marchandises en transit. Ces dernières dispositions provoquèrent la protestation des petits États enclavés dans le territoire prussien. Durant la même période s'était constituée, à l'occasion de la foire de Francfort, une Association générale allemande du commerce et des métiers, où étaient représentés de nombreux négociants de l'Allemagne du Sud-Ouest. Le président en était un économiste souabe, Frédéric List, qui préconisait l'abolition des douanes intérieures et la création d'un système douanier unique en Allemagne. List avait présenté sans succès un mémoire dans ce sens à la diète[1]. Malgré l'hostilité des autres États, la Prusse poursuivit sa politique en signant, dès 1819, un traité d'union douanière avec la principauté de Schwarzburg-Sondershausen.

Avec l'arrivée du banquier berlinois Frédéric von Motz comme ministre des Finances, de nouveaux traités furent conclus entre 1825 et 1828 avec les duchés d'Anhalt-Bernburg et d'Anhalt-Köten. La Prusse chercha à élargir l'union douanière aux États de Thuringe et aux États du Sud, mais l'Autriche s'efforça de contrer sa politique. Après de longues négociations cependant, en 1828, la Hesse-Darmstadt adhéra au système douanier prussien. Peu à peu se mettait en place en Allemagne du Nord une union douanière dirigée par la Prusse. Le principe en était que

1. *Ibid.*, p. 364.

les États membres se partageaient les droits perçus à leurs frontières, mais sur la base du tarif douanier prussien.

L'exemple donné par la Prusse avait incité certains États du Sud à rapprocher leur politique douanière. Dès le 18 janvier 1828, la Bavière et le Würtemberg concluaient un traité d'union douanière. Pour faire obstacle à un éventuel rapprochement entre le Zollverein prussien et les États du Sud, la Saxe, encouragée par l'Autriche, l'Angleterre et la France, créa autour d'elle la même année une Association intermédiaire regroupant dix-sept États, dont la Hesse-Kassel, le Hanovre, l'Oldenburg. En mai 1829, la Prusse riposta en signant avec les États du Sud une alliance contre l'Association intermédiaire. Dès 1831, la Hesse-Kassel quitta l'Association intermédiaire et adhéra au Zollverein, suivie, l'année suivante, par d'autres membres de l'Association. C'en était fini de l'Association intermédiaire.

Le 22 mars 1833, le nouveau ministre des Finances de Prusse, Maassen, signait un accord entre l'union douanière dirigée par la Prusse et les États du Sud, auquel adhérèrent la plupart des membres de l'Association intermédiaire. Le 1er janvier 1834, avec le Zollverein, la plus grande partie de l'Allemagne — vingt-six millions d'habitants de vingt-cinq États — se trouvait intégrée à un ensemble douanier unique ; seuls l'Autriche, le Hanovre, l'Oldenburg et les villes hanséatiques demeuraient en dehors du Zollverein[1]. En réalisant cette union douanière, la Prusse avait, avant tout, favorisé l'ouverture de nouveaux débouchés à ses produits, pour le plus grand bien des grands propriétaires fonciers de l'Est ; elle s'était assuré, par son poids humain et économique, une position dominante en Allemagne par rapport à laquelle, sur le plan douanier au moins, l'Autriche était devenue un corps étranger.

Les premiers effets du Zollverein furent d'abord un développement des échanges interallemands qui s'amplifia à partir de 1840 avec la construction des premières lignes de chemin de fer. Au début, les États avaient vu d'un assez mauvais œil le plan de construction d'un réseau national préconisé par Frédéric List[2]. Après l'ouverture de quelques tronçons isolés comme Nüremberg-Fürth — la première ligne allemande ouverte en 1835 —, le véritable développement du réseau ferré se situe entre 1840 et 1850 dans le cadre de sociétés financières regroupant plusieurs États, si bien qu'entre ces deux dates le réseau ferré passa de

1. P. Rassow, *Histoire de l'Allemagne*, *op. cit.*, t. I, p. 519-521.
2. P. Ayçoberry, *L'Unité allemande*, *op. cit.*, p. 51.

cinq cents à six mille kilomètres, dont plus des deux tiers se trouvaient en Prusse. La construction des chemins de fer joua un rôle important dans le développement des industries extractives et de la métallurgie. Dans ces domaines, la Prusse occupa très tôt une position de tout premier plan. Les deux principaux foyers de la métallurgie se situaient dans la Ruhr et à Berlin, mais la Saxe et la Silésie étaient également concernées. Les chefs d'entreprise qui allaient rendre célèbre l'industrie allemande, les Krupp, les Borsig, étaient déjà connus dans toute l'Allemagne. Mais le véritable décollage de l'industrie allemande ne se situera qu'après 1850.

### *La renaissance des oppositions dans les années 1840*

Après la répression qui s'était abattue sur l'opposition libérale et nationale, il faudra attendre 1840 pour voir le réveil de la vie politique. Les causes en furent multiples. Le Zollverein avait favorisé l'émergence d'une bourgeoisie qui aspirait à participer à la gestion des affaires publiques et qui souhaitait prolonger l'union douanière par une union politique. C'est ce qu'exprimait List, en 1841, dans son *Système national d'économie politique.* En Prusse rhénane, des hommes d'affaires, des industriels, des commerçants, comme D. Hansemann, G. Mevissen, R. Beckerath, L. Camphausen, défendaient devant la diète provinciale les idées libérales. Loin d'être des démocrates, ces libéraux souhaitaient que la Prusse prenne la tête du mouvement unitaire à condition qu'elle se transforme en un État constitutionnel. Les libéraux prussiens attendaient beaucoup du nouveau roi Frédéric-Guillaume IV. Dès son avènement, en 1840, le roi avait amnistié les prisonniers politiques, assoupli la censure et rendu sa chaire à Arndt. Comme ses amis de l'école romantique historique, Frédéric-Guillaume IV avait pour idéal l'État germanique chrétien du Moyen Âge, avec un souverain responsable devant Dieu et gouvernant selon les coutumes traditionnelles des sujets groupés au sein des ordres. En ce sens, le roi était assez proche des constitutionnels de Königsberg qui, avec le médecin Jacoby et le président des affaires prussiennes von Schön, voulaient renforcer le rôle des diètes provinciales et réserver le pouvoir aux éléments évolués de la société[1]. En 1842, Frédéric-Guillaume IV supprima la censure sur les livres et les gravures et accorda la tenue régulière des diètes et le droit d'en publier *in extenso* les

1. J. Droz, *De la Restauration à la Révolution,* op. cit., p. 164-166.

débats dans la presse. Mais, pour l'opposition libérale, ces mesures étaient encore insuffisantes. On reprochait au roi son indécision. Une caricature de l'époque alla jusqu'à le représenter tenant d'une main un ordre et de l'autre un contre-ordre, avec, inscrit sur son front, le mot « désordre ». Dès lors, les journalistes furent l'objet d'une surveillance étroite et la censure retrouva tous ses droits. Les difficultés économiques à partir de 1845 amenèrent Frédéric-Guillaume à reprendre sa politique de réformes. Ayant besoin de la caution des diètes pour l'émission d'un emprunt destiné à financer la construction d'un chemin de fer entre Berlin et Königsberg, le roi, par la patente du 3 février 1847, annonça la convocation d'une diète unie formée des représentants de toutes les diètes provinciales. La réunion de cette diète en avril suivant n'apporta rien. Les libéraux majoritaires y présentèrent leurs revendications en faveur d'une monarchie constitutionnelle et, devant l'intransigeance du roi, refusèrent de voter la garantie de l'emprunt, puis la diète se sépara.

Les libéraux prussiens n'étaient pas des démocrates. Il en était de même des libéraux d'Allemagne du Sud dont l'activité se réveilla à partir de 1840 dans le cadre légal des *Landtage*, en particulier dans le grand-duché de Bade et dans le royaume de Würtemberg. Mais le mouvement libéral ne doit pas être dissocié de l'aspiration de ses dirigeants à une réforme de la Confédération et à la transformation de l'Allemagne en un État national. L'élément catalyseur de la renaissance du sentiment unitaire fut la crise internationale qui opposa, en 1840, la France à ses anciens vainqueurs de 1814-1815. En effet, à Paris, à l'occasion d'un débat à la Chambre, certains députés avaient dénoncé les traités de 1815 et réclamé le retour à la frontière au Rhin. La réaction fut très vive en Allemagne. Le poète Nicolas Becker écrivit à cette occasion le « Chant du Rhin » (*Rheinlied*), où il défendait le caractère germanique du « Rhin allemand » — ce qui lui valut les félicitations du roi de Prusse. Quant au Würtembergeois Max Schneckenburger, il composa la « Garde au Rhin » (*Die Wacht am Rhein*) et avertissait l'éventuel agresseur français que « ferme et fidèle veille la garde sur le Rhin ». Au même moment, Hoffmann von Fallersleben composait le *Deutschlandlied*, qui allait devenir l'hymne national allemand sur une musique de Joseph Haydn — la même musique d'ailleurs que l'hymne impérial autrichien dont les paroles sont cependant tout à fait différentes. Fallersleben évoquait une Grande Allemagne allant « de la Meuse jusqu'au Niémen », dans laquelle régneraient « l'Unité, le Droit et la Liberté[1] ». Ainsi, la maladresse de quelques parlementaires français avait ranimé les sentiments antifrançais oubliés depuis 1815.

Désormais libéralisme et nationalisme étaient étroitement unis. Les princes eux-mêmes s'associaient à ce réveil du sentiment national. Lors de la pose de la première pierre des travaux d'achèvement de la cathédrale de Cologne en 1842, de nombreux princes prirent part aux festivités aux côtés de Frédéric-Guillaume IV, et le roi de Würtemberg fit allusion dans un toast à la « patrie commune ». Les universitaires exprimèrent dans leur enseignement l'aspiration des élites à l'unité allemande. Lors du Congrès des germanistes, qui se tint à Francfort en 1846, on parla surtout de la nécessité de réunir un Parlement pour construire une Allemagne nouvelle. L'apogée du mouvement national se situe à la fin de 1847 avec la création, à Heidelberg, du journal *Deutsche Zeitung* où le professeur Gervinus réclama l'union de tous les Allemands dans un État unique et l'intégration des Allemands du Schleswig-Holstein à la patrie allemande[2]. Ce journal ne faisait qu'exprimer le point de vue des libéraux allemands. On retrouva les mêmes opinions lors de la réunion des libéraux d'Allemagne du Sud qui se tint à Heppenheim sous la présidence du Rhénan de Prusse, Hansemann, le 10 octobre 1847 et où l'on demanda la réunion d'un Parlement allemand. Dans les diètes de Bade et de Hesse, on formula au même moment des demandes analogues.

Mais les libéraux et les partisans de l'unité n'étaient pas les seuls à discuter de l'avenir. En Rhénanie, la région la plus développée de l'Allemagne sur le plan économique, était apparu au début des années 1840 un mouvement socialiste qui regroupait des ouvriers, des jeunes bourgeois, des intellectuels. Leur objectif était la révolution sociale avec une remise en cause du droit de propriété. Le premier à s'être préoccupé de la question sociale fut Wilhelm Weitling, un tailleur émigré, membre de la Ligue des justes, partisan d'une république sociale fondée sur la fraternité des exploités.

La prise de conscience de la question sociale fut favorisée par l'apparition des premiers conflits sociaux en Rhénanie, et en Silésie surtout avec la révolte des tisserands en 1844. La personnalité qui domina ce mouvement ouvrier dès ses origines fut Karl Marx,

1. H. Pinnow, *Histoire d'Allemagne*, *op. cit.*, p. 370-371, et D. Raff, *Deutsche Geschichte*, *op. cit.*, p. 91-92.
2. J. Droz, *De la Restauration à la Révolution*, *op. cit.*, p. 170.

fils d'un avocat juif de Trèves, collaborateur en 1842-1843 du *Rheinische Zeitung*, dont il fut écarté en raison de ses prises de position jugées trop radicales. Après un séjour à Paris, de 1843 à 1845, puis à Bruxelles, il se lia d'amitié avec le fils d'un industriel de Westphalie, Frédéric Engels, et s'installa en Angleterre. C'est sous l'influence de Marx et de Engels que la Ligue des justes se transforma en une Ligue des communistes, qui organisa en Rhénanie, notamment, des groupes clandestins. C'est à Londres, en février 1848, que parut le *Manifeste communiste* rédigé par Marx et Engels, où l'accent était mis à la fois sur la lutte des classes et la destruction du capitalisme, mais aussi sur « l'union des prolétaires du monde entier » pour y parvenir. Marx était cependant pleinement conscient que la classe ouvrière allemande n'était alors guère sensible à ces arguments[1].

Les communistes n'étaient pas les seuls à se pencher sur la question sociale. Durant cette période, on assista à l'apparition d'un véritable « christianisme social » représenté, du côté protestant, par les pasteurs Theodor Fliedner et Heinrich Wichern qui plaçaient au premier plan l'action caritative, et, du côté catholique, par le Père Adolf Köpling et Mgr von Ketteler, défenseurs l'un et l'autre du monde ouvrier[2]. Enfin, en Allemagne du Sud, le courant radical et républicain de l'opposition libérale prit position sur la question sociale lors de la réunion d'Offenburg du 12 septembre 1847 ; les chefs libéraux badois, Frédéric Hecker et Gustav von Struve, réclamèrent, outre les principales libertés, l'impôt progressif, le remplacement des armées par une garde nationale, une meilleure rémunération du travail par rapport à celle du capital, ainsi que l'enseignement gratuit pour tous[3]. L'intérêt de la gauche allemande pour l'éducation du peuple se retrouve dans la création de nombreuses associations d'éducation populaire (*Bildungsverein*) souvent à l'initiative de jeunes gens venus de la bourgeoisie, ou par des ouvriers eux-mêmes, notamment des typographes. La *Bildungsverein* de Hambourg comptait, en 1847, quelque quatre cent cinquante membres, dont certains joueront plus tard un rôle au sein de la Ire Internationale[4].

Ainsi, à la fin des années 1840, il existait une fermentation générale des esprits qui prenait des formes diverses et dont les objectifs étaient souvent divergents, voire contradictoires. Cepen-

1. P. Ayçoberry, *L'Unité allemande*, *op. cit.*, p. 60-61.
2. D. Raff, *Deutsche Geschichte*, *op. cit.*, p. 131-133.
3. P. Rassow, *Histoire de l'Allemagne*, *op. cit.*, t. I, p. 530.
4. J. Droz, *De la Restauration à la Révolution*, *op. cit.*, p. 101.

dant, tous avaient en commun le désir de mettre fin à l'Allemagne de la réaction issue du congrès de Vienne.

## II — Les révolutions de 1848-1849 et leur échec

Le « printemps des peuples », qui débuta à Paris avec la révolution des 22-24 février 1848, se traduisit dans la Confédération germanique et dans les États des Habsbourg par une grave crise révolutionnaire, où s'exprimèrent à la fois des revendications libérales et des revendications nationales.

### *Les causes directes de la révolution*

Les aspirations des intellectuels et de la bourgeoisie à une Allemagne libre et unifiée n'avaient pas mobilisé les foules à l'époque du *Vormärz*, même si ces aspirations étaient partagées par un nombre chaque jour grandissant d'Allemands. Le développement d'un climat prérévolutionnaire est lié à l'aggravation des conditions économiques à partir de 1845. Il y avait déjà eu des crises dans l'agriculture en 1816-1817, puis en 1829-1830. La crise de 1845-1847 fut beaucoup plus grave car elle affecta l'ensemble des secteurs économiques. Comme les crises précédentes, les difficultés affectèrent d'abord l'agriculture. La récolte de pommes de terre de 1845 fut catastrophique, il en fut de même l'année suivante. Celle des céréales ne fut pas meilleure, et la situation ne s'améliora guère en 1847. La conséquence de la crise agricole se traduisit d'abord par la hausse des prix alimentaires en ville, la ruine de nombreux petits paysans, souvent endettés, qui partirent pour la ville, voire émigrèrent, et aussi une diminution sensible des revenus des grands propriétaires. Pour faire face à la pénurie de vivres, les États durent faire des achats de grains à l'étranger, ce qui entraîna, jusqu'à la fin de 1847, des sorties d'or mettant en difficulté les monnaies et le système de crédit. Les difficultés du monde agricole s'étendirent à l'artisanat et à l'industrie naissante par la baisse de la demande, de nombreuses petites entreprises firent faillite et le chômage se développa. Les chantiers de construction des chemins de fer, qui employaient une nombreuse main-d'œuvre non qualifiée fournie par l'exode rural, furent mis en sommeil faute de financement. La crise, qui frappa les éléments les plus fragiles de la société, accrut les tensions dans les villes, où l'équilibre social était fragilisé par l'arrivée régulière de migrants ruraux. Berlin représente le cas type de la croissance urbaine rapide. La population avait doublé entre 1820 et 1845 et elle atteignait alors quatre cent mille habitants, dont plus du dixième était constitué d'éléments marginaux. Avec la crise, la situation à Berlin était particulièrement tendue, d'autant plus qu'à la population traditionnelle s'ajoutaient de nombreux réfugiés polonais toujours prêts à s'enflammer.

La crise rendit particulièrement précaires les conditions de vie du monde ouvrier. La baisse générale des prix depuis 1815 avait entraîné une baisse plus prononcée des salaires. Au cours des années 1845-1847, cette baisse s'accéléra alors que les prix alimentaires augmentaient. Le climat social était donc particulièrement tendu dans les villes, à un moment où la bourgeoisie, elle aussi touchée par la crise, se montrait de plus en plus critique à l'égard des pouvoirs en place.

La nouvelle des journées parisiennes de Février 1848 fut connue en Allemagne dans les tout premiers jours de mars. Ce fut le départ d'une vague révolutionnaire qui allait susciter partout l'espoir de temps meilleurs.

### *Les premières victoires de la révolution (mars-juin 1848)*

C'est dans les régions les plus proches de la France qu'éclatèrent les premiers troubles. Dès le 3 mars, en Allemagne du Sud-Ouest, depuis la Forêt-Noire jusqu'au Würtemberg et au lac de Constance, puis en Hesse et en Franconie, le monde paysan s'enflamma. On dénonçait le poids de la fiscalité et des droits seigneuriaux, les abus des usuriers. Le mouvement se prolongea jusqu'à la fin avril en haute Forêt-Noire et le long de la frontière suisse où existait un fort courant républicain chez les artisans et dans la petite bourgeoisie. Le 20 avril, les troupes des républicains furent écrasées à Kandern par les armées des États du Sud. Le caractère social de ces troubles ne doit pas faire oublier que les révolutions de 1848 en Allemagne furent principalement politiques. La liberté et l'unité de la patrie allemande étaient les revendications dominantes.

Le véritable point de départ du « printemps des peuples » en Europe centrale fut la révolution viennoise du 13 mars 1848, marquée par la chute de Metternich et l'octroi par l'empereur Ferdinand d'une Constitution libérale. De Vienne, le mouvement révolutionnaire s'étendit à l'ensemble des possessions des Habsbourg, puis gagna tous les États de la Confédération germanique. En Würtemberg, en Hesse, à la suite de manifestations pacifiques, les souverains appelèrent au gouvernement des libéraux,

Heinrich von Gagern devint chef du gouvernement à Darmstadt et son frère Max à Wiesbaden. À Munich, les émeutes furent dirigées contre le roi Louis Ier, discrédité par sa liaison avec Lola Montès ; le 19 mars, il abdiqua en faveur de son fils Maximilien II, qui appela au pouvoir le chef de l'opposition libérale. À Hanovre, à Kassel, en Oldenbourg, on assista aux mêmes scènes. Étudiants et bourgeois manifestèrent devant le palais du souverain, qui accorda aussitôt une Constitution et donna le pouvoir aux libéraux.

En Prusse, la crise couvait depuis 1847. Les difficultés économiques avaient tendu les relations sociales à Berlin. Dès le début de 1848, l'agitation ouvrière y était permanente. Il en était de même dans les centres industriels de Rhénanie et de Silésie. Le 3 mars, à Cologne, la Ligue des communistes avait rassemblé des milliers de travailleurs sur le thème de l'instruction gratuite et du suffrage universel. À Berlin, quelques jours plus tard, l'opposition réclamait le suffrage universel et la réunion du Landtag pour discuter des réformes. Le 14 mars, Frédéric-Guillaume IV annonçait une réunion du Landtag pour la fin avril. Le lendemain, en écho à la révolution viennoise, une foule considérable d'ouvriers, d'étudiants, de jeunes bourgeois vint réclamer devant le palais royal une Constitution et des réformes. Les troubles se poursuivirent les jours suivants. Le 18 mars, le roi fit savoir que la réunion du Landtag était avancée au 2 avril, mais la manifestation organisée pour remercier le souverain dégénéra ; des coups de feu furent tirés, des barricades érigées. Le lendemain, Frédéric-Guillaume cédait et, dans une proclamation à ses « chers Berlinois », annonçait le retrait des troupes de la ville et autorisait la bourgeoisie à former une garde civique pour assurer le maintien de l'ordre. Puis, le 21 mars, le roi accordait une Constitution libérale avec une assemblée élue au suffrage universel, devant laquelle le gouvernement serait responsable[1].

Même le Schleswig-Holstein fut touché par le mouvement révolutionnaire, et un gouvernement provisoire formé d'Allemands prit le pouvoir à Kiel, le 24 mars ; mais ici, les aspirations nationales face à la tutelle danoise l'emportaient sur les revendications libérales.

L'écroulement du système de Metternich et le triomphe des révolutions libérales donnèrent aux partisans de l'unité allemande la possibilité de réaliser leurs aspirations. La révolution nationale allait de pair avec la révolution libérale. L'idée de

1. D. Raff, *Deutsche Geschichte*, *op. cit.*, p. 98-100.

convoquer un Parlement élu par tous les Allemands pour réformer la Confédération avait été plus d'une fois évoquée dans les diètes des États du Sud depuis 1845. Elle devint réalité. Dès le 5 mars 1848, à Heidelberg, en prolongement de la rencontre de Heppenheim, cinquante et un parlementaires libéraux, venus en majorité de Prusse rhénane et d'Allemagne du Sud, demandèrent officiellement la convocation d'une Assemblée nationale constituante et chargèrent une commission de sept membres de préparer la réunion d'un Parlement préparatoire (*Vorparlement*). Le 10 mars, en réponse à la réunion de Heidelberg, la diète confédérale invita les gouvernements à envoyer à Francfort des représentants qualifiés pour réformer les institutions, mais la chute de Metternich relégua au second plan la demande de la diète. Les événements s'accélérèrent. Le 31 mars, en l'église Saint-Paul de Francfort, se réunit le Vorparlement, constitué de cinq cent soixante-quatorze délégués des diètes et des associations patriotiques ; la Prusse avait envoyé cent quarante et un délégués mais il n'y avait que deux Autrichiens. Tout se passait comme si l'Autriche était déjà devenue un État étranger à l'Allemagne. Le Vorparlement, qui siégea du 31 mars au 2 avril, décida l'élection d'une Assemblée nationale constituante au suffrage universel à raison d'un député pour cinquante mille habitants, les États réglant les modalités du scrutin à leur convenance. Tous les habitants de la Confédération germanique étaient appelés aux urnes, y compris les Autrichiens et les Tchèques du royaume de Bohême, mais aussi les habitants de Prusse-Orientale et de Posnanie, ceux du Luxembourg et du Schleswig-Holstein. L'Assemblée, élue au début du mois de mai, tint sa première séance le 18.

Le Parlement de Francfort aurait dû rassembler huit cent trente et un députés, mais les élus tchèques de Bohême refusèrent d'y siéger. En fait, il n'y eut jamais plus de six cents députés présents à Francfort. Signe des temps, la plupart étaient venus par le train dans la ville fédérale. Entre une extrême gauche républicaine favorable à un État centralisé, dont les personnalités les plus marquantes étaient l'Autrichien Robert Blum et le socialiste Arnold Ruge, et une extrême droite conservatrice, la majorité des députés était constituée de libéraux issus de la bourgeoisie, venus des universités et des professions libérales. On trouvait parmi eux le Hessois Heinrich von Gagern, les historiens Dahlmann et Droysen, le représentant du catholicisme social Geissel. Heinrich von Gagern, élu président de l'Assemblée dès le 23 mai, définit ainsi le rôle des députés : « Nous devons faire une Constitution pour l'Allemagne, pour l'ensemble du Reich[1]. » Il fut décidé que la question des droits fondamentaux (*Grundrechte*) des Allemands devrait être traitée avant que ne soit abordé le problème de l'unité[2]. Sur proposition de Heinrich von Gagern, un gouvernement provisoire fédéral fut constitué le 29 juin avec, à sa tête, comme « vicaire impérial » (*Reichsverweser*), l'archiduc Jean d'Autriche connu pour ses idées libérales, et dont les principaux membres venaient des États du Sud. Aussitôt après on prononça la dissolution de l'ancienne diète confédérale, qui n'avait plus de raison d'être. L'Assemblée pouvait enfin commencer ses véritables travaux. Mais, en dehors d'elle, le monde allemand fut secoué à nouveau par l'agitation révolutionnaire.

### *La deuxième vague révolutionnaire et ses conséquences (juin-décembre 1848)*

En Prusse, les concessions faites par la Couronne n'avaient pas mis fin à l'agitation ouvrière entretenue par les socialistes. Dès avril, à l'instigation de l'imprimeur Stefan Born, un Comité central des travailleurs avait vu le jour à Berlin pour organiser les grèves. À Cologne, les idées de Marx et de Engels diffusées par la *Nouvelle Gazette rhénane* exerçaient une influence grandissante sur les diverses associations ouvrières qui s'y étaient formées. À Berlin, l'Assemblée nationale, élue en avril, était dans sa majorité formée de modérés mais comprenait aussi un petit groupe influent de députés républicains et socialistes. Les députés adoptèrent un programme de larges réformes et commencèrent à préparer un projet de Constitution. Ces changements étaient vivement critiqués par les Junkers, qui perdaient le droit d'exercer la justice sur leurs domaines et qui étaient menacés d'une réforme fiscale, cependant que d'autres, à gauche, les jugeaient trop timorés. L'agitation ouvrière se poursuivit. De nouvelles émeutes, au cours desquelles la foule pilla l'arsenal, eurent lieu à Berlin du 14 au 16 juin. Les conflits d'intérêt entre les différentes catégories sociales apparaissaient au grand jour. Face à la révolte ouvrière, la bourgeoisie était inquiète et aspirait à l'ordre et à la paix civile, comme les paysans traditionnellement conservateurs et fidèles à l'ordre établi et aux Junkers.

Autour du roi s'était formée une véritable camarilla constituée

1. D. Raff, *Deutsche Geschichte*, *op. cit.*, p. 101.
2. H. Pinnow, *Histoire d'Allemagne*, *op. cit.*, p. 376-377.

de représentants du parti féodal avec les frères von Gerlach, un professeur de droit de l'université de Berlin, Julius Stahl, et un jeune hobereau, Otto von Bismarck-Schönhausen. La camarilla disposait d'un journal, la *Gazette de la Croix* — dans lequel écrivait Bismarck —, où l'on dénonçait pêle-mêle l'agitation ouvrière et les aspirations libérales de la bourgeoisie.

Frédéric-Guillaume IV, qui avait jusque-là laissé gouverner les libéraux, commença à s'en détacher en juillet lorsque l'Assemblée voulut réduire l'influence de l'armée. Attaqué par les députés de gauche et par les Junkers, le gouvernement du libéral Camphausen, puis celui de Hansemann, mal soutenus par la bourgeoisie, durent se retirer sans avoir pu mener à leur terme leur programme de réformes[1]. Face à la poursuite de l'agitation populaire, le roi en vint à considérer que seule l'armée était en mesure de rétablir l'ordre.

La Prusse n'était pourtant pas la seule à être touchée par la reprise de l'agitation révolutionnaire. À Francfort, prenant prétexte des tergiversations du Parlement face à la révolte des Allemands du Schleswig-Holstein, des milliers de manifestants avaient réclamé, le 17 septembre, la démission du gouvernement et la création d'une nouvelle Assemblée constituante avec les seuls députés de gauche. Au cours des émeutes qui suivirent, deux députés conservateurs furent lynchés par la foule. Au même moment, le député Struve tentait de soulever le pays de Bade où il avait proclamé une éphémère république[2]. Dans les deux cas, le Parlement de Francfort dut faire appel aux troupes autrichiennes et prussiennes pour rétablir l'ordre, tandis qu'en Rhénanie les autorités firent arrêter un certain nombre de socialistes au moment où ils se préparaient à déclencher une insurrection armée[3].

Face à cette reprise des troubles, les princes, toujours nostalgiques de l'Ancien Régime et sans tenir compte de l'existence du Parlement de Francfort, se décidèrent à rétablir l'ordre par leurs propres moyens et dans le cadre de leurs États. Alors qu'en Autriche les troupes du prince de Schwarzenberg écrasaient les uns après les autres les foyers révolutionnaires — Vienne sera reconquise le 30 octobre et l'un des principaux chefs du gouvernement révolutionnaire, Blum, sera fusillé en dépit de son mandat de député au Parlement de Francfort —, à Berlin, le

1. P. Ayçoberry, *L'Unité allemande*, *op. cit.*, p. 74-75.
2. P. Rassow, *Histoire de l'Allemagne*, *op. cit.*, t. I, p. 544-545.
3. P. Ayçoberry, *L'Unité allemande*, *op. cit.*, p. 76.

1er novembre, Frédéric-Guillaume IV nommait un nouveau gouvernement avec le comte de Brandenburg et le général von Manteuffel, et transférait l'Assemblée en province. Le 9 novembre, le gouvernement prussien proclamait l'état de siège à Berlin et l'armée prenait le contrôle de la ville. Enfin, après avoir dissous l'Assemblée le 5 décembre, le roi « octroyait » le lendemain une Constitution relativement libérale où les principales libertés étaient garanties, avec deux Assemblées, dont l'une élue au suffrage universel et devant laquelle les ministres étaient responsables. Toutefois, le roi conservait la haute main sur l'armée et pouvait gouverner par ordonnances si la situation l'exigeait.

### *L'échec du rêve unitaire et le triomphe de la réaction (1849-1850)*

Tandis qu'en Autriche et en Prusse les souverains reprenaient le contrôle de la situation, à Francfort, les députés continuaient à discuter de la Constitution pour la nouvelle Allemagne qu'ils entendaient construire. Situation tout à fait surréaliste où les députés de Francfort feignaient d'ignorer ce qui se passait au niveau des États.

En octobre 1848, la majorité libérale avait adopté l'ensemble des *Grundrechte* qui garantissaient aux Allemands les principales libertés, l'égalité de tous devant la loi, l'indépendance de la justice, l'autonomie des collectivités locales et une représentation élue dans chaque État. Le problème qui suscita le plus de discussions fut celui de savoir qui ferait partie du Reich. L'Autriche, symbole de la contre-révolution, devrait-elle faire partie du Reich avec l'ensemble de ses dépendances y compris celles qui n'étaient pas germanophones ? Si oui, cela impliquait que le chef du nouveau Reich serait l'empereur d'Autriche. C'est ce point de vue que défendaient les tenants du courant *Gross-Deutsch*, conservateurs pour la plupart et soutenus par Schwarzenberg. D'autres penchaient plutôt pour la création d'un État fédéral sans l'Autriche, ce qui revenait à donner au roi de Prusse la présidence de cette fédération : Heinrich von Gagern et la plupart des libéraux *Klein-Deutsch* soutenaient cette option. Le 13 janvier 1849, par 261 voix contre 244, les *Klein-Deutsch* l'emportèrent à l'occasion du vote d'une motion invitant le gouvernement provisoire à entrer en « relations diplomatiques » avec l'Autriche, ce qui impliquait que l'Autriche était traitée en État étranger. Le 25 janvier, par 258 voix contre 211, les députés décidèrent que le nouvel État serait un Empire (*Reich*) dont le chef devait être un des princes allemands régnants. La décision fut approuvée par vingt-six des États de la Confédération, mais rejetée par l'Autriche. Le 27 mars, la Constitution fut adoptée par le Parlement. L'Empire serait un État fédéral avec à sa tête un empereur et deux Assemblées, une Chambre des États et une Chambre du peuple élue au suffrage universel. Le 28 mars, par 290 voix et 244 abstentions et malgré les protestations de l'Autriche, le roi de Prusse Frédéric-Guillaume IV fut élu empereur. Certes, le roi de Prusse désirait cette couronne impériale, mais comme il l'écrira plus tard, « la couronne qu'ont portée les Othon, les Hohenstaufen, les Habsbourg, un Hohenzollern peut la porter, cela va sans dire... Celle-là au contraire... elle est déshonorée par l'odeur de charogne que lui donne la révolution de 1848 ». Le roi de Prusse avait en outre des scrupules vis-à-vis des Habsbourg, qui avaient autrefois régné sur le Saint Empire. Le 3 avril, le roi reçut la délégation venue de Francfort lui offrir la couronne impériale. Sa réponse fut évasive. Puis, le 27 avril, il fit savoir qu'il refusait cette « couronne de boue et de bois », comme il la qualifiait en privé. On fut très déçu à Francfort, mais les députés décidèrent de mettre en application la Constitution et convoquèrent les électeurs pour le 15 juillet. Les jours du Parlement étaient désormais comptés. À l'exemple de l'Autriche et de la Prusse, les États rappelaient leurs députés, si bien qu'à la fin du mois de mai il ne restait plus à Francfort qu'une centaine de députés. Ces derniers décidèrent de se transporter à Stuttgart mais, le 18 juin, le gouvernement du Würtemberg les dispersa par la force. L'échec du mouvement unitaire démocratique était patent.

Au moment où le Parlement de Francfort vivait ses dernières heures, de nouveaux troubles fomentés par les républicains et les socialistes éclatèrent en Rhénanie, dans le Palatinat, en Saxe et dans le grand-duché de Bade. Dans ce dernier État, l'armée fit cause commune avec les rebelles ; un Parlement révolutionnaire prit le pouvoir à Karlsruhe et lança un appel aux armes. L'intervention militaire de la Prusse mit fin à la révolution badoise ; le 23 juillet, la reddition de Rastadt, le dernier foyer de la résistance badoise, tombait. Le mouvement révolutionnaire était définitivement vaincu. Le temps de la répression était venu, provoquant l'émigration de nombreux Allemands[1].

La Prusse, malgré le refus de son roi d'accepter la couronne impériale, faisait figure maintenant de puissance dominante en Allemagne. Frédéric-Guillaume IV, sous l'influence du ministre

1. P. Rassow, *Histoire de l'Allemagne*, *op. cit.*, t. I, p. 552-553.

conservateur Radowitz, reprit à son compte l'idée unitaire et tenta de convaincre les autres princes. On envisagea d'abord une Union des trois rois (Prusse, Saxe et Hanovre) à laquelle seraient invités les autres princes en vue d'élaborer une Constitution fédérale. Le projet fut accepté par vingt-huit princes mais les rois de Bavière et du Würtemberg refusèrent de s'y associer. Le 15 octobre 1849 naissait cependant une Union des princes allemands présidée par le roi de Prusse. Le 31 janvier 1850, on procéda à l'élection d'un Parlement où l'on retrouva une majorité dominée par les amis de von Gagern. Cette Union restreinte autour de la Prusse reprenait à son compte une partie du programme du Parlement de Francfort, mais elle heurtait les intérêts de l'Autriche. Schwarzenberg fit pression sur les rois de Hanovre et de Saxe pour qu'ils se retirent de l'Union, puis il profita de la révolution qui chassait le duc de Hesse-Kassel pour intervenir. Le 25 novembre 1850, Schwarzenberg par ultimatum convoqua le chef du gouvernement prussien von Manteuffel à Olmütz (Olonouc). La « reculade d'Olmütz » sonna le glas pour quinze ans des rêves d'unité allemande, car Schwarzenberg imposa le retour au *statu quo* d'avant 1848. L'Union restreinte était dissoute et la Confédération germanique restaurée.

Le retour à l'ordre ancien du *Vormärz* fut accompagné d'une réaction antilibérale. Les Constitutions en vigueur furent maintenues sans doute, mais de nouveaux amendements restreignant les libertés autrefois concédées y furent ajoutés. Les lois électorales, comme celle des « trois classes » en Prusse, atténuèrent les effets du suffrage universel en renforçant la représentation des classes aisées.

La volonté de l'Autriche, la méfiance du roi de Prusse et des autres princes à l'égard du Parlement de Francfort et de l'idéologie libérale, le faible poids de la bourgeoisie dans la société allemande d'alors, les vues irréalistes et romantiques de l'élite intellectuelle, l'agitation ouvrière et la passivité des masses paysannes avaient eu raison du projet d'une Allemagne démocratique et unie qui avait suscité tant d'espoirs au printemps 1848. Pour l'avenir, deux conclusions s'imposaient donc. D'abord, l'obstacle majeur à l'unité allemande était l'Autriche. Ensuite, le seul État qui était en mesure de faire céder l'Autriche au moment opportun et à condition qu'il soit militairement capable de le faire, c'était la Prusse.

## III – La Prusse et l'unité allemande (1850-1871)

Malgré le retour à l'ordre ancien de la Confédération germanique, la restauration n'était qu'apparente. Une grande partie de l'opinion publique éclairée, profondément déçue, prit parti pour la Prusse humiliée à Olmütz et oublia que Frédéric-Guillaume IV avait refusé avec mépris la couronne impériale que lui offraient les représentants de la nation.

### *Le renforcement de la puissance prussienne (1850-1862)*

La Prusse, grâce à son rôle dirigeant au sein du Zollverein, conservait encore une grande influence en Allemagne malgré la « reculade d'Olmütz ». Toutefois, le gouvernement du général von Manteuffel, appuyé par le Parti féodal, s'efforça de maintenir une politique d'entente avec l'Autriche par crainte d'une reprise de l'agitation révolutionnaire. La situation changea en 1858 lorsque Frédéric-Guillaume IV, malade, dut confier la régence à son frère Guillaume, qui lui succéda le 2 janvier 1861 sous le nom de Guillaume I^er^. Le nouveau roi entendait reprendre à son compte l'idée d'une Allemagne unifiée sous la direction de la Prusse. Les partisans de l'unité allemande, longtemps silencieux après l'échec de la révolution, avaient relancé le mouvement unitaire dès 1859 avec la création de l'Union nationale (*Nationalverein*) qui regroupait les anciens *Klein-Deutsche* et qui avait en son sein de nombreux universitaires comme l'historien Mommsen. En face de la *Nationalverein*, les nostalgiques de la « Grande Allemagne » s'étaient organisés au sein d'une Union pour la réforme (*Reformverein*) qui regroupaient tous ceux qui s'inquiétaient de la puissance de la Prusse et dont l'un des dirigeants était un catholique du Hanovre, Ludwig Windthorst, qui sera plus tard l'adversaire de Bismarck à l'époque du *Kulturkampf*.

Pour les dirigeants de la Prusse, la question de l'unité se présentait dans de meilleures conditions que précédemment. L'Autriche venait de subir de sévères défaites en Italie, où Napoléon III s'était posé en défenseur du principe des nationalités et de l'unité italienne. La Prusse disposait en outre de deux atouts majeurs : sa puissance économique et sa puissance militaire. Une partie de la puissance économique lui venait du Zollverein auquel avaient adhéré en 1851 deux nouveaux États, le Hanovre et l'Oldenbourg. La Prusse avait largement profité du développement des échanges interallemands ; avec le Zollverein, c'était un marché de plus de trente-cinq millions de consommateurs qui s'était ouvert aux produits de son agriculture et de son industrie. À partir de 1848-1849, la reprise économique permit le *take off* de l'économie prussienne, avec des progrès sensibles dans les industries extractives et dans la métallurgie, dont la production était en grande partie destinée aux besoins des chemins de fer et de l'armée. L'État était devenu le principal bailleur de fonds et le premier client du secteur industriel. À côté de l'industrie lourde concentrée dans les régions minières de la Ruhr et de la Sarre, Berlin était devenue l'un des principaux foyers où régnaient des grands noms de l'industrie, Loewe pour l'armement, Borsig pour la construction des locomotives, Siemens pour le matériel télégraphique. Dès 1850, Borsig était en mesure d'assurer tous les besoins en locomotives des chemins de fer prussiens[1]. Les industries textiles et chimiques bénéficièrent du même développement. Dès l'origine, les banques avaient favorisé la concentration avec la création de sociétés anonymes, qui coexistaient d'ailleurs avec de puissantes entreprises familiales dont le modèle est la firme Krupp, fondée à Essen en 1810 et qui employait en 1860 plus de trois mille ouvriers.

Le second atout de la Prusse est sa puissance militaire, héritage d'une longue tradition remontant au Roi-Sergent. La loi militaire de 1814 avait prévu un service militaire de trois ans pour pouvoir disposer d'une armée de quatre cent mille hommes en temps de guerre avec l'apport des réservistes de la *Landwehr*. En fait, vers 1850 on n'incorporait qu'un peu plus du quart du contingent — environ soixante-trois mille hommes — et on ne le gardait en activité que pendant deux ans. Dès décembre 1859, le prince Guillaume chargea son ministre von Roon, de la réorganisation de l'armée et des réserves. Le projet de von Roon rétablissait le service militaire de trois ans avec l'incorporation de la totalité du contingent — soit deux cent mille hommes — complété par une réserve active de quatre ans dans le premier *« ban »* de la Landwehr. On disposerait ainsi d'une armée de quatre cent quarante mille hommes sans avoir à recourir aux autres bans de la Landwehr. Ce plan supposait une augmentation des dépenses militaires afin de recruter des officiers supplémentaires. La Chambre basse repoussa le projet de von Roon, qui fut retiré, mais en mai 1860 elle accorda les crédits supplémentaires demandés à titre provisoire en attendant la présentation d'une nouvelle loi mili-

1. H. Pinnow, *Histoire d'Allemagne*, *op. cit.*, p. 385.

taire. Le prince-régent considéra ce vote comme une acceptation de fait du projet de von Roon. Dans le message qu'il adressa au peuple le 7 janvier 1861 à l'occasion de son accession au trône, Guillaume I^er^ se fit le défenseur de la puissance militaire de la Prusse car c'est « l'armée » qui « a créé la grandeur de la Prusse. L'armée — doit être forte et respectée pour peser d'un poids lourd dans la balance politique... ». Le Landtag, élu en décembre 1861, ne tint guère compte de l'opinion du roi. L'ancien parti libéral perdit des sièges au profit d'un nouveau parti, le parti progressiste (*Fortschrittpartei*), dont les élus venaient des villes et des régions industrielles du Rhin et de Silésie, tandis que les conservateurs n'obtenaient que vingt-quatre mandats. Le parti progressiste réclamait la modernisation politique de la Prusse et la réduction à deux ans du service militaire ; il se prononçait aussi pour une Allemagne unie autour de la Prusse avec « une représentation du peuple commune à toute l'Allemagne ». Avec le soutien d'une partie des libéraux, les progressistes firent échouer le projet de réforme militaire. Guillaume I^er^ riposta en mars 1862 par la dissolution du Landtag. Les élections de mai donnèrent à l'opposition les deux tiers des sièges. Une nouvelle fois, la loi militaire de von Roon fut repoussée par les députés. La situation était bloquée, Guillaume I^er^ songea un moment à abdiquer. Von Roon suggéra alors au roi d'appeler à la tête du gouvernement Otto von Bismarck-Schönhausen pour mettre fin à la crise[1].

### *La politique de Bismarck de 1862 à 1864*

Otto von Bismarck avait alors quarante-sept ans quand il fut nommé, le 22 septembre 1862, chef du gouvernement prussien. Né en 1815 dans une famille de Junkers conservateurs et luthériens, Bismarck, après des études de droit à Göttingen et à Berlin, avait commencé sa carrière politique en 1847 comme député du Parti féodal. Ouvertement hostile à la révolution de mars 1848, qu'il fustigea dans les articles qu'il donna à la *Gazette de la Croix* dès juillet 1848, Bismarck fut l'un de ceux qui conseillèrent à Frédéric-Guillaume IV de faire appel à l'armée pour rétablir l'ordre. Au lendemain de la « reculade d'Olmütz », Manteuffel envoya Bismarck à Francfort pour y représenter la Prusse à la diète confédérale. Puis, de janvier 1859 à mai 1862, Bismarck représenta la Prusse à Saint-Pétersbourg ; là, il sut gagner la confiance du tsar Alexandre II[2].

1. D. Raff, *Deutsche Geschichte*, *op. cit.*, p. 156-158.
2. P. Rassow, *Histoire de l'Allemagne*, *op. cit.*, t. I, p. 591.

Le premier souci de Bismarck dès son arrivée à la tête du gouvernement fut de régler le conflit avec le Landtag. Après le refus des députés de voter les nouveaux crédits militaires, Bismarck les fit voter par la seule Chambre des Seigneurs. La Constitution de 1850 avait partagé le pouvoir législatif entre le roi, la Chambre des Seigneurs et le Landtag mais rien n'était prévu en cas de désaccord entre les trois institutions. Bismarck combla cette « lacune constitutionnelle » en déclarant que le roi, du fait qu'il avait octroyé la Constitution, pouvait imposer la loi militaire et les dépenses y afférentes puisque le gouvernement était tenu de « couvrir les dépenses nécessaires au maintien des institutions de l'État et au bien de l'État ». Dans leur Adresse au roi de janvier 1863, les députés dénoncèrent ce qu'ils considéraient comme une violation de la Constitution, mais Guillaume I^er^ rejeta cette Adresse. Le coup de force de Bismarck avait provoqué une vive émotion dans le pays et une Société pour la défense de la liberté constitutionnelle organisa des réunions publiques dans tout le pays. Le prince héritier Frédéric lui-même donna raison aux opposants. Bismarck riposta en suspendant la liberté de la presse et renvoya le Landtag. Il avait ainsi les mains libres pour gouverner en attendant l'élection d'une nouvelle assemblée. Les élections d'octobre 1863 furent un désastre pour le parti gouvernemental qui n'obtint que trente-sept sièges face à un parti progressiste renforcé. Rien ne put ébranler Bismarck, qui continua à gouverner par ordonnances. Pour faire chanceler l'opposition, Bismarck entama même des pourparlers avec le socialiste Lassale en vue d'établir le suffrage universel, ce qui ne pouvait qu'inquiéter la bourgeoisie libérale[1].

La crise constitutionnelle en Prusse s'était produite au moment où, à la diète de Francfort, on discutait de divers projets de réforme de la Confédération. L'Autriche, soutenue par une majorité d'États, avait proposé en août 1863 la création d'un Directoire à six (dont l'Autriche et la Prusse) avec un Conseil fédéral de vingt et un membres et une Assemblée de trois cent deux délégués des diètes des États. Un contre-projet prussien envisageait que la direction de la Confédération soit confiée à la Prusse avec une Assemblée élue au suffrage universel, chaque État ayant un nombre de députés proportionnel à sa population — ce qui assurait la majorité à la Prusse. Le contre-projet prussien fut repoussé. En fait, Bismarck comptait sur la puissance militaire de

1. *Ibid.*, t. I, p. 593-594.

la Prusse pour imposer son point de vue. Déjà, en 1849, le futur Guillaume Ier avait déclaré : « Qui veut diriger l'Allemagne doit d'abord la conquérir[1]. » Bismarck pouvait ajouter quinze ans plus tard : « Ce n'est pas par des discours et par des votes à la majorité que les grandes questions du moment seront réglées — cela a été l'erreur de 1848-1849 — mais par le fer et par le sang[2]. »

### *L'affaire des Duchés et le conflit austro-prussien de 1866*

Pour Bismarck, le coup de force contre les parlementaires prussiens n'avait qu'un but : renforcer le potentiel militaire de la Prusse pour lui permettre de prendre la direction du monde allemand.

L'affaire dite « des Duchés » va donner à Bismarck l'occasion de réaliser une partie de ses objectifs. L'origine de cette affaire est liée au fait que le roi de Danemark possédait à titre personnel les trois duchés de Schleswig, de Holstein et de Lauenburg, ces deux derniers étant par ailleurs membres de la Confédération germanique. À l'exception du nord du Schleswig, la population de tous ces territoires était germanophone. Déjà, en 1848, les Allemands des Duchés avaient cherché à se séparer du Danemark et confier leur avenir à un prince allemand, Frédéric d'Augustenbourg. Le sort des Duchés avait été réglé en 1852 par le Protocole de Londres, négocié entre les Grandes Puissances sans que les populations n'aient été consultées. Les Duchés resteraient dans la monarchie danoise mais sans être intégrés au Danemark. À la mort du roi Frédéric VII, et en l'absence d'héritier direct, la couronne irait à son neveu Christian de Glücksbourg, apparenté au roi par les femmes, ce qui était contraire à la coutume des Duchés, car la couronne n'y était pas transmissible par les femmes. Quant à Frédéric d'Augustenbourg, il renonçait à tous ses droits. Le Protocole de Londres avait profondément déçu les Allemands des duchés. En 1863, le Parlement danois incorpora *de facto* les Duchés au Danemark en adoptant une Constitution valable pour tous les territoires relevant de la Couronne. Peu après, la mort de Frédéric VII et l'avènement de Christian de Glücksbourg sous le nom de Christian IX furent suivis d'un soulèvement populaire dans les Duchés en faveur du fils de Frédéric d'Augustenbourg qui, lui, n'avait pas renoncé à ses droits. Les

1. H. Diwald, *Geschichte der Deutschen*, Francfort-Berlin-Vienne, 1978, p. 340.
2. Cité par D. Raff, *Deutsche Geschichte*, *op. cit.*, p. 160.

Allemands des Duchés reçurent le soutien de la diète de Francfort qui n'avait jamais reconnu le Protocole de 1852. L'opinion réclama le retour des Duchés à l'Allemagne. Bismarck, qui n'avait aucune sympathie pour les Augustenbourg, souhaitait incorporer les Duchés à la Prusse. Dans l'immédiat, cependant, il se borna à signer avec l'Autriche un traité d'alliance en vue de faire respecter par le Danemark l'autonomie des Duchés. Puis, par ultimatum, l'Autriche et la Prusse exigèrent du Danemark qu'il renonce à annexer les Duchés ; le 17 janvier 1864, les armées austro-prussiennes pénétrèrent en territoire danois, occupèrent les Duchés ainsi que le Jutland. Finalement, en août 1864, le roi Christian IX renonça aux Duchés au profit de l'Autriche et de la Prusse. La diète de Francfort espérait que les Duchés seraient remis au duc d'Augustenbourg, mais celui-ci, pressé par Bismarck, renonça à ses droits. À la grande indignation de tous les libéraux, ce furent l'Autriche et la Prusse qui s'entendirent pour régler entre elles le sort des Duchés. Par la convention de Gafstein du 14 août 1865, l'Autriche annexa le Holstein tandis que la Prusse se réservait le Schleswig et le Lauenbourg. Bismarck avait habilement manœuvré : le Schleswig était proche de la Prusse tandis que le Holstein était très loin de l'Autriche. De plus, les troupes prussiennes étaient autorisées à traverser le Holstein pour se rendre au Schleswig, ce qui pouvait être la source d'incidents.

Bismarck, à ce moment, était bien décidé à s'attaquer à l'Autriche pour assurer la prépondérance de la Prusse en Allemagne. Pour que son objectif soit réalisé dans les meilleures conditions, Bismarck s'efforça de rechercher des appuis diplomatiques à l'extérieur. Il pouvait compter sur le soutien de la Russie, qu'il avait aidée en 1863 au moment de l'insurrection polonaise ; il savait aussi qu'en cas de conflit entre la Prusse et l'Autriche l'Angleterre n'interviendrait pas. Restait à convaincre Napoléon III, que Bismarck savait favorable aux mouvements unitaires. En octobre 1865, Bismarck rencontra l'empereur à Biarritz. Napoléon III lui conseilla de s'allier à l'Italie. Bismarck laissa entendre à son interlocuteur qu'au cas où la France resterait neutre dans un éventuel conflit austro-prussien elle pourrait obtenir des « compensations » à préciser ultérieurement. Ainsi rassuré sur l'attitude des puissances, Bismarck fit entériner son plan d'action militaire contre l'Autriche par le Conseil des ministres de février 1866, malgré l'opposition du prince héritier Frédéric.

Cherchant à provoquer l'Autriche, Bismarck proposa en avril l'élection d'une Assemblée nationale pour réformer la Confédération. L'Autriche, hostile à ce projet, mit son armée sur le pied de guerre. La plupart des États du Sud et la Saxe craignaient le renforcement de la puissance prussienne à travers cette Assemblée nationale. Les libéraux, déjà indignés par l'annexion des Duchés, redoutaient une guerre fratricide. La Prusse se trouvait ainsi isolée et ne pouvait compter que sur son armée. Guillaume Ier lui-même semblait réticent à la perspective d'une guerre contre l'Autriche. Bismarck fit mine de négocier et proposa à Vienne un partage de la Confédération, le Sud catholique pour l'Autriche, tandis que le Nord protestant reviendrait à la Prusse. Les négociations échouèrent. Le 1er juin 1866, l'Autriche fit savoir qu'elle dénonçait la Convention de Gafstein et confia le soin de régler le sort des Duchés à la diète de Francfort, qui avait toujours considéré cette Convention comme « une violation du droit ». Bismarck riposta le 7 juin en faisant entrer les troupes prussiennes en Holstein. Il prenait ainsi le risque de défier non seulement l'Autriche mais aussi la diète de Francfort. Le 14 juin, à la demande de l'Autriche, la diète décida une « exécution fédérale » contre la Prusse et chargea l'armée confédérale de l'appliquer. À l'exception des petits États du Nord et du grand-duché de Bade, tous les États se rangèrent aux côtés de l'Autriche. Le lendemain, Bismarck fit savoir qu'il considérait la Confédération comme dissoute. La rupture était consommée, et c'était maintenant aux armées de décider du sort de l'Allemagne.

La guerre austro-prussienne dura moins de deux mois. La machine de guerre préparée par von Roon fit preuve de toute son efficacité. Après avoir battu les armées de Hesse-Kassel, de Hanovre et de Saxe, puis repoussé vers l'est les Bavarois, les forces prussiennes se portèrent en Bohême où était concentré le gros de l'armée autrichienne. La bataille décisive eut lieu le 3 juillet à Königgrätz (Sadowa) et l'armée autrichienne battue se replia sur Vienne. La nouvelle de la victoire prussienne — inattendue pour beaucoup — inquiéta vivement Napoléon III qui, dès le 8 juillet, proposa sa médiation, aussitôt acceptée par Bismarck. Mais, avant même d'en discuter les modalités, Bismarck se hâta de conclure avec l'Autriche les préliminaires de Nikolsburg le 26 juillet, confirmés par la paix de Prague du 23 août. Guillaume Ier, qui au début était plutôt réticent à l'égard de cette guerre, aurait souhaité maintenant imposer à l'Autriche une paix sévère. Bismarck au contraire sut se montrer très modéré : « Nous devons éviter de blesser gravement l'Autriche... Il faut, au contraire, nous réserver la possibilité de renouer avec l'adversaire actuel... Si l'Autriche est gravement atteinte, elle

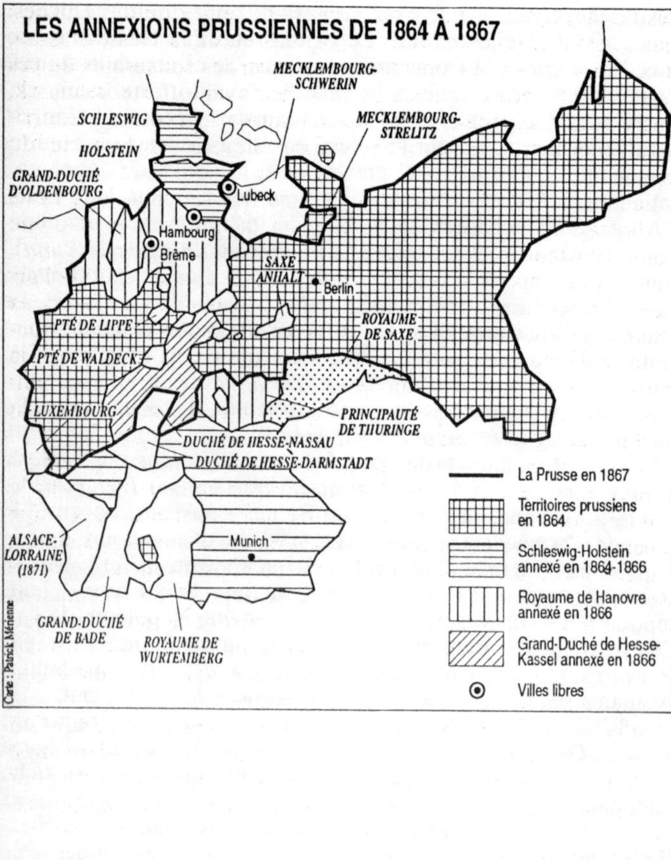
LES ANNEXIONS PRUSSIENNES DE 1864 À 1867
MECKLEMBOURG-SCHWERIN
SCHLESWIG
HOLSTEIN
MECKLEMBOURG-STRELITZ
GRAND-DUCHÉ D'OLDENBOURG
Lubeck
Hambourg
Brême
SAXE ANHALT
Berlin
PTÉ DE LIPPE
ROYAUME DE SAXE
PTÉ DE WALDECK
LUXEMBOURG
PRINCIPAUTÉ DE THURINGE
DUCHÉ DE HESSE-NASSAU
DUCHÉ DE HESSE-DARMSTADT
ALSACE-LORRAINE (1871)
Munich
GRAND-DUCHÉ DE BADE
ROYAUME DE WURTEMBERG
La Prusse en 1867
Territoires prussiens en 1864
Schleswig-Holstein annexé en 1864-1866
Royaume de Hanovre annexé en 1866
Grand-Duché de Hesse-Kassel annexé en 1866
Villes libres
Carte : Patrick Mérienne

deviendra l'alliée de la France et de tout autre adversaire ; elle sacrifiera même ses intérêts antirusses à la revanche contre la Prusse[1]. »

La paix de Prague ne touchait pas les intérêts directs de l'Autriche, qui se bornait à reconnaître « la dissolution de la Confédération » et à donner « son assentiment à une nouvelle organisation de l'Allemagne » en dehors d'elle. La Prusse limitait à la ligne du Main ses ambitions et se réservait le droit de procéder à des remaniement territoriaux au nord de cette ligne. Une fois la paix conclue, Bismarck procéda à l'annexion des Duchés, mais aussi du Hanovre, de la Hesse-Kassel, de la Hesse-Nassau, et ce au nom du « jugement de Dieu » car les souverains de ces États avaient refusé la neutralité que leur avait offerte Bismarck, ainsi que la ville libre de Francfort. Désormais, la continuité territoriale était réalisée entre la Prusse rhénane et le reste du royaume.

La Prusse put alors procéder, en accord avec vingt-deux États d'Allemagne du Nord dont la Saxe, à la mise sur pied d'une Confédération d'Allemagne du Nord (*Norddeutscher Bund*), dont la présidence était assurée par le roi de Prusse, chef de l'armée fédérale, assisté d'un chancelier — Bismarck — avec deux assemblées, un Conseil des États (*Bundesrat*) où siégeaient quarante-sept représentants des États — dont dix-sept pour la Prusse — et une diète d'Empire (*Reichstag*) élue au suffrage universel avec un député pour cent mille habitants, ce qui donnait ainsi la majorité aux élus de la Prusse.

Les succès de la politique de Bismarck amenèrent des changements politiques en Prusse. Aux élections de juillet 1866 pour le Landtag de Prusse, les conservateurs gagnèrent des sièges aux dépens des progressistes et des libéraux. Bismarck, soucieux d'apaisement, demanda aux députés d'approuver rétroactivement les dépenses engagées par l'État depuis 1863. D'anciens opposants se rallièrent à Bismarck et créèrent le parti national-libéral dirigé par le Hanovrien Rudolf Bennigsen, qui désormais soutint la politique extérieure du chancelier mais qui veilla à l'intérieur au strict respect de la Constitution[2].

La création de la Confédération d'Allemagne du Nord fut en général bien reçue, sauf dans la noblesse du Hanovre demeurée fidèle à la dynastie détrônée par Bismarck. Les élections pour un Reichstag constituant donnèrent la majorité aux nationaux-

1. Otto von Bismarck, *Pensées et souvenirs*, Paris, 1889, p. 52-55.
2. H. Pinnow, *Histoire d'Allemagne*, *op. cit.*, p. 400-401.

libéraux et aux conservateurs face à soixante-trois opposants, progressistes, catholiques, représentants des minorités danoise et polonaise, et un socialiste. Le projet de Constitution présenté par Bismarck fut adopté à une large majorité. Le 1er juillet 1867, la Confédération d'Allemagne du Nord naissait officiellement. Dès le 11 mars, Bismarck avait dit aux députés au cours du débat sur la Constitution : « Travaillez vite, messieurs, mettons pour ainsi dire l'Allemagne en selle. Elle chevauchera d'elle-même[1]. » Le temps était proche de la naissance d'un nouveau Reich allemand.

### *Le conflit franco-allemand et l'achèvement de l'unité allemande*

La victoire de Sadowa fit brutalement prendre conscience à Napoléon III que le rapport des forces avait changé en Europe centrale et que le principe des nationalités avait été détourné abusivement par Bismarck. Aussi l'empereur des Français chercha-t-il à rappeler au chancelier les promesses évasives que celui-ci avait faites à Biarritz.

Dès le 23 juillet 1866, la France fit demander par l'intermédiaire de son ambassadeur à Berlin, Benedetti, que soit rétablie la frontière de 1814, ce qui impliquait la cession à la France de territoires dépendant de la Prusse et du Palatinat bavarois. Bismarck transmit cette demande à la Bavière, ce qui incita celle-ci, imitée d'ailleurs par les autres États du Sud, à se placer sous la protection de la Prusse en concluant avec elle des traités d'alliance défensive et offensive. L'émotion provoquée en Allemagne par la demande française amena Napoléon III à la retirer dès le 12 août. Le 20 août, il réclama des compensations du côté de la Belgique et du Luxembourg. Bismarck fit savoir qu'il voulait que cette demande lui soit communiquée par écrit. Du côté de la Belgique, Bismarck ne pouvait rien faire, mais le cas du Luxembourg était différent. Le Luxembourg avait pour souverain le roi de Hollande ; il avait fait partie de la Confédération germanique et une garnison prussienne y était installée. Cependant Bismarck se déclara prêt à accepter la cession du Luxembourg à la France pourvu que le roi de Hollande l'acceptât et soit indemnisé financièrement. En mars 1867, le roi de Hollande donna son accord. Mais, au même moment, Bismarck rendit publics les accords militaires conclus avec les États du Sud de façon à montrer la puissance militaire de la Prusse. Les négociations avec la Hollande, en principe, étaient secrètes, mais le 1er avril le député libéral

1. D. Raff, *Deutsche Geschichte*, *op. cit.*, p. 170.

Bennigsen interpella Bismarck au Landtag de Prusse sur les rumeurs concernant la vente d'un territoire allemand à un État étranger. Aussitôt, devant l'émotion provoquée en Allemagne par la révélation de Bennigsen, le roi de Hollande renonça à vendre le Luxembourg à la France. Le sort du Luxembourg fut réglé par une conférence internationale qui fit de ce pays un État neutre : la garnison prussienne dut évacuer le pays mais le Luxembourg resta membre du Zollverein.

Les revendications de Napoléon III sur des territoires allemands avaient ranimé les sentiments antifrançais de l'opinion publique en Allemagne. Au début de 1869, la France s'intéressa de nouveau à la Belgique et chercha à y prendre le contrôle d'une partie des chemins de fer. Le projet échoua à la suite d'une intervention diplomatique de l'Angleterre avertie par Bismarck. Les rapports franco-prussiens s'en trouvèrent sensiblement dégradés, d'autant que Napoléon III, déçu, chercha à se rapprocher de l'Autriche et à conclure avec elle une alliance défensive[1].

C'est dans ce climat déjà tendu que se produisit l'affaire de la candidature Hohenzollern au trône d'Espagne. Après la révolution de 1868 qui avait chassé la reine Isabelle II, le gouvernement provisoire du général Prim, après plusieurs tentatives infructueuses dans d'autres directions, avait offert en février 1870 la couronne d'Espagne au prince Léopold de Hohenzollern-Sigmaringen, un parent lointain du roi de Prusse, mais un prince catholique apparenté aux Beauharnais et frère du roi Charles de Roumanie dont Napoléon III avait favorisé l'avènement en 1866. Bismarck sut exploiter habilement la violente réaction du ministre français des Affaires étrangères, le comte de Gramont, évoquant un nouvel encerclement de la France comme à l'époque de Charles Quint. Devant l'émotion suscitée en France, le prince Léopold, en accord avec Guillaume I^er^, retira sa candidature le 12 juillet[2]. L'affaire aurait pu en rester là mais les maladresses de la diplomatie française la transformèrent en une crise diplomatique aiguë. En effet, le gouvernement français chargea l'ambassadeur Benedetti de demander à Guillaume I^er^ des garanties pour l'avenir : le roi de Prusse devait s'engager à ne plus permettre au prince Léopold de présenter une nouvelle candidature. Le 13 juillet, Benedetti rencontra Guillaume I^er^, qui se trouvait alors à Ems, et lui communiqua la demande de garanties. Le roi

1. P. Rassow, *Histoire de l'Allemagne*, *op. cit.*, t. I, p. 648-649.
2. D. Raff, *Deutsche Geschichte*, *op. cit.*, p. 173-174.

lui répondit qu'il était satisfait du retrait de la candidature de son parent mais refusa de s'engager pour l'avenir. Devant l'insistance de Benedetti, Guillaume I^er^ lui déclara : « Il me semble, monsieur l'ambassadeur, que je me suis exprimé clairement et sans équivoque et que je n'ai plus rien à ajouter. » Un peu plus tard, Benedetti sollicita une nouvelle audience mais ne put rencontrer qu'un aide de camp. Entre-temps, l'ambassadeur de Prusse à Paris avait fait savoir à Guillaume I^er^ que Napoléon III attendait de lui une lettre écrite de sa main précisant que la Prusse n'avait pas voulu porter atteinte aux intérêts français. Bismarck, mis au courant par télégramme des événements de la journée, reçut carte blanche du roi pour mettre éventuellement la presse au courant. Bismarck se borna à résumer le contenu de la « dépêche d'Ems » et donna à la *Gazette d'Allemagne du Nord* le texte ainsi modifié, qui contenait cette phrase susceptible d'indigner l'opinion française : « Sa Majesté a alors refusé de recevoir à nouveau l'ambassadeur et lui a fait dire par l'aide de camp de service que Sa Majesté n'avait plus rien à communiquer à l'ambassadeur[1]. » Ce qu'attendait Bismarck de cette version abrégée de la dépêche d'Ems ne se fit pas attendre longtemps. L'opposition allemande fut choquée par l'insistance jugée impolie de l'ambassadeur français ; les Français furent indignés que le roi de Prusse ait éconduit leur ambassadeur. Loin de ramener l'incident à sa juste valeur, le ministre français des Affaires étrangères considéra que la France avait été humiliée et qu'elle devait laver son honneur.

Le 15 juillet, le gouvernement français demanda au corps législatif le vote de crédits militaires pour le rappel des réservistes. Guillaume I^er^ répondit par la mobilisation générale. Le 19 juillet, la France déclarait la guerre à la Prusse.

La guerre ne se limita pas à un conflit franco-prussien. La Confédération d'Allemagne du Nord et les États du Sud se rangèrent aux côtés de la Prusse. L'unité allemande allait maintenant se forger sur les champs de bataille. Les troupes allemandes, bien entraînées et disposant d'une excellente artillerie, vinrent à bout des armées de Napoléon III en moins de quatre semaines. L'Alsace fut rapidement occupée, à l'exception de Strasbourg qui résista jusqu'au 28 septembre, et de Belfort qui tint jusqu'à la fin de la guerre. Une partie des troupes françaises sous Bazaine se retrancha dans Metz tandis que ce qui restait de l'armée d'Alsace avec quelques renforts tentait d'aller débloquer Metz avec l'empereur et Mac-Mahon à leur tête. Le commandant en chef alle-

1. H. Pinnow, *Histoire d'Allemagne*, *op. cit.*, p. 403-405.

mand von Moltke manœuvra de façon à diriger l'armée de Mac-Mahon sur Sedan, où elle se trouva bientôt encerclée. Le 2 septembre, Napoléon III capitulait avec ses quatre-vingt-dix mille hommes[1].

Le régime républicain, qui prit le pouvoir à Paris le 4 septembre, décida de poursuivre la guerre. Toutefois, Thiers, qui en juillet s'était opposé à la guerre, fut chargé d'une mission diplomatique : le 19 septembre, à Ferrières, il rencontra Bismarck qui exigea la cession de l'Alsace. Les entretiens se soldèrent par un échec, car, selon le mot de Jules Favre, le nouveau ministre français des Affaires étrangères, « pas un pouce de notre territoire, pas une pierre de nos forteresses » ne devait être abandonné. La guerre continua donc. À ce moment-là, les troupes de von Moltke avaient déjà commencé le siège de Paris.

Depuis Tours où il s'était installé, Gambetta levait en province de nouvelles armées qui, malgré des succès ponctuels, ne purent rien changer à la situation. Après la capitulation de Bazaine, le 28 octobre, le gouvernement français chargea une nouvelle fois Thiers de négocier avec Bismarck. Lors de la rencontre du 31 octobre, les exigences allemandes furent plus grandes : l'Alsace et une indemnité de guerre de trois milliards. Le gouvernement français refusa de céder. Mais la situation dramatique de Paris assiégée et privée de vivres, les échecs militaires répétés décidèrent le gouvernement français à solliciter l'armistice. Celui-ci fut conclu le 28 janvier 1871 pour un mois, le temps de procéder à l'élection d'une Assemblée d'où sortirait un gouvernement légitime.

Le 26 février 1871, les conditions de paix furent présentées à Thiers. Bismarck exigeait l'Alsace avec Belfort, le nord de la Lorraine avec Metz et une indemnité de six milliards. Thiers obtint quelques concessions ; l'indemnité fut ramenée à cinq milliards et la France put conserver Belfort, mais l'armée allemande pourrait occuper Paris jusqu'à la ratification des préliminaires. Thiers signa le soir même et l'Assemblée ratifia l'accord le 1er mars, ce qui réduisit au minimum la durée de l'occupation de Paris. Les préliminaires furent repris dans le traité définitif de Francfort, signé le 10 mai, qui confirmait les clauses territoriales des préliminaires, avec la possibilité pour les Alsaciens-Lorrains d'opter pour la France à condition de quitter leur province. Les modalités de paiement des indemnités furent précisées ; le nord et le nord-est de la France resteraient occupés jusqu'au paiement complet

1. D. Raff, *Deutsche Geschichte*, *op. cit.*, p. 175.

des indemnités de guerre. Plus que Bismarck, c'étaient les militaires qui avaient imposé leurs vues pour les conditions de paix, et Bismarck lui-même en mesurait les conséquences pour l'avenir[1].

La guerre de 1870-1871 permit l'achèvement de l'unité allemande. L'opinion publique en Allemagne s'était enthousiasmée pour les succès de ses armées. Dans les États du Sud, on pressait les souverains de participer au mouvement unitaire, et ce fut le roi Louis II de Bavière qui, malgré ses réticences, proposa à Guillaume I^er^ la couronne impériale. Les États du Sud adhérèrent par traité au *Bund*. Le 10 décembre 1870, avant même la fin de la guerre, le Reichstag décida que le *Bund* s'appellerait Empire (*Reich*) et que son président porterait le titre d'empereur (*Kaiser*). Le 18 janvier 1871, les princes allemands, réunis dans la Galerie des Glaces du château de Versailles en présence de Bismarck et des chefs de l'armée, proclamèrent la naissance de l'Empire allemand en criant à la suite du grand-duc Frédéric de Bade : « Vive l'empereur Guillaume ! »

Le II^e^ Reich était né.

1. L. Gall, *Bismarck*, Paris, 1994, p. 478 et suiv.

14

# L'Allemagne impériale (1871-1918)

En 1871 s'achevait le long cheminement qui avait conduit à la naissance d'une nouvelle Allemagne, le *Deutsche Reich*, à l'issue d'une guerre victorieuse contre la France, et c'était en France, à Versailles, que les princes allemands avaient proclamé l'un d'entre eux, le roi de Prusse, « empereur allemand ».

Le Saint Empire avait duré près de dix siècles. Il fallut soixante-cinq ans pour reconstruire un nouvel Empire sur de nouvelles bases territoriales. Il n'en faudra que quarante-sept pour que ce nouveau Reich s'écroule à son tour sous les coups conjugués d'une défaite militaire et d'une révolution.

## I — Les problèmes intérieurs du Reich de 1871 à 1914

Un empereur, Guillaume Ier, et son chancelier, Bismarck, puis, après le court règne de quatre-vingt-dix-neuf jours de Frédéric III, un empereur, Guillaume II, et ses chanceliers successifs, Bismarck encore jusqu'en 1890, puis Caprivi (1890-1894), Hohenlohe (1894-1900), Bülow (1900-1909) et Bethmann-Hollweg (1909-1917), tels furent les hommes sur lesquels reposa le destin du Reich jusqu'à la Première Guerre mondiale, un Reich dans lequel le pouvoir exécutif occupait une place essentielle au sein des institutions.

### *Le cadre institutionnel*

La Constitution du Reich fut officiellement proclamée le 16 avril 1871, après que les États du Sud eurent ratifié les traités d'intégration à la Confédération d'Allemagne du Nord. Cette Confédération ainsi élargie devenait le Reich allemand. L'Empire reposait sur la volonté manifestée par les princes de s'unir en une « Confédération perpétuelle pour la protection du territoire fédéral et du droit qui y est en vigueur comme aussi pour assurer la prospérité du peuple allemand ». Il était composé de vingt-deux États princiers et des trois villes hanséatiques de Brême, Hambourg et Lübeck. L'Alsace-Lorraine, annexée en 1871, formait un *Reichsland*, propriété commune de l'ensemble des États. Le président de la Confédération était « le roi de Prusse, qui porte le titre d'empereur allemand[1] ». Chacun des États membres disposait de ses propres institutions — dont une assemblée élue, le *Landtag* — et gérait toutes les affaires qui ne relevaient pas des compétences fédérales. C'est ainsi que les Affaires étrangères, l'armée et la marine, la monnaie et les douanes, les postes et télégraphes, les chemins de fer et les voies fluviales étaient du ressort du pouvoir fédéral, qui disposait pour en assurer le fonctionnement des ressources tirées des impôts indirects, des postes, des douanes et des « contributions matriculaires » accordées par les États. Au niveau fédéral, le pouvoir exécutif était exercé par l'empereur, chef des armées et commandant suprême de la marine. C'était l'empereur qui signait les traités, désignait les fonctionnaires fédéraux ; c'était lui aussi qui nommait et révoquait le chancelier et les secrétaires d'État chargés des offices fédéraux, lui encore qui promulguait les lois votées par le Parlement. Le chancelier, qui était de droit Premier ministre en Prusse, était aussi le chef du gouvernement fédéral. Ce fut effectivement le cas sous Bismarck, mais ses successeurs furent plutôt les exécutants dociles des volontés de Guillaume II et se retirèrent dès qu'ils tentèrent en vain de faire prévaloir leur point de vue.

Le pouvoir législatif était partagé entre deux assemblées, une Chambre haute, le Conseil fédéral (*Bundesrat*), où siégeaient cinquante-huit représentants désignés par les États — dont dix-sept pour la Prusse —, et une Chambre basse, la diète d'Empire (*Reichstag*), élue « au suffrage universel et direct, avec scrutin secret ». Les lois devaient être votées par « une majorité concordante dans l'une et l'autre assemblée » (art. 5). Malgré l'existence d'une assemblée élue, il n'y avait pas de véritable régime parlementaire. Le chancelier n'existait que par la confiance que lui accordait l'empereur. Le rôle des députés était seulement de voter — ou de rejeter — le budget et les projets de loi du gouvernement, et ceux présentés par les députés devaient émaner d'au moins quinze d'entre eux pour pouvoir faire l'objet d'une discus-

1. *Documents d'histoire 1851-1971*, Paris, 1971, p. 81 et suiv.

sion. Face au Reichstag, l'empereur disposait de pouvoirs considérables ; il pouvait le dissoudre et gouverner par ordonnances en dehors des sessions parlementaires ou en cas de crise grave. L'attitude des ministres, souvent issus de la caste militaire, est révélatrice de l'importance de l'exécutif face aux représentants élus de la nation. C'est ce que soulignait, non sans quelque exagération sans doute, le député libéral Ludwig Bamberger vers 1890 : « Le Parlement allemand est le seul au monde où les ministres et leurs représentants apparaissent le sabre au côté et tiennent leurs discours la main posée sur le pommeau. Il arrive parfois, lorsque les débats s'animent, que cette main esquisse le geste de tirer l'arme de son fourreau. Cette particularité de notre organe législatif n'est pas dépourvue de sens profond[1]. » Il faut souligner enfin que la Prusse occupait une position quelque peu dominatrice au sein du Reich. C'était d'abord l'État le plus étendu — 347 000 km² sur un total de 541 000 km² —, le plus peuplé également — vingt-quatre millions d'habitants sur quarante et un millions en 1871 —, ce qui lui permettait d'envoyer au Reichstag 256 députés sur les 382 qu'il comptait en 1871. En outre, par la puissance de son industrie, la Prusse dominait largement l'économie allemande. Guillaume Ier d'ailleurs attachait beaucoup plus d'importance à son titre de roi de Prusse qu'à celui d'« empereur allemand ». Avec Guillaume II, en revanche, la fonction impériale l'emportera nettement sur la royauté en Prusse.

*Les partis politiques*

Malgré le découpage des circonscriptions, qui avantageait les régions rurales conservatrices, les principaux courants politiques du pays étaient représentés au Reichstag, si bien que celui-ci reflétait assez bien l'évolution de l'opinion publique.

Il faut mettre à part les partis des minorités nationales. En effet, à l'intérieur du Reich vivaient des populations non allemandes. Il s'agissait d'abord des cent cinquante mille Danois du Schleswig, représentés par un député ; ensuite les Polonais de l'Ermland, de Posnanie et de Haute-Silésie — près de quatre millions en 1911 —, dont les intérêts étaient défendus par un parti polonais dont les effectifs étaient passés de treize députés en 1871 à dix-huit en 1912. Sous Bismarck, face à une population polo-

1. L. Bamberger, *Gesammelte Schriften V*, Berlin 1899, p. 353 cité par Ch. von Krockow, *Les Allemands du XXe siècle (1890-1990) : Histoire d'une identité*, Paris, 1990, p. 25.

naise en rapide augmentation en raison de son taux de fécondité élevé, les autorités pratiquèrent une politique de germanisation qui, après une pause, reprit à partir de 1900. Les mesures visant à restreindre l'usage de la langue polonaise et à installer des colons par expropriation des grands propriétaires polonais échouèrent devant la résistance de toute la population encadrée par le clergé catholique et l'aristocratie. Les Alsaciens-Lorrains, au nombre d'un million cinq cent mille, constituaient un cas à part, puisque ce n'est qu'en 1871 qu'ils ont été incorporés de force au Reich. Leur territoire formait un Reichsland, où l'empereur était représenté par un gouverneur (*Statthalter*), assisté d'une délégation (*Landesauschuss*) de cinquante-huit membres élus mais dont le rôle était purement consultatif. Jusqu'en 1887, tous les élus d'Alsace-Lorraine au Reichstag étaient des « protestataires », mais à partir de cette date, avec l'apparition de nouvelles générations, leur nombre diminua : ils n'étaient plus que sept en 1907, pour remonter à neuf en 1912. Peu à peu, les électeurs du Reichsland prirent l'habitude de voter pour les grands partis allemands, le Zentrum ou le SPD, tandis qu'apparaissait un courant autonomiste réclamant pour l'Alsace-Lorraine un statut identique à celui des autres États. En 1911, l'Alsace-Lorraine reçut une Constitution avec un Landtag, dont la chambre basse était élue au suffrage universel, mais sans pour autant devenir le vingt-sixième État de la Confédération[1].

À ces partis « protestataires » des minorités nationales, on peut rattacher le parti socialiste qui fut comme eux un parti d'opposition systématique. Victime de la réaction absolutiste après l'échec des révolutions de 1848-1849, le mouvement socialiste se reconstitua à partir des syndicats ouvriers, autorisés en Saxe dès 1861 et dans la Confédération d'Allemagne du Nord en 1867. En 1863, un fils de commerçant de Breslau, Ferdinand Lassalle, rallié aux idées de Marx, avait fondé l'Association générale des travailleurs allemands, mais, plus pragmatique que Marx, il estimait que c'était par le suffrage universel que la classe ouvrière accéderait au pouvoir. Un peu plus tard, deux militants ouvriers, August Bebel et Karl Liebknecht, avaient fondé le Parti ouvrier social-démocrate d'Allemagne qui, au congrès d'Eisenach, en août 1869, adopta un programme fondé sur les principes de la Ire Internationale, c'est-à-dire la prise du pouvoir par la force[2]. À la suite

1. R. Poidevin, *L'Allemagne de Guillaume II à Hindenburg (1900-1933)*, Paris, 1972, p. 119 et suiv.

2. D. Raff, *Deutsche Geschichte*, *op. cit.*, p. 192-193.

de l'échec des candidats ouvriers aux élections de 1871 — deux élus seulement —, les deux courants socialistes fusionnèrent au congrès de Gotha, en mai 1875, pour former le Parti social-démocrate d'Allemagne (*SPD*), où la majorité lassallienne imposa sa ligne réformiste. Malgré les lois d'exception que Bismarck fit voter en 1878, on assista à une progression rapide des voix socialistes lors des élections, d'autant plus que l'abandon des références à Marx sous l'influence d'Edouard Bernstein permit le ralliement au SPD d'électeurs étrangers au monde ouvrier. Bien que parti d'opposition jusqu'en 1914, le SPD se préparait peu à peu à devenir un parti de gouvernement. Alors qu'il avait obtenu en 1890 1 427 000 voix et 35 sièges, il en recueillait 3 millions en 1903 avec 81 sièges, pour devenir en 1912 le premier parti du Reichstag avec 110 députés sur un total de 397, et 4 250 000 voix sur 12 207 000 suffrages exprimés[1].

Les partis gouvernementaux du Reichstag représentaient trois courants : le courant conservateur, le *Zentrum* et le courant libéral. Les conservateurs furent toujours divisés en deux groupes rivaux, les conservateurs allemands (*Deutschconservativ*), davantage prussiens qu'allemands, élus des régions agricoles de l'Est, représentant les Junkers et leurs paysans, et les conservateurs du *Reichpartei*, favorables à l'État unitaire et parti des grands propriétaires terriens et des paysans de Silésie, des grands industriels et des fonctionnaires. Les deux courants conservateurs réunis obtenaient en général autour de 1 500 000 voix et furent, jusqu'en 1893, représentés par une centaine de députés. Après cette date, leur influence diminua. Aux élections de 1912, les conservateurs obtinrent au total 57 sièges dont 43 pour les *Deutschconservativen*. À la gauche des conservateurs, on trouvait le parti du Zentrum, fondé en 1871 par le Hanovrien Windthorst pour défendre les intérêts catholiques au sein d'un Empire majoritairement protestant. Les électeurs du Zentrum venaient de tous les milieux sociaux des régions catholiques. Dès 1890, le Zentrum était devenu le premier parti du Reichstag avec 106 députés, avant d'être dépassé, en 1912, par le SPD. Les forces libérales étaient constituées d'un ensemble de trois partis dont le plus important était le Parti national-libéral, parti de la bourgeoisie commerçante et industrielle, libre-échangiste et laïque, voire anticléricale, dont l'électorat provenait principalement des régions situées à l'ouest de l'Elbe. Jusqu'en 1878, les nationaux-

1. G. Badia, *Histoire de l'Allemagne contemporaine*, t. I, 1917-1933, Paris, 1971, p. 33 et suiv.

libéraux furent le premier parti du Reichstag, puis leur influence diminua. En 1912, 45 nationaux-libéraux seulement furent élus, contre 155 à leur apogée en 1874. Les libéraux du parti progressiste ne se différenciaient des nationaux-libéraux que par leur hostilité à l'armée et à la bureaucratie et représentaient un électorat venu de la bourgeoisie et de l'intelligentsia anticléricales. Entre 1881 et 1890, les progressistes rejoignirent les nationaux-libéraux avant de reprendre leur autonomie pour les élections de 1893. Quant aux populistes du *Volkspartei*, héritiers de la tradition radicale de 1848, ils représentaient un courant très minoritaire et n'avaient au Reichstag qu'une dizaine d'élus. À côté de ces trois grandes familles politiques ayant vocation à gouverner, on trouvait au Reichstag des petites formations aux effectifs modestes, parti hanovrien, parti des paysans bavarois, ligue agrarienne, etc., qui constituaient, en général, des forces d'appoint pour le gouvernement.

Tous ces partis avaient en commun de représenter des intérêts de classe, à l'exception du Zentrum. Leur grand nombre, les rivalités qui les opposaient souvent, faisaient le jeu des chanceliers qui, forts de l'appui de l'empereur, représentaient un élément de stabilité.

### *L'évolution intérieure de l'Allemagne de 1871 à 1914*

De 1871 à 1890, la personnalité du chancelier Bismarck domina la vie politique allemande. Fort de la confiance de Guillaume Ier, Bismarck chercha avant tout à consolider et à renforcer l'unité de l'Empire. Soucieux d'assurer la sécurité de l'édifice qu'il avait construit, il fit voter dès 1871 une loi militaire fixant les effectifs de l'armée en temps de paix à quatre cent mille hommes, avec un service militaire obligatoire de trois ans. La Bavière, la Saxe et le Würtemberg conservaient leurs armées autonomes qui, en temps de guerre, étaient placées sous le commandement de l'empereur. En 1874, Bismarck obtint du Reichstag que les crédits militaires soient désormais votés pour sept ans. L'unification économique et monétaire fut réalisée avec la création, en 1872, d'une monnaie unique, le Reichmark-or, équivalent à 1,25 franc-or et à 3 thalers prussiens, dont l'émission fut confiée à la *Reichsbank*. Une partie de l'encaisse métallique de cette banque d'Empire fut constituée par des sommes prélevées sur l'indemnité de guerre versée par la France. L'unification judiciaire se heurta au *Bundesrat* à l'opposition des États. Après de longues négociations, on parvint à adopter un code commun de procédure civile et criminelle, et un code de droit commercial ; pour le reste, on se borna à fixer des principes communs en matière de droit civil et pour l'organisation des tribunaux.

Toutes ces mesures furent adoptées par une majorité formée des nationaux-libéraux et de la plupart des conservateurs. C'est sur cette même majorité que s'appuya Bismarck dans le conflit qui l'opposa à l'Église catholique, un conflit qui eut pour cadre essentiel la Prusse, où l'Église catholique comme les Églises protestantes disposaient, depuis la Constitution de 1850, d'une indépendance presque totale par rapport à l'État. Bismarck souhaitait renforcer le contrôle de l'État sur l'Église catholique, une Église qui était celle des Alsaciens-Lorrains et des Polonais, celle aussi de nombre d'Allemands des États du Sud qui, comme la Bavière, se méfiaient de la Prusse, et dont les fidèles votaient pour le Zentrum, parti qui s'était souvent opposé à sa politique à l'époque de la Confédération d'Allemagne du Nord.

L'origine directe de ce conflit est liée à la proclamation en 1870 du dogme de l'infaillibilité pontificale. En Allemagne, un certain nombre de prêtres, de théologiens et de simples fidèles s'étaient alors séparés de l'Église romaine pour constituer l'Église schismatique des Vieux-Catholiques. Lorsque des professeurs de théologie et de religion Vieux-Catholiques furent révoqués et excommuniés par leurs évêques, Bismarck leur donna son soutien malgré les protestations de l'épiscopat. Le combat entre le pouvoir spirituel et le pouvoir temporel reprenait, un combat que l'un des chefs des nationaux-libéraux, Rudolf Virchow, qualifia de « combat pour la civilisation », un *Kulturkampf*[1]. Dès décembre 1871, le Reichstag vota le « paragraphe de la chaire » qui interdisait aux prêtres de parler de politique dans leurs sermons. Puis, en février 1872, le Landtag de Prusse confia l'inspection des écoles primaires, qui relevait jusque-là des Églises, à des inspecteurs laïques. Les évêques protestèrent mais le nouveau ministre des Cultes, Falk, était bien décidé à faire appliquer la loi. Là-dessus se greffa un conflit entre Bismarck et le pape Pie IX, à propos de la nomination comme ambassadeur auprès du Saint-Siège d'un prélat favorable aux Vieux-Catholiques. Au Reichstag, Bismarck déclara qu'il ne se plierait pas aux exigences de Rome : « Nous n'irons pas à Canossa », allusion à l'ancienne querelle du sacerdoce et de l'Empire au XIe siècle. Les relations diplomatiques avec le Saint-Siège furent rompues. En accord avec Bismarck, Falk fit alors voter les « lois de mai » qui, de 1872 à

1. D. Raff, *Deutsche Geschichte*, *op. cit.*, p. 188.

1875, renforcèrent l'emprise de l'État sur l'Église. Ce fut d'abord l'expulsion des Jésuites, en 1872, et le contrôle de l'État sur la formation des futurs prêtres et sur les nominations d'ecclésiastiques, en 1873, puis l'obligation du mariage civil et la laïcisation de l'état civil, en Prusse en 1874, et dans tout l'Empire en 1875, et, enfin, la dissolution de tous les ordres religieux masculins en Prusse. Les catholiques allemands firent bloc autour des évêques et du parti du Zentrum, dont le leader, Windthorst, était l'ardent défenseur au Reichstag. La vie de l'Église se trouva paralysée ; des évêques furent emprisonnés ; d'autres, décédés, ne pouvaient pas être remplacés, si bien que, en 1875, huit des douze évêchés de Prusse étaient vacants et le quart des paroisses n'avait plus de prêtre. Les milieux conservateurs, les protestants, l'empereur lui-même manifestèrent leur inquiétude. La mort de Pie IX et l'avènement en 1878 de Léon XIII, plus souple, permirent de sortir de l'impasse. Bismarck négocia avec Rome ; l'application des lois de mai fut suspendue. Seuls furent maintenus le mariage civil obligatoire et la laïcisation de l'état civil. Il est vrai qu'à ce moment-là Bismarck avait besoin du soutien parlementaire du Zentrum, car les nationaux-libéraux s'opposaient à sa politique économique.

Profitant de l'émotion provoquée par les attentats de mai et de juin 1878 contre Guillaume I^er^, Bismarck fit dissoudre le Reichstag. Les nationaux-libéraux perdirent trente-deux sièges, l'ensemble des partis conservateurs en gagna trente-huit. Avec une nouvelle majorité rassemblant les conservateurs et le *Zentrum*, Bismarck put ainsi faire voter l'augmentation des impôts indirects et des droits de douane.

Après l'échec du *Kulturkampf* et à partir de 1878, Bismarck chercha à enrayer la progression des sociaux-démocrates. Déjà, en 1874 et en 1876, il avait tenté en vain de restreindre la liberté de la presse. Les attentats de 1878, actes isolés de socialistes aussitôt désavoués par le SPD, servirent de prétexte à Bismarck pour faire voter la loi du 28 octobre 1878 « contre les entreprises subversives de la social-démocratie », interdisant les associations, les publications et les réunions dont l'objectif était la subversion de l'ordre social et où l'on défendait des idées « socialistes » susceptibles de troubler la paix publique. Désormais, la police pouvait saisir les écrits subversifs, interdire les réunions socialistes et proclamer localement un « petit état de siège ». La loi votée pour trois ans fut renouvelée régulièrement jusqu'en 1890. Malgré ce régime d'exception, l'électorat socialiste resta fidèle au SPD. Les mesures sociales, décidées par Bismarck en vue d'améliorer la condition ouvrière, n'eurent pas l'effet électoral escompté. Le Reichstag, pourtant, avait voté en 1883 une loi sur l'assurance-maladie des ouvriers de l'industrie, puis, en 1884, une autre sur les accidents du travail et, enfin, une sur l'assurance-vieillesse et invalidité en 1889, ce qui faisait de l'Allemagne impériale le pays le plus avancé du monde de cette époque en matière de protection sociale[1].

Après la mort de Guillaume Ier et le court règne de son fils Frédéric III (9 mars-15 juin 1888), ce fut un jeune homme de vingt-neuf ans, Guillaume II, qui monta sur le trône. Bismarck fut maintenu dans ses fonctions ; il aurait voulu obtenir l'accord du souverain pour renforcer la législation antisocialiste, mais Guillaume II, à la différence de son grand-père, entendait diriger lui-même la politique du pays et il était hostile à la politique de répression entamée en 1878. Le 25 janvier 1890, le Reichstag refusa donc de renouveler les lois d'exception. Guillaume II prononça sa dissolution ; aux élections de février, Bismarck perdit la majorité tandis que le SPD continuait à progresser avec trente-cinq élus et 1 427 000 voix. Les conceptions opposées sur l'attitude à prendre face aux socialistes, ainsi que de profondes divergences en politique étrangère, sans parler du conflit de génération et de l'attitude protectrice et parfois méprisante du vieux chancelier à l'égard du jeune empereur, aboutirent en mars 1890 à la démission de Bismarck[2].

Avec Guillaume II, les questions liées au renforcement de l'État fédéral étaient déjà du domaine du passé. L'unité allemande était désormais acceptée par tous. La vie politique demeurait terne. Les chanceliers qui se succédaient manquaient d'envergure et se bornaient à appliquer les instructions de l'empereur. Les combinaisons politiques reposaient sur des coalitions d'intérêts entre les conservateurs, défenseurs de l'agriculture et de la propriété foncière, les nationaux-libéraux, soucieux des intérêts de la grande industrie, et le Zentrum qui, progressivement, devenait le parti des paysans et des classes moyennes dans les régions catholiques. En face d'eux, le SPD étendait son influence vers le monde des artisans, des employés et des petits fonctionnaires. Le système politique mis en place en 1871 n'évoluait guère ; la seule réforme importante fut, en 1906, l'institution de l'indemnité parlementaire, amorce d'une timide démocratisation de l'Empire.

1. H. Burgelin, *La Société allemande 1871-1968*, Paris, 1969, p. 92-93.
2. M. Blancpain, *Guillaume II*, Paris, 1998, p. 32 et suiv.

La politique sociale, inaugurée dans les années 1880 par Bismarck, fut poursuivie. Entre 1890 et 1892, le Reichstag vota successivement la création de tribunaux d'arbitrage pour les conflits du travail, le repos hebdomadaire obligatoire et une loi améliorant les conditions de travail dans les mines. Plus tard, en 1908, le travail de nuit des femmes et des enfants fut interdit ; puis, en 1911, les trois millions d'ouvriers agricoles bénéficièrent à leur tour des lois d'assurance-maladie et d'assurance-vieillesse [1]. Les sommes importantes provenant des cotisations patronales et salariales permirent la construction de nombreux hôpitaux et maisons de repos [2].

Toutes ces mesures prises en faveur du monde du travail expliquent largement que le SPD ait rapidement perdu son image de parti révolutionnaire, malgré l'existence en son sein d'une minorité d'extrême gauche menée par Karl Liebknecht et Rosa Luxemburg. Les tendances réformistes triomphèrent définitivement au congrès de Dresde, en 1893, à propos duquel Charles Péguy écrivait : « Tout le monde sait qu'il n'y a pas plus d'esprit révolutionnaire dans la social-démocratie que dans un régiment de cent gardes. » Peu après, Karl Legien, le secrétaire général de l'ADGB [3] affirmait que les syndicats ne devaient pas se fixer d'objectifs politiques et qu'il ne fallait pas détruire le régime capitaliste mais l'amender pour améliorer la condition ouvrière [4]. Il défendait ici des positions très proches de celles du catholicisme social de Ketteler et des syndicats chrétiens.

L'esprit révolutionnaire de 1848-1849 semblait bien mort. Comme le remarquait Jaurès : « Les députés ouvriers [allemands] s'embourgeoisent vite au mauvais sens du mot. » En 1914, à l'exception des minorités nationales et des Alsaciens-Lorrains, l'ensemble de la population allemande semblait accepter le cadre politique qu'on lui avait imposé en 1871.

---

1. H. Burgelin, *La Société allemande*, *op. cit.*, p. 94.
2. R. Poidevin, *L'Allemagne de Guillaume II à Hindenburg*, *op. cit.*, p. 93-94.
3. Confédération générale des syndicats allemands.
4. Cité par G. Badia, *Histoire de l'Allemagne contemporaine*, *op cit.*, t. I, p. 34-35.

## II – Les transformations économiques et sociales de 1871 à 1914

Au moment où se constituait le IIe Reich, l'Allemagne venait à peine d'achever son décollage économique. À la veille de la Première Guerre mondiale, elle était devenue la deuxième puissance économique du monde derrière les États-Unis, et la première d'Europe devant le Royaume-Uni.

### *Les bases de la puissance économique allemande*

L'un des principaux atouts de l'Allemagne à cette époque fut son dynamisme démographique avec une population qui était passée de quarante et un millions d'habitants, en 1871, à soixante-huit millions, en 1914, soit une augmentation de plus de 55 %. Cet accroissement aurait été plus fort encore sans l'émigration. Les départs furent particulièrement nombreux entre 1880 et 1895, période pendant laquelle un million et demi d'Allemands quittèrent leur pays. Par la suite, l'émigration fut moins importante, avec seulement quatre cent mille départs entre 1895 et 1911. Au total, à partir de 1820, plus de 6 millions d'Allemands émigrèrent, surtout aux États-Unis, mais également, dans une moindre mesure, en Argentine et au Brésil. En revanche, dès 1895, on assista à un mouvement inverse. L'Allemagne reçut des immigrés venus de Pologne et du monde balte, si bien qu'à partir de 1895-1900 le solde migratoire devint positif. À la veille de la guerre, près d'un million d'étrangers s'étaient fixés en Allemagne.

L'augmentation de la population bénéficia surtout aux villes, dont la population augmenta sensiblement avec l'exode rural et l'industrialisation. Entre 1871 et 1911, la population urbaine passa de 36 % à 61 % de la population totale, et le nombre des villes de plus de cent mille habitants augmenta de 8 à 45. Les principaux bénéficiaires de cette croissance furent d'abord les capitales des États, villes de service et d'administration mais également touchées par l'industrialisation. Entre 1871 et 1914, Berlin passa de cinq cent mille à près de quatre millions d'habitants avec ses faubourgs, Munich de deux cent mille à six cent dix mille, Leipzig de cent mille à cinq cent soixante et onze mille habitants. Les villes industrielles connurent une croissance encore plus spectaculaire. Le cas d'Essen, associé au nom de la firme Krupp, est l'exemple type de la croissance des cités industrielles de la Ruhr.

La population d'Essen, qui atteignait à peine dix mille habitants en 1850, s'élevait déjà à soixante-quinze mille habitants en 1880 pour atteindre trois cent mille habitants en 1911. La croissance urbaine fut particulièrement forte entre 1880 et 1911. Nuremberg passa alors de cent mille à trois cent mille habitants, Francfort de deux cent trente mille à quatre cent onze mille habitants, Magdebourg de cent sept mille à deux cent quatorze mille habitants, Stuttgart de cent vingt mille à deux cent cinquante mille habitants, Hanovre de cent quarante mille à quatre cent mille habitants et Cologne de deux cent mille à cinq cent dix-sept mille habitants.

Les migrations intérieures liées à l'exode rural modifièrent légèrement la répartition spatiale de la population. Les campagnes des provinces orientales furent un réservoir de main-d'œuvre pour les régions industrielles ; leur population demeura stable, voire diminua, tandis que les régions industrielles de Rhénanie, de la Ruhr, de Silésie, de Saxe voyaient leur population s'accroître. C'est une nouvelle Allemagne, celle des industries et des « pays noirs », qui s'affirmait à côté de l'Allemagne rurale aux petites villes endormies.

Si le dynamisme de la population fournissait à la fois un nombre croissant de consommateurs et une abondante main-d'œuvre, l'Allemagne disposait d'un deuxième élément vital pour son développement économique. Le sous-sol allemand était particulièrement riche en charbon et en métaux divers. La production de houille, qui était déjà en 1870 de 26,4 millions de tonnes, s'élevait en 1913 à 190 millions de tonnes auxquels s'ajoutaient 87 millions de tonnes de lignite ; celle du minerai de fer passa au cours de la même période de 1,8 million de tonnes à près de 15 millions de tonnes de fer contenu, grâce au minerai lorrain désormais utilisable par le procédé Thomas. L'Allemagne disposait également de minerais non ferreux, en particulier du zinc et du plomb. Elle était également le premier producteur mondial de potasse grâce aux gisements de Stassfurt et de Haute-Alsace.

La mise en valeur de toutes ses ressources naturelles et leur transformation fut possible grâce à la puissance du système bancaire allemand. Après des débuts modestes, où les banques étaient familiales par leurs capitaux et régionales par leur rayonnement limité, apparurent, dès les années 1850, des grandes banques organisées en sociétés par actions et qui participèrent au financement des sociétés industrielles. L'injection des cinq milliards de francs-or versés par la France de 1871 à 1873 donna un sérieux coup de fouet aux activités bancaires. Cinq banques occupaient une position dominante, d'abord les quatre D, la *Darmstädterbank* (1853), la *Diskonto Gesellschaft* (1856), la *Deutsche Bank* (1870) et la *Dresdner Bank* (1872), ainsi que la *Berliner Handelsgesellschaft*. À elles seules, les quatre D contrôlaient 65 % du capital de l'ensemble des banques de crédit en 1913, alors qu'il y avait à cette époque près de cent quatre-vingts sociétés bancaires. Toutes ces banques se livraient aux activités bancaires traditionnelles mais aussi à l'émission d'actions et d'obligations, ainsi qu'à la création de sociétés industrielles auxquelles elles étaient souvent associées. Toutefois, le manque de capitaux sur le marché allemand maintint les taux d'intérêt à un niveau élevé — le taux d'escompte de la Reichsbank se situait entre 6 et 7 % ; les banques prirent l'habitude d'investir la plus grande partie de leurs fonds disponibles et parfois d'emprunter à court terme des capitaux français avec des taux d'intérêts faibles. Pour éviter de prêter à des taux trop élevés à leurs clients industriels, les banques préférèrent prendre des participations dans les entreprises qu'elles finançaient[1]. Dès 1885-1890, les banques multiplièrent la création de filiales en Europe centrale et orientale, dans l'Empire ottoman, mais aussi aux États-Unis, en Amérique latine, en Extrême-Orient et, naturellement, dans les colonies allemandes où elles étaient en position de monopole. Les banques allemandes investirent largement à l'étranger. À la veille de la Première Guerre mondiale, l'Allemagne était devenue le troisième pays exportateur de capitaux derrière le Royaume-Uni et la France. En 1913, le total cumulé des capitaux investis à l'étranger s'élevait à 22,5 milliards de marks, dont 12,5 milliards en Europe[2].

À tous ces atouts s'ajoutait l'importance du réseau de communications, dont le développement fut favorisé et largement financé par l'État. L'élément essentiel était constitué par le réseau ferré, dont la longueur passa de 19 500 kilomètres en 1870 à 62 000 kilomètres en 1913, complété par un ensemble de voies navigables naturelles comme le Rhin, la Weser, l'Elbe et l'Oder, ou artificielles comme le système du Mittelland-Kanal, unissant le Rhin à l'Elbe, ou le Kaiser-Wilhelm Kanal, inauguré en 1896 et reliant la mer du Nord à la Baltique. Cet ensemble de voies de communications fut complété par l'aménagement des bouches de la Weser et de l'Elbe permettant de faire de Brême et de

1. H. Burgelin, *La Société allemande*, *op. cit.*, p. 47-48.
2. R. Poidevin, *L'Allemagne de Guillaume II à Hindenburg*, *op. cit.*, p. 49 et suiv.

Hambourg les hauts lieux du négoce outre-mer. Avec un trafic de plus de 14 millions de tonnes en 1913, Hambourg était devenu le premier port de l'Europe continentale et le troisième port mondial. Le développement de la flotte de commerce, soutenu par Guillaume II en personne et financé par l'État, permit à l'Allemagne de se doter d'une flotte qui représentait en 1913 11 % du tonnage mondial. Deux compagnies maritimes dominaient, la Hamburg-Amerika (Hapag) dirigée par Albert Ballin, un ami personnel de Guillaume II, et la Nord Deutscher Lloyd, dont le siège était à Brême. Avec ses capitaux et sa flotte de commerce, l'Allemagne devenait un sérieux concurrent pour le Royaume-Uni.

Ces fondements purement matériels de la puissance économique allemande ont été d'autant mieux utilisés qu'ils ont été associés à un extraordinaire développement des sciences et des techniques. L'État, les universités, les entreprises ont porté à cette époque un intérêt constant à la recherche scientifique et à ses applications pratiques. Alors que dans l'Angleterre de la révolution industrielle le progrès avait été stimulé par les découvertes d'inventeurs de génie, isolés et souvent dilettantes, en Allemagne au contraire, le dynamisme économique est allé de pair avec les découvertes d'équipes de chercheurs travaillant en commun dans les laboratoires des universités et des entreprises. Toute une génération de savants et de découvreurs a largement contribué à diffuser dans le monde entier les résultats de leurs travaux, tant dans le domaine de la recherche fondamentale que dans les applications pratiques. La science allemande occupe au début du XX^e^ siècle une place de tout premier rang — ce qui n'est pas sans susciter certaines jalousies. Le nombre de prix Nobel attribués à des chercheurs allemands est très révélateur. Entre 1901 et 1918, les savants allemands furent récompensés par 7 des 16 prix Nobel de chimie attribués au cours de cette période, par 6 des 17 prix en physique et par 4 des 14 prix en médecine[1]. Il serait vain de vouloir dresser la liste exhaustive de tous ceux qui ont illustré la science allemande à l'époque wilhelmienne. On peut cependant rappeler les noms des physiciens Wilhelm Röntgen, l'inventeur des rayons X, de Max Planck et Albert Einstein et leurs travaux respectifs sur la théorie des *quanta* et

1. Le palmarès dans le domaine littéraire n'est pas négligeable non plus puisque 3 prix Nobel de littérature sur 16 attribués entre 1901 et 1918 récompensèrent des auteurs allemands, le plus connu d'entre eux étant l'historien Theodor Mommsen.

sur la relativité, ou Hans Geiger et ses études sur la radioactivité, des chimistes comme Fritz Stolz avec ses travaux sur l'adrénaline de synthèse, et Fritz Hoffmann qui mit au point la fabrication du caoutchouc synthétique, des médecins et microbiologistes comme Robert Koch et ses travaux sur la tuberculose.

### *L'Allemagne, première puissance économique d'Europe*

Avec de telles conditions favorables, avec un État toujours soucieux de défendre les intérêts économiques du pays, l'Allemagne, puissance industrielle relativement modeste en 1871, parvint en un peu plus de trois décennies à devenir la deuxième puissance économique du monde et la première d'Europe.

L'agriculture n'échappa pas au progrès général, même si elle ne représentait que 23 % dans la formation du revenu national en 1910-1913 avec 30 % de la population active. Pour protéger les agriculteurs allemands victimes du libre-échange institué en 1862, il fut pratiqué un relèvement des droits sur les importations agricoles avec les tarifs de 1879, de 1885, de 1887 et de 1902, mais cette mesure ne fut pas suffisante. L'État finança les travaux de drainage en Allemagne du Nord et aida les petits agriculteurs qui s'installèrent sur ces nouvelles terres. Plus d'un million d'hectares furent ainsi mis en culture. Malgré des conditions naturelles assez peu favorables, la production agricole augmenta grâce à l'utilisation intensive des engrais mis au point par le chimiste Justus von Liebig, à l'emploi des machines, à une meilleure technique d'assolement. Toutefois, l'augmentation de la population rendit de plus en plus nécessaire l'importation de céréales et de viande. Cependant, les gains de productivité et la concurrence étrangère tirèrent les prix agricoles vers le bas et mirent beaucoup d'agriculteurs dans une situation précaire.

C'est le secteur industriel qui réalisa au cours de cette période les progrès les plus importants. Il fut soutenu par l'État et les banques favorisèrent la concentration des entreprises. Alors qu'une grande partie des biens de consommation provenait des petites entreprises, les productions de base, les biens d'équipement et une partie importante des produits textiles étaient fournis par les grandes entreprises. La concentration prit alors plusieurs formes. Il y eut d'abord les ententes ou « cartels » qui regroupèrent les producteurs d'un même secteur en vue de réglementer la concurrence et éventuellement se partager le marché. Les premiers cartels furent créés dans les charbonnages de la Ruhr, où l'industriel Kirdorf parvint, en 1893, à constituer le *Rheinisch-*

*Westfälisches Kohlensyndicat* qui contrôlait plus de la moitié de la production de charbon de la Ruhr. De même, le *Stahlwerksverband*, créé en 1904, contrôlait 75 % de la production d'acier, tout comme l'AEG (*Allgemeine Elektrizitäts Gesellschaft*) pour l'industrie électrique et électrotechnique. L'autre forme de concentration fut le *Konzern*, concentration verticale regroupant dans un même ensemble toute la chaîne de production depuis les matières premières jusqu'aux produits les plus élaborés. L'exemple de la firme Krupp révèle la puissance de ces *Konzerne*. Le premier Krupp, Frédéric, avait fondé en 1810 une petite forge près d'Essen où il employait quatre ouvriers. Son fils Alfred fit de l'entreprise paternelle un groupe sidérurgique puissant qui, au milieu du XIX^e^ siècle, fabriquait pour le gouvernement prussien des canons en acier, des plaques de blindage et aussi du matériel ferroviaire ; il employait déjà sept mille ouvriers en 1873. Sous Frédéric Krupp, son fils, l'entreprise se rendit propriétaire de mines de charbon dans la Ruhr, de mines de fer en Espagne, se constitua une véritable flotte commerciale en prenant le contrôle des chantiers navals Germania de Kiel. En 1913, c'est sur un empire de soixante-treize mille salariés que régnaient Bertha Krupp et son mari, le docteur von Bohlen. On pourrait évoquer aussi le Konzern Stinnes, producteur de charbon de la Ruhr, et de fer en Lorraine, producteur d'acier à Dortmund et contrôlant des chantiers navals, des usines chimiques, une partie de la compagnie de navigation sur le Rhin[1].

En dépit des crises conjoncturelles de 1873-1878, de 1890-1895 et de 1907, on peut constater sur le long terme une extraordinaire progression de la production industrielle, principalement dans le domaine des industries lourdes, de l'industrie électrotechnique et de l'industrie chimique. En 1913, l'Allemagne devenait le deuxième producteur mondial d'acier — 17 millions de tonnes, soit le double de la production britannique —, le premier producteur de matériel électrique — 35 % de la production mondiale — et de produits chimiques — 25 % de la production mondiale. L'essor industriel a renforcé la puissance économique des provinces occidentales autour de l'axe rhénan ; le nord et l'est du pays, à l'exception de la région de Berlin, de la Saxe et de la Haute-Silésie, ne participèrent que peu à ce mouvement.

Le développement de l'industrie entraîna de profondes modifications sociales. Une bourgeoisie nouvelle de chefs d'entreprise,

1. C. Ambrosi et M. Tacel, *Histoire économique des grandes puissances à l'époque contemporaine (1850-1964)*, Paris, 1965, p. 317 et suiv.

de commerçants, de cadres, de fonctionnaires, d'employés — 30 % de la population avec leur famille — prit une place importante dans la société à côté de la bourgeoisie traditionnelle, ancien patriciat urbain, universitaires et membres des professions libérales.

La bourgeoisie, dans son ensemble, acceptait le régime mis en place en 1871, et elle était favorable à un renforcement de la centralisation ; elle demeurait attachée au libéralisme tant politique qu'économique. La petite bourgeoisie, largement majoritaire, était une des bases les plus solides de la société allemande, avec son goût de l'ordre, son respect pour l'autorité et pour l'uniforme[1]. La classe ouvrière, elle aussi, tenait une place importante dans la société de l'Allemagne impériale, tout au moins sur le plan quantitatif. Avec les petits artisans, les employés des transports, cette classe ouvrière élargie représentait alors plus de 40 % de la société. Malgré la législation sociale d'avant-garde, il y eut souvent des conflits sociaux organisés à l'initiative des syndicats. L'ADGB, fondée en 1890, comptait, en 1913, 2 500 000 adhérents, et si l'on ajoute les autres associations professionnelles à caractère confessionnel, ce sont plus de 4 millions de travailleurs allemands qui participaient à la vie syndicale. Tous considéraient que le rôle de l'État était d'intervenir pour régler les conflits sociaux au mieux des intérêts des travailleurs.

Lors de la grève des mineurs en 1905, l'intervention de l'État permit une avancée sociale importante. Cependant, la main-d'œuvre non qualifiée — le *Lumpenproletariat* —, généralement rejetée par les syndicats, ne profita guère des fruits de la croissance et constitua, au sein du monde ouvrier, un élément révolutionnaire qui se manifestera au grand jour durant la révolution de novembre 1918. Mais, dans sa grande majorité, le monde ouvrier ne remit jamais en cause le système politique, même s'il aspirait à une démocratisation du mode de scrutin pour les institutions locales en Prusse.

## III – L'ALLEMAGNE ET LE MONDE EXTÉRIEUR

Les victoires militaires de 1866 et de 1870-1871 et la création d'un État unitaire hissèrent l'Allemagne au rang des grandes puissances. Celle-ci, désormais, prit la place occupée jusque-là par la France en Europe continentale.

1. H. Burgelin, *La Société allemande*, *op. cit.*, p. 73 et suiv.

### *La politique extérieure de Bismarck*

Aussi longtemps qu'il demeura chancelier, ce fut Bismarck qui eut la haute main sur la politique extérieure. Dans ce domaine, ses conceptions furent d'abord celles d'un conservateur de son temps, défenseur de l'ordre établi et méfiant à l'égard des mouvements révolutionnaires ; ce furent aussi celles d'un Européen qui ne s'intéressa qu'aux problèmes de l'Europe et qui se montra sceptique à l'égard des aventures coloniales ; ce furent celles, enfin, d'un pragmatique soucieux de maintenir la paix, une paix qui, à ses yeux, passait par l'isolement diplomatique de la France afin d'éviter tout risque de revanche venant d'elle.

C'est dans cet esprit que Bismarck chercha à conclure autour de l'Allemagne tout un système d'alliance dans le cadre de l'Europe continentale car, à ses yeux, le Royaume-Uni, tourné vers le développement de son Empire colonial, ne risquait pas dans l'immédiat de devenir un allié potentiel pour la France. La diplomatie bismarckienne reposait essentiellement sur le système des « trois empereurs », mis en place dès 1873 et regroupant les empereurs Guillaume I^er^ et François-Joseph, ainsi que le tsar Alexandre II. Après la crise balkanique de 1875-1878, le congrès de Berlin de juin-juillet 1878 fit apparaître un conflit d'intérêts entre l'Autriche-Hongrie et la Russie, que Bismarck s'efforça d'aplanir. Le traité du 18 juin 1881 réactualisa l'alliance entre les trois empereurs, ce qui garantissait à l'Allemagne la neutralité bienveillante des cosignataires en cas de conflit franco-allemand. Parallèlement, l'alliance austro-allemande, mise en place au lendemain du congrès de Berlin sous le nom de Duplice, fut complétée, en 1881, par l'intégration de l'Italie, alors en froid avec la France. Bismarck, au cours des années suivantes, intégra la Roumanie et la Serbie à son système d'alliance et entama une politique de coopération économique et militaire avec l'Empire ottoman, en prenant le risque de heurter les Britanniques et les Russes.

Les nouvelles tensions dans les Balkans, en 1886-1887, où Autrichiens et Russes s'opposèrent à propos de la Bulgarie, et le réveil d'un esprit de revanche en France avec le passage éphémère au gouvernement du général Boulanger, poussèrent Bismarck à rechercher un nouvel accord avec la Russie. Ce fut le « traité de réassurance » du 18 juin 1887, conclu pour trois ans, un accord défensif prévoyant la neutralité réciproque de l'Allemagne et de la Russie en cas de conflit avec une tierce puissance[1].

1. D. Raff, *Deutsche Geschichte, op. cit.*, p. 198-207.

Dans l'ensemble, malgré des crises passagères et localisées, le système bismarckien permit à l'Europe de connaître vingt années de paix. Dès son avènement, Guillaume II se heurta à son chancelier à propos de la Russie et, sous l'influence du chef d'état-major Waldersee, refusa de renouveler le traité de réassurance, estimant qu'il n'y avait rien à attendre de la Russie. Ce refus joua un rôle important dans la décision de Bismarck de démissionner ; cette démission fut accompagnée de celle de son fils Herbert qui, depuis 1886, exerçait les fonctions de secrétaire d'État aux Affaires étrangères[1].

### Weltpolitik *et pangermanisme à l'époque de Guillaume II*

Le « nouveau cours » donné à la politique allemande après la démission de Bismarck se retrouva aussi dans le domaine des relations extérieures. C'est l'empereur lui-même, assisté de son conseiller von Holstein, qui prit en charge la politique étrangère allemande, dont les secrétaires d'État affectés à ce secteur, Marschall von Bieberstein, puis Bülow à partir de 1897, furent les exécutants.

Après avoir tenté en vain d'obtenir le renouvellement du traité de réassurance, le tsar Alexandre III, moins favorable à l'Allemagne que son père, se rallia avec beaucoup de réticences à l'idée d'un rapprochement avec la France républicaine. On aboutit ainsi, en août 1892, à la conclusion d'une convention militaire franco-russe prévoyant, en cas d'attaque allemande contre l'un des deux pays, l'aide armée de l'autre. Pour la Russie, l'alliance avec la France devait faciliter les investissements français pour la construction des chemins de fer à un moment où les banques allemandes se montraient hésitantes. Les ponts cependant étaient loin d'être rompus avec l'Allemagne puisque, en 1894, un traité commercial d'une durée de dix ans abaissa sensiblement les droits de douane entre les deux pays, ouvrant ainsi le marché russe aux produits manufacturés allemands et le marché allemand aux céréales russes. L'avènement, la même année, de Nicolas II donna l'occasion à Guillaume II d'esquisser un rapprochement entre les deux pays. L'empereur allemand était personnellement très lié à son cousin le tsar. Les relations germano-russes s'améliorèrent mais l'alliance franco-russe fut maintenue.

Guillaume II, à la différence de Bismarck, manifesta rapidement le désir de mener une politique mondiale, une *Weltpolitik*.

---

1. Voir note 2, p. 319.

Il ne s'agissait pas seulement là de l'ambition personnelle d'un jeune souverain désireux de briller. Il y avait aussi des raisons d'ordre économique. Le marché européen, entravé par un protectionnisme renaissant, était devenu trop étroit pour les exportations allemandes. « Il faut que nous exportions », avait déclaré, dès 1894, le chancelier Caprivi ; effectivement, le développement de l'industrie allemande rendait indispensables les importations de matières premières, et l'augmentation de la population nécessitait l'importation croissante de denrées alimentaires. Pour payer ces importations, il fallait donc exporter partout dans le monde[1].

L'un des premiers aspects de cette *Weltpolitik* fut la création d'un véritable empire colonial. Dans ce domaine, l'Allemagne avait pris un retard considérable. Bismarck avait déclaré en 1880 : « Aussi longtemps que je serai chancelier, nous ne ferons pas de politique coloniale. » Pourtant, dans le monde universitaire et dans les milieux d'affaires, on avait déploré cette attitude. L'historien Heinrich von Treitschke n'avait pas hésité à créer une Association coloniale allemande pour encourager les initiatives individuelles de colonisation. En 1883, un marchand de Brême, Adolf Lüderitz, fonda un comptoir commercial en Afrique du Sud-Ouest, dont il augmenta progressivement l'étendue, puis le plaça sous la protection du Reich ; au même moment, Gustav Nachtigal établissait quelques comptoirs sur les côtes du Cameroun et du Togo, tandis que Karl Peters s'assurait la possession virtuelle d'une grande partie de l'Afrique orientale. Sur la base des décisions de la Conférence internationale sur l'Afrique tenue à Berlin en 1884-1885, les comptoirs côtiers étendaient leur autorité, toute théorique d'ailleurs, sur l'arrière-pays. Dans le Pacifique, le banquier Hansemann, avec sa compagnie commerciale de Nouvelle-Guinée, avait pris le contrôle d'un certain nombre d'îles des mers du Sud[2]. Avec Guillaume II, ces initiatives individuelles furent relayées par l'action de l'État. Des troupes, des administrateurs furent envoyés dans ces terres lointaines ; des colons vinrent s'y établir, principalement en Afrique du Sud-Ouest où ils fondèrent des villes.

Cette politique coloniale fut accompagnée par la décision de Guillaume II de doter l'Allemagne d'une flotte de guerre. Dès son avènement, il avait annoncé son intention de donner à l'Allemagne une marine aussi puissante que son armée. Cette politique fut menée de concert avec l'amiral Tirpitz, qui dut défendre non

1. P. Rassow, *Histoire de l'Allemagne*, *op. cit.*, t. II, p. 66.
2. D. Raff, *Deutsche Geschichte*, *op. cit.*, p. 207-209.

sans mal devant le *Reichstag* ses demandes sans cesse croissantes de crédits. On connaît bien la phrase célèbre prononcée par l'empereur le 23 septembre 1898 : « Notre destin est sur la mer. » Et, effectivement, l'Allemagne se dota d'une flotte de guerre qui, en 1913, était devenue la deuxième du monde juste derrière la flotte anglaise. Dès lors, l'Allemagne put être présente sur les mers lointaines et y étendre son empire colonial. En mars 1898, elle obtenait de la Chine la cession de la base de Kiao-Tcheou dans le Chantoung ainsi que des concessions minières. Au même moment, le gouvernement allemand racheta les possessions de la Compagnie de Nouvelle-Guinée, acheta à l'Espagne les îles Carolines et Mariannes, et faisait occuper les îles Samoa. Au moment de la révolte des Boxers, lorsque les diplomates étrangers se trouvèrent bloqués à Pékin, ce fut le général allemand Waldersee qui commanda l'armée internationale chargée de les libérer. Ainsi, à la veille de la Première Guerre mondiale, l'Allemagne était devenue une puissance coloniale, avec un Empire s'étendant sur 2,9 millions de km$^2$ et une population de 12 millions d'habitants.

L'expansion outre-mer avait été soutenue par toute une série d'associations et de ligues souvent subventionnées par les industriels de la sidérurgie. L'une de ces associations, aux ambitions plus vastes que la seule conquête coloniale, fut la Ligue pangermaniste (*Alldeutscher Verband*), présidée jusqu'en 1908 par l'universitaire Hasse, puis par l'avocat Class, et dont les membres les plus connus étaient le directeur des entreprises Krupp, Alfred Hugenberg, le banquier Helferich et l'initiateur de la colonisation en Afrique orientale, Karl Peters. La Ligue pangermaniste exerçait une grande influence dans les milieux militaires et dans le monde enseignant. L'objectif des pangermanistes était d'étendre au monde entier l'influence de l'Allemagne. Leur action était relayée sur place par l'association *Deutschtum im Ausland* qui regroupait les quelque dix à douze millions d'émigrés et de descendants d'émigrés allemands répartis de par le monde. La Ligue pangermaniste avait aussi ses extrémistes, comme un certain Tannenberg qui, dans son ouvrage intitulé *Gross-Deutschland* (« Grande Allemagne »), publié en 1911, écrivait : « Le peuple allemand a toujours raison, parce qu'il est le peuple allemand et parce qu'il représente quatre-vingt-sept millions d'hommes[1]. »

La *Weltpolitik* de Guillaume II suscita peu à peu les craintes

1. Dans le texte : « *Das Deutsche Volk hat immer Recht, weil es das deutsche Volk ist und 87 Millionen zählt.* »

de l'Angleterre, surtout en 1898, lorsque l'empereur de passage à Jérusalem, alors possession ottomane, se déclara « l'ami du sultan et des cent millions de mahométans dispersés à travers le monde ». Ce voyage resserra les liens entre l'Allemagne et l'Empire ottoman. Il fut suivi de longues négociations qui, en 1903, aboutirent à la conclusion d'un accord de concession pour la construction d'une liaison ferroviaire reliant Constantinople à Bagdad, une voie ferrée de quatre mille kilomètres de longueur desservant la zone pétrolière de Mossoul, avec le droit d'exploiter les richesses minières sur vingt kilomètres de profondeur de part et d'autre du tracé de la ligne. L'affaire du Bagdad-Bahn, qui s'ajoutait au dynamisme des commerçants allemands dans tout l'Empire britannique, contribua largement à la dégradation des relations entre Londres et Berlin[1].

### *La marche vers la guerre*

La *Weltpolitik* de Guillaume II doit être replacée dans le contexte général de l'époque où, non seulement en Allemagne mais dans toute l'Europe et aux États-Unis, l'idéologie nationaliste imprégnait profondément les classes dirigeantes et une partie importante de l'opinion publique ; une époque où les enjeux économiques, la concurrence effrénée à laquelle se livraient les puissances industrielles pour s'assurer le contrôle des matières premières et la conquête de nouveaux marchés, étaient accompagnés d'une course aux armements d'autant plus nécessaire qu'il fallait sans cesse renouveler le matériel de guerre en raison des progrès constants de la technique, et du renforcement permanent des systèmes d'alliance. Vers 1910, l'ensemble des dépenses militaires de la France, de l'Allemagne, du Royaume-Uni et de la Russie représentait une somme annuelle de l'ordre de 1,3 à 1,8 milliard de marks-or pour chacun de ces pays.

La dégradation des rapports anglo-allemands qui suivit l'affaire du Bagdad-Bahn facilita la réconciliation entre la France et le Royaume-Uni et permit la réalisation de l'Entente cordiale par l'accord du 8 avril 1904, qui s'ajoutait à la réconciliation franco-italienne de 1896. La France, alliée de la Russie depuis 1892, n'était plus isolée. Une Europe divisée en systèmes d'alliance rivaux se mettait en place, avec d'un côté les Empires centraux étroitement soudés, et ce qui devenait l'Entente avec la France et la Russie, l'une et l'autre réconciliées avec le Royaume-Uni.

1. M. Blancpain, *Guillaume II*, *op. cit.*, p. 67 et suiv.

En 1905, les tentatives de Guillaume II pour faire éclater l'Entente cordiale à propos du Maroc échouèrent, de même la tentative d'alliance germano-russe ébauchée lors de la rencontre de Björkoe en juillet 1905 entre Guillaume II et Nicolas II. Bien au contraire, en 1907, un accord anglo-russe régla les différends entre les deux pays et permit la consolidation de l'Entente. La nouvelle crise dans les relations austro-russes avec l'annexion de la Bosnie-Herzégovine par l'Autriche-Hongrie en 1908, une seconde crise franco-allemande à propos du Maroc en 1911 avec l'envoi d'une canonnière allemande devant Agadir et qui fut réglée par la cession à l'Allemagne d'une partie du Moyen-Congo français en échange de la liberté d'action pour la France au Maroc, les guerres balkaniques de 1912-1913 où les intérêts autrichiens et russes s'affrontèrent par Bulgares et Serbes interposés, tout cela rendait de plus en plus plausible l'hypothèse de l'imminence d'un conflit en Europe. L'envoi en Turquie d'une importante mission militaire allemande, commandée par le général Liman von Sanders nommé inspecteur général de l'armée turque, ne pouvait qu'inquiéter la Russie et la Grande-Bretagne et resserrer les liens entre les pays de l'Entente.

En cette fin d'année 1913, la situation en Europe devenait particulièrement préoccupante. Si les relations franco-allemandes s'étaient quelque peu détendues depuis l'accord de 1911 et malgré le renouveau de tension en Alsace, les relations entre l'Autriche-Hongrie et la Serbie, dont la politique extérieure était alignée sur celle de la Russie, étaient particulièrement dégradées. Partout, on considérait la guerre comme inévitable, et dans cette perspective le chef de l'état-major allemand, von Moltke, avait converti Guillaume II à l'idée d'une guerre préventive. L'attentat de Sarajevo et la crise diplomatique qu'il entraîna allait être l'occasion pour tous de tester la solidité des systèmes d'alliance.

## IV – L'Allemagne et la Première Guerre mondiale

Le 28 juin 1914, le prince héritier d'Autriche-Hongrie l'archiduc François-Ferdinand et sa femme étaient assassinés, victimes d'un attentat perpétré par de jeunes nationalistes serbes de Bosnie ; comme on le pressentait et comme ce fut démontré par la suite, l'attentat avait été préparé à Belgrade par la société secrète de la Main Noire, proche de l'état-major serbe, lui-même en relations constantes avec l'ambassade russe. L'attentat de Sarajevo se plaçait dans la suite logique des crises qui avaient secoué les

Balkans depuis la fin du XIXe siècle et dans lesquelles s'étaient régulièrement opposées l'Autriche-Hongrie et la Russie. Compte tenu des systèmes d'alliance existants, le conflit serait-il limité à l'Autriche-Hongrie et à la Serbie, ou bien se transformerait-il en une guerre générale ? Tel était le dilemme auquel étaient confrontés les gouvernements européens soumis à la pression d'opinions publiques souvent belliqueuses.

*La crise diplomatique et les débuts de la guerre*

Dès le lendemain de l'attentat et jusqu'au 23 juillet, date de l'envoi de l'ultimatum à la Serbie, les chefs d'État et les chancelleries se livrèrent à une intense activité ; le grand public ne se rendit véritablement compte de la gravité de la crise qu'à partir de la mi-juillet. Dès les premiers jours de juillet, l'Allemagne assura l'Autriche-Hongrie de son total soutien quelles que soient ses initiatives. À Vienne, on était décidé à régler définitivement la question serbe afin que Belgrade ne soit plus en mesure de jouer un rôle politique dans les Balkans.

À Berlin, l'état-major et Guillaume II se montraient favorables à une intervention rapide contre la Serbie avant que la Russie ne soit en mesure d'intervenir. C'est ce que fit savoir l'ambassadeur von Tschirschky aux dirigeants autrichiens au cours des entretiens quasi quotidiens qu'il avait avec eux[1]. Les Empires centraux étaient alors persuadés que le conflit serait localisé, même si Londres les invitait à la prudence. Lorsque, le 15 juillet, le président Poincaré et la plupart des ministres français partirent par mer pour Saint-Pétersbourg, la Russie avait déjà pris un certain nombre de mesures militaires. Alors que les dirigeants français étaient sur le chemin du retour, l'Autriche-Hongrie, le 23 juillet, adressa à la Serbie un ultimatum avec des exigences très précises qui devaient être acceptées intégralement dans un délai de 48 heures. Le 25 juillet, la Serbie répondit en acceptant partiellement les demandes de l'Autriche mais refusa catégoriquement la participation de la police autrichienne à l'enquête en Serbie sur l'attentat. Les relations diplomatiques furent aussitôt rompues entre Vienne et Belgrade. La Russie, qui pensait pouvoir compter sur l'appui de la France, fit savoir qu'elle soutiendrait la Serbie si celle-ci était attaquée. La diplomatie allemande qui, jusque-là, avait poussé l'Autriche-Hongrie à agir avec fermeté s'activa

1. F. Fischer, *Les Buts de guerre de l'Allemagne impériale 1914-1918*, Paris, 1970, p. 71.

entre le 25 et le 28 juillet pour rechercher un compromis. La correspondance privée entre Willy — Guillaume II — et Nicky — Nicolas II — montre bien que les deux souverains prirent alors conscience que la situation pouvait déboucher sur une guerre générale. Londres poussait à la négociation et proposa le 26 juillet une conférence internationale. Pour l'Allemagne, l'affaire ne concernait cependant que Vienne et Belgrade, ce qui n'empêchait pas Berlin d'inciter son allié autrichien à la prudence. Les tentatives de médiation échouèrent ; le 28 juillet, l'Autriche-Hongrie déclarait la guerre à la Serbie[1]. La Russie répondit le 29 par une mobilisation partielle devenue générale le lendemain. Le chancelier Bethmann-Holweg, qui jusqu'au dernier moment avait cherché à modérer l'ardeur de l'Autriche-Hongrie, dut céder aux exigences de l'état-major. Le 31 juillet, le gouvernement allemand décréta la « mise en état de défense des frontières[2] ». Le même jour, il adresse un ultimatum à la Russie lui enjoignant de cesser ses préparatifs militaires dans les douze heures et un autre à la France pour qu'elle se déclare neutre dans les dix-huit heures.

En France, le 1er août, on avait décrété la mobilisation générale, comme venait de le faire l'Allemagne. Le rejet de l'ultimatum par la Russie entraîna aussitôt la déclaration de guerre de l'Allemagne. Le 3 août, après la réponse dilatoire de Paris à l'ultimatum, l'Allemagne déclarait la guerre à la France. Le Royaume-Uni avait refusé de s'engager, mais l'occupation du Luxembourg le 2 août, suivie de l'invasion de la Belgique le 4 août, fit entrer les Britanniques dans la guerre.

En Allemagne, l'opinion publique fit bloc autour du gouvernement. Il y eut, comme dans les autres pays, une « union sacrée ». Les sociaux-démocrates virent dans la guerre contre la Russie l'occasion de mettre fin au tsarisme. Le 2 août, la direction des syndicats décida de faire cesser les grèves en cours tandis que la direction du SPD se prononçait en faveur du vote des crédits militaires[3]. Au Reichstag, les crédits furent votés à l'unanimité, malgré les réserves de Karl Liebknecht qui, en décembre, fut le seul à voter contre leur renouvellement[4].

1. H. Pinnow, *Histoire d'Allemagne*, *op. cit.*, p. 461, et P. Rassow, *Histoire de l'Allemagne*, *op. cit.*, t. II, p. 94-96.
2. W. Hubatsch, *Deutschland im Weltkrieg 1914-1918*, Berlin/Francfort, 1966, p. 33.
3. G. Badia, *Histoire de l'Allemagne contemporaine*, *op. cit.*, t. I, p. 40 et suiv.
4. G. Badia, *Les Spartakistes*, Paris, 1966, p. 19.

Les Allemands pensaient que la guerre serait courte. Il est vrai que l'Allemagne disposait d'un potentiel important. Au 1er août 1914, l'armée d'active disposait de cinquante-deux divisions d'infanterie et de onze divisions de cavalerie ; avec les réserves et la Landwehr, les Allemands pouvaient lancer au combat quatre-vingt-sept divisions d'infanterie et onze divisions de cavalerie, soit un total de 2 200 000 hommes placés sous les ordres du colonel-général von Moltke, avec un excellent matériel, notamment au niveau de l'artillerie lourde. La marine, quant à elle, disposait de trente-sept navires de ligne, dix-huit grands croiseurs et trente-quatre petits, et vingt-neuf sous-marins[1].

Le plan Schlieffen prévoyait une attaque massive à l'ouest pour anéantir les forces françaises en six semaines. Une fois la France écrasée, il serait facile de se retourner contre la Russie. Après avoir occupé la Belgique et battu les forces franco-anglaises entre Mons et Charleroi, les armées allemandes pénétrèrent profondément en territoire français. Le 2 septembre, leurs avant-gardes se trouvaient à vingt-cinq kilomètres de Paris. Une manœuvre imprudente de la Ire armée allemande de von Klück permit à l'armée française de reprendre l'initiative sur le front de la Marne à partir du 6 septembre. Une semaine plus tard, les Allemands se repliaient sur une ligne allant de l'Aisne à l'Argonne.

Au moment de l'avance allemande, deux armées russes avaient attaqué en Prusse-Orientale à la demande de la France. Von Moltke avait dû prélever plusieurs divisions engagées en France pour les envoyer en Prusse-Orientale. Avec ses renforts, le général Hindenburg et son adjoint Ludendorff purent écraser l'une des armées russes à Tannenberg, les 30 et 31 août, et disperser l'autre près des lacs de Mazurie, du 9 au 15 septembre[2]. Les troupes envoyées par Moltke lui firent cruellement défaut au moment de la bataille de la Marne.

L'échec de Moltke sur la Marne entraîna son limogeage et, dès le 14 septembre, il fut remplacé par le général von Falkenhayn. À la mi-septembre, sur le front occidental, les belligérants déployèrent leurs forces en direction des côtes de la mer du Nord mais la tentative des Allemands de s'emparer de Dunkerque et de Calais échoua. Dès lors, à la fin de novembre 1914, les deux belligérants, épuisés et à court de munitions, cessèrent les actions offensives. Ce fut le début d'une longue guerre de positions marquée par la construction sans cesse améliorée d'une double ligne

1. W. Hubatsch, *Deutschland im Weltkrieg*, *op. cit.*, p. 34-36.
2. *Ibid.*, p. 52.

de tranchées. La guerre courte sur laquelle comptait l'état-major allemand se transformait en un conflit de longue durée.

### *Les opérations militaires de 1915 à 1917*

À s'en tenir à la seule vision des opérations militaires, on doit reconnaître que, entre la fin de 1914 et le début de 1918, les armées allemandes remportèrent d'importants succès, à l'est en particulier, sans pour autant parvenir à obtenir à l'ouest des victoires décisives. La campagne de 1915 sur le front oriental permit aux Allemands d'occuper la plus grande partie de la Pologne russe, avec Varsovie et Kowno, ainsi que la Lituanie. À la fin de 1915, le front s'étendait depuis Mittau en Lettonie jusqu'au Dniestr[1]. En 1916, malgré les succès limités de l'offensive russe du général Broussilov en juin-juillet, qui amenèrent la Roumanie à rejoindre le camp de l'Entente, les puissances centrales maintinrent leurs positions en Pologne et occupèrent la plus grande partie de la Roumanie. Les succès austro-allemands et les difficultés liées à la guerre provoquèrent la désagrégation de l'armée russe et débouchèrent, en février 1917, sur la chute du tsarisme, suivie par l'arrivée au pouvoir des bolcheviks en octobre.

À l'ouest, le sort des armées allemandes fut moins heureux. Ce fut d'abord au début de 1915, l'échec de la marine allemande lors de la bataille de Doggerbank[2], puis, en 1916, l'échec meurtrier des attaques menées contre Verdun entre février et juin, entraînant la perte de deux cent quarante mille hommes sans parvenir à vaincre la résistance française. Pour l'état-major allemand, c'est à l'ouest que le sort de la guerre allait se jouer. C'est ce que pensaient le maréchal Hindenburg et le général Ludendorff qui avaient pris la direction de l'armée le 29 août 1916. À l'est, l'effondrement de la Russie après la révolution de février soulageait l'effort de guerre des Empires centraux. Malgré les réserves de Guillaume II, les autorités militaires facilitèrent le retour en Russie de Lénine et des principaux chefs bolcheviks, ce qui leur permit, sur la base de slogans pacifistes, de prendre le pouvoir en octobre 1917. Pour sauver la révolution, Lénine décida de traiter. Après l'armistice du 15 décembre, confirmé par la paix de Brest-Litovsk du 3 mars 1918, la Russie renonçait à la Pologne, aux États baltes et à l'Ukraine, aussitôt occupés par les armées austro-allemandes. Le contrôle de ces territoires atténuait quelque

1. *Ibid.*, p. 67-68.
2. *Ibid.*, p. 86-87.

peu le déficit en denrées alimentaires et en matières premières des Empires centraux.

Au cours de l'hiver 1916-1917, en accord avec l'amiral Tirpitz, l'état-major était parvenu à la conclusion que, pour faire céder l'Entente, il fallait paralyser l'économie britannique en la privant de ses approvisionnements en matières premières venant des États-Unis et de l'Empire colonial. Le principe d'une « guerre sous-marine à outrance » fut accepté le 9 janvier 1917 par Guillaume II malgré l'opposition de Bethmann-Holweg qui redoutait une réaction hostile des États-Unis. Le 31 janvier, l'Allemagne fit savoir que dans l'Atlantique nord, tous les navires de commerce, ennemis ou neutres, seraient systématiquement coulés. Entre février et juillet 1917, 3 828 000 tonnes de navires anglais et neutres furent ainsi coulés, sans pour autant paralyser la circulation des navires circulant désormais en convois escortés par des navires de guerre anglais. La guerre sous-marine avait amené la rupture des relations diplomatiques avec les États-Unis dès le 3 février. Puis, lorsque le gouvernement américain eut connaissance du « télégramme Zimmerman » faisant état d'un projet d'alliance entre l'Allemagne et le Mexique, le Congrès, de surcroît choqué par la destruction de plusieurs navires américains, vota le 6 avril la déclaration de guerre à l'Allemagne, comme le lui demandait le président Wilson.

À Berlin, on savait que l'armée américaine n'était pas prête. Au 31 décembre 1917, les Américains présents sur le front étaient au nombre de trois cent soixante-cinq mille. À ce moment-là, délivrée de la guerre à l'est, l'Allemagne se considérait en mesure de remporter la victoire en portant un coup décisif sur le front occidental avant que les Américains aient déployé toutes leurs forces et avant aussi que le mécontentement grandissant des civils allemands ne provoquât des troubles.

### *Les problèmes intérieurs de 1914 à 1917*

Dès la fin de l'année 1914, lorsque l'on s'aperçut que la guerre risquait de durer plus longtemps que prévu, le gouvernement prit des mesures à la fois pour assurer le financement de la guerre, et pour pallier le manque de ravitaillement de matières premières et aussi de main-d'œuvre. Le financement de la guerre fut essentiellement intérieur ; les 27 millions de dollars empruntés à l'étranger furent insignifiants par rapport aux 2,3 milliards reçus par les pays de l'Entente. Les bons du Trésor, un impôt sur les bénéfices de guerre et sur le chiffre d'affaires furent les principales sources de recettes. L'État prit en charge l'approvisionnement et la distribution des matières premières avec l'Office des matières premières de guerre que dirigeait Walter Rathenau. La situation était particulièrement délicate pour les métaux non ferreux, le pétrole, le caoutchouc, les nitrates, les textiles bruts, dont l'importation était devenue pratiquement impossible en raison du blocus de l'Entente et des pressions exercées sur les neutres. On dut récupérer les métaux usagés ; on eut recours aux produits de remplacement (*Ersatz*) élaborés par l'industrie chimique. Les mêmes difficultés se retrouvaient pour le ravitaillement de la population. Les seules importations possibles venaient d'Autriche-Hongrie, mais elles étaient insuffisantes. Dès janvier 1915, une carte de pain fut instituée et, à l'automne de cette même année, l'ensemble des denrées alimentaires fut soumis à un rationnement qui se fit de plus en plus sévère, si bien qu'en 1918, l'apport nutritif quotidien s'élevait à environ 1 100 calories[1]. Pour la main-d'œuvre, les problèmes étaient identiques. Pour compenser le départ des hommes sur le front, on eut recours à diverses solutions : allongement du temps de travail, recours massif à la main-d'œuvre féminine dont les effectifs dans l'industrie passèrent de 1 593 000 en 1913 à 2 320 000 en 1918, utilisation des prisonniers de guerre et de main-d'œuvre étrangère — 90 000 Belges furent ainsi envoyés en Allemagne. Le 5 décembre 1916, Hindenburg obtint du Reichstag le vote de la loi « sur le service patriotique auxiliaire » permettant de réquisitionner tous les hommes de dix-sept ans à soixante ans qui n'étaient pas sous les drapeaux. En dépit de cette mobilisation de toutes les forces du pays, la production industrielle était loin d'atteindre le niveau d'avant-guerre, alors que les besoins augmentaient[2].

Les difficultés de la vie quotidienne, les queues devant les magasins, les prix sans cesse en augmentation eurent vite fait de mettre fin à l'enthousiasme des premiers jours de la guerre. Si la majorité de la population accepta jusqu'à la fin les sacrifices que la guerre imposait, et ce par patriotisme, des groupes, très minoritaires au début mais qui s'étoffèrent avec le temps, manifestèrent peu à peu leur opposition à la poursuite du conflit. Au sein du SPD, en décembre 1914, un seul député, Karl Liebknecht, avait refusé de voter les crédits militaires ; ils étaient deux en mars 1915 et vingt en décembre. À Zimmerwald, en septembre 1915, et à Kienthal, en avril 1916, l'Internationale socialiste s'était pro-

1. *Ibid.*, p. 108-111.
2. D. Raff, *Deutsche Geschichte*, *op. cit.*, p. 267-268.

noncée contre l'union sacrée et en faveur de la paix. Cette prise de position trouva un écho dans la gauche radicale du SPD, où Karl Liebknecht, Rosa Luxembourg, Clara Zetkin, Wilhelm Pieck, Paul Lévi s'organisèrent pour lutter contre « la guerre impérialiste ». Ils furent à l'origine du groupe Spartakus, qui se constitua en septembre 1916. À ce moment-là, Liebknecht était en prison pour avoir organisé les manifestations du 1er mai 1916 contre la guerre.

Les événements de Russie eurent des répercussions au sein de la gauche allemande. La majorité du SPD se réjouit des perspectives de paix qu'entraînait la révolution russe. Les spartakistes cherchaient à s'inspirer du modèle russe pour imposer la paix. Les manifestations se multiplièrent au cours de l'hiver 1916-1917. Le 18 janvier 1917, après que la majorité de la direction du SPD eut décidé l'exclusion des contestataires de gauche, ces derniers, réunis à Gotha les 6 et 7 avril, décidèrent de créer un nouveau parti socialiste, l'USPD (Parti social-démocrate indépendant d'Allemagne) avec Haase, Ledebour, Kautsky, rejoints bientôt par les spartakistes. À côté des socialistes *majoritaires* du SPD, on eut désormais les socialistes *indépendants*[1]. L'USPD n'était pas le seul parti à désirer la paix. Le SPD lui-même, le Zentrum, les progressistes, certains nationaux-libéraux, conscients des dangers que représentait l'entrée des États-Unis dans la guerre, décidèrent d'agir dans le cadre parlementaire. Sur proposition du député catholique Erzberger, le Reichstag adopta, le 19 juillet 1917, par 212 voix contre 126 et 17 abstentions une « résolution de paix » conçue en ces termes : « Le Reichstag désire une paix d'entente et de réconciliation entre les peuples. Les conquêtes territoriales obtenues par la force, les mesures violentes d'ordre politique, économique et financier sont incompatibles avec une paix de ce genre. » Cette motion, qui venait après l'échec des tentatives de paix séparée de l'empereur Charles d'Autriche et de l'appel à la paix du pape Benoît XV, demeura sans effet. Au gouvernement, on avait une toute autre idée de la paix future. On envisageait des annexions à l'ouest comme à l'est. On imaginait la création d'un vaste ensemble économique et douanier sous la direction de l'Allemagne et de l'Autriche-Hongrie avec tous les pays d'Europe centrale et septentrionale — la reconstitution d'un État polonais « protégé » était même envisagée —, comme le recommandait Friedrich Naumann dans son ouvrage *Mitteleuropa*, paru en 1915. Et si les revendications à l'ouest se mon-

1. G. Badia, *Les Spartakistes*, *op. cit.*, p. 20.

trèrent plus discrètes en 1917, on semblait bien décider à créer à l'est une vaste zone d'influence avec des États protégés, Pologne, États baltes, Finlande, voire Ukraine. En 1918, alors que le sort de la guerre se jouait sur le front français, ce programme était encore la base de la paix future à l'est.

### *La fin des illusions : la défaite et la révolution*

Au cours de l'hiver 1917-1918, Hindenburg et Ludendorff rappelèrent de Russie la plus grande partie des forces qui s'y trouvaient. À ce moment-là, à l'ouest, l'Allemagne avait encore de sérieux atouts mais ceux-ci s'amenuisaient au fur et à mesure de l'arrivée des renforts américains. Il fallait agir vite. C'est dans ce contexte que Ludendorff déclencha, le 21 mars 1918, sa première offensive dans la région de Saint-Quentin, permettant une avance de soixante kilomètres et la capture de quatre-vingt-dix mille prisonniers, sans pour autant réussir à atteindre Amiens[1]. Cette offensive fut suivie entre le 9 avril et le 15 juillet de quatre autres qui, malgré des succès ponctuels, ne donnèrent aucun résultat décisif. La contre-offensive des Alliés en Picardie à partir du 8 août fit perdre tout espoir de victoire à l'état-major allemand, d'autant que, dans les Balkans et au Proche-Orient, les alliés de l'Allemagne étaient attaqués de toutes parts, tandis que les Américains se faisaient chaque jour plus nombreux. Pour le haut commandement allemand, la guerre était désormais considérée comme perdue et il fallait conclure au plus vite un armistice afin d'éviter un désastre militaire.

Le 2 septembre, Guillaume II déclarait devant l'amiral Müller : « La bataille est perdue. Depuis le 18 juillet nos troupes se replient sans arrêt. Nous sommes épuisés... notre armée n'en peut plus[2]. » La défection de la Bulgarie le 26 septembre, le recul des armées des Empires centraux sur tous les fronts poussèrent les généraux réunis à Spa le 29 septembre à réclamer la conclusion rapide d'un armistice. Guillaume II acquiesça à leur demande et nomma le 3 octobre un gouvernement de coalition sous la direction du prince Max de Bade. C'est ce gouvernement qui s'adressa au président Wilson pour solliciter un armistice sur la base de quatorze points. L'échange de notes entre les gouvernements américain et allemand du 5 octobre au 5 novembre aboutit au

1. W. Hubatsch, *Deutschland im Weltkrieg*, *op. cit.*, p. 150 et suiv.
2. Cité par F. Fischer, *Les Buts de guerre de l'Allemagne impériale*, *op. cit.*, p. 628.

départ d'une délégation allemande, le 8 novembre, pour recevoir en France les conditions d'armistice.

À ce moment-là, la révolution avait commencé en Allemagne. L'empereur s'était retiré, la république avait été proclamée à Berlin et c'est le chef d'un gouvernement provisoire, Ebert, qui donna l'ordre de signer l'armistice le 11 novembre. Les conditions étaient particulièrement sévères. L'Allemagne devait évacuer dans les quinze jours l'Alsace-Lorraine, la Belgique et le Luxembourg ainsi que la rive gauche du Rhin, qui seraient aussitôt occupés par les armées alliées. Une zone de dix kilomètres sur la rive droite du Rhin serait neutralisée avec l'établissement de trois têtes de pont sur la rive droite face à Cologne, Coblence et Mayence. L'Allemagne devait livrer aux alliés 5 000 canons, 25 000 mitrailleuses, 1 700 avions, du matériel de transport dont 5 000 locomotives, 5 000 camions et 150 000 wagons. Les armées allemandes devaient évacuer l'Autriche-Hongrie, la Roumanie, la Turquie et la Russie. La flotte devait être désarmée. Ainsi l'Allemagne n'était-elle plus en mesure de reprendre la guerre. L'armistice conclu pour trente-six jours serait renouvelé jusqu'à la conclusion de la paix, à supposer que ses conditions fussent respectées[1].

Pour la majorité du peuple allemand qui, à la différence de ses chefs militaires et civils, avait cru à la victoire jusqu'à l'automne 1918, la désillusion et le désarroi étaient immenses, et la douleur aussi car la guerre avait fait un nombre considérable de victimes, 1 800 000 morts ou disparus, et à peu près autant d'invalides. « Un peuple de soixante-dix millions d'individus peut souffrir, mais il ne meurt pas », écrira plus tard Mathias Erzberger, celui qui, au nom de l'Allemagne, apposa sa signature sur le texte de l'armistice[2]. Mais l'Empire allemand, lui, était bien mort. Né à la suite d'une guerre victorieuse contre la France, le *Deutsche Reich* s'effondrait à l'issue d'une guerre perdue. C'est maintenant à la république, née, elle, après une défaite qu'il appartenait d'assumer le lourd héritage que lui léguait l'Empire.

---

1. P. Renouvin, *L'Armistice de Rethondes*, Paris, 1968, p. 418-419.
2. M. Erzberger, *Erlebnisse im Weltkrieg* (« Événements vécus au cours de la guerre mondiale »), Stuttgart, 1920, p. 336.

# 15

# L'expérience républicaine en Allemagne (1918-1933)

La défaite militaire provoqua dans les pays vaincus la chute des régimes qui les avaient entraînés dans la guerre. Déjà, en février 1917, le régime tsariste avait été renversé en Russie à la suite des échecs militaires et de l'hostilité du peuple à la poursuite de la guerre. En septembre 1918, le tsar Ferdinand de Bulgarie avait dû se retirer tandis que, le mois suivant, les différentes composantes de la monarchie austro-hongroise proclamaient leur indépendance et devenaient des républiques. L'Allemagne n'échappa pas à cette désagrégation de l'ordre ancien. En quelques jours, l'empereur, les rois et les princes durent s'effacer devant la république. Après les Romanov et les Habsbourg, les Hohenzollern à leur tour furent emportés dans la tourmente.

## I — La révolution allemande et son échec

Le 9 novembre 1918, les Berlinois, qui s'étaient réveillés le matin « sujets » de l'Empire allemand, s'endormirent le soir « citoyens » d'une république doublement proclamée, l'une par les socialistes majoritaires à l'initiative de Scheidemann, l'autre, la « République socialiste des Conseils », par le spartakiste Karl Liebknecht.

### *La fin du régime impérial*

Les événements du 9 novembre 1918 furent l'aboutissement de la crise intérieure qui couvait depuis l'été avec les défaites militaires sur le front occidental. La nomination du prince Max de Bade, le 3 octobre, comme chancelier, précipita l'évolution en cours. Les socialistes majoritaires restaient fidèles au pouvoir en place et deux d'entre eux, Scheidemann et Bauer, faisaient parti du gouvernement. Leur objectif était de maintenir la cohésion du pays et d'éviter une éventuelle agitation révolutionnaire au moment où étaient pris les premiers contacts avec le président des États-Unis en vue d'un armistice. Un article du *Vorwärts* en date du 17 octobre résumait ainsi le point de vue des majoritaires : « L'Allemagne et le peuple allemand sont en péril... Le 4 août 1914 nous avons déclaré "qu'à l'heure du péril nous n'abandonnerons jamais notre patrie". Ce mot d'ordre est plus vrai que jamais[1]. »

Le 23 octobre, le problème de la survie du régime fut posé au gouvernement de Max de Bade à la suite de la dernière note reçue du secrétaire d'État américain Lansing selon laquelle les États-Unis ne pouvaient pas négocier « avec les gouvernements militaires et les autocrates monarchiques[2] ». Le général Ludendorff fut le premier sacrifié et remplacé, le 26 octobre, par le général Gröner. Le chancelier conseilla en vain à Guillaume II de se retirer volontairement tout comme le firent, le 31 octobre, les représentants du SPD et du Zentrum. L'empereur, furieux contre ses ministres, quitta Berlin et alla s'installer à Spa au quartier général de l'armée.

Lorsque Guillaume II arriva à Spa, la révolution avait déjà commencé. Le 29 octobre, à Kiel, les marins avaient refusé d'obéir au moment où on leur avait donné l'ordre de lever l'ancre pour une dernière opération en mer désormais inutile. Le 3 novembre, les spartakistes de Kiel se joignirent aux marins mutinés ; le drapeau rouge fut hissé sur les bâtiments publics. L'agitation gagna Lübeck, puis Altona, Brême et Wilhelmshafen. Le député majoritaire, Noske, et le secrétaire d'État Haussmann, envoyés sur place, réussirent à reprendre le contrôle de la situation en s'appuyant sur les syndicats aux mains des majoritaires, tandis que le *Vorwärts* lançait un appel au calme : « Refusez d'obéir à tout mot d'ordre lancé par une minorité irresponsable. » Les spartakistes et l'aile gauche des indépendants, au contraire, se prononçaient pour le déclenchement d'une insurrection générale[3]. Rapidement, les troubles gagnèrent d'autres régions. Le 4 novembre, à Stuttgart, trente mille ouvriers en grève organisaient des conseils ouvriers et réclamaient l'abdication du roi de Würtemberg. Le 8, à Munich, un conseil d'ouvriers, de soldats et

1. G. Badia, *Les Spartakistes*, *op. cit.*, p. 40.
2. P. Renouvin, *L'Armistice de Rethondes*, *op. cit.*, p. 381-382.
3. G. Badia, *Les Spartakistes*, *op. cit.*, p. 49-50.

de paysans prenait le pouvoir, et le socialiste indépendant, Kurt Eisner, proclamait la république socialiste de Bavière tandis que le roi prenait la fuite. Le même jour, Cologne, Hanovre, Brunswick, Dresde, Leipzig étaient à leur tour touchés par la vague révolutionnaire. Les uns après les autres, les souverains se retiraient, laissant la place à des conseils d'ouvriers et de soldats dont les socialistes majoritaires tentaient de prendre le contrôle afin de marginaliser les extrémistes.

Par crainte d'une extension des troubles, les ministres SPD du gouvernement demandèrent le 6 novembre l'abdication de Guillaume II en faveur du Kronprinz ; le 7, c'était son abdication immédiate qu'ils réclamaient. Le point de vue des socialistes majoritaires rejoignait celui de l'état-major. Le développement de ce climat révolutionnaire risquait d'être catastrophique au moment où les représentants du gouvernement conduits par le ministre Erzberger étaient en route pour la France afin d'y négocier les conditions d'armistice. Pour les militaires, l'empereur devait abdiquer au plus vite. La révolution, en effet, menaçait d'être prise en main par les spartakistes. Le 8 novembre, de Berlin, Karl Liebknecht et Ernst Mayer avaient lancé un appel à l'insurrection[1]. L'arrestation de plusieurs membres du Conseil ouvrier de Berlin, sur ordre du général von Linsingen, ne fit que renforcer la détermination des spartakistes, assez influents dans la capitale.

Le 9 novembre, c'est à Spa et à Berlin que se joua le destin de l'Allemagne impériale. Au grand quartier général, Gröner avait convoqué cinquante généraux en poste sur le front occidental et leur avait fait un tableau de la situation intérieure. Tous estimèrent que l'on ne pouvait pas compter sur l'armée pour rétablir l'ordre. Pour Gröner, soutenu désormais par Hindenburg, l'empereur devait abdiquer au plus vite car « l'armée n'est plus derrière Sa Majesté et le serment au drapeau n'est plus qu'un vain mot ». Dans la soirée, l'empereur consentit à se retirer. Le 10 novembre, Guillaume II et sa suite se réfugiaient en Hollande[2].

En effet, l'empereur avait appris ce qui venait de se passer à Berlin au cours du 9 novembre. À l'appel des conseils ouvriers, des milliers d'ouvriers s'étaient répandus dans les rues et avaient occupé les bâtiments publics. Beaucoup s'étaient dirigés vers le

1. *Ibid.*, p. 69.
2. J. Benoist-Méchin, *Histoire de l'armée allemande*, t. I, 1918-1937, Paris, rééd. 1984, p. 19-22 et M. Blancpain, *Guillaume II*, *op. cit.*, p. 219 et suiv.

palais du Reichstag où était réunie la direction du SPD. On venait d'y apprendre que Max de Bade avait démissionné et confié le pouvoir au majoritaire Friedrich Ebert. Pour calmer les manifestants, Scheidemann s'adressa à la foule, et, au grand étonnement de Ebert qui était à ses côtés, proclama la naissance de la république et annonça l'élection d'une Assemblée constituante dans les plus brefs délais. D'autres manifestants, sympathisants spartakistes, s'étaient dirigés vers le palais royal et là, devant la foule, Karl Liebknecht proclama la République socialiste des Conseils[1].

Pour Ebert et les majoritaires du SPD, il ne fallait pas laisser les spartakistes profiter de la vacance de l'exécutif. En tant que « chancelier », Ebert invita les fonctionnaires à rester à leur poste et à remplir leur mission « avec persévérance et sans peur », et les « citoyens au respect du calme et de l'ordre ». Mais, pour neutraliser les spartakistes, il chercha à rallier à lui les conseils d'ouvriers et de soldats de Berlin. Le 10 novembre, ces conseils, où l'influence des majoritaires était grande, se rallièrent à Ebert. Un Conseil des commissaires du peuple fut créé, et Ebert qui le présidait y fit entrer des socialistes indépendants de l'USPD. Le Conseil comprit donc trois majoritaires (Ebert, Scheidemann et Landsberg) et trois indépendants modérés (Haase, Barth et Dittmann) ; Ebert associa au Conseil des ministres des membres venus des partis bourgeois, comme le libéral Hugo Preuss[2]. La révolution était ainsi officiellement terminée, du moins le pensait Ebert.

### *L'armée, arbitre entre les courants socialistes*

Au soir du 9 novembre, Ebert était conscient que son pouvoir risquait à tout moment d'être remis en question par les spartakistes, qui bénéficiaient du soutien d'une minorité non négligeable du monde ouvrier, en particulier à Berlin. La seule force sur laquelle pouvait s'appuyer Ebert, en dehors des militants majoritaires, était l'armée. Ebert prit aussitôt contact avec le quartier général de Spa et obtint de Gröner le soutien de l'armée pour maintenir l'ordre. En fait, ce furent les militaires qui proposèrent leur appui à Ebert pour qu'il mette fin aux actions extrémistes et qu'il organise des élections[3]. Dans les derniers jours de

1. G. Badia, *Les Spartakistes*, *op. cit.*, p. 73.
2. P. Rassow, *Histoire de l'Allemagne*, *op. cit.*, t. II, p. 118-119.
3. J. Benoist-Méchin, *Histoire de l'armée allemande*, *op. cit.*, t. I, p. 39-40.

la guerre, des conseils de soldats avaient fait leur apparition dans la plupart des unités et, en général, l'influence des majoritaires y était prépondérante, sauf chez les marins de Kiel. Dans l'ensemble, cette armée obéissait à ses chefs.

Une fois installé au pouvoir, Ebert, dès le 13 novembre, annonça une série de mesures destinées à rallier au gouvernement ceux qui avaient au cours des dernières semaines manifesté leur mécontentement. L'état de siège et la censure étaient abolis, le droit d'association et de réunion publique rétabli, les condamnés politiques amnistiés. L'élection d'une Assemblée nationale fut également annoncée ainsi qu'une réforme électorale. Désormais, à tous les niveaux, les élections se feraient au suffrage universel, direct, égal et secret, et à la proportionnelle ; tous les hommes et les femmes âgés de plus de vingt ans étant électeurs[1]. Les spartakistes ne se faisaient dès lors guère d'illusions ; ils étaient conscients que les forces révolutionnaires sortiraient vaincues des urnes. Leur action allait se concentrer essentiellement sur le report des élections prévues pour le 19 janvier 1919.

Ebert savait très bien que les spartakistes représentaient un danger pour son gouvernement et pour le pays. Pour désarmer l'agitation sociale, il favorisa l'ouverture de négociations entre la direction des syndicats, aux mains des majoritaires, et le patronat. Dès le 15 novembre, les accords Legien-Stinnes donnèrent une existence officielle aux syndicats reconnus par le patronat comme « représentants autorisés des ouvriers » ; ils prévoyaient la journée de huit heures sans diminution de salaire, la création de comités ouvriers dans les entreprises de plus de cinquante salariés et de comités paritaires pour régler les conflits du travail. Le journal des spartakistes *Die rote Fahne* du 21 novembre critiqua violemment cet accord. Pour les spartakistes, qui réclamaient la socialisation des moyens de production, l'accord conclu avec le patronat n'était qu'« un contrat d'assurance que les capitalistes veulent payer pour être à l'abri des attaques dirigées contre le système capitaliste[2] ». Ebert devait tenir compte de la minorité spartakiste qui siégeait au comité exécutif des conseils d'ouvriers et de soldats de Berlin, un véritable contre-pouvoir qui contrôlait l'action gouvernementale. La police berlinoise, avec le préfet USPD, Eichhorn, n'était pas sûre.

Au début de décembre, l'arrivée à Berlin des troupes rentrant

1. G. Badia, *Les Spartakistes*, *op. cit.*, p. 129-130.
2. *Ibid.*, p. 133-135.

du front augmenta les tensions. Spartakistes et indépendants redoutaient un coup de force, d'autant plus qu'un peu partout l'état-major encourageait la formation de corps francs pour lutter contre la révolution. Le 11 décembre, Ebert accueillit en personne les unités de la Garde et s'adressa à elles en ces termes : « Je vous salue, vous qu'aucun ennemi n'a vaincu sur les champs de bataille[1]. » Cette phrase, destinée sans doute à s'attirer les bonnes grâces de l'état-major, indigna les spartakistes. Ceux-ci pouvaient compter sur les marins de Kiel qui, organisés en « Division de la marine populaire », étaient venus se fixer à Berlin pour y défendre la révolution. Les affrontements entre les groupes armés des spartakistes et l'armée régulière se multiplièrent au cours du mois de décembre. Le 24, malgré les réserves de Ebert, les troupes du général Lequis tentèrent de déloger les marins de Kiel du palais royal qu'ils occupaient. L'assaut se solda par un échec ; une soixantaine de marins y trouvèrent la mort et devinrent les héros de la révolution prolétarienne. On cria dans les rues de Berlin : « Vive Liebknecht ! À bas Ebert, à bas Scheidemann ! »

Cette situation particulièrement critique amena Ebert à demander à Gröner une intervention de l'armée car Berlin risquait de tomber aux mains des spartakistes. L'action de l'armée contre la Division de la marine provoqua la démission de trois commissaires du peuple USPD que Ebert remplaça par des majoritaires, dont Gustav Noske qui fut chargé de la Défense nationale. « Vous pouvez compter sur moi pour rétablir l'ordre », déclara-t-il le 27 décembre à son arrivée à Berlin. Les spartakistes, qui reprochaient aux indépendants leur mollesse, quittèrent l'USPD pour constituer, les 30 et 31 décembre 1918, le Parti communiste d'Allemagne (KPD) avec Karl Liebknecht, Rosa Luxemburg, Clara Zetkin et Wilhelm Pieck, un parti beaucoup plus « gauchiste » que son homologue russe. En même temps était mis en place un Comité d'action révolutionnaire formé de spartakistes et d'indépendants qui appela les Berlinois à l'insurrection. Le 6 janvier 1919, les premiers combats commencèrent à Berlin ; les émeutiers disposaient d'armes et pouvaient compter sur les marins. Noske confia à l'armée et aux corps francs le soin de rétablir l'ordre. Les combats se poursuivirent jusqu'au 13 janvier, mais lorsque le représentant des bolcheviks russes Radek, présent à Berlin, eut conseillé la prudence aux communistes allemands, ceux-ci se retirèrent du Comité d'action.

1. J. Benoist-Méchin, *Histoire de l'armée allemande*, *op. cit.*, t. I, p. 54-55.

La « semaine sanglante » s'acheva le 13 et fut suivie d'une brutale répression, des milliers d'arrestations, des centaines d'exécutions sommaires, dont celles des figures les plus célèbres du mouvement spartakistes, Karl Liebknecht et Rosa Luxemburg[1].

La révolution spartakiste n'avait guère dépassé Berlin et ses environs. Certes, il y eut au même moment des grèves dans la Ruhr, une éphémère République des Conseils vit le jour à Brême, mais, dans l'ensemble, le pays resta calme et aspirait à la paix. Les résultats des élections locales et régionales, qui eurent lieu en décembre 1918 et au début de janvier 1919, furent un échec pour les socialistes indépendants, surtout dans les États du Sud. Partout les majoritaires les devançaient largement[2].

Le contrat passé le 9 novembre 1918 entre Ebert et l'état-major avait été respecté. L'ordre régnait dans le pays, les élections pouvaient avoir lieu.

### *Les élections de 1919 et la création de la république de Weimar*

C'est le 19 janvier 1919 que les Allemands désignèrent leurs députés à l'Assemblée nationale. Avec la nouvelle loi électorale, c'est plus de 36 millions d'électeurs qui furent appelés aux urnes. Le pourcentage des abstentionnistes — 17 % — fut le moins élevé de toutes les élections qui eurent lieu de 1919 à 1930, malgré les consignes de boycott du KPD. Le grand vainqueur fut le SPD, le parti des majoritaires, qui, avec près de 40 % des suffrages, obtint cent soixante-cinq des quatre cent vingt et un sièges. Avec le Zentrum, qui améliorait ses positions avec près de 20 % des suffrages et quatre-vingt-onze sièges, et un nouveau parti, le Parti démocrate allemand (DDP : *Deutsche Demokratische Partei*) qui regroupait les progressistes et la gauche des nationaux-libéraux avec 18,6 % des voix et soixante-quinze sièges, le régime nouveau qui se mettait en place disposait d'une confortable majorité. Les grands perdants furent l'extrême gauche représentée par l'USPD qui, avec 7,8 % des voix, n'avait que vingt-deux élus, et aussi la droite conservatrice, trop compromise avec l'ancien régime. La droite se présenta divisée en deux partis concurrents, le Parti populiste allemand (DVP : *Deutsche Volkspartei*) issu de l'aile droite des nationaux-libéraux, avec dix-neuf sièges, et le Parti national allemand populiste (DNVP :

1. G. Badia, *Les Spartakistes*, *op. cit.*, p. 217 et suiv., et C. Klein, *Weimar*, Paris, 1968, p. 21-23.
2. G. Badia, *Histoire de l'Allemagne contemporaine*, *op. cit.*, t. I, p. 288.

*Deutsche Nationale Volkspartei*) regroupant les deux anciens partis conservateurs et qui obtint quarante-quatre élus. Le 6 février 1919, l'Assemblée nationale tint sa première séance à Weimar. Les députés adoptèrent aussitôt une Constitution provisoire pour la République, à la tête de laquelle ils placèrent Friedrich Ebert. Le nouveau président nomma Scheidemann chancelier tandis que Noske devenait « ministre de la *Reichswehr* ».

Au moment où commençaient les travaux de l'Assemblée, le calme était loin d'être revenu partout en Allemagne. À plusieurs reprises, l'armée réorganisée en Reichswehr provisoire fut amenée à intervenir avec le renfort des corps francs. Dès février, sur ordre de Noske, la troupe avait dû intervenir dans les villes côtières du nord, en Allemagne centrale, puis à Berlin où une nouvelle insurrection avait éclaté le 3 mars ; elle se prolongea pendant dix jours et fut écrasée par l'intervention des blindés et de l'artillerie ; enfin, à Munich, où la situation était explosive depuis l'assassinat de Kurt Eisner, le 21 février, et où apparut une République des Conseils à laquelle l'armée mit fin. Une fois encore, le pouvoir civil avait dû recourir à l'armée pour rétablir l'ordre.

Pendant ce temps, à Weimar, en compagnie de juristes, le professeur Hugo Preuss, spécialiste du droit public et député démocrate, préparait l'élaboration de la Constitution[1]. Les travaux préparatoires aboutirent à un texte définitif adopté en dernière lecture le 31 juillet par 262 voix contre 75 et promulgué par le président Ebert le 11 août. La Constitution était un compromis entre la tradition bismarckienne et l'idéal démocratique. L'Allemagne, qui continuait à porter le nom d'Empire (Reich), était une république dont « le pouvoir d'État vient du peuple ». C'est le seul article où est mentionné le mot « république ». Le drapeau officiel est l'ancien drapeau noir-rouge-or des révolutionnaires de 1848 mais, compromis à la tradition, le pavillon des navires de commerce est l'ancien drapeau de l'Empire noir-blanc-rouge avec les nouvelles couleurs en écusson. L'Allemagne demeure un État fédéral formé de dix-sept États (*Länder*), dotés d'une Constitution républicaine, avec leur propre gouvernement, un parlement (Landstag) élu mais avec des compétences réduites. L'article 13 rappelle que « le droit du Reich brise le droit d'État », tandis que, d'après l'article 48, le président du Reich peut obliger « à l'aide de la force armée » à exécuter les obliga-

1. C. Gusy, « Les conceptions de la démocratie dans la Constitution de Weimar », in *Weimar ou De la démocratie en Allemagne*, Paris, 1994, p. 21 et suiv.

tions « qui lui incombent par la Constitution » tout Land qui s'y dérobe. Face aux Länder, le pouvoir fédéral a été renforcé par rapport à la Constitution de 1871. De son ressort relèvent la diplomatie, l'armée, les finances et l'économie, les douanes, les postes, les transports, et il dispose de la plus grande partie des recettes fiscales.

La souveraineté populaire peut s'exercer de deux manières, directement par une initiative populaire pour demander qu'un projet de loi soit soumis à référendum (*Volksentscheid*) si 10 % des électeurs le demandent, ou indirectement par l'intermédiaire des députés ou du président[1]. Le pouvoir législatif est partagé entre deux Assemblées. La diète d'Empire (Reichstag) est élue pour quatre ans au suffrage universel, direct et secret, et à la proportionnelle ; elle vote les lois de la compétence fédérale, le budget, et peut renverser le gouvernement en lui refusant la confiance. Le Conseil d'Empire (Reichsrat) est formé des représentants des Länder en nombre proportionnel à leur population, mais aucun Land ne peut disposer de plus de deux cinquièmes des sièges. Le Conseil d'Empire dispose d'un veto suspensif de quatre ans sur les lois votées par le Reichstag à moins que celles-ci n'aient été votées par une majorité des deux tiers. Dans la mesure où le Reichstag peut renverser le gouvernement par un vote de défiance, la Constitution de Weimar a mis en place un véritable régime parlementaire. Cependant, la Constitution a donné à l'exécutif des pouvoirs importants. À la tête de l'État se trouve le président du Reich, élu pour sept ans « par le peuple allemand tout entier », mais étant donné que Ebert est déjà en fonction, cette disposition n'interviendra qu'à l'expiration de son mandat. Le président nomme le chancelier et sur sa proposition les ministres, et « met également fin à leurs fonctions ». Il nomme les fonctionnaires et est de droit chef des armées. Le président peut dissoudre le Reichstag ; il dispose d'un veto suspensif de deux ans sur les lois votées, qu'il peut toujours soumettre à référendum. L'article 48 donne au président « si la sécurité et l'ordre public sont gravement compromis ou menacés » le droit de « prendre les mesures nécessaires au rétablissement de la sécurité et de l'ordre public... au besoin avec l'aide de la force armée[2] ».

Dans sa deuxième partie, la Constitution rappelle les droits fondamentaux des citoyens, liberté d'associations et de réunion,

1. *Ibid.*, p. 25, et C. Klein, *Weimar*, *op. cit.*, p. 93-94.
2. M. Froment, « Le constitutionnalisme allemand », in *Pouvoirs*, 1993, p. 5-20.

liberté de la presse, liberté de conscience et des cultes ; elle protège le mariage, la famille, la propriété, l'enseignement de la religion, la liberté de l'enseignement ; elle garantit enfin le droit de propriété, le droit au travail, le droit aux assurances et prévoit aussi la *possibilité* de « socialisation » des entreprises[1].

Avec une telle Constitution, l'Allemagne pouvait passer pour un des États les plus démocratiques de l'Europe d'alors.

## II — Les années d'épreuves et d'espoir (1919-1929)

Le régime républicain se trouva immédiatement confronté à de graves difficultés qui se prolongèrent jusqu'en 1924 avant de pouvoir enfin se consolider à la faveur de l'apaisement des tensions et du redressement de l'économie.

### *Les difficultés extérieures et leur impact économique*

Avant même de s'occuper des problèmes institutionnels, les députés durent donner leur accord pour la signature du traité de paix dont le texte avait été remis aux délégués allemands le 7 mai 1919. N'ayant d'autre choix que de s'incliner devant les exigences des vainqueurs, les députés par 237 voix contre 138 acceptèrent le 22 juin le traité qui fut signé le 28 juin par les ministres Müller et Bell à Versailles, sur les lieux mêmes où, en 1871, Bismarck avait présidé à la naissance de l'Empire allemand.

Les clauses du traité de Versailles étaient particulièrement rigoureuses. Le territoire allemand était amputé d'un septième de sa superficie, soit 72 000 km$^2$ peuplés de 6 500 000 habitants, dont plus de 1 500 000 authentiquement allemands. Les pertes subies à l'ouest (Alsace-Lorraine, Eupen et Malmédy), au nord (Schleswig septentrional), à l'est (Posnanie, corridor et territoire de Dantzig, Memel) et au sud-est (Haute-Silésie orientale) privaient l'Allemagne de 20 % de sa production de charbon, de 75 % de sa production de minerai de fer et de 68 % de sa production de zinc. À ces pertes en Europe s'ajoutait l'abandon de toutes les colonies remises à la Société des Nations. Enfin, la Sarre était détachée de l'Allemagne et intégrée à l'espace économique français pour quinze ans, avant qu'un plébiscite ne décide alors du sort du territoire.

Les Alliés imposèrent le démantèlement des industries de

1. P. Rassow, *Histoire de l'Allemagne*, *op. cit.*, t. II, p. 133-136.

guerre et le désarmement de l'Allemagne sous la surveillance d'une Commission militaire de contrôle interalliée (CMIC) opérant en territoire allemand, ainsi que la limitation à cent mille hommes des effectifs de l'armée de terre et à quinze mille hommes ceux de la marine, avec un armement strictement limité et uniquement défensif. À titre de garantie, la rive gauche du Rhin ainsi qu'une bande de territoire de cinquante kilomètres de profondeur sur la rive droite seraient pour toujours démilitarisées. Pour assurer l'exécution du traité, la rive gauche du Rhin ainsi que trois têtes de pont sur la rive droite seraient occupées par les armées alliées pendant quinze ans, avec une évacuation partielle tous les cinq ans. Beaucoup plus mal ressenti par l'opinion et les dirigeants allemands fut l'article 231 par lequel l'Allemagne reconnaissait qu'elle était « responsable pour les avoir causés de tous les dommages subis par les gouvernements alliés et associés, par leurs nationaux, par suite de la guerre qui leur a été imposée par son agression ». À titre d'acompte sur les réparations qu'elle s'engageait par avance à payer sans en connaître le montant définitif — ce dernier serait communiqué au plus tard le 1er mai 1921 —, l'Allemagne verserait immédiatement 20 milliards de marks-or et livrerait aux Alliés 45 millions de tonnes de charbon ainsi que la plus grande partie de sa flotte de commerce. En outre, le traité comportait diverses dispositions : interdiction d'union à l'Autriche, la remise aux Alliés des chefs militaires et civils coupables de « crimes de guerre » afin de les juger, et attribution aux produits alliés d'un régime douanier préférentiel[1].

Ce *Diktat*, ainsi l'appelèrent les Allemands, fut ressenti comme une profonde injustice. Il fut rapidement utilisé par les partis nationalistes comme argument contre la gauche accusée d'avoir saboté l'effort de guerre, puis contre le régime de Weimar qui avait accepté ce traité. Les communistes virent dans le traité, que Lénine qualifiait de « paix de brigands et de voleurs », un diktat imposé au peuple allemand par les capitalistes.

Au moment du traité de Versailles, l'économie allemande se trouvait dans une situation difficile. Les productions industrielle et agricole n'atteignaient alors respectivement que 60 et 50 % de leur niveau de 1913, les exportations à peine le tiers, et il fallait réintégrer dans le circuit de production les millions d'hommes en cours de démobilisation. De plus, l'augmentation massive de la masse monétaire, l'endettement intérieur de l'ordre de 200 mil-

1. D. Raff, *Deutsche Geschichte*, *op. cit.*, p. 290-293, et J.-B. Duroselle, *Histoire diplomatique de 1919 à nos jours*, Paris, 1971, p. 10 et suiv.

liards de marks-or, la hausse des prix sur lesquels les salaires avaient pris un retard considérable avaient détérioré le climat social et favorisé l'agitation révolutionnaire que les syndicats s'efforçaient de canaliser. La monnaie avait relativement bien résisté puisque, en décembre 1918, le *Reichsmark* (RM) s'échangeait au taux de 8,9 pour un dollar, contre 4,25 en 1914. Le traité de Versailles et l'incertitude quant au montant définitif des réparations entraînèrent la chute rapide de la valeur du mark. Dès juillet 1919, le dollar valait déjà 14 RM et atteignit le cours de 60 RM en mai 1921, lorsque l'on apprit que le montant des réparations avait été fixé à 132 milliards de RM-or.

Au nom du gouvernement Wirth, le ministre chargé des réparations, Walter Rathenau, négocia avec les Alliés les modalités du paiement : l'Allemagne verserait une somme annuelle fixe de 2 milliards de RM-or ainsi qu'une somme variable correspondant à 26 % de la valeur de ses exportations, le tout assorti d'un intérêt annuel de 6 % pour les sommes restantes. La chute de la monnaie s'accéléra aussitôt, le dollar monta à 76 RM dès juillet 1921, à 192 RM six mois plus tard, à 493 RM en juillet 1922, à 4 000 RM en octobre et à 9 000 en novembre. L'inflation galopante cependant ne faisait que commencer[1].

### *Difficultés économiques et tensions politiques*

La société allemande, en plein désarroi depuis la défaite, fut ébranlée par l'inflation. Si les grandes entreprises et tous ceux qui avaient emprunté de l'argent profitèrent de la dépréciation de la monnaie pour épurer leurs dettes, la plupart des Allemands se trouvèrent dans une situation délicate. Les victimes de cette inflation furent d'abord ceux qui avaient des revenus fixes, retraités et rentiers, propriétaires de logements ou de terres vivants de loyers et de fermages fixés par des baux à longue durée ; ce furent aussi les salariés dont les revenus étaient amputés par la hausse des prix ; ce furent également les artisans et les commerçants, les petites entreprises, touchés par la chute de la consommation. Ces catégories sociales, fragilisées par la crise monétaire, furent des recrues faciles pour les partis extrémistes. Beaucoup d'ouvriers allèrent rejoindre les héritiers du spartakisme, KPD et USPD ; les membres de la classe moyenne, les cadres de l'armée victimes de la réduction des effectifs, les

1. Ch. Ambrosi et M. Tacel, *Les Grandes Puissances du monde contemporain*, Paris, 1973, t. II, p. 75-78.

fonctionnaires expulsés des territoires perdus et réduits au chômage se retrouvèrent souvent dans les divers groupes nationalistes qui proliféraient alors, ou dans les corps francs.

Dans ce contexte, le régime républicain paraissait fragile. Les fonctionnaires et les magistrats chargés d'appliquer les nouvelles lois étaient dans leur majorité des nostalgiques de l'Allemagne impériale ; il en était de même des cadres de l'armée. En novembre 1919, lorsque se réunit la Commission d'enquête parlementaire « sur certains événements survenus avant et pendant la guerre », Hindenburg et Ludendorff se firent accusateurs et dénoncèrent le manque de soutien de l'arrière et « le coup de poignard dans le dos ». La nouvelle armée, la Reichswehr, était peu sûre. Certains de ses généraux comme von Lüttwitz complotaient au sein de l'Union nationale où l'on retrouvait des députés de droite comme Helferlich, von Westarp, et de hauts fonctionnaires de l'Empire comme von Kapp.

Le 3 février 1920, les Alliés exigèrent, en vue de leur jugement, la remise de quelque neuf cents « criminels de guerre », dont Guillaume II, le Kronprinz, Hindenburg, Tirpitz et d'autres encore ; la grande majorité des Allemands fut indignée. La réponse des mouvements nationalistes fut le putsch de Kapp-Lüttwitz à Berlin, le 13 mars 1920. Avec l'appui de la brigade Ehrardt, von Kapp s'installa à la chancellerie et nomma le général von Lüttwitz commandant en chef de l'armée, tandis que Ebert, le gouvernement et les Assemblées, qui avaient regagné Berlin en septembre 1919, se réfugièrent à Dresde puis à Stuttgart. La population berlinoise riposta au putsch par la grève générale. Le 17 mars, von Kapp abandonna la partie et quitta le pays, laissant le pouvoir à von Lüttwitz mais, face au scepticisme des cadres de l'armée, ce dernier se retira à son tour, si bien que, le 18 mars, le gouvernement put regagner Berlin[1]. Ce n'est pas la Reichswehr qui fit échouer le putsch — elle était restée neutre car « la Reichswehr ne tire pas sur la Reichswehr » —, mais c'est le monde ouvrier qui, par la grève générale, avait fait échouer l'entreprise. Le ministre de la Reichswehr, Noske, dut démissionner car la gauche l'accusa de complaisance à l'égard des militaires. Le putsch réveilla l'agitation ouvrière, notamment dans la Ruhr où, le 23 mars, l'on proclama, une République des Conseils. Cette fois, la Reichswehr accepta d'intervenir et écrasa l'insurrection de la Ruhr, mais pour ce faire, elle dut pénétrer dans la zone démilitarisée, ce qui entraîna à titre de sanction l'occupation de

1. J. Benoist-Méchin, *Histoire de l'armée allemande*, *op. cit.*, t. I, p. 339-365.

Francfort et de Darmstadt par les troupes françaises. Le général von Seeckt, nommé commandant en chef de la Reichswehr dès le lendemain du putsch, fut chargé de réorganiser l'armée dans le cadre des limites imposées par le traité de paix, pour en faire « non point une armée de mercenaires, mais une armée de chefs[1] ». Mais les militaires qui ne furent pas intégrés à la nouvelle Reichswehr allèrent grossir les rangs des mécontents.

C'est dans ce climat agité qu'eurent lieu les élections de juin 1920. La coalition de Weimar en sortit affaiblie avec un recul sensible du SPD et du parti démocrate ; l'USPD, en revanche, obtenait quatre-vingt-trois élus et le KPD quatre, mais l'ensemble des partis de droite avait progressé aussi avec 29 % des suffrages et cent trente-six élus. La poussée extrémiste ne se manifesta pas seulement à l'occasion des élections. Si la grève insurrectionnelle était la principale forme d'action de l'extrême gauche, l'attentat politique fut un mode d'expression fréquemment utilisé par les membres des groupes ultranationalistes. Les principales victimes furent les hommes politiques représentatifs du nouveau régime. Le 9 juin 1921, le député USPD au Landtag de Bavière, Gareis, était assassiné. Puis, Mathias Erzberger, sorti indemne d'un premier attentat en janvier 1920, fut abattu le 26 août 1921 par deux anciens de la brigade Ehrardt. Le 4 juin 1922, ce fut au tour de Scheidemann d'être agressé, mais il échappa à ses assaillants. Le 24 juin, c'est Walter Rathenau qui tombait à Berlin, jugé coupable de trahison au nom de la Sainte-Vehme. L'émotion suscitée par la mort de Rathenau trouva un écho au Reichstag, où fut votée une « loi pour la protection de la République » entraînant la dissolution de nombreuses associations patriotiques. L'écrivain Ernst von Salomon a évoqué dans *Les Réprouvés* la chasse à l'homme que lança la police à travers tout le pays. Les deux assassins furent repérés le 17 juillet ; l'un, Kern, fut abattu par la police, l'autre, Fischer, se suicida. Von Salomon, accusé de complicité, fut condamné à cinq ans de forteresse[2]. Au total, c'est plus de quatre cents attentats politiques qui ensanglantèrent l'Allemagne entre 1920 et 1924.

La situation économique du pays ne facilitait pas la tâche des dirigeants, et dissuadait les investisseurs étrangers de placer leurs capitaux en Allemagne, d'autant que la charge des réparations

1. Général H. von Seeckt, *Die Reichswehr*, Berlin, 1933, p. 31 et suiv., cité par J. Benoist-Méchin, *op. cit.*, p. 384.

2. E. von Salomon, *Les Réprouvés (Die Geächteten)*, Paris, 1986, p. 262 et suiv.

rendait l'avenir incertain. L'Allemagne se trouvait isolée diplomatiquement et économiquement. La conférence de Gênes en avril-mai 1922 où Walther Rathenau avait représenté l'Allemagne jeta les bases d'une réorganisation des règles du commerce international. Ce fut surtout l'occasion pour l'Allemagne de rompre partiellement son isolement. En effet, Rathenau rencontra les délégués de l'URSS et signa avec eux le traité de Rapallo, qui comprenait un accord de commerce et de coopération économique, mais également un accord secret qui renforçait la coopération militaire entre les deux pays amorcée dès 1919[1].

Dans l'immédiat, l'état de l'économie amena l'Allemagne à différer le paiement des réparations. Les livraisons prévues pour le 30 septembre 1922 n'ayant pas été effectuées, le chef du gouvernement français, Raymond Poincaré, saisit la Commission des réparations. La France, soutenue par la Belgique et l'Italie et malgré l'opposition britannique, fut autorisée à occuper la Ruhr. Le 11 janvier 1923, les troupes franco-belges pénétrèrent officiellement dans la Ruhr pour assurer la sécurité d'une « Mission interalliée de contrôle des usines et des mines » chargée de prendre les mesures nécessaires pour le paiement des réparations[2].

### *1923 : l'année de tous les dangers*

L'occupation de la Ruhr provoqua une émotion considérable et fragilisa la république de Weimar. Le chancelier Cuno, qui avait succédé à Wirth en juin 1922, riposta au coup de force par la rupture des relations diplomatiques avec la France et la Belgique, et ordonna la résistance passive. Toute l'activité cessa dans la Ruhr, et Berlin interdit aux autorités locales de collaborer avec l'occupant. Les autorités d'occupation ripostèrent en isolant la Ruhr du reste de l'Allemagne et en expulsant plusieurs dizaines de milliers d'habitants. L'économie allemande fut mise à mal, l'inflation s'accéléra et le cours du dollar, qui était déjà de 18 000 RM en janvier 1923, passa à 350 000 en juillet pour atteindre 4 600 000 en août, paralysant ainsi les activités commerciales et réduisant à la misère les salariés et les classes moyennes.

1. P. de Villemarest, *À l'ombre de Wall Street : complicités et financements soviéto-nazis*, Paris, 1996, p. 163 et suiv.
2. J.-B. Duroselle, *Histoire diplomatique de 1919 à nos jours*, *op. cit.*, p. 66 et suiv.

Dans la Ruhr, les ouvriers firent preuve d'esprit de résistance. Les incidents avec l'occupant se multiplièrent. Le 31 mars à Essen, une manifestation ouvrière fut durement réprimée et treize ouvriers tombèrent sous les balles françaises. Contre l'occupant, des mouvements patriotiques animés par des anciens des corps francs organisèrent la résistance et multiplièrent les sabotages. L'un de leurs chefs, Leo Schlageter, jugé par un tribunal militaire français, fut fusillé ; ses compagnons transférés à Saint-Martin-de-Ré furent déportés à Cayenne. Il y eut des centaines d'arrestations, souvent facilitées d'ailleurs par la collaboration de la police locale[1].

L'occupation de la Ruhr réveilla le séparatisme rhénan. Déjà en juin-juillet 1919, certains Rhénans encouragés par les milieux militaires français avaient songé sans succès à créer une République rhénane. En 1923, le mouvement séparatiste prit une plus grande ampleur. À Aix-la-Chapelle, à Coblence, à Wiesbaden, l'idée d'une République rhénane fut défendue par des hommes comme Decker, Mathes et, surtout, Dorten qui se proclama en décembre 1923 « chef du gouvernement provisoire de la République rhénane ». Le bourgmestre de Cologne, le futur chancelier Konrad Adenauer, sembla encourager le mouvement mais y renonça après que Poincaré eut désavoué Dorten. D'autres poursuivirent leur action séparatiste au Palatinat en janvier-février 1924. L'aventure s'acheva le 13 février à Pirmasens, où la population locale massacra les chefs séparatistes qui tentaient de s'échapper de l'hôtel de ville en flammes.

Le séparatisme bavarois représenta pour le gouvernement un danger beaucoup plus grand. Les Bavarois, jaloux de leur autonomie, étaient alors gouvernés par le ministre-président von Kahr soutenu par la majorité monarchiste du Landtag. Beaucoup de nationalistes allemands s'étaient réfugiés en Bavière au lendemain du putsch de von Kapp et, en 1922, le gouvernement bavarois avait refusé d'appliquer la loi sur la protection de la République. À Munich, de nombreux mouvements nationalistes s'étaient constitués, notamment un Parti ouvrier national-socialiste allemand (NSDAP) créé en 1920 par un certain Adolf Hitler ; ce parti comptait déjà plusieurs dizaines de milliers d'adhérents en 1923 et bénéficiait de la caution morale de Ludendorff. À la différence de von Kahr, dont la seule ambition était l'indépendance de la Bavière, Hitler considérait la Bavière

1. E. von Salomon, *Les Réprouvés*, *op. cit.*, p. 295 et suiv.

comme un tremplin pour accéder au pouvoir à Berlin et mettre fin par la force à la république de Weimar.

À ce moment-là, l'enlisement de la crise de la Ruhr et l'inflation galopante avaient entraîné le départ du chancelier Cuno et son remplacement, le 12 août, par un monarchiste membre du parti populiste, Gustav Streseman. Le nouveau gouvernement de large coalition, allant du SPD au parti populiste, donna l'ordre le 26 septembre de faire cesser la résistance passive dans la Ruhr et prit contact avec Paris pour régler le problème. À cette nouvelle, en Bavière, se constitua un Front national regroupant von Kahr et les nationalistes bavarois, les nationaux-allemands, le NSDAP et certains militaires, dont le général von Lossow. Le jour même où Streseman annonçait la fin de la résistance passive, von Kahr proclama l'état d'exception en Bavière. La Bavière et une partie de la Reichswehr entraient ainsi en rébellion contre le gouvernement fédéral et le reste de la Reichswehr. Mais, le 8 novembre, lorsque Hitler tenta d'entraîner von Kahr dans une action contre le gouvernement de Berlin, il fut lâché dès le lendemain par son allié d'un soir. La manifestation prévue en commun le 9 novembre se termina par une fusillade : la police bavaroise tira sur les manifestants nazis ; Hitler et plusieurs des dirigeants du NSDAP furent arrêtés. Le « putsch » de Munich avait échoué sans que la Reichswehr locale eût à intervenir.

Les séparatistes et l'extrême droite n'étaient pas les seuls à mettre en péril l'existence du régime. L'extrême gauche, elle aussi, cherchait à tirer profit du mécontentement de la population. En octobre 1920, tiraillé entre ses divers courants, l'USPD avait éclaté ; une minorité de ses membres rejoignit le SPD en 1922, mais le plus grand nombre se rallia au KPD. La direction du parti communiste hésitait à engager une action insurrectionnelle. Pourtant, fin octobre 1923, les communistes de Hambourg, menés par Ernst Thälmann, avaient déclenché une insurrection armée qui fut durement réprimée par la Reichswehr. Au même moment, en Saxe et en Thuringe, où le pouvoir du Land était aux mains d'une coalition socialo-communiste, des troubles avaient éclaté, mais la grève générale décidée par les communistes fut un échec. Ici aussi, la Reichswehr intervint à la demande du gouvernement fédéral et, en vertu de l'article 48, la Saxe fut placée sous l'autorité d'un commissaire du Reich. Le gouvernement profita de l'agitation communiste pour interdire le KPD, mais les membres SPD du gouvernement démissionnèrent en signe de protestation[1].

1. P. Rassow, *Histoire de l'Allemagne*, *op. cit.*, t. II, p. 146-148.

Pourtant malgré toutes ces difficultés, Streseman avait sauvé le régime. L'affaire de la Ruhr était en voie de règlement. Une partie de la droite modérée était satisfaite de voir l'un des siens au pouvoir. La crise monétaire touchait à sa fin avec la création, le 15 octobre 1923, d'une *Rentenbank* qui, un mois plus tard, lança l'émission d'une nouvelle monnaie au moment où le RM avait atteint le cours record de 4 200 milliards pour un dollar.

### *La stabilisation*

La mise en circulation d'une monnaie provisoire, le *Rentenmark*, le 15 novembre 1923 permit un redressement rapide de l'économie allemande. On procéda à l'échange de la monnaie sur la base d'un Rentenmark pour 1 000 milliards de RM. La réforme était l'œuvre du ministre des Finances Luther et du commissaire du Reich à la monnaie, le banquier Schacht. Elle fut accompagnée d'une politique de rigueur budgétaire qui ramena la confiance des milieux d'affaires. À la fin de l'été 1924, la Reichsbank fut réorganisée. On put alors remplacer la monnaie provisoire par un nouveau Reichsmark convertible en or. La couverture en or et en devises, qui était de l'ordre de 65 %, fit de la monnaie allemande l'une des plus solides d'Europe[1]. Le succès de la réforme monétaire fut facilitée par le règlement de la question des réparations. Un comité d'experts, présidé par le banquier américain Dawes, élabora un plan de règlement des réparations approuvé par les Alliés en août 1924, et ce d'autant plus facilement que, en France, Raymond Poincaré avait été remplacé par Édouard Herriot, beaucoup plus conciliant que son prédécesseur. Le plan Dawes prévoyait le versement par l'Allemagne la première année d'une somme d'un milliard de marks-or dont huit cents millions fournis par un emprunt international ; au cours des quatre années suivantes, les versements augmenteraient progressivement pour atteindre la cinquième année deux milliards et demi de marks ; au-delà, les versements seraient liés à l'évolution de la production en Allemagne.

Le plan Dawes amena une certaine détente dans les relations franco-allemandes. Dans le gouvernement Marx qui lui succéda, Streseman fut chargé des Affaires étrangères et conserva cette fonction jusqu'à sa mort en 1929. Il trouva comme interlocuteur du côté français Aristide Briand, favorable au rétablissement de

1. Ch. Ambrosi et M. Tacel, *Histoire économique des grandes puissances à l'époque contemporaine*, Paris, 1965, p. 561 et suiv.

meilleures relations avec l'Allemagne. Les premiers signes de bonne volonté de Paris se traduisirent par l'évacuation de la Ruhr en juillet 1925. Puis, en octobre, lors de la conférence de Locarno, la France et l'Allemagne se garantirent leurs frontières communes ainsi que les frontières de la Belgique. Briand considéra le pacte de Locarno comme une première étape dans le règlement définitif du contentieux franco-allemand et il donna son accord pour l'évacuation de la zone nord de Rhénanie d'où les Franco-Belges se retirèrent en décembre 1925 ; de même, il favorisa l'entrée de l'Allemagne à la Société des Nations. Pour Streseman, l'objectif à atteindre était d'abord l'évacuation de la Rhénanie pour pouvoir à long terme obtenir une révision du traité de Versailles. C'est ce qu'il expliqua à la veille de la Conférence de Locarno dans une lettre adressée au Kronprinz : « L'essentiel est... la libération de notre sol... ; il faut tout d'abord que nos étrangleurs lâchent prise[1]... »

L'apparente bonne volonté de l'Allemagne amena les Alliés à mettre fin aux travaux de la Commission de Contrôle du désarmement, dont les derniers éléments quittèrent le territoire allemand en février 1927, la Conférence des ambassadeurs ayant estimé que le désarmement de l'Allemagne était effectif[2] ! En fait, depuis le traité de Rapallo, c'est en URSS que les techniciens allemands élaboraient et essayaient les matériels de guerre interdits par le traité de Versailles ; c'est là que se formaient et s'entraînaient les pilotes de guerre sous la direction d'instructeurs venus d'Allemagne[3]. Pourtant, les signes de bienveillance de l'Allemagne se multipliaient. Ainsi, le 27 août 1928, Streseman vint lui-même à Paris signer l'adhésion de son pays au pacte Briand-Kellog qui mettait la guerre hors la loi. Il en profita pour demander l'évacuation anticipée de la Rhénanie ainsi qu'une révision du plan Dawes. La conférence de La Haye décida que l'évacuation totale de la Rhénanie devrait être achevée pour le 30 janvier 1930. Quant au plan Dawes, il fut remplacé par le plan Young, du nom du président du comité d'experts qui le prépara. Applicable à partir de mai 1930, le plan Young prévoyait le paiement des réparations restantes en cinquante-huit annuités, les trente-sept premières iraient en croissant de 1,7 à 2,4 milliards de marks-or, dont une part non différable de 660 millions de marks[4].

1. *Les Papiers de Streseman*, Paris, 1932, t. II, p. 111 et suiv.
2. J. Benoist-Méchin, *Histoire de l'armée allemande*, *op. cit.*, t. I, p. 556-557.
3. P. de Villemarest, *À l'ombre de Wall Street : complicités et financements soviéto-nazis*, *op. cit.*, p. 183 et suiv.
4. Ch. Ambrosi et M Tacel, *Histoire économique des grandes puissances à l'époque contemporaine*, *op. cit.*, p. 564-565.

La fin de la crise monétaire calma les tensions politiques. La comparaison des résultats des élections au Reichstag de mai et de décembre 1924 traduisit un net recul des partis extrémistes. Le KPD ne retrouva en décembre que 45 des 62 sièges qu'il avait obtenus en mai. Quant aux partis ultra-nationalistes dont le NSDAP, leur représentation passa de 32 à 14 députés et le pourcentage de leurs voix passa de 6,6 à 3 %. La mort du président Ebert, le 28 février 1925, ranima quelque peu les passions politiques car, pour la première fois, les Allemands allaient désigner leur chef d'État au suffrage universel. Le premier tour eut lieu le 29 mars avec sept principaux candidats. Le candidat de la droite, le populiste Jarres, arriva en tête avec 38,7 % des suffrages, suivi par trois candidats de la coalition de Weimar, le SPD Braun avec 29 % des voix, le catholique du Zentrum Marx avec 14 % et le démocrate Hellpach avec 6 %. Quant aux candidats des partis extrémistes, le communiste Thälmann recueillait 6,9 % des suffrages, tandis que Ludendorff, soutenu par le NSDAP et les ultra-nationalistes, n'obtenait que 1,24 % des voix. Au second tour, le candidat du SPD Braun devait avoir pour l'emporter à la fois l'appui du Zentrum et des communistes mais un éventuel soutien des communistes lui aurait fait perdre la plupart des voix catholiques. D'ailleurs, les contacts entre Braun et les communistes ne donnèrent aucun résultat[1]. Le SPD considéra qu'il serait plus réaliste de soutenir la candidature de Marx, représentant l'aile gauche du Zentrum et dévoué à la République. Les chefs de la droite estimèrent que la victoire désormais possible de Marx écarterait définitivement la possibilité d'une restauration de la monarchie. Ils demandèrent alors au vieux maréchal Hindenburg de se présenter à la place de Jarres, prêt à se retirer. L'amiral Tirpitz parvint à persuader son ancien compagnon d'armes d'accepter cette proposition. Au second tour, où l'on vota davantage, Hindenburg fut élu avec 14 655 000 voix (48,3 %) devant Marx qui en obtenait 13 751 000 (45,3 %), tandis que Thälmann ralliait sur son nom 1 951 000 voix (6,3 %). Le maintien de Thälmann avait facilité l'élection de Hindenburg[2]. On aurait pu croire que l'élection du maréchal monarchiste allait sonner le glas de la république de Weimar. Il n'en fut rien. Bien au contraire, le maréchal-président rehaussa le prestige du régime. Il cautionna de son autorité la politique extérieure de Streseman. Il joua loyalement le jeu parlementaire et, en octobre 1926, lorsque la

1. G. Badia, *Histoire de l'Allemagne contemporaine*, *op. cit.*, t. I, p. 224-226.
2. J. Benoist-Méchin, *Histoire de l'armée allemande*, *op. cit.*, t. I, p. 534-536.

gauche protesta contre la participation du fils du Kronprinz à des manœuvres militaires, le président Hindenburg s'inclina et demanda au général von Seeckt de démissionner. Plus tard, lorsque les élections de mai 1928 renforcèrent le poids du SPD, Hindenburg chargea l'un d'entre eux, Hermann Müller, de former un gouvernement de grande coalition. L'Allemagne semblait avoir alors retrouvé la stabilité politique.

L'assainissement monétaire et la stabilité politique furent favorables à la reprise économique. Les étrangers, confiants dans la nouvelle monnaie, apportèrent leurs capitaux. Entre 1924 et 1929 ce furent l'équivalent de plus de 25 milliards de RM qui furent placés en Allemagne, dont 14 milliards à court terme. Les investissements directs, essentiellement d'origine américaine, affectèrent principalement le secteur automobile, la sidérurgie, l'industrie chimique et les industries électrotechniques. Certaines grandes entreprises allemandes s'associèrent à des banques et à des groupes industriels américains. Image type de l'interpénétration des sociétés allemandes et américaines, le groupe IG Farben né en 1925 du regroupement des sociétés BASF, Bayer et Hoechst où entrèrent dans le conseil d'administration, dès 1927, les représentants des groupes Ford et General Motors ainsi que Walter Teagle de la Standard Oil et Paul Warburg du Federal Reserve Board, ami et conseiller du futur président Roosevelt. Henry Ford lui-même, qui détenait déjà 40 % des actions de Ford-Allemagne, prit en 1928 des participations dans l'IG Farben[1]. La crise monétaire de 1921-1923 avait éliminé les entreprises les plus fragiles et accéléré le mouvement de concentration. Les cartels du charbon (*Kohlensyndicat*) et de l'acier (*Vereinigte Stahlwerk*), plus puissants que jamais, appliquèrent, ainsi que la plupart des grandes entreprises industrielles, les pratiques de rationalisation du travail venues des États-Unis, si bien que, grâce aux gains de productivité, de nombreux emplois furent supprimés. Ainsi, dans la Ruhr, le nombre des mineurs passa-t-il entre 1922 et 1929 de 545 000 à 326 000 alors que la production de charbon augmentait de 25 %[2]. L'essor économique bénéficia en partie aux salariés. La hausse des salaires moyens dans l'industrie fut de 16,5 % entre 1925 et 1929 alors que celle des prix ne fut que de 9 %. Mais les écarts de revenus se creusèrent entre

1. P. de Villemarest, *À l'ombre de Wall Street : complicités et financements soviéto-nazis*, *op. cit.*, p. 124-125 et 133.
2. Detlev J. K. Peukert, *La République de Weimar*, Paris, 1995, p. 122.

ceux des ouvriers qualifiés et ceux des manœuvres. De plus, la fermeture des usines non rentables maintint le chômage à un niveau élevé. Entre 1925 et 1929, le nombre des chômeurs oscilla en permanence entre un et deux millions.

En dépit de leurs effets sociaux souvent négatifs, les gains de productivité et l'abaissement des coûts de production qu'ils entraînèrent permirent de rendre le prix des produits allemands compétitif sur les marchés étrangers. Les exportations étaient indispensables à la fois pour écouler une production croissante, et aussi pour financer les importations de produits alimentaires et surtout de matières premières. En 1929 comme en 1913, l'Allemagne demeurait le deuxième exportateur mondial de produits manufacturés[1]. La grande crise de 1929 allait remettre en question la stabilité retrouvée.

## III — La crise de l'économie mondiale et la fin de la République de Weimar (1929-1933)

L'effondrement de Wall Street dès le 22 octobre 1929, quelques mois après que furent déjà apparus des signes de récession, eut aussi des répercussions sur l'économie allemande : ce fut le point de départ d'une grave crise en Allemagne, où le politique prit rapidement le pas sur l'économique.

### *La crise économique en Allemagne et ses premières conséquences (1929-1932)*

Les signes avant-coureurs de la crise étaient apparus dès l'hiver 1928-1929 avec une forte augmentation du chômage et un déficit budgétaire élevé. L'agitation ouvrière, qui avait pratiquement cessé depuis 1924, avait repris en mai 1929 et des incidents violents avaient eu lieu à Berlin et en Allemagne du Nord. En outre, les campagnes du Nord, victimes de l'effondrement des prix agricoles, bougèrent. Dès juin-juillet, on constata un certain ralentissement des commandes pour l'industrie. La crise américaine aggrava brutalement la situation de l'économie. Dès la fin de l'année, les exportations allemandes aux États-Unis diminuèrent, provoquant un abaissement de la production industrielle de

1. M. Beaud, *Histoire du capitalisme de 1500 à nos jours*, Paris, 1981, p. 227.

l'ordre de 25 % entre l'été 1929 et l'été 1930, avec pour corollaire l'augmentation du chômage.

Dès la seconde moitié de 1930, les capitaux américains placés à court terme furent rapatriés et le mouvement s'amplifia encore à partir d'octobre. À ces premières difficultés économiques s'ajouta bientôt une crise politique. Le cabinet de centre gauche du chancelier Müller, qui s'opposait à l'augmentation des subventions de l'État aux caisses de chômage, fut renversé le 27 mai. Le nouveau chancelier Brüning, qui appartenait à l'aile conservatrice du Zentrum, présenta un rigoureux programme de déflation qui fut rejeté par le Reichstag. Utilisant l'article 48 de la Constitution, Brüning imposa les mesures déflationnistes par ordonnances, sans pour autant parvenir à réduire le déficit budgétaire. La baisse des rentrées fiscales due au ralentissement des affaires creusa le déficit ; la politique de déflation provoqua un profond mécontentement dont surent profiter les partis extrémistes. Ne disposant d'aucune majorité, Brüning demanda à Hindenburg de dissoudre le Reichstag.

Les élections du 14 septembre 1930 furent marquées par la forte poussée des partis extrémistes. Les communistes augmentèrent d'un tiers le nombre de leurs voix par rapport à 1928 et obtinrent soixante-dix-sept sièges, mais surtout, les nationaux-socialistes, marginalisés depuis 1928 où ils n'avaient obtenu que 2,6 % des voix, se retrouvèrent avec cent sept députés grâce aux 6 383 000 voix obtenues. Le Zentrum améliora légèrement ses positions mais le SPD et surtout les populistes du DVP et les nationaux-allemands du DNVP subirent un sévère échec. Ces élections arrivaient au milieu d'une situation économique de plus en plus dégradée. Le départ accéléré des capitaux américains fragilisa la monnaie. La gestion imprudente des banques, qui empruntaient à court terme pour pouvoir prêter à long terme, obligea la Reichsbank à intervenir pour que les banques puissent faire face aux demandes de leurs créanciers[1].

Dans le nouveau Reichstag, Brüning ne disposait pas de majorité. À l'opposition systématique des communistes et du NSDAP s'ajoutait le refus de collaborer du SPD. Quant aux nationaux-allemands de Hugenberg qui avaient fait alliance avec Hitler au sein du Front de Harzburg contre le plan Young, Brüning ne pouvait guère compter sur eux. Le « chancelier de famine »,

1. V. Hentschel, « Inflation et dépression. Les handicaps économiques de la république de Weimar », in *Weimar ou De la démocratie en Allemagne*, *op. cit.*, p. 251 et suiv.

comme le qualifiait la gauche, dut gouverner avec l'article 48. Ce fut le début du système des « cabinets présidentiels », plus ou moins tolérés par le Reichstag[1]. Brüning persista dans sa politique déflationniste sans en obtenir de résultats concrets. À la fin de l'année 1930, il y avait déjà 3 millions de chômeurs, soit 14 % de la population active ; un an plus tard, il y en avait 4 520 000 soit 21,9 % de la population active, auxquels il fallait ajouter un nombre élevé de chômeurs partiels.

Devant la chute des exportations allemandes, Brüning chercha à renforcer la place du commerce allemand dans les pays danubiens sur la base d'accords de *clearing* ; puis, en mars 1931, il engagea des pourparlers avec le chancelier autrichien Schober en vue de réaliser une union douanière entre les deux pays. La France protesta aussitôt, estimant que cette union serait le prélude à un *Anschluss* politique. La Cour de justice de La Haye devant laquelle l'affaire fut portée estima que cet accord douanier était en contradiction avec le traité de Versailles. Le projet fut retiré. Force est de constater le contraste entre l'attitude intransigeante du gouvernement français à l'égard de l'Allemagne démocratique et son absence de réaction lorsque, en 1936, Hitler, en faisant entrer ses troupes en Rhénanie, mettait réellement en danger la sécurité de la France.

Devant l'effondrement de l'économie qui s'accéléra après la faillite du Kredit-Anstalt de Vienne, en mai 1931, Brüning fit savoir aux Alliés que l'Allemagne n'était plus en mesure d'assurer le paiement des réparations. À l'initiative du président américain Hoover, un moratoire d'un an fut décidé pour tous les paiements internationaux à partir du 1er juillet 1931. Cette mesure n'eut qu'un effet réduit. Le 12 juillet, la Danatbank faute de liquidités suspendit ses paiements, provoquant une panique générale. Le lendemain, le gouvernement institua le contrôle des changes à un moment où les réserves en or et en devises de la Reichsbank avaient diminué de 60 % par rapport à décembre 1929. Désormais, la monnaie allemande était devenue flottante, avec une dépréciation de plus d'un tiers depuis 1929.

Au cours de l'hiver 1931-1932, la situation empira encore. Le chômage atteint le chiffre record de 6 millions, auxquels il fallait ajouter 8 millions de chômeurs partiels. Plus de la moitié des travailleurs de l'industrie se trouvaient privés d'emploi. L'indice de la production industrielle sur la base de 100 en 1929 était

1. P. Rassow, *Histoire de l'Allemagne*, *op. cit.*, t. II, p. 165-166.

tombé à 58 en 1932[1]. Les agriculteurs allemands se trouvaient eux aussi dans une situation difficile ; leur endettement atteignait un niveau très élevé. L'effondrement du commerce extérieur affecta toutes les activités du secteur tertiaire et se traduisit par un taux élevé de chômage chez les « cols blancs ».

La misère générale, l'incapacité du gouvernement à trouver une solution à la crise, ni même d'en atténuer les effets pour les éléments les plus fragiles de la société, pesèrent lourdement sur l'avenir de la démocratie allemande et entraînèrent une recrudescence de l'agitation. Dans tout le pays, on vit s'affronter les militants nazis et les militants des partis de gauche, mais également, dans le camp de la gauche, les socialistes et les communistes. À Berlin au cours de l'été 1931, les communistes avaient lancé une grande offensive contre le gouvernement social-démocrate de Prusse dirigé par Otto Braun. Les communistes n'hésitaient pas à recourir au meurtre. C'est ainsi que, le 10 août 1931, sur la Bülow-Platz, deux commissaires de police furent abattus par des militants communistes. Selon des témoins, l'un des agresseurs s'appelait Erich Mielke ; il jouera un rôle important dans la Stasi, tandis que l'autre aurait été un certain Walter Ulbricht qui sera le maître absolu de l'État et du parti communiste en République démocratique allemande dans les années soixante[2]. En se livrant à de telles attaques contre les dirigeants SPD de Prusse, les communistes faisaient le jeu des nazis qu'ils prétendaient combattre.

Face à un Reichstag ingouvernable, c'est dans la rue que, de plus en plus fréquemment, se déroulait le combat politique.

### *La crise politique et la montée des forces extrémistes (mars-novembre 1932)*

Les élections de septembre 1930 avaient mis en évidence la corrélation entre les difficultés économiques et la montée des partis extrémistes avec tous les dangers que cela entraînait pour la démocratie. Toutes les élections locales qui suivirent avaient confirmé cette tendance. Or, le mandat présidentiel du maréchal Hindenburg se terminait en avril 1932. Le chancelier Brüning

1. R. Poidevin, *L'Allemagne de Guillaume II à Hindenburg*, *op. cit.*, p. 335 et suiv.
2. P. de Villemarest, *Complicités et financements soviéto-nazis*, *op. cit.*, p. 190.

redoutait l'organisation d'élections présidentielles dans un tel climat. Il songea à faire prolonger le mandat de Hindenburg par un vote du Reichstag à la majorité des deux tiers. Les communistes, le NSDAP et les nationaux-allemands de Hugenberg refusèrent cette solution. Dès lors, on fixa la date des élections au 13 mars. Hindenburg présenta sa candidature sur le thème de la liberté et de l'égalité des droits à l'extérieur, et sur celui de l'union et du relèvement du pays à l'intérieur. Contrairement à ce qui s'était passé en 1925, la droite, c'est-à-dire les nationaux-allemands et l'Association des Casques d'acier (*Stahlhelm*) dirigée par Franz Seldte et qui comptait alors quatre cent mille membres se prononcèrent contre Hindenburg et présentèrent contre lui le colonel Düsterberg[1]. Le 22 février, Joseph Goebbels, chef de la propagande du NSDAP, annonça la candidature de Hitler. Comme celui-ci n'avait pas encore la citoyenneté allemande, le gouvernement du Land de Brunswick dirigé par les nazis nomma Hitler conseiller à la légation du Brunswick à Berlin, ce qui fit de lui *ipso facto* un citoyen du Reich. Aussitôt, le NSDAP mobilisa ses militants et ses groupes paramilitaires, tandis que Hitler se déplaçait dans tout le pays et tenait partout des meetings. Quel chemin parcouru pour celui que Hindenburg appelait le « petit caporal autrichien ».

Né en 1889 à Braunau-sur-Inn, fils d'un fonctionnaire autrichien des douanes, Adolf Hitler avait mené jusqu'à la guerre une vie misérable à Vienne. C'est là qu'il devint un nationaliste allemand engagé, ennemi acharné des socialistes et des Juifs. Engagé volontaire dans l'armée bavaroise en 1914, Hitler se retrouva à Munich à la fin de la guerre, où il resta dans l'armée jusqu'en août 1920. C'est là qu'il adhéra au Parti ouvrier allemand d'Anton Drexler avant d'en prendre rapidement le contrôle et de le transformer en Parti national-socialiste ouvrier allemand avec, pour emblème, le drapeau rouge et blanc orné de la croix gammée noire. Avec un programme à la fois social — et même révolutionnaire — mais surtout nationaliste et antisémite, Hitler sut rallier nombre de nationalistes allemands réfugiés en Bavière. Ses attaques contre les communistes lui attirèrent la sympathie de certains industriels qui l'aidèrent financièrement. Hitler put ainsi doter le parti d'un quotidien le *Völklische Beobachter* (« L'observateur raciste »), d'une milice, la SA (*Sturmabteilung* : section

1. J. Benoist-Méchin, *Histoire de l'armée allemande*, *op. cit.*, t. I, p. 618 et suiv.

d'assaut), en 1921, et d'une garde personnelle, la SS (*Schutzstaffel* : échelons de protection), en 1923. À ce moment-là, le NSDAP comptait une cinquantaine de milliers d'adhérents. Condamné à cinq ans de forteresse à la suite du putsch manqué du 9 novembre 1923, Hitler fut interné à Landsberg où il rédigea en compagnie de Rudolf Hess *Mein Kampf*. Amnistié en décembre 1924, Hitler tira de son échec la conclusion qu'il devrait désormais emprunter les voies légales pour parvenir au pouvoir. Après cinq années d'effacement, les élections de septembre 1930 marquèrent le renouveau du NSDAP. Se présenter contre Hindenburg n'était pas sans risque. Hitler n'hésita cependant pas à le courir.

Face à Hitler, il y avait le héros de Tannenberg, le maréchal Hindenburg qui, paradoxalement, était soutenu par ceux-là mêmes qui l'avaient combattu en 1925. Le SPD, le Zentrum et les démocrates, en effet, décidèrent de faire bloc autour du maréchal afin d'éviter la victoire de Hitler. Au premier tour, Hindenburg manqua la victoire de 100 000 voix. Il avait obtenu 18 550 000 voix (49,6 %) mais Hitler en obtenait 11 339 000 (30,1 %). Le communiste Thälmann avec 4 983 000 voix (13,2 %) avait gagné plus de 3 000 000 de voix par rapport à 1925. Quant à Düsterberg, il n'avait recueilli que 2 557 000 voix. Hitler — et davantage encore son entourage — était déçu. Contre l'avis de Goebbels, il décida d'intensifier la campagne pour le deuxième tour fixé au 10 avril. Pourtant, c'est Hindenburg qui fut élu avec 19 360 000 voix (53 %) mais il n'avait gagné que 800 000 voix par rapport au premier tour ; Hitler, en revanche, en avait gagné plus de 2 000 000 et avait recueilli sur son nom plus de 13 418 000 suffrages (36,8 %). Thälmann avec 3 706 000 voix (10,2 %) avait perdu 1 200 000 voix. Compte tenu d'une abstention plus élevée, les chiffres du second tour laissent à penser que des électeurs communistes du premier tour avaient voté pour Hitler au second.

Face au danger nazi, le ministre de l'Intérieur et de la Reichswehr du cabinet Brüning, le général Gröner, ordonna le 13 avril, par un décret « pour la sauvegarde de l'État », la dissolution immédiate des organisations SA et SS, puis, le 4 mai, il prit une mesure analogue à l'encontre des Casques d'acier. Cette dernière mesure indisposa les chefs militaires et Hindenburg lui-même et, le 30 mai, Brüning dut démissionner.

Malgré la réélection de Hindenburg, la situation politique devenait de plus en plus inquiétante. Les élections pour les Landtage des Länder confirmaient la poussée nazie. Entre 1928 et 1932, les nazis passèrent au Landtag de Prusse de 9 à 162, à celui du Würtemberg de 1 à 23, mais les communistes avaient également sensiblement progressé. Le Landtag de Prusse était devenu ingouvernable ; le ministre-président Braun, devenu minoritaire, expédiait les affaires courantes malgré l'opposition conjuguée des nazis et des communistes, si bien que le président nazi du Landtag, Kerrl, demanda l'intervention du nouveau chancelier. Von Papen, qui venait de succéder à Brüning, destitua le gouvernement Braun, nomma en Prusse un commissaire du Reich tandis que la Reichswehr prenait position dans Berlin[1].

Le cabinet von Papen se voulait un « cabinet de concentration nationale ». Le conseiller près l'ambassade de France, Armand Bérard, présente ainsi le nouveau chancelier : « Un homme agréable certes, mais une intelligence bien restreinte ; un bon cavalier mais combien léger[2]. » Le « cabinet des barons » — comme on appela souvent le cabinet von Papen — était composé essentiellement d'aristocrates avec le baron von Neurath aux Affaires étrangères, le baron von Gayl à l'Intérieur, le général von Schleicher à la Défense, le comte Schwerin von Krosigk aux Finances. Pour se concilier les nazis, von Papen retira les décrets de Gröner. SA, SS et Casques d'acier purent ainsi reprendre leurs activités publiques. Hitler refusa cependant de soutenir le nouveau gouvernement, fort de son dernier succès électoral au Landtag du Mecklembourg où le NSDAP avait obtenu 30 des 59 sièges et augmenté de plus de 50 % le nombre de ses voix par rapport aux présidentielles. Pour von Papen, face à un Reichstag hostile, il n'y avait pas d'autre voie que la dissolution. Les nouvelles élections prévues le 31 juillet donnèrent lieu à une campagne électorale marquée par des incidents sanglants entre les groupes paramilitaires des différents partis. Il n'y avait pas seulement les SA des nazis, mais aussi la Bannière d'Empire (*Reichsbanner*) du SPD, les Casques d'acier des nationaux-allemands et le Front rouge (*Rotes Front*) des communistes. Les rixes entre SA et communistes furent particulièrement violentes, notamment à Altona, le faubourg ouvrier de Hambourg, où le 17 juillet il y eut dix-neuf morts et deux cent quatre-vingt-cinq blessés. On était au bord de la guerre civile.

Le chancelier espérait tirer un profit électoral des résultats de la conférence de Lausanne où il avait obtenu la suppression des réparations moyennant un dernier versement de trois milliards

1. J. Benoist-Méchin, *Histoire de l'armée allemande*, *op. cit.*, t. I, p. 626 et suiv.

2. A. Bérard, *Un ambassadeur se souvient*, t. I, *Au temps du danger allemand*, Paris, 1976, p. 144.

de marks. Mais les électeurs ne tinrent guère compte de cet incontestable succès. Les élections du 31 juillet furent marquées par un renforcement des partis extrémistes. Avec deux cent trente députés et 37,7 % des suffrages, le NSDAP devenait le premier parti allemand. De son côté, le KPD gagnait vingt-deux sièges et se retrouvait avec quatre-vingt-neuf élus. Ensemble, les deux partis pouvaient bloquer le Reichstag. L'agitation se poursuivit dans le pays. Hitler refusa la proposition de Hindenburg d'entrer dans le gouvernement comme vice-chancelier, estimant que le poste de chancelier lui revenait de droit. Hitler décida d'attendre. Le 30 août, lors de la première séance du nouveau Reichstag, le bras droit de Hitler, Hermann Göring, fut élu président ; le 12 septembre, les communistes déposèrent une motion de censure qui obtint 531 voix contre 32 avec 50 abstentions. Von Papen répondit par une nouvelle dissolution avec des élections fixées au 6 novembre. Une fois encore, le pays se retrouvait dans une nouvelle campagne électorale tout aussi violente que la précédente. Le 3 novembre à Berlin, les syndicats communistes déclenchèrent une grève dans les transports publics pour protester contre la diminution des salaires ; les nazis soutinrent activement les grévistes et, rapidement, prirent la tête du mouvement, si bien qu'à la grande déception des grévistes le parti communiste donna l'ordre de reprendre le travail.

En organisant de nouvelles élections dans ce climat de tension sociale, le chancelier avait pris un risque considérable. Les résultats des élections montrèrent la lassitude de la population. On vota moins qu'en juillet. Les nazis perdirent plus de 2 000 000 de voix et n'obtinrent que 196 sièges, tandis que les nationaux-allemands et les populistes progressaient légèrement. À gauche, le SPD perdait 11 sièges et 700 000 voix, mais les communistes passaient de 89 à 100 sièges avec un gain de 700 000 voix. Encore une fois, le Reichstag était ingouvernable. Le 17 novembre, von Papen offrit sa démission. Le 21, Hindenburg reçut Hitler et lui proposa de former un cabinet parlementaire mais à la condition que rien ne soit changé au régime mis en place par von Papen en Prusse. Hitler refusa et proposa de former un cabinet présidentiel minoritaire avec utilisation de l'article 48. Ce fut Hindenburg qui, cette fois, refusa. Hitler en resta là. Von Papen remit sa démission officielle le 2 décembre. Le lendemain, Hindenburg chargeait le général von Schleicher de constituer le gouvernement avec l'espoir que les qualités de tacticien du nouveau chancelier permettrait de dénouer la crise.

### *Les derniers jours de la république de Weimar*

Tout comme les précédents, le gouvernement de Schleicher était un cabinet présidentiel. Le nouveau chancelier tenta de mettre en œuvre une politique nouvelle. Von Schleicher avait travaillé autrefois auprès de Ludendorff et de Gröner, puis au Bureau des effectifs sous le général von Seeckt où il fut chargé de plusieurs missions confidentielles. En 1921, il avait accompagné à Moscou le général Haase pour mettre en route la coopération militaire germano-soviétique et, après 1922, il supervisa les relations militaires entre les deux pays. À partir de 1929, von Schleicher devint l'un des conseillers les plus écoutés de Hindenburg et c'est lui qui, en mai 1932, conseilla d'appeler von Papen à la chancellerie [1]. Homme de l'ombre et spécialiste des intrigues politiques, von Schleicher voulait déstabiliser le NSDAP, dont il réussit à en détacher le chef de l'aile gauche, Gregor Strasser.

À l'extérieur, le chancelier obtint, lors de la réunion de Genève des Cinq Grands, le principe de l'égalité des droits dans le domaine militaire, et en attendit la reconnaissance des chefs de la Reichswehr. Mais les mesures sociales qu'il annonça à la radio le 15 décembre lui valurent l'inimitié des grands propriétaires et des Junkers proches de Hindenburg. Von Schleicher, en effet, envisageait de distribuer à des paysans sans terre trois cent mille hectares pris sur les grands domaines au bord de la faillite, et ce dans le cadre de l'*Osthilfe*, mais également de mettre en œuvre un programme de grands travaux pour résorber le chômage. Il annonça en outre l'abrogation des décrets de Brüning sur la diminution des salaires, et le rétablissement des conventions collective [2].

Le « général rouge », comme le qualifiait Hugenberg, fut attaqué de tous côtés. La gauche lui reprochait d'être démagogue ; les industriels et les grands propriétaires s'inquiétaient des mesures sociales annoncées ; les nazis étaient furieux des tentatives de débauchage de leurs militants. L'ancien chancelier von Papen fut l'artisan d'un véritable complot contre son successeur. Le 4 janvier 1933, von Papen rencontra Hitler à Cologne chez le

1. J. Benoist-Méchin, *Histoire de l'armée allemande*, *op. cit.*, t. I, p. 637 et suiv., et P. de Villemarest, *Complicités et financements soiviéto-nazis*, *op. cit.*, p. 142 et suiv., p. 164 et suiv.

2. R. Poidevin, *L'Allemagne de Guillaume II à Hindenburg*, *op. cit.*, p. 366-367.

banquier Schröder très lié aux milieux financiers américains ; il était le directeur de la banque Stein-Levy-Oppenheim. Pour les Américains, compte tenu des progrès réguliers du KPD, il était plus sage de soutenir la révolution nationaliste de Hitler que la révolution communiste[1]. Von Papen se faisait fort d'obtenir de Hindenburg le renvoi de von Schleicher et la constitution d'un cabinet dirigé par Hitler dans lequel lui-même serait vice-chancelier.

Le général von Schleicher ignorait tout du complot organisé contre lui. Le 6 janvier, il présenta Gregor Strasser à Hindenburg. Il envisageait de former un nouveau gouvernement de Front populaire avec la gauche nationale-socialiste après de nouvelles élections qui, selon lui, provoqueraient l'éclatement du NSDAP. Hindenburg, longtemps hésitant, refusa le plan de von Schleicher. Loin d'éclater, le NSDAP venait de remporter un succès aux élections du 15 janvier dans le petit Land de Lippe-Detmold[2]. Aux yeux de Hindenburg, von Schleicher n'était plus crédible. Le 20 janvier, pressé par son fils Oscar très lié avec von Papen, Hindenburg accepta le plan élaboré le 4 janvier. N'ayant plus le soutien présidentiel, le général von Schleicher présenta sa démission le 28 janvier. Malgré la démarche pressante du commandant en chef de la Reichswehr, le général Hammerstein, et de son adjoint, le général von Bussche, le 30 janvier 1933, Hindenburg nommait Hitler chancelier du Reich[3]. C'en était fini de la république de Weimar.

---

1. P. de Villemarest, *Complicités et financements soviéto-nazis*, *op. cit.*, p. 191 et suiv.
2. J. Benoist-Méchin, *Histoire de l'armée allemande*, *op. cit.*, p. 642 et suiv.
3. P. Rassow, *Histoire de l'Allemagne*, *op. cit.*, t. I, p. 174 et suiv.

## 16

# L'Allemagne nationale-socialiste (1933-1945)

L'arrivée de Hitler à la Chancellerie dans le cadre de la légalité constitutionnelle fut considérée alors par la plupart des Allemands comme une nouvelle péripétie dans la crise politique permanente dans laquelle se débattait la république de Weimar depuis sa naissance. Pourtant, au bout de quelques semaines, il fallut se rendre à l'évidence : c'était bien une véritable révolution en profondeur que l'Allemagne vivait. C'était un nouveau régime qui s'installait. L'ère du IIIe Reich commençait.

## I — Les débuts du nouveau régime (1933-1934)

Le 30 janvier 1933, lorsque Hitler devint chancelier du Reich, c'était pour lui la fin de la longue marche vers le pouvoir qui avait commencé le soir du 16 octobre 1919 dans une brasserie de Munich. C'était enfin la possibilité de mettre en application le programme de rénovation de l'Allemagne qu'il s'était tracé. Au soir de cette journée où le vainqueur de Tannenberg lui avait ouvert les portes du pouvoir, il pouvait contempler non sans émotion les lumières de la retraite aux flambeaux qu'avaient organisée en son honneur SA, SS et Casques d'acier rassemblés pour célébrer le début de la révolution nationale.

### *La révolution nationale*

À première vue, la composition du nouveau gouvernement était rassurante. On y retrouvait beaucoup d'anciens ministres des cabinets précédents, des personnalités apolitiques de tendance conservatrice tels le vice-chancelier von Papen, le ministre des Affaires étrangères von Neurath, le général von Blomberg, ministre de la Reichswehr, des membres du DNVP comme Hugenberg chargé de l'Économie, de l'Agriculture et du Ravitaillement, ainsi que le président des Casques d'acier, Seldte, ministre du Travail. En dehors du chancelier, le NSDAP ne détenait que deux portefeuilles, mais ô combien importants. Hermann Göring, ministre d'État, chargé de l'Aviation, était également responsable du ministère de l'Intérieur en Prusse, et Wilhelm Frick était ministre de l'Intérieur du Reich.

Dès le 1er février, le chancelier obtint de Hindenburg la dissolution du Reichstag et aussi celle du Landtag de Prusse. Hitler avait besoin de la majorité des deux tiers indispensable pour réaliser la réforme des institutions et mettre en route le plan de redressement qu'il avait préparé pour sortir de la crise économique. Tout fut mis en œuvre pour que ces élections soient un succès pour les nazis. On utilisa d'abord tous les artifices de la propagande confiée à Joseph Goebbels. On créa, à côté de la police officielle, dont beaucoup de cadres avaient été révoqués et remplacés par des hommes sûrs venus des SA et des SS, une police auxiliaire (*Hilfspolizei*) recrutée dans les mêmes milieux. On institua une censure, à peine déguisée, par le décret du 4 février « pour la protection du peuple allemand » qui permettait l'interdiction des journaux et publications insultant ou ridiculisant les dirigeants de l'État, ou propageant des fausses nouvelles[1].

Longtemps sans réaction devant les progrès nazis, le parti communiste, dès décembre 1932, avait dans le cadre de l'Union des combattants du Front rouge organisé des comités d'insurrection. Le 25 janvier 1933, les communistes avaient rassemblé quinze mille manifestants en réponse à une manifestation des SA devant le siège de leur parti. Le soir de la nomination de Hitler à la Chancellerie, la Ligue de combat antifasciste avait invité ses membres à entrer dans la clandestinité et collaborer éventuellement avec la Bannière d'Empire du SPD. La police était au courant des activités subversives des communistes. Tandis que Göring interdisait toutes les manifestations et réunions communistes, entre les 14 et 20 février, la police procéda à des perquisitions dans les locaux du KPD. Outre du matériel de propagande on trouva des armes, des explosifs. À Altona, faubourg ouvrier de Hambourg, la police mit la main sur soixante-dix mitrailleuses, quatre cents fusils, plus de deux mille revolvers[2]. C'est dans ce climat que se produisit dans la nuit du 27 au 28 février l'incendie

1. M. Steinert, *L'Allemagne nationale-socialiste*, Paris, 1972, p. 149 et suiv.
2. J. Benoist-Méchin, *Histoire de l'armée allemande*, *op. cit.*, t. I, p. 651-652.

du Reichstag, un incendie volontaire allumé par un débile mental hollandais, un certain Van der Lubbe, sympathisant communiste vraisemblablement manipulé par Göring. L'incendie du Reichstag servit de prétexte au gouvernement pour arrêter des milliers de communistes, mais aussi des sociaux-démocrates et des syndicalistes. On arrêta aussi des « complices étrangers », dont le secrétaire général du Komintern, Dimitrov, alors à Berlin. Le procès de Dimitrov et de ses coïnculpés tourna à la confusion des accusateurs. Reconnu seul coupable, Van der Lubbe fut condamné à mort et exécuté. Mais, le 28 février, le gouvernement avait publié un décret « pour la protection du peuple et de l'État » suspendant les libertés garanties par la Constitution et aggravant les peines contre les auteurs et complices d'attentats et de violences politiques. Ce décret permit l'interdiction de tous les journaux communistes, et la suppression pour quinze jours des journaux socialistes, et ce une semaine avant les élections.

Malgré les circonstances particulières dans lesquelles se déroulèrent les élections du 5 mars, Hitler n'obtint pas l'éclatante victoire sur laquelle il comptait. Les Allemands, qui avaient compris l'importance de l'enjeu, votèrent massivement mais le NSDAP n'obtint que 43,9 % des voix et 288 sièges ; les nazis avaient donc besoin de l'appoint des cinquante-deux élus du DNVP pour disposer de la majorité absolue. La majorité des deux tiers nécessaire pour toute réforme des institutions était loin d'être atteinte. Le Zentrum et le SPD avaient maintenu leurs positions avec respectivement 92 et 120 sièges. En dépit des mesures policières qui avaient frappé ses dirigeants, le parti communiste réussit à faire élire quatre-vingt-un députés, aussitôt destitués dans le cadre du décret du 28 février. Même en éliminant les élus communistes, la majorité des deux tiers n'était pas atteinte. Pour obtenir le ralliement du Zentrum, on promit oralement à son chef Mgr Kaas que, comme il le demandait, le décret du 28 février serait abrogé et que la liberté des Églises serait garantie. Tout était donc prêt pour mettre en route les grandes réformes. Il ne restait plus qu'à sceller la réconciliation des forces nationales face à leurs ennemis socialo-communistes. Ce fut l'objet de la cérémonie du 21 mars dans l'église de la garnison à Potsdam, en présence de Hindenburg, du Kronprinz et de Hitler réunis devant le tombeau de Frédéric II, avec la participation d'une double haie d'honneur formée de soldats de la Reichswehr et de membres de la SA en chemises brunes.

Le 22 mars, Hitler présenta au Reichstag son projet de la loi

« pour porter remède à la misère du peuple et du Reich » qui donnait pour quatre ans les pleins pouvoirs au gouvernement « afin de sauver la paysannerie allemande de la ruine et d'intégrer les chômeurs dans le circuit de la production[1] » ; pour rassurer ses nouveaux alliés, Hitler rappela que « ni l'existence du Reichstag ni celle du Reichsrat ne sont menacées. La place et les droits du président du Reich restent intacts... L'existence des Länder ne sera pas remise en question, les droits des Églises ne seront pas réduits et leur place dans l'État ne sera pas changée[2] ». La loi fut adoptée par 441 voix contre 94 ; seuls les députés du SPD présents avaient voté contre elle. Avec cette loi sur les pleins pouvoirs, l'Allemagne, pour reprendre l'expression de l'historien allemand Fraenckel, devenait un *Doppelstaat*, un État « dual » reposant à la fois sur des mesures d'exception et sur les normes constitutionnelles légales[3].

Hitler disposait dorénavant des pleins pouvoirs pour supprimer les partis politiques et réaliser l'unité telle qu'il la concevait. Le KPD avait déjà été éliminé. Pour beaucoup d'Allemands, cette mesure était logique, car les communistes constituaient un danger sérieux et le modèle stalinien qu'il représentait ne leur attirait guère de sympathie en dehors des milieux d'extrême gauche. Ce fut ensuite le tour du Parti social-démocrate, accusé d'« actes de haute trahison » et considéré comme un « groupement dangereux et hostile à l'État », d'être interdit dès le 22 juin. Les autres partis avaient préféré se dissoudre de leur propre initiative, le dernier à le faire le 4 juillet étant le Zentrum. Quant aux Casques d'acier, ils avaient décidé le 21 juin de s'intégrer aux SA. Il ne resta plus à Hitler qu'à faire voter par le Reichstag la loi du 14 juillet qui interdisait la création de nouveaux partis et qui faisait du NSDAP le seul parti politique d'Allemagne.

Les partis politiques ne furent pas les seuls à être évincés. Les syndicats avaient été dissous dès le 10 mai et remplacés par le Front du travail qui instituait un système corporatiste sur le modèle de l'Italie mussolinienne[4].

On entrait maintenant dans le système de l'État-parti officialisé par la loi du 1er décembre 1933 « pour la garantie de l'unité de l'État et du parti » qui faisait du NSDAP l'« incarnation de l'idée

1. *Ibid.*, t. I, p. 657-659.

2. D. Raff, *Deutsche Geschichte*, *op. cit.*, p. 336.

3. E. Fraenkel, *Der Doppelstaat*, Köln 1974, p. 26, cité par N. Frei, *L'État hitlérien et la société allemande 1933-1945*, Paris, 1994, p. 81 et 90.

4. Ch. Ambrosi et M. Tacel, *Histoire économique des grandes puissances à l'époque contemporaine*, *op. cit.*, p. 574-575.

même d'État[1] » et lui donnait ainsi la suprématie dans l'État. C'est le système de la liste unique qui fut appliquée lors des élections du 12 décembre pour un nouveau Reichstag et 92,2 % des électeurs ratifièrent alors le « choix » qu'on avait fait pour eux.

### *Le* Gleichshaltung *et l'unification du Reich*

La structure fédérale de l'État, telle que l'avait définie la Constitution de Weimar, était incompatible avec la notion d'unité telle que Hitler la concevait ; elle fut remise en question en dépit des promesses faites le 22 mars. Déjà, on avait procédé à l'élimination dans les grandes villes des bourgmestres jugés peu sûrs ; à Cologne, au début de mars 1933, Konrad Adenauer, membre du Zentrum, avait été destitué tout comme le socialiste Ernst Reuter à Magdebourg ; en revanche, à Leipzig, le bourgmestre Goerdeler conserva ses fonctions jusqu'en 1937, ce qui ne l'empêcha pas d'être l'un des organisateurs de la résistance au nazisme. À partir d'avril, dans tous les Länder, des commissaires du Reich remplacèrent les gouvernements élus par les Landtage en vertu de l'article 48 de la Constitution. Ces commissaires prirent bientôt le titre de gouverneurs du Reich (*Reichsstatthalter*) ; les Landtage furent dissous les uns après les autres. Cette politique d'unification, ou de « mise au pas » (*Gleichshaltung*) fut définie par la loi du 30 janvier 1934 « Pour la reconstruction du Reich ». Les Länder furent supprimés et remplacés par des Pays (*Gau*), au nombre de trente-trois, qui correspondaient aux divisions administratives du NSDAP. La mesure visait à la fois à faire coïncider l'administration de l'État avec celle du parti mais également à briser les particularismes régionaux : c'est ainsi que l'ancien Land de Bavière se trouva divisé en cinq *Gaue* (Pays).

### *La crise du régime et l'élimination des SA*

La rapidité des changements avait laissé la population allemande sans réaction. Pour la plupart des Allemands, les problèmes essentiels n'étaient pas politiques ; il s'agissait pour eux de survivre dans un pays ruiné par la crise économique et où les chômeurs se comptaient par millions. Le gouvernement ne cessait de répéter que les mesures politiques prises allaient lui donner les moyens de remettre en marche l'économie du pays, et beaucoup y croyaient. En revanche, les milieux qui avaient facilité

1. M. Steinert, *L'Allemagne nationale-socialiste*, *op. cit.*, p. 161-162.

l'accession de Hitler au pouvoir, le monde des affaires et de l'industrie, les conservateurs monarchistes, les cadres supérieurs de l'armée s'inquiétaient de plus en plus des violences systématiques auxquelles se livraient les SA. En janvier 1933, les SA comptaient déjà quatre cent mille membres ; après avoir absorbé les Casques d'acier et reçu de nombreuses recrues, elles alignaient, au début de 1934, un effectif de près de trois millions de membres, enrégimentés et armés, avec un état-major dirigé par le capitaine Ernst Röhm. Parmi les nouvelles recrues, il y avait beaucoup d'anciens communistes. Selon le social-démocrate Albert Grzezinski, qui fut préfet de police à Berlin de 1926 à 1932, beaucoup d'adhérents du Front rouge étaient passés chez les nazis et il estimait que, dans la capitale, la moitié des SA étaient d'anciens communistes[1]. La direction des SA estimait qu'une « deuxième révolution » était nécessaire. Pour Röhm, il fallait briser la toute-puissance de la Reichswehr et l'intégrer aux côtés des SA dans une véritable milice populaire nationale-socialiste. Et le chef des SA de déclarer le 18 avril 1934 : « Nous n'avons pas fait une révolution nationale, mais une révolution nationale-socialiste, et nous insistons sur le mot *socialiste*... Bien entendu, la réaction et la révolution sont ennemies mortelles... Le nouveau régime, faisant preuve d'une indulgence incompréhensible, n'a pas brutalement fait table rase des supports et hommes de main du système ancien et plus ancien encore... La notion même de révolution fait nécessairement horreur à ces réactionnaires, ces petits bourgeois et cagots, en raison de leur mentalité, de même que nous éprouvons des nausées rien qu'en pensant à eux[2]. »

Ces prises de position provoquèrent de multiples interventions des chefs de la Reichswehr auprès de Hitler. Celui-ci, conscient du danger, rencontra Röhm au début de juin. La rencontre tourna court et Hitler fit savoir au chef des SA qu'il s'opposerait à toute tentative qui risquerait de plonger le pays dans l'anarchie. Déçu, Röhm songea à organiser un coup de force contre le gouvernement. Mis au courant des intentions de son lieutenant, Hitler mit les SA en congé pour un mois à partir du 1er juillet, ce à quoi répondit Röhm par un communiqué publié dans la presse : « Si nos ennemis croient que les SA ne reviendront pas de leur

1. Cité par P. de Villemarest, d'après A. Grzezinski, *La Tragi-Comédie de la République allemande*, Paris, 1934, ouvrage non conformiste pratiquement introuvable.
2. Ch. Bloch, *La Nuit des longs couteaux*, Paris, 1967, p. 42-43.

congé... ils se trompent. Les SA sont et demeurent les maîtres de l'Allemagne. »

Le combat entre Hitler et Röhm était désormais engagé. Le 14 juin, Hitler partait pour l'Italie où il rencontra Mussolini qui l'invita « à mettre un peu d'ordre dans la maison ». Au même moment, le vice-chancelier von Papen prenait contact avec ceux qu'inquiétait le comportement des SA et, le 17 juin, exprima à l'université de Marburg ses propres inquiétudes en dénonçant « les fanatiques et les bavards qui parlent inconsidérément de déclencher une seconde révolution » et qui commettent « quotidiennement des actes injustes et arbitraires » ; en même temps, von Papen mettait en cause le système du parti unique. Le discours de Marburg ne fut guère connu des Allemands et le *Frankfurter Zeitung* qui en avait publié des extraits fut saisi sur ordre de Goebbels. De retour d'Italie, Hitler prit connaissance du discours de von Papen ; il apprit aussi que Röhm se préparait à passer à l'action et que le général von Schleicher avait repris ses intrigues avec Gregor Strasser.

Hitler se décida à crever l'abcès. Reçu par Hindenburg le 23 juin, il entendit une seconde fois le conseil de « mettre de l'ordre dans la maison ». Pour cela, il pouvait compter sur le soutien de la Reichswehr, dont il attendait en échange l'appui quand s'ouvrirait la succession du maréchal Hindenburg, âgé et malade[1]. Les événements allèrent alors très vite. Mis au courant le 29 juin que Röhm s'apprêtait à passer à l'action, Hitler se rendit aussitôt à Munich ; des avions fournis par l'armée assurèrent le transport d'une troupe de SS. À Munich, le siège de l'état-major des SA fut aussitôt investi par les SS et les chefs SA trouvés sur place immédiatement fusillés. De là, Hitler et son escorte se rendirent à Wiessee où se trouvaient Röhm et ses collaborateurs immédiats ; ramenés à Munich, ils seront tous fusillés. Au même moment, à Berlin, c'est Göring qui se livrait à la même épuration. Mais ici, les chefs SA ne furent pas les seuls à subir la vindicte de Hitler. Des proches de von Papen, comme Erich Klausener, chef de l'action catholique, et le conseiller von Bose, Edgar Jung, l'auteur du discours de Marburg, seront également liquidés ainsi que l'ancien chancelier von Schleicher et sa femme. Von Papen aurait sans doute subi un sort identique si Göring ne l'avait pas averti à temps des risques encourus. Cette nuit du 29 au 30 juin 1934 — la Nuit des longs couteaux — permit à Hitler d'écarter

1. J. Benoist-Méchin, *Histoire de l'armée allemande*, *op. cit.*, t. I, p. 722 et suiv.

l'éventualité d'une guerre civile. Elle lui donna aussi la possibilité de se débarrasser d'un rival, Röhm, et d'éliminer des ennemis personnels comme von Schleicher ou l'ancien chef du gouvernement bavarois von Kahr. Au total, le bilan était lourd, quatre-vingt-neuf victimes officiellement, sans doute de cent cinquante à deux cents[1].

Le 1er juillet, le général von Blomberg remercia le Führer d'« avoir écrasé les mutins et les traîtres », tandis que le maréchal Hindenburg le félicitait « d'avoir sauvé le peuple allemand d'un grave péril ». Les SA sortirent très affaiblis de la crise ; leurs effectifs furent ramenés à 1 200 000 d'hommes, désormais sans armes et cantonnés dans des fonctions de propagande ou d'administration. En revanche, la SS prit une importance accrue et vit ses effectifs renforcés. Quant aux chefs de l'armée, ils pouvaient être rassurés et ne tardèrent pas à manifester leur reconnaissance à Hitler. Le 2 août, en effet, le maréchal Hindenburg mourait. La veille, le gouvernement avait adopté à l'unanimité un texte de loi réglant sa succession : « Les fonctions de président du Reich sont fusionnées avec celles de chancelier. En conséquence, toutes les attributions et prérogatives du président sont transférées au Führer et chancelier Adolf Hitler. » Hitler devenait ainsi le *Reichsführer*. Aussitôt, les chefs de l'armée, le général von Blomberg, ministre de la Reichswehr, le général von Fritsch, chef de la *Heeresleitung*, et l'amiral Raeder prêtèrent le serment d'obéissance au nouveau chef de l'État, et dans toutes les garnisons du pays, un serment identique fut prêté par les officiers[2]. Malgré les dernières volontés de Hindenburg, des funérailles solennelles lui furent faites le 7 août, à Tannenberg, en présence de tous ses anciens compagnons d'armes à l'exception du seul Ludendorff. Le 19 août, par 38 262 000 voix contre 4 284 000 et 5 167 000 abstentions ou votes nuls, le peuple allemand confirmait Hitler dans ses fonctions de Reichsführer[3]. Hitler devenait ainsi le « maître du IIIe Reich ».

1. N. Frei, *L'État hitlérien et la société allemande 1933-1945*, p. 61 et suiv., et M. Steinert, *L'Allemagne nationale-socialiste*, *op. cit.*, p. 168.
2. J. Benoist-Méchin, *Histoire de l'armée allemande*, *op. cit.*, t. I, p. 744-746.
3. A. Bérard, *Un ambassadeur se souvient*, *op. cit.*, t. I, p. 246-247.

## II — La dictature nationale-socialiste

Jusqu'à l'été 1934, malgré l'emprise croissante du nouveau pouvoir sur toute la société, on pouvait encore avoir l'impression que la vie continuait comme avant. Le maréchal Hindenburg demeurait à la tête de l'État, et le respect témoigné par Hitler à l'ancienne Allemagne impériale et à ses symboles pouvait donner l'illusion aux milieux conservateurs que Hitler, le moment venu, serait le restaurateur de la monarchie. L'élimination de Röhm et la mise à l'écart des SA alimentaient ces espérances. La concentration de tous les pouvoirs entre les mains de Hitler à l'instant même où Hindenburg rendait le dernier soupir marqua brutalement la fin de ces illusions. L'Allemagne était bel et bien devenue un État dictatorial et totalitaire, comme l'étaient la Russie soviétique depuis 1917, et l'Italie fasciste depuis 1922.

### *Le pouvoir de l'État-parti et ses moyens d'action*

Le pouvoir national-socialiste reposait avant tout sur un homme, Adolf Hitler, le guide (*Führer*) de la nation, maître d'un Empire (Reich) enfin unifié qui devra rassembler l'ensemble du peuple (*Volk*) allemand, ce que résume le slogan *Ein Volk, ein Reich, ein Führer*. Le personnage Hitler a donné lieu à bien des interprétations. On a évoqué la folie, le complexe d'Œdipe, l'esprit de revanche d'un homme dont la jeunesse fut difficile et qui, arrivé au sommet, entend se venger ; on a vu en lui un « petit bourgeois déclassé avide d'ascension sociale et qui utilisa les masses contre la caste aristocratique » ; certains ont vu en lui le défenseur des intérêts capitalistes et d'autres ont insisté sur ses idées révolutionnaires. Autant d'explications valables mais qui ne suffisent pas à expliquer le comportement d'un homme qui a exercé une influence immense sur un grand nombre d'Allemands. Il faut toujours avoir à l'esprit la situation de l'Allemagne de l'époque avec ses millions de chômeurs et, en arrière-plan, le souvenir douloureux du diktat de Versailles. Sans oublier un environnement intellectuel favorable issu des courants de pensée pangermanistes et antisémites remontant au XIXe siècle.

En 1933, Hitler a quarante-quatre ans. D'une ambition qui tourne à la mégalomanie, il compense une culture intellectuelle médiocre par une imagination débordante et par une intuition souvent efficace, et par des qualités de chef. Son sens de la formule et de la mise en scène, ses idées démagogiques ont eu un impact constant sur les foules magnétisées et lui ont permis de séduire même ses plus farouches adversaires. L'archiduc Otto de Habsbourg, de passage à Berlin en janvier 1933, témoigne : « J'étais au milieu d'un groupe de communistes qui avaient décidé d'en découdre avec lui. Mais Hitler se mit à parler et il les subjugua tous. Quand il repartit sous les acclamations de la foule, une forêt de bras se levaient autour de sa voiture[1]. » L'ambassadeur André François-Poncet décrit Hitler comme un homme « changeant, dissimulé, contradictoire, incertain » et ajoute : « Le même homme d'aspect débonnaire, sensible aux beautés de la nature... est capable des pires frénésies, des exaltations les plus sauvages, des plus délirantes ambitions[2]. » Un esprit inquiet et méfiant à l'extrême, laissant « son entourage le plus longtemps possible dans l'ignorance de ses intentions de déplacement, vivant en vase clos dans « une atmosphère de serre », faisant preuve « tour à tour de la plus grande exaltation puis de l'apathie la plus totale », un homme imprévisible et instable, tel est le Hitler que nous décrit le colonel Hossbach, son aide de camp de 1934 à 1938[3].

Autour de Hitler en perpétuel déplacement entre Berlin, Munich et Berchtesgaden, on trouve les hiérarques du parti. Le débat est depuis longtemps ouvert pour savoir si Hitler était le véritable « maître du III<sup>e</sup> Reich » ou s'il n'était qu'un « dictateur faible »[4]. On sait qu'il hésitait à trancher en matière de politique intérieure ; les grandes décisions étaient entérinées par Hitler une fois que les ministres et les spécialistes compétents du parti et de l'administration s'étaient mis d'accord. En revanche, la question juive et la politique étrangère semblent avoir relevé de sa seule initiative. Les dignitaires du parti ont joué un rôle important mais ne constituaient pas un groupe homogène ; il y avait parmi eux des clans rivaux. Pendant les douze ans que dura le régime, l'influence de tel ou tel d'entre eux a souvent varié. Parmi les collaborateurs de Hitler, certains ont occupé des fonctions importantes : Joseph Goebbels, chargé de la propagande ; Rudolf Hess, entièrement dévoué à son maître, « représentant du Führer dans le parti » et chargé de fonctions représentatives subal-

1. Cité par J. Sevilla, in *Zita, impératrice courage*, Paris, 1998, p. 222.
2. Compte rendu de la visite d'adieu de l'ambassadeur de France à Hitler, 20 octobre 1938.
3. Colonel F. Hossbach, *Entre la Wehrmacht et Hitler*, Paris, 1951, p. 20-24.
4. I. Kershaw, *Qu'est-ce que le nazisme ? Problèmes et perspectives d'interprétation*, Paris, 1997, p. 143 et suiv.

ternes[1], tandis que son ancien subordonné, Martin Bormann, s'affirmera de plus en plus comme le véritable maître du NSDAP tout en jouant auprès de Hitler le rôle d'un secrétaire zélé[2] ; Heinrich Himmler, le chef de la SS depuis 1929 et de toutes les polices à partir de 1936, « le mauvais génie de Hitler... le moins embarrassé de scrupules de tout le IIIe Reich[3] », et son collaborateur direct Reinhard Heydrich, le principal organisateur de la Nuit des longs couteaux et des manipulations contre les généraux von Blomberg et von Fritsch en 1938[4] ; Alfred Rosenberg, le théoricien du racisme et l'auteur du *Mythe du xxe siècle*, un isolé parmi les dirigeants du parti[5] ; Baldur von Schirach pour qui « le NSDAP est le parti de la jeunesse » et qui devint, en 1933, le Führer de la jeunesse du Reich allemand[6] ; Hans Frank, chargé, dès 1933, de la rénovation de la justice avant d'être placé, en 1939, à la tête du gouvernement général de Pologne[7] ; Albert Speer, l'architecte de Hitler qui, à partir de 1942, dirigea l'économie de guerre ; Joachim von Ribbentrop, un nazi de la dernière heure entré au NSDAP en 1932, le conseiller irresponsable et incompétent de Hitler pour la politique étrangère avant de devenir en 1938 le chef de la diplomatie allemande. Parmi ces dignitaires, et différent de la plupart d'entre eux par ses origines sociales, Hermann Göring occupe une place particulière. Considéré longtemps comme le deuxième personnage du régime avant que Himmler ne le supplante, Göring était un nazi de la première heure, avide de pouvoir et d'honneurs. « Le paladin le plus fidèle de notre Führer » fut chargé, dès 1933, de la création d'une armée de l'air. Véritable « homme-orchestre » du NSDAP, Göring cumula dans les premiers temps du régime les fonctions de ministre de l'Air, de ministre de l'Intérieur en Prusse, de commissaire chargé du Plan, de chef de l'armée de l'air avant de devenir maréchal du Reich et successeur désigné du Führer[8]. Bien qu'on ait tendance à attribuer à la Prusse la responsabilité de tous les malheurs de l'Allemagne et de l'Europe, force est de constater que la grande majorité des chefs nazis n'étaient pas des Prussiens : Frank, Ribbentrop, Goebbels, Speer étaient des Rhénans,

1. J.-C. Fest, *Les Maîtres du IIIe Reich*, Paris, 1965, p. 221.
2. *Ibid.*, p. 258 et suiv.
3. Colonel F. Hossbach, *Entre la Wehrmacht et Hitler*, *op. cit.*, p. 33-34.
4. M. Steinert, *L'Allemagne nationale-socialiste*, *op. cit.*, p. 180-183.
5. J.-C. Fest, *Les Maîtres du IIIe Reich*, *op. cit.*, p. 173, p. 180 et suiv.
6. *Ibid.*, p. 281.
7. *Ibid.*, p. 258 et suiv.
8. J.-C. Fest, *Les Maîtres du IIIe Reich*, *op. cit.*, p. 25 et suiv.

Himmler, Röhm, les frères Strasser étaient des Bavarois, et Hitler lui-même était un Autrichien. Tous, à l'exception de Baldur von Schirach et de Göring, venaient de la petite bourgeoisie.

Bien que les dignitaires du NSDAP aient occupé les fonctions les plus élevées dans l'appareil de l'État, Hitler a utilisé à son service les compétences de spécialistes issus de l'ancienne administration, généralement proches des milieux conservateurs. Pendant un certain temps du moins, il y eut dans le gouvernement des ministres qui n'appartenaient pas au NSDAP ; si Hugenberg démissionne dès juin 1933 et von Papen en juillet 1934, le baron von Neurath resta aux Affaires étrangères jusqu'en 1938 et démissionna en même temps que le ministre de la Guerre von Blomberg ; mieux même, le comte Schwerin von Krosigk et Franz Seldte conservèrent leurs ministères, respectivement des Finances et du Travail, jusqu'en 1945.

Le principal agent de l'État au sein de la société était le NSDAP qui devint rapidement un parti de masse. Après un premier développement qui porta ses effectifs à 55 000 membres en 1923, le parti s'effondra entre 1924 et 1927 avant de renaître et d'amplifier son audience : 108 000 adhérents en 1928, 178 000 l'année suivante, 390 000 en 1930, 850 000 au moment où Hitler accède au pouvoir. Après le 30 janvier 1933, les nouvelles adhésions affluèrent si bien qu'en mai on décida de limiter les effectifs à 2 500 000. Cette mesure, assouplie en 1937, fut définitivement abandonnée en 1939. Le parti comptait alors 5 300 000 membres pour atteindre à la fin de la guerre le chiffre de 8 500 000 ! C'est-à-dire qu'à ce moment-là un Allemand sur neuf était membre du NSDAP[1]. L'organisation interne du parti, fixée par la loi du 1er décembre 1933, reposait sur une structure pyramidale avec à la base les 250 000 responsables de cellules de quartiers (*Zellenleiter*), et d'immeubles (*Blockleiter*), puis les 21 000 responsables des communes (*Ortsgruppenleiter*) et au-dessus d'eux les 827 responsables des Cercles (*Kreisleiter*). L'unité régionale du parti était le *Gau* et à la tête de chaque *Gau* se trouvait le *Gauleiter*, représentant régional du NSDAP et nommé par Hitler. Très vite à l'intérieur du *Gau*, le Gauleiter, symbole du parti, prit le pas sur le *Reichstatthaler*, symbole de l'État, et devint un véritable potentat local jouissant d'un assez large degré d'autonomie[2]. À s'en tenir à la situation en 1930, on constate que le NSDAP, à la différence des autres partis, recrutait ses adhé-

1. N. Frei, *L'État hitlérien et la société allemande*, *op. cit.*, p. 351.
2. A. Wahl, *L'Allemagne de 1918 à 1945*, Paris, 1993, p. 120.

rents dans toutes les couches de la société, mais plus particulièrement dans les classes moyennes. Les ouvriers y étaient sous-représentés (28 %) par rapport à leur place dans la population active (45,1 %), et les paysans bien plus encore ; en revanche, les enseignants du primaire et du secondaire, les employés, les artisans, les chefs des petites entreprises, les professions libérales étaient surreprésentées[1].

### *L'idéologie du régime et sa diffusion*

Le premier document dont nous disposons sur la pensée nationale-socialiste est le programme en vingt-cinq points présenté par Hitler le 24 février 1920 dans la salle des fêtes du Hofbräuhaus de Munich. Déjà apparaissent deux points forts qui devaient perdurer dans la pensée nazie, l'importance du fait racial et l'hostilité aux Juifs. On y lit : « Ne peut faire partie du peuple (*Volk*) que celui qui est de sang allemand, quelle que soit sa confession. En conséquence, aucun Juif ne peut faire partie du peuple. » Ce programme présentait des aspects révolutionnaires, insistant sur le devoir des citoyens « de travailler, soit intellectuellement soit manuellement », réclamant « la suppression de tout revenu obtenu sans travail ni peine..., la confiscation de tous les bénéfices de guerre... et l'étatisation de toutes les entreprises déjà groupées en trusts ». Hitler s'y posait en défenseur d'« une classe moyenne saine » et exigeait « une réforme agraire » avec une loi « permettant l'expropriation du sol sans indemnité pour des besoins d'intérêt général ». Mais Hitler réclamait aussi « un pouvoir central fort dans le Reich » avec une presse qui « combatte le mensonge politique » et « l'interdiction des journaux dont l'action est contraire à l'intérêt général ». Enfin, il réclamait pour le peuple allemand « l'égalité des droits avec les autres nations » et la possibilité de se réunir dans sa totalité au sein d'une « Grande Allemagne ».

Le programme de 1920 sera précisé et développé dans *Mein Kampf* (« Mon combat »), ouvrage autobiographique et doctrinal, publié en 1925, avec une édition populaire bon marché en 1930, puis traduit en français en 1934[2]. Une part importante de *Mein Kampf* est consacrée au séjour de Hitler à Vienne, capitale

1. H. Möller, « Le système des partis durant les dernières années de la république de Weimar », in *Weimar ou De la démocratie en Allemagne*, *op. cit.*, p. 304.
2. M. Steinert, *L'Allemagne nationale-socialiste*, *op. cit.*, p. 117.

d'un Empire multinational où les Juifs et les socialistes jouaient un rôle important. C'est là qu'il prit conscience du fait racial et national. C'est là qu'il devint un ultranationaliste allemand et un antisémite. La race occupe une place capitale dans l'idéologie nationale-socialiste. Pour Hitler, les races sont inégales. Il y a des races inférieures mais, à côté d'elles, la race aryenne, dont les Allemands sont les véritables représentants, constitue la race supérieure par excellence. Les Aryens sont sous la menace du danger juif ; c'est ce qu'il a déduit de son expérience viennoise car « le Juif travaille systématiquement à amener une double révolution, économique et politique »... « Il ébranle économiquement les États » et « au point de vue politique, il refuse à l'État les moyens de subsistance, ruine les bases de toute résistance et défense nationale, ruine la confiance que le peuple avait dans le gouvernement, répand l'opprobre sur l'histoire et le passé, et jette au ruisseau tout ce qui est grand »... Voilà, selon Hitler, le double visage du Juif, capitaliste et révolutionnaire à la fois et qui « au moment où il conquiert la puissance politique, le Juif démocrate et ami du peuple donne naissance au Juif sanguinaire et tyran des peuples[1] »... Devant ce danger, l'État doit se défendre. Il doit purifier et fortifier la race supérieure menacée. Pour Hitler, la race ne se définit ni par la langue ni par le sol, mais par le sang ; on peut germaniser le sol mais pas les hommes[2]. Pour préserver la race, il faut empêcher le mélange des sangs, « seule cause du déclin des civilisations passées... Tous ceux qui ne sont pas de race pure ne sont que des déchets »... L'État doit donc veiller « à la conservation des représentants de la race primitive, dispensatrice de la civilisation[3] ». L'État national-socialiste, purificateur de la race, devra défendre l'idée de communauté raciale (*Volksgemeinschaft*) en faisant disparaître tous les particularismes régionaux et en regroupant toutes les communautés allemandes d'Europe centro-orientale (*Volksdeutsche*) et les Allemands d'Autriche en une Grande Allemagne. Cela implique la destruction du diktat de Versailles. Mais cela suppose un effort d'éducation de la jeunesse pour donner « aux enfants allemands la conviction qu'ils sont absolument supérieurs aux autres hommes ». On devra insister sur le bon état physique de la jeunesse car « la culture du corps doit venir avant la culture intellectuelle ». Hitler met l'accent sur le rôle de l'en-

1. A. Hitler, *Mein Kampf*, Paris, 1934, p. 326.
2. *Ibid.*, p. 386-387.
3. *Ibid.*, p. 391.

seignement et sur la nécessité d'un renouvellement continuel des élites par « un apport de sang frais provenant des classes inférieures[1] ». La révolution nationale-socialiste fondée sur ces principes ne pourra se faire que dans le cadre d'un État fort, où l'intérêt de l'individu sera subordonné à celui de la communauté. Hitler rejette ainsi la démocratie parlementaire et pluraliste ; il condamne aussi bien les partis bourgeois, « associations d'intérêts formés par certains groupements et certaines classes[2] », que les partis socialistes, dont l'idéologie et le programme sont l'œuvre du « Juif » Karl Marx ; il rejette également le pacifisme tout autant que le christianisme traditionnel inspiré par le Juif Jésus. Ainsi, l'Allemagne, purifiée sur le plan racial, avec un État fort personnifié par un chef unique et libérée du carcan dans lequel la tient le Diktat de Versailles, pourra enfin donner à son peuple « un espace suffisant sur cette terre », un « espace vital » (*Lebensraum*) en Europe, et plus particulièrement à l'est[3].

Cette idéologie, la presse et la radio, le cinéma, l'école et toute une série d'organisations de masse liées au NSDAP la répandirent. *Mein Kampf* devint la nouvelle Bible que les maires remettaient aux jeunes couples à l'occasion de leur mariage. Le ministère de la Propagande et de la Culture confié à Goebbels joua un rôle capital dans l'État national-socialiste : « Ce qui importe, ce n'est pas que la propagande ait de la tenue, mais qu'elle donne les résultats escomptés[4]. » Le régime fit porter tous ses efforts sur la jeunesse dont l'organisation relevait de Baldur von Schirach. Un jeune aristocrate allemand décrit ainsi la place des jeunes dans le système : « La première organisation que le jeune allemand rencontrait sur son chemin était le *Jungvolk*, l'échelon le plus bas de la *Hitlerjugend* (jeunesse hitlérienne). À l'âge de quatorze ans, il entrait dans la *Hitlerjugend* tout court. Parallèlement, pour les jeunes filles, il y avait le *Bund Deutscher Mädchen* (BDM), la « Ligue des jeunes filles allemandes ». Ensuite, pour les garçons, c'était le service obligatoire de six mois dans l'*Arbeitsdienst*, le Service du travail : « On marchait au pas, et on maniait la pelle comme le fusil. On y subissait une discipline de fer[5]. » Le régime mettait ainsi tous ses espoirs à faire du jeune un « homme nouveau », entièrement dévoué au Führer et qui,

1. *Ibid.*
2. *Ibid.*, p. 405-406.
3. *Ibid.*
4. J.-C. Fest, *Les Maîtres du IIIe Reich*, *op. cit.*, p. 51-52.
5. A. von Kageneck, *Lieutenant de Panzers*, Paris, 1994, p. 53.

ainsi encadré et éduqué politiquement, pouvait devenir un agent de propagande auprès de sa famille.

Les adultes n'échappaient pas non plus à la propagande, sur les lieux de travail, dans le cadre du Front du travail, fort de ses vingt-trois millions de membres, qui avait remplacé les syndicats[1]. Les femmes, elles, se retrouvaient dans l'Organisation des femmes allemandes où « les femmes de médecins, de commerçants, de notaires côtoyaient celles de paysans, d'artisans ou d'ouvriers[2] ». Ainsi se créait cette *Volksgemeinschaft* réclamée par Hitler. Le national-socialisme se transforma ainsi, peu à peu, en une véritable religion avec un nouveau dieu, Adolf Hitler. L'année s'écoulait au rythme des grandes heures du nazisme. Le 20 avril, on fêtait l'anniversaire du Führer ; en septembre, c'était le Congrès du parti à Nuremberg où l'on annonçait les grandes décisions ; le 9 novembre, on commémorait le putsch de Munich, sans oublier la Journée de la femme allemande, la Journée du soldat, etc., autant d'occasions pour rappeler aux Allemands leur appartenance à un monde nouveau.

### *L'élimination des opposants*

Même dans les premières années où le régime bénéficiait d'un préjugé favorable d'une majorité d'Allemands, il n'en existait pas moins dans la société des éléments considérés par l'État comme hostiles ou indésirables. Pour les surveiller et éventuellement les éliminer, l'État national-socialiste disposait d'un impressionnant appareil de surveillance et de répression. Il y avait déjà les institutions policières traditionnelles, la police en uniforme (*Ordnungspolizei*) et la police criminelle (*Kripo*). En 1933, Göring créa en Prusse la police secrète d'État (*Gestapo*) dont la mission, rapidement étendue à l'ensemble du Reich, était de surveiller et d'arrêter les ennemis du régime. À ces institutions d'État s'ajoutaient les forces de sécurité du NSDAP. Après la relégation au second plan des SA, ce fut la SS (*Schutzstaffel* : « échelon de protection ») qui devint la principale force de police du Reich. Garde personnelle de Hitler puis police du parti, la SS prit une importance croissante dès 1929, lorsque Himmler fut placé à sa tête, mais ses effectifs n'étaient alors que de trois mille hommes. Rapidement, la SS, souvent appelée le Corps noir (*Schwarzkorps*) en

1. H. Burgelin, *La Société allemande 1871-1968*, *op. cit.*, p. 197-198 et p. 215-217.
2. A. von Kageneck, *Lieutenant de Panzers*, *op. cit.*, p. 54.

raison de la couleur de son uniforme, se développa pour atteindre 50 000 membres en 1933, puis 200 000 en 1936 et 500 000 à la veille de la guerre.

Le recrutement reposait sur une sélection rigoureuse des candidats fondée sur des critères raciaux. Les premiers SS venaient des corps francs et des activistes du parti ; puis vinrent des jeunes diplômés, des jeunes bourgeois et même des aristocrates dans les postes de commandement. Depuis 1931, la SS disposait de son propre service de renseignement, SD : (*Sicherheitsdienst*), dirigé par Heydrich puis par Kaltenbrunner. La SS ne constituait pas un corps homogène. En 1935, ses effectifs étaient répartis en trois branches : la SS générale formée de militants civils, la SS à disposition militarisée et la SS Tête de mort chargée de la garde des camps de concentration ; puis, en 1940, fut créée la Waffen-SS, unité combattante d'élite où servaient les *Volksdeutsche* d'Europe centro-orientale et les volontaires étrangers ; ses effectifs atteignaient près de 900 000 hommes de trente-huit nationalités différentes à la fin de la guerre. En 1939, l'ensemble des polices : *Ordnungspolizei*, Kripo, Gestapo et SD fut regroupé sous l'autorité du Bureau central de la Sécurité du Reich (RSHA : *Reischssicherheits Hauptamt*) sous les ordres de Himmler[1].

L'action contre les adversaires du régime prit différentes formes. Ce fut d'abord, dès 1933-1934, la mise à l'écart de l'administration des Juifs et des personnes « politiquement douteuses ». Ainsi, le commissaire du gouvernement pour la capitale, Julius Lippert, chassa tous les médecins juifs des hôpitaux puis révoqua le tiers du personnel administratif[2]. Les universités n'échappèrent pas à cette épuration, en particulier celles de Berlin, de Düsseldorf et de Francfort ; des scientifiques comme les physiciens Franck et Einstein émigrèrent. Les mesures d'exclusion touchèrent également le monde intellectuel et artistique. Au nom de la « lutte contre l'art dégénéré », on procéda, dès mai 1933, aux premiers autodafés d'œuvres d'art et de livres étrangers. Les mouvements artistiques d'avant-garde florissants dans les années vingt furent mis à l'index, les peintres abstraits ou expressionnistes, tels Grosz ou Kokoschka, ne purent plus exposer et diffuser leurs œuvres, tandis que le Bauhaus fut fermé car ses recherches en matière d'architecture étaient contraires au goût allemand. Les Chambres de culture et de presse contrôlèrent acti-

1. M. Steinert, *L'Allemagne nationale-socialiste*, *op. cit.*, p. 253-257.
2. C. Buffet, *Histoire de Berlin*, Paris, 1994, p. 35.

vement toutes les publications. En 1935, elles dressèrent la liste des auteurs et des ouvrages interdits où figuraient Bertolt Brecht, Franz Kafka, Stefan Zweig, Erich-Maria Remarque, Henri Barbusse, Thomas Mann, mais également des classiques comme Heinrich Heine et bien d'autres, dont les œuvres furent retirées des bibliothèques et des librairies. Plus de quatre cent mille volumes furent ainsi mis hors du circuit commercial[1]. On s'attaqua aussi à la musique avec l'éviction des compositeurs et des chefs d'orchestre juifs. Les protestations de Furtwängler, vice-président de la chambre de musique du Reich contre l'exclusion du chef d'orchestre Bruno Walter, demeurèrent sans effet sur Goebbels[2].

L'exclusion et la mise à l'index n'étaient que peu de chose en comparaison de l'arrestation et de l'internement dans les camps de concentration des écrivains jugés dangereux et des opposants politiques, principalement communistes et socialistes. Les premiers camps de concentration furent créés dès 1933, avec Dachau près de Munich, Sachsenhausen près de Berlin et Ravensbrück près de Weimar. Mais des dizaines d'autres furent construits à partir de 1935. La SS y établit une véritable hiérarchie dans le statut des détenus selon que ceux-ci étaient considérés comme rééducables ou non[3]. Au lendemain de l'arrivée au pouvoir de Hitler, il y eut une vague d'arrestations qui toucha principalement les milieux de gauche, suivie de mesures de libération pour ceux considérés comme récupérables. Il y eut encore, en 1934, des arrestations nombreuses avec des durées d'internement plus ou moins longue. Les internements, en majorité temporaires, visaient à intimider tous ceux qui seraient tentés d'organiser une résistance active contre le régime. Au total, entre 1933 et 1939, plus de 530 000 Allemands passèrent dans les camps de concentration pour des durées plus ou moins longues, mais entre 150 000 et 170 000 n'en revinrent jamais[4]. La notoriété même internationale d'un détenu n'était pas une garantie de survie. L'écrivain socialiste et pacifiste Karl von Ossietzky, arrêté dès février 1933, bien qu'on lui attribuât en 1935 le prix Nobel de la Paix, fut maintenu dans un camp de concentration où il mourut en 1938, victime des mauvais traitements endurés[5].

1. J.-M. Palmier, *Weimar en exil*, Paris, 1988, t. I, p. 25 ; p. 69-75.
2. *Ibid.*, p. 43.
3. M. Steinert, *L'Allemagne nationale-socialiste*, *op. cit.*, p. 261.
4. H. Burgelin, *La Société allemande 1871-1968*, *op. cit.*, p. 232-235.
5. J.-M. Palmier, *Weimar en exil*, *op. cit.*, t. I, p. 63-67.

Une des formes particulièrement odieuses de la répression, mais qui correspondait au fondement idéologique du nazisme, fut la politique menée à l'égard des Juifs. On estimait qu'en 1932-1933 la communauté juive était forte de 525 000 membres, parfaitement assimilés et nés à 76 % en Allemagne[1]. Les Juifs, principalement concentrés à Berlin — plus de 160 000 — mais aussi à Hambourg et à Francfort, étaient présents dans tous les milieux de la société, mais principalement dans le commerce, dans les professions libérales et dans le monde des arts et des lettres. Dès 1933, l'antisémitisme devint un des éléments de la propagande officielle.

Les premières brimades, comme le boycott généralisé des magasins juifs le 1er avril 1933, furent l'œuvre des SA. Ces actions isolées et « spontanées » furent relayées par des mesures officielles. La loi du 7 avril 1933 qui définissait comme juif quiconque avait des grands-parents juifs[2] exclut de la fonction publique et du barreau tous ceux qui correspondaient à cette définition ; un *numerus clausus* limita à 1,5 % le nombre des étudiants juifs admis à s'inscrire à l'Université[3]. Le tout accompagné de brimades, de tracasseries et de violences. Cette politique de discrimination entraîna les premiers départs : 25 000 Juifs quittèrent l'Allemagne au cours du premier semestre de 1933, suivis par 50 000 autres entre le 1er juillet 1933 et le 15 septembre 1935[4]. L'exil entraînait l'abandon sur place de tous les biens mais dépendait aussi du bon vouloir des autorités des pays d'accueil. La deuxième étape de la politique antijuive fut le vote par le Reichstag, le 15 septembre 1935, des lois sur la citoyenneté du Reich, plus connue sous le nom de *Lois de Nuremberg*. Ces lois interdisaient les mariages et les relations extramaritales entre Juifs et Allemands ; elles interdisaient aussi aux Juifs d'avoir au service de leur ménage du personnel féminin allemand[5].

La communauté juive ainsi isolée du reste de la société allemande bénéficia d'un sursis dans la mesure où Hitler craignait que des mesures trop brutales à son égard ne provoquassent le transfert des Jeux Olympiques, prévus à Berlin en 1936, dans un autre pays[6]. Près de cent mille Juifs profitèrent de ce répit pour

1. A. Wahl, *L'Allemagne de 1918 à 1945*, *op. cit.*, p. 153.
2. La définition fut par la suite élargie à tous ceux qui avaient un conjoint juif.
3. H. Burgelin, *La Société allemande 1871-1968*, *op. cit.*, p. 225-228.
4. J.-M. Palmier, *Weimar en exil*, *op. cit.*, t. I, p. 156.
5. *Documents d'histoire 1851-1971*, *op. cit.*, t. II, p. 250-251.
6. I. Kirshaw, *Qu'est-ce que le nazisme ?*, *op. cit.*, p. 174-175.

émigrer malgré les obstacles rencontrés, mais, dès 1937, le départ pour eux devint quasiment impossible. À ce moment-là, l'aryanisation de l'économie était en bonne voie et de nombreux commerçants et industriels avaient été contraints de céder leurs entreprises. Le 7 novembre 1938, l'assassinat à Paris d'un diplomate allemand par un jeune Juif balte servit de prétexte pour mettre en route la troisième étape dans l'élimination des Juifs. Deux jours plus tard, sur ordre de Hitler, Goebbels organisa la « Nuit de Cristal » au cours de laquelle les militants nazis incendièrent les synagogues et les magasins juifs ; ils se livrèrent à de telles violences physiques qu'on dénombra près d'une centaine de morts et de très nombreux blessés. Loin de punir les coupables de ces violences, l'État imposa une amende de 1,25 milliard de RM à la communauté juive pour réparer les dégâts provoqués par ces troubles. Et les jours qui suivirent, des milliers de Juifs furent arrêtés. Dans beaucoup de régions, en particulier dans l'Ouest et dans le Sud, ces violences avaient suscité une grande indignation sans pour autant provoquer de réactions visibles.

Pourtant, la « solution finale », telle qu'elle fut décidée en décembre 1941, n'était pas encore envisagée. Les différents clans qui se partageaient le pouvoir avaient chacun leur propre solution pour régler la question juive. Tous cependant étaient d'accord pour considérer qu'il n'y avait pas de place en Allemagne pour les quelque 350 000 Juifs qui s'y trouvaient encore[1].

### *La résistance au pouvoir national-socialiste*

Le problème de la résistance à l'intérieur de l'Allemagne a suscité bien des débats. Dès 1933, il y eut des opposants au régime hitlérien, mais la résistance allemande ne fut jamais un mouvement de masse. En effet, une partie importante des milieux populaires apprécia la réduction rapide du chômage ; ceux qui avaient participé aux mouvements révolutionnaires de 1918-1920 ne se lamentaient guère sur le sort de cette république de Weimar qui avait fait appel à l'armée pour les écraser. Et surtout, la grande majorité des Allemands traumatisée par le Diktat de Versailles saluait en Hitler celui qui leur avait promis de rendre à l'Allemagne sa dignité et sa pleine souveraineté. À côté de cela, la perte des libertés, les violences qu'on feignait souvent de ne pas voir n'avaient pour beaucoup qu'une importance secondaire par rapport à leurs sentiments patriotiques et à l'amélioration du

1. I. Kershaw. *Qu'est-ce que le nazisme ?*, *op. cit.*, p. 174-175.

bien-être. On s'en rendit compte le 13 janvier 1935 à l'occasion du plébiscite en Sarre. Les Sarrois, parfaitement au courant de ce qui se passait alors en Allemagne — ceux qui fuyaient l'Allemagne nazie transitaient souvent par la Sarre —, ont pourtant voté à 90,8 % pour leur rattachement au Reich dans un scrutin totalement libre et sous contrôle international. Les Sarrois n'étaient pas tous nazis, loin s'en faut, mais ils se sentaient avant tout Allemands. L'existence de ce patriotisme allemand a fortement gêné la formation de mouvements d'opposition à Hitler. Un autre facteur ne doit pas non plus être négligé, la crainte d'être arrêté ; ce n'est pas un risque que l'on prend facilement, surtout dans un État totalitaire.

La résistance au nazisme a été le fait de deux groupes, d'abord ceux qui se sentaient directement menacés par le régime, ensuite ceux qui, dans les élites, étaient hostiles à la nouvelle idéologie pour des raisons intellectuelles et morales. Dès 1933, les premiers à craindre pour leur sécurité furent les dirigeants des partis politiques hostiles à Hitler. Pour ceux qui n'avaient pas été arrêtés, le seul moyen d'agir efficacement était de poursuivre la lutte hors d'Allemagne. Moscou accueillit des chefs communistes, certains y attendirent leur heure, tels Wilhelm Pieck ou Walter Ulbricht ; d'autres y furent victimes des purges staliniennes, comme Heinz Neumann déjà évincé de la direction du KPD pour avoir, avant l'heure fixée par Moscou, préconisé la lutte contre le fascisme hitlérien, et dont la femme, livrée par les Soviétiques à la Gestapo en 1940, se retrouva à Ravensbrück[1]. Certains chefs du SPD prirent le chemin de Prague comme Philippe Scheidemann, Erich Ollenhauter ; Otto Braun se réfugia en Suisse[2]. À Prague, les socialistes retrouvèrent d'autres exilés comme Bertolt Brecht ou Rainer Maria Rilke, mais, dès 1937-1938, les exilés praguois se replièrent sur Paris, Londres ou Copenhague. Des anciens chefs des partis bourgeois comme les anciens chanceliers Wirth et Brüning prirent aussi le chemin de l'exil. En se fixant dans des pays anciennement ennemis, ces émigrés pouvaient donc facilement être présentés comme des traîtres à l'Allemagne, ce qui limitait leur audience. Ceux qui, dans le monde de l'opposition politique, étaient restés en Allemagne et qui n'avaient pas été arrêtés, avaient pour la plupart renoncé à leurs activités politiques et se bornaient à une non-coopération prudente avec le régime. D'autres, comme le socialiste Julius Leber, qui avait été interné

1. J.-M. Palmier, *Weimar en exil*, *op. cit.*, p. 256-257.
2. *Ibid.*, p. 161-164.

de 1933 à 1937, prenaient contact dès leur libération avec les mouvements de résistance déjà constitués.

La seconde résistance — la vraie —, celle qui se trouvait sur le terrain et sous la menace constante de subir les foudres du régime, est venue de trois milieux différents : les Églises, les mouvements conservateurs et l'armée, avec des motivations parfois divergentes, ce qui n'empêchait pas des actions communes. Du côté des Églises, il faut distinguer l'Église catholique et les Églises protestantes. Dès 1930, la hiérarchie catholique avait mis en garde les fidèles contre le néopaganisme de l'idéologie nazie. Puis, ces réticences furent atténuées avec la conclusion du Concordat du 20 juillet 1933 qui devait garantir aux vingt millions de catholiques allemands le libre exercice de leur religion et le maintien de leurs établissements d'enseignement. Très vite cependant, le Concordat fut violé par l'État ; les élèves des écoles catholiques furent contraints d'entrer dans la Jeunesse hitlérienne où ils étaient l'objet de brimades et de vexations. La dissolution de nombreuses associations catholiques et surtout la politique antisémite du régime suscitèrent les protestations de certains prélats comme l'évêque de Münster, Clemens von Galen, ou le cardinal-archevêque de Munich, Faulhaber, mais l'Église devait tenir compte aussi des sympathies pour le régime de nombre de ses fidèles. En 1937, la tension augmenta avec la publication, le 14 mars, de l'encyclique de Pie XI, *Mit brennender Sorge*, rédigée exceptionnellement en allemand, qui condamnait l'idéologie du régime nazi et son incompatibilité avec la foi chrétienne. L'encyclique avait été écrite en grande partie par le cardinal Pacelli — le futur pape Pie XII — et par le cardinal Faulhaber[1]. Le texte de l'encyclique fut porté à la connaissance des fidèles et lu en chaire, ce qui entraîna l'arrestation de nombreux prêtres et des profanations d'églises.

Du côté des quarante millions de protestants, les Églises étaient divisées. On songea un moment du côté du pouvoir à créer une Église protestante unique (*Reichskirche*) sous la direction de l'aumônier militaire pronazi Ludwig Müller, devenu évêque du Reich en septembre 1933, concurrencée par le courant ultranazi des *Deutsche Christen*. Ces tentatives de l'État pour avoir une Église protestante à sa solde se heurtèrent à la réaction d'un certain nombre de pasteurs conduits par le théologien Karl Barth, le pasteur de Dahlem Martin Niemöller et l'évêque Dibelius qui dénoncèrent les positions contraires à l'Évangile des

1. « L'héroïsme de Pie XII », in *L'Homme nouveau*, 1er février 1998.

*Deutsche Christen* et organisèrent une Ligue de défense des pasteurs regroupant bientôt sept mille pasteurs. Ce fut le point de départ de l'Église confessante. En mai 1936, l'Église confessante adressa à Hitler un mémorandum dénonçant l'idéologie du régime, l'antisémitisme et la dictature de l'État policier. Ce texte rendu public par le journal suisse *Basler Nachtrichten* provoqua l'arrestation de sept cents pasteurs, dont l'évêque Dibelius et le pasteur Niemöller, et les autorités multiplièrent les tracasseries contre les pasteurs et leurs fidèles[1].

À côté de la résistance des Églises fondée sur des motifs moraux, un certain nombre de conservateurs tentèrent de constituer un mouvement d'opposition. Ce fut l'œuvre d'isolés réunissant autour d'eux quelques amis sûrs pour discuter de quelle façon on pourrait chasser Hitler du pouvoir. Mais, comme le dira plus tard l'un d'entre eux, le diplomate Albrecht von Kessel « notre opposition fut trop élégante, trop correcte... il aurait fallu tuer Hitler[2]... ». Parmi ces opposants, on trouvait nombre d'aristocrates comme Fabian von Schlabrendorff qui, dès 1928, étudiant à Halle, critiquait publiquement les nazis locaux et qui, devenu avocat, créa à partir de l'automne 1933 des cercles antinazis et entra en contact avec les opposants de l'armée, ou comme son ami, Eswald von Kleist, un grand propriétaire qui rédigeait le *Bulletin d'information du groupement conservateur* et dont la revue fut interdite pour avoir protesté contre la dissolution du KPD ; on rencontrait aussi des universitaires, tel le juriste Smend et le philologue Spranger de l'université de Berlin, ou le juriste de Halle, Max Fleischmann, qui prépara un projet de Constitution pour une Allemagne débarrassée de Hitler. Ces conservateurs n'hésitaient pas à avoir des contacts avec certains représentants de la gauche comme Ernst Niekisch qui publiait la revue clandestine *Résistance* et qui avait écrit *Hitler, l'homme fatal de l'Allemagne*, et les anciens parlementaires socialistes Julius Leber et Wilhelm Leuschner. Niekisch était lié d'amitié avec von Kleist, qu'il cacha dans son appartement au moment de la Nuit des longs couteaux. Tous étaient en relation avec des membres de l'Église confessante tels que les pasteurs Niemöller et Bonhöffer[3]. À partir de 1936, le bourgmestre national-allemand Goerdeler rompit avec les nazis locaux quand ceux-ci vou-

1. M. Steinert, *L'Allemagne nationale-socialiste*, *op. cit.*, p. 271 et suiv., et A. Wahl, *L'Allemagne de 1918 à 1945*, *op. cit.*, p. 139 et suiv.
2. T. Prittie, *Des Allemands contre Hitler*, Paris, 1966, p. 38.
3. F. von Schlabrendorff, *Officiers contre Hitler*, Paris, 1948, p. 11-22.

lurent enlever la statue de l'enfant du pays, le compositeur Mendelssohn-Bartholdy, parce qu'il était juif. Destitué en avril 1937, Goerdeler rejoignit les opposants de l'armée. Il y avait aussi le « Cercle de Kreisau » fondé par le comte James von Moltke et le comte York von Wartemburg.

Ces opposants venus du monde civil étaient conscients que, pour réussir, ils avaient besoin du soutien de l'armée. L'armée, dont les cadres étaient souvent de tradition monarchiste, a toujours cherché à préserver son indépendance vis-à-vis de l'État nazi. Certains officiers supérieurs considéraient que Hitler était un danger pour l'Allemagne. Le plus impliqué dans l'opposition était le général Ludwig Beck, chef du *Truppenamt* depuis octobre 1933 et adjoint du chef d'état-major von Fritsch. Beck était en relation avec Goerdeler depuis la fin de 1936 dans le cadre d'un « club du mercredi » où se retrouvaient le diplomate Ulrich von Hassel, les pasteurs Klaus et Dietrich Bonhöffer, le colonel Hans Oster, adjoint de l'amiral Canaris, chef de l'Abwehr (contre-espionnage de l'armée) lui-même antinazi. C'est Oster qui envoya von Kleist à Londres, en août 1938, pour demander l'appui franco-anglais pour les généraux opposés à Hitler, mais il ne fut pas écouté. Le groupe Beck-Goerdeler était en relation avec l'ambassadeur à Moscou, von Schulenburg, et avec le secrétaire d'État von Weizsäcker. Les militaires étaient les seuls à pouvoir agir en organisant un coup d'État mais, jusqu'en 1938, rien de précis ne fut envisagé. L'élimination des généraux von Blomberg et von Fritsch avec les remous qu'elle entraîna et, surtout, la crise tchécoslovaque de septembre 1938 donnèrent une occasion d'agir aux généraux opposés à Hitler. Beck avait obtenu le soutien des généraux Witzleben, Hammerstein, Halder et de l'amiral Canaris pour une action au moment où Hitler déclencherait l'attaque contre la Tchécoslovaquie. Hitler serait arrêté, traduit en justice et déclaré fou ; l'armée assurerait la continuité du pouvoir et le NSDAP serait dissous. Mais le succès diplomatique remporté par Hitler à Munich, le 30 septembre 1938, mit fin pour un long moment aux projets de coups d'État[1].

## III — La politique économique et sociale du IIIe Reich

La mise en place d'un État fort ne suffisait pas pour permettre à l'Allemagne de retrouver sa pleine souveraineté et d'entre-

1. T. Prittie, *Des Allemands contre Hitler*, *op. cit.*, p. 61-74.

prendre la conquête d'un « espace vital » élargi. Il fallait aussi redresser l'économie d'un pays durement touché par la crise économique.

*Les conditions du redressement économique*

Lorsque Hitler arriva au pouvoir un travailleur allemand sur trois était au chômage ; la production industrielle avait chuté de plus de 40 % par rapport à 1929, et le commerce extérieur, toujours déficitaire, avait diminué de 60 %. Pour lutter contre cette crise de l'économie, Hitler mit de côté les projets de réforme de structure qu'il avait préconisée dans son programme de 1920. Il le dit clairement aux industriels, en 1932, lorsqu'il avait fait devant eux la distinction entre le « capitalisme productif » qu'il fallait maintenir et développer et le « capitalisme accapareur » aux mains des spéculateurs juifs qu'il fallait détruire. Avec Hitler, le rôle de l'État dans la lutte contre la crise fut capital. C'est le docteur Schacht, gouverneur de la Reichsbank et ministre de l'Économie de 1934 à 1938, puis son successeur, Walter Funk, qui, sous le contrôle direct de Göring, élaborèrent et mirent en œuvre la politique anticrise dans le cadre d'une planification souple.

La réussite de la politique anticrise supposait la paix sociale et l'adhésion des travailleurs. Après la dissolution des syndicats, on créa, en mai 1933, le Front du travail, dirigé par le docteur Ley, auquel tous les travailleurs étaient tenus d'adhérer et pour lequel ils versaient 1,5 % de leurs salaires. En échange, le Front du travail veillait au bien-être matériel des salariés avec l'aide aux familles et la prise en charge des moments difficiles de la vie (maladie, invalidité, chômage, vieillesse), comme il veillait à son environnement culturel et à ses loisirs avec l'institution La Force par la Joie (*Kraft durch Freude*). Le travailleur faisait partie de la Communauté d'entreprise, elle-même rattachée à une Corporation regroupant les entreprises d'une même branche à la tête de laquelle se trouvait un Führer entouré de représentants des employeurs et des salariés[1].

On ne modifia guère le système économique en vigueur, sinon que la concentration des entreprises fut encouragée. Les entreprises à capitaux américains (Opel, Ford) ou anglais (Unilever,

1. H. Burgelin, *La Société allemande 1871-1968*, *op. cit.*, p. 214 et suiv.

Shell) continuèrent leurs activités mais durent réinvestir sur place leurs bénéfices[1].

*Autarcie et politique commerciale*

En matière de politique commerciale, l'objectif était d'atteindre le niveau le plus élevé possible d'autosuffisance afin de limiter au maximum les importations étrangères, et de développer les exportations afin d'écouler l'excédent de la production nationale. L'autarcie fut le principe de base de la politique anti-crise du III^e^ Reich et se situait dans la perspective d'une économie de guerre. Pour limiter les importations, on eut recours aux moyens classiques, augmentation des droits de douane, licences d'importation, le tout accompagné d'un renforcement du contrôle des changes mis en place par Brüning en 1931. Mais l'Allemagne ne pouvait pas assurer la satisfaction de tous ses besoins avec ses seules productions. On chercha principalement à réduire le taux de dépendance.

Le ministre de l'Agriculture, Walter Darré, tenta d'augmenter la production agricole par des mesures structurelles. La loi sur l'hérédité des fermes (*Erbhofgesetz*) chercha à éviter le morcellement des petites et moyennes exploitations avec l'institution du système de l'héritier unique. Une autre loi donna la possibilité à l'État de racheter les grands domaines sous-exploités et endettés pour les morceler en petites exploitations distribuées à des paysans sans terre. Dans le même esprit, l'État subventionna les prix agricoles, assura la fourniture de machines et d'engrais à des prix avantageux. Pour maintenir les effectifs du monde paysan, une loi de 1934 interdit l'emploi dans l'industrie des ouvriers agricoles. Les résultats de cette politique furent inégaux. Si l'augmentation de la production des cultures industrielles (pommes de terre, betterave, lin et chanvre) permit d'atteindre l'autosuffisance, le déficit en céréales et en produits de l'élevage demeura important et rendit les importations indispensables.

L'Allemagne manquait également de matières premières pour son industrie, en particulier de minerai de fer, de métaux non ferreux, de coton et de laine, de pétrole et de caoutchouc. Pour limiter les importations de minerais, on remit en activité des mines désaffectées sans pour autant couvrir les besoins et, en 1939, il fallait encore importer vingt millions de tonnes de minerai

1. Ch. Ambrosi et M. Tacel, *Les Grandes Puissances du monde contemporain*, *op. cit.*, t. II, p. 213.

de fer. L'État encouragea également la récupération des ferrailles et des matières premières usagées. Dans le cadre du deuxième plan, l'État finança la recherche dans le domaine des produits de remplacement (*Ersatz*). Grâce à la puissance de l'industrie chimique, on parvint à produire du pétrole et du caoutchouc synthétiques à partir du charbon et du lignite, mais à un prix de revient très élevé et sans parvenir à assurer la couverture de tous les besoins. Malgré les rationnements et contingentements, l'autarcie parfaite ne fut jamais réalisée. En 1939, le taux de couverture des besoins par la production nationale n'était que de 43 % pour les textiles, 40 % pour les carburants et 15 % pour le caoutchouc[1]. Les importations de produits bruts demeurèrent donc indispensables.

Pour payer les importations sans avoir recours aux devises ou à l'or, l'Allemagne multiplia les accords de *clearing* et paya ainsi les matières premières importées avec des produits fabriqués dans ses usines. On eut recours aussi au système des marks bloqués permettant au fournisseur étranger de disposer d'un compte en RM à la Reichsbank pour acheter plus tard des produits allemands, avec la possibilité pour lui de céder cette créance à un autre importateur de produits allemands. Dans le cas où le *clearing* n'était pas possible ou si le pays refusait le système des marks bloqués, on recourait au système classique du paiement en or ou en devises.

La signature d'accords de *clearing* avec la Suède, les pays danubiens, l'URSS et les pays latino-américains donna une impulsion nouvelle au commerce extérieur sans permettre cependant de retrouver le niveau de 1929. En 1938, le volume des échanges représentait seulement 43 % du niveau d'avant la crise. L'Allemagne était pourtant devenue à ce moment-là le premier exportateur mondial de produits manufacturés[2].

### *La relance de l'industrie*

La première mesure prise pour remettre en marche la production industrielle fut le lancement d'un programme de grands travaux dans le cadre du premier plan (1933-1937). On mit en chantier cinq mille kilomètres d'autoroutes, on construisit de nouveaux aérodromes ; on améliora l'habitat urbain dans le cadre d'une nouvelle politique d'urbanisme. Cette politique fut finan-

1. A. Gauthier, *Le Monde d'une crise à l'autre*, Paris, 1984, p. 49-50.
2. M. Beaud, *Histoire du capitalisme de 1500 à nos jours*, *op. cit.*, p. 227.

cée en grande partie par l'État mais avec un faible coût de main-d'œuvre dans la mesure où on eut recours aux recrues du Service du travail.

Ce fut la politique de réarmement qui constitua le principal facteur de la reprise dans l'industrie. Les résultats furent spectaculaires. Sur la base 100 en 1929, l'indice de la production industrielle, qui était tombé à 58 en 1932, avait retrouvé le niveau de 1929 dès la fin de 1935 pour atteindre 132 en 1939, mais c'est le secteur des biens de production — dont les industries d'armement — qui avait surtout progressé avec une augmentation de 48 % de la production alors que la production des biens de consommation n'avait progressé que de 8 %. Les industries chimiques, l'industrie électrotechnique et surtout la sidérurgie connurent une progression remarquable. La production d'acier, qui était de 16 millions de tonnes avant la crise et qui était tombée à moins de 6 millions de tonnes en 1932, atteignit 23 millions de tonnes à la veille de la guerre. Tous ces bons résultats contribuèrent donc largement à la résorption du chômage. Dès 1935, le taux de chômage était déjà retombé à 10,3 % des actifs. En 1939, avec 119 000 chômeurs soit 0,5 % des salariés, l'Allemagne avait retrouvé le plein emploi[1].

La reprise rapide de l'activité économique, dans le cadre d'un capitalisme tempéré par le dirigisme d'État, n'explique pas à elle seule la disparition du chômage. D'autres facteurs ont joué. Le rétablissement du service militaire, en 1935, a retiré du marché du travail plus de 500 000 hommes ; le NSDAP, son administration, les différents organes de police et de sécurité employaient au total près d'un million de salariés en 1938[2].

Même si, globalement, le niveau de la plupart des travailleurs a diminué par rapport à 1929, le redémarrage de l'économie et la disparition du chômage, compte tenu des réserves ci-dessus, ont largement contribué à faire accepter par le monde du travail le régime national-socialiste et les contraintes et privations de libertés qu'il comportait.

1. N. Frei, *L'État hitlérien et la société allemande 1933-1945*, *op. cit.*, p. 351-352.

2. Ch. Ambrosi et M. Tacel, *Histoire économique des grandes puissances à l'époque contemporaine*, *op. cit.*, p. 573 et suiv.

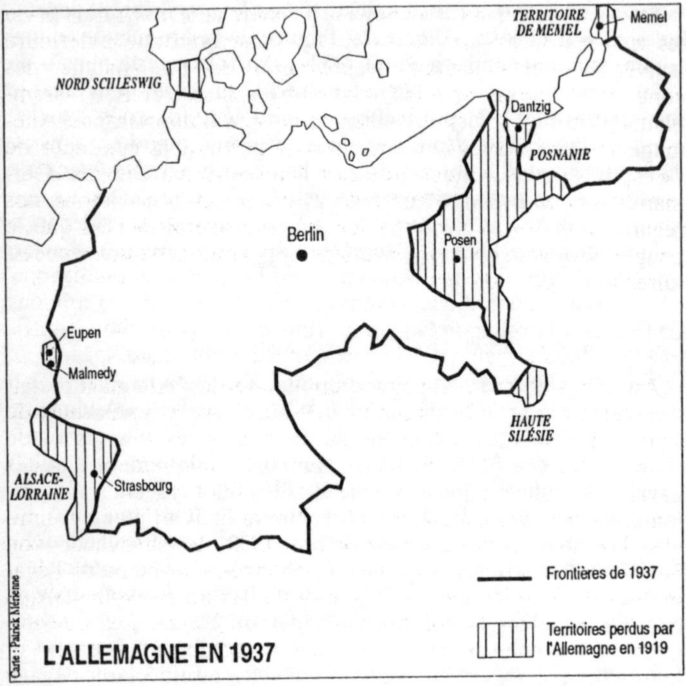
TERRITOIRE DE MEMEL
Memel
NORD SCHLESWIG
Dantzig
POSNANIE
Berlin
Posen
Eupen
Malmedy
HAUTE SILÉSIE
ALSACE-LORRAINE
Strasbourg
Frontières de 1937
Territoires perdus par l'Allemagne en 1919
Carte : Patrick Mérienne
L'ALLEMAGNE EN 1937

## IV — La marche vers la guerre

Dès son arrivée au pouvoir, Hitler chercha à mettre en place les moyens nécessaires à la reprise d'une politique extérieure active. L'objectif, c'était la libération de l'Allemagne des contraintes imposées par le Diktat de Versailles, c'était le rassemblement de tout le peuple allemand au sein d'une Grande Allemagne. Alors, seulement, on pourrait partir à la conquête de l'« espace vital » ; « nous arrêtons l'éternelle marche des Germains vers le sud et l'ouest de l'Europe, et nous jetons nos regards vers l'est [1] ». Pour Hitler, en effet, c'était à l'est que le peuple allemand devait trouver les terres et les ressources nécessaires à son plein développement.

### *Les préparatifs militaires et le réarmement*

Au début de 1933, la puissance militaire de l'Allemagne était des plus réduites. Elle reposait sur la Reichswehr, une armée de cent mille hommes qui ne disposait ni d'armes lourdes ni de chars, et sur une flotte de guerre composée uniquement d'unités navales défensives ; quant à l'aviation, elle était quasiment inexistante. La fabrication de matériel de guerre était strictement limitée. Pourtant, dès le 17 décembre 1932, le chancelier von Schleicher avait obtenu une reconnaissance de principe de l'égalité des droits militaires. L'arrivée de Hitler au pouvoir marqua un tournant dans la politique militaire du Reich. Les interminables discussions en cours à la Conférence du désarmement et leur échec poussèrent Hitler, dès avril 1934, à se déclarer dégagé de toute obligation. En fait, depuis 1933, les effectifs de la Reichswehr avaient sensiblement augmenté et atteignaient déjà deux cent mille hommes au début de 1934. Sous l'influence du général von Fritsch, le nouveau chef d'état-major (*Heeresleitung*), la Reichswehr de métier se transforma progressivement en une *Wehrmacht*, formée de volontaires engagés pour une courte durée.

Dès l'été 1933, la fabrication de matériel de guerre s'était intensifiée. Conscient du caractère inéluctable du réarmement allemand, la France avait renoué avec sa tradition d'alliances à l'est et avait décidé d'allonger la durée du service militaire. Le

1. A. Hitler, *Mein Kampf*, *op. cit.*, p. 652-653.

16 mars 1935, le jour même où le gouvernement français porta le service militaire à deux ans, Hitler annonça le rétablissement du service militaire obligatoire dans le cadre d'une loi « sur la reconstruction de la Wehrmacht » avec la création d'une armée de trente-six divisions. Dès la fin de 1935, la Wehrmacht comptait déjà près de 650 000 hommes dont 460 000 conscrits. Au même moment, Göring, promu ministre de l'Air, était chargé de mettre sur pied la *Luftwaffe*. Du côté de la marine, l'amiral Raeder engageait un programme de construction de nouvelles unités plus puissantes. Conscients que la construction d'une flotte de guerre exigeait un certain délai, les dirigeants britanniques préférèrent contrôler ce réarmement naval et signèrent avec l'Allemagne l'accord naval du 18 juin 1935 qui limitait la flotte allemande à 35 % du tonnage britannique.

À ce moment-là, la France venait de signer, le 2 mai 1935, un pacte militaire défensif avec l'URSS. La ratification de cet accord par les députés français le 27 février 1936 servit de prétexte à Hitler pour dénoncer le pacte de Locarno. À ses yeux, la France avait violé ce pacte en ratifiant « cette alliance militaire... exclusivement dirigée contre l'Allemagne ». Malgré les conseils de prudence de la plupart des généraux, Hitler annonçait le 7 mars sa décision de « rétablir... la pleine et entière souveraineté du Reich sur la zone rhénane démilitarisée ». Le même jour dans la matinée, quelques unités de la Wehrmacht pénétrait en Rhénanie. En l'absence de réaction sérieuse de la France, le dispositif militaire allemand fut renforcé ; les mois suivants, l'Allemagne entreprit la construction en Rhénanie d'un important système de fortifications connu sous le nom de ligne *Siegfried*. Avec la remilitarisation de la Rhénanie, c'en était fini de toutes les contraintes militaires imposées par le traité de Versailles[1].

Pendant ce temps, le réarmement se poursuivait à un rythme accéléré. Les nouvelles unités navales sortaient des chantiers, les premiers chasseurs de la Luftwaffe faisaient leur apparition dans le ciel allemand ; le général Guderian commençait à équiper les premières divisions blindées. Dès 1937, l'armée allemande était parvenue à combler son retard et dépassait en effectifs l'armée française. Les premiers essais sur le terrain du nouveau matériel aérien et naval furent réalisés avec succès au cours de la guerre civile en Espagne, à laquelle participèrent également les « volontaires » allemands de la Légion Condor.

1. J.-B. Duroselle, *Histoire diplomatique de 1919 à nos jours*, *op. cit.*, p. 184 et suiv.

Le ministre de la Guerre, von Blomberg, et le chef d'état-major, von Fritsch, qui avaient émis de sérieuses réserves au moment de la remilitarisation de la Rhénanie s'opposèrent une nouvelle fois à Hitler lors de la réunion tenue à la Chancellerie, le 5 novembre 1937, au cours de laquelle le Führer exposa les grandes lignes de sa politique pour les années à venir. À cette réunion participaient, aux côtés de Hitler et de von Blomberg, les commandants en chef des trois armes, le ministre des Affaires étrangères, von Neurath, et l'aide de camp de Hitler, le colonel Hossbach, qui nous en a laissé un compte rendu. Hitler y rappela que son but était « d'assurer la sécurité et la subsistance du peuple allemand ainsi que son développement » par l'élargissement de son « espace vital », car le peuple allemand « a plus qu'aucun autre le droit de prétendre au plus grand espace vital ». Cette question doit être résolue y compris par la force au plus tard en 1943-1945, plus tôt si les conditions s'y prêtent. Les premières annexions prévues étaient celles de l'Autriche et de la Tchécoslovaquie. Tandis que Göring se ralliait totalement aux vues du Führer, von Blomberg, von Fritsch et le ministre des Affaires étrangères firent part de leurs réserves[1].

Göring, qui aspirait à prendre le commandement de toutes les forces armées, mit au point un plan pour éliminer von Blomberg et von Fritsch en collaboration avec Himmler et Heydrich. Profitant que von Blomberg venait de se remarier avec une jeune femme au passé douteux, Göring présenta à Hitler un dossier compromettant sur von Blomberg, obligeant celui-ci à démissionner le 26 janvier 1938. Un second dossier, fabriqué de toutes pièces par la Gestapo et Heydrich accusant von Fritsch d'homosexualité sur la base de documents falsifiés, fut également présenté à Hitler. Le général von Fritsch, relevé aussitôt de ses fonctions, porta l'affaire devant le tribunal militaire qui en mars l'innocenta totalement[2]. L'affaire Blomberg-Fritsch permit à Hitler de réorganiser complètement le haut commandement. Le poste de ministre de la Guerre fut supprimé et Hitler se réserva le commandement suprême des Forces du Reich, assisté de son propre état-major, l'OKW (*OberKommando der Wehrmacht*) dirigé par le général Keitel, le propre gendre de von Blomberg[3]

1. Colonel F. Hossbach, *Entre la Wehrmacht et Hitler*, *op. cit.*, p. 182 et suiv. ; p. 200-210.
2. *Ibid.*, p. 138-139 et p. 142 et suiv.
3. P. Rassow, *Histoire de l'Allemagne*, *op. cit.*, t. II, p. 216-217, et Maréchal Keitel, *Souvenirs, lettres et documents*, Paris, 1963, page 51 et suiv.

### *L'action diplomatique*

Maître de l'armée en février 1938, Hitler confia les Affaires étrangères à un fidèle, Joachim von Ribbentrop. L'Allemagne, à ce moment-là, pouvait compter sur un environnement diplomatique favorable. En Europe centro-orientale, les victimes des traités de 1919-1920, la Bulgarie et la Hongrie entretenaient des relations privilégiées avec le Reich. La Pologne, de son côté, qui redoutait la menace soviétique, avait signé en janvier 1934 un pacte de non-agression avec l'Allemagne et, depuis 1935, pour des raisons économiques, la Roumanie et la Yougoslavie avaient pris leurs distances par rapport à la France. Seules l'Italie et l'URSS pouvaient constituer un frein aux visées expansionnistes du Reich. Jusqu'en 1936, l'Italie s'était toujours opposée à l'Allemagne, notamment en juillet 1934 lorsque les nazis autrichiens, après avoir assassiné le chancelier Dolfuss, avaient tenté de prendre le pouvoir à Vienne. Mais la guerre d'Éthiopie et la guerre d'Espagne rapprochèrent Mussolini et Hitler avec la constitution, en octobre 1936, de l'*Axe Rome-Berlin*.

Le cas des relations germano-soviétiques est plus complexe. Pourtant, depuis 1919, et surtout après le traité de Rapallo en 1922, la coopération économique et militaire entre les deux pays fut permanente. Les techniciens allemands contribuèrent à la remise en marche de l'économie soviétique et à la réussite de la NEP, tandis que les militaires allemands purent s'entraîner en URSS sur le matériel interdit par le traité de Versailles. En dépit de l'arrestation et de la déportation de milliers de communistes allemands à partir de 1933, les relations germano-soviétiques demeurèrent intenses. Le 29 décembre 1933, le commissaire du peuple aux Affaires étrangères, Litvinov, déclarait au Soviet suprême : « Nous sommes unis depuis dix ans par des liens économiques et politiques étroits... L'Allemagne et nous-mêmes avons retiré d'énormes profits de ces bonnes relations... et nous ne pouvons que gagner à poursuivre ainsi. » Et, en 1935, les accords commerciaux en cours furent renouvelés et amplifiés[1]. Parallèlement, sur ordre de Hitler, Heydrich organisait une manœuvre d'intoxication avec de faux documents « prouvant » que le maréchal Toukhatchevski et certains généraux soviétiques complotaient au profit du Reich. Staline tomba dans le piège :

1. P. de Villemarest, *Complicités et financements soviéto-nazis*, *op. cit.*, p. 199-200.

Toukhatchevski et de nombreux cadres supérieurs de l'Armée rouge furent liquidés. L'armée soviétique se trouvait ainsi totalement désorganisée par l'élimination de ses meilleurs généraux[1]. Dans la perspective de la guerre contre l'URSS qu'il envisageait dans le long terme, Hitler avait parfaitement manœuvré. Pourtant, l'affaire Toukhatchevski ne changea en rien les bonnes relations entre Moscou et Berlin. L'année 1938 fut même une année record dans les échanges commerciaux entre les deux pays.

### *Les crises de 1938-1939*

Hitler sut profiter admirablement des difficultés intérieures de la France et de la politique pacifiste du gouvernement britannique. Dès le 12 mars 1938, sachant que les États qui devaient garantir l'indépendance de l'Autriche ne bougeraient pas, Hitler fit entrer la Wehrmacht dans un pays largement acquis à l'idée d'Anschluss, permettant de déclarer au dernier chef du gouvernement autrichien, Seyss-Inquart, « l'Autriche est un Pays du Reich allemand ». Dans la nuit du 12 au 13 mars, plus de cent mille adversaires du nazisme, communistes, socialistes, monarchistes, Juifs, furent arrêtés ; d'autres prirent le chemin de l'exil. Mais la majorité des Autrichiens salua l'Anschluss avec enthousiasme en y adhérant par 99,75 % lors du plébiscite du 10 avril[2].

Une fois l'Autriche annexée, Hitler se posa en défenseur des 3 500 000 Allemands de Tchécoslovaquie — les Allemands des Sudètes — qui, sous la conduite de Konrad Heinlein rallié au nazisme dès 1931, réclamaient un statut d'autonomie[3]. À leur congrès tenu à Karlsbad (Karlovy-Vary) en avril 1938, les délégués du Parti allemand des Sudètes réclamèrent à nouveau l'égalité des droits et une très large autonomie ainsi que la liberté « de proclamer leur appartenance au germanisme ». Le refus catégorique du président Benès et l'envoi de troupes tchécoslovaques dans les districts sudètes incita Hitler à tirer parti de la situation. Dans une instruction secrète à la Wehrmacht, datée du 30 mai, Hitler faisait part de « sa décision irrévocable de détruire d'ici peu la Tchécoslovaquie par une action militaire ». Lors du congrès de Nuremberg le 12 septembre, il annonça publiquement qu'il enverrait la Wehrmacht pour défendre les Sudètes

1. P. de Villemarest, *Complicités et financements soviéto-nazis*, *op. cit.*, p. 212-213.
2. P. Rassow, *Histoire de l'Allemagne*, *op. cit.*, t. II, p. 219-221.
3. J. Benoist-Méchin, *Histoire de l'armée allemande*, *op. cit.*, t. II, p. 408-410.

opprimés. L'intervention du Premier ministre britannique Chamberlain, un moment compromise par de nouvelles exigences allemandes et celle de Mussolini, permirent la tenue d'une conférence à quatre, à Munich, les 29 et 30 septembre. Hitler sortait vainqueur de la crise puisque les Accords de Munich lui accordaient sans coup férir le rattachement immédiat au Reich des districts de Tchécoslovaquie peuplés d'Allemands. La France et l'Angleterre avaient ainsi cédé devant les exigences de Hitler, mais l'URSS, pourtant liée à la Tchécoslovaquie par une alliance militaire, avait refusé de s'engager. Ce recul des démocraties occidentales fut un coup dur pour les opposants allemands : Goerdeler et le général Beck avaient compté sur un échec de Hitler pour déclencher un coup d'État et l'éliminer du pouvoir. Hitler, au contraire, sortait de la crise avec une popularité accrue car le risque d'une guerre redoutée par tous semblait écarté.

L'« affaire des Sudètes » ne fut que la première partie de la crise tchécoslovaque. La Tchécoslovaquie affaiblie avait dû céder à la Pologne le territoire de Teschen et rendre à la Hongrie les districts hungarophones de Slovaquie méridionale. Le refus du gouvernement de Prague d'accorder aux Slovaques l'autonomie provoqua en mars 1939 une nouvelle crise. Le parti autonomiste de Mgr Tiso reçut l'appui de Berlin et, le 14 mars, la diète slovaque proclamait l'indépendance du pays. Le nouveau président tchécoslovaque, Hacha, se rendit aussitôt à Berlin et, pressé de toutes parts, il consentit à placer ce qui restait de la Tchécoslovaquie, c'est-à-dire la Bohême et la Moravie, sous la protection du Reich. Aussitôt, les forces de la Wehrmacht pénétraient en Bohême ; l'armée tchécoslovaque, pourtant très bien équipée, avait reçu l'ordre de ne pas résister. En quelques heures, tout son matériel, dont de nombreux chars, fut récupéré par la Wehrmacht. Désormais, les industries d'armement du groupe Skoda allaient travailler pour le compte de la Wehrmacht.

Hitler était ainsi parvenu à réaliser la première partie des objectifs définis le 5 novembre 1937 et cela cinq ans avant la date prévue, et sans avoir eu à utiliser la force. Le moment semblait propice pour entreprendre la conquête de l'« espace vital » à l'est. Une première action fut entreprise en direction de la Lituanie qui, depuis 1920, contrôlait le territoire de Memel au nord de la Prusse-Orientale. À l'annonce de l'entrée des Allemands à Prague, la population allemande de Memel se souleva : le 22 mars, le gouvernement lituanien céda et restitua Memel à l'Allemagne en échange d'un traité de non-agression[1]. Ce fut ensuite la Pologne qui se trouva menacée. À Dantzig, depuis 1933, les nazis disposaient de la majorité absolue au sénat et le gouverneur Forster ne cessait de réclamer le rattachement de la ville au Reich. À plusieurs reprises depuis octobre 1938, Hitler avait demandé à la Pologne le retour de Dantzig à l'Allemagne et l'extraterritorialité pour l'autoroute et la voie ferrée traversant le corridor en échange de la prolongation pour vingt-cinq ans du traité de 1934. Hitler revint à la charge le 21 mars 1939 et se heurta à un nouveau refus du gouvernement polonais. Celui-ci se sentait rassuré d'autant que Chamberlain avait annoncé le 31 mars que le Royaume-Uni s'engageait à défendre la souveraineté de la Pologne si celle-ci était menacée[2]. Quelques jours plus tard, la France prenait un engagement identique.

Au début, Hitler fut persuadé que la déclaration de Chamberlain n'était que purement formelle. Il changea d'avis lorsque le 6 avril fut annoncée la signature prochaine d'un pacte d'assistance anglo-polonais. Du côté polonais, on avait déjà commencé les préparatifs militaires et on multipliait les provocations contre la minorité allemande. Les menaces allemandes contre la Pologne amenèrent Londres et Paris à se tourner vers l'Union soviétique. Des conversations militaires s'engagèrent à Moscou dès avril 1939, mais les réponses dilatoires des Soviétiques firent échouer ces négociations. Il est vrai qu'à ce moment-là l'ambassadeur allemand von Schulenburg avait commencé des négociations politiques avec Molotov, le nouveau chef de la diplomatie soviétique. Le 23 août 1939, à la surprise générale, on apprit que Ribbentrop venait de signer à Moscou un traité de non-agression pour dix ans, complété par un important accord commercial. Le pacte germano-soviétique était complété par un protocole secret qui plaçait la Finlande et les États baltes dans la sphère d'influence de l'URSS et qui prévoyait un partage de la Pologne « en cas de modification de la situation territoriale et politique » de ce pays[3].

Hitler, qui désormais bénéficiait de la neutralité des Soviétiques, avait maintenant les mains libres pour régler la question polonaise. Le 1er septembre à 4 h 45 du matin, les troupes allemandes entraient en Pologne ; quelques heures plus tard à Dantzig, le sénat proclamait l'État libre « partie intégrante du

1. J. Benoist-Méchin, *Histoire de l'armée allemande*, *op. cit.*, t. II, p. 733-736.
2. M. Steinert, *L'Allemagne nationale-socialiste*, *op. cit.* p. 308-309.
3. J. Benoist-Méchin, *Histoire de l'armée allemande*, *op. cit.*, t. II, p. 883-885.

Reich » au moment même où Hitler justifiait devant le Reichstag l'action engagée contre la Pologne. Deux jours plus tard, devant le refus de l'Allemagne de retirer ses troupes de Pologne, l'Angleterre puis la France déclaraient la guerre à l'Allemagne[1].

## V — L'Allemagne dans la Seconde Guerre mondiale

Après vingt ans d'une paix fragile, l'Allemagne en attaquant la Pologne se trouvait à nouveau opposée à la France et au Royaume-Uni. En 1939, la Wehrmacht disposait immédiatement de 54 divisions d'active et de 59 de réserve, dont 6 divisions blindées ; la Luftwaffe comptait plus de 4 000 appareils dont 1 000 chasseurs et 1 800 bombardiers. Hitler misait sur une action rapide pour anéantir la Pologne avant que les Franco-Britanniques ne fussent en mesure d'attaquer.

### *Les premiers succès allemands et leurs limites*

Jusqu'à l'été 1940, les succès des armées allemandes sont foudroyants. La stratégie de la guerre-éclair (*Blitzkrieg*), fondée sur l'utilisation massive des chars pour forcer les lignes adverses et des bombardements aériens pour terroriser les populations civiles, a permis en moins d'un mois d'écraser la Pologne, avec le concours des Soviétiques en fin de campagne. Puis profitant du répit laissé par l'inaction des Franco-Britanniques pour intensifier la production de matériels de guerre, Hitler en avril 1940 fait occuper le Danemark et la Norvège pour garantir la sécurité de l'approvisionnement en fer suédois avant de déclencher, le 10 mai 1940, la grande offensive à l'ouest. Les Pays-Bas, la Belgique et le Luxembourg sont occupés en quelques jours, puis c'est au tour de la France d'être submergée par l'avance de la Wehrmacht ; ce qui l'amène à signer un armistice le 22 juin. Il ne restait plus qu'à éliminer l'Angleterre pour avoir les mains libres à l'ouest et pouvoir sans risque se lancer à la conquête de la Russie. C'était là, en effet, l'objectif final que s'était fixé Hitler, et déjà l'état-major préparait les plans pour l'opération Barbarossa prévue au printemps 1941. De juillet à octobre 1940, Hitler tenta de faire plier les Britanniques par des bombardements intensifs mais cette « bataille d'Angleterre » causa aussi de lourdes pertes à la Luftwaffe, qui continua ses attaques aériennes jusqu'en juin 1941 avec

1. *Ibid.*, p. 1058 et suiv.

des résultats mitigés. Au même moment, les sous-marins allemands perturbaient non sans succès les communications entre l'Angleterre et le monde nord-américain sans pouvoir les interrompre totalement. Les Britanniques, loin d'être éliminés, remportaient des succès contre les Italiens en Libye et leurs alliés grecs en faisaient de même dans les Balkans. Les déboires italiens obligèrent Hitler à modifier ses plans. En avril 1941, des troupes allemandes — l'Afrikakorps du général Rommel — furent envoyées en Libye et y rétablirent la situation au moins jusqu'en novembre 1941. D'autres, au même moment, occupaient la Grèce et la Yougoslavie qui avait rallié le camp anglais.

C'est donc avec deux mois de retard que débuta l'opération Barbarossa. Pour Hitler comme pour Staline, le pacte du 23 août 1939 n'était qu'une trêve dictée par les circonstances du moment. L'heure était venue de se lancer à la conquête de l'« espace vital » et de détruire en même temps le bolchevisme. Depuis le 27 septembre 1940, les liens entre l'Allemagne, l'Italie et le Japon avaient été consolidés dans le cadre du pacte tripartite et l'Allemagne pouvait compter sur le concours de la Finlande et des pays danubiens, Hongrie, Roumanie et Slovaquie.

Le 22 juin 1941, l'opération Barbarossa était déclenchée. Les trois quarts des forces allemandes renforcées par des contingents fournis par les pays alliés, soit environ 3 300 000 hommes appuyés par 4 000 chars et avec le soutien aérien de 3 000 avions — les deux tiers de la Luftwaffe —, se lancèrent à l'assaut de l'URSS. Les succès furent immenses. À la mi-octobre, au nord, les Allemands étaient devant Leningrad après avoir occupé les pays baltes ; au centre, leurs avant-gardes se trouvaient à cent kilomètres de Moscou ; au sud, ils avaient occupé la plus grande partie de l'Ukraine. L'hiver arrivant, les généraux conseillèrent à Hitler d'ordonner un repli stratégique pour ramener les hommes et le matériel dans des régions aux conditions climatiques moins rigoureuses : ils se heurtèrent à un refus catégorique du Führer. Le résultat fut que l'armée allemande mal équipée subit des pertes importantes en hommes et en matériel, en même temps qu'elle était harcelée par des attaques ponctuelles d'une Armée rouge en cours de réorganisation[1]. Une autre source de conflit entre Hitler et le haut-commandement éclata à propos de l'utilisation des volontaires russes. Pour Hitler, il n'était pas question d'utili-

1. Toutefois, dans son *Histoire de l'armée allemande, 1932-1945* (Perrin, 1994), Philippe Masson n'exclut pas que l'ordre de Hitler de résister sur place ait évité la décomposition de l'armée.

ser des ressortissants d'une race inférieure ; pour lui, les Allemands n'étaient pas venus pour libérer les Russes du communisme mais pour conquérir de nouvelles terres.

Malgré les pertes de l'hiver, la campagne du printemps 1942 fut marquée par des succès importants mais inférieurs à ceux escomptés. La Wehrmacht occupa une partie du Caucase sans atteindre cependant la zone pétrolière de Bakou ; elle poussa jusqu'à la Volga et occupa Stalingrad mais fut incapable de poursuivre sa marche vers le nord comme l'avait ordonné Hitler. Or, Hitler avait prévu que la victoire serait obtenue à l'est pour le 1er octobre 1942.

Pourtant, malgré des déboires certains, l'Allemagne, en cet été de 1942, était à l'apogée de sa puissance et dominait une grande partie du continent européen.

### *La domination allemande en Europe*

La base de la puissance allemande était constituée par le Grand Reich Allemand (*Grossdeutsches Reich*) qui regroupait l'ensemble des pays germanophones c'est-à-dire l'Allemagne dans ses frontières de 1937, les territoires allemands annexés avant le 1er septembre 1939 (Autriche, territoire des Sudètes, Memel) et ceux conquis au début de la guerre et qui avaient autrefois fait partie du Reich (Posnanie, Dantzig, Haute-Silésie, Alsace-Lorraine, Luxembourg) avec une population de l'ordre de cent millions d'habitants. Aux pays allemands du Grand Reich s'ajoutaient des pays où les autorités allemandes exerçaient l'essentiel du pouvoir : le protectorat de Bohême-Moravie avec à sa tête depuis 1941 le « protecteur » Heydrich, le Gouvernement général de Pologne placé sous l'autorité du gouverneur Frank, et les Territoires de l'Est sous l'autorité de Rosenberg, les zones militaires de l'Est restant administrées par l'autorité militaire.

En dehors du Grand Reich et de ses dépendances directes, les États vaincus, traités en ennemis, comme la France, la Belgique, les Pays-Bas, la Norvège, la Serbie et la Grèce étaient sous le régime de l'occupation militaire avec la présence ou non de gouvernements nationaux disposant d'une marge de manœuvre plus ou moins importante. Enfin, l'Allemagne exerçait une influence dominante, voire dominatrice, dans les États amis et alliés, l'Italie, jusqu'en 1943, la Hongrie, la Croatie, la Slovaquie, la Roumanie et la Bulgarie. Tous participaient à l'effort de guerre par la fourniture de produits agricoles et de matières premières, par l'envoi de troupes sur le front russe pour certains d'entre eux.

Dans les pays dépendants directement du Reich et dans les pays occupés, mais dans certains pays alliés du Reich aussi, la politique raciale du national-socialisme fut appliquée. Avec l'occupation de la Pologne, des pays baltes et de l'Ukraine qui comptaient tous d'importantes communautés juives, la question juive se posait dans d'autres termes que dans l'Allemagne de 1939. Après avoir envisagé en 1940 de transférer les Juifs d'Europe à Madagascar qui devait devenir une colonie allemande lors du futur traité de paix avec la France [1], les dirigeants nazis optèrent rapidement pour la solution de l'extermination, avec comme première étape le regroupement des Juifs de Pologne et de Russie dans des ghettos, ultime étape vers les camps d'extermination qui furent mis en place partout à l'est, entre décembre 1941 et juillet 1942. Mais, dès juin 1941, toute latitude avait été laissée aux autorités SS des territoires occupés d'éliminer les communautés juives. Dès lors, les *Einsatzgruppen* se livrèrent aux premières exécutions de masse en Lituanie, en Ukraine, au moment où Göring chargeait Heydrich de préparer « la solution finale du problème juif [2] ». C'est en décembre 1941 que la décision fut prise par Hitler, et c'est un peu plus tard, le 20 janvier 1942, lors de la conférence de Wannsee tenue sous la présidence de Heydrich, qu'elle fut mise en forme : « La solution finale (*Endlösung*) du problème juif en Europe sera appliquée à onze millions de personnes environ », est-il précisé dans le procès-verbal de la réunion. Les Juifs allemands et occidentaux, jusque-là relativement épargnés, étaient inclus dans l'*Endlösung* [3]. La mise en œuvre du plan élaboré à Wannsee commença en juillet 1942 [4] et fut réalisée dans un certain nombre de camps d'extermination, dont le plus tristement célèbre fut celui d'Auschwitz. Au total, on estime à six millions le nombre des victimes juives de cette persécution raciale mais dont furent également victimes les Tziganes d'Europe de l'Est.

Dans les pays occupés, les Allemands se heurtèrent aux mouvements de résistance particulièrement actifs dans les territoires biélorusses et russes envahis, en Pologne et en Yougoslavie, et à un moindre degré dans les pays de l'ouest de l'Europe. Les

1. P. Rassow, *Histoire de l'Allemagne*, *op. cit.*, t. II, p. 251, et I. Kirshaw, *Qu'est-ce que le nazisme ?*, *op. cit.*, p. 190-191.
2. I. Kirshaw, *Qu'est-ce que le nazisme ?*, *op. cit.*, p. 170-171.
3. *Ibid.* p. 192-193, et N. Weill, « L'ordre d'exterminer les Juifs d'Europe aurait été donné par Hitler en décembre 1941 », in *Le Monde*, 24 janvier 1998.
4. H. Michel, *La Seconde Guerre mondiale*, t. I, Paris, 1968, p. 305-306.

actions de résistance, attentats, sabotages eurent pour conséquence une répression souvent aveugle, avec la déportation ou l'exécution des résistants capturés ou des militants politiques antinazis, et aussi des représailles contre les populations civiles tenues pour complices. Ainsi l'assassinat à Prague du protecteur Heydrich le 27 mai 1942 fut-il suivi de la destruction des villages de Lidice et de Lezaky, du massacre des habitants mâles, et de la déportation des femmes et des enfants[1].

*Les premières défaites allemandes et leurs conséquences*

L'été 1942 marqua un tournant décisif dans la guerre. D'abord le conflit avait pris depuis décembre 1941 une dimension mondiale. En effet, au lendemain de l'attaque japonaise contre Pearl Harbour, les États-Unis étaient entrés dans la guerre ; sans être immédiatement un danger pour le Reich, ils fournissaient cependant du matériel de guerre et des avions à l'URSS, renforçant ainsi considérablement le potentiel militaire de l'Armée rouge.

À l'ouest, le débarquement anglo-américain en Afrique du Nord, le 8 novembre 1942, obligea les Allemands et les Italiens à évacuer la Tunisie et la Libye, et se prolongea par le débarquement en Sicile et en Italie du Sud en juillet 1943, provoquant ainsi l'ouverture d'un nouveau front. À l'est, l'armée de von Paulus, prise dans le piège de Stalingrad et encerclée depuis le 20 novembre 1942, dut capituler le 2 février 1943 après avoir perdu près de trois cent mille hommes. Les succès des Alliés redonnèrent confiance aux populations des pays occupés et aux mouvements de résistance qui perturbèrent de plus en plus les lignes de communication allemandes.

En Allemagne, les difficultés rencontrées par la Wehrmacht amenèrent le gouvernement à intensifier l'effort de guerre. Dès janvier 1943, tous les hommes de 16 à 65 ans qui n'étaient pas sur le front et toutes les femmes de 17 à 45 ans furent mobilisés pour la défense du Reich. Il fallait, en effet, produire toujours plus de munitions, de canons, de chars, de sous-marins et d'avions. Pour remplacer dans les usines ou dans les champs les hommes au front, outre le recours à la main-d'œuvre féminine, les responsables de l'économie de guerre, le ministre Todt puis, à partir de 1942, son successeur Albert Speer, utilisèrent les prisonniers de guerre et imposèrent aux civils des pays occupés un

1. P. Belina, P. Cornej et J. Pokorny, *Histoire des pays tchèques*, Paris, 1995, p. 403.

Service du travail obligatoire (STO) en Allemagne. De telle sorte que, en 1944, 2 367 000 travailleurs étrangers furent employés dans l'industrie et près de 5 000 000 dans les autres secteurs de l'économie[1]. La production industrielle atteignit des niveaux records en 1944 ; cette année-là, on produisit près de 35 millions de tonnes d'acier, et 27 300 chars et près de 40 000 avions sortirent des usines allemandes[2].

Dans la population civile, à l'enthousiasme du début de la guerre succédèrent la lassitude et la résignation. À partir de 1942 commencèrent les premiers bombardements, avec celui de Cologne, le 30 mai. Au cours de l'année 1943, les bombardements s'intensifièrent avec la technique du « tapis de bombes ». Hambourg, en février, puis du 24 juillet au 3 août, subit d'intenses bombardements avec utilisation des bombes au phosphore. Berlin, bombardée pour la première fois en janvier 1943, reçut plus de 50 000 tonnes de bombes en 1943, soit le tiers du tonnage déversé sur l'Allemagne cette année-là[3].

L'extension de la guerre en 1941 et les premiers revers militaires renforcèrent l'opposition au régime. Les militants communistes, longtemps passifs et quelque peu déroutés par le pacte germano-soviétique, organisèrent *leur* résistance à partir de l'été 1941 avec des distributions de tracts, des sabotages ; certains comme les membres de l'Orchestre rouge avec Hanno Schulze-Boysen et Arvid Harnack, fournirent des renseignements aux Soviétiques[4]. Nombre de communistes furent alors déportés et exécutés. Les opposants d'avant-guerre ne restèrent pas non plus inactifs. Les Églises poursuivirent, dans la limite de leurs moyens, leur combat en faveur des persécutés et protestèrent contre le système de terreur qui régnait dans le pays. Le « lion de Münster », l'évêque von Galen, au cours de l'été 1941, dénonça du haut de sa chaire l'extermination des huit cents malades mentaux de sa ville[5]. On n'osa pas l'arrêter, mais de nombreux prêtres, comme le père Lichtenberg qui, à Berlin, avait publiquement prié pour les Juifs, furent arrêtés et moururent en déportation. Au total, cinq mille prêtres catholiques furent envoyés en déportation et plus de deux mille y moururent. De nombreux pasteurs

1. H. Michel, *La Seconde Guerre mondiale*, t. II, Paris, 1969, p. 149 et suiv.
2. *Ibid.*, t. II, p. 151-155.
3. C. Buffet, *Histoire de Berlin*, *op. cit.*, p. 39, et M. Steinert, *L'Allemagne nationale-socialiste*, *op. cit.*, p. 338.
4. D. Raff, *Deutsche Geschichte*, *op. cit.*, p. 377.
5. *L'Homme nouveau*, 16 novembre 1997.

protestants subirent un sort analogue, dont les plus connus furent les frères Bonhöffer[1].

Une place particulière doit être faite aux mouvements d'opposition venus du monde universitaire et qui se développèrent à partir de 1942. À Munich, des étudiants, au nom de leurs convictions religieuses, commencèrent, dès l'automne 1942, à distribuer des tracts pacifistes et antinazis. Les principaux responsables de ce groupe de la Rose blanche, Hans et Sophie Scholl, ainsi qu'un professeur de philosophie, Karl Huber, arrêtés en février 1943, furent condamnés à mort et immédiatement décapités[2]. Les anciens groupes d'opposants, comme ceux du Cercle de Kreisau, étaient conscients qu'il fallait mettre fin au régime national-socialiste et que, pour cela, il fallait le concours de l'armée. Tant que Hitler conduisit les armées à la victoire, il était impossible d'agir, mais dès l'échec devant Moscou au cours de l'hiver 1941-1942 et, surtout, avec Stalingrad, certains officiers supérieurs décidèrent de passer à l'action. On échafauda différents projets d'attentat. Le 13 mars 1943, l'attentat, préparé par le général von Tresckow, le colonel von Stauffenberg et le capitaine von Schlabrendorff, échoua car la bombe qui devait exploser dans l'avion qui ramenait Hitler de Smolensk n'explosa pas[3].

Après cet échec, les opposants militaires optèrent pour un coup d'État comportant l'assassinat de Hitler et la prise du pouvoir à Berlin avec le concours d'unités sûres. L'opération Walkyrie fut minutieusement préparée. On avait prévu que, une fois Hitler éliminé, un gouvernement de large union, dirigé par Goerdeler et comprenant des sociaux-démocrates, serait mis en place. De nombreux généraux se rallièrent à ce plan, d'autres se montraient disposés à les soutenir si le coup d'État réussissait. Les succès alliés confortèrent les opposants dans leur décision d'agir. À l'est, les Soviétiques étaient passés à l'offensive au lendemain de Stalingrad et avaient réoccupé la plupart des territoires conquis par les Allemands en 1941-1942. À l'ouest, le succès du débarquement allié en Normandie, le 6 juin 1944, obligeait maintenant les Allemands à combattre sur plusieurs fronts.

Le 20 juillet 1944, l'opération Walkyrie fut déclenchée. Le colonel von Stauffenberg disposa comme prévu une bombe au grand quartier général de Hitler en Prusse-Orientale. Il y eut des morts et des blessés. Von Stauffenberg, dans la confusion géné-

1. T. Prittie, *Des Allemands contre Hitler*, *op. cit.*, p. 92 et suiv.
2. D. Raff, *Deutsche Geschichte*, *op. cit.*, p. 380.
3. F. von Schlabrendorff, *Officiers contre Hitler*, *op. cit.*, p. 78 et suiv.

rale, crut que Hitler avait été tué et avertit les conjurés de Berlin qu'ils pouvaient passer à l'action. Aussitôt, l'armée occupa les ministères, les chefs SS furent arrêtés[1] ; mais le soir, on apprit que Hitler avait échappé à l'attentat, aussitôt, des unités fidèles reprirent en main la situation. Dans la nuit, Hitler parla à la radio : « Des officiers lâches et ambitieux, une toute petite clique misérable qui n'a rien à voir avec le peuple allemand, ont essayé de lever la main contre moi. Mais la providence m'a, une fois de plus, épargné. J'y vois un signe de plus pour la mission que je me suis fixé : sauver l'Allemagne[2]... » Les conjurés furent aussitôt arrêtés et fusillés. Les hommes politiques et les généraux qui étaient à l'origine du coup d'État furent traduits devant le Tribunal populaire présidé par Roland Freisler, condamnés à mort et exécutés. Ce fut le cas du maréchal von Witzleben, du général von Hase, commandant de la garnison de Berlin, du général Hoepner, de l'amiral Canaris, des socialistes Julius Leber et Wilhelm Leuschner, de l'ambassadeur von Schulenburg et de bien d'autres. Certains des conjurés préférèrent se suicider, comme les généraux Beck, Kluge et Treschkow, ou y furent contraints comme le maréchal Rommel. Les membres de la famille des condamnés, y compris leurs enfants, furent déportés. Dans les semaines qui suivirent, plus de sept mille opposants furent arrêtés et déportés, et près de cinq mille y laissèrent leur vie[3].

Avec la terrible répression qui s'abattit sur le pays, on entra dans la phase ultime du national-socialisme qui, à certains égards, marquait un retour manifeste à l'idéologie de ses débuts. On retrouva dans les discours de Goebbels les accents révolutionnaires des années vingt, les attaques violentes contre les notables, contre les élites, contre les Junkers. Dès lors, la méfiance fut permanente contre le corps des officiers, contre les généraux, même ceux qui n'avaient pas été mêlés au complot ; tous furent désormais sous la surveillance constante des SS et de la Gestapo.

L'opposition était totalement décapitée. Le succès du complot aurait-il hâté la fin de la guerre ou aurait-il valu à l'Allemagne un traitement moins rigoureux ? Il est permis d'en douter, car les Alliés avaient décidé depuis longtemps que leur objectif était la capitulation sans condition. Pour Churchill qui ne voyait dans l'événement que « des Allemands qui s'entre-tuent », la guerre n'était pas menée contre Hitler mais contre l'Allemagne[4].

---

1. F. von Schlabrendorff, *Officiers contre Hitler*, *op. cit.*, p. 153 et suiv.
2. A. von Kageneck, *Lieutenant de Panzers*, *op. cit.*, p. 156.
3. D. Raff, *Deutsche Geschichte*, *op. cit.*, p. 380-381.
4. T. Prittie, *Des Allemands contre Hitler*, *op. cit.*, p. 285.

### *La fin du IIIe Reich*

À partir de l'été 1944, la dégradation de la situation militaire s'accéléra. À l'ouest, les Alliés avaient progressivement libéré le territoire français et, passant par la Belgique, entraient en Allemagne par Aix-la-Chapelle, la première ville allemande occupée. L'échec de la contre-offensive dans les Ardennes, fin décembre 1944, marquait l'effondrement du front occidental et, le 7 mars 1945, le Rhin était franchi par le pont de Remagen, permettant aux Anglo-Américains de s'avancer profondément en Allemagne centrale. En Italie, les Alliés avaient occupé Rome le 4 juin 1944 avant de se trouver bloqués dans les Apennins, sur la « ligne gothique », qu'ils parvinrent à percer en janvier 1945. Dans les Balkans, le débarquement anglais en Grèce obligea les Allemands à évacuer le pays en catastrophe à travers une Yougoslavie dont les résistants de Tito contrôlaient déjà la plus grande partie. Sur le front oriental, l'Armée rouge, qui occupait la Roumanie et la Bulgarie en septembre 1944, déferlait sur la Hongrie, et Budapest, assiégée depuis la fin décembre, capitulait en février 1945 ; début avril, toute la Hongrie était occupée et on se battait maintenant en Autriche. Plus au nord, l'Armée rouge, qui occupait la Pologne à l'automne 1944, lançait le 12 janvier 1945 une offensive qui la conduisit en deux semaines jusqu'à l'Oder, laissant sur ses arrières des poches de résistance allemande en Prusse-Orientale et sur la côte de la Baltique.

L'agonie de l'Allemagne commençait. Les premières victimes étaient les civils. Les bombardements qui s'étaient intensifiés en 1944 se poursuivirent à un rythme accéléré dans les derniers mois de la guerre. L'un des derniers et des plus violents fut celui de Dresde, le 13 février 1945, qui se prolongea durant quatorze heures ; il fit plus de cent trente-cinq mille victimes, alors que la ville ne présentait aucun intérêt stratégique[1]. Malgré les déclarations optimistes de la propagande officielle, plus personne ne se faisait d'illusions. Tous les hommes disponibles avaient été mobilisés dans la *Volksturm*, véritable milice populaire encadrée par des membres du NSDAP, peu efficace et mal équipée[2]. Pendant ce temps, l'avance alliée se poursuivait d'une façon inexorable ; les Américains atteignaient l'Elbe le 11 avril et faisaient leur jonction avec les Soviétiques à Torgau le 25 avril. À ce moment-là

1. H. Michel, *La Seconde Guerre mondiale*, *op. cit.*, t. II, p. 159.
2. M. Steinert, *L'Allemagne nationale-socialiste*, *op. cit.*, p. 344.

la bataille pour Berlin avait commencé. Au sud, Américains et Français s'avançaient profondément en Bavière.

La fin était proche. Le 30 avril, après avoir régularisé sa situation avec Eva Braun, Hitler se suicidait dans le bunker de la Chancellerie alors qu'à cinq cents mètres de là les derniers défenseurs de Berlin luttaient encore contre les Soviétiques. Le lendemain, Goebbels, après avoir empoisonné ses six enfants, se suicidait avec sa femme. Le 2 mai, Berlin capitulait. Avant même que Hitler ne se donne la mort, un certain nombre de ses « fidèles » l'avaient déjà abandonné. Dès le 21 avril, Himmler avait pris contact avec le diplomate suédois Bernadotte pour obtenir une capitulation honorable à l'ouest. Le 23 avril, Göring, qui se trouvait en Haute-Bavière, se déclarait prêt à prendre le pouvoir et à se rendre à Reims pour y rencontrer le général Eisenhower.

Avant de mourir, Hitler avait rédigé un testament dans lequel il destituait Göring et désignait l'amiral Dönitz pour lui succéder comme « président du Reich et chef suprême des armées ». Aussitôt la mort de Hitler connue, l'amiral Dönitz, qui se trouvait à Flensburg près de la frontière danoise, mit en place un nouveau gouvernement formé principalement de techniciens et présidé par le comte Schwerin von Krosigk. Sa mission était d'obtenir des Alliés une suspension des hostilités à l'ouest pour permettre le rapatriement des populations allemandes encerclées dans les poches de la Baltique. Alors que les armées allemandes d'Italie, d'Allemagne du Nord et du Danemark venaient de capituler, l'amiral von Friedeburg et le général Jodl furent envoyés à Reims ; leur demande de cessez-le-feu à l'ouest fut rejetée. Il ne pouvait être question que d'une capitulation totale, sans condition, à laquelle se résigna l'amiral Dönitz. L'acte de capitulation fut signé le 7 mai à Reims, puis le 8 à Berlin par le général Keitel pour la Wehrmacht, par le général Stumpf pour la Luftwaffe et par l'amiral von Friedeburg pour la Marine. Au moment de la capitulation, la plus grande partie du territoire de ce qui avait été le « Grand Reich allemand » se trouvait déjà sous le contrôle des Alliés, à l'exception de quelques régions isolées les unes des autres et encore tenues par les forces allemandes, le Schleswig-Holstein, une partie des Pays-Bas, une partie de la Lettonie, certains districts de Bohême, la Carinthie et la Styrie.

La guerre qui avait commencé en Europe le 1er septembre 1939 par l'agression contre la Pologne se terminait le 8 mai 1945 par « la défaite la plus totale » de toute l'histoire de l'Allemagne[1].

1. Amiral Dönitz, *Dix Ans et vingt jours*, Paris, 1959, p. 282 et suiv.

Le III^e Reich survécut officiellement deux semaines encore après la capitulation de ses armées sous l'autorité de l'amiral Dönitz qui, depuis Flensburg, tentait de maintenir la continuité de l'État. Mais, le 22 mai, la Commission de contrôle alliée remit à Dönitz une note du général Eisenhower lui signifiant que le gouvernement et le haut commandement des forces armées du Reich devaient se considérer comme prisonniers de guerre[1]. « L'année zéro » venait de commencer pour l'Allemagne.

1. *Ibid.*, p. 303-305.

## 17

# L'Allemagne depuis 1945

Le 8 mai 1945, lorsque le bruit des armes cessa, ce fut un spectacle de désolation qui s'offrait au regard des soldats alliés. Un demi-siècle plus tard, l'Allemagne, redevenue un pays moderne et dynamique, occupe un rôle de premier rang au sein de l'Union européenne. Qui aurait pu imaginer à la fin de la guerre qu'en deux générations on serait parvenu à de tels résultats ?

## I — Le prix de la défaite : l'Allemagne sous tutelle (1945-1949)

### *L'état du pays en 1945*

*Allemagne année zéro*, telle est l'expression qui fut maintes fois utilisée pour décrire la situation du pays au lendemain de la défaite. Le territoire dont les puissances victorieuses étaient en train de se partager l'administration donnait l'image d'un immense champ de ruines. Les bombardements et les combats qui s'y déroulèrent de janvier à mai 1945 avaient causé d'immenses dégâts. La plupart des grandes villes avaient été détruites à plus de 50 %, et certaines comme Cologne, Dresde, Düsseldorf, Kassel et bien d'autres, à plus de 75 %. Près de cinq millions de logements avaient été détruits ou gravement endommagés. Les installations portuaires, les routes et les voies ferrées étaient en grande partie inutilisables.

Au milieu de ces ruines, une population traumatisée et hagarde, dont de nombreux réfugiés qui fuyaient les violences de toutes sortes commises par les soldats soviétiques, tentait de survivre. Les hommes de 14 à 65 ans encore disponibles et les femmes de 15 à 50 ans furent réquisitionnés par les autorités d'occupation pour le déblaiement des ruines, ce qui leur permettait en échange d'obtenir des bons de ravitaillement. Les denrées alimentaires obtenues après de longues heures d'attente n'assuraient aux titulaires des tickets de rationnement qu'un apport quotidien de 1 000 à 1 500 calories[1]. Cette situation favorisa l'apparition rapide d'un marché noir actif. On revint à une économie de troc à la faveur de l'effondrement de la monnaie. Les difficultés de ravitaillement avaient plusieurs origines : les mauvaises récoltes de 1945-1946, les réquisitions des occupants, particulièrement en zone soviétique, et la désorganisation des moyens de communication. Les produits manufacturés étaient devenus rares et chers avec une production industrielle tombée au tiers du niveau de 1936, bien que le potentiel industriel n'ait été détruit qu'à 25 %. L'approvisionnement en combustibles était devenu aléatoire et l'hiver 1945-1946 fut particulièrement terrible. Tout cela eut des conséquences sur l'état sanitaire de la population et on retrouva des taux de mortalité rappelant ceux de l'époque préindustrielle.

Aux ruines matérielles toujours réparables s'ajoutait la saignée provoquée par la guerre. Les pertes en vies humaines furent de l'ordre de 6 000 000, dont 3 200 000 militaires auxquels s'ajoutent les 2 000 000 d'hommes revenus de la guerre gravement mutilés[2]. La société allemande s'en trouva profondément bouleversée avec un fort déséquilibre des sexes pour les tranches d'âge 18-35 ans. L'importance numérique des femmes dans l'immédiat après-guerre fut temporairement accentuée par le nombre considérable de prisonniers de guerre capturés par les Alliés. À la fin de 1945, les Occidentaux détenaient près de 9 000 000 de prisonniers, les Soviétiques de 2 000 000 à 2 500 000. Le taux de mortalité dans les camps de prisonniers fut particulièrement élevé ; on estime à 800 000 le nombre des décès « pour raisons diverses » rien que dans les camps américains[3]. Si la plupart des prisonniers détenus par les Occidentaux furent libérés dès 1947-1948, ceux aux mains des Soviétiques commencèrent à être libérés progressivement à partir de 1949-1950. À ce moment-là, il y avait encore 1 952 000 Allemands en URSS ou dans les pays de l'Est[4].

Dans le même temps, l'Allemagne se trouva confrontée à un afflux de réfugiés fuyant les zones tenues par les Soviétiques, ou

1. D. Raff, *Deutsche Geschichte*, *op. cit.*, p. 406 et suiv.
2. D. L. Bark et D. R. Gress, *Histoire de l'Allemagne depuis 1945*, Paris, 1992, p. 38-39.
3. J. Bacque, *Morts pour raisons diverses*, Paris, 1990, p. 192.
4. *Ibid.*, p. 232-233.

expulsés de Prusse-Orientale, de Poméranie ou de Silésie, rejoints bientôt par les *Volksdeutsche* des pays danubiens. Il fallait les nourrir, les loger dans un pays sous-alimenté et ruiné.

### *Le démembrement de l'Allemagne*

Avant même que la guerre ne soit terminée, les Trois Grands avaient déjà décidé du sort de l'Allemagne lors des conférences de Téhéran et de Yalta. Puis, le 5 juin 1945, les quatre commandants en chef des forces alliées avaient annoncé qu'ils assureraient désormais la totalité du pouvoir gouvernemental par l'intermédiaire d'un Conseil de contrôle siégeant à Berlin. Les administrations et les fonctionnaires allemands étaient chargés de faire exécuter les instructions de ce Conseil. La conférence de Potsdam (17 juillet-2 août 1945) confirma tout d'abord les décisions prises à Yalta à propos des frontières de l'Allemagne.

À l'Ouest, les frontières de 1937 furent maintenues. Mais, à l'Est, la nouvelle frontière avec la Pologne fut fixée à la ligne Oder-Neisse, avec toutefois l'attribution de Stettin et de ses environs à la Pologne bien que situés en deçà de la ligne. Ainsi, la Poméranie, Dantzig, la Prusse occidentale, la Posnanie et la totalité de la Silésie devenaient polonaises ; quant à la Prusse-Orientale, le Sud fut attribué à la Pologne, le Nord, avec Königsberg rebaptisée Kaliningrad, ainsi que le territoire de Memel allant à l'URSS. Officiellement, les régions ainsi cédées étaient placées sous « administration » polonaise ou soviétique, étant entendu que « la fixation définitive du tracé de la frontière serait remise à la Conférence de la paix ». Pour éviter que se pose à nouveau le problème des minorités allemandes, la conférence de Potsdam autorisa la Pologne ainsi que les pays danubiens à procéder à l'expulsion « ordonnée et faite selon les règles humanitaires » des populations allemandes[1]. Au total, c'est près de onze millions d'Allemands qui furent ainsi expulsés entre 1945 et 1947 dans des conditions très éloignées des « règles humanitaires » prévues.

À Potsdam, les Trois Grands fixèrent aussi les « Principes politiques et économiques » concernant l'Allemagne « pendant la période initiale » et qui furent progressivement appliqués à partir de septembre 1945. Officiellement, l'unité économique et monétaire du pays fut maintenue sans qu'en soient définies les modalités. Dans l'immédiat, les Trois Grands disposaient chacun d'une zone d'occupation ; le principe d'une quatrième zone pour la

1. P. Rassow, *Histoire de l'Allemagne*, *op. cit.*, t. II, p. 294.

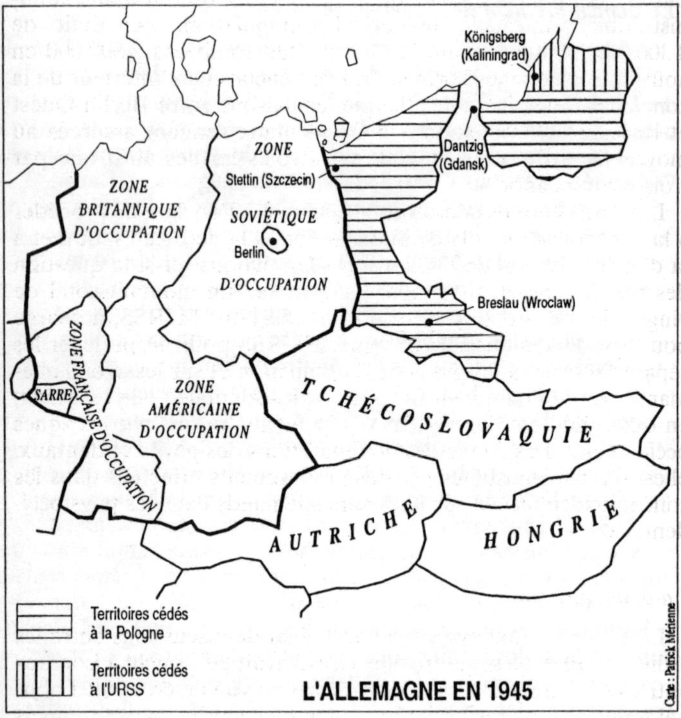


L'ALLEMAGNE EN 1945

France avait été accepté par l'URSS pourvu que celle-ci soit prélevée sur les zones britannique et américaine. Il fut prévu que le territoire du Grand-Berlin — 883 km$^2$ — serait divisé en quatre secteurs, avec douze arrondissements pour les Occidentaux et huit pour les Soviétiques. La ville disposerait d'une administration municipale unique. La population, qui était de 4 300 000 habitants avant la guerre, était tombée à 2 800 000 en août 1949[1]. Comme Berlin se trouvait enclavée à l'intérieur de la zone soviétique, il fut décidé que les liaisons entre Berlin-Ouest et les zones d'occupation des Occidentaux seraient assurées au moyen de trois autoroutes, de trois voies ferrées ainsi que par trois couloirs aériens.

Les Trois Grands décidèrent également à Potsdam de procéder à la dénazification, à la démilitarisation, à la décartellisation et à la démocratisation de l'Allemagne. On évoqua aussi la question des réparations et on tomba d'accord sur un montant total de vingt milliards de dollars dont la moitié pour l'URSS, à charge pour elle d'indemniser la Pologne. L'URSS pourrait prélever les réparations sur sa propre zone d'occupation et sur les avoirs allemands très nombreux en Europe centro-orientale ; elle recevrait, en outre, de l'outillage et des équipements fournis par les zones occidentales. Les demandes de réparations des pays occidentaux, elles, seraient satisfaites par des prélèvements effectués dans les zones occidentales et sur les avoirs allemands dans les pays occidentaux[2].

### *La dénazification*

La dénazification avait déjà fait l'objet de discussions entre les Alliés au cours de la guerre. Un accord avait été conclu à Londres entre les quatre puissances victorieuses en vue de créer un Tribunal militaire international afin de juger les « principaux criminels de guerre » et les dirigeants de l'Allemagne nationale-socialiste. Le procès s'ouvrit le 20 novembre 1945, à Nuremberg, ville symbole du nazisme, et s'acheva le 1er octobre 1946 avec la communication du verdict. Les inculpés étaient accusés de crimes de guerre, de crimes contre la paix et de crimes contre l'humanité.

Plusieurs grandes figures du nazisme échappèrent au procès, trois s'étaient suicidés, Hitler, Goebbels et Himmler au lende-

1. D. L. Bark et D. R. Gress, *Histoire de l'Allemagne depuis 1945*, *op. cit.*, p. 115.
2. P. Rassow, *Histoire de l'Allemagne*, *op. cit.*, t. II, p. 299 et suiv.

main de sa capture par les Britanniques. Un quatrième, Bormann, que l'on croyait en fuite, était mort le 1er mai 1945 en tentant de quitter Berlin. Onze condamnations à mort par pendaison furent prononcées par le Tribunal de Nuremberg, dont dix furent exécutées dès le 16 octobre 1946, Göring s'étant suicidé la veille dans sa cellule. Les condamnés à mort, outre Göring, étaient Ribbentrop, Kaltenbrunner, Rosenberg, Frick, Streicher, Sauckal, Seyss-Inquart, ainsi que les généraux Keitel et Jodl. Hess, Funk et l'amiral Raeder furent condamnés à l'emprisonnement à vie, les autres accusés à des peines de prison, vingt ans pour Baldur von Schirach et Speer, quinze ans pour von Neurath et dix ans pour l'amiral Dönitz. Trois prévenus étaient acquittés, le docteur Schacht, von Papen et Fritzsche. En outre, le Tribunal déclara « organisations criminelles » la direction du NSDAP, la Gestapo, les services de sécurité et la SS[1].

Le procès de Nuremberg fut suivi pour les criminels de guerre de second rang par des jugements rendus par les tribunaux militaires des quatre zones d'occupation : 794 condamnations à mort furent ainsi prononcées, suivies de 486 exécutions. D'autres procès de ce type eurent lieu en URSS, en Pologne et en Tchécoslovaquie. Enfin, les tribunaux allemands épurés de leurs éléments nazis se chargèrent des crimes commis contre les Allemands. À ces procès opérés dans le cadre d'une procédure clairement précisée s'ajoutèrent les jugements expéditifs rendus par les tribunaux militaires soviétiques, suivis de condamnations à mort, difficilement chiffrables car les condamnés furent considérés comme « disparus », ou de condamnations aux travaux forcés en URSS. En mai 1950, selon les Soviétiques, il y aurait eu encore 13 532 Allemands condamnés pour crimes de guerre et détenus en URSS[2] et, lorsque le chancelier Adenauer se rendit à Moscou, en septembre 1955, il y en avait encore 9 626, dont il obtint la libération[3].

Pour éradiquer définitivement le national-socialisme, toutes les organisations du NSDAP et leurs dépendances avaient été dissoutes par le Conseil de contrôle dès octobre 1945. En outre, tous les Allemands durent se soumettre à un examen de leur situation personnelle par rapport au nazisme. Mais la dénazification prit des formes différentes selon les zones. En zone soviétique, elle

1. P. Rassow, *Histoire de l'Allemagne*, *op. cit.*, t. II, p. 305.
2. D. L. Bark et D. R. Gress, *Histoire de l'Allemagne depuis 1945*, *op. cit.*, p. 69.
3. P. Rassow, *Histoire de l'Allemagne*, *op. cit.*, t. II, p. 399-400.

prit un aspect de lutte des classes et frappa surtout les possédants tandis que les « petits nazis » furent souvent « récupérés ». En zone américaine, en revanche, la dénazification fut plus systématique au début, puis fut rapidement confiée aux autorités allemandes.

### *La lente reprise de l'activité politique*

Tout en procédant à la dénazification, les Alliés autorisèrent progressivement la reprise des activités des partis politiques dissous en 1933 et leur conférèrent des responsabilités sur le plan local puis régional. Mais, très vite, on se rendit compte que la conception de la démocratie des Soviétiques n'était pas la même que celle des Occidentaux.

En zone soviétique, dès le 30 avril 1945, les communistes de Moscou — le groupe Ulbricht — étaient rentrés à Berlin et, avec le soutien des autorités d'occupation, avaient installé partout des administrations locales en plaçant des hommes à eux aux postes de responsabilité aux côtés de représentants des autres partis. Pour Walter Ulbricht, « tout doit avoir l'air démocratique mais nous devons avoir tout entre les mains ». Dès le 13 mai, un « magistrat » provisoire avait ainsi été mis en place à Berlin avec douze conseillers, dont la moitié appartenait au KPD[1]. Avant même que soient organisées des élections, les communistes exigèrent une réforme agraire en vue d'éliminer la grande propriété foncière. Le 2 septembre 1945, le vieux leader Wilhelm Pieck annonça l'expropriation sans indemnité de toutes les propriétés appartenant à des nazis et à des criminels de guerre, ainsi que de celles de plus de cent hectares, en vue de leur redistribution aux paysans sans terre. Le partage commença dès le 23 septembre et fut achevé en 1947 : au total, 2 200 000 hectares furent ainsi attribués à 560 000 bénéficiaires[2]. Le KPD pouvait ainsi se présenter en défenseur de la paysannerie. Dès juin-juillet 1945, les autres partis démocratiques avaient repris leurs activités en zone soviétique : le SPD dirigé par Otto Grotewohl et Friedrich Ebert, le fils de l'ancien président, l'Union chrétienne-démocrate (CDU) avec Otto Nuschke et Jacob Kaiser, issue de l'ancien Zentrum, et le Parti libéral-démocrate (LDPD) avec Johannes Dieckmann. Plus tard, en 1948, naîtront deux autres partis, le Parti paysan totalement pris en main par les communistes et le Parti national-

1. C. Buffet, *Histoire de Berlin*, *op. cit.*, p. 42.
2. G. Badia et P. Lefranc, *La RDA*, Leipzig, 1963, p. 17-19.

démocrate (NDPD) destiné à accueillir les nazis repentis. Ces partis se regroupèrent au sein d'un Front uni des partis antifascistes et démocratiques (*Antifa-Block*). Les communistes tenaient beaucoup à ce que ce Front se présente uni aux élections. En prévision des élections locales de juin-octobre, les communistes et l'aile gauche du SPD se regroupèrent à l'occasion d'un Congrès commun qui se tint les 21 et 22 avril 1946. Cette fusion aboutit à la formation du Parti socialiste unifié d'Allemagne (SED : *Sozialistische Einheitspartei Deutschland*) fort de ses 1 300 000 membres. Malgré les pressions de toutes sortes, le SED n'obtint nulle part la majorité absolue mais, avec près de 48 % des suffrages, il constituait la première force politique de la zone soviétique, après le CDU et les libéraux qui avaient obtenu 24 % des voix chacun[1]. À Berlin où les militants du SPD avaient rejeté à 82 % la fusion, les élections municipales du 20 octobre 1946 organisées dans les quatre secteurs de la ville donnèrent 48,6 % des voix et 63 des 130 sièges du Sénat au SPD, suivi par la CDU avec 22,1 % et le SED avec seulement 19,7 % des voix, recueillies essentiellement dans les districts contrôlés par les Soviétiques[2]. Malgré l'exception berlinoise, on assistait ainsi en zone soviétique à la mise en place d'un régime où le SED, fort de l'appui des autorités d'occupation, exerçait une influence bien supérieure à son poids réel dans la société. Le SED s'appuyait également sur les organisations de masse qu'il avait noyautées, les syndicats, les mouvements de jeunesse, etc. Quant aux partis « bourgeois », leur direction, entre les mains des représentants des courants de gauche, était prête, par opportunisme, à faire le jeu du SED[3].

Dans chacune des zones occidentales, les syndicats et les anciens partis démocratiques reprirent leurs activités dès la fin de 1945. On y retrouve le SPD avec Kurt Schumacher, le CDU avec Konrad Adenauer, les libéraux (FPD) avec Thomas Dehler. Dans chaque zone, on reconstitua des Länder, dès la fin 1945 en zone américaine, avec la création des Länder de Bavière, de Bade-Würtemberg-Nord et de Hesse, en 1946-1947 en zone britannique, avec la Rhénanie du Nord-Westphalie, la Basse-Saxe, le Schleswig-Holstein et les villes hanséatiques de Brême et de Hambourg. En zone française, dès le 12 février 1946, la Sarre fut détachée de la zone d'occupation et transformée en territoire autonome rattaché économiquement à la France ; avec le reste

1. H. Bogdan, *Histoire des Pays de l'Est*, Paris, 1990, p. 425-426.
2. C. Buffet, *Histoire de Berlin*, *op. cit.*, p. 46.
3. P. Rassow, *Histoire de l'Allemagne*, *op. cit.*, t. II, p. 315 et suiv.

on constitua les Länder de Rhénanie-Palatinat, de Würtemberg-Sud et de Bade du Sud[1]. Ici aussi, à l'Ouest, les élections municipales et régionales permirent la mise en place d'administrations allemandes autonomes sous le contrôle des autorités d'occupation.

## *La crise de Berlin et ses conséquences*

Dès la fin de 1946, l'Allemagne est devenue un enjeu dans les relations Est-Ouest. La rupture de la grande alliance entre l'URSS et les Occidentaux est désormais un fait acquis. Les échecs des conférences à quatre sur l'Allemagne ont accéléré la coupure du pays, matérialisée par une frontière hermétique qui isole la zone soviétique des zones occidentales. C'est le « rideau de fer », pour reprendre l'expression inventée par Churchill en mars 1946. À Berlin, le conflit entre le SED et les autres partis était permanent au sein de la municipalité, et lorsque le bourgmestre SPD Ostrowski, manipulé par les communistes, fut mis en minorité en avril 1947, son successeur Ernst Reuter, élu le 24 juin, ne put exercer ses fonctions en raison du veto du commandant du secteur soviétique de la ville[2]. L'annonce en juin 1947 d'un plan d'aide américaine pour la reconstruction de l'Europe dont l'Allemagne serait également bénéficiaire accrut les tensions Est-Ouest. Lors de la conférence de Londres en février-mars 1948, les trois Occidentaux adoptèrent le principe de la création d'un État fédéral dans leurs zones. Cette décision provoqua, dès le 20 mars, le départ du représentant soviétique au Conseil de contrôle, le maréchal Sokolovski. Berlin devint dès lors le symbole de la « guerre froide ». Le 31 mars, les autorités soviétiques annoncèrent que, désormais, elles contrôleraient tous les trains à destination de Berlin au moment du passage à la frontière de la zone soviétique. Le but de Staline était d'obtenir le départ des Occidentaux de la ville. À ce moment-là, le plan Marshall était en train de se mettre en place et, pour qu'il soit efficace, les Occidentaux envisagèrent de procéder à une réforme monétaire généralisée en Allemagne. Les Soviétiques, hostiles dès le début au plan Marshall, s'opposèrent catégoriquement à la création d'une nouvelle monnaie qui aurait intégré l'Allemagne — y compris la zone soviétique — dans la zone dollar. Le 3 juin 1948, les Occidentaux réunis à Londres préparèrent pour le

1. *Ibid.*, t. II, p. 318-323.
2. C. Buffet, *Histoire de Berlin*, *op. cit.*, p. 48.

18 juin la réforme monétaire, et effectivement ce jour-là, dans les zones occidentales, le Reichsmark fut retiré de la circulation et remplacé par le Deutsche Mark (DM) émis par une nouvelle banque, la *Bank Deutscher Länder*. Du 18 au 20 juin, les Allemands se rendirent dans les banques pour échanger leurs anciennes coupures. Chaque Allemand put obtenir 60 DM pour 60 RM, 40 étant versés immédiatement, les 20 autres deux mois plus tard. Toutes les autres sommes en liquide ou sur des comptes en banque ou d'épargne étaient transformées en nouvelle monnaie sur la base de 1 DM pour 10 RM et, pour les sommes importantes, sur la base de 0,65 DM pour 10 RM. La masse monétaire diminua considérablement car les détenteurs de sommes acquises de façon illicite n'en demandèrent pas l'échange. Du jour au lendemain, les magasins furent réapprovisionnés, les prix se stabilisèrent et l'équilibre se rétablit peu à peu sur la base des lois du marché. La réforme monétaire mise en place par les Occidentaux avec le concours du directeur de l'Économie auprès du gouverneur militaire américain, Ludwig Erhard, fut un succès[1].

La réaction soviétique fut rapide et violente. Dès le 23 juin, les Soviétiques mirent en place dans leur zone une nouvelle monnaie, le Deutsche Mark der Deutschen Notenbank[2], et, surtout, lorsque le 24 juin le DM fut introduit à Berlin-Ouest, ils procédèrent au blocage de tous les accès terrestres et fluviaux reliant Berlin-Ouest aux zones d'occupation occidentales. Le blocus de Berlin commençait ; il devait durer jusqu'au 12 mai 1949. Pendant près de onze mois, les secteurs occidentaux de la ville furent ravitaillés par un « pont aérien », établi dès le 26 juin et qui assura en plus de 275 000 vols le transport de plus de 2 300 000 tonnes de marchandises. À Berlin même, cette crise aboutit à la mise en place de deux administrations municipales, l'une à l'Ouest avec le bourgmestre Reuter, l'autre à l'Est avec Friedrich Ebert.

La conséquence directe du blocus de Berlin fut l'accentuation de la coupure entre la zone soviétique et les zones occidentales en cours de regroupement depuis la création de la bizone anglo-américaine, en 1947, à laquelle s'était jointe la zone française dès le 1er août 1948. La coupure était déjà politique avec l'établissement progressif à l'Est d'un régime de « démocratie populaire » dominée par le SED avec une économie de plus en plus étatisée,

1. D. L. Bark et D. R. Gress, *Histoire de l'Allemagne depuis 1945*, *op. cit.*, p. 191 et suiv.

2. Cette monnaie sera remplacée, en 1964, par le Mark der Deutschen Notenbank et, en 1967, par le Mark der Deutschen Demokratischen Republik.

tandis qu'à l'Ouest régnait un système de démocratie libérale et pluraliste. Avec la création du DM, la coupure devenait monétaire. À moyen terme, le blocus favorisa la renaissance de l'Allemagne en tant qu'État, mais sous la forme de deux entités politiques. Les Soviétiques et les Occidentaux, en effet, chacun dans leurs zones, cherchèrent à se concilier les populations à un moment où l'affrontement entre les deux blocs était un phénomène quotidien.

À l'Ouest, la conférence de Londres de juin 1948 avait demandé aux chefs des gouvernements des Länder des zones occidentales de convoquer une Assemblée constituante. Un Conseil parlementaire de soixante-cinq membres élus par les Landtage se réunit à Bonn dès le 1^er^ septembre et désigna pour le présider Konrad Adenauer. Ce Conseil, où le SPD et la CDU comptaient chacun vingt-sept représentants, rédigea un projet de Constitution qui fut adopté le 8 mai 1949 et ratifié le 12 mai par les gouverneurs militaires des trois zones, le jour même où Staline annonçait la levée du blocus. La Constitution entra en vigueur dès le 23 mai après avoir été approuvée par tous les Länder, sauf la Bavière[1].

À l'Est, l'évolution fut sensiblement analogue. Dès mars 1948, à l'issue de la réunion d'un Congrès du peuple (*Volkskongress*) formé des représentants des partis autorisés et des organisations de masse, on avait procédé à la désignation d'un Conseil du peuple (*Volksrat*) chargé d'élaborer un projet de Constitution. Un texte constitutionnel fut adopté, le 30 mai 1949, par le Congrès du peuple qui se transforma en Chambre du peuple provisoire. À l'Est comme à l'Ouest, les institutions prévues par les textes constitutionnels se mirent progressivement en place. À peu de jours de distance, on assista à la naissance officielle de deux États allemands, le 21 septembre 1949 la République fédérale d'Allemagne, la RFA (*Bundesrepublik Deutschland*), et le 7 octobre la République démocratique allemande, la RDA (*Deutsche Demokratische Republik*).

## II — Un divorce de quarante ans (1949-1989)

La Grande Allemagne voulue par Hitler et qui avait sombré dans la défaite de 1945 laissa la place quatre ans plus tard à deux États, l'un fédéral à l'Ouest, l'autre centralisé à l'Est, deux États

1. P. Rassow, *Histoire de l'Allemagne*, *op. cit.*, p. 353-354.

dont l'un, la RFA, se considérait comme le seul représentant légitime du peuple allemand, et l'autre, la RDA, n'existait que par le soutien apporté à ses dirigeants par l'Union soviétique. « Un peuple, deux États », telle fut la situation de l'Allemagne pendant quarante ans.

### *La RFA : conformisme politique et prospérité économique*

La loi fondamentale (*Grundgezetz*) du 23 mai 1949 avait fait de l'Allemagne occidentale « un État fédéral, démocratique et social », et garantissait aux citoyens les droits fondamentaux de l'individu et les principales libertés. À la tête de l'État fédéral, le pouvoir exécutif est exercé par le président de la République élu pour cinq ans et rééligible une seule fois, non au suffrage universel comme à l'époque de Weimar, mais par une Assemblée fédérale composée des membres du Bundestag et d'un nombre égal de membres élus à la proportionnelle par les parlements des Länder. Le président fédéral a des pouvoirs limités et ne peut agir qu'avec le contreseing d'un ministre ; sa fonction essentielle est de choisir le chef du gouvernement, le chancelier fédéral, mais ce choix doit être ratifié à la majorité absolue par le Bundestag. C'est le chancelier qui est le véritable chef de l'exécutif et qui fixe les grandes orientations de la politique. Le pouvoir législatif est exercé par deux assemblées, la diète fédérale (*Bundestag*) et le Conseil fédéral (*Bundesrat*). Les députés au Bundestag sont élus pour quatre ans « au suffrage universel, direct, libre, égal et secret » par les hommes et les femmes de dix-huit ans révolus ; ils votent les lois et le budget et contrôlent l'action du gouvernement au moyen des questions orales et des interpellations. Ils ne peuvent manifester leur défiance au chancelier qu'en invitant le président de la République à le destituer après lui avoir proposé un successeur élu par eux à la majorité absolue. La seconde assemblée, le Bundesrat, formé de représentants des diètes des Länder, se prononce sur les lois votées par le Bundestag qui, cependant, tranche en dernier ressort.

Les droits fondamentaux des citoyens, le respect de l'ordre démocratique et constitutionnel, et la constitutionnalité des lois sont garanties par le Tribunal constitutionnel fédéral siégeant à Karlsruhe, dont la moitié des juges sont élus par le Bundestag, et l'autre moitié par le Bundesrat. Pour des raisons d'opportunité, le gouvernement et les assemblées siègent à Bonn, paisible ville universitaire de Rhénanie ainsi promue du jour au lendemain au rang de capitale d'État. Chacun des Länder a son propre Parlement (*Landtag*) et son propre gouvernement dont la compétence est limitée aux questions d'enseignement et de police, les autres questions étant réglées en collaboration avec les autorités fédérales. Les décisions des Länder doivent cependant être en conformité avec le droit fédéral.

Avec cette Constitution, la République fédérale se situait dans la norme des grandes démocraties occidentales. Il convient cependant d'apporter quelques nuances. D'abord, pour des raisons d'efficacité et compte tenu de l'expérience de la république de Weimar, tout fut mis en œuvre pour éviter le recours direct au peuple : pas d'élection du chef de l'État au suffrage universel, pas de possibilité de consultation populaire par voie de référendum, et dissolution du Bundestag quasiment impossible. Dans la même optique, le législateur a cherché à favoriser les grands courants politiques aux dépens des petites formations. La loi électorale, fort complexe, prévoit que la moitié des députés sera élue à la proportionnelle et l'autre moitié au scrutin majoritaire uninominal à un tour. Dès 1949, pour avoir des élus à la proportionnelle, un parti devrait avoir obtenu un siège direct dans un Land ou 5 % des voix dans un Land ; en 1953, la barre fut fixée à 5 % des voix au niveau national. De ce fait, les petites formations politiques se trouvaient exclues du Bundestag. D'autre part, le Tribunal constitutionnel peut déclarer inconstitutionnels les partis qui « d'après leurs buts ou d'après l'attitude de leurs adhérents, cherchent à porter atteinte à l'ordre fondamental libre et démocratique, à le renverser ou à compromettre l'existence de la République Fédérale d'Allemagne » (article 21) ; c'est en s'appuyant sur cet article de la loi fondamentale que le parti communiste et les formations néo-nazies furent interdits.

Les institutions prévues par la Constitution se mirent en place au cours de l'été 1949. Lors de l'élection du premier Bundestag le 14 août, les trois principaux partis recueillirent 72,1 % : la CDU et sa branche bavaroise la CSU obtinrent 31 % des voix et 140 sièges, le SPD 29,2 % des voix et 130 sièges et les libéraux du FPD 11,9 % des voix et 52 sièges, le reste des élus se répartissant entre dix formations, dont le KPD qui obtint 14 sièges et divers petits partis de droite qui en eurent au total une trentaine. Le 12 septembre, le libéral Theodor Heuss fut élu président de la République ; le 15, le chef de la CDU, Konrad Adenauer, était élu chancelier et formait un gouvernement de coalition CDU-CSU-FPD dans lequel le père de la réforme monétaire, Ludwig

Erhard, était ministre de l'Économie. Le 21 septembre 1949, une fois toutes les institutions mises en place, naissait la République fédérale allemande, le jour même où entrait en application le nouveau statut d'occupation. Les trois gouverneurs militaires alliés étaient remplacés par trois hauts-commissaires civils, avec, pour la France, l'ancien ambassadeur à Berlin François-Poncet.

Dès son arrivée à la Chancellerie, Adenauer chercha à rendre à la RFA sa pleine souveraineté en l'intégrant au monde occidental. La guerre de Corée et le renforcement des tensions Est-Ouest facilitèrent sa tâche. La RFA fut admise au Conseil de l'Europe, accepta le plan Schuman et fut l'un des membres fondateurs de la Communauté européenne du charbon et de l'acier (CECA) en 1951. Progressivement, le statut d'occupation fut assoupli jusqu'à sa disparition le 5 mai 1955 dans le cadre des accords de Paris qui rendaient à la RFA sa pleine souveraineté. En fait, déjà en 1952, le principe du réarmement allemand avait été acquis dans le cadre de la Communauté de défense (CED) puis, après l'échec de cette solution européenne, dans le cadre de l'Otan dont elle devint membre à part entière le 9 mai 1955. Dix ans après la capitulation du IIIe Reich, l'Allemagne obtenait le droit de créer sa propre armée, la *Bundeswehr*, et les anciennes forces d'occupation, qui stationnaient sur son territoire, le faisaient désormais en tant qu'alliées et partenaires au sein de l'Alliance atlantique. Deux problèmes demeuraient en suspens, les relations avec l'URSS et la question de la Sarre. Le premier fut résolu à l'issue du voyage du chancelier à Moscou en septembre 1955 qui amena la reprise des relations diplomatiques entre les deux pays et la libération des derniers prisonniers de guerre. Quant à la Sarre, à la suite d'un accord avec Paris, elle fit retour à l'Allemagne le 1er janvier 1957 et devint le onzième Land. Quelques mois plus tard, la RFA signait le traité de Rome qui créait la Communauté économique européenne (CEE) et allait en devenir rapidement l'élément le plus dynamique.

Les succès diplomatiques du chancelier Adenauer renforcèrent sa position en RFA. Les élections de 1953 et surtout celles de 1957, où la CDU-CSU obtint la majorité absolue, assurèrent une grande stabilité politique à la jeune démocratie allemande. Après la démission d'Adenauer en 1963, la coalition CDU-CSU-FPD conserva le pouvoir avec le chancelier Erhard jusqu'en 1966. À ce moment-là, l'usure du pouvoir amena une certaine évolution dans la vie politique. Après l'expérience d'une « grande coalition » CDU-SPD avec le chancelier chrétien-démocrate Kiesinger, les élections de septembre 1969 donnèrent la majorité relative, 46,1 % des voix à la CDU-CSU. L'aile gauche du FPD menée par Walter Scheel imposa au parti une nouvelle orientation qui aboutit à une coalition SPD-FPD sous la conduite du social-démocrate Willy Brandt. Le gouvernement Brandt-Scheel ne modifia pas en apparence les grandes orientations politiques de la RFA, à savoir les relations privilégiées avec les États-Unis et la France, et la poursuite de l'intégration européenne. Mais le passé de Brandt et de Scheel les poussa dans le cadre de l'*Ostpolitik* à normaliser les relations avec les pays socialistes et, plus particulièrement, avec la RDA. On ne peut oublier que Willy Brandt appartenait à cette catégorie de socialistes toujours indulgents à l'égard des communistes. À l'époque où il fut bourgmestre de Berlin-Ouest, le KGB infiltra auprès de lui des agents. Sous leur influence, Brandt, au moment de la révolution hongroise de 1956, dissuada les Berlinois de manifester en faveur des Hongrois « au nom de la sécurité de Berlin, de l'Allemagne et de la paix ». À ce moment-là, un couple d'agents de l'Est, Günter Guillaume et sa femme, se prétendant réfugiés de RDA, s'étaient introduits dans l'entourage de Brandt et, ayant gagné sa confiance, devinrent à partir de 1969 des intimes du nouveau chancelier. Malgré les soupçons qui pesaient sur eux, le chancelier Brandt leur conserva sa confiance jusqu'à ce qu'ils fussent démasqués en avril 1974 au moment où ils allaient s'enfuir en RDA. L'affaire Guillaume entraîna la démission du chancelier, remplacé par Helmut Schmidt qui dirigea le pays avec la coalition SPD-FPD jusqu'en 1983[1]. La victoire des chrétiens-démocrates aux élections de 1983 remit à l'honneur l'ancienne coalition CDU-CSU-FPD sous la direction du chancelier Helmut Kohl.

L'absence d'antagonismes politiques fondamentaux entre la CDU et le SPD tant sur le plan intérieur que sur le plan extérieur — Kohl poursuivit l'*Ostpolitik* de ses prédécesseurs socialistes — déboucha sur un conformisme politique contre lequel se dressèrent des mouvements contestataires souvent manipulés par la RDA. Au départ, il y eut la protestation des étudiants de gauche contre la politique de l'« allié » américain au Viêt-nam avec les manifestations violentes de Berlin en février 1968. Puis, à partir de 1969-1970, on assista à l'émergence de groupes révolutionnaires qui tentèrent d'introduire en RFA les méthodes de guérilla urbaine et multiplièrent les attentats et les hold-up. Ce fut d'abord la première vague révolutionnaire autour de la revue

1. P. de Villemarest, *Le Coup d'État de Markus Wolf : la guerre des deux Allemagnes, 1945-1991*, Paris, 1991, p. 231 et suiv.

*Konkret* dirigée par Klaus Roehl et sa femme Ulrike Meinhof, et financée par la RDA *via* Prague. Après que Roehl, séparé de sa femme, eut abandonné la lutte révolutionnaire pour entrer au SPD en 1970, Ulrike Meinhof constitua avec Andreas Baader la Fraction Armée rouge (FAR) pour passer à l'action directe [1], parfois en liaison avec les terroristes palestiniens qui organisèrent l'attentat de Munich en 1972 à l'occasion des Jeux olympiques. Après l'arrestation de Baader et de ses complices, une deuxième génération de terroristes se manifesta à partir de 1976. Leurs actions les plus spectaculaires furent l'assassinat du procureur général Buback, en avril 1977, puis l'enlèvement en septembre de la même année du président du patronat allemand, Hans Martin Schleyer, retrouvé mort après le refus du chancelier Schmidt de libérer les membres de la FAR détenus. Ceux-ci, dont leur chef Baader, se suicidèrent peu après dans leur prison. Cette deuxième génération de terroristes, dirigée par Inge Viett et Suzanne Albrechts, avait été formée par la Stasi ; d'ailleurs, en 1980, Viett et Albrechts trouvèrent refuge en RDA [2]. Beaucoup moins violents furent les mouvements alternatifs qui se développèrent principalement à Berlin et à Francfort avec l'occupation d'immeubles abandonnés et la constitution de sociétés parallèles, autonomes et communautaires, mais qui très vite se structurèrent en un véritable « conformisme alternatif ». Assez proches des alternatifs, les Verts, défenseurs de l'environnement, se lancèrent dans la lutte politique pour s'opposer à l'énergie nucléaire et à l'installation des fusées Pershing en Allemagne. Longtemps cantonnés dans les assemblées locales, les Verts firent leur entrée au Bundestag après les élections de 1983 où ils obtinrent 5,6 % des voix sur un programme de désarmement unilatéral, de non-violence, de défense de l'environnement et de transformation profonde de la société [3].

Dans ce contexte de stabilité politique, parfois remise en cause comme nous venons de le voir, l'Allemagne fédérale s'est rapidement révélée comme une grande puissance économique. Le « miracle économique » allemand s'est développé dans le cadre de l'« économie sociale de marché » (*Sozialmarktwirtschaft*) définie par Ludwig Erhard comme un savant dosage de libéralisme, lais-

---

1. *Ibid.*, p. 280 et suiv., et D. L. Bark et D. R. Gress, *Histoire de l'Allemagne depuis 1945*, *op. cit.*, p. 838 et suiv.
2. P. de Villemarest, *Le Coup d'État de Markus Wolf : la guerre des deux Allemagnes, 1945-1991*, *op. cit.*, p. 280 et suiv.
3. D. L. Bark et D. R. Gress, *Histoire de l'Allemagne depuis 1945*, *op. cit.*, p. 830 et suiv.

sant une grande place à l'initiative individuelle sans pour autant tenir l'État à l'écart des grandes décisions, avec pour objectif le « bien-être de la collectivité[1] ». Jusqu'au début des années soixante-dix, le taux moyen annuel de croissance du PNB fut de l'ordre de 5 %. Avec la crise qui apparaît alors, la croissance se ralentit ; elle tomba à 3,9 % pour les années 1970-1973 et ne dépassa guère 1,5 % jusqu'au début des années quatre-vingt. Le chômage qui ne touchait que 0,8 % des actifs en 1973 — en dépit de la présence de trois millions de travailleurs étrangers — a augmenté sensiblement depuis 1975 pour atteindre 6 % des actifs à la veille de la réunification. La politique de rigueur monétaire menée par les chanceliers Brandt, Schmidt et Kohl évita à l'Allemagne de connaître l'inflation toujours redoutée. Au cours de la période 1973-1982, qui correspond aux années de forte inflation dans le monde occidental, l'inflation allemande fut toujours inférieure à 5 % sauf en 1974 où elle s'éleva à 7 %[2]. Le symbole de cette réussite économique, c'est la solidité du Deutsche Mark, constamment réévalué depuis 1950 aussi bien par rapport au dollar que par rapport aux devises européennes[3]. Malgré cette valeur élevée du DM, le commerce extérieur fut constamment excédentaire à partir de 1950, et dès 1958, la RFA était devenue le deuxième pays exportateur du monde. Autre signe évident de la puissance économique de la RFA, un PNB qui, en monnaie constante, a été multiplié par 5,3 entre 1950 et 1989. L'expression « miracle économique » n'est pas ici un vain mot. Dans son immense majorité, la population a profité des fruits de la croissance et l'élévation rapide de son niveau de vie depuis 1955 est là pour l'attester. Cette prospérité de l'Allemagne de l'Ouest a exercé un effet attractif sur les habitants de l'« autre Allemagne ».

### *La RDA : le satellite-modèle*

À bien des égards, l'évolution de la RDA présente bien des similitudes avec celle de la RFA. Le 7 octobre 1949, le nouvel État naissait avec l'entrée en vigueur de la Constitution. La Chambre du peuple provisoire chargeait l'ancien socialiste Otto

1. A. Gauthier et A. Reynaud, *Le Monde d'une crise à l'autre*, Paris, 1984, p. 111.
2. *Ibid.*, p. 240 et suiv.
3. En 1950, 1 dollar valait 4,2 DM, aujourd'hui il n'en vaut plus que 1,8 ; de même, le franc français qui valait en 1950 1,6 DM ne représente plus aujourd'hui que 0,32 DM.

Grotewohl de former le gouvernement et désignait comme président de la République le vieux militant communiste Wilhelm Pieck, *Wilhelm der Dritte* — Guillaume III — comme l'appelaient les humoristes de l'époque. La Constitution de 1949 faisait de l'ex-zone soviétique une République démocratique dans laquelle la souveraineté résidait dans le peuple. À la tête de l'exécutif, le président de la République, élu pour quatre ans par la Chambre unique, représente l'État, promulgue les lois et dispose du droit de grâce ; mais c'est au chef du gouvernement et aux ministres, élus également par la Chambre, qu'incombe la conduite de la politique. La Chambre du peuple (*Volkskammer*), élue pour quatre ans, comprend quatre cents députés auxquels s'ajoutent les soixante-six représentants de Berlin avec voix consultative. En 1951, l'intégration de Berlin-Est à la RDA mit fin à cette restriction. Les députés sont élus au suffrage universel, direct et secret avec le système de la liste unique du Front national qui comprend 165 représentants des partis ouvrier et paysan (dont 117 pour le SED), 156 représentants des partis « bourgeois » (CDU, libéraux et NDPD) et 141 délégués des organisations de masse contrôlées par le SED. Les premières élections du 15 octobre 1950 avec une participation de 98,4 % donnèrent à la liste unique 94,7 % des suffrages ; les dernières de la RDA, celles du 8 juin 1986, donnèrent 99,74 % des voix à la liste unique avec 99,94 % de votants. Et six mois avant la chute du mur de Berlin, les élections municipales du 17 mai 1989 donnèrent encore 98,85 % aux listes uniques[1]. C'est dire le caractère purement artificiel de ces élections qui, tant par le taux de participation que par les résultats obtenus par la liste officielle, rappelaient singulièrement les consultations populaires de l'époque du III^e Reich. À la mort de Wilhelm Pieck le 7 septembre 1960, la Constitution de 1949 fut modifiée avec la suppression de la fonction de président de la République. Celle-ci fut remplacée par un Conseil d'État (*Staatsrat*) de vingt-quatre membres élus par la Chambre, dont l'un d'entre eux, avec le titre de président du Conseil d'État, tient le rôle purement honorifique de chef d'État[2]. À la différence de la RFA, la RDA est un état centralisé ; une loi du 23 juillet 1952 a mis fin à l'existence des cinq Länder qui la composaient et les a remplacés par quatorze districts, eux-mêmes divisés en 217 Cercles, au nom du « centralisme démocratique[3] ».

1. *Der Fischer Welt Almanach-Sonderband DDR*, Frankfurt am Main, 1990, p. 129-132.
2. G. Castellan, *La République démocratique allemande*, *op. cit.*, p. 12-17.
3. *Der Fischer Welt Almanach*, *op. cit.*, p. 107.

Comme en URSS et dans les démocraties populaires, mais aussi comme dans l'Allemagne nationale-socialiste, la RDA est gouvernée par le système de l'État-parti. Le président du Conseil d'État, Walter Ulbricht, le successeur de Wilhelm Pieck, était également le secrétaire général du SED avant d'en devenir le premier secrétaire en 1953 ; il renonça à la direction du parti en 1971 pour des raisons de santé mais garda les fonctions de chef de l'État jusqu'à sa mort le 1er août 1973. Dès lors, les fonctions de chef de l'État et de secrétaire général du SED furent définitivement séparées. De 1971 jusqu'à sa démission le 18 octobre 1989, Erich Honecker eut la haute main sur la direction du SED et fut, en fait, le véritable maître de la politique est-allemande. Sur ce point, dans un contexte évidemment bien différent, la RDA connut, elle aussi, la stabilité politique.

Tout comme la RFA était en politique extérieure alignée sur les États-Unis, la RDA a suivi à la lettre les directives du Kremlin et a été un satellite-modèle de l'URSS, ne serait-ce que par son existence même qui dépendait du bon vouloir des Soviétiques. Dès le 15 octobre 1949, la RDA avait établi des relations diplomatiques avec l'URSS puis, avant la fin de l'année, avec l'ensemble des pays communistes d'Europe et d'Asie. Le 6 juillet 1950, la RDA reconnaissait la ligne Oder-Neisse comme frontière définitive avec la Pologne, ce qui permit de lever les derniers obstacles à son intégration au sein du CAEM (Comecon) qui devint effective le 29 septembre suivant. Des traités d'amitié et de coopération furent signés avec chacun des pays de l'Est. Les bonnes dispositions de ses dirigeants permirent à la RDA de recouvrer sa pleine et entière souveraineté dès le 25 mars 1954, plus d'un an avant la RFA, mais cette souveraineté était quelque peu entravée par la présence sur son territoire de près de quatre cent mille soldats soviétiques. Malgré certaines réticences du côté polonais, la RDA fut intégrée au pacte de Varsovie le 27 janvier 1956 ; elle disposait depuis le début de l'année d'une armée, la *Volksarmee.* Elle en devint l'un des membres les plus zélés. Les relations avec l'URSS étaient particulièrement étroites et reposaient sur trois traités : celui du 20 septembre 1955 qui prévoyait le maintien du stationnement des troupes soviétiques en RDA et qui confirmait la pleine souveraineté de la RDA y compris dans ses relations avec la RFA, celui du 12 juin 1964 conclu pour vingt ans qui garantissait l'inviolabilité des frontières de la RDA et, enfin, celui du 7 octobre 1975, d'une durée de vingt-cinq ans, qui prévoyait entre les deux pays « une assistance mutuelle y compris avec les moyens militaires[1] ». Les liens avec l'Union soviétique apparaissent clairement dans la Constitution révisée de 1974 qui insiste sur « l'alliance perpétuelle et irrévocable avec l'URSS ». La RDA y est présentée comme « une partie inséparable de la communauté socialiste » et « dans l'intérêt de la sauvegarde de la paix et de la sécurité de l'État socialiste, l'armée nationale populaire maintient des relations militaires étroites et fraternelles avec les armées de l'Union soviétique et des autres États socialistes[2] ».

Comme dans tous les pays de l'Est, le régime s'appuyait sur une police politique toute-puissante, la Stasi, créée en février 1950, sur la *Volkspolizei*, sur l'armée populaire et sur les milices ouvrières formées d'activistes du parti avec, en toile de fond, l'armée soviétique toujours prête à intervenir. C'est dire combien il était difficile de s'opposer au régime.

Le premier grand mouvement populaire fut la révolte ouvrière de juin 1953, quelques mois après la mort de Staline. À ce moment-là, l'économie traversait une crise depuis la mise en route du premier plan quinquennal (1951-1955), avec une stagnation de la production et une hausse des prix. Pour atteindre les objectifs du plan, les dirigeants augmentèrent les normes de rendement. Malgré les recommandations de Moscou, Ulbricht refusa toute concession. Pour amener Ulbricht à céder, Moscou monta contre lui une action. On devait organiser une manifestation ouvrière bien encadrée pour amener Ulbricht à se retirer. Ce plan trouva un début d'application le 16 juin lorsque quelques centaines d'ouvriers triés sur le volet commencèrent à manifester dans la Leipzigerstrasse mais ceux-ci furent rapidement rejoints par des milliers d'autres et par des étudiants. Le lendemain, les ouvriers de Berlin-Est et des principales villes de RDA se mettaient en grève. Les rues de Berlin se remplirent d'une foule nombreuse criant : « Non à Ulbricht », « Nous voulons des élections libres ! » La foule brûla des drapeaux rouges et du matériel de propagande du SED. En cette journée du 17 juin, dix-huit villes et trois cent cinquante localités de RDA connurent des troubles. Au début de l'après-midi, les Soviétiques proclamèrent la loi martiale à Berlin-Est et dans la plupart des grandes villes. Les Vopos, puis les chars soviétiques entrèrent en action. Le bilan fut lourd, une centaine de morts, des centaines de blessés, auxquels il faut ajouter la quarantaine de condamnations à mort

1. H. Carrère d'Encausse, *Le Grand Frère*, Paris, 1984, p. 268-287.
2. *Ibid.*, p. 293.

aussitôt exécutées, et les milliers de condamnations à de lourdes peines de prison prononcées par les tribunaux militaires soviétiques[1].

Les années qui suivirent furent marquées par un durcissement du régime. Face aux difficultés de la vie quotidienne et au manque de liberté, beaucoup de citoyens de RDA pratiquèrent la politique du « plébiscite par les pieds » et passèrent en RFA, ce qui était toujours possible à Berlin où la circulation entre les secteurs occidentaux et orientaux demeurait libre. Entre 1945 et le 13 août 1961, 3 419 042 Allemands de l'Est quittèrent la RDA. Parmi eux, des membres des professions libérales, des ingénieurs et des cadres, des agriculteurs, des ouvriers qualifiés. Devant cette situation, Ulbricht se tourna vers les pays frères. Lors de la réunion des secrétaires généraux des partis communistes des pays membres du pacte de Varsovie qui se tint à Moscou du 3 au 5 août 1961, il obtint l'autorisation d'interrompre le flux migratoire pour empêcher l'effondrement de l'économie est-allemande. À ce moment-là, les passages à l'Ouest avaient sensiblement augmenté, 17 000 en janvier 1961, plus de 30 000 en juin et près de 2 000 par jour depuis la fin juillet. Le 12 août, le ministre de l'Intérieur de RDA annonça que pour mettre fin « aux activités hostiles des forces revanchardes et militaristes de Berlin-Ouest, une véritable frontière serait établie entre la RDA et les secteurs occidentaux de Berlin ». Le 13 août dans la nuit, les Vopos commencèrent à fermer les accès à Berlin-Ouest avec des barbelés. Par la suite, le dispositif d'encerclement de Berlin-Ouest sera complété par la construction d'un mur de béton long de 111,6 kilomètres et haut de 4 mètres[2]. Désormais, la route vers la liberté était hermétiquement fermée.

La construction du mur de Berlin consolida la RDA. Par prudence, les autorités s'efforcèrent d'améliorer les conditions de vie de la population. Le redressement de l'économie longtemps ralenti par le démontage des usines et les livraisons de matériels, au titre des réparations de guerre, commença dans les années soixante à donner ses premiers résultats. On alla même jusqu'à parler d'un « miracle économique est-allemand ». L'essor des industries d'équipements, des constructions mécaniques et électrotechniques, de l'industrie chimique, les industries de précision,

1. P. de Villemarest, *Le Coup d'État de Markus Wolf : la guerre des deux Allemagnes, 1945-1991*, *op. cit.*, p. 21-23, et D. L. Bark et D. R. Gress, *Histoire de l'Allemagne depuis 1945*, *op. cit.*, p. 1156-1158.

2. *Der Fischer Welt Almanach*, *op. cit.*, p. 111-114, p. 134.

permit à la RDA de devenir, dès 1970, le pays le plus développé du CAEM, tout comme à l'Ouest la RFA était le pays le plus dynamique de la CEE. La lente amélioration des conditions de vie, la possibilité de voyager dans les pays frères, rendirent plus supportable l'absence de liberté à une population résignée et habituée depuis 1933 à vivre dans un État totalitaire. Tout était fait pour que les citoyens aient conscience d'appartenir à un nouvel État, la RDA, et pour couper les liens avec l'Allemagne occidentale. La jeunesse fut, comme dans tous les États totalitaires, l'objet de soins particuliers. Les jeunes retrouvèrent l'embrigadement forcé comme l'avaient connu leurs parents et grands-parents à l'époque hitlérienne. De six à quatorze ans, ils étaient intégrés au mouvement des Pionniers où se mêlaient activités sportives et culturelles, et éducation politique ; puis à quatorze ans, ils passaient dans la Jeunesse allemande libre qui devait faire d'eux de bons citoyens, défenseurs de l'ordre socialiste, avant d'intégrer la *Volksarmee* pour le service militaire. D'autres organisations de masse comme la Ligue démocratique des Femmes d'Allemagne, la Ligue de la culture, et les syndicats également, permettaient à l'État d'avoir bien en main la population[1].

Dans ces conditions, il était très difficile de constituer des mouvements d'opposition, d'autant que la RFA, surtout après l'arrivée au pouvoir de Willy Brandt, ne faisait rien pour les encourager et se contentait de « racheter » en bons Deutsche Mark les contestataires les plus connus et emprisonnés. Pourtant à la fin des années soixante-dix, en s'appuyant sur les principes adoptés à la conférence d'Helsinki, on vit apparaître une opposition issue des milieux intellectuels et artistiques, de jeunes pacifistes réclamant le droit à l'objection de conscience avec l'appui de certains pasteurs protestants, des défenseurs de l'environnement. Les changements survenus au Kremlin en 1985 avec l'arrivée au pouvoir de Mikhaïl Gorbatchev rendirent les opposants plus audacieux. Dès 1987, les premières manifestations de rues en faveur des réformes apparurent. Le mouvement allait s'amplifier pour déboucher sur la crise du régime à l'automne de 1989.

1. H. Burgelin, *La Société allemande*, *op. cit.*, p. 291-294.

*Les relations interallemandes*

Malgré la création des deux États allemands en 1949, les Allemands crurent longtemps que la réunification était possible. À deux reprises en 1950, le chancelier Adenauer avait proposé aux dirigeants est-allemands l'organisation d'élections libres et secrètes et sous contrôle international en vue d'élire un Parlement panallemand. Le 30 novembre, Otto Grotewohl avait répondu à Adenauer en proposant la réunion d'un Conseil constituant composé en nombre égal de représentants des deux Allemagnes en vue de désigner un gouvernement provisoire, puis de signer un traité de paix avec les Quatre Grands ; après quoi, on procéderait à des élections générales[1]. Le 15 janvier 1951, Adenauer fit des objections à propos de la ligne Oder-Neisse et réclama des garanties pour la liberté des élections en RDA. Le 15 septembre, Grotewohl admit le principe d'élections libres, qu'il renouvela le 10 octobre tout en manifestant son hostilité à toute idée de réarmement de l'Allemagne et à toute intervention de l'ONU pour contrôler les futures élections. En même temps, un protocole commercial venait d'être signé à Berlin qui assimilait les échanges entre la RFA et la RDA à un commerce purement intérieur. En fait, les pourparlers entre Adenauer et Grotewohl n'allèrent pas au-delà.

En 1952, alors que la RFA préparait son entrée dans la CED, Moscou relança la question de la réunification par une note du 10 mars adressée aux trois puissances occidentales. Les Soviétiques proposaient une réunion des Quatre Grands pour discuter de toute urgence de la question du traité de paix avec l'Allemagne, sur la base de la réunification et de la frontière Oder-Neisse ; ils proposaient également le retrait de toutes les troupes étrangères d'Allemagne, une amnistie générale pour tous les anciens nazis, la libre activité pour tous les partis démocratiques et la neutralisation d'une Allemagne qui disposerait de ses propres forces armées pour assurer sa défense. Dans la note de Moscou, le chancelier Adenauer vit une manœuvre pour que les États-Unis retirent leurs forces d'Europe ; il poussa la France et le Royaume-Uni à rejeter la note soviétique. Une nouvelle note, en date du 9 avril 1952, réitéra les propositions précédentes et évoqua la possibilité d'organiser des élections libres dans toute

1. *Der Fischer Welt Almanach*, *op. cit.*, p. 102, et J.-B. Duroselle, *Histoire diplomatique de 1919 à nos jours*, *op. cit.*, p. 474 et suiv.

l'Allemagne. Une fois encore, Adenauer pressa les Occidentaux de repousser les propositions soviétiques destinées, selon lui, à empêcher la création de la CED. Le chef de l'opposition sociale-démocrate, Schumacher, lui, était favorable à l'acceptation de l'offre de Moscou[1]. L'affaire en resta là. Pourtant, un fait ressortait clairement. À ce moment-là au moins, la RDA ne représentait pas grand-chose aux yeux des Soviétiques ; ils étaient prêts à la sacrifier en échange de la neutralisation de l'Allemagne et du départ des Américains. Pour Moscou, une RFA intégrée au monde occidental et réarmée dans le cadre de la CED leur paraissait plus dangereuse qu'une Allemagne disposant de sa propre armée nationale, mais neutre. La réunification manquée montre à quel point l'Occident se méfiait de l'URSS. Avec le recul du temps, on peut se demander, en se plaçant du point de vue allemand, si l'on n'a pas laissé passer là une occasion de réaliser le souhait de la majorité des Allemands d'alors. Mais les puissances occidentales tenaient-elles vraiment à ce que l'Allemagne soit réunifiée ? Et le chancelier Adenauer lui-même, en tant que rhénan, et méfiant à l'égard de tout ce qui était « prussien », ne redoutait-il pas pour des raisons d'équilibre politique que les provinces orientales ne renforcent le poids électoral du SPD ?

Dès ce moment, la perspective d'une réunification devint de plus en plus aléatoire. Les Soviétiques décidèrent alors de jouer à fond la carte de la RDA à qui ils rendirent sa souveraineté en 1954 avant de l'intégrer au « Bloc » de l'Est avec le CAEM et le pacte de Varsovie. Quant à Adenauer, au nom de la « Doctrine Hallstein » selon laquelle toute reconnaissance de la RDA par un État tiers serait considérée comme un acte inamical à l'égard de la RFA, il se présentait comme le seul représentant de l'Allemagne. Plus tard, avec la construction du mur de Berlin, la coupure paraissait définitive. Il y avait bel et bien deux Allemagnes. Et c'est en tenant compte de cette réalité que le chancelier Brandt lança sa politique d'ouverture à l'Est avec l'appui des Occidentaux. L'*Ostpolitik* permit d'améliorer les relations d'État à État entre les deux Allemagnes. Avec le traité du 12 août 1970, signé à Moscou, les relations entre la RFA et l'URSS s'améliorèrent, ce qui *ipso facto* amena une détente entre la RDA et la RFA. En décembre 1971, pour la première fois depuis 1961, les Berlinois de l'Ouest purent aller à Berlin-Est et en RDA pour de courts séjours. Puis, le 26 mai 1972, fut signé un accord facili-

1. D. L. Bark et D. R. Gress, *Histoire de l'Allemagne depuis 1945*, *op. cit.*, p. 288 et suiv.

tant la circulation entre les deux Allemagnes, complété le 21 décembre 1972 par le traité fondamental (*Grundvertrag*) qui prévoyait l'établissement de relations diplomatiques entre la RFA et la RDA. La normalisation de leurs relations permit aux deux États allemands d'entrer simultanément à l'ONU[1]. À son tour, la communauté internationale prenait acte de la division de l'Allemagne.

Les relations commerciales furent alors renforcées et l'on parla souvent de la RDA comme du « treizième » membre « occulte » du Marché commun, puisqu'il n'existait pas de droits de douane dans le commerce interallemand. L'État fédéral et les banques accordèrent d'importants crédits à la RDA en échange d'un assouplissement de la législation sur les voyages à l'Ouest. L'existence des deux États allemands et l'intangibilité de leurs frontières furent solennellement confirmées lors de la conférence d'Helsinki, en 1975, à laquelle participèrent, entre autres, Erich Honecker et Helmut Schmidt. Qui aurait pu imaginer alors que quinze ans plus tard la RDA, abandonnée à son sort par ses protecteurs soviétiques, s'effondrerait en moins de trois mois et que l'Allemagne retrouverait son unité ?

## III – L'UNITÉ RETROUVÉE

Lorsque l'on évoque les événements de l'automne 1989 en Europe de l'Est, en général, et en RDA, en particulier, une constatation s'impose. Les Occidentaux, y compris la RFA, n'ont rien fait pour provoquer ces changements ; ils se sont bornés à suivre l'évolution en cours, quand ils n'ont pas cherché à la ralentir voire à l'empêcher. La révolution de 1989 en RDA a été faite par les habitants de RDA eux-mêmes, et plus précisément par les jeunes, et elle doit sa réussite au seul fait que, à Moscou, Mikhaïl Gorbatchev, aux prises avec la contestation des nationalités d'URSS, a laissé faire.

### *Les signes avant-coureurs*

Les débuts de la *Glasnost* et de la *Perestroïka* avaient été accueillis avec méfiance par la vieille garde communiste qui, autour de Erich Honecker, exerçait le pouvoir à Berlin-Est. En revanche, pour les jeunes contestataires, pour les intellectuels et

1. *Der Fischer Welt Almanach*, *op. cit.*, p. 120-123.

aussi pour ceux qui, dans le SED, souhaitaient le départ de Honecker pour pouvoir engager des réformes, la politique de Gorbatchev était perçue comme un encouragement à aller de l'avant. Depuis 1986, on avait vu surgir des groupes semi-clandestins comme le mouvement *Initiative pour la paix et les Droits de l'homme*, ou le *Neues Forum* qui publiaient des feuilles ronéotypées comme les *Umweltblätter* où l'on parlait pêle-mêle de la défense de l'environnement, du droit à l'objection de conscience, du droit à la libre circulation des hommes et des idées. On vit apparaître aussi les premières manifestations de rues. Ainsi, à Berlin, le 9 juin 1987, quelques milliers de jeunes défilèrent sur l'Unter der Linden réclamant la destruction du mur et criant : « Vive Gorbatchev ! » L'année suivante, à l'occasion du soixante-neuvième anniversaire de la mort de Rosa Luxemburg, des manifestants réclamèrent la liberté. Leurs banderoles portaient une citation de Rosa Luxemburg : « La liberté, c'est également la liberté de penser autrement ! » La Stasi et les Vopos dispersèrent brutalement la foule et arrêtèrent une centaine de personnes. Malgré les risques encourus, le mouvement contestataire continua à se développer avec l'appui non dissimulé de l'Église protestante qui n'hésita pas à s'engager à fond dans le combat pour la liberté.

Personne cependant ne mesurait vraiment l'ampleur du mécontentement. Erich Honecker avait été reçu avec tous les honneurs par le chancelier Kohl en septembre 1987. Les deux États allemands multipliaient la signature d'accords de coopération. Et encore le 6 juillet 1989, les ministres de l'Environnement signaient un nouvel accord par lequel la RFA prenait en charge jusqu'à concurrence de 300 millions de DM la réalisation de six projets de défense de l'environnement en RDA.

Pourtant, en RDA, la situation était en train de se modifier radicalement depuis que, le 2 mai 1989, le gouvernement hongrois avait commencé le démantèlement du rideau de fer sur sa frontière avec l'Autriche. Au cours de l'été 1989, de nombreux ressortissants est-allemands profitèrent de leur séjour de vacances en Hongrie pour passer en Autriche et de là gagner la RFA. Le mouvement s'amplifia à partir du 11 septembre, lorsque le gouvernement hongrois ouvrit totalement sa frontière occidentale aux Allemands de l'Est. À la demande de Berlin-Est, la Tchécoslovaquie interdit aux Allemands de l'Est de se rendre en Hongrie. De nombreux Allemands de l'Est cherchèrent alors à passer par la Pologne démocratisée et firent le siège de l'ambassade de la RFA à Varsovie. Sous la pression internationale, la

RDA accepta que les candidats à l'émigration vers la RFA réfugiés en Pologne puissent transiter à travers son territoire. Les 1er et 3 octobre, des trains de réfugiés partis de Varsovie transportèrent ainsi près de vingt mille Allemands de l'Est. Mais, dans les gares de RDA, en particulier à Dresde et à Leipzig, des candidats à l'émigration tentèrent en vain de stopper les trains pour se joindre aux heureux partants[1].

### *L'effondrement du régime en RDA*

À ce moment-là, les dirigeants est-allemands s'apprêtaient à accueillir les représentants des pays socialistes, et notamment Mikhaïl Gorbatchev, invités à l'occasion des fêtes commémorant le quarantième anniversaire de la création de la RDA. Tout le pays était en ébullition. À Leipzig, à Dresde, à Magdebourg, à Berlin même, les manifestations étaient devenues quotidiennes. Le 6 octobre commencèrent pourtant les cérémonies officielles. Tandis que Honecker rappelait dans un discours que la fondation de la RDA avait été « un tournant historique dans l'histoire du peuple allemand », Gorbatchev insistait, lui, sur la nécessité de tenir compte « du processus général de modernisation et de renouvellement qui a lieu actuellement dans tout le camp socialiste[2] ». Il était déjà trop tard pour transformer le régime. Tout se passait maintenant dans la rue. Leipzig semblait être devenue le centre opérationnel de la contestation. Chaque lundi soir, des manifestants chaque fois plus nombreux réclamaient le départ de Honecker, la liberté de voyager à l'Ouest. Le 9 octobre, Honecker donna l'ordre au secrétaire général du Comité central du SED, Egon Krentz, de s'opposer, y compris en employant la force, à toute nouvelle manifestation. Pourtant le lundi 16 octobre, c'est plus de cent mille manifestants qui envahirent les rues de Leipzig avec de nouveaux slogans en faveur de la réunification de l'Allemagne cette fois. Deux jours plus tard, le peuple remportait sa première victoire : Honecker abandonnait toutes ses fonctions « pour raisons de santé ». Il était remplacé par Egon Krentz qui devenait à la fois secrétaire général du SED, président du Conseil d'État et président du Conseil de défense[3]. L'arrivée au pouvoir de Krentz, considéré comme conservateur,

1. H. Bogdan, *Histoire des pays de l'Est des origines à nos jours*, Perrin, 1990, p. 584, et *Der Fischer Welt Almanach*, *op. cit.*, p. 138 et suiv.
2. *Der Fischer Welt Almanach*, *op. cit.*, p. 150.
3. P. de Villemarest, *Le Coup d'État de Markus Wolf...*, *op. cit.*, p. 56 et suiv.

ne régla rien, bien au contraire. Les manifestations traditionnelles du lundi soir à Leipzig rassemblèrent des foules de plus en plus nombreuses, trois cent mille participants le 23 octobre, à peu près autant le 30. À Berlin, à Dresde, à Potsdam, à Karl-Marx-Stadt (Chemnitz), on manifestait aussi. Le point culminant de cette vague de manifestations fut atteint le 4 novembre à Berlin où plus d'un million d'hommes et de femmes venus de toute la RDA exigèrent de véritables réformes. Krentz, sur le conseil de Gorbatchev, annonça le 6 novembre une nouvelle réglementation pour les voyages à l'Ouest. La foule continuait à occuper la rue avec un slogan sans cesse crié : *« Die Mauer muss Weg ! »* (« Le mur doit disparaître »). Le comité central du SED réuni les 7 et 8 novembre annonça la démission de toute la direction du parti communiste, à l'exception de Krentz, et la formation d'un nouveau gouvernement dirigé par Hans Modrow, un réformateur responsable du SED pour la région de Dresde. Le 9 novembre à 18 h 57, l'événement tant attendu se produisit enfin : le porte-parole du comité central Günter Schabowski commenta les nouvelles dispositions prises sur les voyages à l'étranger et annonça qu'un visa de sortie serait immédiatement donné à tous ceux qui le demanderaient aux postes-frontières, y compris à Berlin[1]. La nouvelle se répandit aussitôt dans Berlin et la foule se précipita en direction du mur. Les plus hardis commencèrent à s'attaquer à ce symbole de la division de l'Allemagne et ouvrirent quelques brèches sous les yeux des policiers impassibles. Le mur de Berlin s'ouvrait ainsi en cette soirée du 9 novembre 1989, donnant à des dizaines de milliers de Berlinois de l'Est la possibilité de retrouver leurs amis et parents dont ils avaient été séparés depuis plus de vingt-huit ans ! Rien qu'entre le 9 et le 12 novembre, ce furent plus de quatre millions de visiteurs qui découvrirent l'autre Allemagne.

Les dirigeants de la RDA étaient conscients que la situation leur échappait. Pour tenter de sauver le régime, Hans Modrow fit entrer dans le gouvernement qu'il présenta à la Chambre du peuple le 17 novembre onze représentants des formations « alliées » du SED et qui avaient pris leur distance à son égard depuis octobre. Mais les dix-sept autres ministres étaient membres du SED et Modrow rappela fermement « la légitimité de la RDA comme État socialiste et comme État souverain ». Le nouveau gouvernement n'était aux yeux des manifestants qu'un pis-aller. Le 20 novembre, à Leipzig, la foule qui brandissait des drapeaux

1. *Ibid.*, p. 309 et suiv.

de la RFA réclamait maintenant la réunification. Krentz, critiqué par les réformateurs du SED, démissionna à son tour le 3 décembre et abandonna la direction du parti à un réformateur, l'avocat Gregor Gysi. Quelques jours plus tard, la Chambre du peuple décidait de supprimer le monopole de la SED sur la direction de la vie politique. Hans Modrow, qui avait annoncé des élections avec le multipartisme pour le 6 mai 1990, fut obligé de les avancer au 18 mars pensant ainsi ramener le calme. Pourtant, la contestation ne désarmait pas. Le 15 janvier 1990, la foule berlinoise donna l'assaut à l'immeuble de la direction de la Stasi. Faute du soutien soviétique, le régime communiste était en train de sombrer.

*La réunification et ses conséquences immédiates*

La révolution pacifique avait triomphé. Les Allemands de RDA avaient obtenu le droit de voyager à l'Ouest et de choisir librement leurs représentants. Ils voulaient maintenant que leur pays divisé par la volonté des vainqueurs de 1945 retrouve son unité. La réunification de l'Allemagne était cependant un problème international qui concernait les quatre alliés de 1945 et le voisin polonais.

Les dirigeants occidentaux ne semblaient pas avoir été particulièrement enthousiastes face à l'évolution des événements en RDA. En France, lors d'un sommet des dirigeants des pays de la CEE, le 18 novembre, le président Mitterrand fit part de ses réserves et n'envisagea qu'à long terme la réunification de l'Allemagne. Les déclarations des hommes politiques à cette époque étaient particulièrement significatives. Pour Jacques Delors, il fallait respecter « l'intangibilité des frontières y compris celles des deux Allemagnes » ; pour lui il était nécessaire que « la RDA poursuive et développe ses rapports économiques avec l'URSS dans le cadre du Comecon ». Et Laurent Fabius d'ajouter : « On ne doit pas chercher à profiter des difficultés intérieures de l'URSS. » Mieux même, comme si rien ne s'était passé, le président Mitterrand se rendit en visite officielle en RDA du 20 au 22 décembre, cherchant ainsi à donner une légitimité à Hans Modrow et à son gouvernement que les élections libres du 18 mars suivant allaient chasser du pouvoir[1]. Le chancelier Kohl et son ministre des Affaires étrangères Gentscher, un moment désarçonnés par la rapidité des changements en cours, et sans

1. *Ibid.*, p. 311-313.

doute aussi sous la pression de leurs partenaires européens, hésitaient à s'engager. Le 28 novembre le chancelier Kohl avait proposé au Bundestag un plan en dix points avec la création d'une « structure confédérale (...) pour surmonter la division de l'Allemagne et de l'Europe ». Le SPD appuya le plan Kohl puis, lors de son Congrès en décembre, se prononça pour un plan de paix « au sein duquel le peuple allemand puisse retrouver son unité par l'exercice d'une libre autodétermination ». Le chancelier Kohl, lui aussi, alla rencontrer Modrow à Dresde, les 19 et 20 décembre, la veille de l'arrivée du président Mitterrand. L'attitude de la population de Dresde qui l'accueillit aux cris de « Unité ! Unité ! », en brandissant des drapeaux de la RFA, eut raison de ses dernières réticences. Kohl se résolut alors à précipiter les événements, même si beaucoup d'Allemands de l'Ouest redoutaient le coût financier de la réunification.

C'est dans un climat de ferveur patriotique que les Allemands de l'Est se rendirent massivement — et librement pour une fois — aux urnes le 18 mars 1990. L'Alliance pour l'Allemagne conduite par l'Union chrétienne-démocrate de Lothar de Maizière (40,91 % des voix) associée à l'Union sociale-chrétienne (6,32 %) et au Réveil démocratique (0,92 %), avec 48,15 % des voix et 193 sièges, devançait largement le SPD (21,84 % et 87 sièges) et les libéraux du FDP (5,28 % et 21 sièges). Les nostalgiques de la RDA, avec l'ancien parti communiste de Gysi rebaptisé Parti du socialisme démocratique, n'obtenaient que 16,33 % des voix et 65 sièges. Les grands vainqueurs étaient donc les grands partis historiques, tous favorables à l'unité, mais, cruelle ironie du sort, les mouvements contestataires dont l'action revendicatrice avait été à l'origine de la chute du régime et qui s'étaient regroupés au sein de l'Alliance 90 n'avaient obtenu que 2,9 % des voix et 12 sièges. Les Allemands de l'Est avaient voulu voter utile et avaient choisi ceux qui s'étaient clairement prononcés en faveur de la réunification. Diverses petites formations avaient ensemble recueilli moins de 6 % des suffrages et obtenu 22 sièges, dont 8 pour les Verts[1].

Lothar de Maizière devenu chef du gouvernement entama aussitôt des négociations avec le gouvernement de Bonn qui aboutirent le 18 mai 1990 à la signature d'un traité d'union monétaire, économique et sociale. Le 1er juillet 1990, le Deutsche Mark devenait la monnaie unique sur tout le territoire allemand et la

1. *Der Fischer Welt Almanach*, *op. cit.*, p. 258 et H. Bogdan, *Histoire des pays de l'Est*, *op. cit.*, p. 606-607.

L'ALLEMAGNE APRÈS LA RÉUNIFICATION

Carte : Patrick Mérienne

frontière entre les deux États était définitivement abolie[1]. Puis le 31 août, la RDA et la RFA signaient à Bonn le traité d'unification qui devait entrer en vigueur le 3 octobre suivant[2].

Il était maintenant devenu impossible pour les grandes puissances de s'opposer à la réunification allemande. Dès le 18 mars 1990, les ministres des Affaires étrangères des pays du pacte de Varsovie réunis à Prague avaient reconnu le droit des Allemands à réaliser leur unité[3]. L'accord des grandes puissances fut symbolisé par la signature à Moscou, le 12 septembre, du traité « Deux plus quatre » cosigné par les deux États allemands et les quatre vainqueurs de 1945. L'Allemagne y renonçait « à toute revendication territoriale quelle qu'elle soit aussi bien maintenant que dans l'avenir » ; elle obtenait le droit d'appartenir « à des alliances avec tous les droits et obligations qui en découlent » et retrouvait « sa pleine souveraineté dans ses affaires intérieures et extérieures ». Un accord germano-soviétique régla la question du départ des troupes soviétiques de RDA prévu avant le 31 décembre 1994 moyennant le versement d'une somme de 12 milliards de DM pour faciliter leur réinsertion. Les réticences de la Pologne furent levées par le traité germano-polonais du 14 septembre sur l'intangibilité de la frontière Oder-Neisse.

Le 3 octobre, l'Allemagne retrouvait son unité. La Constitution de la RFA fut amendée pour permettre l'intégration des « provinces orientales ». Les élections régionales pour les Landtage des cinq nouveaux Länder confirmèrent les résultats de mars 1990. Il en fut de même pour les élections générales du 2 décembre 1990. Les adversaires ou les sceptiques de la réunification, les ex-communistes, le SPD d'Oskar Lafontaine et les Verts sortirent amoindris. La CDU-CSU et ses alliés du FDP l'emportèrent facilement et Helmut Kohl devint ainsi le premier chancelier de l'Allemagne réunifiée.

---

1. Les marks orientaux furent échangés à parité avec le DM malgré l'hostilité de la Banque fédérale.
2. D. L. Bark et D. R. Gress, *Histoire de l'Allemagne depuis 1945*, *op. cit.*, p. 1324-1328.
3. *Der Fischer Welt Almanach*, *op. cit.*, p. 254.

# Épilogue

Près de dix ans se sont écoulés depuis la réunification de l'Allemagne. Le mur de Berlin est depuis longtemps oublié même par ceux qui en subirent les effets. À l'enthousiasme qui a suivi la révolution *pacifique* de novembre 1989 ont succédé rapidement le désenchantement et l'amertume, et pas seulement dans les provinces orientales. La liberté des prix et l'économie de marché, l'action de la *Treuehandanstalt*, créée en 1990 pour mettre en vente les biens d'État, les privatisations accompagnées de la fermeture des entreprises déficitaires et la restructuration des entreprises viables, la liberté économique retrouvée, toutes ces mesures ont brutalement modifié les habitudes des habitants de l'ancienne RDA accoutumés depuis 1933 au nom de l'idéologie nationale-socialiste d'abord, puis du marxisme-léninisme ensuite, à ce que d'autres pensent et décident pour eux. Pour beaucoup d'Allemands de l'Est, les retraités, les chômeurs, les femmes, les jeunes, la vie est devenue souvent plus dure même si les choses commencent à s'améliorer. Leur mécontentement a davantage profité à l'opposition sociale-démocrate qu'aux ex-communistes du PDS qui n'ont obtenu que le quart des suffrages aux législatives du 27 septembre 1998.

Ce qui a le plus déçu les Allemands des provinces orientales, les *Ossies*, c'est l'attitude protectrice, voire méprisante et critique de leurs compatriotes de l'Ouest. Ils ont souvent l'impression d'être des intrus dans la société nantie de l'ex-RFA. La réaction des Ossies, en particulier des jeunes, ce sont les explosions de xénophobie qui se manifestent épisodiquement contre les travailleurs immigrés considérés comme mieux traités qu'eux par l'État. C'est aussi la déception des Berlinois qui comptaient que leur ville redevienne rapidement la capitale *effective* de l'Allemagne et qui constatent surtout que Berlin est devenue un vaste champ d'action pour la spéculation immobilière. Déception aussi pour d'autres de constater que les Allemands de l'Ouest sacrifient à l'Europe la souveraineté nationale enfin recouvrée ! Mais, à l'Ouest aussi, la réunification a été souvent mal perçue et mal ressentie. Pour beaucoup, le prix à payer en est trop lourd et on la rend responsable de l'augmentation du chômage.

Si le chancelier Kohl a pu encore l'emporter aux élections de 1994, il a subi lors des élections du 27 septembre 1998 un échec électoral sévère. La coalition SPD-Verts l'a emporté, même si les motivations des électeurs apparaissent contradictoires. C'est au nouveau chancelier Gerhard Schröder, un ancien de l'aile gauche du SPD, qu'il appartiendra de faire entrer l'Allemagne dans le troisième millénaire[1].

Le nouveau pouvoir qui se met en place sera-t-il en mesure de mettre fin aux divisions et antagonismes qui séparent encore au niveau de la richesse et des conditions de vie les populations des deux anciens États allemands, et qui s'ajoutent aux divisions traditionnelles, politiques, religieuses et culturelles présentes tout au long de l'histoire du monde allemand ? « Je ne peux m'imaginer un peuple qui serait plus divisé que les Allemands », écrivait Friedrich Hölderlin dans *Hyperion* à la fin du XVIIIe siècle. Force est bien de constater que, par certains côtés, encore aujourd'hui, les éléments de division semblent l'emporter sur les éléments d'unité au moment où l'Allemagne politiquement réunifiée renonce à une partie importante de sa souveraineté et, en particulier, à sa monnaie, au nom de l'Union européenne.

1. La coalition menée par le chancelier Schröder a été reconduite au pouvoir lors des élections du 22 septembre 2002, en dépit des difficultés économiques du pays (croissance du PIB égale à 0, plus de 4 millions de chômeurs).

# En guise de conclusion

Le lecteur français, habitué par une tradition plus que bicentenaire à vivre dans le cadre d'un État-nation, ne manquera pas de constater après avoir lu cette *Histoire de l'Allemagne*, que les Allemands ne sont jamais parvenus à dépasser leurs particularismes, leurs divisions politiques et religieuses, et que l'idée d'État-nation leur est étrangère. Nombre d'intellectuels allemands de l'époque des Lumières et du Romantisme ont déploré cette situation. Certains d'entre eux, des Rhénans en particulier, se sont tournés vers la France à l'époque de la Révolution et de l'Empire ; d'autres au même moment ont rêvé d'une Allemagne devenue État-nation et unifiée, seule capable de faire face à l'impérialisme napoléonien. Le rêve n'est jamais devenu réalité, et même lorsqu'en 1871 Bismarck parvint à réaliser l'unité de l'Allemagne, ce fut dans le cadre d'un Empire fédéral et non dans celui d'un État-nation. En fait, l'État-nation n'est devenu réalité que lorsque ses théoriciens l'ont imposé par la force. C'est ce qui s'est produit à l'époque du national-socialisme lorsque Hitler réussit pendant un court laps de temps à rassembler tout le peuple allemand (*deutsches Volk*) dans un même État (*Reich*) sous un même chef (*Führer*). En dehors de cette tragique expérience, l'Allemagne n'a jamais pu devenir un État-nation tel que les Français le conçoivent. Pour les Allemands, l'idée de « nation allemande » est liée à l'appartenance à un espace culturel et linguistique ; mais sur le plan politique, on se sent bavarois, rhénan ou saxon avant d'être citoyen allemand.

Cette incapacité historique à créer un État-nation s'est traduite souvent par une sorte de complexe d'infériorité latent que les Allemands et leurs dirigeants éprouvent par rapport à la France. C'est ce qui peut dans une certaine mesure expliquer les ambiguïtés et les contradictions dans les relations franco-allemandes faites d'un subtil mélange d'admiration et d'hostilité réciproques.

Les Allemands ont souvent tendance à admirer non seulement le genre de vie — on se rappelle le proverbe allemand « Heureux comme Dieu en France » — mais aussi le sens de l'État et l'idéal patriotique des Français, tout en le redoutant ; les Français, de leur côté, n'hésitent pas à vanter le dynamisme des entreprises et des hommes d'affaires d'outre-Rhin — non sans une pointe de jalousie — et à louer le sens de la discipline et de l'ordre des Allemands, même s'ils en ressentent une certaine inquiétude.

En ce XX^e^ siècle finissant, le sentiment de frustration des élites allemandes devant l'incapacité de leur pays à former un État-nation démocratique appartient maintenant à un passé révolu, tout comme le nationalisme et ses dérives militaristes. On peut même se demander s'il existe encore un patriotisme allemand aujourd'hui. On pourrait en douter quand on voit la facilité avec laquelle les Allemands de l'après-guerre ont rejeté le passé pour adopter les modèles idéologiques et culturels de leurs vainqueurs, quand on constate, sur la foi des sondages, que de nombreux jeunes diplômés des universités se disent prêts à s'expatrier, et quand on se rend compte que l'effondrement démographique atteint un niveau inquiétant, ce qui devrait provoquer bientôt une diminution conséquente et irréversible de la population nationale, et cela sans susciter d'autres inquiétudes que celles des futurs retraités inquiets pour leur avenir.

L'avenir de l'Allemagne, de plus en plus d'Allemands le voient dans le cadre de l'Europe. Les dirigeants de la RFA avaient déjà fait le choix de l'Europe dans les années cinquante avec l'adhésion enthousiaste à la CECA et à la CEE. Le cap a été maintenu. La réunification de 1990, loin de remettre en question l'intégration de l'Allemagne à l'Europe, l'a au contraire accélérée, malgré certaines réticences dans les provinces orientales. Pour le chancelier Kohl, l'Europe était le meilleur antidote à une renaissance du nationalisme et le chancelier Schröder est comme son prédécesseur un Européen convaincu. La participation d'unités allemandes aux opérations militaires au Kosovo dans le cadre de l'OTAN, décidée par le chancelier Schröder et son ministre des Affaires étrangères, Joschka Fischer — qu'on ne saurait en aucune façon soupçonner de militarisme —, n'a provoqué en Allemagne aucune réaction nationaliste. Au contraire, elle a été perçue par beaucoup d'Allemands comme une preuve supplémentaire de l'appartenance de leur pays à la communauté des nations démocratiques ; c'est ainsi également que l'ont ressentie les alliés de l'Allemagne au seine de l'OTAN, ainsi que ses partenaires européens. Ce qui n'a pas empêché le gouvernement allemand lors de la crise irakienne de 2002-2003 de se démarquer de la position officielle de l'OTAN et des États-Unis, et de préférer en accord avec Paris et Moscou une solution diplomatique à l'emploi de la force.

Dans leur grande majorité, les Allemands se sont lancés sans hésiter dans l'aventure de l'Europe, une Europe qui, pour eux, ne doit pas être l'Europe des Nations chère au général de Gaulle, mais une Europe fédérale et supranationale, dans laquelle les régions doivent jouer un rôle important, des régions transfrontalières même, une Europe qui, mutatis mutandis, serait une sorte de nouveau Saint Empire, laïc, rassemblant tous les Européens, et où les 82 millions d'Allemands et les quelque 8 millions d'Autrichiens constitueraient dans sa partie médiane un ensemble culturel et linguistique compact.

# Annexes

## 1. Les héritiers de Charles Quint
## Les Habsbourg d'Espagne et les Habsbourg d'Autriche

Jeanne la Folle et Philippe le Beau

- Charles Quint, empereur 1519-1556, † 1558
  - Philippe II, roi d'Espagne 1556-1598
    - Philippe III, roi d'Espagne 1598-1621
      - Philippe IV, roi d'Espagne 1621-1665
      - Anne d'Autriche, épouse de Louis XIII
      - Maria-Anna, épouse de → Ferdinand III
- Ferdinand I$^{er}$, roi de Bohême et de Hongrie 1526-1564, empereur 1556-1564
  - Maximilien II, empereur 1564-1576, roi de Bohême et de Hongrie
    - Rodolphe II, empereur 1576-1612, roi de Bohême et de Hongrie
    - Mathias, empereur 1612-1619, roi de Bohême et de Hongrie
  - Charles, duc de Styrie
    - Ferdinand II, empereur 1619-1637, roi de Bohême et de Hongrie
      - Ferdinand III, empereur 1637-1657, roi de Bohême et de Hongrie
    - archiduc Léopold
- Marie, épouse de Louis II, roi de Bohême et de Hongrie

## 2. Évolution du nombre des voix des partis extrémistes et de leur pourcentage par rapport aux suffrages exprimés de 1919 à 1933

| | USPD | | KPD | | NSDAP | |
|---|---|---|---|---|---|---|
| 19 janvier 1919 | 2 317 000 | 7,8 % | – | | | |
| 6 juin 1920 | 5 047 000 | 17,9 % | 589 000 | 2,1 % | – | |
| 4 mai 1924 | – | | 3 963 000 | 12,6 % | 1 918 000 | 6,6 %* |
| 7 décembre 1924 | – | | 2 712 000 | 9 % | 903 000 | 3 %* |
| 10 mai 1928 | – | | 3 265 000 | 10,6 % | 810 000 | 2,6 % |
| 14 septembre 1930 | – | | 4 592 000 | 13,1 % | 6 383 000 | 18,3 % |
| 31 juillet 1932 | – | | 5 283 000 | 14,3 % | 13 800 000 | 37,3 % |
| 6 novembre 1932 | – | | 5 980 000 | 16,9 % | 11 700 000 | 33,1 % |
| 5 mars 1933 | – | | 4 848 000 | 12,3 % | 17 277 000 | 43,9 % |

* Y compris les autres mouvements ultra-nationalistes.

D'après C. Klein, *Weimar, op. cit.* et *Documents d'Histoire 1851-1871, op. cit.*, p. 384 et suiv

### 3. L'expulsion des *Volksdeutsche* à l'issue de la Seconde Guerre mondiale[1]

| Origine des populations expulsées | Autorité de tutelle en 1938 | Nombre total des expulsés |
|---|---|---|
| Allemands des Sudètes | Tchécoslovaquie | 2 910 000 |
| Allemands de Hongrie | Hongrie | 213 000 |
| Allemands de Transylvanie et du Banat | Roumanie | 149 000 |
| Allemands de Voïvodine et du Banat | Yougoslavie | 297 000 |

### L'expulsion des populations allemandes des territoires détachés de l'Allemagne en 1945[1]

| Origine des allemand expulsés | Autorité de tutelle avant 1945 | État bénéficiaire des territoires détachés de l'Allemagne | Nombre total des expulsés |
|---|---|---|---|
| Allemands de Dantzig | État libre 1919-1939<br>Allemagne 1939-1945 | Pologne | 291 000 |
| Allemands de Silésie | Allemagne | Pologne | 3 210 000 |
| Allemands de Prusse-Orientale | Allemagne | Pologne et URSS | 1 960 000 |
| Allemands de Memel | Lituanie 1919-1939<br>Allemagne 1939-1945 | URSS | 78 000 |
| Allemands du Brandebourg-Oriental | Allemagne | Pologne | 395 000 |
| Allemands de Posnanie et de Haute-Silésie | Allemagne avant 1919<br>Pologne 1919-1939<br>Allemagne 1939-1945 | Pologne | 688 000 |
| Total des expulsions (tous types confondus) : | | | 10 191 000[2] |

1. Source : *Der Fisher Atlas Bundesrepublik Deutschlands*, 1982.
2. Avec une marge d'erreur de ± 10 % ; d'autres sources évoquent un chiffre global de 12 000 000 d'expulsés.

# Orientation bibliographique

Il serait vain de tenter de donner une bibliographie même succincte sur l'Histoire de l'Allemagne, tant sont nombreux les ouvrages la concernant. Nous nous bornerons ici à citer un nombre très réduit d'ouvrages de référence d'accès facile ·

*En allemand :*

D. Raff, *Deutsche Geschichte vom alten Reich zum vereinten Deutschland*, München, 1996.

et celui beaucoup plus étoffé de :

B. Gebhardt, *Handbuch der deutschen Geschichte*, 6 vol., Stuttgart, 1965-1969.

*En français :*

J. Bérenger, *Histoire de l'Empire des Habsbourg (1273-1918)*, Paris, 1990.
H. Pinnow, *Histoire d'Allemagne*, Paris, 1931.
P. Rassow (sous la direction de), *Histoire de l'Allemagne des origines à nos jours*, 2 vol., Roanne, 1969.
J. Rovan, *Histoire de l'Allemagne des origines à nos jours*, Paris, 1994.
E. Zöllner, *Histoire de l'Autriche des origines à nos jours*, Roanne, 1965.

Aux nombreux autres ouvrages cités en note, le lecteur pourra ajouter deux ouvrages très récents sur l'époque nationale-socialiste :

F.G. Dreyfus, *Le Troisième Reich*, Paris, 1998.
R. Rosenbaum, *Pourquoi Hitler ? Enquête sur l'origine du mal*, Paris, 1998.

# Table des cartes

# Table

## collection tempus
## Perrin

### DÉJÀ PARU

1. *Histoire des femmes en Occident* (dir. Michelle Perrot, Georges Duby), *L'Antiquité* (dir. Pauline Schmitt Pantel).
2. *Histoire des femmes en Occident* (dir. Michelle Perrot, Georges Duby), *Le Moyen Âge* (dir. Christiane Klapisch-Zuber).
3. *Histoire des femmes en Occident* (dir. Michelle Perrot, Georges Duby), *XVIe-XVIIIe siècle* (dir. Natalie Zemon Davis, Arlette Farge).
4. *Histoire des femmes en Occident* (dir. Michelle Perrot, Georges Duby), *Le XIXe siècle* (dir. Michelle Perrot, Geneviève Fraisse).
5. *Histoire des femmes en Occident* (dir. Michelle Perrot, Georges Duby), *Le XXe siècle* (dir. Françoise Thébaud).
6. *L'épopée des croisades* – René Grousset.
7. *La bataille d'Alger* – Pierre Pellissier.
8. *Louis XIV* – Jean-Christian Petitfils.
9. *Les soldats de la Grande Armée* – Jean-Claude Damamme.
10. *Histoire de la Milice* – Pierre Giolitto.
11. *La régression démocratique* – Alain-Gérard Slama.
12. *La première croisade* – Jacques Heers.
13. *Histoire de l'armée française* – Philippe Masson.
14. *Histoire de Byzance* – John Julius Norwich.
15. *Les chevaliers teutoniques* – Henry Bogdan.
16. *Mémoires, Les champs de braises* – Hélie de Saint Marc.
17. *Histoire des cathares* – Michel Roquebert.
18. *Franco* – Bartolomé Bennassar.
19. *Trois tentations dans l'Église* – Alain Besançon.
20. *Le monde d'Homère* – Pierre Vidal-Naquet.
21. *La guerre à l'Est* – August von Kageneck.
22. *Histoire du gaullisme* – Serge Berstein.
23. *Les Cent-Jours* – Dominique de Villepin.
24. *Nouvelle histoire de la France*, tome I – Jacques Marseille.
25. *Nouvelle histoire de la France*, tome II – Jacques Marseille.
26. *Histoire de la Restauration* – Emmanuel de Waresquiel et Benoît Yvert.
27. *La Grande Guerre des Français* – Jean-Baptiste Duroselle.
28. *Histoire de l'Italie* – Catherine Brice.
29. *La civilisation de l'Europe à la Renaissance* – John Hale.
30. *Histoire du Consulat et de l'Empire* – Jacques-Olivier Boudon.
31. *Les Templiers* – Laurent Daillez.
32. *Madame de Pompadour* – Évelyne Lever.

33. *La guerre en Indochine* – Georges Fleury.
34. *De Gaulle et Churchill* – François Kersaudy.
35. *Le passé d'une discorde* – Michel Abitbol.
36. *Louis XV* – François Bluche.
37. *Histoire de Vichy* – Jean-Paul Cointet.
38. *La bataille de Waterloo* – Jean-Claude Damamme.
39. *Pour comprendre la guerre d'Algérie* – Jacques Duquesne.
40. *Louis XI* – Jacques Heers.
41. *La bête du Gévaudan* – Michel Louis.
42. *Histoire de Versailles* – Jean-François Solnon.
43. *Voyager au Moyen Age* – Jean Verdon.
44. *La Belle Époque* – Michel Winock.
45. *Les manuscrits de la mer Morte* – Michael Wise, Martin Abegg Jr. & Edward Cook.
46. *Histoire de l'éducation,* tome I – Michel Rouche.
47. *Histoire de l'éducation,* tome II – François Lebrun, Marc Venard, Jean Quéniart.
48. *Les derniers jours de Hitler* – Joachim Fest.
49. *Zita impératrice courage* – Jean Sévillia.
50. *Histoire de l'Allemagne* – Henry Bogdan.

## A PARAÎTRE

*Lieutenant de panzers* – August von Kageneck.
*Les étrangers en France depuis 1850* – Vincent Viet.
*Les hommes de Diên Biên Phu* – Roger Bruge.
*L'histoire du climat* – Pascal Acot.
*Le terrorisme intellectuel* – Jean Sévillia.
*Charles Quint* – Philippe Erlanger.

*Imprimé en France sur Presse Offset par*

**BRODARD & TAUPIN**

GROUPE CPI

La Flèche (Sarthe), le 22-10-2003
pour le compte des Éditions Perrin
76, rue Bonaparte
Paris 6e
N° d'édition : 1850 – N° d'impression : 21005
Dépôt légal : octobre 2003